DANIEL

CARL FRIEDRICH KEIL

Comentario al texto hebreo
del
Antiguo Testamento
por C. F. Keil y F. J. Delitzsch

Traducción y adaptación de Xabier Pikaza

EDITORIAL CLIE
C/ Ferrocarril, 8
08232 VILADECAVALLS
(Barcelona) ESPAÑA
E-mail: clie@clie.es
http://www.clie.es

Publicado originalmente en alemán por Carl Friedrich Keil, bajo el título *Biblischer Kommentar über das Alte Testament, Daniel*, Dörffling und Franke, Leipzig 1869.

Traducido y adaptado por: Xabier Pikaza Ibarrondo

"Cualquier forma de reproducción, distribución, comunicación pública o transformación de esta obra solo puede ser realizada con la autorización de sus titulares, salvo excepción prevista por la ley. Diríjase a CEDRO (Centro Español de Derechos Reprográficos) si necesita fotocopiar o escanear algún fragmento de esta obra (www.conlicencia.com; 917 021 970 / 932 720 447)".

© 2018 Editorial CLIE, para esta edición en español.

COMENTARIO AL TEXTO HEBREO DEL ANTIGUO TESTAMENTO
Daniel
ISBN: 978-84-17131-60-9
Depósito Legal: B 22964-2019
Comentarios bíblicos
Antiguo Testamento
Referencia: 225083

Impreso en Estados Unidos de América / *Printed in the United States of America*

Querido lector,

Nos sentimos honrados de proporcionar este destacado comentario en español. Durante más de 150 años, la obra monumental de Keil y Delitzsch ha sido la referencia estándar de oro en el Antiguo Testamento.

El Antiguo Testamento es fundamental para nuestra comprensión de los propósitos de Dios en la tierra. Hay profecías y promesas, muchas de las cuales ya de han cumplido, como el nacimiento y la vida de Jesucristo, tal y como se registra en el Nuevo Testamento. Algunas se están cumpliendo ahora, mientras que otras se realizarán en el futuro.

Los autores, Keil y Delitzsch, escribiendo cuando lo hicieron, solo podían imaginar por la fe lo que sucedería cien años después: el renacimiento de Israel como nación y el reagrupamiento del pueblo judío en la Tierra. Este milagro moderno continúa desarrollándose en nuestros días. Desde nuestra perspectiva actual podemos entender más plenamente la naturaleza eterna del pacto de Dios con su pueblo.

Según nuestro análisis, los escritos de Keil y Delitzsch parecen haber anticipado lo que vemos hoy en Tierra Santa. Donde su interpretación es menos clara, es comprensible dada la improbabilidad, desde el punto de vista natural, de que la nación hebrea renaciera y su pueblo se reuniera.

En resumen, le encomendamos este libro de referencia, solo añadiendo que lo involucramos desde la perspectiva de la realidad de lo que ahora sabemos acerca del Israel moderno. De hecho, el Señor está comenzando a levantar el velo de los ojos del pueblo judío.

Sé bendecido con el magnífico comentario de Keil y Delitzsch, ya que estamos ayudando a que esté disponible.

John y Wendy Beckett
Elyria, Ohio, Estados Unidos

CONTENIDO

PRÓLOGO (X. Pikaza) vii
  1. Temas básicos: sabiduría y apocalíptica, historia y
     confesión de fe viii
  2. Un libro apasionante, pero difícil y abierto xvii

INTRODUCCIÓN 1
  1. La persona del profeta 1
  2. Lugar de Daniel en la historia del Reino de Dios 4
  3. Contenido y distribución del libro de Daniel 12
  4. Autenticidad del libro de Daniel 18

Dan 1
INTRODUCCIÓN AL LIBRO

Dan 2-7
PRIMERA PARTE. DESARROLLO DE LOS PODERES DEL MUNDO

I. Daniel 2. Visión de Nabucodonosor sobre las cuatro
    monarquías, y su interpretación por Daniel 83

II. Daniel 3. Los tres amigos de Daniel en el horno de fuego 118

III. Daniel 4 (Dan 4, 1-37 = 3, 31-4, 34). Sueño y locura
     de Nabucodonosor 141

IV. Daniel 5. Fiesta de Baltasar y escritura de Dios en el
     muro del palacio 174

V. Daniel 6. Daniel en el foso de los leones 205

  1. Introducción. Relaciones entre Darío el medo y
     Ciro el persa 205
  2. Comentario al texto 215

VI. Daniel 7. Visión de los cuatro reinos mundiales.
     Juicio y reinado del Dios Santo 235

  1. Primera parte: 7, 1-14 236
  2. Segunda parte: 7, 15- 28 254
  3. Apéndice. Los cuatro reinos mundiales. 263
  4. Reino mesiánico del Hijo del Hombre 285
  5. El pequeño cuerno y la bestia apocalíptica 291

Dan 8-12
SEGUNDA PARTE. EL DESARROLLO DEL PUEBLO DE DIOS

I. **Daniel 8. El enemigo que brota del tercer reino mundial** 301

II. **Daniel 9. Las setenta semanas** 338

III. **Daniel 10-12. Aflicción del pueblo de dios por los gobernantes de este mundo. Consumación del reino de Dios** 415

    1. Daniel 10, 1-11, 1. La teofanía 418
    2. Daniel 11, 2-12, 3. La revelación del futuro 437
       11, 2-20. Los acontecimientos del futuro más cercano *442*
       11, 21-12, 3. Desvelamiento final del futuro.
          La resurrección *462*
    3. Daniel 12, 4-13. 496
       Cierre (clausura) de la revelación de Dios y del libro *496*
       Distintos cálculos de tiempo *510*
       Tiempo de Antíoco y tiempo del Anticristo *513*

PRÓLOGO
Xabier Pikaza

Quizá no hay en la Biblia un libro más investigado y discutido que este de Daniel, pues en él ha venido a condensarse de algún modo todo el mensaje y esperanza del Antiguo Testamento, abierto de manera muy profunda al evangelio de Jesús y a todo el Nuevo Testamento, tal como desemboca en el Apocalipsis. Fue libro discutido entre rabinos judíos y discípulos de Cristo en el principio de la Iglesia, y después en la Reforma Protestante, y ha sido estudiado y comentado de manera muy intensa en el siglo XIX, tal como ha puesto de relieve John Rogerson, *Old Testament Criticism in the Nineteenth Century*, SPCK, London 1984, donde podrán verse los autores y tendencias con los que dialoga y a quienes sigue, ratifica y también critica C. F. Keil en este comentario.

Se ha dicho que este libro de Daniel y el del Apocalipsis de Juan han sido utilizados de un modo muy particular (casi exclusivo) por las iglesias y comunidades de tipo entusiasta, apocalíptico, empeñadas en destacar la escatología del mensaje de Jesús y de la iglesia en una línea unos grupos muy tradicionales y fundamentalistas. Pero este libro no es solo de grupos aislados, sino un tesoro de todas las iglesias, aunque a veces hay comunidades de tipo más establecido que pueden haber marginado su mensaje.

Este libro de Daniel es esencial no solo para el conocimiento del judaísmo y para la práctica viva del cristianismo entendido como mensaje de Dios para "los últimos tiempos", sino también para la cultura de occidente, que no puede entenderse sin la aportación de la apocalíptica judía y cristiana. Por eso es bueno que se pueda hoy ofrecer y leer en lengua española este magnífico estudio de C. F. Keil, a quien se ha podido presentar como "conservador", y que lo es, pero en el sentido mejor de la palabra.

Keil se le llama conservador, pero lo es en el sentido mejor de la palabra, porque recoge y reformula la más honda tradición de las comunidades judías y de las iglesias cristianas, desde una perspectiva protestante, pero en diálogo y respeto hacia todos los creyentes. Keil es conservador per, al mismo tiempo, es un gran "reformador", un científico integral (historiador, filólogo…) que aplica al estudio de la Biblia las mejores herramientas de estudio y de interpretación de la segunda mitad del siglo XIX, desde la vida y cultura de las universidades e iglesias alemanas, quizá la más profundas y creadoras de la modernidad.

No ha habido, que yo sepa, un tiempo mejor que la segunda mitad del siglo XIX para el estudio de la Biblia, un momento de mayor fidelidad al texto en su raíz más honda, en su "verdad hebrea", recreando desde Jesús y desde la historia de la Iglesia el mensaje profético de Israel, condensado de forma especial en este libro. No ha habido un comentario más intenso de Daniel que este de Keil. Por eso sigue siendo esencial que se pueda leer y utilizar entre las iglesias y comunidades cultas de lengua española, apasionadas por el evangelio y por la "llegada" de Nuestro Señor Jesucristo.

De la vida y obra de Keil he tratado ya en el prólogo de sus comentarios anteriores (a Jeremías y Ezequiel), de manera que no necesito aquí detenerme en ese tema, pues lo dicho en ellos servirá de punto de partida para lo que sigue. Pero el comentario de este libro de Daniel ha sido y sigue siendo especialmente discutido, tanto por su temática de fondo (el sentido de la historia, la llegada de los últimos días….) como por su desarrollo, de forma que para situarlo y entenderlo bien yo recomiendo a los lectores que empiecen situándose ante el tema de la hermenéutica (interpretación) del Antiguo Testamento, de mano de libros como los de Douglas Stuart, *Old Testament Exegesis: A Primer for Students and Pastors*, Westminster Philadelphia 1984 y J. Goldingay, *Approaches to Old Testament Interpretation*, Downers Grove, InterVarsity IL 1990, teniendo como fondo la obra de conjunto de R, J. Coggins y J. L. Houlden eds., *Dictionary of Biblical Interpretation*, SCM London 1990.

Para una primera aproximación al libro de Daniel, recomiendo en especial el trabajo de H. de Wit, "Daniel", en A. Ropero (ed.), *Diccionario Enciclopédico de la Biblia,* Clie, Viladecavalls 2013, 553-559, con los comentarios del mismo H. de Wit, *El libro de Daniel. Una relectura desde América Latina,* Rehue, Santiago de Chile 1990, y el de K. Silva, *Daniel. Historia y profecía,* Clie, Vila. 2014. Al final de este prólogo ofrezco una bibliografía actual más extensa del tema, especialmente en inglés y español, desde diversas perspectivas exegéticas y eclesiales .Para situar mejor sus temas, y el sentido de este comentario, he querido seguir ofreciendo unas reflexiones de tipo introductorio.

1. Temas básicos: sabiduría y apocalíptica, historia y confesión de fe

El libro de Daniel es único en la Biblia no solo por su temática de tipo profético-apocalíptico, sino porque, en su forma actual, se ha escrito y se conserva en dos lenguas (hebreo y arameo), a las que se añaden, en la tradición alejandrina de los LXX, pasajes y capítulos en griego. Como es normal, desde la tradición de las iglesias reformadas, Keil solo admite como canónicos e históricamente auténticos los capítulos escritos en hebreo y arameo, y así los interpreta de un modo ante todo filológico, pero también histórico y teológico, ofreciendo en esa línea un comentario que sigue siendo esencial en la historia de la exégesis, uno de los estudios bíblicos más serios que conozco, a pesar de que puedan discutirse algunas de sus visiones exegéticas, como seguiré indicando.

De un modo general se han distinguido en la tradición del libro de Daniel cuatro elementos o rasgos que pueden distinguirse, pero nunca separarse: Un rasgo sapiencial, otro apocalíptico, otro histórico y otro canónico-teológico. De su recta formulación depende la buena lectura y comprensión de este libro, como Kleil ha puesto de relieve, en un contexto de fidelidad al mensaje original, a la tradición de la iglesia y a la esperanza de futuro de la humanidad, en tiempos convulsos como estos (año 2018) en que son muchos los que piensan que un tipo de humanidad "de hierro y violencia" está poniendo en riesgo la vida del hombre sobre el mundo, es decir, la creación Dios.

Como se dice al final de su desarrollo, este es un libro que ha sido "sellado", es decir, fijado, para el conocimiento y la vida de los creyentes de los "últimos tiempos", un mensaje que solo puede conocerse y entenderse bien "en esperanza", cuando "la hora" defina plenamente su sentido. Pero mientras llega esa "hora" es bueno estudiarlo, para convertirse en principio de fe y en motivo de oración esperanzada:

(1) *Daniel es un libro de Sabiduría, como aparece de un modo especial en la interpretación de los cuatro metales o etapas de la historia (Dan 2)*. Entre sus visiones y relatos de la primera parte (Dan 2-6 o Dan 2-7) sobresale la escena de la estatua de los cuatro metales de la gran "estatua" humana del poder mundial, que se expresa y acontece (se despliega) en los tres o cuatro grandes imperios de la historia. Algunos exegetas han dicho y dicen que en el fondo de esa visión de sabiduría subyace un mito antiguo, extendido entre diversos pueblos, en el que se habla de una sucesión de edades (tres, cuatro o cinco), que se van repitiendo cíclicamente, conforme a un esquema de eterno retorno, que podría encontrarse, por ejemplo, no solo en Grecia y en la India, sino en las cultura de México o del altiplano andino.

Daniel ha podido retomar ese mito, traduciéndolo de un modo histórico, que ha podido interpretarse y se interpreta de diversas formas desde los asirios y o babilonios hasta los persas, griegos y romanos, introduciendo en ese esquema novedades muy significativas, en la línea de la profecía israelita. En Daniel no hay un eterno retorno, sino una única historia. No hay cuatro edades que se suceden una y otra vez, iniciándose de nuevo cuando acaban (como en los mitos de algunas religiones paganas), sino una única verdad y realidad de la historia, que tiende a destruirse a sí misma (como indica el signo del hierro que es la guerra más violenta), pero que es salvada por Dios (a través de la resistencia israelita y de la acción más alta del Mesías de Dios).

En ese sentido, *las edades de la historia aparecen como obra de los hombres*, es decir, de la cultura que está representada a través de los metales, y en esa línea este libro no nos pone ante un "pecado de la naturaleza" cósmica, ni de los ángeles perversos, sino ante un despliegue humano de la historia, entendida como avance de la violencia que, simbólicamente, se identifica con cuatro grandes "imperios" en los que esa historia se condensa. Hay en esa historia un descenso en valor profundo (se pasa del oro al hierro), pero hay un ascenso en efectividad productora y violencia (culminando en el hierro y el barro, que es la expresión de una cultura técnica y violenta que tiende a destruirse a sí misma). Así lo ha expresado la "sabiduría" profunda de este libro, que nos introduce en el misterio más hondo del despliegue de la historia.

La historia de los grandes imperios culmina, según eso, *en una edad de hierro y barro, de poder destructor y debilidad*. Esta es, por una parte, la edad del hierro, es decir, de la técnica que puede ponerse al servicio de la destrucción. Pero esta es, por otra parte, la historia de la sabiduría y de la resistencia de los creyentes que mantienen su fe con justicia y que esperan la liberación de Dios. Ciertamente, los guerreros de los grandes imperios opresores, vestidos y cargados al final de hierro, han construido una historia final de violencia pura, que destruye a todos, sin que pueda ser destruida por nadie o por nada en este mundo. Pero allí donde se despliega en el mundo la fuerza mayor (¡invencible!) de ese hierro de muerte viene a expresarse, también, la máxima debilidad de los imperios (pues el hierro está mezclado siempre con el barro), y sobre esa debilidad de expresa la gracia más alta y salvadora del Mesías de Dios, como sabiduría salvadora

Este libro de Daniel nos sitúa, pues, ante *cuatro edades y una única estatua*. Ciertamente, la historia puede estar y está representada por esos metales que aparecen en la explicación como "reinos sucesivos", uno tras otro, sin que pueda acabarse su maldad, siempre creciente. Pero en su visión más honda, Daniel ha descubierto que ellos forman una única estatua idolátrica, que será al final vencida y destruida por el Cristo de Dios. Desde ese fondo se puede decir que las cuatro edades de la historia constituyen una única "humanidad de violencia", que va del oro al hierro (Dan 2, 31-44); pero frente a esa historia de violencia se eleva la gracia salvadora de Dios que se expresa y actúa (alcanzará su victoria) por medio del Cristo, que ha venido ya en forma humana de debilidad y que culminara su obra de un modo victorioso, al final de los tiempos.

Los cuatro metales (que son cuatro edades imperiales) forman según eso una misma figura idolátrica, que ha venido a culminar en la gran bestia destructora del final. Tenemos, por tanto, dos magnitudes enfrentadas. (a) Por un lado está la estatua de los cuatro metales, que son brillantes (oro) y nobles (plata), que son fuertes (bronce) y poderosos (hierro), y que así pueden presentarse como dignos de veneración antidivina, expresión de idolatría. (b) Por otro lado está el "reino de los santos", que empieza siendo una simple piedrecita, que aparece como caída de la mano de Dios, pero que se eleva como montaña de salvación universal, pues no será jamás será destruido, sino que subsistirá eternamente. Surge de esa forma el Reino de los santos de Israel, que Keil interpreta por Cristo en forma universal, el Reino que comienza en aquellos que forman parte del grupo de Daniel (o que leen su libro), el Reino de Jesús, el mesías israelita, que abre su acción salvadora por medio de la Iglesia a todas las naciones.

Por un lado se eleva *la gran Estatua de los imperios idolátricos*, que son Signo del único Antidios (del Anticristo), pues los cuatro imperios han venido a fundirse en una única y gran ídolo que impone su poder sobre todos los hombres, a lo largo de toda la historia, a lo ancho del mundo entero. Ellos forman el ídolo de la humanidad perversa (pervertida), que se eleva frente a Dios, como una inmensa estatua de poder, una especie de monumento alzado a la grandeza perversa del hombre que se diviniza a sí mismo con violencia (como hierro que todo lo destruye).

Pero, al mismo tiempo, en un sentido más hondo, *aparece en el mundo y se eleva el Reino de los Santos, representado por la piedrecita que desciende de Sion*, el reino de Jesús (¡piedra escondida del Reino de Dios!) que ofrece su palabra y camino de salvación a todos los creyentes. No hace falta que ellos (los creyentes, los inteligentes, los iluminados...) se enfrenten y luchen externamente con violencia contra la imposición del hierro, el bronce, la plata y el oro, pues en ese plano toda lucha engendra más lucha, sino que ellos se sitúan en un nivel de vida y testimonio superior, dejando que se exprese el poder más alto que viene de Dios, que vence sin violencia externa a la violencia de la historia.

Tenemos, por tanto, dos magnitudes enfrentadas, la estatua de los cuatro metales que son la violencia e idolatría de la historia, y la piedrecita del "reino de los santos", que se eleva como montaña de Dios, como Iglesia de Dios y para siempre, un reino jamás destruido, que subsistirá eternamente. Este es, sin duda el Reino de los santos de Israel, es decir, de aquellos que forman parte del grupo de Daniel (o que leen su libro). En contra de esa humanidad perversa rueda y choca la piedra que "no viene de manos humanas", ni forma parte del edificio de la humanidad divinizada, sino que desciende del monte de Dios, como revelación y signo de su presencia.

(2) Daniel es un libro apocalíptico, como pone más de relieve la imagen de las cuatro bestias (Dan 7), que reinterpreta el signo de la estatua anterior y que nos sitúa ante un momento muy preciso de violencia y guerra, cuando parece que la perversión mundial (la última bestia terrible) va a destruir y aniquilar la obra de Dios. Entendido así, este libro no es un texto de tranquila sabiduría histórica, sino

un manifiesto "apocalíptico" de resistencia frente al mal y de esperanza en tiempos de gran "angustia", una angustia como la que nunca había existido previamente en la historia de los hombres, una angustia que empezó a expresarse en tiempo del rey Antíoco (entre el 168 y 164 a. C.), y que se sigue extendiendo todavía en nuestro tiempo (2018).

Los exegetas discutían cuando Keil escribió este libro (1869) y siguen discutiendo ahora sobre el lugar y origen de la sabiduría apocalíptica, que surge y se expresa en tiempos de inmensa violencia, que siguen marcando el sentido de nuestro presente y futuro en la historia de la humanidad. Keil y otros muchos afirman que Daniel escribió su libro en tiempos de la cautividad de Babilonia (en torno al 587-539 a. C.), en forma de verdadera profecía. Otros afirmaban y afirman que Daniel es un personaje simbólico que un judío macabeo ha escrito en el momento más duro de la persecución de Antíoco Epífanes (hacia el 168-164 a.C.). El Apocalipsis de Juan sitúa esa angustia en el despliegue del Imperio Romano contra Cristo (podo después de la muerte de Jesús), pero este libro de Daniel y su mensaje siguen siendo plenamente actuales en nuestro propio momento histórico (siglo XXI).

Keil afirma que el libro solo puede ser auténtico y verdadero si lo escribió en persona un tal Daniel del siglo VI a.C. Otros contestan que el libro sigue siendo auténtico y verdadero si está escrito en forma simbólica en el siglo II, porque en ambos casos se trata de una misma y profunda visión del transcurso y final de la historia, representada por las cuatro grandes bestias de Dan 7 a las que sucede el Reino de los Santos del Altísimo, es decir, del mismo Cristo que vino primero en la carne, dando su vida por los hombres, y que vendrá al final con poder para realizar el juicio de la historia.

Haya sido externamente escrito en un tiempo o en otro, Dan 7 interpreta la historia humana como una sucesión de imperios bestiales cuyo poder de maldad culminará de alguna forma en el duro tiempo de persecución de Antíoco Epífanes y de los helenistas sirios que quisieron destruir a los fieles de Yahvé entre 168/16a a. C., en el momento decisivo de la crisis "antioquena", que suscitó el rechazo de los macabeo, para abrirse a partir de ese momento a la Hora más honda del enfrentamiento final, cuando el Anticristo venga a ser vencido por Jesús resucitado.

Conforme a la visión del libro de Daniel, esa guerra y resistencia de los macabeos, en el siglo II a.C., no ha sido una lucha más entre las miles de luchas que se han dado y se siguen dando en la historia, sino expresión y anuncio del gran combate entre los fieles de Dios (y de su Cristo) y los poderes perversos de la historia, al final de los tiempos, cuando el mal del mundo alcance su fatídica grandeza destructora y cuando Dios se manifieste como salvador supremo por Jesús resucitado.

El tema de las cuatro bestias (Dan 7, 2-8) que se suceden, en línea *descendente* (del león más noble, a la fiera horrible del final) y en línea *ascendente* (la última es la más poderosa y perversa), corresponde al tema de los metales de Dan 2, pero esas bestias aparecen representadas de una manera mucho más precisa que los metales, de manera que pueden identificarse con cierta facilidad: el león podría ser Babilonia, el oso es parece ser el imperio medo-persa, el leopardo es Alejandro Magno y el reino de sus herederos helenistas. Pues bien, a partir de aquí se dividen las interpretaciones: (a) Muchos afirmaban y afirman que la cuarta bestia es el mismo Antíoco Epífanes, de manera que con él tendría que haber terminado la historia. (b) Otros, entre ellos Keil, afirman que Antíoco pertenece a la tercera bestia (a la helenista que proviene de Alejandro Magno) y que la cuarta (último) parece haber comenzado con los romanos, pero no ha se ha manifestado plenamente todavía.

Sea como fuere, la "cuarta bestia" (el cuerno pequeño, que profiere insolencias: Dan 7, 7-8) tiene rasgos distintos de los anteriores. Allí donde se esperaba un cuarto elemento animal (águila o toro, por ejemplo) emerge la sorpresa de un monstruo sin rostro ni figura que sirva de comparación, una especie de Anticristo o Antidios, que se opone al Dios del judaísmo y al mismo Dios cristiano. En ese contexto, Daniel puede afirmar que la lucha armada (al estilo de los macabeos) puede tener cierto sentido en un primer momento, pero ella resulta incapaz de resolver el tema de la violencia de las bestias, pues la guerra final de la historia no es ya contra poderes políticos perversos, sino contra el mal supremo, que se alza contra el mismo Dios y contra su Cristo.

Solo entonces, al final de esa batalla, que aparece anunciada de algún modo en las persecuciones y en las guerras de los macabeos, vendrá a desvelarse en su plenitud la maldad total de los hombres perversos (sometidos al Anticristo Satán) y la bondad salvadora del Dios de Jesús, como principio de vida y de resurrección salvadora para los justos. De una forma consecuente, Keil afirma que esta cuarta bestia ha comenzado ya de alguna forma a revelarse a través de la maldad de Roma (según el Apocalipsis), pero todavía no se ha revelado plenamente, pero lo hará pronto en el contexto de la herencia político-militar de Roma, que se estaba expresando por entonces (año 1869) en el contexto de las grandes potencias occidentales.

(3) Daniel es un libro apasionadamente "histórico", setenta semanas. Los dos elementos anteriores (la sabiduría para interpretar la historia y la apocalíptica para anunciar los signos del final, superando así el poder destructor de una humanidad pervertida) se traducen y entienden de forma histórica. En ese contexto, el pasaje de Daniel que más ha influido en la apocalíptica judía y en la visión cristiana del fin de los tiempos es el texto que habla de las setenta semanas o tiempos finales de la historia.

Daniel ha recogido y reinterpretado una palabra del libro del profeta Jeremías donde se decía que el exilio de los judíos en Babilonia duraría unos setenta años, que debían entenderse evidentemente en un sentido amplio (cf. Jer 25,

Prólogo

11-12; 29, 10), como aludiendo, en un sentido extenso, a los años que pasaron desde la primera deportación, en tiempo del rey Joaquín, en la que fue llevado cautivo Daniel (597 a. C.) hasta la dedicación del nuevo templo (515 a. C). Otros libros apocalípticos habían calculado no solo los años del destierro, sino también los de la historia de Israel y del mundo (cf. 1 Hen 93 y el conjunto del libro de los Jubileos). Pues bien, desde ese fondo se entiende la oración de Daniel y la respuesta del ángel Gabriel, que se le aparece y le dice:

> «Daniel, ahora he venido para iluminar tu entendimiento. Al principio de tus ruegos salió la palabra, y yo he venido para declarártela, porque tú eres muy amado. Entiende, pues, la palabra y comprende la visión: *Setenta semanas* están determinadas sobre tu pueblo y sobre tu santa ciudad, para terminar con la trasgresión, para acabar con el pecado, para expiar la iniquidad, para traer la justicia eterna, para sellar la visión y la profecía, y para ungir el lugar santísimo. Conoce, pues, y entiende que desde la salida de la palabra para restaurar y edificar Jerusalén hasta el Ungido Príncipe, habrá *siete semanas, y sesenta y dos semanas*; y volverá a ser edificada con plaza y muro, pero en tiempos angustiosos. Después de las sesenta y dos semanas, el Ungido será quitado y no tendrá nada; y el pueblo de un gobernante que ha de venir destruirá la ciudad y el santuario. Con cataclismo será su fin, y hasta el fin de la guerra está decretada la desolación. Por *una semana él confirmará un pacto con muchos*, y en la mitad de la semana hará cesar el sacrificio y la ofrenda. Sobre alas de abominaciones vendrá el desolador, hasta que el aniquilamiento que está decidido venga sobre el desolador» (Dan 9, 22-27).

Sobre el sentido y aplicación de esas semanas (años) se han hecho y se siguen haciendo múltiples teorías, con el deseo de aplicarlos no solo al retorno de los exilados judíos a Jerusalén (tras el 439 a.C.), al levantamiento de los macabeos (en torno al 165 a. C.), sino también al nacimiento/muerte de Jesús o a algún otro momento significativo de la historia posterior, especialmente al fin de los tiempos, tanto en perspectiva judía como cristiana.

Son muchos los exegetas bíblicos, tanto judíos como cristianos, que siguen analizando el posible significado de estos años, para así calcular el fin de los tiempos. Pues bien, entre ellos se encuentra Keil (el autor de nuestro comentario) que ha realizado una de las interpretaciones más serias y convincentes del sentido de esas "setenta semanas" que aparecen con algunas variantes en su libro. No todos estarán de acuerdo con ella, de manera que el lector atento podrá aceptarla o rechazarla leyendo el comentario, pero es evidente que ella se encuentra perfectamente razonada (aunque sus argumentos resulten a veces difíciles de seguir, por la misma dificultad de tema). Éstos son sus tres elementos o supuestos principales.

   (a) Keil supone que el profeta *Daniel ha distinguido y vinculado dos "cronologías"*, que hay que separar con precisión para interpretar su mensaje: (a) La cronología que va desde el comienzo de la "palabra profética" (en el entorno del exilio) hasta el tiempo de la lucha y primera victoria parcial de los macabeos (en torno al 164 d.C.). (b) La cronología que va desde ese mismo comienzo hasta el final de los tiempos, más allá de los macabeos y de la misma venida histórica de Jesús, hasta la llegada del Anticristo y la manifestación salvadora de Dios por Jesús resucitado.

(b) Eso significa que *Daniel nos sitúa ante dos "cálculos numéricos", para que los interpretemos con discernimiento*. Sin duda, esos cálculos tienen un trasfondo histórico (e incluso cronológico: en días, en años y en semanas/septenarios); por eso han de tomarse en forma de "historia humana" (se refieren al despliegue de los imperios de la tierra). Pero, al mismo tiempo, en otro contexto, esos cálculos han de interpretarse en forma figurada, y en ese sentido Daniel (especialmente al referirse a la venida del Anticristo) no habla de semanas cronológicas de años, sino de septenarios simbólicos, que se han cumplido de un tiempo "típico" en la persecución de Antíoco Epífanes y en su derrota final, pero que deben cumplirse todavía de un modo mucho más alto y definitivo con la llegada futura del Anticristo, que será vencido por Cristo.

(c) Como exegeta riguroso y como cristiano radical, *C. F. Keil no ha querido (ni ha podido) identificar el "pequeño cuerno" del Anticristo con ningún poder concreto del pasado, ni tampoco del futuro*. Signo del Anticristo fue en su tiempo, en un sentido, Antíoco Epífanes. Pero Antíoco no fue el Anticristo, sino solo un "tipo o figura", un anuncio de su maldad más honda. En ese sentido podemos decir que vendrá al Anticristo, pero solo cuando venga (en su "hora") podremos decir quién es y cómo actúa, siendo al fin plenamente derrotado por el Dios de Cristo.

En esa línea, Keil ha rechazado toda "apologética" barata, negándose a identificar al pequeño cuerno final (al Anticristo) con algún tipo de iglesia falsa, con alguna doctrina o secta anti-cristiana, con algún imperio de maldad que ya ha pasado. Keil sabe y "demuestra" con su exégesis del libro de Daniel que el Anticristo no ha llegado todavía, aunque sabe y muestra que "viene ya de camino", a partir del Imperio Romano, como sabe y dice el Apocalipsis de Juan. Más aún, en una línea bíblica de tipo "occidental", Keil sabe que el Anticristo está viniendo a través de los poderes político-militares que están surgiendo a partir de Europa, heredera del imperio romano, según el Apocalipsis.

(4) *Daniel es un libro de fe, y de esa forma, en clave de fe lo ha interpretado C. F. Keil*. Ciertamente, él es un buen historiador y conoce todo lo que en aquel momento (1869) se sabía de los antiguos y los nuevos imperios. Posiblemente

algunas de sus hipótesis (dirigidas siempre a defender el carácter literal del texto) resulten hoy forzadas, como la forma de situar el reinado de Darío el Medo antes que el de Ciro el Persa, con la forma de interpretar el reinado de Baltasar y la misma locura de Nabucodonosor…; pero, tomado en su conjunto este comentario ofrece una espléndida visión de la historia de oriente, en tiempo del imperio neo-babilonio (Nabucodonosor y sus sucesores), con la monarquía medo-persa y el surgimiento de los reinos helenistas de los "diádocos", es decir, de los sucesores de Alejandro Magno, en un momento en que empieza a extenderse sobre el mundo el Imperio Romano, que es signo y principio del Cuarto Imperio de la Bestia final, que aún no ha llegado.

Hoy tenemos, sin duda, nuevos datos históricos. Además, algunos elementos de la narración pueden (y quizá deben) entenderse de forma simbólica (como hace el mismo Keil al ocuparse de los números de las setenta semanas/edades de la profecía), pero, en su conjunto, este libro ofrece una visión espléndida de la historia bíblica, desde el tiempo del exilio hasta la "edad" de los macabeos. De todas formas, siendo filólogo e historiador, C. F. Keil es, ante todo, un cristiano, y así, desde la totalidad del misterio cristiano, ha querido entender e interpretar el libro de Daniel.

En esa línea, él ha desarrollado una exégesis "canónica" en el mejor sentido de la palabra. (a) Es una exégesis canónica en sentido bíblico, porque interpreta el libro de Daniel desde la totalidad del Antiguo Testamento (como libro clave del judaísmo), en una perspectiva abierta al mensaje de Jesús, tal como ha sido reinterpretado, sobre todo, por el Apocalipsis de Juan (b) Pero es también una exégesis canónica en sentido eclesial, porque ha querido leer el libro de Daniel desde la perspectiva de la vida y tradición de la iglesia, a lo largo de los siglos, hasta su propio tiempo (2ª mitad del siglo XIX). Ciertamente, él asume la mejor tradición evangélica (quizá más en línea de Calvino que de Lutero), pero sin negar en ningún momento la gran tradición de la iglesia universal, representada por autores de línea "católica" y "ortodoxa" como Jerónimo en latín y Teodoreto en griego.

A su juicio, Daniel no es un libro "privado", a merced de la "libre" interpretación de los posibles "inspirados" de turno. En contra de un tipo búsqueda individualista del sentido de los grandes signos de su profecía (metales de la estatua y bestias del gran juicio, setenta semanas y pequeño cuerno, con otras escenas bien conocidas como el juicio de Baltasar, los jóvenes en el horno ardiente o Daniel en la fosa de los leones…), C. F. Keil ha querido fundar su interpretación del libro en la gran tradición de la Iglesia universal.

En esa línea resulta ejemplar su "sobriedad" ante los grandes temas, como pueden ser la experiencia de la fe, la visión interior del misterio, la lucha contra el mal, la derrota de los perversos, el juicio final con la resurrección… Keil lee el texto y despliega su sentido, a partir del original hebreo y arameo, aplicándolo en su entorno antiguo, y abriéndolo al futuro de la iglesia y de la humanidad.

Pero no puede ni quiere convertirse en un tipo de "adivino" fácil, identificando al "pequeño cuerno" (al Anticristo) con algún poder pasado (Roma o los bárbaros antiguos, el Islam o un tipo de iglesias paganizadas…) o presente. Los "signos" de ese Anticristo han sido anunciados en la figura y acción de Antíoco Epífanes, pero su manifestación definitiva pertenece al futuro de nuestra propia historia, en el siglo XIX o en el XXI.

En esa línea, Keil puede discutir y discute sobre temas de filología e historia, desde la perspectiva de la historia bíblica antigua, pero al final se sitúa (nos sitúa) de manera silenciosa y reverente ante el misterio de la vida, como experiencia de lucha contra el mal y de redención gratuita del Dios de Jesucristo. Por eso mismo, la llamada de vigilancia ante el Anticristo que viene se convierte en llamada y palabra de esperanza en la venida del Cristo victorioso.

2. Un libro apasionante, pero difícil y abierto

Así entendido, este un libro emocionante y así quiero ofrecerlo a los lectores, no solo a los que están interesados en un plano religioso (cristianos de una tendencia o de otra), sino a los que buscan el sentido de la historia, no solo en clave profética y/o apocalíptica, sino también en clave "secular", pues hoy nos encontramos de lleno ante el riesgo muy real de la destrucción de la vida humana sobre el mundo. En ese contexto, el libro de Daniel, con sus terrores apocalípticos, pero también con su inmensa esperanza, es uno de los textos más influyentes y fascinantes de la historia de occidente.

Este es, como digo, un libro apasionante, en primer lugar el de Daniel, pero también este comentario de C. F. Keil, siendo, al mismo tiempo, bastante "difícil" para un lector de cultura media poco acostumbrado a los retos culturales, históricos y religiosos. Estas son las tres primeras dificultades con las que se encontrará el lector:

1. Está ante todo la dificultad lingüística. Este es un comentario "exegético" al texto hebreo (y arameo) de Daniel. Por eso, es muy conveniente que el lector tenga algún conocimiento de esas lenguas para entender bien su argumento. He procurado en la traducción y en la presentación del texto que el lector pueda entender bien la "letra" de los textos (partiendo de la traducción de Reina-Valera) y seguir la trama del libro, sin serespecialista en hebreo o arameo (más aún, sin conocer esas lenguas), pero el comentario se refiere constantemente a ellas, porque el buen pensamiento está vinculado siempre a su expresión en el lenguaje.

Este es un libro que nos lleva a las raíces de nuestra cultura occidental y cristiana, y en esa línea el autor no se limita a citar y comentar los textos hebreos y arameos, sino que acude sin cesar al griego de los LXX y al latín de los primeros intérpretes cristianos de occidente y de los grandes teólogos de la tradición hasta el siglo XIX. He traducido los textos latinos, lo mismo que los griegos, pero la aportación fundamental de este comentario sigue siendo la de recuperar la "veritas hebraica" (la verdad semítica: aramea, incluso árabe...) de la Biblia. Solo en ese fondo pueden entenderse de verdad los argumentos de este libro.

2. Está, en segundo lugar, la dificultad y la riqueza de exégesis bíblica alemana de mediados del siglo XIX. C. F. Keil ha escrito este libro en diálogo constante con esa tradición de la exégesis científica del siglo XIX, como va mostrando página a página en las citas y comentarios en los que se sitúa entre los representantes de la tradición judeo-cristiana y los críticos renovadores (que eran en el fondo contrarios a la revelación sobrenatural de la Escritura). En un sentido, él se opone a un tipo de "racionalismo" que quiere entender la Biblia sin tener en cuenta su mensaje (su proyecto religioso, su experiencia de revelación). Pero en otro sentido, y muy profundo, él mismo es un "racionalista" un hombre que emplea todos los recursos de la filología y la lingüística, de la historia e incluso de la psicología para interpretar los textos.

En el prólogo de mis traducciones anteriores (comentarios a Isaías, Jeremías y Ezequiel) hice el esfuerzo de recoger, citar y situar a casi todos los autores que Delitzsch y Keil utilizaban en su comentario, en un momento de cruce los autores que, de un modo muy poco preciso, suelen llamarse tradicionales y/o críticos. Muchos de los allí citados siguen presentes en este libro: Bleek, Caspari, Ewald, Gesenius, Hävernick, Hengstenberg, Hofmann etc., pero aquí aparecen muchos nuevos, los representantes de la mejor tradición filológica, histórica y teológica del siglo XIX.

He renunciado a evocarlos y presentarlos a todos, uno por uno, situando los posturas y sus obras, pues ello exigiría la preparación de una nueva edición y comentario crítico de la obra de C.F. Keil, que aquí no podemos realizar, por falta de espacio y por la misma finalidad práctica de esta edición, que no quiere resolver problemas de tipo textual y erudito, sino ofrecer a los lectores una herramienta básica de conocimiento bíblico. Además, en esa línea, para quienes deseen conocer el trasfondo histórico-exegético de este libro he citado ya el estudio de John Rogerson, *Old Testament Criticism in the Nineteenth Century*, SPCK, London 1984. Mi traducción y adaptación no se centra por tanto en el intento de presentar de una edición crítica, sino teológica y pastoral, de esta obra.

En esa línea, esta dificultad exgética puede superarse con un poco de esfuerzo, acudiendo a las referencias que ofrece en casi todos los casos un buscador informático (google, wikipedia etc.). Está también el tema de las abreviaturas. Keil escribe para un público apasionado, que conocía de memoria a los grandes biblistas, y así puede escribir Sth. por J. J. Sthälin, Hv. por Hävernick, Ges. por Gesenius, Hitz. por Hegst. por Hengstenberg, Kran. por Kranichfeld etc. etc. Esta es una dificultad que se supera pronto, permitiéndonos pensar más en el tema que los defensores, hoy en parte ya olvidados de una determinada visión de la Biblia o de la vida humana.

3. Está, en tercer lugar la dificultad histórica. Como he dicho ya, Keil se ha esforzado por demostrar lo que él llama la "autenticidad" histórica de Daniel, como personaje real, que vivió como cautivo sabio en la "corte" de los reyes babilonios y persas. Esa hipótesis tiene su ventaja y nos obliga a situar la Biblia en su contexto histórico, en la línea de una fuerte crítica histórico-literaria. Pero hay un momento en que la historia puede y debe interpretarse también en una línea más simbólica, más teológica.

Este es quizá, a mi juicio (desde mi propia perspectiva hermenéutica), el mayor límite de esta obra, que, en algún momento, ha insistido más en el trasfondo histórico-literario de Daniel que en su mensaje antropológico-teológico, que sigue siendo plenamente actual en nuestro tiempo. No es que Keil margine ese mensaje, de ninguna forma, pero quizá podía haberlo desarrollado más. De todas formas, es muy posible que él haya querido dejar el texto así, sin inclinarse por unas visiones más particulares del juicio de Dios y del fin de los tiempos, para que seamos nosotros mismos, lectores de este libro en el siglo XXI, los que desarrollemos, a partir de este comentario, nuestra visión del "fin de los tiempos", según el libro de Daniel y del Apocalipsis de Juan.

En esa línea, para completar el conocimiento del tema, he querido recoger aquí algunos comentarios y estudios sobre el libro de Daniel, desde varias perspectivas exegéticas, teológicas y eclesiales, para que todos los lectores, reformados o católicos, ortodoxos o de las nuevas confesiones evangélicas o pentecostales, puedan sentirse invitados a seguir leyendo y comentando, con C. F. Keil, el libro de Daniel en este siglo XXI:

Bibliografía general actualizada

Asurmendi, J. M. (ed.), *Historia, narrativa, apocalíptica,* Verbo Divino, Estella 2000
Borsch, H.M., *The Son of Man in Myth and History,* SCM, London 1967 137-14
Casey, M., *The Son of Man: The Interpretation and Influence of Daniel 7,* SPCK London 1979
Collins J.J. y P.W. Flint (eds.), *The Book of Daniel: Composition and Reception,* Brill, Leiden 2001
Collins, J.J. *Daniel*, Hermeneia. Minneapolis, MN 1993
Colpe, C., *Ho Uios tou Anthropou,* TDNT 8, 400-477
Delcor, M. *Le livre de Daniel*, Gabalda, Paris 1971
DiTommaso, L., *The Book of Daniel and the Apocryphal Daniel Literature* Brill, Leiden 2005
Hartman, L.F. y A.A. Di Lella, *Daniel,* Doubleday, Garden City NY 1978

Prólogo

Koch, D. *Kapitel 1,1 – 4,34,* Neukirchener V., Neukirchen-Vluyn 2005
Lacocque, A., *Le livre de Daniel,* Delachaux et Niestlé, Neuchâtel 1976; *Daniel et son temps,* Labor et Fides, Genève 1983
Marconcini, B., *Daniele. Nuovo versione, introduzione e commento,* Paoline, Milan 2004
Mowinckel, S., *El que ha de venir. Mesianismo y Mesías,* FAX, Madrid 1975
Newsom, C.A. y B. Breed, *Daniel: A Commentary,* Westminster, Louisville KY 2014
O. Plöger, *Das Buch Daniel,* G. Mohn, Gütersloh 1965
T.L. Holm, *Of Courtiers and Kings: The Biblical Daniel Narratives and Ancient Story-Collections,* Eisenbrauns, Winona Lake IN 2013
van der Woude, A.S. (ed.), *The Book of Daniel in the Light of New Findings,* Peeters, Leuven 1993

X. Pikaza

INTRODUCCIÓN

1. La persona del profeta

El nombre דָּנִיֵּאל o דנאל (Ez 14, 14.20; 28, 3), Δανιηλ, es decir, "Dios es mi juez", o si la י es una *yod compaginis*, "Dios está juzgando", "Dios juzgará" (pero no "juicio de Dios"), ha sido empleado en el Antiguo Testamento para un hijo de David con Abigail (1 Cron 3, 1), para un levita del tiempo de Esdras (Es 8, 2; Neh 10, 6) y para un profeta cuya vida y profecías forman el contenido de este libro. Sobre la vida de Daniel se nos ofrecen los siguientes datos.

Por Dan 1, 1-5 sabemos que Daniel, en el reinado de Joaquín, con otros jóvenes de la "simiente sagrada", de las familias más distinguidas de Israel, fue llevado cautivo a Babilonia por Nabucodonosor, cuando él vino por primera vez contra Jerusalén y la tomó. Sabemos además que, tomando el nombre caldeo de Beltesasar, él pasó tres años adquiriendo el conocimiento de la ciencia y de la educación caldea, a fin de prepararse para servir en el palacio del rey de Babilonia.

No está claro si Daniel pertenecía familia real, o si era solo de una de las familias más distinguidas de Israel, pues no tenemos una información segura de su linaje. La afirmación de Josefo (*Ant* 10, 10, 1), según la cual él era ἐκ τοῦ Σεδεκίου γένους, es probablemente una opinión deducida de Dan 1, 3, y no tiene más apoyo que el de Epifanio (*Adv. Haeres.* 55.3) cuando afirma que su padre se llamaba Σαβαάν, y la del Seudo-Epifanio (*De vita proph.* Cap. 10) cuando añade que nació en Bethhoron de Arriba, no lejos de Jerusalén.

Durante el período en que fueron colocados aparte para su educación, Daniel y sus compañeros, que tenían su misma forma de pensar y se llamaban Ananías, Misael y Azarías, recibieron los nombres caldeos de Sadrach, Mesach y Abed-nego. Con el consentimiento de su preceptor, ellos se abstuvieron de la carne y las bebidas que se les servían de la mesa del rey, a fin de que no volverse impuros por la idolatría, de forma que comían solo legumbres y agua. Su firme adhesión a la fe de sus antepasados fue de tal modo bendecida por Dios que ellos no solo presentaban una apariencia más agraciada que los otros jóvenes que comían de la

Introducción

carne del rey, sino que hicieron tales progresos en su educación que al final de los años de aprendizaje, siendo examinados en la presencia del rey, sobresalieron en mucho al resto de los sabios caldeos de todo el reino (Dan 1, 6-20).

Tras esto, en el segundo año de su reino, habiendo sido turbado en espíritu por un memorable sueño que había soñado, Nabucodonosor llamó a su presencia a todos los astrólogos y caldeos de Babilonia, a fin de que le pudieran aclarar el sueño e interpretarlo. Pero ellos se confesaron incapaces de cumplir su deseo. Pero entonces, en respuesta a su oración, Dios reveló a Daniel el sueño del rey y su interpretación, de manera que pudo aclarárselo.

Por esa razón, Nabucodonosor glorificó al Dios de los judíos, declarándolo Dios de los dioses y revelador de cosas secretar, elevando a Daniel y concediéndole el rango de gobernador sobre la provincia de Babilonia y dirigente supremo de todos los sabios de Babilonia. A petición de Daniel, el rey nombró también a sus tres amigos administradores de la provincia, de manera que Daniel pudo permanecer en el palacio del rey (Dan 2), y así mantuvo este oficio durante todo el reinado de Nabucodonosor, de manera que en un momento posterior él pudo interpretar un sueño de gran importancia, en relación con una calamidad que había de caer sobre el rey (Dan 4).

Tras la muerte de Nabucodonosor parece que Daniel fue privado de su alto cargo, como resultado del cambio de gobierno. Pero el nuevo rey Baltasar, habiendo sido alarmado durante una fiesta tumultuosa por el dedo de una mano humana que escribía en el muro, llamó a los caldeos y astrólogos. Pero ninguno de ellos fue capaz de leer e interpretar aquella misteriosa escritura. En ese momento, la madre del rey indicó que debía llamarse a Daniel para que leyera e interpretara el escrito para el rey, como él lo hizo.

Por haberlo hecho, fue elevado por el rey y nombrado tercer gobernante del reino, es decir, uno de los tres administradores principales del reino (Dan 5). Él siguió manteniendo este oficio bajo Darío, el rey de los medos. Los otros príncipes del imperio y los sátrapas reales quisieron privarle de esa dignidad, pero el Señor le salvó de un modo misterioso (Dan 6), a través de su ángel, liberándole de la boca de los leones; de esa manera, permaneció en su oficio bajo el gobierno del rey persa Ciro (Dan 6, 29).

Durante la segunda mitad de su vida, Dios honró a Daniel con revelaciones relacionadas con el desarrollo del poder del mundo, en sus diversas fases, descubriendo la oposición entre los reinos del mundo y el de Dios, con la victoria del reino de Dios sobre todos los poderes enemigos.

Estas revelaciones se contienen en Dan 7-12, y la última de ellas le fue comunicada en el año tercero del rey Ciro (Dan 10, 1), es decir, es en año segundo después de la promulgación del edicto de Ciro (Es 1, 1), en el que se permitía a los judíos que volvieron a su propia tierra y que reconstruyeran el templo de

Jerusalén. Por eso sabemos que Daniel vivió lo suficiente para ver el comienzo del retorno de su pueblo del exilio.

Pero él no volvió a su tierra nativa en compañía de aquellos que volvieron con Zorobabel y Josué, sino que permaneció en Babilonia, donde acabaron sus días, probablemente poco después de la última de esas revelaciones que Dios le había comunicado, revelaciones que culminaron con el mandato de sellar el libro de las profecías hasta el tiempo del final, y con el don confortable de poder caminar en paz al encuentro de la muerte, esperando la resurrección de los muertos al final de los días (Dan 12, 4. 13).

Si Daniel era un joven (ילד, cf. Dan 1, 4.10), de quince a dieciocho años, en el momento en que fue llevado cautivo a Caldea, y si murió en cumplimiento de la promesa divina que se le reveló el año tercero del rey Ciro (Dan 10, 1), entonces, él debía haber alcanzado la elevada edad de al menos noventa años.

Las afirmaciones de este libro de su nombre, en relación con la justicia y piedad de Daniel y con su maravillosa sabiduría, capaz de revelar cosas escondidas, reciben una poderosa confirmación a través de lo que dice el profeta Ezequiel (Ez 14, 14. 20), que le menciona al lado de Noé y de Job como ejemplo de una vida de justicia, que agrada a Dios. Por su parte, Ez 28, 3 afirma que su sabiduría era superior a la del príncipe de Tiro.

Podemos suponer que Ezequiel realizó la primera de estas afirmaciones catorce años después que Daniel fuera llevado cautivo a Babilonia y la segunda dieciocho años después del comienzo de ese cautiverio, y también que la primera se hizo once años (y la segunda catorce años) después de su elevación al rango de presidente de los sabios caldeos. Según eso no puede sorprendernos el hecho de que la fama de su justicia y de su admirable sabiduría se hubiera extendido tanto entre los exilados judíos que Ezequiel pudiera presentarle como un brillante ejemplo de estas virtudes.

En esa línea debemos tener en cuenta que, en el tiempo del rey Baltasar, Dios le dio una nueva oportunidad para leer e interpretar la misteriosa escritura del muro, mostrando así sus dones proféticas sobrenaturales, en gracia de lo cual Daniel fue elevado por el rey a uno de los rangos más altos de la administración del reino; también debemos recordar que bajo el reinado del rey Darío, el Medo, Dios le liberó de las maquinaciones de sus enemigos, salvándole de las fauces de los leones, de manera que él no solo alcanzó una larga edad, manteniendo su alto oficio, sino que recibió nuevas revelaciones de Dios, en relación con el despliegue del poder del mundo y del Reino de Dios, unas revelaciones que sobresalen por su precisión sobre todas las predicciones de los profetas.

Por todo eso, resulta normal que una vida tan llena de las maravillas del poder y de la gracia de Dios haya atraído no solo la atención de sus contemporáneos, sino que se haya vuelto después de su muerte en motivo de una fuerte atención, como lo muestran las adiciones que su libro ha recibido en la traducción alejandrina de los LXX, en la Agadah posterior judía, adiciones que han sido ampliadas por las Padres de la Iglesia e incluso por los autores musulmanes. Cf. Herbelot, *Biblioth. Orient*, bajo la entrada Daniel, y Delitzsch, *De Habacuci Proph. vita atque aetate*, Leipzig 1842, p. 24ss.

Sobre el fin de la vida de Daniel y su entierro no se sabe nada cierto. La opinión de los afirman que volvió a su patria (cf. Carpzov, *Introd*. III. p. 239s.) tiene tan poco valor histórico como la opinión de los que dicen que murió en Babilonia y que fue enterrado en el sepulcro del rey (Pseud.-Epiph.), o de los que dicen que su tumba estaba en Susa (Abulafia y Benjamin de Tudela).

En oposición directa a los extensos testimonios de la veneración con que se miró al profeta, se ha elevado después la crítica naturalista moderna que, partiendo de su antipatía contra los milagros de la Biblia, sosteniendo que el profeta ni siquiera existió, pues su vida y "trabajos", tal como han sido recordados en el libro de su nombre, son una mera invención de un judío del tiempo de los macabeos, que atribuyó su ficción a Daniel, partiendo del nombre de un héroe desconocido de la antigüedad mítica (Bleek, von Lengerke, Hitzig) o del exilio del tiempo de los asirios (Ewald).

2. Lugar de Daniel en la historia del Reino de Dios

A pesar de que Daniel vivió durante el exilio de Babilonia, él no moró en medio de sus paisanos, que habían sido llevados también a la cautividad, como en el caso de Ezequiel, sino en la corte del supremo mandatario del mundo, y al servicio del Estado. Para comprender en esa perspectiva su trabajo al servicio del Reino de Dios, tendremos, ante todo, que aclarar en lo posible el significado del exilio de Babilonia, no solamente para el pueblo de Israel, sino para las naciones paganas, en elación con el consejo divino de la salvación para la raza humana.

Fijemos ante todo nuestra atención en el significado del exilio para Israel, pueblo de Dios, bajo el Antiguo Testamento. La destrucción del reino de Judá y la deportación de los judíos en la cautividad de Babilonia no solo puso fin a la independencia del pueblo de la alianza, sino también a la continuidad de la constitución del reino de Dios que había sido fundado en el Sinaí. La destrucción del reino no fue solo temporal, sino para siempre, porque ese reino de Judá no fue nunca restaurado en su integridad.

Ciertamente, en la fundación de la Antigua Alianza, a través de la circuncisión, entendida como signo de su pacto con el pueblo escogido, Dios había dado al patriarca Abrahán la promesa de que él establecería su alianza con él y con su descendencia como alianza eterna, de manera que él sería su Dios y les daría la tierra de Canaán como posesión perpetua (Gen 17, 18-19). De un modo consecuente, cuando se estableció esta alianza con el pueblo de Israel por medio de Moisés, los elementos fundamentales de la constitución de la alianza se establecieron como instituciones eternas (חקת עולם).

Esto sucede por ejemplo en las estipulaciones conectadas con la fiesta de pascua, (Ex 12, 14. 17. 24), con el día de la expiación (Lev 16, 29.31. 34) y con otras fiestas (Lev 23, 14. 21. 31. 41) y con las estipulaciones más importantes relacionadas con el ofrecimiento de los sacrificios (Lev 3, 17; 7, 34. 36; 10, 15; Num 15, 15; 18, 8. 11.19) y con los derechos y deberes de los sacerdotes (Ex 27, 21; 28, 34; 29, 28; 30, 21) etc.

Dios cumplió su promesa. Él no solamente liberó a las tribus de Israel de la esclavitud de Egipto con las maravillas de su poder soberano y le dio en posesión la tierra de Canaán, sino que les protegió allí de sus enemigos, y les dio después un rey, llamado David, que les gobernó según su voluntad divina, y les hizo vencer sobre todos sus enemigos, haciendo que Israel fuera un pueblo poderoso y próspero. Más aún, él concedió a David, su siervo, quien después de haber vencido a todos los enemigos del entorno, quería edificar una casa para el Señor, esta gran promesa a fin de que su nombre y reino pudiera permanecer para siempre:

> Cuando se cumplan tus días y reposes con tus padres, yo levantaré después de ti a un descendiente tuyo, el cual procederá de tus entrañas, y afirmaré su reino. Él edificará una casa a mi nombre, y yo estableceré el trono de su reino para siempre. Yo seré para él, padre; y él será para mí, hijo. Cuando haga mal, yo le corregiré con vara de hombres y con azotes de hijos de hombre. Pero no quitaré de él mi misericordia, como la quité de Saúl, al cual quité de tu presencia. Tu casa y tu reino serán firmes para siempre delante de mí, y tu trono será estable para siempre (2 Sam 7, 12-16).

Según eso, tras la muerte de David, cuando su hijo Salomón edificó el templo, vino sobre él la palabra del Señor y le dijo: "Si caminas en mis estatutos, y pones por obra mis decretos, y guardas todos mis mandamientos andando de acuerdo con ellos, yo cumpliré contigo mi palabra, la que hablé a tu padre David: Habitaré en medio de los hijos de Israel, y no abandonaré a mi pueblo Israel" (1 Rey 6, 12-13).

Una vez finalizada la construcción del templo, la Gloria del Señor lleno la Casa, y Dios se apareció por segunda vez a Salomón, renovando su promesa: "Si andas delante de mí como anduvo tu padre David, con integridad de corazón y con rectitud, haciendo todas las cosas que te he mandado y guardando mis leyes y mis decretos... entonces estableceré para siempre el trono de tu reino sobre Israel, como prometí a tu padre David" (1 Rey 9, 4-5).

El Señor fue fiel a esta palabra que él había dado al pueblo de Israel y a la descendencia de David. Ciertamente, cuando en su ancianidad, por influencia de sus mujeres extranjeras, Salomón fue inducido a introducir la adoración de ídolos, Dios visitó la casa del rey con castigos, permitiendo la rebelión de las diez tribus,

Introducción

tal como aconteció después de la muerte de Salomón. Pero, a pesar de ello, Dios concedió a Roboam, hijo de Salomón, el reino de Judá y Benjamín, con la capital Jerusalén y el templo, y le conservo este reino, a pesar de la rebelión contante del rey y del pueblo, que se inclinaban a la idolatría, incluso después que los asirios hubieran destruido el reino de las diez tribus, que fueron llevadas a la cautividad.

Pues bien, a lo largo de su historia, también el reino de Judá llenó la medida de su iniquidad, a través de la maldad de Manasés, haciendo que recayera sobre ellos el juicio de la destrucción del reino, de manera que sus habitantes fueron llevados cautivos a Babilonia.

En su último discurso y advertencia dirigida al pueblo, condenando su continua apostasía del Señor su Dios, entre otros castigos que caerán sobre ellos, Moisés les amenaza con este último: El mismo Dios les "visitaría", les condenaría, mandándoles al exilio. Esta amenaza fue repetida por todos los profetas; pero, al mismo tiempo, siguiendo el ejemplo de Moisés, ellos anunciaron al pueblo pecador que el Señor ofrecería de nuevo su favor a los que fueran arrojados al exilio, en el caso de que ellos, humillados por sus sufrimientos, retornaran a él nuevamente. Así les prometió que les reuniría de nuevo de los países paganos y les llevaría otra vez a su tierra, y les renovaría con su Espíritu y que restituiría para ellos de nuevo, en toda su Gloria, el reino de David, bajo el Mesías.

En esa línea, Miqueas no solo profetizó la destrucción de Jerusalén y del templo, diciendo que las hijas de Sion serían llevadas al cautiverio (Miq 3, 12; 4, 10), sino que les profetizó también el perdón, diciendo que retornarían de Babilonia, de manera que se restauraría el dominio antiguo de las hijas de Jerusalén. Miqueas anunció así la victoria de las hijas de Sion sobre todos los enemigos, bajo el cetro o poder de aquel Gobernante que nacería en Belén, y anunció también la exaltación de la montaña de la Casa del Señor sobre todas las montañas y colinas, en los últimos días (Miq 5, 1; 4, 1).

También Isaías (Is 40-66) anunció la liberación de Israel, que saldría de Babilonia, y que edificaría de nuevo las ruinas de Jerusalén y de Judá, y que glorificaría de nuevo a Sion, a través de la creación de unos cielos nuevos y de una tierra nueva. De un modo semejante, al comienzo de la catástrofe caldea, Jeremías anunció al pueblo que se había vuelto maduro para el juicio no solo el cautiverio en Babilonia, por obra de Nabucodonosor, y la duración del exilio a lo largo de setenta años, sino que profetizó también la destrucción de Babilonia tras el final de los setenta años, y el retorno del pueblo de Judá y de Israel (de aquellos que sobrevivieran), con la vuelta a la tierra de su padres, la reconstrucción de la ciudad desolada y la manifestación de la gracia de Dios, que vendría sobre ellos, a través del establecimiento de una nueva alianza, pues Dios escribiría su ley en sus corazones y les perdonaría sus pecados (Jer 25, 9-12; 31, 8-34).

Conforme a todo esto, resulta claro que la abolición de la teocracia de Israel a través de la destrucción del reino de Judá y del exilio del pueblo por mano de los caldeos, a consecuencia de su continua infidelidad y de la transgresión de las leyes de la alianza por parte de Israel era algo que se hallaba previsto en los consejos de gracia de Dios (que seguiría bendiciendo a su pueblo).

En esa línea era claro que por el exilio no se destruía la duración perpetua del pacto gratuito de Dios en cuanto tal, sino que cambiaba la forma de expresarse su reino de Dios, a fin de remover o destruir a los miembros perversos del pueblo que, a pesar de todos los castigos que habían caído sobre ellos, no se habían convertido decididamente de su idolatría, aún después que hubiera sido cumplido el más severo de los juicios con que habían sido amenazados. Ese juicio consistía en exterminar por la espada, por el hambre y la peste (y por otras calamidades) a la masa incorregible del pueblo, a fin de preparar así a la mejor porción de los judíos, es decir, al resto arrepentido, como semilla sagrada a partir de la cual Dios podría realizar las promesas de la alianza.

Según eso, el exilio constituye un momento de cambio fundamental en el desarrollo del reino de Dios, que el mismo Dios había fundado en Israel. Con ese acontecimiento (el exilio) terminaba el tipo de teocracia que Dios había establecido en el Sinaí, para comenzar el período de transición a una forma nueva, que debía ser establecida por Cristo, y que de hecho lo ha sido con la llegada de la Iglesia. Según eso, el pueblo de Dios no iba a formar ya un reino de la tierra, ocupando su lugar entre otros reinos de las naciones, pues ese tipo de reino político no fue ya restaurado después que terminaron los setenta años de desolación de Jerusalén y de Judá, que habían sido profetizados por Jeremías, porque la teocracia del Antiguo Testamento había merecido este fin y así terminó con el exilio.

El Señor Dios había mostrado día tras día no solo que él era el Dios de Israel, un Dios misericordioso y compasivo, que mantenía su alianza con aquellos que le temían y caminaban según sus mandamientos y sus leyes, un Dios que podía hacer que su pueblo fuera grande y glorioso, un Dios que tenía el poder de protegerles de los enemigos. Él había mostrado también que era un Dios poderoso y celoso, que castiga según su iniquidad a los que blasfeman contra su santo nombre, un Dios que es capaz de cumplir sus amenazas, lo mismo que sus promesas de salvación.

Era necesario que el pueblo de Israel conociera por experiencia que la transgresión del pacto y el abandono del servicio de Dios no conduce a la salvación, sino que hace que el pueblo se dirija hacia su ruina. El pueblo debía saber que la liberación del pecado y la vida de salvación y felicidad solo puede hallarse en el Señor, que es rico en gracia y fidelidad, y solo puede alcanzarse caminando humildemente según sus mandamientos.

La restauración del Estado Judío tras el exilio no fue un re-establecimiento del Reino de Dios del Antiguo Testamento. Cuando Ciro concedió libertad a los judíos para volver a su tierra antigua, y cuando les mandó que reedificaran el templo de Yahvé en Jerusalén, solo retornó un pequeño grupo de cautivos; la mayor parte permaneció dispersa entre las naciones paganas. Incluso aquellos que volvieron a su patria, desde Babilonia a Canaán, no quedaban libres de la sujeción al poder mundial pagano, de manera que, en la tierra que el Señor había dado a sus antepasados, siguieron siendo siervos de ese poder

Ciertamente, fueron restauradas las murallas ruinosas de Jerusalén y las ciudades de Judá, y fue reedificado también el templo, y se renovó la ofrenda de los sacrificios; pero la gloria del Señor no volvió a entrar en el nuevo templo, que ya no tenía tampoco el arca de la alianza, ni el trono de misericordia de Dios, de manera que no se le podía considerar como lugar de presencia gratificante entre su pueblo. Según eso, después de la cautividad, el culto del templo de los judíos, carecía de "alma", pues no había una presencia real del Señor en el santuario.

El Sumo Sacerdote no podía ya entrar ante el trono de gracia de Dios, en el Santo de los Santos, para ungir el Arca de la Alianza con la sangre redentora del sacrificio, para así realizar la reconciliación de la congregación con su Dios, ni podía ya revelarse la voluntad de Dios por medio de los Urim y Tummim, pues habían sido destruidos para siempre en el momento de la toma de Jerusalén por los babilonios.

Cuando Nehemías concluyó la restauración de las murallas de Jerusalén cesó la profecía, terminaron las revelaciones de la Antigua Alianza y comenzó, sin que hubiera ya profecía, el período de la expectación del liberador prometido, de la descendencia de David. Cuando el liberador apareció en Jesucristo, y los judíos no le reconocieron como su salvador, sino que le rechazaron y le condenaron a muerte, de manera que llegó la destrucción de Jerusalén y del templo por los romanos, ellos fueron finalmente dispersados a lo ancho de todo el mundo, y desde ese día viven en un estado de alejamiento de la presencia de Dios, hasta que ellos retornen a Cristo, de forma que por su fe en él puedan entrar nuevamente en el reino de Dios y ser bendecidos.

El arco de tiempo de 500 años que van del final de la cautividad babilónica a la aparición de Cristo puede considerarse como el último período de la alianza antigua solamente porque en perspectiva temporal precede a la fundación de la nueva alianza en Cristo. Pero, en realidad, para aquella parte del pueblo judío que había retornado a Judea no implicaba ninguna liberación respecto al sometimiento bajo el poder de los paganos, ni implicaba una restauración del Reino de Dios, sino que aquel era solo era el tiempo en que Israel se estaba preparando para recibir al Liberador que debía venid desde Sión.

En ese aspecto, este período podía compararse con los cuarenta, o más precisamente con los treinta y ocho años de peregrinación de Israel en el desierto arábigo. Así como Dios no había retirado todos los signos de su graciosa alianza, para así negárselos del todo a la raza condenada a morir en el desierto, sino que les guiaba con la columna de nube y de fuego, y les dio el maná para comer, de igual forma, ese mismo Dios concedió su gracia a aquellos que habían vuelto de Babilonia a Jerusalén para reconstruir el templo y para restaurar el servicio sacrificial, a fin de que ellos se prepararan para la manifestación de aquel que debería edificar el verdadero templo y realizar la reparación eterna a través de la ofrenda de su propia vida como sacrificio por los pecados del mundo.

Los profetas anteriores a la cautividad pensaron que la liberación de Israel de Babilonia y su retorno a Canaán se identificaría de un modo inmediata, con el establecimiento del reino de Dios en su gloria (en la misma tierra) sin dar ninguna indicación de que entre el fin del exilio de Babilonia y la aparición del Mesías vendría a introducirse un largo período de tiempo; esta forma de unir los dos acontecimientos no ha de explicarse solo desde la perspectiva del carácter *apotelesmático* de la profecía (que presenta el fin como algo que va a cumplirse inmediatamente), sino que se fundamenta en la misma naturaleza de las cosas.

Según eso, el ojo interior del vidente (profeta) solamente contempla las cumbres elevadas de los acontecimientos históricos, tal como se le muestran así en general, sin fijarse en los valles de los incidentes normales de la historia, que se extienden entre algunas de esas montañas. Esto pertenece al carácter fundante de la profecía, y a partir de aquí se entiende el hecho de que, por lo general, ellas no ofrecen fechas fijas y de esa forma vinculan apotelesmáticamente los puntos de la historia que abren el camino hacia el final con el mismo final, como si fuera contemporáneos. Esta peculiaridad formal de la contemplación profética no debe llevarnos a dudar de la verdad misma del mensaje de las profecías. El hecho de unir la gloria futura del Reino de Dios bajo el Mesías con la liberación de Israel del exilio tiene una perfecta veracidad interna.

El hecho de que el pueblo de la alianza haya sido expulsado de la tierra del Señor y haya sido sometido por los pecados al exilio, fue no solo el último de aquellos juicios con los que Dios había amenazado a su pueblo degenerado, sino que ese juicio continúa cumpliéndose hasta que los perversos rebeldes sean exterminados, y los penitentes se hayan convertido con sincero corazón al Señor Dios, siendo salvados por Cristo. De un modo consecuente, el exilio fue para los judíos el último espacio para el arrepentimiento que Dios les concedía por su fidelidad a la alianza.

Todos aquellos que no se arrepientan ni se reformen por ese severo castigo, sino que continúen oponiéndose a la voluntad gratuita de Dios, caerán bajo el juicio de la muerte. Solo aquellos que se vuelvan al Señor, su Dios y Salvador, serán salvados, reunidos de entre los paganos, vinculados con los vínculos de la alianza, a través de Cristo, compartiendo las riquezas prometidas de la gracia, en su Reino.

Pero con el exilio de Israel en Babilonia comenzó también un punto de inflexión fundamental para la historia futura de las naciones. Mientras Israel vivía dentro de las fronteras de su propia tierra separada, como un pueblo particular, bajo la guía inmediata de Dios, las naciones paganas que vivían en su entorno tuvieron diversos conflictos con los israelitas, y Dios les utilizaba como una vara de castigo para corregir a su pueblo rebelde. Aunque esas naciones estaban en general enfrentadas entre sí, estando también separadas unas de las otras, cada una se desarrolló a sí misma conforme a sus propias tendencias, sin relación interna.

Por otra parte, desde tiempo antiguo, los grandes reinos del Nilo y del Eufrates habían luchado por siglos para ampliar su poder, convirtiéndose en poderes mundiales. Por su parte, los fenicios de la costa del mar Mediterráneo se dedicaron al comercio buscando la forma de enriquecerse con los tesoros de las tierras del entorno. En este desarrollo, tanto las naciones más pequeñas como las más grandes aumentaron gradualmente su poder. Dios permitió que cada una de ellas siguiera su propio camino, y les concedió muchas cosas buenas, de forma que pudiera buscar al Señor y pudieran sentirse felices con él, y así alcanzarle. Pero el principio del pecado que habitaba dentro de ellas había envenenado su desarrollo natural, de manera que se fueron separando más y más del Dios vivo y del bien duradero, hundiéndose de manera cada vez más profunda en todo tipo idolatría e inmoralidad, de manera que fueron avanzando rápidamente hacia su destrucción.

Entonces, Dios comenzó a zarandear a las naciones del mundo a través de sus grandes juicios. Los caldeos se elevaron a sí mismos, bajo la dirección de líderes enérgicos, convirtiéndose en un poder mundial, que no solo superó al reino de Asiria y subyugó a las naciones menores del entorno asiático, sino que sometió bajo su poder a los fenicios y los egipcios, poniendo bajo su dominio a todos los pueblos civilizados del oriente. Con la monarquía fundada por Nabucodonosor comenzaron los grandes poderes mundiales que se sucedieron unos a los otros, en rápida sucesión, sin intervalos muy largos, hasta que surgió el poder mundial de Roma, bajo el que quedaron sometidas todas las naciones civilizadas de la antigüedad, de manera que, con la aparición de Cristo, vino a culminar el mundo antiguo.

Estos poderes mundiales, que se destruían unos a los otros, dejando cada uno lugar para los siguientes, después de una breve existencia contribuyeron, por un lado, a que las naciones conocieran la falta de poder y la vanidad de sus ídolos, enseñándoles la naturaleza pasajera y la vanidad de toda la grandeza y gloria humana; y por otro lado esa historia puso límites al establecimiento y triunfo de las diferentes naciones, cada una con sus intereses separados.

De esa manera se impidió la deificación de las particularidades nacionales en el campo de la educación, de la cultura, del arte y de la ciencia, y así, a través de la expansión del idioma y de las costumbres del pueblo física o intelectualmente dominante, por encima de las diversas nacionalidades integradas en su imperio, se preparó el camino para superar el aislamiento particular de las tribus, separadas unas de las otras, por lengua y costumbres, a fin de que todas las naciones dispersas de la raza humana pudieran reunirse en una familia universal. De esa manera, esos imperios universales abrieron el camino para la revelación del plan divino de la salvación para todos los pueblos, mientras que se iba destruyendo la fe de los paganos en sus dioses, se arruinaban los frágiles soportes de la religión pagana y de esa forma iba creciendo el deseo de la venida del Salvador que les liberara del pecado, de la muerte y de la destrucción.

Pero Dios, Señor de cielo y tierra, reveló a los paganos su eterna divinidad y su divina esencia invisible, no solo a través de su gobierno todopoderoso, disponiendo los asuntos de su historia, sino que también él mismo, a través de cada gran acontecimiento, en el desarrollo histórico de la humanidad, anunció su voluntad a través de aquel pueblo al que había elegido como depositario de su salvación. Ya los patriarcas, a través de sus vida y de su temor de Dios, habían anunciado a los cananeos el nombre del Señor, y lo hicieron de un modo tan preciso que fueron conocidos como los "príncipes de Dios" (Gen 23, 6), y de esa forma ellos le conocieron como Dios supremo, creador de cielo y tierra (Gen 14, 19. 22).

De esa manera, cuando Moisés fue enviado al Faraón para anunciarle la voluntad de Dios, en relación a la salida del pueblo de Israel de Egipto, y cuando el faraón se negó a escuchar la voluntad de Dios, su tierra y su pueblo fueron azotados por las maravillas de la omnipotencia divina, de manera que los egipcios no solo aprendieron a temer al Dios de Israel, sino que el temor y temblor de Dios se extendió también sobre los príncipes de Edom y de Moab, y sobre todos los habitantes de Canaán (Ex 15, 14).

Después, cuando Israel llegó a las fronteras de Canaán y el rey de Moab, en unión con el príncipe de Madián, llamó de Mesopotamia al famoso adivino Balaam, para que destruyera al pueblo de Dios con su maldición, Balaam fue obligado a predecir al rey y a sus consejeros, según la voluntad de Dios, el victorioso poder de Israel sobre todos sus enemigos, y la sumisión de todas las naciones paganas (Num 22-14). En las etapas siguientes, el Señor Dios se mostró a las naciones, siempre que ellas atacaran a Israel en contra de su voluntad, como el Dios todopoderoso que puede destruir a sus enemigos.

Incluso los prisioneros de guerra israelitas fueron un medio para que el gran nombre del Dios de Israel fuera conocido a los paganos, como puede verse por la historia de la curación de Naamán el sirio, por medio de Eliseo (2 Rey 5). Este conocimiento del Dios vivo y todopoderoso se extendió aún más en el extranjero, entre los paganos, a través de la cautividad de las tribus de Israel y de Judá en Asiria y Caldea.

Y precisamente para preparar por medio del exilio al pueblo de Israel así como al conjunto de los paganos para la aparición del salvador de todas las naciones y para la recepción del evangelio, el Señor envió a los profetas, que no solamente predicaron su ley y su justicia entre el pueblo de la alianza dispersados entre las naciones, haciendo así que se conociera más extensamente el consejo de su gracia, sino que, por palabra y obra, dieron testimonio de la omnipotencia y gloria de Dios, el Señor de cielo y tierras, ante los gobernante paganos del mundo. Esta es la misión que realizaron Ezequiel y Daniel.

Introducción

Dios colocó al profeta Ezequiel entre sus paisanos exilados como un vigía sobre la casa de Israel, a fin de que él pudiera aconsejar a los impíos, proclamando ante ellos de un modo continuo el juicio que les esperaba, y que caería sobre ellos, destruyendo sus vanas esperanzas de una rápida liberación del cautiverio y de una vuelta a su tierra. Al mismo tiempo él recibió el encargo de testificar ante los temerosos de Dios, que estaban aplastados bajo el peso de su opresión, con el riesgo de dudar de la fidelidad de Dios al pacto, el cumplimiento cierto de las predicciones de los profetas anterior y la restauración y cumplimiento del Reino de Dios.

Pues bien, Dios encargó a Daniel una acción distinta de la de Ezequiel. Su deber era proclamar ante el trono de los gobernantes de este mundo la gloria del Dios de Israel como Dios del cielo y de la tierra, en oposición a los falsos dioses; Dios le encargó que anunciara a los que estaban investidos de dominio en este mundo el sometimiento de todos los reinos de la tierra bajo el reino siempre duradero de Dios; y a su propio pueblo debió anunciarle la continuación de sus aflicciones bajo la opresión del poder del mundo, así como el cumplimiento de los consejos de gracia de Dios, a través de la superación de todos los pecados, con el establecimiento de una justicia que duraría para siempre, con el cumplimiento de las profecías y el establecimiento del Reino del Santo de los Santos.

3. Contenido y distribución del libro de Daniel

El libro (Dan 1) comienza con el relato de la llegada de Daniel a Babilonia y con su nombramiento y educación para el servicio en la corte del rey de los caldeos, a través de un curso de tras años, aprendiendo la literatura y sabiduría de los caldeos, con su entrada en la administración del palacio del rey. Esta narración, que concluye en Dan 1, 21, indica que Daniel continuó en este oficio hasta el primer año del rey Ciro, y aún más, mostrando su firme fidelidad a la ley del verdadero Dios y su capacidad superior de descubrir el sentido de los sueños y de las visiones, capacidad que él recibió por razón de su fe en Dios.

En ese contexto se mencionan también los tres compañeros, semejantes a él, que estuvieron a su lado. Este pasaje ha de tomarse como una introducción histórico-biográfica al libro, para mostrar que, bajo la guía divina, Daniel, en unión a sus tres amigos, estaba siendo preparado con la finalidad de que, al acabar la preparalción, como profeta en la corte de los soberanos del mundo, él pudiera dar testimonio de la omnipotencia y de la infalible sabiduría del Dios de Israel, como lo muestran los siguientes capítulos del libro.

- *Dan 2* contiene un memorable sueño de Nabucodonosor, que ninguno de los sabios caldeos pudo declarar ni interpretar. Pero, respondiendo a su oración, Dios mostró a Daniel que podía declarar e interpretar

la visión que él rey había tenido en sueños, representando los cuatros poderes mundiales y su destrucción por el reino eterno de Dios.
- *Dan 3* describe la maravillosa liberación de los tres amigos de Daniel del terrible horno ardiente en el que habían sido arrojados, a causa de que ellos no quisieron inclinarse ante la imagen de oro que Nabucodonosor había erigido.
- *Dan 4* (en el texto hebreo: 3, 31-4, 34) contiene un edicto promulgado por Nabucodonosor a todos los pueblos y naciones de su reino, en el que les hace conocer un admirable sueño que había sido interpretado para él por Daniel, y que se cumplió en su vida a través de una locura temporal —se le había dado un corazón de bestia como castigo por su orgullosa auto-deificación— de la que pudo recuperarse, después de haberse humillado bajo la todopoderosa mano de Dios.
- *Dan 5* menciona una maravillosa inscripción, que apareció en el muro durante un tumultuoso banquete, una mano que fue vista escribiendo por el rey Baltasar, e interpretada por Daniel.
- *Dan 6* cuenta la milagrosa liberación de Daniel de la fosa de los leones donde le había arrojado el rey medo Darío, porque, a pesar de la prohibición del rey él había continuado orando a su Dios.

Los siguientes capítulos contienen visiones y revelaciones divinas relacionadas con el desarrollo de los poderes del mundo y del reino de Dios manifestadas al profeta.

- *Dan 7* expone una visión en la que, bajo la imagen de cuatro bestias feroces saliendo del mar turbado, han quedado representados los cuatro poderes mundiales, siguiendo el uno al otro; también queda revelado en ese capítulo el juicio que ha de recaer sobre esos poderes.
- *Dan 8* contiene una visión de dos poderes mundiales, uno el medopersa, el otro el griego, bajo la imagen de un carnero y de un macho cabrío, respectivamente, con la visión del gran enemigo, el desolador del santuario y del pueblo de Dios, surgiendo del último reino nombrado.
- *Dan 9* expone la revelación de las setenta semanas destinadas para el desarrollo y la culminación del reino de Dios, revelación que Daniel recibe como respuesta a su intensa oración pidiendo el perdón de su pueblo y la restauración de Jerusalén.
- Finalmente, *Dan 10-12* contiene una visión, recibida el tercer año del reinado de Ciro, con nuevas revelaciones sobre los dos poderes mundiales, el de los persas y el de los griegos, con las guerras del reino del norte y el del sur, surgidos ambos del último de esos poderes, para alcanzar la autoridad y dominio supremo sobre la Tierra Santa. En ese contexto habla de la opresión que recaerá sobre los Santos del Altísimo

en el tiempo del final, con la destrucción del último enemigo bajo el golpe del juicio divino, y la culminación del Reino de Dios, con la resurrección de la muerte de algunos para la vida perdurable y la de otros para la vergüenza y el desprecio también perdurable.

El libro ha sido ordinariamente dividido en dos partes, cada una de las cuales contiene seis capítulos (cf., por ejemplo: Ros., Maur., Hvern., Hitz., Zndel, etc.). Los seis primeros se toman como históricos y los seis restantes como proféticos. La primera parte del libro suele llamarse "libro de historia" y la segunda "libro de visiones".

Pero esta división no responde ni al contenido ni el esquema formal del libro. Si tomamos por ejemplo el capítulo uno y lo relacionamos con el conjunto del libro, no tenemos ninguna razón para tomar el sueño de Nabucodonosor, con la imagen de las varias monarquías (Dan 2), cuya interpretación fue revelada a Daniel en una visión nocturna (Dan 2, 19), como una narración histórica, mientras que la visión en sueños en la que Daniel contempla los cuatros poderes del mundo simbolizados por bestias feroces, según la interpretación del ángel, sería una visión profética, porque el contenido de esos dos capítulos es sustancialmente el mismo.

El hecho de que Dan 2 narre de un modo especial la forma en que los sabios caldeos, convocados por Nabucodonosor, no pudieron ni contar ni interpretar su sueño, de manera que por eso fueron amenazados de muerte, y parcialmente castigados, no nos permite afirmar que el sueño y su contenido, que fue revelado a Daniel en una visión nocturna, no tuviera el carácter de profecía. Por otra parte, el hecho de que Dan 7 está escrito en lenguaje caldeo y de que Daniel habla en tercera persona (Dan 7, 1-2) vincula naturalmente ese capítulo con los anteriores (Dan 2-6), y lo separa de los que siguen, en los que Daniel habla en primera persona y utiliza el idioma hebreo.

Por ese motivo, con Aub., Klief., y Kran., debemos tomar Dan 2, que está escrito en Caldeo, como perteneciente a la primera parte del libro (es decir, a Dan 2-7), mientras que Dan 8-12, capítulos que están escritos en hebreo, forman la segunda parte del libro. Para justificar esta división deberemos realizar un examen más preciso del contenido de las dos partes del libro. Kranichfeld (*Das Buch Daniel erklärt*) explica así la distinción entre las dos partes.

(a) La primera presenta el desarrollo sucesivo de todo el poder mundial pagano, y su relación con Israel, hasta el tiempo del reino mesiánico (Dan 2 y 7), pero se fija de un modo particular en el período que transcurre entre el comienzo de este desarrollo, es decir, en los reinos paganos que se sitúan más cerca del exilio, es decir, en el reino de los caldeos y en el de los medos, que conquistaron ese reino de los caldeos.

(b) Por el contrario, la segunda parte (Dan 8-12), dejando ya el reino de los caldeos, trata del desarrollo del poder pagano hacia el tiempo de su fin, ocupándose solo de la forma javánica (griega) de que muestra ese poder, para ocuparse del reino de los medos y los persas solamente en la medida en que precede al despliegue del poder de Javán (Grecia).

Pero, dejando a un lado esta explicación de los reinos mundiales de Kranichfeld, que no podemos compartir, esta visión de las dos partes del libro pasa totalmente por alto el contenido de Dan 9, pues este capítulo no trata del desarrollo del poder mundial pagano, sino del reino de Dios y del tiempo de su consumación, tal como han sido determinada por Dios (el tema de los tiempos y semanas).

Si miramos de un modo más preciso el contenido de la primera parte del libro, encontramos una interrupción del orden cronológico que está en el fondo del libro, pues los acontecimientos de Dan 6, que pertenecen al tiempo del rey medo Darío, vienen situados antes de las visiones de Dan 7 y Dan 8, en el año primero y tercero del rey caldeo Baltasar. El hecho de que Dan 6 se coloque antes y Dan 7 y 8 después se debe sin duda a que el autor quiere poner primer los acontecimientos históricos de un tipo, para ofrecer después las visiones de Daniel, sin ningún tipo de interrupción. Desde ese fondo se entiende el hecho de que el libro haya sido dividido en dos partes, una histórica y otra profética.

Para descubrir la verdadera división del libro, debemos comenzar precisando el significado de los incidentes históricos recogidos en Dan 3-6, a fin de que podamos determinar su relación con las visiones de Dan 2 y Dan 7. Los dos capítulos que están en el centro de Dan 3-6 (es decir, Dan 4-5) se parecen en esto a Dan 2, pues hablan de revelaciones dirigidas a dos dueños del poder del mundo, revelaciones que tratan del juicio que ellos mismos han suscitado por su gran orgullo y por la violencia suscitado contra el santuario del Dios viviente.

A Nabucodonosor, fundador del poder mundial, que se había enorgullecido (cf. Dan 4) por haber edificado la gran ciudad de Babilonia como residencia real por su gran poder, le fue revelado en un sueño que él sería arrojado de su altura y abajado entre las bestias del campo, hasta que aprendiera y reconociera que solo el Altísimo domina sobre los reinos de los hombres. Al rey Baltasar (Dan 5), en medio de un banquete desenfrenado, en el que profanaba los vasos sagrados del templo santo de Jerusalén, le fue revelada su muerte y la destrucción de su reino, a través de unas palabras escritas a mano en el muro. En ambos casos, Daniel tuvo que explicar a esos reyes la revelación divina que se cumpliría poco después.

Los otros dos capítulos (Dan 3 y 6) muestra los intentos de los gobernantes del mundo para obligar a los siervos del Señor a que les ofrecieran reverencia a ellos y a sus imágenes, y la forma maravillosa por la que Dios liberó de la muerte a los fieles confesores de su nombre. Estos cuatros acontecimientos (de Dan 3-6) tienen, además de su valor histórico, una importancia profética: Ellos muestran la forma en que los soberanos del mundo, cuando ellos utilizan mal su poder, en una línea de idolatría de sí mismos, en oposición al Señor y a sus siervos, serán humillados y derribados por Dios, mientras que, por el contrario, los auténticos confesores del Nombre de Dios, serán maravillosamente protegidos y elevados.

A fin de presentar este significado profético, Daniel ha recogido esos acontecimientos e incidentes en su libro. Además, por razones cronológicas y de contenido ha introducido Dan 2 y Dan 7 entre esas visiones, para precisar de manera más clara el lugar que el poder del mundo ocupa en relación con el Reino de Dios. En esa línea, toda la primera parte del libro (Dan 2-7) trata del poder del mundo y de su desarrollo en relación con el reino de Dios.

Y así podemos decir con Kliefoth[1] que "Daniel 2 ofrece una visión de conjunto de la evolución histórica del poder del mundo, una visión que Dan 7 ha desarrollado de un modo conjunto al final de esta primera parte de su libro. Por su parte, los capítulos intermedios (Dan 3-6) muestran con ejemplos concretos la naturaleza y sentido del poder del mundo, y su forma de actuar, en oposición al pueblo de Dios".

Si fijamos ahora nuestra atención en la segunda parte (Dan 8-12) descubriremos que las visiones de Dan 8 y 10-12 profetizan opresiones del pueblo de Dios por parte de un poderoso enemigo de Dios y de sus santos, que surgirá del tercer reino mundial. Desde ese fondo Auberlen[2] distingue las dos partes del libro. *La primera parte del libro* desarrolla y presenta una visión de todo el desarrollo de los poderes mundiales desde un punto de vida de la historia universal, mostrando la forma en que el Reino de Dios triunfará al final sobre todos ellos. Por el contrario, sigue diciendo Auerleben, *la segunda parte* sitúa ante nuestros ojos el despliegue de los poderes mundiales en su relación con Israel, en un futuro próximo, antes de la aparición ya predicha (cf. Dan 9) de Cristo en la carne.

Pero esta manera de presentar la distinción entre las dos partes del libro no responde a lo que dice Dan 9, 24-27 sobre la primera aparición de Cristo en la carne, ni a lo que Dan 11, 36-12, 7 profetiza sobre el Anticristo. En contra de esa visión de Auberlen, como Klief. ha puesto justamente de relieve, la segunda parte trata del Reino de Dios y de su desarrollo en relación con el poder del mundo.

> Como Dan 2 forma el punto central de la primera parte de Daniel, así Dan 9 constituye el centro de la segunda, reuniendo todo su argumento. Y como Dan 2 presenta toda la evolución histórica de los poderes del mundo desde los días de Daniel hasta el final, así, por otra parte, Dan 9 presenta toda la evolución histórica del reino de Dios desde los días de Daniel hasta el final.

Pues bien, la visión que precede a Dan 9 (esto es, la de Dan 8), y la que sigue (cf. Dan 10-12), predice una incursión violenta de un enemigo insolente que surgirá del reino mundial de Javán (Grecia), oponiéndose al reino de Dios. Pero ese reino

---

1. *Das Buch Daniels übers. u. erkl.*
2. *Der Proph. Daniel u. die Offenb. Johannis*, 2ª ed. p. 38.

perverso que brota de Javán acabará siendo destruido, en el tiempo fijado por Dios. En esa línea, como muestra una comparación de Dan 8 y Dan 7, y de Dan 11, 21-35 y Dan 11, 36-44 (con Dan 12, 1-3) habrá un asalto del último enemigo, en el que se centra la violencia del cuarto poder mundial (alcanzando su más alta hostilidad en contra del reino de Dios), pero la violencia de ese poder será también destruida en el juicio del final.

Estas dos visiones, la segunda de las cuales no es más que un desarrollo posterior de la primera, no hacen otra cosa que mostrar al pueblo de Dios que las guerras y opresiones con las que han de enfrentarse en un tiempo cercano y en un futuro remoto para su santificación y para la confirmación de su fe, hasta el cumplimiento final del reino de Dios por la resurrección de los muertos y el juicio del mundo, sirven al mismo tiempo para fortalecer a los verdaderos siervos de Dios con seguridad de una victoria final en medio de estos duros conflictos. La forma en que aparecen las profecías se encuentra también en armonía con esta visión de los contenidos del libro.

En la primera parte, que se ocupa de los poderes del mundo, el receptor de la revelación es *Nabucodonosor*, el fundador del primer poder mundial. A él se le comunica no solo la profecía relacionada con él de un modo personal (Dan 4), sino también aquella en la que se despliega todo el desarrollo del poder del mundo (Dan 2). Por su parte, a Daniel se le ofrece solo la revelación que trata de la relación del poder del mundo, en su desarrollo, con el reino de Dios, de manera que esa nueva revelación sirve, en cierto sentido para confirmar la comunicada a Nabucodonosor. También *Baltasar*, como portador del poder del mundo recibe una revelación de Dios (Dan 5). Por el contrario, en la segunda parte, que expone el desarrollo del reino de Dios, es solo Daniel, que "por nacimiento y fe es un miembro del reino de Dios", es quien puede recibir una profecía. Con esto concuerda el cambio de idioma del libro.

La primera parte (Dan 2-7) trata del poder del mundo y de su desarrollo, y está escrita en caldeo, que era entonces el idioma de los poderes del mundo. La segunda parte (Dan 8-12) trata del reino de Dios y de su desarrollo, como lo muestra Dan 1, donde se expone la forma en que Daniel, siendo israelita, fue llamado para ser un profeta de Dios, está escrita en hebreo, que es el lenguaje del pueblo de Dios. Vemos según eso que el motivo que exponen las dos partes del libro es la fortuna del poder del mundo (parte primera) y el desarrollo del reino de Dios (parte segunda) (cf. Auberlen, p. 39 y Klief. p. 44)[3].

3. Kranichfeld (*Das Buch Daniels*, p. 53) intenta explicar este cambio entre el hebreo y el caldeo (arameo) suponiendo que el decreto de Nabucodonosor (Dan 3, 31 [4, 1 ss] a su pueblo y también la conversación con los caldeos (Dan 2, 4-11) estaban escritos originalmente en arameo, y que, partiendo de aquí, el autor se vio obligado a utilizar este idioma a lo largo de una parte de su libro, como pasaba también en Esdras (cf. Dan 4, 23). Este uso continuo del idioma arameo en una parte del libro se explicaría de un modo suficiente, si el libro hubiera sido compuesto en una época

Introducción

Por estas razones, hemos llegado a la certeza de que el libro de Daniel forma un todo orgánico, como se reconoce actualmente, de un modo general, y así podemos afirmar que fue compuesto por un profeta, conforme a un plan que responde a una iluminación superior.

4. Autenticidad del libro de Daniel

Por su contenido histórico y profético, el libro de Daniel responde a las circunstancias del tiempo en que surgió, conforme a sus propias afirmaciones, y también al lugar que el receptor de la visión, que era el profeta de su nombre (Dan 7, 2; 8, 1; 9, 2; 10, 2), ocupaba durante el exilio. Si el exilio tiene la importancia que ya hemos descrito en Dan 2, en relación al despliegue de la revelación divina, tal como aparece ante nosotros en el Antiguo y el Nuevo Testamento, debíamos esperar que en el tiempo del exilio hubiera surgido un libro que contuviera los recuerdos que hallamos en este.

Las profecías y los milagros responden esencialmente no solo a la realización general del plan de la salvación, sino que se han manifestado especialmente en todos los períodos críticos de la historia del reino de Dios; por eso, no nos puede resultar extraño que encontremos milagros en las partes históricas de este libro ni tampoco que encontremos profecías, con sus predicciones particulares.

Por lo que responde a los milagros, debemos recordar que la historia de la redención en el Antiguo y Nuevo Testamento presenta cuatro grandes períodos, que responden a cuatro épocas que se distinguen de las otras por sus milagros numerosos y admirables. (1) El tiempo de Moisés, con la liberación de Israel de Egipto, y el paso de los israelitas por el desierto de Arabia. (2) El tiempo de Elías y Eliseo, ya en la tierra prometida. (3) El tiempo de Daniel, en el exilio de Babilonia. (4) El período que va desde la aparición de Juan Bautista hasta la ascensión de Cristo a los cielos. Tenemos pues dos tiempos de la fundación de la Antigua y Nueva Alianza y dos tiempos de la liberación del pueblo de Israel.

---

determinada, en la que los opresores paganos como tales y la persecución pagana se encontrara por todas partes en primer plano, es decir, en el tiempo de la supremacía caldea, al que el idioma de los medos no introdujo ningún cambio esencial.

En esa línea, los poderes teocráticos, escribiendo en ese tiempo, habrían compuesto sus textos en lengua aramea, a fin de que pudieran ser conocidos entre los caldeos, pues se oponían a la enemistas y hostilidad de los caldeos y de sus gobernantes. Pero esta explicación de Kranichfeld no es pertinente, porque en el año tercero de Baltasar la visión concedida a Daniel (Dan 4) está escrita en idioma hebreo, mientras que los últimos acontecimientos que ocurrieron en la noche en que Baltasar fue asesinado (Dan 5) están escritos en caldeo. El uso del lenguaje hebreo en la visión (Dan 5) no puede ser explicado conforme a la suposición de Kranichfeld, porque esa visión está internamente relacionada con otra que se recoge en Dan 7 en lenguaje caldeo, de manera no puede encontrarse ninguna razón para el cambio de idioma en esos dos capítulos

De estas cuatro épocas históricas, la primera y la cuarta se corresponden entre sí, y también la segunda y la tercera. Pero si tenemos en cuenta que el período mosaico contiene dos momentos (liberación de Israel de Egipto y establecimiento del reino de Dios en el Sinaí), y si nos detenemos en el primero de esos momentos, podremos afirmar que el período mosaico se parece al del exilio, por la razón que sigue: en ambos casos, el tema es la liberación de Israel de la sujeción bajo el poder mundial de los paganos, y en ambos casos la liberación sirve como preparación para la fundación del reino de Dios. En el primer caso tenemos la liberación de Israel del cautiverio de Egipto, y en el segundo la liberación del exilio de Babilonia para la fundación del Nuevo Testamento de Jesús.

En ambos momentos, el poder mundial pagano ha derrotado externamente al pueblo de Dios y le ha reducido a la esclavitud, queriendo lograr su destrucción. Sin embargo, en ambos casos, el Señor Dios, no queriendo que su obra de redención fuera frustrada por los hombres, ha debido revelarse con maravillas y signos ante los paganos, como el Señor y Dios todopoderoso en el cielo y en la tierra, obligando a los opresores de su pueblo, con grandes juicios, a que reconozcan su omnipotencia y su eternidad divina, de manera que así aprendan a temer al Dios de Israel y dejen en libertad a su pueblo.

En el tiempo de Moisés era necesario mostrar a los egipcios y al faraón, que había dicho a Moisés "¿quién es el Señor para que yo obedezca su voz y deje salir a Israel? Yo no conozco al Señor, ni dejaré salir a Israel", que el Dios de Israel era Yahvé el Señor, y que solo él, y no sus dioses, como ellos pensaban, era el Señor de su tierra, de manera que no había ningún otro como él en todo el mundo (Ex 7, 17; 8, 18; 9, 14. 29).

Y así como el faraón no lo reconoció, ni quiso conocerlo, tampoco quisieron conocerlo Nabucodonosor, ni Baltasar, ni Darío, *en los tiempos del exilio*. Los paganos solo reconocían el poder de sus dioses según el poder del pueblo que les honraba, de manera que el Dios de los judíos, a quienes ellos habían subyugado por las armas, aparecía naturalmente ante ellos (ante lo caldeos y sus reyes) como un Dios inferior y débil, lo mismo que había aparecido ante los asirios (Is 10, 8-11; 36, 18-20).

Los paganos no comprendían que Dios había entregado a su pueblo judíos en sus manos, para que ese pueblo fuera castigado por ellos (los paganos), a causa de que se había separado de él por su infidelidad. Pues bien, Dios solo podía disipar y superar ese engaño, por el que no solo se entendía mal y se destruía su honor de verdadero Dios, sino que se corría el riesgo de que se frustrara la intención por la cual él había enviado a su pueblo al exilio de los paganos. Por eso, revelándose a sí mismo, como él había hecho una vez en Egipto, debía actuar una vez más ahora, en el exilio de Babilonia, mostrándose a sí mismo como Señor y Soberano de todo el mundo.

La similitud de circunstancias requería revelaciones maravillosas semejantes de Dios. Por esta razón se realizaron milagros en el exilio, lo mismo que se habían realizado en Egipto, milagros que mostraran la omnipotencia del Dios de los israelitas, y la incapacidad de los dioses paganos. Por eso, la forma en que Dios actuó en ambos casos fue en general la misma. Dios mostró en sueños a los reyes paganos, al Faraón (Gen 41) y a Nabucodonosor (Dan 2) aquello que los magos paganos no eran capaces de interpretar, y por eso, los siervos de Yahvé (José y Daniel), que pudieron interpretar esos sueños, fueron elevados como altos oficiales y ministros del Estado, en el que ejercieron su influencia como salvadores de sus pueblos. De esa manera, Dios mostró su omnipotencia por milagros que rompían y superaban el curso de la naturaleza.

Lógicamente, las revelaciones de Dios en Egipto y en el exilio de Babilonia se parecen entre sí. Pero las acciones de Dios reveladas en el libro de Daniel no son meras copias de aquellas que habían sido realizadas en Egipto, aunque de algún modo se repiten. El hecho de que no sean meras copias s muestra claramente por la manifiesta diferencia que existe en algunos detalles entre las dos. De los dos caminos en los que Dios se revela a sí mismo como el único verdadero Dios, por las maravillas de su poder y por la omnisciencia de sus predicciones, nosotros vemos que en Egipto prevalece el primer caso (maravillas del poder divino), mientras que en el exilio destaca el segundo (predicciones).

Dejando a un lado el caso del sueño del José (en el nacimiento de Jesús), *en el tiempo del cautiverio en Egipto*, Dios habló al Faraón solamente por Moisés, y se mostró a sí mismo como Señor de todo el mundo solo a través de las plagas. Por el contrario, *en el Exilio de Babilonia*, Dios mostró su omnipotencia solo a través de los dos milagros de la liberación de Daniel del foso de los leones, y de la liberación de los tres amigos de Daniel del horno ardiente. En ese contexto del exilio, todas las restantes revelaciones de Dios consisten en el anuncio profético del curso del desarrollo de los reinos del mundo y del reino de Dios.

En esa línea, además del objeto general de todas las acciones de Dios, que consiste en revelar a los hombres la existencia del Dios invisible, las revelaciones en el tiempo del exilio tenían un objeto específico distinto del de aquellas que habían sucedido en Egipto.

- *En Egipto*, Dios quería romper el orgullo del Faraón y la resistencia a su voluntad, para que dejara salir a los israelitas. Y esto solo podía alcanzarse a través de los juicios y castigos que cayeran sobre la tierra de Egipto y sobre sus habitantes, manifestando la gloria del Dios de Israel como Dios en la tierra de Egipto y sobre toda la tierra.
- Por el contrario, *en el exilio de Babilonia,* el objetivo era el de destruir el engaño de los paganos, que creían que el Dios del pueblo subyugado de Judea no era más que un Dios nacional impotente, para mostrar así a los gobernantes del mundo que el Dios de este pueblo tan humillado era, sin embargo, el único Dios verdadero, que reina sobre toda

la tierra, y que determina con su sabiduría y omnisciencia los asuntos de los hombres.

De esa manera, tal como rectamente dice Caspari, en sus *Vorlesungen ueber das B. Daniels*, p. 20, Dios quería mostrar "a través de sus grandes revelaciones su omnipotencia y su omnisciencia, mostrando que él está exaltado infinitamente sobre los dioses y sobre los sabios del mundo, por encima de todos los poderes de la tierra". Caspari sigue diciendo:

> Los sabios del poder mundial caldeo, es decir, los así llamados magos, pensaban que ellos eran los poseedores de la mayor sabiduría, y como tales se les tenía, pensando que ellos habían recibido de los dioses su sabiduría. Por eso, Dios debía mostrar, por las grandes revelaciones de su omnisciencia, que solo él es Omnisciente, por encima de todos los sabios, y que el conocimiento de sus dioses es nada...
>
> El poder mundial pagano tiene la arrogancia de pensar que actúa de un modo independiente: que dirige y gobierna todo el mundo, y que, en cierto sentido, el mismo futuro está en sus manos. Por eso, el Señor Verdadero debe mostrarle que ese poder mundano no es más que un instrumento en sus manos, para llevar adelante sus planes, porque solo él es el verdadero agente de la historia, porque solo él dirige el curso de todo el mundo, mostrando así que todo lo que sucede con el pueblo de Israel es obra suya.
>
> Por esa razón, Dios debe mostrar que todo el futuro está abierto ante él, que él lo conoce todo, incluso en sus mínimos detalles, que todo se halla abierto como un mapa ante sus ojos, de manera que él es el dueño de la historia, porque solo aquel que conoce todo el futuro puede ser también el que gobierna todo el despliegue del mundo. La omnipotencia no se puede separar de la omnisciencia.

Solo a través de tales actos de Dios se puede destruir la fe que los paganos tienen en la realidad y el poder de sus dioses, a través de la caída y destrucción de un poder mundial, uno tras el otro. Solo de esa manera, a través de esas predicciones, los paganos pueden ser preparados para la aparición del Salvador que ha de surgir de Judá.

Pero, en primer lugar y ante todo, todas las revelaciones de Dios estaban dirigidas a Israel, como lo fueron las maravillosas manifestaciones de la omnipotencia y omnisciencia divina en el exilio, tal como se recogen en el libro de Daniel. Las maravillas de Dios en Egipto estaban relacionadas con Israel no solo en el sentido primario de dirigirse hacia la liberación de los israelitas de la esclavitud de Egipto, sino también en un sentido más amplio: ellas querían mostrar a Israel que Yahvé, el Dios de sus padres, poseía el poder de superar todos los impedimentos que se pusieran en el camino del cumplimiento de sus promesas.

Con la caída del reino de Judá, la destrucción de Jerusalén y la quema del templo, con la expulsión de la casa real de David, el cese de los sacrificios levíticos, el exilio del rey, de los sacerdotes y del templo, el Reino de Dios fue destruido, y así quedó disuelta la relación de pacto de Israel con Dios, y el pueblo de Yahvé fue arrojado fuera de su tierra y esparcido entre los paganos. De esa manera, los israelitas cayeron en un tipo nuevo de esclavitud egipcia (cf. Dt 28, 68; Os 8, 13; 9, 3).

La situación en la que Israel cayó con el exilio de Babilonia fue tan opresora y llena de aflicciones, que los más fieles y piadosos estaban en riesgo de desesperación, dudando de la fidelidad de Dios al pacto. Las predicciones de los profetas anteriores, que anunciaban la liberación del exilio y el retorno de los israelitas a la tierra de sus padres, después de que pasara el período de castigo, servían para evitar que ellos cayeron en la desesperación, y que se convirtieron del todo al paganismo, entre los sufrimientos y opresiones a las que se hallaban expuestos.

Incluso las penalidades del profeta Ezequiel que estaba en medio de los cautivos, aunque su misma presencia era un signo y garantía de que el Señor no había arrojado plenamente a su pueblo de su presencia, no podían ofrecer una compensación plena a su pérdida de tierra y libertad, de manera que no eran suficientes para mantener en fidelidad al pueblo.

No bastan las promesas, es necesario que se añadan las acciones divinas, para asegurar el cumplimiento de esas promesas, unas obras maravillosas, que hiciera superar toda duda, mostrando que el Señor podía salvar a los verdaderos confesores de su nombre de manos de sus enemigos, e incluso de la misma muerte. A esas pruebas de la omnipotencia divina, para que ellas cumplieran su propósito, había que añadir nuevas expresiones y seguridades sobre el futuro, como hemos venido explicando, después que terminaran los setenta años de la cautividad de Babilonia, tal como habían sido profetizados por Jeremías.

Ciertamente, Babilonia debería caer, y así cayó y fue destruida, de manera que los judíos pusieran volver a su patria, pero la glorificación del reino de Dios por medio del Mesías, que se relacionaba con todas las promesas anteriores, y en especial con las de Ezequiel, no vino a seguir inmediatamente a la caída de Babilonia, ni se restauró la teocracia con toda su integridad anterior, sino que Israel tuvo que permanecer aún durante más tiempo bajo la dominación y opresión de los paganos.

El no cumplimiento de las esperanzas mesiánica, fundadas en la liberación del exilio de Babilonia al final de los setenta años, tuvo que quebrantar la confianza de los israelitas en la fidelidad de Dios y en el cumplimiento de sus promesas, a no ser que Dios hubiera desvelado ya desde antes su plan de salvación, y hubiera revelado de antemano el desarrollo progresivo y la continuación del poder mundial de los paganos, pero solo hasta su destrucción final a través de la instauración de su reino eterno.

La profecía se mantuvo siempre al lado de las acciones de Dios a lo largo de todo el curso de la historia del Antiguo Testamento, interpretando estas acciones al pueblo y dándole a conocer el consejo de Dios en la guía y el gobierno de sus asuntos. Tan pronto como Israel caía, y lo hacía a menudo, en conflicto con las naciones paganas, aparecían los profetas y proclamaban la voluntad de Dios, no solo en relación con el tiempo presente, sino haciendo conocer a los israelitas la victoria final de su reino sobre todos los reinos y poderes de la tierra. Estos anuncios proféticos iban tomando la forma correspondiente a las circunstancias de cada período histórico. De todas formas, todos esos anuncian aparecen y actúan de tal manera que abren siempre un horizonte que va más allá del tiempo presente.

De esa manera (dejando ahora a un lado las visiones de tiempos más antiguos) los profetas del período asirio predecían no solo la liberación de Judá y de Jerusalén de la poderosa invasión de los ejércitos asirios a las puertas de Jerusalén, sino también la cautividad de Judá en Babilonia y la liberación subsiguiente del exilio y la destrucción de todas las naciones paganas que habían luchado en contra del Señor y en contra de su pueblo.

En el tiempo del exilio, Jeremías y Ezequiel profetizaron con gran riqueza de detalles, y de la manera más precisa, la destrucción del reino de Judá y de Jerusalén, y la de su templo, por obra de Nabucodonosor, pero Jeremías profetizó también de un modo particular el retorno de Israel y de Judá del exilio, y la instauración de un nuevo pacto que duraría para siempre. Por su parte, en grandes visiones de tipo ideal, Ezequiel describe el restablecimiento del reino de Dios en una forma purificada y transfigurada.

Completando estas profecías, el Señor reveló a su pueblo por medio de Daniel la sucesión y duración de los reinos del mundo, y la relación de cada uno de ellos con el Reino de Dios y su preservación bajo todas las persecuciones del poder del mundo, así como su cumplimiento e instauración final a través del juicio que recaería sobre todos los reinos del mundo, hasta que llegara sobre ellos su destrucción final.

La nueva forma de revelación relacionada con el curso y meta del proceso que comenzaba con la formación de los reinos del mundo – un proceso por el cual el poder mundano será juzgado, el pueblo de Dios purificado, y realizado el plan de salvación para la liberación de toda la humanidad – corresponde a la nueva realidad de las cosas que se expresan bajo la sujeción del pueblo de Dios bajo la violencia de los poderes del mundo. El así llamado carácter apocalíptico de la profecía de Daniel, tanto por su forma como por su contenido, no es un tipo nuevo de profecía, sino una continuación de la misma profecía anterior. Según eso, lo que dice Auberlen (*Der Proph. Dan.* p. 79ss) sobre la distinción entre apocalíptica y profecía necesita ser muy precisado.

No podemos aceptar la afirmación según la cual, mientras los profetas colocan a la luz de la profecía solamente las condiciones actuales del pueblo de Dios, Daniel no tiene en cuenta aquellos destinatarios judíos especiales, sino que sus anuncios sirven a la Iglesia como luz profética para los 500 años entre el exilio y la venida de Cristo (con la destrucción de Jerusalén bajo los romanos), como si durante todo ese tiempo no se hubiera dado más revelación. En contra de eso, hay que decir que los otros profetas no se limitaban a hablar de las cosas del tiempo presente (para los judíos de entonces), sino que ellos, casi siempre, al mismo tiempo, dirigían su luz también hacia el futuro. Por otra parte, la profecía de Daniel se inicia también en el tiempo parte del tiempo presente de los judíos contemporáneos, y se extiende hasta más allá del tiempo de la destrucción de Jerusalén por los romanos.

Por otra parte, también la observación de que, en conformidad con su destino, la revelación apocalíptica debería dirigir su luz profética solo en relación con la llegada del Reino de Dios, para un tiempo en el que faltaba la luz de la revelación sobre los hechos inmediatos, siendo así más universal en su visión general y más precisa en la presentación de los detalles, resulta sin fundamento, cuando la estudiamos de un modo más preciso.

Así, por ejemplo, en su visión general, *Isaías* es no menos universal que Daniel, pues él arroja su luz no solo sobre el futuro total del pueblo y del reino de Dios, hasta la creación de los nuevos cielos y de la nueva tierra, sino también sobre el final de todas las naciones y reinos paganos; de esa forma, en sus visiones él ofrece una representación especial no solo sobre la destrucción del poder asirio, que el aquel tiempo oprimía al pueblo de Dios y quería destruir el reino de Dios, sino también sobre otros acontecimientos muy alejados en el futuro, tales como el hecho de que se llevaran a Babilonia los tesoros de la casa del rey, y también a los hijos del rey judío, que vivirían en el palacio del rey de Babilonia (Is 39, 6-7), y el hecho de la liberación de Judá de Babilonia, por menos del rey Ciro (Es 44, 28; 45, 1 etc.). Sobre esas visiones especiales sobre tiempos futuros, véase también la rica representación en detalles que ofrece Miq 4, 8-5, 3.

Ciertamente, los profetas de antes del exilio contemplaron el poder del mundo en su propio tiempo, desde la perspectiva de su despliegue final, de manera que, en muchos casos, ellos anunciaban el tiempo mesiánico como algo que estaba ya muy cerca; por el contrario, con Daniel, el único poder del mundo aparece sucesivamente presentado en cuatro monarquías mundiales. Pero esa diferencia no es esencial, sino que es solo una presentación más extensa y ampliada de la profecía de Isaías correspondiente al tiempo y a las circunstancias en la que Daniel se situaba, pues ya no era Asiria sino Babilonia la que destruiría el reino de Judá y llevaría al pueblo de Dios al exilio, añadiendo que los medos y los elamitas destruirían Babilonia y que Ciro liberaría a los cautivos de Judá y Jerusalén.

Por otra parte, la misma "presentación abundante y precisa de número y el carácter preciso de los períodos cronológicos indicados por ellos" que se suele tomar como marca característica de los libros apocalípticos tiene sus raíces y sus principios fundamentales en la misma profecía que, en diversos lugares, ofrece también un número significativo de números y de períodos definidos. Así tenemos por ejemplo los setenta años de Jeremías, que son el punto de partida de las setenta semanas o de los siete tiempos de Dan 9. Se pueden comparar también los sesenta y cinco años de Is 7, 8, y tres años de Is 20,3 y los setenta años de desolación de Tiro (Is 23, 15), con los cuarenta y los trescientos y noventa días de Ez 4, 6. 9.

En fin, si examinamos atentamente la forma subjetiva del apocalipsis, encontraremos que hay dos formas de desvelar el futuro, es decir por sueños y por visiones, y las visiones aparecen en cada todos los profetas, donde hallamos comunicaciones que provienen de una iluminación divina, mientras que la revelación por sueño aparece vinculada en general con los paganos (Abimelek en Gen 20, 3; el Faraón en Gen 41; Nabucodonosor en Dan 2), o con judíos que no eran profetas, como Jacob en Gen 28; Salomón en 1 Rey 3, 5; por su parte la revelación de Dan 7 se le comunica a Daniel en un sueño solo porque tiene su sueño tiene una relación particular con el sueño de Nabucodonosor.

Amós (7-9), Isaías (6, 1; 63; Jer 24, 1-2) tuvieron también visiones. En Ezequiel prevalecen las visiones que ofrecen condena o ayuda sobre los discursos. Por su parte, Zacarías expresa el desarrollo futuro del reino de Dios y de los reinos del mundo en una serie de acciones (Zac 1, 7-6, 15). Hay también imágenes de ángeles que son vistos por los profetas en éxtasis, no solo en Zacarías que es posterior en tiempo en Daniel, sino también en Ezequiel. Por su parte, Isaías vio también a los serafines que estaban de pie, e incluso moviéndose y actuando ante el trono de Dios (Is 6, 6-7).

En estas visiones, el futuro aparece expresado en figuras plásticas que tienen un significado simbólico y que necesitan interpretación. De un modo consecuente, la aparición de los ángeles a Daniel tiene que ser explicada, lo mismo que las apariciones a Ezequiel y a Zacarías.

Según eso, las profecías de Daniel no pueden ser distinguidas y separadas, ni en su forma apocalíptica, de todo el cuerpo de las profecías, sino que se distinguen solo en grado. Cuando el modo de anunciar el futuro viene dado solo por sueños y visiones, el discurso profético resulta deficiente. El hecho de que Daniel utilice todos los recursos proféticos, en forma de discursos de condena, de aviso y de consuelo, se explica plenamente por el lugar que él ocupa, hallándose fuera de la congregación de Dios, viviendo en la corte, al servicio estatal del soberano pagano del mundo.

Ha sido el mismo Dios el que le ha asignado esta función por el gran significado que tenía el reino del mundo, como hemos visto previamente, por la preparación de Israel y del mundo pagano para la renovación y perfeccionamiento del reino de Dios a través de Cristo. Según eso, tanto por el contenido como por la forma, el libro de Daniel lleva el sello de un escrito profético, como podemos esperar por el desarrollo del Reino de Dios del Antiguo Testamento desde el período del exilio de babilonia.

Tanto el testimonio de la sinagoga judía como el de la iglesia cristiana sobre la autenticidad del libro, y sobre el hecho de que fue compuesto por el profeta

Introducción

Daniel se apoyan en fundamentos sólidos. En toda la antigüedad nadie dudó de la autenticidad de Daniel.

Solo lo hizo el bien conocido enemigo del cristianismo, el neoplatónico Porfirio, quien, según la afirmación de Jerónimo (en el prefacio a su *Comment. in Dan.*), escribió en el libro doce de sus Λόγοι κατὰ Χριστιανῶν, diciendo en contra del libro de Daniel que *nolens eum ab ipso, cujus inscriptus nomine, esse compositum, sed a quodam qui temporibus Antiochi, qui appellatus est Epiphanes, fuerit in Judaea, et non tam Danielem ventura dixisse, quam illum narrasse praeterita* (el libro de Daniel no pudo ser compuesto por aquel en cuyo nombre aparece publicado, sino que fue escrito, en tiempos de Antíoco llamado Epífanes, por alguien que vivía en Judea. Según eso, el libro no trata de algo que Daniel dijera que iba a suceder, sino de algo que ese judío escribió como algo ya pasado).

Pues bien, en contra de Porfirio escribieron Eusebio de Cesarea y otro Padres de la Iglesia. Y solo mucho después, por vez primera a partir del deísmo, del naturalismo y del racionalismo que surgieron en el siglo pasado (siglo XVIII), como consecuencia del rechazo de la revelación sobrenatural venida de Dios, muchos autores han comenzado a negar la autenticidad del libro. Esa postura prevaleció de tal manera que, en el momento actual, todos los críticos que rechazan los milagros y la profecía como algo sobrenatural suponen que el libro de Daniel no es auténtico, de forma este es uno de los principios indudable de la crítica.

Esos autores críticos piensan que el libro ha sido compuesto por un judío que vivía en el tiempo de los macabeos y que tenía como objetivo impulsar y animar a sus contemporáneos en la guerra que estaban librando en contra de Antíoco Epífanes, exponiendo ante ellos ciertos milagros fingidos y algunas profecías, como si fueran obra de antiguos profetas, anunciando la victoria del pueblo de Dios sobre todos sus enemigos[4].

Los argumentos con los que esos críticos de la autenticidad de Daniel quieren justificar científicamente su opinión se deducen en parte de la posición del libro en el canon y de otras circunstancias externas, pero principalmente del contenido del libro. Dejando a un lado otros argumentos que han elevado otros opositores recientes, en contra de la autenticidad de Daniel, quiero recordar los de Bleek y Sthälin (cf. nota 4), retomando las aportaciones y pruebas que he ofrecido ya en mi *Lehrb. der Einleitung*, 133.

---

4. Sobre la controversia en torno a la autenticidad del libreo, véase una visión de conjunto en mi *Lehrb. d. Einleit. in d. A. Test.* 134. A lo que allí digo sobre el número de los oponentes a la autenticidad del libro, ha de añadirse Fr. Bleek, *Einleitung in d. A. Test.* p. 577ss., y su artículo *Messianische Weissagungen im Buch Daniel*, en Jahrb.f. deutsche Theologie, v. 1, p. 45ss., J. J. Sthälin, *Einleit. in die kanon. Bcher des A. Test.* 1862, 73. Entre los defensores de la autenticidad del libro allí mencionados, cf. Dav. Zndel, *Krit. Untersuchungen ueber die Abfassungszeit des B. Daniel*, 1861, con Rud. Kranichfeld y Th. Kliefoth en sus Comentarios al libro de Daniel (1868) y el teólogo católico Dr. Fr. Heinr. Reusch (profesor en Bonn), en su *Lehr. der Einleit. in d. A. Test.* 1868, 43.

Entre los argumentos externos, se da mucha importancia al lugar que el libro ocupa en el canon hebreo. Los autores críticos dicen que hecho de que Daniel se sitúe en ese lugar del canon hebreo, no entre los *Nebiim*, que son los libros proféticos, sino entre los *Ketubim* [los Hagiographa], y más en concreto entre los libros de Ester y de Esdras apenas puede explicarse de otra manera, sino suponiendo que el libro de Daniel era todavía desconocido en el tiempo en que se formó la colección de los Nebiim, es decir, en el tiempo de Nehemías, lo que significa que no existía antes de ese tiempo. Pero esa conclusión no es probativa, incluso en el supuesto de que la tercera parte del canon (la colección de los así llamados *Ketubim*) hubiera sido formada por primera vez algún tiempo después de la conclusión de la segunda parte (la de los *Nebiim*).

En contra de eso, Kranichfeld ha destacado (con buenas razones) un hecho: Los profetas de antes del exilio situaron el comienzo de la liberación mesiánica en el fin del exilio, mientras; a diferencia de eso, el libro de Daniel predice un período de opresión que se dará largo tiempo después del exilio, Por eso, muchos rabinos sintieron oposición a incorporar un libro como el suyo (con una visión contraria a los profetas anteriores) en la colección de libros de esos profetas anteriores. En esa línea solo en el tiempo de los Macabeos, bajo el influjo de la persecución profetizada en nuestro libro, algunos judíos empezaron a estimar por vez primera este libro, asegurando su recepción en el canon.

De esa manera puede superarse la objeción anterior. Por otra parte, la suposición de que hubiera una colección sucesiva de libros del canon, y su división en tres partes, tras el período en que los libros mismos fueron escritos, nunca ha sido probada, como he indicado en *Einleit. in d. A. T.* 154ss. En esa línea quiero añadir que el lugar que ocupa este libro en el canon hebreo corresponde perfectamente con el lugar de Daniel en la teocracia, es decir, en el despliegue del Reino de Dios.

Daniel no trabajó como hicieron el resto de los profetas cuyos escritos forman la unidad de los *Nebiim*, como un profeta que vivía entre su pueblo, en la congregación de Israel, sino que él fue un Ministro del Estado, bajo la soberanía mundial de los caldeos y de los medo-persas. Ciertamente, él poseyó el don de la profecía, como David y Salomón, y por lo tanto fue llamado προφήτης (así en los LXX, en Josefo en el Nuevo Testamento), pero él no fue un נביא, es decir, un profeta normal, por su puesto oficial y su dignidad en el pueblo.

Por eso, por su contenido y por su forma, su libro es distinto de los escritos de los *Nebiim*. Sus profecías no son discursos proféticos dirigidos a Israel o a las naciones, sino visiones en las que se desvela el desarrollo de los poderes del mundo y su relación con el reino de Dios; por otra parte, la sección histórica del libro describe acontecimientos del tiempo en que Israel fue llevado a la cautividad entre los paganos.

Por esa razón, este libro no ha sido colocado en la clase de los *Nebiim* (los anteriores y los posteriores), que alcanza desde Josué hasta Malaquías, porque, según la perspectiva de aquel que distribuyó el canon, estos eran plenamente los escritos de aquellos que poseían el oficio profético, es decir, el oficio que ellos ejercían públicamente, de anunciar la palabra de Dios de viva voz y por escrito entre la gente del pueblo de Dios.

Por el contrario, este libro de Daniel cae más bien en la clase de los Ketubim, en la que se incluyen escritos sagrados de varios tipos, que tienen en común el hecho de que sus autores no ejercieron un oficio profético, como por ejemplo Jonás, en la historia de la teocracia. Esto queda confirmado por el hecho de que las Lamentaciones de Jeremías se sitúen también en esta clase de libros, dado que Jeremías proclamó estas Lamentaciones sobre la destrucción de Jerusalén y de Judá no en cuanto profeta, sino como miembro de la nación que fue castigada por Dios.

No debe darse mucha importancia al silencio de *Jesús Sirach* sobre Daniel en su ὕμνος πατέρων (Eclo 49), dado que no podía esperarse allí justamente una mención de Daniel. Jesús Sirach pasa también por alto a otros distinguidos personajes de la antigüedad, como Job, el buen rey Josafat e incluso Esdras, el sacerdote y escriba, que realizó un gran servicio por el restablecimiento de la autoridad de la ley, por lo que vemos que él no tuvo la intención de ofrecer una lista completa de figuras de Israel.

El sirácida tampoco quiso nombrar a todos los escritores del Antiguo Testamento. Por otro lado, en la alabanza a los padres, él toma sus argumentos del conjunto de los libros del canon hebreo, desde el Pentateuco a los profetas menores, pero lo que él dice de Zorobabel, de Josué y de Nehemías no lo toma de los libro de Esdras y Nehemías.

Por otra parte, cuando Bleek quiere probar la ausencia de cualquier mención de Esdras, con su suposición de que Jesús Sirach nombra a todos los hombres famosos mencionados en los libros canónicos que existían en su tiempo, él no es en modo alguno consecuente con los hechos. En su celo en contra de la autenticidad del libro de Daniel (cuyo nombre hubiera sido citado por Sirach, en el caso de que su libro existiera en su tiempo), Bleek ha olvidado que ni el libro de Nehemías en su forma original, ni la primera parte del libro de Esdras contienen noticias de Zorobabel y de Josué; y que la primera parte de Esdras nunca ha estado separada de la segunda, que habla de Esdras.

Al contrario, según la propia afirmación de Bleek, la segunda parte del libro de Esdras estaba incluida en el canon, y ella fue compuesta sin duda por el mismo Esdras, de manera que es por tanto tan antigua, o quizá más que las partes genuinas del libro de Nehemías, de forma que ambos libros, tal como han llegado hasta nosotros, deben haber sido editados por un judío que vivía al final del período persa o al comienzo de la supremacía griega, y de esa manera, por vez primera, en esta redacción, ambos libros fueron admitidos en el canon. Y a pesar de ellos, Esdras no aparece mencionado en la lista de los "padres" que ofrece el libro de Sirach, como tampoco ha sido citado Daniel. Con lo cual pierde toda fuerza el argumento por el que se dice que, al no estar citado en el libro de Ben Sirach, Daniel no podía existir en aquel tiempo como un libro de la Biblia.

Además de todo eso, parece claro que el libro de Jesús Sirach está suponiendo la existencia previa del libro de Daniel, conforme a la idea, presente en Eclo 17, 14, según la cual Dios había dado al pueblo un ángel como dirigente, ἡγούμενος (שׂר), tema que aparece en Dan 10, 13; 10, 21-11, 1). Todo nos lleva a pensar que Ben Sirach tomó esta idea de Dt 32, 8-9, en su versión de los LXX, pero los LXX tomaron esa visión del libro de Daniel, de forma que podemos trazar esta línea de dependencia. (a) Primero está el Deuteronomio hebreo, que habla de una asistencia general de Dios en la historia. (b) Viene después el libro de Daniel, que presenta en influjo de los ángeles en la historia concreta de los imperios y de Israel. (c) El Dt griego (los LXX) toma y aplica esta idea partiendo de Daniel. (b) Finalmente viene el libro de Ben Sirach que recibe el tema de Daniel y del Dt LXX. Eso significa que Daniel fue el autor del que se derivó esta idea, y libro era bien conocido entre los traductores alejandrinos del Pentateuco, teniendo que se conocido para el Sirácida.

Aún más débil es el argumento *ex silentio*, propio de los que dicen que en los profetas posteriores al exilio, en Ageo y Malaquías, y particularmente en Zacarías (Zac 1-8), no hay ninguna huella de un posible uso del libro de Daniel, de manera que él no ejerció ninguna influencia sobre las representaciones mesiánicas de los últimos profetas. Pero ya Krannichfeld ha mostrado la debilidad de este argumento, señalandlo que Bleek no ha he hecho ninguna mención de la oración de Daniel (Dan 9, 3-19) y de su relación con Es 9, 1-15 y con Neh 9, siendo así que no puede negarse en modo alguno la dependencia de Esdras y Nehemías respecto a Daniel, en este cao.

Por otra parte, von Hofmann, Zndel (p. 249ss.), Volck (*Vindiciae Danielicae*, 1866), Kran. y Klief. han mostrado que Zacarías se funda en la visión de la profecía Danielita de las cuatro monarquías mundiales, pues así lo muestran no solo las visiones de los cuatro cuernos y de los cuatro carpinteros de Zac 2, 1-4 (cf. Zac 1, 18-21), que se apoyan en Dan 7, 7-8; 8, 3-9. Por otra parte, la representación de las naciones y los reinos como cuernos se funda en esos pasajes de Daniel, lo mismo las transacciones simbólicas recordadas en Zac 11, 5 y la muerte de los tres pastores en un mes se vuelve solo inteligible en referencia a la profecía de Daniel sobre los soberanos del mundo, bajo cuyo poder fue sometido Israel. Cf. mi *Comm.* a Zacarías (Zac 2, 1-4; 1, 5).

La suposición de que Zac 1, 7-17 y Zac 6, 1-9 se fundan en la profecía de Daniel sobre los reinos del mundo no parece satisfactoria, y en lo que Zac 2, 5 dice sobre la edificación de Jerusalén no podemos encontrar una alusión a Dan 9, 25. Por su parte, Bleek ha echado en falta el hecho de que Zacarías no aluda al anuncio que Daniel hace de un gobernante como el Hijo del Hombre que viene en las nubes del cielo. Pero, desde otra perspectiva, Kran. ha respondido

Introducción

justamente que este anuncio de Daniel se encuentra conectado con la escena del juicio de Dan 7, que Zacarías, no tiene ocasión de repetir o mostrar expresamente (pues en sus profecías aparece de un modo dominante el carácter sacerdotal del Mesías).

Esto es también lo que sucede con los nombres de los ángeles en Daniel, cuyos nombres están conectados con el carácter especial de sus visiones, por lo que no tienen cabida en Zacarías. De todas formas, Zacarías concuerda con Daniel en lo que se refiere a la distinción entre ángeles de rango superior y de rango inferior. La situación es más bien la siguiente:

1. Zacarías estaba no solo familiarizado con las profecías de Daniel, sino que lo estaba también Esdras, y los levitas de su tiempo hicieron uso de la oración penitencial de Dan 9 en Es 9, 1-15 y en Neh 9.
2. También Ezequiel ofrece un testimonio antiguo de Daniel y de los contenidos principales de su libro, que los que se oponen a su autenticidad han intentado soslayar en vano.
3. Inluso Bleek está obligado a confesar que "la forma en que Ezequiel menciona la rectitud y la sabiduría de Daniel (Ez 14, 14. 20; 28, 3) nos hace pensar en un hombre de virtud y conocimiento, tal como lo muestra expresamente el libro de Daniel, de manera que podemos trazar algún tipo de conexión entre la persona de Daniel en su libro y el personaje que Ezequiel tiene ante sus ojos".

A pesar de eso, Bleek sigue suponiendo que "la forma en que Ezequiel menciona a Daniel no nos lleva a pensar en él como en un hombre que era contemporáneo suyo en el exilio de Babilonia, y que era además comparativamente más joven en el tiempo en que Ezequiel hablaba de él, sino en un hombre que era conocido hacía mucho tiempo como un personaje histórico o mítico de la antigüedad".

Pero esta idea de Bleek se basa solamente en la suposición sin fundamento alguno de que los nombres de Noe, Daniel y Job, tal como aparecen en Ez 14, 14. 20, han sido presentados en un orden cronológico, mientras que, como hemos indicado en el *Comentario* a Ez 14, esos nombres aparecen citados por su referencia a una liberación de un gran peligro, experimentado por cada uno de ellos, en razón de su justicia.

Carece igualmente de fundamento otra suposición según la cual ese Daniel citado por Ezequiel debía haber sido un hombre muy antiguo. Si abandonamos esa suposición, y tenemos en cuenta el curso de pensamiento de Ezequiel, desaparece la dificultad que surge del hecho de colocar a Daniel entre Noé y Job (Ez 14, 14), y, al mismo tiempo la ocasión para pensar en un personaje histórico o mitológica de la antigüedad, de cuya especial sabiduría no puede encontrarse ni rastro en otro lugar.

Lo que Ezequiel dice de Daniel en los dos lugares en los que le cita concuerda perfectamente con el Daniel del libro. Cuando Ezequiel (Ez 28, 3) dice el rey de Tiro: "Tú te tomaste como más sabio que Daniel, no hay nada que esté escondido para ti", no puede negarse la referencia a Daniel, a quien Dios había concedido un conocimiento profundo en todo tipo de visiones y sueños, de tal forma que él sobresalía por diez veces sobre todos los sabios de Babilonia en Sabiduría (Dan 1, 17-20).

En esa línea, tanto Nabucodonosor (Dan 4, 6) como la reina madre de Dan 5, 11 le miraban como a un hombre dotado con el espíritu y la sabiduría de los dioses, superior a la que el soberano de Tiro se atribuía a sí mismo de un modo auto-idolátrico. La opinión que se expresa también sobre Daniel en Ez 14, 14 y 14, 20 se refiere sin duda alguna al Daniel de este libro.

Ezequiel nombra a Noé, Daniel y Job, como hombres piadosos, quienes por su justicia ante Dios salvaron sus almas (es decir, sus vidas) en medio de severos juicios. Con esta afirmación él intentaba impresionar de algún modo a sus oyentes, y eso significa que los hechos relacionados con la salvación de sus vidas deberían ser bien conocidos. Una confirmación de esto se puede encontrar fácilmente en las Sagradas Escrituras, para el caso de Noé (salvado del diluvio) y de Job (salvado de la prueba y rehabilitado), pero la Escritura no dice nada de la salvación un Daniel de la antigüedad.

Pues bien, siendo así las cosas, los lectores u oyentes de Ezequiel solo podían pensar en Daniel de su propio tiempo, quien no solo rechazó, por reverencia a la ley de Dios los alimentos de la mesa del rey, poniendo su vida en peligro, y que por tanto fue bendecido por Dios con buena salud corporal y mental; por otra parte, cuando se había publicado el decreto diciendo que los sabios que no resolvieran el sueño de Nabucodonosor serían condenados a muerte, confiando en que Dios podría revelarle por su oración el sueño del rey, Daniel salvó su propia vida y la vida de sus compañeros.

Por esa razón, y por razón de haber revelado el sueño del rey, con la ayuda de Dios, Daniel fue nombrado gobernante sobre la provincia de Babilonia y jefe de todos los sabios de Babilonia, de tal forma que su nombre fue conocido en todo el reino, y su fidelidad a la ley de Dios y a su justicia fue alabada por todos los cautivos de Judá en Caldea, que sabían así que Dios le había salvado la vida, lo mismo que a Noé y Job.

Esto es lo que decimos respecto a la evidencia externa contra la autenticidad del libro de Daniel. Su lugar en el canon, entre los Ketubim, corresponde al lugar que Daniel ocupaba en el reino de Dios bajo el Antiguo Testamento. La pretendida falta de referencia a este libro y a sus profecías en Zacarías y en el libro de Jesús Sirach resulta falsa cuando la examinamos de un modo más preciso: No solo Jesús Sirach y Zacarías conocieron y entendieron las profecías de Daniel, sino incluso Ezequiel le presenta y alaba como un modelo brillante de justicia y sabiduría.

Introducción

Si ahora volvemos nuestra atención a la evidencia interna que se alega en contra de la autenticidad de este libro, el hecho de que los oponentes a ella evoquen los nombres griegos de ciertos instrumentos musicales mencionados en Dan 3 no implica ninguna objeción en contra de la fuerza de nuestro argumento a favor de la autenticidad del libro y de su datación en tiempo del exilio en babilonia y de los primeros reyes medo-peras.

En la lista de los instrumentos de música que se tocaban en la inauguración de la imagen de oro de Nabucodonosor aparecen tres nombres de origen griego: קִיתָרוֹס = κίθαρις, סוּמְפֹּנְיָה = συμπηωνία, y פְּסַנְתֵּרִין = ψαλτήριον (Dan 3, 5.7.10. 15). A estos se añade סבכא = σαμβύκη, pero sin razón, pues, conforme al testimonio de Athen. y Estrabón la σαμβύκη, σάμβυξ, ζαμβίκη era origen extranjero, sirio, es decir, semítico y la voz σαμβύκη no tiene ningún sentido etimológico en griego (cf. Gesenius, *Thes.* p. 935).

Es indudable que los tres restantes nombres tienen un origen griego, pero nadie puede negar que en el tiempo de la supremacía caldea esos instrumentos podían haber sido llevados del este de Grecia a la zona superior de Mesopotamia, lo que responde a los hechos históricos (Kran.). En el tiempo de Nabucodonosor no solo había intercambios entre los habitantes de la zona superior de Mesopotamia y los jonios de Asia Menor, como piensa Bleek, sino que, según Estrabón (XIII, 2, 3), en el ejército de Nabucodonosor se había enrolado Antiménidas, el hermano del poeta Alceo, luchando victoriosamente a favor de los babilonios, como indica M. v. Nieb, en su *Gesch. Assurs*, p. 206, a la cabeza de una banda de proscritos que se habían ligado al rey de Babilonia.

Por otra parte, conforme al testimonio de Abydenos, citado en Eusebio, *Chr. Arm.* ed. Aucher, I. 53, hubo soldados griegos que siguieron al asirio Esahardon (Axerdis) en su marcha a través de Asia. Y según Beroso (*Fragm. hist. Graec.* ed. Mller, II. 504), Senaquerib había realizado ya una guerra victoriosa en contra de un ejército griego que había invadido Cilicia.

Por otro lado, las excavaciones recientes en Nínive confirman cada vez más que hubo un intenso contacto entre los habitantes de la Alta Mesopotamia y los de Grecia, a lo largo de un período que empezó mucho antes del tiempo de Daniel, de manera que la importación de instrumentos griegos en Nínive no era algo en modo alguno extraño y mucho menos pudo serlo en el tiempo de la supremacía caldea en Babilonia, la ciudad de los mercaderes, como la llama Ezequiel (17, 4. 19), de manera que en el tiempo de Josué pudo hallarse entre los cananeos una vestimenta de origen babilonio (Jos 7, 21).

Pues bien, en contra de lo que sigue afirmando Sthälin (*Einleit.* p. 348) cuando dice que los babilonios podían tener algún conocimiento de los instrumentos musicales griegos, pero que hay una gran diferencia entre eso y el hecho de utilizarlos en las grandes festividades, en las que solían prevalecer los instrumentos antiguos, debe responderse que esta fijación a las costumbres antiguas en tiempos de Nabucodonosor está en contra de todo lo que conocemos de este rey. Algunos siguen afirmando que las palabras *psalterium* y *symphonia* se utilizaron por primera vez entre los griegos hacia el año 150 a.C., pero eso va en contra del hecho de que se ha encontrado la figura de un ψαλτήριον en el monumento de Senaquerib[5].

Pues bien, si a través del comercio antiguo, realizado básicamente por fenicios, los instrumentos griegos habían sido llevados hasta la Alta Mesopotamia, no puede resultar extraño que encontremos sus nombres griegos en Dan 3, pues, como todo el mundo sabe, generalmente se siguen manteniendo los nombres extranjeros para los artículos importados de otros pueblos.

Más importancia tienen para el tema de la autenticidad del libro las improbabilidades y los errores históricos que se dice que aparecen en las narraciones históricas de este libro. Son las siguientes:

(1) La falta de armonía entre la narración de la incursión de Nabucodonosor en Judá en Jer 25, 1; 46, 2 y la afirmación de Dan 1, 1, en la que se dice que este rey vino en contra de Jerusalén en el año tercero de Joaquín, que sitió la ciudad y que llevó cautivos a Babilonia a Daniel y a otros jóvenes hebreos, mandándoles que durante tres años se educaran en la sabiduría de los caldeos. Pues bien, en contra de eso, en Dan 2 se dice que Daniel interpretó el sueño del rey ya en el año segundo de su reinado, cosa que solo pudo haber sucedido al final de este período de educación.

Esta inconsistencia entre Dan 1, 1 y Jer 26, 2; 25, 1 y entre Dan 1 y Dan 2 sería significativa en el caso de que la afirmación de que Nabucodonosor sitió Jerusalén en el año tercero del reino de Joaquim, como se menciona en Dan 1, 1 implicara que eso lo hizo en el año 3 después de su ascenso al trono. Pero, conforme a la observación de Wieseler (*Die 70 Wochen u. die 63 Jahrwochen des Proph. Daniel*, p. 9), la supuesta oposición entre Dan 1 y Dan 2 es tan grande que ella no puede atribuirse ni a un Pseudo-Daniel; por eso, ella nos lleva a sospechar que, en el momento del asedio de Jerusalén y en el del comienzo del cautiverio de Daniel, Nabucodonosor no era todavía de hecho rey de Babilonia.

El sueño de Nabucodonosor en Dan 2, 1 se sitúa expresamente en el año segundo de su reinado (מלכות). Por el contrario, en Dan 1 afirma que Nabucodonosor era rey de Babilonia, pero no dice aún nada del comienzo de su reinado, y

---

5. Cf. Layardm, *Nineveh and Babylon*, p. 454. En un bajo-relieve, representando el retorno del ejército asirio, grupos de hombres dan la bienvenida al comandante asirio con cantos, música y baile. Preceden cinco músicos, tres con harpas variadas, el cuarto con una flauta doble, tal como aparece también en los monumentos egipcios, que seguía estando en uso entre los romanos y los griegos. El quinto lleva un instrumento de cuerda percutida (פסנתרין, cf. Gesenius, *Thes.* p. 1116), que se utiliza todavía entre los egipcios y que consiste en una caja hueca o en una tabla de sonido, con cuerdas sobre ella. De esa misma forma describe Agustín el salterio en *Comentario a Sal* 32, 1-11).

en esa línea, cuando el texto evoca su asedio de Jerusalén no precisa el año de su reinado. Eso significa que aquel que después vendría a convertirse en rey pueda llamarse así prolépticamente, aunque de hecho, en ese momento, no era más que comandante del ejército de su padre.

Esta conjetura queda confirmada por la afirmación de Beroso, tal como la cita Josefo (*Ant.* X. 11. 1, y *C. Ap.* I. 19), donde afirma que Nabucodonosor realizó su primera campaña contra el rey de Egipto durante el reinado de su padre, que le había confiado la dirección de la guerra, a causa de que él estaba enfermo y era anciano, añadiendo que Nabucodonosor recibió noticias de la muerte de su padre después que él había sometido a sus enemigos en Asia occidental.

El tiempo del ascenso de Nabucodonosor al trono y el comienzo de su reinado aconteció un año o un año y medio después de su primer asedio a Jerusalén. Según eso, en el año segundo de su reinado, es decir, hacia el final de ese año, se habían cumplido ya los tres años de educación de los jóvenes hebreos en la sabiduría de los caldeos. De esa forma desaparece la aparente contradicción entre Dan 2, 1 y Dan 1, 1.

En referencia a la fecha "en el tercer año del reinado de Joaquim" (Dan 1, 1), no podemos tomar como justificada la suposición deducida de Jer 36, 9, según la cual en el noveno mes del reinado de Joaquim los caldeos no habían venido aún a Jerusalén, ni podemos aceptar la opinión de que Nabucodonosor había destruido ya Jerusalén antes de haber logrado su victoria sobre el Faraón Necao en Carquemish (Jer 46, 2) el año cuarto de Joaquím. En contra de eso esperamos probar en el Comentario a Dan 1, 1 que la toma de Jerusalén en el año cuarto de Joaquim se realizó después de la batalla de Carquemish, y que la afirmación de Dan 1, 1, rectamente entendida, concuerda fácilmente con ese dato, dado que בוא (Dan 1, 1) significa ir, salir, pero no venir.

*(2) Por otra parte, no es fácil explicar las dificultades históricas que aparecen en Dan 5 y Dan 6, 1.31, porque las informaciones extra-bíblicas relacionadas con la destrucción de Babilonia resultan muy escasas y contradict*orias. Pero esas dificultades no son en modo alguno inexplicables, ni son tan grandes que lleven a poner en duda la autenticidad del libro de Daniel.

Así, por ejemplo, aquello que a los ojos de Bleek representa una dificultad "especialmente grande" (al suponer en Dan 5 que en una noche ocurrieron tantas cosas que resulta escasamente creíble que pudieran haberse dado una tras otra en un tiempo tan corto) no puede tomarse en modo alguno como como dificultad, pues todo ello se puede explicar muy bien.

En esa línea, para resolver el tema tenemos que empezar dejando a un lado las afirmaciones que Bleek "introduce" en la narración, sin que formen parte de ella. (1) Que la fiesta comenzó por la tarde o ya de noche, cuando de hecho ella comenzó al mediodía y pudo prolongarse hasta la noche. (2) Que el hecho de vestir a Daniel de púrpura y ponerle una cadena alrededor de su cuello y proclamar su elevación al rango de tercer gobernante del reino tuvo que consumarse a través de una solemne procesión, moviéndose a través de las calles de la ciudad. (3) Que Daniel era todavía el presidente jefe de los magos. (4) Y que después de aparición del escrito en el muro tuvieron que darse largas consultas...

Si uno deja a un lado estas suposiciones, se puede suponer muy bien que todas estas cosas se dieran de un modo rápido, como puede suceder, por ejemplo, con el estallido de un incendio, cuando todo se acelera, de manera que en poco suceden muchas cosas. De esa forma, en unas pocas horas, pudieron suceder todas estas cosas, tal como aparecen expuestas en este capítulo, todas ellas en una noche, incluso la muerte del rey, antes de que amaneciera el día siguiente.

La dificultad histórica mayor, como afirma Stähelin (p. 35), reside meramente en esto: en que Baltasar sea el último rey de Babilonia, y que su madre sea la viuda de Nabucodonosor, lo que resulta contrario a la historia. Ciertamente, parece que la reina madre, lo mismo que Daniel, suponen y dicen repetidamente que Nabucodonosor es padre (אב) de Baltasar, y que ese Baltasar fue el último rey de Babilonia.

Pero de hecho en la narración no se afirma que Baltasar sea el último rey de Babilonia, sino que eso es algo que solo podría deducirse de las circunstancias, por el hecho de que el escrito del muro anuncia la destrucción del rey y del reino y por el hecho de que, como cumplimiento de ese anuncio, en esa misma noche sucedió la muerte de Baltasar (Dan 5, 30) y finalmente (Dan 6,1) el traspaso del reino de los caldeos a manos de Darío, el medo.

Pues bien, el texto no dice que la destrucción del reino de los caldeos o su paso a los medos ocurriera al mismo tiempo que la muerte de Baltasar. La conexión del segundo hecho con el primero a través de la cópula ו (Dan 6, 1) indica solamente que las dos partes de la profecía se cumplieron, no su simultaneidad cronológica. La primera parte (Dan 5, 3) se cumplió la misma noche, pero no se dice nada del tiempo del cumplimiento de la segunda, pues Dan 6, 1 (5, 31) no constituye la conclusión de la narración de Dan 5, sino el comienzo de aquellos acontecimientos que se narrarán en Dan 6.

Es muy poco lo que se puede concluir en relación al tiempo de los dos acontecimientos unidos por la cópula ו, como puede verse por ejemplo en la historia recordada en 1 Rey 14, donde el profeta Ahías anuncia (cf. 1 Rey 14, 12) a la mujer de Jeroboam la muerte de su hijo enfermo e inmediatamente en conexión con ello la destrucción de la casa de Jeroboam (1 Rey 14, 14), así como el Exilio de las diez tribus (1 Rey 14, 15), acontecimientos que se encuentran muy separados unos de los otros, desde un punto de vista cronológico, aunque están internamente relacionados, porque el pecado de Jeroboam fue no solamente la causa de la muerte de su hijo enfermo, sino también la causa de la destrucción de su dinastía y del reino de las diez tribus[6].

De esa forma, también nuestro texto vincula internamente la muerte de Baltasar y la destrucción del reino de los caldeos, sin que sea necesario que ambos acontecimientos sucedieran al mismo tiempo. El libro de Daniel no ofrece información sobre el momento en que fue destruido el reino de los caldeos, sino que eso debe ser deducido de las fuentes extra bíblicas, a las que nos referiremos de un modo más particular en el comentario a Dan 5, donde esperamos mostrar que las afirmaciones del libro de Daniel armonizan perfectamente con aquello que dicen en conjunto las informaciones (a menudo contradictorias) de los autores griegos sobre esta materia. Allí mostraré que las informaciones que ofrece el libro de Daniel son sustancialmente correctas, añadiendo que la destrucción de Babilonia sucedió en medio de una tumultuosa fiesta de los babilonios.

La otra dificultad, la de que Darío, como rey de origen medo (como aparece también en Dan 9, 1, donde se le presenta como hijo de Asuero; cf. 11, 1), sucedió a Baltasar (Dan 6, 1) queda superada tan pronto como dejamos a un lado la afirmación sin fundamento de que este Darío sucedió inmediatamente a Baltasar, y la de que Asuero, el rey persa, se identifica con Jerjes, y damos crédito a la afirmación de Dan 6, 28 donde se dice que Ciro, el rey persa, sucedió en el reino a Darío el Medo, como supone también Jenofonte cuando evoca su relación con el rey medo Ciaxares y su relación con Ciro, como mostraremos en comentario a Dan 6, 1.

Las restantes dificultades e improbabilidades carecen de importancia. La erección de una imagen de oro, de proporciones gigantescas, de sesenta codos de alto en plena llanura (Dan 3) resulta solo "muy improbable" si pensamos con Bleek en una estatua masiva de ese tamaño, sin tener en cuenta el hecho de que los hebreos llaman de "oro" a objetos que estaban simplemente recubiertos de una lámina de oro, como en Ex 39, 28; 40, 5. 26, cf. Ex 36, y lo mismo a imágenes de ídolos (cf. Is 40, 19; 41 7) etc.

Sobre los siete años de locura de Nabucodonosor, la narración de Dan 4 no especifica nada, sino solo su duración, repetida siete veces con la palabra עדנין (cf. Dan 4, 22. 29), lo que algunos intérpretes han explicado como si significara años (cosa que no se puede probar en modo alguno). Pero la afirmación de que una locura de larga duración del rey debía estará acompañada por "cambios y conmociones políticas muy importantes" solo puede aceptarse si durante ese tiempo ningún otro hubiera tomado las riendas del gobierno.

---

6. Refiriéndose a esta narración, Kran. (p. 26) ha refutado la objeción de Hitzig, según la cual si la muerte de Baltasar no implicó, al mismo tiempo, el transferencia del reino de los caldeos a los persas, entonces Dan 6, 28 tendría que haber mencionado solo la muerte del rey, dejando el silencio el tema del final de la monarquía, que sucedió 22 años más tarde.

Por otra parte, el hecho de no haya quedado ninguna mención de la enfermedad de Nabucodonosor en los historiadores extra-bíblicos no resulta nada extraño, considerando lo poco que ellos dicen del reinado de Nabucodonosor, aunque las afirmaciones de Beroso y Abideno sobre su enfermedad no pueden interpretarse en forma de locura. Sobre esto cf. Comentario a Dan 4.

Teniendo en cuenta estas y obras objeciones semejantes contra el contenido histórico de este libro, puede recordarse aquello que Kran. pag. 47 ha respondido justamente a lo que dicen autores como Lengerke (el autor de Daniel tuvo una inmensa ignorancia sobre los acontecimientos fundamentales de su tiempo) o como Hitzig (que sigue diciendo que este libro es muy poco histórico): "Estas afirmaciones brotan de un criticismo que solo se fija en la superficie de ciertos hechos, y en esa línea crítica los autores proponen una objeción tras otra, sin mostrar el mínimo deseo ni capacidad resolver las dificultades reales del texto, a no ser de una manera totalmente externa, violentando los textos".

Todos los que se oponen de esa forma a la autenticidad del libro de Daniel siguiendo a Porfirio[7] encuentran en esas objeciones una evidencia clara de que el libro no fue compuesto en el tiempo del exilio, sino en el de los Macabeos, por el contenido y naturaleza de las profecías que allí se encuentran, como lo ha expresado Bleek afirmando que "el destino especial de las predicciones se extiende hasta el tiempo de Antíoco Epífanes, cuando el príncipe sirio impuso su tiranía sobre el pueblo judío, y quiso abolir, en especial, por todos los medios, el culto de Yahvé, introduciendo el culto griego en el templo de Jerusalén.

En esa línea, este autor añade que las profecías terminan bruscamente con la muerte de ese rey Antíoco, o quedan unidas inmediatamente con el anuncio de la liberación del pueblo de Dios de toda opresión, y con el anuncio de la salvación y del Reino del Mesías, o incluso de su resurrección de la muerte".

Para confirmar esa interpretación, que se desvía de la adoptada por la iglesia (interpretación que ha sido rechazada incluso por algunos que se oponen a la autenticidad del libro), tanto en su *Einleitung* como en sus *Abhandlg* (cf. nota de pag. 28) Bleek ha caído en la fácil solución de comparar entre sí las profecías de Daniel, estudiando el libro hacia atrás a partir de Dan 12, 1-13, con el propósito de mostrar que Dan 12, 1-13 y 11, 21-45 hablan solo del reinado de Antíoco Epífanes y de sus malvadas acciones, y en especial de sus procedimiento en contra del pueblo judío y en contra de la adoración de Yahvé, de manera que el libro ha tenido que estar escrito en ese tiempo. Siguiendo en esa línea, Bleek supone que

---

7. Jerónimo cita así la opinión de Porfirio en *Proaem. in Dan.*: "Quidquid (autor libri Dan.) usque ad Antiochum dixerit, veram historiam continere; si quid autem ultra opinatus sit, quia futura necierit, esse mentitum." (Así piensa Porfirio: "Todo lo que el autor del libro de Daniel dice hasta el tiempo de Antioco contiene verdadera historia; pero en el caso de que opine algo sobre el tiempo posterior, dado que desconoce el futuro, está mintiendo").

también los anuncios de futuro de Dan 9, Dan 8, Dan 7 y Dan 2, solo se refieren a ese mismo enemigo del pueblo de Dios (es decir, a Antíoco).

Ciertamente, los textos de Dan 12, 1-13, y en conjunto los de Dan 11-12 se refieren sin duda al tiempo de Antíoco Epífanes. Así también Dan 11, 21-35 se refiere igualmente a los procedimientos y a las malas acciones de ese rey sirio. Pero, en contra de eso, la sección 11, 36-12, 3, según la opinión unánime de la iglesia, se refiere a la elevación y reinado del Anticristo en el final absoluto de los tiempos, y solo se puede aplicar al reinado de Antíoco Epífanes (como ha mostrado últimamente Klief.) si se adopta una interpretación que no respeta el sentido de las palabras, que se encuentra distorsionada, y que se apoya en falsas bases históricas.

En la actualidad, sin reconocer el valor de la antigua interpretación de la Iglesia, Bleek adopta la opinión, que recientemente está volviéndose mayoritaria, y según ella él aplica todo Dan 11 a Antíoco Epífanes, pensando que debe rechazarse solamente la explicación "artística" (imaginativa) que Auberlen ha dado de Dan 12,1-3.

Pues bien, con los resultados así conseguidos y con la ayuda de Dan 8, Bleek explica las profecías de las setenta semanas, desde la perspectiva de Dan 9, para vincularlas con las cuatro monarquías mundiales den Dan 2 y Dan 7, afirmando que la "historia" narrada en Dan 9, 25-27 termina con Antíoco Epífanes, de manera que el cuarto imperio del mundo se identifica con la monarquía greco-macedonia de Alejandro y de sus sucesores. De esa manera él encuentra al final de libro lo que él había establecido de antemano en su principio, llegando así al resultado del que había partido, sin tener en modo alguno en cuenta el despliegue de un libro tan bien estructurado como es el de Daniel.

Pues bien, si queremos actuar científicamente, no podemos adoptar ese esquema que, sin referencia alguna a la organización del libro, sigue un método retrospectivo que le lleva a explicar las expresiones que son claras y sin ambigüedades por medio de pasajes oscuros y dudosos. Porque, como Zndel ha destacado bien (pág. 95) no podemos interpretar una sinfonía fijándonos solo en los últimos tonos, sino solo a partir del desarrollo anterior de los temas; de igual manera no podemos obtener un juicio correcto de una obra como esta solamente a partir de las breves y abruptas sentencias proféticas del final, pues el curso de la profecía nos va llevando de los temas generales a las predicciones especiales.

Dan 12, 1-13 constituye la conclusión de todo el libro. En Dan 12, 5-13 se colocan juntos los dos períodos (Dan 7 y Dan 8) de la dura opresión del pueblo de Dios, que están bien separados uno del otro, pasando del gran enemigo del tercer reino mundial al cuarto reino del mundo, es decir, al Anticristo (Dan 7), mientras que el ángel, respondiendo a la petición del profeta, le revela la duración de ambos momentos.

Estas breves expresiones del ángel, que responde a las dos preguntas de Daniel, reciben su auténtica interpretación desde la profecía anterior de Dan 7 y Dan 8. Si invertimos esta relación, tomando como base una explicación muy dudosa, por no decir errónea, de Dan 11, si interpretamos mal las preguntas de Daniel y las respuestas del ángel, y si convertimos esta interpretación en modelo y regla para la exposición de Dan 2, 7 y 9 nos alejamos del camino por el que debíamos alcanzar la verdadera comprensión del contenido profético de todo el libro.

La cuestión del alcance de las profecías de Daniel solo puede ser determinada partiendo de una interpretación imparcial (sin prejuicios previos) de las dos visiones de los reinos del mundo, que aparecen en Dan 2 y Dan 7, en conformidad con el lenguaje que allí se utiliza y con su contenido, y esto solo puede alcanzarse a través de la exposición siguiente del libro. Por eso, aquí debemos limitarnos a ofrecer unas breves observaciones.

Conforme al sentido inequívoco de las dos visiones fundamentales (Dan 2 y Dan 7), el despliegue del reino mesiánico vendrá inmediatamente después de la destrucción del cuarto reino mundial (Dan 2, 34. 44) y se expresa (cf. Dan 7, 9-14. 26), tras el juicio del pequeño cuerno (=el anticristo) que brota del cuarto poder mundial, por medio del juicio de Dios y de la investidura del Mesías que viene en las nubes del cielo con autoridad, gloria y poder real.

El primero de esos poderes mundiales es la monarquía caldea fundada por Nabucodonosor, que es la cabeza aurea de la imagen (Dan 2, 37-38). Después viene el reino de los medo-persa que comienza con Darío, de origen medo, a quien sigue en el trono Ciro el persa (Dan 6, 28), y de esa manera se expresa a través de los medos y persas. Este reino está representado en Dan 7 bajo la figura de un oso y en Dan 8 en la figura de un carnero con dos cuernos, que es expulsado por un macho cabrío, teniendo un gran cuerno entre sus ojos, mientras él, el carnero, corría huyendo sobre la tierra, y se rompieron sus dos cuernos y fue arrojado al suelo, siendo allí pisoteado.

De esa manera, cuando el macho cabrío se volvió fuerte, se rompió su gran cuerno y en su lugar crecieron cuatro cuernos hacia los cuatro vientos del cielo, y de uno de ellos creció un pequeño cuerno (=Antíoco Epífanes), que se volvió muy grande, y se enorgulleció a sí mismo incluso ante el príncipe de los ejércitos, y suprimió el sacrificio diario (Dan 8, 3-13).

Esta visión fue explicada así al profeta por medio del ángel. El carnero con los dos cuernos representa al rey de los medos y de los persas. El macho cabrío es el rey de Javán, es decir, del reino greco-macedonios, y el gran cuerno que tiene entre sus ojos es el primer rey (Alejandro el macedonio). Los cuatro cuernos que brotaron en su lugar son los cuatro reinos, y en el tiempo final de su reinado surgirá un rey fiero (el pequeño cuerno), que destruirá al pueblo de los Santos etc. (Dan 8, 20-25).

- De acuerdo con esta clara explicación dada por el ángel, *el pequeño cuerno (es decir, Antioco Epífanes),* que es tan hostil contra el pueblo de Dios, pertenece al tercer reino mundial, y brota de uno de los cuatros

- reinos en los que se dividió la monarquía de Alejandro el grande (es decir, en el tercer reino mundial).
- Por el contrario, el reino mesiánico no aparece hasta que es derrotado (destruido) el cuarto reino del mundo (que comienza con los romanos), con la muerte del último de *los enemigos que brotan de ese cuarto imperio, el enemigo que se concreta en el Anti-Cristo* (que está simbolizado por Antíoco Epífanes, pero que no se identifica con él).

Según eso, la afirmación de que en el libro de Daniel la aparición de la salvación mesiánica viene después de la destrucción de Antíoco Epífanes se opone a las principales profecías del libro, y esta oposición no se supera suponiendo que la bestia terrible con los diez cuernos (Dan 7, 7) se identifica con el macho cabrío, a quien por otra parte se le describe de un modo muy distinto, porque en un primer momento solo tiene un cuerno, del que (después que ese cuerno se ha roto) brotan cuatro cuernos.

La descripción del pequeño cuerno que crece entre los diez cuernos de la cuarta bestia, que dice cosas grandes y blasfemias en contra del Santísimo, y que manda cambiar los tiempos y las leyes (Dan 7, 8. 24), está en cierto sentido en armonía con la representación de Antíoco Epífanes, al que se le presenta como pequeño cuerno (Dan 8), que quiere destruir al Pueblo del Santo (del Dios Santísimo), y que se eleva contra el Príncipe de los Príncipes, pero que será destruido sin intercesión de mano de hombre.

Pero, leído bien el texto, vemos que Antíoco Epífanes se parece al (es tipo del) Anticristo del Reino Final antidivino, pero en sí mismo no es el Anticristo. Ciertamente, Antíoco Epífanes, en su guerra contra el pueblo de Dios, ha sido un tipo de Anticristo, el gran enemigo que surgirá del último reino del mundo, pero él en sí mismo (es decir, el rey sirio Antíoco Epífanes) no ha sido el Anticristo, ni el enemigo final del Reino de Dios. Junto a esas semejanzas hay también puntos de desemejanza, tales como este: El período de actuación de ambos (de Antíoco Epífanes y del Anticristo) es aparentemente el mismo, pero en realidad es diferente.

- La actividad del príncipe que suprimió el sacrificio diario, es decir, de *Antíoco Epífanes*, debería durar durante 2.300 tardes-mañanas (Dan 8, 14) o, como el ángel dice, 1.290 días (Dan 12, 11), de tal manera que aquel que aguarde y permanezca firme hasta los 1.335 días (Dan 12, 12) recibirá la salvación.
- Por el contrario, la actividad del enemigo del tiempo final (es decir, *el Anticristo*) dura por un tiempo, (dos) tiempos y medio tiempo (Dan 7, 25; 12, 7) o por medio tiempo (Dan 7, 29), designaciones de tiempo que, sin ninguna justificación exegética, han venido a tomarse a veces años, a fin de armonizar la diferencia.

Antíoco Epífanes no ha sido el Anticristo, sino solo una figura (un tipo) del Anticristo que vendrá al final. Según eso, Daniel no vinculado cronológicamente la aparición de la redención mesiánica con la destrucción de Antíoco Epífanes, sino que ha anunciado la llegada de un cuarto reino mundial futuro, con los reinos que surgirán de él, de los cuales brotará el último enemigo del pueblo de Dios.

Eso significa que Antíoco ha pasado ya, y él pertenece al tercer reino mundial. Por el contrario, el cuarto reino mundial está aún por venir, y de ese reino surgirá el último enemigo, el Anticristo futuro, simbolizado por Daniel. Pues bien, ese Anticristo será destruido por el juicio de la venida escatológica del Cristo, que destruirá todos los reinos del mundo y establecerá el reino mesiánico.

Por eso, la afirmación de que el destino especial de las predicciones del libro de Daniel solo llega hasta Antíoco Epífanes viene a mostrarse como equivocada. La conducta del pequeño cuerno que brota entre los diez cuernos de la cuarta bestia no se anuncia solo en las visiones de Dan 2 y Dan 7, sino también en Dan 11, 36-45, donde se predicen de un modo especial las acciones del rey designado por ese cuerno, igual que se describe la dominación y mando de Antíoco Epífanes en Dan 8, 9 y en 11, 20-35.

Éstos son todos los argumentos dignos de mención que los opositores más recientes elevan contra la autenticidad histórica y profética de este libro. Analizando con cuidado esos argumentos de la crítica actual con los argumentos que se aducen desde el interior del mismo texto vemos que ellos son de muy poco valor, de forma que no pueden hacer que pongamos en duda la autenticidad del libro, diciendo que ha tenido un origen macabeo, de forma que no proviene del profeta histórico Daniel, del tiempo del exilio, o que ha sido inventado por un tipo de rabino seudo-macabeo.

En esa línea, debemos dar un paso más, y mostrar brevemente que la opinión moderna, según la cual el libro surgió en el tiempo de los macabeos, opinión que hemos rechazado en las consideraciones anteriores, lo mismo que la afirmación de que este libro ha utilizado los textos de Zacarías y Esdras, va en contra de la naturaleza, del contenido actual y del espíritu del libro de Daniel.

> 1. *Ni el carácter del lenguaje, ni el modo en que se presentan las afirmaciones proféticas responde a la edad de los Macabeos.* Por lo que toca al carácter del tiempo, el intercambio del hebreo y el caldeo concuerda en primer lugar, plenamente, con el tiempo del exilio, en el que el idioma caldeo fue creciendo gradualmente en importancia respecto a la lengua madre hebrea entre los exilados, pero no en el tiempo de los macabeos, en el que el hebreo había dejado de ser hacía tiempo la lengua usada por el pueblo[8].

---

8. El uso del caldeo al lado del hebreo, en este libro, apunta, como ha indicado justamente Kran. (pag. 10), a una coyuntura en la cual, como en el libro hebreo de Esdras, que ha intercalado

Introducción

2. *En segundo lugar*, la dicción hebrea de Daniel armoniza de un modo peculiar con el lenguaje utilizado por escritores del período del exilio. Especialmente por Ezequiel[9]. Por otra parte, el idioma caldeo de este libro en no pocos puntos característicos con el caldeo del libro de Esdras y de Jer 10, 1, mientras que estas porciones caldeas se distinguen mucho del idioma caldeo de los targumes más antiguos, que datan de la mitad del siglo I d. C[10].

3. *En tercer lugar*, el lenguaje de Daniel tiene en común con los libros de Esdras y Nehemías la presencia de ciertos elementos arios o persas, que

en su texto partes escritas en caldeo, se supone, de un modo evidente, que el pueblo tiene un conocimiento de caldeo (arameo), mientras que el hebreo seguía siendo el idioma de los padres y del contexto familiar, en sus conversaciones particulares".

En contra de eso, Rosenm. no conoce otro modo de explicar el uso de las dos lenguas en este libro, que afirmando que el pseudo-autor lo *hizo nulla alia de causa, quam ut lectoribus persuaderet, compositum esse librum a vetere illo propheta, cui utriusque linguae usum aeque facilem esse oportuit* (sin ninguna otra causa que la de persuadir a los lectores de que este libro había sido compuesto por un antiguo profeta al que le resultaba igualmente fácil el uso de ambas lenguas). La suposición de que incluso en el siglo II a.C. una gran parte del pueblo entendía el hebreo es algo que los críticos modernos intentan fundar por este mismo libro de Daniel y por ciertos pretendidos salmos macabeos.

9. Compárese el uso de palabras בזה en lugar de בז (Dan 11, 24. 33; 2 Cron 14, 13; Es 9, 7; Neh 3, 36; Est 9, 10); היך en lugar de איך (Dan 10, 17 y 1 Cron 23, 12); כתב por ספר (Dan 10, 21; Es 4, 7-8; 1 Cron 28, 19; Neh 7, 64; Est 3, 14); מדע (Dan 1, 4. 17; 2 Cron 1, 10; Ecl 10, 20); מרעיד (Dan 10,11 y Es10,9); עתים por עתות (Dan 9, 25; 11, 6. 13. 14, con Cron, Esdras, Nehemías y Ezequiel, y solo una vez en Isaías: Is 33, 6); הצבי utilizado para la tierra de Israel (Dan 8, 9, cf. Dan 11,16. 41, y también Ez 20, 15 y Jer 3, 10; זהר, brillo (Dan 12, 3; Ez 8, 2); היב, hacerse culpable (Dan 1,10) y הוב (Ex 18, 7); קלל נחשת (Dan 10, 6 y Ez 1, 7); אבדים לבוש (Dan 12,6-7 y Ez 9, 3. 11; 10, 2. 6-7 etc.).

10. Véase la colección de hebraísmos de las partes caldeas de Daniel y del libro de Esdras en Hengstenberg, *Beiträge*, i. p. 303, y en mi *Lehrb. d. Einl.* 133, 4. Puede añadirse, además, que estos dos libros muestran un modo particular de formación de la 3ª persona del imperfecto: להוא: Dan 2, 10. 28-29. 45 (להוא, Dan 4, 22), Es 4, 13; 7, 26; להון, Dan 2, 43 y Es 7, 25, להוין, Dan 5:17, en vez יהוא, y להון y יהון יהוין, cuyas formas no se encuentran en el caldeo bíblico, mientras que las formas con ל se encuentran utilizadas en los modos imperativo, optativo y subjuntivo. Cf. S. D. Luzzatto, *Elementi grammaticali del Caldeo biblico e del dialetto talmudico babilonese*, Padova 1865, p. 80, que ofrece el primer intento de presentar las peculiaridades gramaticales del caldeo bíblico, a diferencia del dialecto babilónico-talmúdico.

Por su parte, להוא se encuentra solo una ve en el Targ. Jon. Ex 22, 24, y quizá también en el Targum de Jerusalén, Ex 10, 28. La importancia de este fenómeno lingüístico para determinar la cuestión de la fecha de origen de ambos libros ha sido ya reconocida por J. D. Michaelis (*Gram. Chal.* p. 25), que ha observado sobre eso que "ex his similibus que Danielis et Ezrae hebraismis, qui his libris peculiares sunt, intelliges, utrumque librum eo tempore scriptum fuisse, quo recens adhuc vernacula sua admiscentibus Hebraeis lingua Chaldaica; non seriore tempore confictum. In Targumim enim, antiquissimis etiam, plerumque frustra hos hebraismos quaesieris, in Daniele et Ezra ubique obvios". (Estas semejanzas de Daniel y Esdras, al admitir elementos hebreos en la lengua caldea, puedes advertir que esos libros no han sido escritos en un tiempo posterior. Pues en los Targumim, incluso en los más antiguos en vano buscarás ya esos hebraísmos, que en Daniel y Esdras son obvios.

solo pueden explicarse partiendo de la suposición de que sus autores vivieron y escribieron en el exilio de Babilonia y bajo el dominio persa[11]. Pero el argumento utilizado por los que se oponen a la autenticidad para explicar dichos elementos como imitación resulta inadmisible, porque tanto por el carácter hebreo de la sección en lengua aramea como por el elemento ario que se encuentra en el lenguaje aquí utilizado, este libro incluye, junto a los elementos concordantes, otras peculiaridades que anuncian el carácter independiente de este lenguaje[12].

Aunque quizá se podría explicar el uso de palabras y de formas de palabras arameas peculiares por parte de un judío del tiempo de los macabeos, sin embargo, el uso de palabras que pertenecen al lenguaje ario resulta por sí mismo incomprensible en tiempo de los macabeos. Así, palabras tales como אשפנז אדזא y אריוך, que no se encuentran ni en los targumes, ni en los escritos rabínicos, o הדם (*miembro*, pieza) de la que los targumistas formaron la denominación μελίζεσθαι, que significa desmembrar, que se ha naturalizado en el lenguaje arameo (cf. J. Levy, *Chald. Wörterb. ueber die Targ.* I. p. 194). ¿De dónde podría haber recibido un judío macabeo de la era de los seléucidas estas palabras extranjeras, cuando la lengua y cultura griega se había hecho tan prominente en el oriente?

---

11. Sin mencionar el nombre de dignidad פחה, utilizado en el período asirio, y los dos nombres propios: אשפנז (Dan 1, 3) y אריוך (Dan 2, 14; cf. Gen 14, 1. 9). En este libro encontramos las siguientes palabras de origen ario: אדזא (Dan 2, 5. 8), derivada del viejo persa *âzandâ*, que se encuentra en las inscripciones de Bisutun y Nakhschi-Rustam, con el significado de ciencia, conocimiento; גדברין, Dan 3, 2-3, גזבר, גזברין, Es 1, 8; 7, 21, del antiguo persa גזבר *gada* o *gânda*, en zend. *gaza* o *ganga*, de donde viene *gadàbara*, tesorero, la forma persa antigua, mientras que גזבר corresponde al zend. gaza-bara; דתבר, Dan 3, 2-3, antiguo persa y zend, *dâta-bara* (nuevo persa *dâtavar*), alguien que entiende la ley, un juez; הדם (הדמין, Dan 2, 5; 3, 29), del persa antiguo *handâm,* cuerpo organizado, miembro, (μελος), פתבג, comida costosa, Dan 1, 5. 8. 13. 15 y 11, 26, del antiguo persa *pati-baga,* zend *paiti-bagha*, sanscrito *prati-bhâga*, comida escogida, "una mezcla de pequeños alimentos como frutos, flores etc. que se le ofrecían cada día al *rajah*, para el gasto de la casa; פתגם, Dan 3, 16; 4, 14. 17; Es 5, 7; 6, 11, del viejo persa *pati-gama*, un mensaje un mandato; פרתמים, Dan 1, 3; Est 1, 3; 6, 9, alguien que es distinguido, un noble, en pehlevi, *pardom*, en sánscrito *prathama*, el primero; y la palabra hasta ahora no explicada מלצר, Dan 1, 11. 16, y נבזבה, Dan 2,6, y finalmente כרוזא, un pregonero, un heraldo (Dan 3, 4), en el viejo persa *khresii*, pregonero, de donde viene el verbo כרז, Dan 5, 29, en caldeo y siríaco con un sentido semejante al del griego κηρύσσειν.

12. Así Daniel utiliza solo los sufijos plurales (להון לוכן הון כון) mientras que en Esdras las formas כם y הם se intercambian con כון y הון, de tal manera que הון se utiliza quince veces, הום diez, כון once y הון cinco veces. Las formas con ם, utilizadas por Esdras y también por Jeremías (cf. Jer 10,11) prevalecen en el Targum. Más aún, Daniel es el único que tiene המון (Dan 2, 34-35; 3, 22); por el contrario, Esdras tiene la forma abreviada de המו (Es 4.10. 23; 5, 5. 11 etc.). Daniel tiene ן כד (Dan 2,31; 7.20-21), Esdras tiene דך (Es 4, 13. 15.18.21; 5, 8), Daniel ילך (Dan 2,5), Esdras ולך (Es 6, 11); Daniel גדבריא (Dan 3, 2), Esdras גזבר (Es 1, 8; 7, 21).

Introducción

Pero el lenguaje de este libro, especialmente su elemento ario, va en contra de su origen en el tiempo de los macabeos; en esa línea "la forma de representación contemplativo-visionaria del libro" (como Kran. p. 59 dice expresamente) "responde poco a una coyuntura temporal en la que (cf. 1 Mac 2ss) el santuario se encontraba profanado y la tiranía elevada de un modo intolerable. No es concebible que, en un tiempo como ése, que estaba inmerso en una terrible insurrección, y los habitantes llamados a defender sus vidas con armas en la mano, ellos se implicaran en visiones en narraciones muy precisas de los detalles de la historia, que responden mejor a un largo período de quietud, que a un tiempo en que era necesario animar y aconsejar a los hombres de acción para que ellos pudieran liberarse de la terrible situación en que estaban inmersos".

Según eso, el contenido actual de este libro no responde en modo alguno a las relaciones y circunstancias del tiempo de los macabeos; al contrario, esas circunstancias apuntan decididamente al tiempo del exilio. Las partes históricas muestran un conocimiento preciso no solo de los acontecimientos principales del tiempo del exilio, sino también de las leyes y costumbres de las monarquías caldeas y medo-persas. La precisa descripción de la primera expedición de Nabucodonosor en contra de Jerusalén (Dan 1), que no está tomada de ningún otro lugar del Antiguo Testamento, y que se muestra sin embargo muy correcta, nos sitúa ante un autor que está al tanto de los acontecimientos; así también lo muestras las referencias a Baltasar, en Dan 5, cuyo nombre aparece solo en este libro, y que no puede haberse tomado de ningún otro lugar.

La mención de la ley de los medos y de los persas (Dan 6, 9. 13) supone una íntima familiaridad con las relaciones históricas del reino medo-persa, porque el tiempo de Ciro el persa aparece siempre colocado antes de los medos, y solo en el libro de Ester se nos habla de los persas y de los medos (Es 1, 3. 14. 18) y de la ley de los persas y los medos (Es 1, 19). También nos muestra el libro un conocimiento íntimo de las regulaciones de Estado de Babilonia (cf. Dan 1, 7), una regulación confirmada por 2 Rey 24, 17), y el hecho de que Daniel y sus compañeros, siendo nombrados para el servicio del rey, reciben nombres nuevos, dos de los cuales derivan de los ídolos caldeos.

Ese conocimiento se muestra también en el hecho de que los alimentos son servidos de la mesa del rey (Dan 1, 5), y en el mandamiento de convertir en basurero las casas de los magos (Dan 2, 5) que fueron condenados a muerte; lo mismo en la pena de muerte mencionada en Dan 2, 5 y 3, 6, y en el hecho de ser partido en pedazos y arrojados en el horno ardiente de fuego, que vemos en Ez 16, 10; 23, 47; 29, 29, con otras pruebas que nos muestran costumbres en uso entre los caldeos, mientras que entre los medo-persas se cita el castigo de ser arrojado al foso de los leones (Dan 6, 8. 13 ss).

La afirmación sobre el vestido que llevan los compañeros de Daniel (Dan 3, 21) concuerda con un pasaje de Heródoto I, 195; y la exclusión de mujeres de las fiestas y banquetes está confirmada por Jenofonte, *Ciropedia* v. 2, y por Curtio, v. 1, 38. Sobre la referencia de Dan 2, 5. 7 a los sacerdotes y sabios de los caldeos, véase lo que dice Fr. Mnter (*Religion der Babyl.* p. 5): "Lo que los primeros profetas de Israel recuerdan en relación con la religión de los caldeos responde bien a las noticias que encontramos en Daniel, y con ellas concuerdan perfectamente las tradiciones preservadas por Ctesias, Herodot, Beroso y Diodoro".

Compárese lo que ha puesto de relieve P. F. Stuhr (*Die heidn. Religion. des alt. Orients*, p. 416ss) en relación con los caldeos, como la primera clase de sabios de Babilonia. Un conocimiento igualmente íntimo con los hechos puede verse en las afirmaciones que hace el autor de este libro en relación con el gobierno y los oficiales del Estado de los reinos de los caldeos y de los medo-persas (cf. Hgstb., *Beitr.* I. p. 346).

Las partes proféticas de este libro prueban también de un modo manifiesto su origen en el tiempo del exilio de Babilonia. La fundación del reino mundial por Nabucodonosor forma el punto de partida de la profecía sobre los reinos del mundo: "Conoce, oh rey", le dice Daniel al interpretar su sueño de las monarquías del mundo, que "tú eres la cabeza de oro" (Dan 2, 37). Desde aquí se entienden las visiones profetizadas por Daniel sobre los reinados de Baltasar el Caldeo, Darío el Medo y Ciro el Persa (cf. Dan 7, 1; 8, 1; 9, 1; 10, 1)

Con esto concuerda la circunstancia de que de los cuatro reinos del mundo solo los tres primeros han sido históricamente explicados, es decir, la monarquía de Nabucodonosor la primera (Dan 2, 37), después el reino de los medos y de los persas, y en tercer lugar el reino de Javán, en el cual, tras la muerte del primer rey, se dice que surgirán cuatro reinos, extendidos hacia los cuatro vientos del cielo (Dan 8, 20-22). De los reyes del reino medo-persa solo se nombran Darío el Medo y Ciro el Persa, en cuyo tiempo vivió Daniel. Además de eso, solo se nombra el surgimiento de cuatro reyes de los persas, con la expedición guerrera del último en contra del reino de Javán, así como la ruptura y división por los cuatro vientos de la tierra (Dan 11, 5-19) del reino del rey victorioso de Javán.

De los cuatro reinos que brotan de la monarquía de Alejandro el Macedonio no se dice en particular nada en Dan 8, y en Dan 11, 5-9 solo se predicen una serie de guerras entre el rey del sur y el rey del norte, con el surgimiento de un rey audaz, que después de haber fundado su reino en la violencia, volverá su poder contra el pueblo de los santos, para devastar el santuario y poner fin al sacrificio diario, algo que, según Dan 8, 23, sucederá al fin de esos cuatro reinos.

Por más que la descripción que Dan 8 y Dan 11 ofrece del rey audaz sea completa y en algunos de sus rasgos, sin embargo, ella no incluye en ningún momento detalles históricos, de forma que no va más allá de las fronteras de la profecía, ni ofrece datos históricos tomados de curso concreto de la historia. En ese contexto, conforme a la opinión de Kran. (pag. 58) "la profecía de Daniel

Introducción

no contiene ningún dato particular que (a no ser el cumplimiento de la visión) vaya más allá del desarrollo consecuente del pensamiento teocrático en casos como este".

Pues bien, en ese contexto debemos responder que esa opinión no está de acuerdo con el factor sobrenatural de la profecía, pues ni la profecía del desarrollo del poder del mundo en cuatro reinos sucesivos, ni la descripción especial de la aparición y despliegue de esos reinos del mundo puede concebirse ni mirarse como una mera explicación de los pensamientos teocráticos. A pesar de ello, la observación del mismo teólogo, cuando afirma que las profecías especiales de Dan 8 y 9 no describen de un modo estricto los hechos históricos en los que encuentran su cumplimiento, de manera que son fundamentalmente, de manera que lo que aquí se dice se distingue plenamente de los así llamados *apocalipsis judíos* que encontramos en el fondo la Sibilas judías, en el libro de Henoc y en el de Esdras (4 Esdras), que vienen después del libro de Daniel.

Lo que Daniel profetiza en relación con los reyes de Persia que suceden a Ciro, en relación con el reino de Javán y su división después de la muerte de su primer rey en cuatro reinos etc., no lo pudo hacer en virtud de un desarrollo independiente de sus pensamientos proféticos, sino solo en virtud de una revelación divina de tipo directo, Pues bien, esa revelación no puede entenderse como una predicción inmediata y precisa de las cosas que han de suceder, a modo de crónica, sino que ofrece una visión general del destino de la historia, que se expresa en tres reinos históricos (el babilonio, el medo-persa y el javánico, que culmina en Antíoco Epífanes), para abrirse después en un reino de maldad total que comienza con los romanos y que culmina en el Anticristo del fin de los tiempos, con la venida victoriosa de Cristo, en los últimos tiempos, y la instauración del reino de Dios (Num 24, 24; cf. Joel 4, 6; 3, 6)

Conforme a la visión de Daniel, el destino histórico de los reinos del mundo no se extiende ni se explica más allá del reino de Javan y de los barcos de Kitim (Dan 11, 30), remitiendo hacia atrás a Num 24, 24, donde se ponen límites al deseo de conquista del rey audaz que surgió del tercer reino mundial. El cuarto reino mundial (iniciado por los romanos) se describe de un modo general, pero sin precisiones históricas de ningún tipo.

Ese cuarto reino, que desemboca en el Anticristo, pertenece al otro lado del horizonte histórico del profeta, a pesar de que en la edad de los Macabeos el despliegue del poder romanos, buscando el poder sobre el mundo, era ya tan bien conocido, de manera que los traductores alejandrinos, sobre la base de los hechos históricos, interpretaron la llegada de los barcos de Kitim diciendo: ἥξουσι Ῥωμαῖοι (llegarán los romanos).

La ausencia de toda referencia histórica al cuarto reino mundial (iniciado por los romanos) ofrece un argumento muy valioso a favor del origen antiguo de este libro de Daniel durante el tiempo del exilio (bajo babilonios y medo-persas), porque en el tiempo del exilio de Babilonia Roma quedaba todavía fuera del círculo de visión de los profetas de la Escritura, ya que en ese momento el imperio romano no había venido a relacionarse todavía con las naciones dominantes que estaban ejerciendo su influencia en el destino del Reino de Dios. Ese estado de cosas era ya totalmente distinto en la edad de los macabeos, porque ellos conocían el poder de Roma y enviaron mensajeros con cartas a Roma, proponiendo entrar en una liga con los romanos (cf. 1 Mac 8, 12).

El contenido de Dan 9 concuerda aún menos que el de las visiones anteriores sobre los reinos del mundo con la edad de los macabeos. Tres siglos y medio después del cumplimiento de la profecía de Daniel sobre la desolación de Judá, después que Jerusalén y el templo habían sido reconstruidos hacía largo tiempo. Pues bien, en ese tiempo no podía caber en la mente de ningún judío poner en la boca de Daniel, un profeta del exilio, una oración penitencial por la restauración de la ciudad santa, ni presentar a Daniel como diciendo que la profecía de Jeremías, de los setenta años de desolación de Jerusalén, no se había aún cumplido, sino que se cumpliría solo después de setenta semanas de años, en contra del testimonios de Esdras, o, conforme a los críticos modernos, después del autor de los libros de Crónicas y de Esdras, que vivían al fin de la era persa, pues ellos sabían bien que Dios, para cumplir la palabra proclamada por el profeta Jeremías, había impulsado a Ciro, rey de Persia, para que enviara un edicto a lo ancho de todo su imperio, moviendo a los judíos para que retornaran a Jerusalén, mandándoles que reedificaran el templo (2 Cron 36, 22; Es 1, 1-4).

En conclusión, tomando en cuenta el espíritu religioso de este libro, podemos afirmar que los que se oponen a su autenticidad, tienen pocos dones de διάκρισις πνευμάτων (discernimiento de espíritus), pues ellos colocan el libro de Daniel en la misma categoría que los Oráculos sibilinos, el cuarto libro de Esdras (2 Esdras), el libro de Henoc, la Ascensión de Isaías y otros productos pseudoepigráficos de la literatura apócrifa, diciendo que la narración de los acontecimientos de la vida y visiones de Daniel no son más que un producto posterior, escrito en la línea del Deuteronomio o del Eclesiastés (Qohelet) por un judío macabeo con el fin de presentar de un modo general unas verdades que él había querido representar a sus contemporáneos, para que ellos las aceptaran.

Con este fin, a través de las narraciones históricas, "aduciendo, por un lado, el ejemplo de Daniel y de sus contemporáneos y, por otro, el de Nabucodonosor y Baltasar, ese "macabeo" habría querido exhortar a su contemporáneos, para que imitaran la fidelidad rigurosa de los antiguos en su fe, en su confesión insuperable de la fe de sus padres, mostrándoles esta única verdad: El Dios todopoderoso conoce bien el tiempo en que humillará a aquellos que como Antíoco Epífanes se elevan en contra de él, con un orgullo presuntuoso, queriendo separar a su pueblo de su servicio santo; y conoce también, por otra parte, el tiempo y manera en que al fin hará que sus fieles adoradores queden victoriosos" (Bleek p. 601).

Introducción

Resulta clara en esa línea la tendencia de estos críticos, cuando dicen que "el autor de Dan 3, 6 tiene siempre ante sus ojos, en todo y en parte, las condiciones históricas de su tiempo (de la tierra de Judea), tal como existen bajo la opresión de Antíoco Epífanes, con las circunstancias políticas del entorno". En esa línea, esos críticos afirman que este seudo-Daniel macabeo expone ante sus lectores esas circunstancias de un modo velado, aunque fácilmente cognoscible, identificando en el fondo a Antíoco Epífanes con Nabucodonosor (Bleek 602). Pero ¿en qué consiste esa semejanza "fácilmente reconocible" entre la conducta de Antíoco Epífanes la de Nabucodonosor? En nada, pues Antíoco es totalmente distinto de Nabucodonosor:

- *Nabucodonosor* ordenó que se construyera una imagen colosal de treinta codos de altura y seis de altura y la mandó colocar en la llanura de Dura, siendo solemnemente consagrada como imagen nacional, de manera que el pueblo reunido delante de ella viniera a venerarla. Por el contrario,
- *Antíoco Epífanes* no mandó colocar una imagen idolátrica, como se ha supuesto interpretando mal el βδέλυγμα ερημώσεως (1 Mac 1:54), que debía colocarse sobre el altar de incienso (de las ofrendas quemadas), sino solo un pequeño altar idolátrico (βωμόν, 1 Mac 1,59), y no se hace ninguna mención de que ese altar tuviera que ser solemnemente consagrado.
- *Antíoco mandó a los judíos que ofrecieran sacrificios idolátricos cada mes sobre un altar idolátrico colocado en el templo de Jerusalén;* y queriendo que en todo su reino todos formaran solo un pueblo, y que cada uno dejara sus leyes (1 Mac 1, 41), él quiso obligar a los judíos a abandonar la adoración de Dios, que ellos habían heredado de sus padres, para aceptar las formas de adoración pagana.
- *En contra de eso, Nabucodonosor no quiso mandar que las naciones sometidas a él abandonaran la adoración de sus dioses*, y que así los judíos dejaran el culto de Yahvé, sino que, en contra de eso, tras la milagrosa liberación de los tres amigos de Daniel, él reconoció la omnipotencia del Dios supremo, y prohibió por edicto, bajo pena de muerte, que todos sus súbditos blasfemaran en contra de este Dios de Israel (Dan 3, 28-30).

Pues bien, dando un paso más ¿en qué consiste la semejanza ente Antíoco Epífanes y Darío el Medo (Dan 6)? Ciertamente, bajo instigación de sus príncipes y sátrapas, *Darío* proclamó un edicto, diciendo que cualquiera que durante treinta día ofreciera una plegaria a algún dios que no fuera el mismo rey sería arrojado en el foso de los leones, Pero con eso (en contra de lo que hará Antíoco Epífanes) él no quiso obligar a los judíos ni a ningún otros de sus súbditos a apostatar de su religión ancestral porque, pasados los treinta días señalados, cada uno podría dirigir de nuevo su oración a su propio dios. Los promotores especiales de este edicto no quisieron poner al pueblo judío bajo ningún tipo de restricción religiosa, sino que querían solo oponerse a Daniel, al que Darío había elevado al rango de tercer gobernante del reino, y a quien pensaba poner sobre todo su reino.

Por eso, cuando Daniel fue denunciado ante él por los autores de esa ley, Darío quedó muy impresionado, haciendo todo lo que estaba en su mano para impedir ese terrible castigo. Y cuando los sátrapas apelaron a la ley de los medos y persas, diciendo que ningún edicto real podía ser cambiado, el rey no tuvo más remedio que dejar que arrojaran a Daniel al foso de los leones, de manera que pasó toda la noche sin dormir y quedó muy contento cuando, viniendo a la fosa de los leones, muy temprano, a la mañana siguiente, vio que Daniel no había sido dañado.

Entonces, él no solo mandó que los acusadores de Daniel fueran arrojados a la fosa de los leones, sino que ordenó que todos sus súbditos elevaran su homenaje al Dios vivo, que realizaba signos y maravillas en el cielo y en la tierra a quien Daniel y los judíos adoraban. Pue bien ¿puede encontrarse aquí alguna semejanza con la ira y oposición de Antíoco Epífanes contra los judíos y su adoración de Dios?

Resulta pues inconcebible (en contra de lo que dice Bleek, pag. 604) que el autor de este libro "tenga sin duda a Antíoco Epífanes antes sus ojos" cuando habla de Nabucodonosor en Dan 4 o de Baltasar en Dan 5, o de Darío el medo. Es cierto que, según Dan 4 y Dan 5, Nabucodonosor y Baltasar pecan en contra del Dios todopoderoso de los cielos y la tierra, y son castigados por ello, y es cierto que también Antíoco Epífanes cae al fin bajo el juicio de Dios a causa de su maldad.

Pero esta semejanza general (el hecho de que los gobernantes paganos, en su contacto con los judíos, han deshonrado al Dios todopoderoso, siendo humillados y castigados por ello) se repite siempre en el Antiguo Testamento, y no constituye ninguna característica especial del tiempo de Antíoco Epífanes. Pero la conducta de Antíoco Epífanes no se identifica en modo alguno con la de Nabucodonosor, Baltasar y Darío el Medo, sino que ofrece unos rasgos especiales, que nos permiten entenderla como tipo de la conducta final del Anticristo (en el final del cuarto poder del mundo). En esa línea, entre la conducta de Antíoco Epífanes y la de los reyes anteriores (del segundo o tercer poder de la historia) hay unas diferencias muy notables.

Nabucodonosor recibió un gran *shock*, y apareció como una bestia, pero no a causa de que persiguiera a los judíos, sino porque en su orgullo él se divinizó a sí mismo, porque no había reconocido que el Altísimo era el que gobernaba sobre los reinos de los hombres (Dan 4, 14); y cuando se humilló a sí mismo ante el Altísimo él quedó liberado de su locura y quedó restaurado en su reino.

Introducción

Baltasar tampoco pecó por perseguir a los judíos, sino porque, en un banquete alborotado, con insolencia de borracho, hizo que se utilizaran los vasos sagrados del templo de Jerusalén, llevados a Babilonia, para que bebieran de ellos sus capitanes y sus mujeres, en medio de cantos de alabanza a sus dioses idolátricos. Así es como le representa Daniel, elevándose a sí mismo en contra del Dios del cielo, y no honrando al Dios en cuyas manos estaba su aliento y todos sus caminos, aunque él sabía que su padre Nabucodonosor había sido castigado por este Dios, por su altiva presunción (Dan 5, 20-23).

Según eso, la relación no solo de Nabucodonosor y de Darío, sino también de Baltasar, con el Dios de los judíos y con su religión es totalmente diferente de la de Antíoco Epífanes, que quiso destruir el judaísmo y la adoración mosaica de Dios.

Los reyes de Babilonia eran sin duda paganos, y, de acuerdo con las costumbres generales de todos los paganos, pensaban que sus dioses eran mayores y más poderosos que los dioses de las naciones sometidas a ellos, y entre esos dioses menores colocaban también al de Israel. Pero ellos habían oído las maravillas de su divina omnipotencia, y honraron al Dios de Israel como Dios del cielo y de la tierra, en parte a través de una expresa confesión de su divinidad, y en parte, al menos como hizo Baltasar, honrando a los verdaderos adoradores de este Dios. *Por el contrario, Antíoco Epífanes persistió en su totalmente loca rabia en contra de la adoración de Dios*, tala como era practicada por los judíos, hasta que él fue derribado por el juicio divino.

Según eso, si el pretendido pseudo-Daniel hubiera tenido directamente en su mente a Antíoco Epífanes al desarrollar estas narraciones, podemos esperar que él hubiera intentado mostrar que este fiero enemigo de su pueblo hubiera reconocido y adorado al verdadero Dios. Pero esta suposición no solo va en contra del sentimiento de los judíos, tal como aparece en los libros de los macabeos, sino que va en contra de las profecías de este libro que se oponen totalmente al osado y engañoso rey, que hizo cesar el sacrificio diario y que devastaría el santuario, amenazando con destruirlo, no dejando ningún lugar para el pensamiento de un posible cambio de mente ni de su conversión.

Según eso, el autor de estas profecías no puede haber seguido en su libro las tendencias que le atribuyen los críticos modernos. Por lo tanto, en el fondo de lo que supone esa tendencia hay una completa falta de comprensión del espíritu que está en el fondo de las partes históricas del libro de Daniel.

Las narraciones que se refieran a Nabucodonosor, su sueño, la consagración de la estatua de oro y su conducta después de su recuperación de la locura, lo mismo que aquellas que se refieren a Darío (Dan 6) no pudiera ser inventadas, o, al menos, no pudieran ser inventadas por un judío macabeo, porque a lo largo de la historia pre-exílica no hallamos en ningún lugar unos personajes orgullosos que correspondan a la figura psicológica de esos caracteres del libro de Daniel.

Ciertamente, *el Faraón ensalzó a José*, que interpretó su sueño, haciéndole gobernante principal de su reino, *pero no vino a su mente el deseo de honrar al Dios que le reveló en sueños lo que había de acontecer* en su reino (Gen 41). Para las restantes narraciones de este libro no hallamos tampoco en el Antiguo Testamento ejemplos que pudieran relacionarse con ellas. Y las semejanzas entre las experiencias de la vida de José y las de Daniel solo son de tipo muy general: Que ambos reciben de Dios el don de interpretar sueños y que por medio de ese don ambos ayudan y liberan a su pueblo[13].

Sin embargo, en el nivel de los detalles concretos, Daniel es tan diferente de José que el conjunto de su fisionomía, tal como se encuentra en este libro, no puede tomarse como una copia de la historia de José. Menos aún podemos tomar las narraciones de Daniel como composiciones poéticas, porque los rasgos de Nabucodonosor y de Darío el Medo son esencialmente distintos de la visión dominante del judaísmo del tiempo de los macabeos en relación con los paganos.

La relación de estos dos genuinos reyes paganos con las revelaciones de Dios muestra una receptividad ante la forma de actuar del Dios vivo en la historia de los hombres que no aparece en ningún otro lugar, ni antes ni después del exilio, entre los escritos de los judíos en relación con los paganos. Esta visión de esas figuras no ha podido ser inventada, sino que ha sido tomada de la historia real esos reyes, y solo puede ser entendida si es que las maravillas de la omnipotencia y gracia divina que narra el libro de los reyes sucedieron realmente.

Pues bien, igual que sucede en las narraciones históricas, tampoco en las visiones de Daniel encontramos nada que nos lleve a pensar que el autor del libro es del tiempo de Antíoco Epífanes. *Esa tendencia a vincular el libro de Daniel con un autor macabeo, deriva solo de la visión arriba criticada de que todas las profecías de Daniel se extienden solo hasta la llegada de ese rey (Antíoco Epífanes)* y que con su muerte ha de llegar la destrucción del poder mundano opuesto a Dios, de manera que con el fracaso y muerte de Antíoco llegara el fin del mundo.

En esa línea, los que se oponen a la autenticidad de este libro quieren apoyarse en su visión de las relaciones entre las profecías de Daniel y los productos pseudo-epigráficos de la apocalíptica judía. Pues bien, en contra de eso, Zndel (*Krit. Unter.* p. 134ss.) ha probado de forma concluyente la radical diferencia entre las profecías de Daniel y los Oráculos Sibilinos, que, conforme a la opinión de Bleek y Lcke, tienen que haber brotado de una misma fuente, siendo así de tipo homogéneo. Por eso, dado que Zndel ha ofrecido las pruebas esenciales de la diferencia

---

13. Chr. B. Michaelis resume así las analogías entre los acontecimientos de la vida de José y los de Daniel: *Uterque in peregrinam delatus terram, uterque felix somniorum interpres, uterque familiae ac populi sui stator, uterque summorum principum administer, uterque sapientum sui loci supremus antistes* (Ambos viven en una tierra extranjera, ambos son buenos intérpretes de sueños, ambos defensores de su familia y de su pueblo, ambos son administradores de sus príncipes supremos, ambos son gobernantes significativos del lugar en que viven).

Introducción

entre Daniel y otros apócrifos judíos posteriores, aquí podemos limitarnos a los elementos fundamentales de su (Zndel, p. 165ss.).

> *1) El tema de los dos escritos (Daniel y Oráculos Sibilinos) es totalmente distinto.* En Daniel, el vidente se encuentra en una conexión moral con la visión, cosa que no sucede en los Sibilinos. Daniel es un israelita piadoso, cuyo nombre, como hemos visto al referirnos a Ezequiel, era bien conocido durante el exilio caldeo, y durante toda la historia de su vida se mantuvo en conexión inseparable con el argumento de sus profecías. En contra de eso, las Sibilas se mantuvieron fuera de todo control histórico, de manera que sus escritos pueden suponerse de una inmensa antigüedad, en referencia no solo a Israel sino a todas las naciones, es decir, en el período del diluvio, y sus personas desaparecen en la oscuridad apócrifa.
>
> *2) Daniel pide de rodillas a Dios que se manifieste y le revela el tiempo de liberación de su pue*blo, de manera que cada una de sus revelaciones constituye al mismo tiempo una respuesta a su plegaria. Por el contrario, la Sibila del tiempo de los macabeos aparece representada de una forma claramente pagana, transportada poderosamente en contra de su voluntad por la palabra de Dios, como en un gesto de locura, y así ella ruega por dos veces, a fin de que pueda descansar y dejar de profetizar".
>
> *3) Como en el caso de los profetas anteriores, la profecía de Daniel surge de una situación histórica muy precisa*, en el momento en el que se despliega el primer gran poder del mundo en Asiria-Caldea; esa profecía se encuentra en una conexión moral práctica con la liberación de Israel, de la que ella se ocupa, después que terminan los setenta años de Jeremías; en esa línea, las cuatro monarquías mundiales que le fueron reveladas están enraizadas en el suelo histórico del tiempo de Nabucodonosor. Por el contrario, en la Sibila del tiempo de la lucha entre los seléucidas y los judíos, no se hace mención de la situación profética, ni de una tendencia de tipo político-práctico. La Sibila tiene, en un sentido claramente alejandrino, un objetivo literario, es decir, el de representar el judaísmo como la religión mundial. La pregunta de Daniel, planteada para Israel y para el mundo (¿cuándo viene el reino de Dios?) surge de una situación real, actual, como si ella solo pudiera responderse por una acción de Dios, mientras que en la Sibila alejandrina solo hay una cuestión de doctrina, a la que la Sibila se siente llamada a responder de un modo teórico, haciendo que los paganos se hagan judíos y se asocien con los judíos.

4) *Finalmente la Sibila carece de un objetivo profético. El objeto profético de Daniel es el poder del mundo en su lucha contra el Reino de Dios.* Esta idea histórico-profética es la única determinante, una idea que en Daniel lo penetra todo, y el centro hacia el que se dirige es el fin del poder del mundo, en su desarrollo interior, y en su propia impotencia (falta de poder) en contra del Reino de Dios. Las cuatro formas de poder del mundo están vinculadas con la historia de las naciones y se extienden sobre el tiempo presente. Por el contrario, la Sibila carece de espíritu profético; en su obra no hallamos ningún pensamiento histórico de liberación. La Sibila ofrece una genuina compilación alejandrina de pensamientos proféticos y greco-clásicos, unidos de un modo externo.

El pensamiento que lo llena todo en la Sibila es el de elevar el judaísmo al rango de una religión mundo, y su mensaje aparece así como una pura reflexión humana sobre el plan divino, que se centra en el hecho de que todas las naciones han de ser bendecidas en Abrahán. Ciertamente, en un sentido, este pensamiento está en el fondo de todos los profetas, como gran pensamiento de la historia del mundo, llegando a su mayor claridad en Daniel y realizándose por el cristianismo. Pero la Sibila ha destruido ese carácter histórico y salvador de la revelación; es decir, lo ha espiritualizado en sentido religioso y lo ha materializado en sentido político:

La Sibila no se ocupa del Dios vivo y santo de pacto, es decir, de Yahvé, que habita en lo alto y en los contritos de corazón, sino de la divinidad increada y creadora de todas las cosas, un Dios sin distinción en sí mismo, un Dios invisible que ve todas las cosas, que no es macho ni hembra, tal como aparece en un momento posterior en la escuela de Filón. Este es el Dios al que la Sibila presenta ante las naciones en un lenguaje muy elocuente. Pues bien, en la Sibila no encontramos ningún del Dios de Israel, que no solamente ha creado el mundo, sino que tiene un reino divino en la tierra que edificará este reino; en otras palabras, en la Sibila no hallamos ningún del Dios de la historia de la redención, tal como aparece en su gloria en Daniel.

La profecía histórico materialista de la Sibila corresponde a este espiritualismo religioso. La Sibila quiere imitar las profecías de Daniel, pero desconoce el pensamiento profético fundamental del reino de Dios que se eleva en contra del reino del mundo, de manera que ella copia la historia empírica del mundo: Primero reinará Egipto, luego Asiria, Persia, Media, Macedonia, de nuevo Egipto y entonces Roma" Según eso, la apocalíptica sibilina es fundamentalmente diferente de las profecías de Daniel[14].

14. Esto puede decirse también de otros apocalipsis proféticos del judaísmo, que aquí no tenemos necesidad de considerar de un modo especial, porque esos apocalipsis (como se reconoce

Introducción

Cualquiera que tenga una mente tan poco disciplinada que no pueda percibir esta diferencia no podrá entender la diferencia que hay entre las profecías de Daniel y las reflexiones filosóficas del libro del Qohelet[15]. Si el Qohelet expone sus pensamientos sobre la vanidad de todas las cosas en nombre del sabio Salomón, esto es una producción literaria que, además, es tan trasparente que cada lector del libro puede ver a través de ella, pues se trata de algo que es plenamente comprensible.

Por el contrario, si un judío macabeo reviste sus propias ideas tocantes al desarrollo de la guerra de los poderes del mundo en contra del pueblo de Dios, como si fueran revelaciones de Dios que habría recibido el profeta viviendo en el exilio de Babilonia, entonces, este gesto no es meramente un engaño literario, sino, al mismo tiempo, un abuso de la profecía, es decir, una forma de profetizar desde "el propio corazón", no desde Dios, lo que implica un pecado Dios ha castigado según su ley con pena de muerte.

Si el libro de Daniel fuera según eso una producción de un judío macabeo que habría expuesto ante sus contemporáneos ciertas "verdades generales", que él pensó que poseía, como si fueran profecías de un vidente divinamente iluminado del tiempo del exilio, entonces, la obra de ese autor no contendría ninguna verdad divina de cualquier tipo, sino meras invenciones humanas, que habiendo sido vestidas de falsedad no podrían tener un origen divino.

Si ello fuera así, Cristo, la eterna Verdad Personal, no podría haber tomado ese libro como profecía de Daniel el profeta, ni podría haber mandado a sus discípulos que se fijaran en ese libro como él ha hecho (cf. Mt 24, 15; Mc 13, 14). Este testimonio del nuestro Señor ofrece la evidencia externa e interna que prueba la autenticidad del libro de Daniel, como sello de confirmación divina.

Para la literatura exegética del libro de Daniel, cf. mi *Lehrb. der Einl. in d. A. Test.* 385ss. A ello hay que añadir: Rud. Kranichfeld, *Das Buch Daniel erkl.*, Berlin 1868 y Th. Kliefoth, *Das Buch Daniels uebers. u. Erkl,* Schwerin 1868; J. L. Füller, *Der Prophet Daniel erkl.*, Basel 1868 (para laicos cultos); Pusey, *Daniel the Prophet*, Oxford 1864, y Mayer (católico), *Die Messian. Prophezieen des Daniel,* Wien 1866.

---

en general) surgieron en un tiempo mucho más tardío, y no entran, por tanto, en las discusiones relacionadas con la autenticidad del libro de Daniel.

15. El Deuteronomio, al que Bleek y otros citan junto al libro del Qohelet, no puede por tanto ser tomado en consideración como capaz de ofrecer una prueba de analogía en este tema, pues la suposición de que este libro no es genuino (es decir, no ha sido compuesto por Moisés) no está mejor fundada que la supuesta no autenticidad del libro de Daniel.

DANIEL 1
INTRODUCCIÓN AL LIBRO

Cuando Nabucodonosor asedió por primera vez a Jerusalén no solo se llevó los vasos sagrados del templo, sino que mandó también que llevaran a Babilonia a varios jóvenes israelitas, para servir en su corte, en la que ellos entrarían una vez que se completara su educación. Esta narración habla de jóvenes de noble linaje, entre los que se hallaba Daniel, que fueran llevados a Babilonia, siendo allí educados en la ciencia y sabiduría de los caldeos.

    Esta narración pone de relieve la firme adhesión de Daniel y de sus tres amigos a la religión de sus padres y forma la introducción histórica del libro que sigue. Ella muestra la manera en que Daniel alcanzo el lugar de influencia que él obtuvo, un lugar que fue determinado para él de acuerdo con el consejo divino, durante el exilio de Babilonia para preservación y desarrollo del Reino de Dios del Antiguo Testamento. Este capítulo concluye (Dan 1, 21) con la observación de que Daniel ocupó este lugar hasta los días de Ciro.

1, 1-2

¹ בִּשְׁנַת שָׁלוֹשׁ לְמַלְכוּת יְהוֹיָקִים מֶלֶךְ־יְהוּדָה בָּא נְבוּכַדְנֶאצַּר מֶלֶךְ־בָּבֶל יְרוּשָׁלַ͏ִם וַיָּצַר עָלֶיהָ׃
² וַיִּתֵּן אֲדֹנָי בְּיָדוֹ אֶת־יְהוֹיָקִים מֶלֶךְ־יְהוּדָה וּמִקְצָת כְּלֵי בֵית־הָאֱלֹהִים וַיְבִיאֵם אֶרֶץ־שִׁנְעָר בֵּית אֱלֹהָיו וְאֶת־הַכֵּלִים הֵבִיא בֵּית אוֹצַר אֱלֹהָיו׃

¹En el tercer año del reinado de Joaquim rey de Judá, Nabucodonosor rey de Babilonia fue a Jerusalén, y la sitió. ² El Señor entregó en su mano a Joaquim rey de Judá y parte de los utensilios de la casa de Dios. Los trajo a la tierra de Senaar, a la casa de su dios, y colocó los utensilios en el tesoro de su dios.

De la expedición de Nabucodonosor contra Jerusalén trata el libro segundo de los Reyes (2 Rey 24,1): "En aquellos días subió Nabucodonosor, rey de Babilonia, y Joaquim fue su vasallo durante tres años. Luego cambió de parecer y se rebeló contra él". Y también se dice en el segundo libro de las Crónicas (2 Cron 36, 6-7): "Entonces Nabucodonosor, rey de Babilonia, subió contra él y lo ató con cadenas de bronce para llevarlo a Babilonia. Nabucodonosor también llevó a Babilonia algunos utensilios de la casa de Jehovah, y los puso en su palacio en Babilonia".

Introducción al libro

Estos dos textos (de 2 Rey y de 2 Cron) se refieren a la misma expedición de Nabucodonosor contra Joaquim, aquí mencionada, no solo por la concordancia entre Crónicas y Dan 1, 2, es decir, que Nabucodonosor tomó una parte de los vasos sagrados del templo y los llevó a Babilonia, donde los puso en el templo (palacio) de su Dios, sino también por la circunstancia de que, fuera de toda duda, durante el reinado de Joaquim no hubo un segundo asedio de Jerusalén por Nabucodonosor.

Ciertamente, es verdad que cuando Joaquim rompió el yugo al final de una sujeción de tres años, Nabucodonosor envió partidas de caldeos, arameos, moabitas y amonitas, en contra de él, con la finalidad de someterle de nuevo, pero Jerusalén no fue asediada de nuevo por estas partidas hasta la muerte de Joaquim.

Solo cuando su hijo Joaquim subió al trono, los siervos de Nabucodonosor vinieron de nuevo contra Jerusalén y la sitiaron. Entonces, durante el asedio el mismo Nabucodonosor se presentó y Joaquín se rindió ante él, y fue entonces cuando los principales del reino, con el grueso de la población de Jerusalén y de Judá, con los tesoros del palacio real y del templo, fueron llevados a Babilonia (2 Rey 24, 2-16).

Sin embargo, en ningún lugar (ni en el libro de los Reyes ni en Crónicas) se fija el año en que Nabucodonosor, durante el reinado de Joaquim, tomó Jerusalén por primera vez y llevó parte de los tesoros del templo a Babilonia, pero esa fecha se puede determinar con certeza por las afirmaciones de Jeremías (Jer 46, 2; 25, 1; 36, 1). Según Jer 46.2, Nabucodonosor derrotó al rey-faraón de Egipto (Necao) con su ejército en Carquemish, el año cuarto del reinado de Joaquim.

Aquel mismo año aparece en Jer 25, 1 como el primer año de Nabucodonosor rey de Babilonia y está representado por Jeremías no solo por ser un período crítico para el Reino de Judá, sino también por el hecho de que Jeremías predice que el Señor enviaría de nuevo a su siervo Nabucodonosor contra Judá y contra sus habitantes, y contra todas las naciones del entorno, de manera que él convertiría a Judá en una desolación, añadiendo que esas naciones servirían al rey de Babilonia durante setenta años (Jer 25, 2-11).

De esa manera, Jeremías presenta ese año, sin duda, como el comienzo de los setenta años de exilio en Babilonia. En este mismo año cuarto de Joaquim, al profeta se le mandó que escribiera en un libro todas las palabras que el Señor le había dicho en contra de Israel y en contra de Judá, y en contra de todas las naciones, desde el día en que Dios le había hablado en el tiempo de Josías hasta entonces, para que la casa de Judá pudiera escuchar todo el mal que Dios se proponía, a fin de que cada hombre pudiera volverse del mal camino. Jeremías obedeció ese mandato, e hizo que esas predicciones, fueran escritas como libro en un rollo, a fin de que Baruc las leyera al pueblo en el templo, pues él mismo estaba prisionera y por lo tanto no podía ir al templo.

La primera toma de Jerusalén por Nabucodonosor no pudo haber tenido lugar por tanto en el año tercero, sino que debe haber sucedido en el año cuarto de Joaquim, es decir, en el 606 a.C. Sin embargo esto parece estar en oposición con la afirmación del primer verso de este capítulo: "En el tercer año del reinado de Joaquim rey de Judá, Nabucodonosor rey de Babilonia fue (con בא) a Jerusalén". Según eso, los críticos modernos incluyen esta afirmación entre los errores que muestran la falta de autenticidad de este libro" (véase lo dicho en la introducción).

La aparente oposición entre *la afirmación de Daniel en Dan 1, 1*, donde se afirma que Nabucodonosor realizó la primera expedición contra Jerusalén en el año tres de Joaquim, *y la afirmación de Jere*mías, según la cual no solo el Faraón Necao fue vencido por Nabucodonosor junto al Eufrates en el año cuarto de Joaquim, sino que ese mismo año se realizó la primera invasión de Judea por Nabucodonosor, no puede resolverse ni por la hipótesis de un modo distinto de calcular los años del reinado de Joaquim y de Nabucodonosor, ni por la suposición de que Jerusalén había sido ya tomada por Nabucodonosor antes de la batalla de Carquemish, el año tres de Joaquim.

La primera suposición queda desmentida por la circunstancia de que no tenemos ninguna analogía segura para suponerlo[16]. La segunda suposición es irreconciliable con Jer 25 y 36[17]. Si Jeremías, en el año cuarto de Joaquim, anunció que a causa de que Judá no había escuchado las advertencias dirigidas a ellos "desde el año trece de Josías hasta este día", es decir, por el espacio de veintitrés años, ni había escuchado tampoco las admoniciones de todos los otros profetas (Jer 25, 3-7) a los que el Señor había enviado, por eso, el Señor enviaría ahora a su siervo Nabucodonosor con todos los pueblos del norte, en contra de la tierra y de sus habitantes, y en contra de todas las naciones de alrededor, para destruir la tierra y desolarla…; en ese caso ha de afirmarse que él dio a conocer la invasión de Judá por parte de los caldeos como un acontecimiento que aún no había tenido lugar, y por eso queda excluida totalmente la suposición de que Jerusalén había sido

---

16. Hengstenberg (*Beit. z. Einl. in d. A. T.* p. 53) ha mostrado que el antiguo intento de reconciliar de esa manera los diferentes datos resulta insostenible. Y la suposición de Klief. (p. 65f.), según la cual Joaquim habría comenzado su reinado más tarde, y que Jeremías computa el año de su reinado conforme al año del calendario, mientras que Daniel la computa teniendo en cuenta el día de su ascenso al trono (por lo cual no habría diferencia entre los dos cómputos) resulta totalmente desmentida por el hecho de que en las Sagradas Escrituras no tenemos analogía para computar los años de reinado un rey según el día del mes en que comenzó a reinar. Ciertamente, podría buscarse la forma de reconciliar de esa manera los datos dispersos, si es que no hubiera ninguna otra forma de hacerlo. Pero esa no es la situación en nuestro caso.

17. Siguiendo el ejemplo de *Hofmann* (*Die 70 Jahre Jer.* p. 13ss), Hävernick (*Neue Krit. Unterss. über d. B. Daniel*, p. 52ss), Zündel (*Krit. Unterss.* p. 20ss) y otros han optado por esta segunda suposición.

ya tomada en el año precedente por Nabucodonosor y que Joaquim había sido puesto ya bajo su sujeción.

Es cierto que en Jer 25, Jeremías profetiza un juicio de "total desolación" en contra de Jerusalén y en contra de todas las naciones, pero esta profecía no se puede aplicar solamente, como hace Klief. a la "total destrucción de Jerusalén y de Judá, que tuvo lugar en el año once de Sedecías", ni tampoco, como hacen intérpretes anteriores a la primera expedición de Nabucodonosor contra Joaquim, según 2 Rey 24, 1 y 2 Cron 36, 6.

Las palabras de amenaza proclamadas por el profeta incluyen todas las expediciones de Nabucodonosor contra Jerusalén y Judá, desde la primera en contra de Joaquim hasta la destrucción final de Jerusalén bajo Sedecías. Según eso, no podemos decir que esa palabra no es aplicable al primer asedio de Jerusalén bajo Joaquim, pero la destrucción final de Judá y Jerusalén, como toda esta profecía, constituye solo un sumario general intensificado de todas las palabras de Dios proclamadas hasta ahora por la boca del profeta.

Para fortalecer la impresión producida por esta palabra general de Dios, al profeta se le mandó en el mismo año (Jer 36, 1), como he mencionado ya, que escribiera en un rollo, que formaba un libro completo, todas las palabras que él había proclamado hasta ahora, a fin de que se pudiera ver si el conjunto de palabras reunidas en un libro podían ejercer sobre el pueblo una influencia que las palabras separadas no había logrado producir.

Por eso, no puede pensar en una destrucción de Jerusalén por los caldeos antes de la derrota del poder de Egipto junto al Éufrates. Solo entonces el rey Joaquim fue sometido al poder del faraón Necao, convirtiéndose en rey vasallo suyo (2 Rey 23, 33) y toda la tierra, desde el río de Egipto hasta el Éufrates, fue sometida bajo su dominio. Por eso, Nabucodonosor no pudo desolar Judá ni Jerusalén antes de que el faraón Necao fuera derrotado.

Nabucodonosor no pudo pasar por delante del ejército de Egipto estacionado en el fuerte de Carquemish, junto al Éufrates, ni avanzar hacia Judá, dejando tras él la ciudad de Babilonia como presa a conquistar para un enemigo tan poderoso, ni Necao (suponiendo que Nabucodonosor había hecho ese) podría haberle dejado ir tranquilamente para luchar contra su vasallo Joaquim, sin perseguir por la retaguardia al poderoso enemigo que era Egipto[18].

Ciertamente, tomada literalmente, la afirmación de Dan 1, 1 podría interpretarse con el significado de que Nabucodonosor vino en contra de Jerusalén y la

---

18. Comparar con esto lo que digo en mi *Lehrb. der Einl.* § 131 y en mi *Commentario* a 2 Rey 24, 1. Con esto concuerda Kranichf. (p. 17f.), y añade además: "En todo caso, Necao hubiera mirado con recelo cualquier invasión de los caldeos en la región del otro lado del Éufrates, y, al menos, hubiera intentado impedirle que hiciera una expedición amplia hacia el oeste, con el propósito de conquistar Judea, que estaba bajo el dominio de Egipto".

tomó el año tercero del reinado de Joaquim, porque בוֹא significa frecuentemente venir (llegar) a un lugar. Pero no es necesario interpretar siempre de esa forma esa palabra, porque בוֹא significa no solo venir, sino ir, marchar hacia un lugar.

La afirmación de que en este verso בוֹא ha de interpretarse (cf. Häv. *N. Kr. U.* p. 61, Ewald y otros) en el sentido de venir a un lugar, y no de dirigirse hacia ese lugar es inadmisible o casi imposible, porque עלה se utiliza generalmente en referencia a la marcha de un ejército (Staeh., Zündel). Desde el primer libro del canon (cf. Gen 14, 5) hasta el último, sin exceptuar el libro de Daniel (cf. Dan 11, 13. 17. 29 etc.) se aplica a expediciones militares. En esa línea, oponiéndose a la opinión general, según la cual el sentido de בוֹא como marchar, ir a un lugar, es menos frecuente, Kran. (pag. 21) ha respondido justamente así:

> Ese sentido aparece siempre, y de un modo natural, siempre que el movimiento tiene su punto partida en el lugar desde el que se observa o se piensa en él, o se hacer una referencia a él. Según eso, por ejemplo, se utiliza siempre "en un mandato personal de tipo personal, con referencia a un movimiento que aún no ha comenzado, en el que naturalmente el pensamiento sobre el comienzo o punto de partida se sitúa en el primer plano, como en Gen 45, 17; Ex 6,11; 7, 26; 9.1; 10,1; Num 32,6; 1 Sa 20,19; 2 Rey 5,5.
>
> En Jonás 1, 3 se emplea para referirse a un barco que aún no ha comenzado a ir hacia Tarsis; y de nuevo, en las palabras לבוא עמהם (*ibid.*), se utiliza cuando se habla de la conclusión del viaje". "Por el contrario, si el que habla o el narrador es el *terminus ad quem* del movimiento del que se trata la palabra אוב se utiliza en el otro sentido de venir, de aproximarse".
>
> Conforme a eso, estas palabras de Daniel (Nabucodonosor אוב a Jerusalén), consideradas en sí mismas pueden ser interpretadas sin ninguna referencia al punto de partida o a la terminación del movimiento. Ellas pueden significar que "Nabucodonosor vino a Jerusalén" o que él "marchó hacia Jerusalén, según el escritor se sitúe en Judá, Jerusalén o Babilonia, para evocar el viaje de Nabucodonosor. Si el libro está compuesto por un judío macabeo en Palestina, la traducción más correcta será "él vino a Jerusalén", pues ese escritor no estaría imaginando el movimiento militar que comienza o tiene su punto de partida en el oriente. Pero el caso es totalmente distinto si fue Daniel, que vivió en la corte de Babilonia desde su juventud a su vejez, el que escribió este relato.
>
> Para él, un judío de edad avanzada, de un modo natural, lo más importante es el primer movimiento de la expedición amenazado que llevó la destrucción a su patria, sea que ella se realizara de un modo directo o a través de una ruta llena de desvíos hasta llegar a Jerusalén. Este Daniel pudo comprender el sentido de esa marcha mejor que sus compatriotas del lejano oeste (en Palestina) el sentido de esa expedición, pues ella fue la que llevó a la catástrofe del exilio al conjunto de los israelitas. Para un judío que escribía sobre la expedición desde Babilonia, el comienzo fatal de la marcha del ejército caldeo tenía un significado más triste que el que podía tener para un escritor viviendo en Jerusalén.

Kran ha justificado de esa manera, de un modo muy preciso, la traducción de אוֹב (él marchó a Jerusalén) y también el sentido de la palabra, como refiriéndose a la puesta en marcha del ejército caldeo, cosa que Hitz., Hofm., Staeh., Zünd., y otros habían declarado que era opuesta al significado de la palabra e imposible. De esa manera él ha rechazado como carente de fundamento la observación posterior de Hitzig, que decía que la designación del tiempo se aplicaba también a יָצִיר. Si בוֹא ha de entenderse en referencia a una expedición desde su punto de partida, entonces la fijación de su tiempo no puede aplicarse también al tiempo de la llegada de la expedición, con el asedio que sigue.

Aquí no se define el tiempo de la llegada de la expedición a Jerusalén, ni su comienzo, duración ni fin, sino solo su resultado que es la toma de Jerusalén, conforme al objetivo del autor, cosa que se anuncia brevemente. El tiempo de la toma de la ciudad solo puede determinarse por datos tomados de otras fuentes.

De esa manera, por los pasajes de Jeremías a los que ya nos hemos referido, viene a deducirse que esa toma de la ciudad aconteció el año cuarto de Joaquim, después que Nabucodonosor venció al ejército de Necao, rey de Egipto, junto a Eufrates (Jer 46, 2), y tomó toda la tierra que el rey de Egipto había sometido, desde el río de Egipto hasta el Eufrates, de manera que el faraón Necao no salió ya más de su tierra (2 Rey 24, 7). Con esto concuerda Beroso en los fragmentos de la *Historia caldea* preservados por Josefo (*Ant.* x. 11. 1, y *C. Ap.* I. 19). Sus palabras, tal como se encuentran en último pasaje dicen así:

> Informado Nabopalasar su padre (de Nabucodonosor) que lo había traicionado el sátrapa puesto al frente de Egipto y de la Celesiria y Fenicia, no encontrándose en condiciones a causa de la edad para las incomodidades de la guerra, entregó a su hijo Nabucodonosor, que estaba en edad, parte del ejército y lo envió a la guerra. Nabucodonosor, en lucha con el sátrapa traidor, lo venció y de inmediato redujo la región.
>
> Por el mismo tiempo aconteció que su padre Nabopalasar, luego de caer enfermo, falleció, después de haber reinado durante veintinueve años. Nabucodonosor, informado poco después de la muerte de su padre, resolvió los asuntos en Egipto y las otras regiones, encargó a la fidelidad de algunos amigos los cautivos que hiciera en Judea, Fenicia, Siria y los pueblos de Egipto, con el ejército de armamento pesado y el bagaje, y él acompañado de unos pocos por el desierto se dirigió a toda prisa a Babilonia.
>
> Encontró el gobierno en manos de los caldeos, cuyos personajes principales le habían reservado el trono. Retomó, por lo tanto, todo el imperio del padre. Ordenó que se asignaran a los cautivos colonias en los lugares más oportunos y adecuados.

Este fragmento ilustra de un modo excelente las afirmaciones que se hacen en la Biblia, en el caso de que uno esté dispuesto a valorar el relato de la revuelta del sátrapa colocado sobre Egipto y sobre los países del entorno de Celesiria y de

Fenicia como expresión de la altanería del historiador babilonio, cuando pretende que todos los países de la tierra pertenecían por derecho al rey de Babilonia.

Este fragmento muestra también que el Sátrapa al que se refiere no podía ser otro que el faraón Necao. En esa línea, Beroso confirma no solo el hecho declarado en 2 Rey 24, 7, de que el faraón Necao, en el último año de Nabopolasar, tras la batalla de Megiddo, había sometido Judá, Fenicia y Celesiria, es decir toda la tierra desde el río de Egipto hasta el río Eufrates, sino que él nos ofrece también el testimonio de que, después de haber vencido al faraón Necao junto al Eufrates en Carquemish (Jer 46, 2), Nabucodonosor hizo que Celesiria, Fenicia y Judá fueran tributarias del imperio Caldeo, de manera que él tomó Jerusalén no antes, sino después de la batalla de Carquemis, después de la victoria que él había obtenido sobre los egipcios.

Ciertamente, se debe confesar que esto no prueba que Jerusalén cayera ya en el año cuarto de Joaquim en manos del dominio de Nabucodonosor. Por tanto, Hitz y otros concluyen a partir de Jer 36, 9 que el asalto de Nabucodonosor contra Jerusalén aconteció en el mes noveno del año quinto de Joaquim, como algo que estaba ya preparado, porque en aquel mes profetizó Jeremías la invasión de los caldeos, pero que el ayuno extraordinario que se proclamó entonces tuvo como efecto el arrepentimiento del pueblo, de manera que la ira de Dios pudo ser evitada.

Esto es lo que Kran. intenta probar a partir de 2 Rey (cf. Jer 52, 31). Pero en el mes noveno del quinto año de Joaquim, Jeremías hizo que se recordaran ante el pueblo reunido en el patio del templo sus profecías anteriores, que Baruc había escrito en un libro, según el mandamiento del Señor, y pronunció su amenaza contra Joaquim, a causa de que él había cortado en pieza su libro y lo había arrojado al fuego (Jer 36, 29).

Esta amenaza que Dios haría recaer sobre la descendencia y sobre los siervos de Joaquim, y sobre los habitantes de Jerusalén, todo el mal que él había pronunciado sobre ellos (Jer 36, 31) no excluye el hecho de que Nabucodonosor hubiera tomado ante Jerusalén, sino que anuncia solo el cumplimiento del juicio amenazador con la destrucción de Jerusalén y del reino de Judá, como algo inminente.

De un modo consecuente, el ayuno extraordinario del pueblo, que había sido proclamado para el mes noveno, no fue ordenado con el fin de impedir la destrucción de Judá y de Jerusalén bajo Nabucodonosor, que se esperaría entonces, tras la batalla de Carquemish. Ciertamente, a veces, se proclamaban o se cumplían ayunos con el propósito de evitar que se cumpliera la amenaza de juicios o castigos (cf. 2 Sa 12,15.; 1 Rey 21, 27; Est 4,1; cf. Est 3,1-16); sin embargo, en general, con más frecuencia los ayunos se proclamaban para conservar la memoria penitencial de condenas y castigos que habían sido ya sufridos (cf. Zac 7, 5; Esd 10, 6; Neh 1,4; 1 Sa 31,13; 2 Sa 1,12, etc.

Según eso, a fin de determinar el motivo de este ayuno que había sido proclamado, debemos tener en cuenta el carácter de Joaquim y su relación con el ayuno. El impío Joaquim, tal como aparece representado en 2 Rey 23, 37; 2 Cron 36, 5 y Jer 22, 13, no era un hombre propenso a ordenar un ayuno (o a permitirlo en cada de que los quisieran los sacerdotes), para humillarse a sí mismo y al pueblo ante Dios, y para evitar así, por el arrepentimiento y la oración, la amenaza del juicio.

Antes de ordenar un juicio de ese tipo, Joaquim debería oír y cumplir la palabra del profeta, y en ese caso él no se habría enfurecido tanto al escuchar la lectura de las profecías de Jeremías, cortando en piezas el rollo y echándolo al fuego. Si el ayuno tuvo lugar ante de la llegada de los caldeos a Jerusalén, entonces no se puede entender ni la intención del rey, ni su conducta en todo esto.

Por otra parte, tal como han mostrado Zünd, p. 21, Klief, p. 57, tanto el mandato de un ayuno general como la ira del rey ante la lectura de las profecías de Jeremías en presencia del pueblo en el atrio del templo se explican mejor en el caso de que el ayuno se vincule a la memoria del día de la toma de Jerusalén (un año después).

Cuando Joaquim rompió con dificultad el yugo de la opresión caldea, y empezó a planear desde el principio en una rebelión, que realizó de hecho tres años después, él instituyó el ayuno, "para encender los sentimientos del pueblo en contra del estado de vasallaje, al que habían sido sometidos" (Zündel). Pues bien, en contra de ese deseo, esta oposición solo pudo llevar a la destrucción del pueblo y del Reino.

Según eso, Jeremías hizo que sus profecías se leyeran al pueblo en el templo aquel día, por medio de Baruc, a fin de "contrabalancear el deseo del rey", anunciando que Nabucodonosor volvería de nuevo para someter la tierra y destruir en ella de raíz a todo hombre y bestia. "Por eso, el rey se llenó de ira, y destruyó el libro, porque no podía soportar que el profeta fuera en contra de la excitación del pueblo, de manera que también los príncipes se airaron (Jer 36, 16), cuando oyeron que el libro de estas profecías se leyó públicamente" (Klief.).

Las palabras de 2 Rey 25, 27 (cf. Jer 52, 31) no van en contra de esta conclusión de Jer 36, 9, incluso si se acepta la visión de Kran. (pag. 18) sobre este pasaje, cuando dice que habían pasado casi treinta y siete años enteros desde el exilio de Joaquín hasta el fin de los cuarenta y tres años de reinado de Nabucodonosor, pues Joaquín reinó solo unos pocos meses, de manera que el comienzo del reinado de Nabucodonosor ha de datarse en el año sexto de los once años de reinado de Joaquim, el predecesor de Joaquín.

Según el testimonio de Beroso, Nabucodonosor dirigió la guerra en la Alta Mesopotamia, y en ella mato al rey Necao de Egipto en Carquemish, y a consecuencia de esa victoria él tomó después Jerusalén, antes de la muerte de su padre, siendo comandante en jefe, revestido de poderes reales antes de la muerte de su padre; y así solo después, cuando estaba como parece al otro lado de Mesopotamia y en los confines de Egipto, él recibió por primera vez la noticia de la muerte de su padre, y por tanto se apresuró a volver por la ruta más rápida a Babilonia para recibir la corona y para tomar el dominio sobre los territorios de su padre. Según eso, los cuarenta y tres años de su reinado comienzan con la batalla de Carquemish y la captura de Jerusalén bajo Joaquim, y posiblemente comenzaron en el año sexto de Joaquim, algunos meses después del mes noveno del quinto año de Joaquim (Jer 36, 9).

En contra de esta suposición no se puede tomar como válido el argumento de aquellos que, partiendo de Jer 46, 2; 25, 1 y Dan 1, 1, piensa que Nabucodonosor era ya rey de Babilonia antes de haber ascendido en realidad al trono, pues ese título de rey aparece aquí como una prolepsis, que podía ser fácilmente entendida por los judíos en Palestina. Nabopolasar no tuvo ningún contacto con Judá, de manera que los judíos apenas conocían algo de su reinado y de su muerte.

En esa línea, el año en que Nabucodonosor vino a Jerusalén se tomaría de un modo general (tanto en Jeremías como en sus contemporáneos) como el primer año de su reinado, de manera que el comandante del ejército caldeo aparece como rey de Babilonia, sea porque él actuaba como co-regente de su padre enfermo y anciano sea porque estaba vestido con la vestimenta del poder real, como comandante en jefe del ejército[19].

Según eso, Daniel llama rey de Babilonia (Dan 1, 1) a aquel que aún no lo era, pero lo sería, en un tiempo en que él aún no había subido al trono, pues él era de hecho rey, en lo que concierne al reino de Judá, cuando él realizó la primera expedición en contra de Jerusalén. Pero el cálculo de Kran. no es sin embargo exacto.

El ascenso de Nabucodonosor al trono y el comienzo de su reinado no sucedió en el año sexto de Joaquim, tanto si han de contarse los tres meses de Joaquín como un año (37 años de prisión de Joaquín + 1 año de reinado + 5 años de Joaquim= 43 años de Nabucodonosor) o al menos los 11 años de Joaquim como once años enteros, de manera que los 5 años y ¾ del reinado de Joaquim han de unirse a los 37 años de prisión de Joaquín y los tres meses de su reinado, hasta completar los 43 años de reinado de Nabucodonosor.

Según eso, Joaquim debe haber reinado 5 más ¼ de año en el momento en que Nabucodonosor ascendió al trono. En el caso de que el reino de Joaquim se extendió solo 10 ½ años, que en el libro de los Reyes aparecen como 11 años, según el método general de recordar la duración del reinado de los reyes, entonces el ascenso de Nabucodonosor al trono tuvo lugar en el año cinco del reinado de Joaquim, o, a lo más, después que él había reinado 4 ¾ años.

---

19. Así piensan no solo Hgstb., *Beitr.* I. p. 63, Häv., Klief., Kran., etc., sino también v. Lengerke, *Daniel*. p. 3, y Hitz. *Daniel*. p. 3, quien confirma así el tema: "No se puede objetar nada contra el hecho de que le llamen rey, pues para los escritores judíos Nabucodonosor, comandante en jefe del ejército, aparece ya como rey (cf. Jer 25, 1) desde que ellos tienen noticia de su venida. Parece que esos escritores judíos no han tenido noticia alguna de su padre".

Introducción al libro

Este último cómputo, según el cual el primer año del reinado de Nabucodonosor se hace coincidir con el año cinco de Joaquim, está demandado por aquellos pasajes en los cuales los años de reinado de los reyes de Judá se computan en paralelo con los años del reinado de Nabucodonosor, así por ejemplo en 2 Rey 24, 12, donde se dice que Joaquin fue tomado prisionero y llevado cautivo en el año octavo de Nabucodonosor y también en Jer 32, 1 donde se supone que el año 10 de Sedecías corresponde con el año 18 de Nabucodonosor, y finalmente en Jer 52, 5. 12 y 2 Rey 25, 2. 8, donde el año 11 de Sedecías corresponde al 19 de Nabucodonosor.

Conforme a todos esos pasajes, la muerte de Joaquim, o el final de su reinado corresponde al año 8 o, a lo más, al final del año 7 del reino de Nabucodonosor, pues Joaquín reinó solo tres meses. Eso significa que Nabucodonosor reinó seis años enteros, y quizá unos pocos meses más, como contemporáneo de Joaquim, y, de un modo consecuente, él debe haber subido al trono el año 5 de los once años del reinado de Joaquim[20].

La discusión anterior nos ha ofrecido también los medios para explicar la contradicción aparente entre Dan 1, 1 y Dan 2, 1, una contradicción que debería tomarse como argumento contra la autenticidad del libro. Según Dan 1, 3, después de la captura de Jerusalén, Nabucodonosor mandó que algunos jóvenes israelitas de noble origen fueran llevados a Babilonia, para ser educados allí, durante tres años en la literatura y sabiduría de los caldeos.

Por su parte, según Dan 1, 18, después de cumplirse el tiempo indicado, ellos fueron llevados ante el rey, a fin de que ellos pudieran ser empleados en su servicio. Pero, según Dan 2, 1, estos tres años de instrucción expiraron en el año 2 del reinado de Nabucodonosor, cuando Daniel y sus compañeros fueron incluidos entre los sabios de Babilonia, y Daniel interpretó al rey su sueño, cosa que los magos caldeos habían sido incapaces de hacer (Dan 2, 13. 19 ss).

Si observamos que Nabucodonosor había tenido su sueño "en el año 2 de su reinado", y que él empezó a reinar algún tiempo después de la destrucción de Jerusalén y de la cautividad de Joaquim, entonces podemos entender cómo los tres años dedicados a la educación de Daniel y de sus compañeros comenzaron al final del segundo año de su reinado; porque si Nabucodonosor comenzó a reinar en el año 5 de Joaquim, entonces, en el año 7 de Joaquim habían pasado tres

---

20. Las presentaciones sincrónicas en pasajes como 2 Rey 24,12; 25, 2.8; Jer 32, y Jer 5.12, pueden ser interpretadas ciertamente como si significaran que en esos casos los años del reinado de Nabucodonosor se computan desde el tiempo en que su padre le confió el cargo de comandante en jefe del ejército, en el momento en que se inicia la guerra contra Necao (cf. mi *Comentario* a 2 Rey 24, 12. Pero en ese caso los años de reinado de Nabucodonosor serian 44 ¼, es decir 37 de prisión de Joaquín, 3 meses de su reinado, y 7 años del reinado de Joaquim. Y conforme a este cómputo, de los pasajes indicados se deduciría también que el comienzo de sus 43 años de reinado fue el año 5 del reinado de Joaquim.

años desde la destrucción de Jerusalén, que tuvo lugar en el año 4 de ese rey. La llevada de los jóvenes como cautivos se hizo sin duda inmediatamente después de la subyugación de Joaquim, de tal forma que había pasado ya más de un año de educación antes de que Nabucodonosor subiera al trono

Esta conclusión no queda invalidada por lo que afirma Beroso, diciendo que tras haber tenido noticia de la muerte de su padre, Nabucodonosor puso a los cautivos que había tomado de los judíos bajo el cargo de algunos de sus amigos, de manera que ellos pudieran ser llevados tras él, mientras él mismo se apresuraba a llegar a Babilonia a través del desierto, porque esta afirmación se refiere al gran transporte de prisioneros que habían sido tomados para la colonización de Asia central. Esa conclusión no queda tampoco invalidada diciendo que hay dos formas de computar el año de gobierno de Nabucodonosor en Daniel, pues no se puede hablar de dos formas de computar ese tiempo.

En Dan 1 no se indica el año de reinado de Nabucodonosor, sino que el texto se limita a llamarle rey[21], mientras que en Dan 2, 1 no se menciona el segundo año de Nabucodonosor, sino que se habla solo del segundo año de su reino, con lo que se indica que el historiador está aludiendo aquí al segundo año de su reinado. Según eso, como Klief pág. 67 ha puesto bien de relieve, "uno puede descubrir fácilmente el fundamento por el cual, en Dan 1, 1, Daniel ha seguido un modo distinto de computar los años que en Dan 2,1.

Dan 1 él está evocando las circunstancias y personas israelitas, y por tanto, al referirse a Nabucodonosor, él ha seguido el modo israelita de computar el tiempo, de manera que computa sus años según los años de los reyes israelitas, viendo en Daniel ya al rey. Por el contrario, Dan 2 trata los años desde la perspectiva del poder del mundo y computa así de un modo preciso el año de Nabucodonosor, el portador del poder del mundo, desde el día en que él, habiendo obtenido de hecho la posesión del poder del mundo, se convirtió de hecho en rey de Babilonia".

Pues bien, si, de un modo conclusivo, condensamos los resultados de la discusión anterior, queda claro el curso de los acontecimientos. Necao, rey de Egipto, después de haber convertido en rey vasallo, avanzó en su expedición contra el reino de Asiria, llegando así hasta el Eufrates. Pues bien, sin embargo, con la destrucción del reino asirio por la caída de Nínive, la parte del reino que quedaba de este lado (occidental) del Tigris había caído bajo el poder de los caldeos, y el anciano y debilitado rey Nabopolasar hizo que su hijo Nabucodonosor fuera el comandante en jefe de su ejército, con el encargo de oponerse al avance de los

---

21. Bleek piensa, partiendo de Dan 1, 1, que Nabucodonosor se ha convertido en rey de Babilonia en el año 3 de Joaquim en Jerusalén. En esa línea, quizá sin más finalidad que poner de relieve la pretendida oposición entre Dan 1, 1 y Dan 2,1, él entiende la aposición מלך בבל como una determinación más precisa del significado del verbo בא, esta idea no puede probarse ni en la posición de las palabras ni en la expresión de Dan 1, 3, ni en los acentos" (Kranichfeld, p. 19).

Introducción al libro

egipcios y de rescatar de manos egipcias los territorios que los egipcios habían ocupado, para ponerlos de nuevo bajo el gobierno de los caldeos.

A consecuencia de eso, Nabucodonosor se dirigió hacia Asía (=Mesopotamia) superior, en el año 3 del reinado de Joaquim, y en el mes 3 del año 4 de Joaquim mató al Faraón Necao en Carquemish, y persiguió a su ejército hasta los confines de Egipto, y en el mes 9 de ese mismo año tomó Jerusalén y sometió a Joaquim. Mientras Nabucodonosor estaba así ocupado en la parte occidental de Asia, subyugando los países que habían sido conquistados por el faraón Necao, él recibió las noticias de la muerte de su padre Nabopolasar en Babilonia, y se apresuró a dirigirse hacia allí con una pequeña guardia por el camino más corto, a través del desierto, para asumir el gobierno, ordenando que el grueso del ejército le siguiera de manera más lenta con todo el grupo de los prisioneros.

Pero, tan pronto como el ejército caldeo había dejado Jerusalén para volver a Babilonia, Joaquim buscó la manera de liberarse del yugo caldeo, y tres años después de haber sido sometido, se rebeló, probablemente en el tiempo en que Nabucodonosor se hallaba empeñado en establecer su dominio en el Este, de manera que él no pudo castigar inmediatamente esta rebelión, sino que se contentó mientras tanto con enviar en contra de Joaquim los ejércitos de los caldeos, sirios, moabitas y amonitas, que él había dejado detrás en los confines de Judea. Sin embargo, ellos fueron incapaces de vencerte, durante todo el tiempo en que él vivió. Fue solo después que su hijo Joaquín subió al trono cuando Nabucodonosor, como comandante del ejército, volvió con una tropa poderosa en contra de Jerusalén.

Mientras la ciudad estaba siendo asediada, Nabucodonosor vino en persona a supervisar la guerra. Joaquín, con su madre y los principales oficiales de la ciudad vinieron a rendirse al rey de Babilonia. Pero Nabucodonosor le tomó como prisionero, y mando que los vasos de oro del templo y los tesoros de la casa real fueran tomados y llevados (a Babilonia), y tomó al rey con los grandes del reino, los hombres de guerra, los herreros y artesanos, como prisioneros, llevándolos a Babilonia, poniendo a su vasallo Matanías, tío de Joaquín, como rey en Jerusalén, con el nombre de Sedecías (2 Rey 28,8-17).

Esto sucedió en el año 8 del reinado de Nabucodonosor (2 Rey 24, 12), y de esa manera, unos seis años después de que Daniel hubiera interpretado su sueño (Dan 2) y hubiera sido promovido por él como presidente de los sabios de Babilonia. El nombre נְבוּכַדְנֶאצַּר se escribe en Dan 1, 1 con alef (א), como sucede de un modo uniforme en Jeremías, cf. 27, 6.8. 20; 28, 3. 11. 12; 29, 1.3, y en los libros de los Reyes y de Crónicas, como en 2 Rey 24,1. 10-12; 25, 1; 2 Cron 26, 6. 10. 13. Por el contrario en Dan 1, 18 se escribe sin la א, como en Dan 2, 1. 28. 46; Dan 3, 1-3, y en Es 1, 7; 5, 12. 14; Est 2, 6.

Por esta circunstancia, Hitzig concluye que la afirmación de Daniel está derivada de 2 Rey 24, 1, porque la manera de escribir el nombre sin la א no es peculiar de este libro (y no es su forma final), sino la de 2 Rey 24, 1. Pues bien, ambas afirmaciones son incorrectas. Los casos en que la palabra está escrita sin א no pueden tomarse como la forma final, porque esta forma no aparece en Crónicas y la que lleva la א no es peculiar de 2 reyes, sino que es la forma más utilizada, al lado de la forma más nacional babilonia de נְבוּכַדְרֶאצַּר, con (ר), en Jer 21, 2. 7; 32, 1; 35, 11; 39, 11; Ez 26, 7; 29, 18; 30, 10, mientras que según Ménant (*Grammaire Assyrienne*, 1868, p. 327), el nombre se escribe en las inscripciones Babilonias como *Nabukudurriusur* (נבו כדר רצא, es decir, *Nebo coronam servat*, Nebo lleva la corona), mientras que la inscripción de *Behistan* tiene la forma de *Nabukudratschara*.

Megastenes y Beroso, en Polyhistor, escriben el nombre como Ναβουκοδρόσορος. La forma *Nebuchadnezar*, con נ y sin la א, parece ser la forma aramea, ya que ella resulta dominante en las porciones caldeas de Daniel y de Esdras, y parece estar en el fondo de la pronunciación masorética de la palabra (con la צ con *dagesch forte*).

Sobre otras formas del nombre, cf. Niebuhr, *Gesch. Assurs*, p. 41s. La frase "el Señor entregó en su mano a Joaquim" corresponde a las palabras de 2 Rey 24, 1: "él se convirtió en su siervo" y a 2 Cron 36, 6: "y le puso cadenas". *Y parte de los vasos de la casa de Dios.* תצקם sin el *Dag. Forte* con el significado de "el fin de la extremidad" es una forma abreviada de מִקְצֵה הָאָרֶץ, עד קצה (cf. Jer 25, 33; Gen 47, 21; Es 26, 28), y muestra que "se tomó todo lo que había, de un extremo al otro, es decir, que se tomó una gran parte de la totalidad, aunque por sí mismo קצה no significa nunca una parte" (Kran.). Sobre la afirmación del texto, cf. 2 Cron 36, 7.

Él (Nabucodonosor) llevó estos vasos a la tierra de Senaar, es decir, a babilonia (Gen 10, 10), al templo de su Dios, es decir, a Bel, y, sin duda, a la casa del tesoro de su templo. De esa manera entendemos el sentido de las dos últimas frases de Dan 1, 2, mientras que Hitz. y Kran., con muchos oros intérpretes refieren el sufijo de יביאם a Joaquim, y también a los vasos a causa del contraste expreso que hay en las palabras siguientes הכלים־ואת (Kran) y porque, a no ser que se diga aquí, en ningún otro lugar se dice que Nabucodonosor llevó también los hombres a Babilonia.

Pero eso último se dice también expresamente en Dan 1, 3, y no es algo que meramente se supone, como alega Hitz, y no era necesario que se expresara en Dan 1, 2. La aplicación del sufijo a Joaquim o a los jóvenes judíos que eran llevados cautivos queda excluido por la conexión de יביאם con אלהיו בית, en la casa de su Dios.

Por otra parte, la afirmación de que בית, casa, significa aquí país no está probada por Os 8, 1; 9, 15, ni exigida por pasajes como Ex 29, 45; Num 35, 34; Ex 37, 27 etc. donde se menciona el hecho de que Dios habita en la tierra. El hecho de que Dios habita en la tierra está fundado en el hecho de su presencia gratuita en el templo de la tierra, e incluso en estos pasajes la palabra tierra no significa sin más casa.

Introducción al libro

Carece igualmente de fundamento la observación posterior de que, si la expresión בית אלהיו ha de entenderse como referida al templo la palabra אל debería estar delante de esa expresión, para lo que se apelaría al ejemplo de Zac 11,13; Is 37,23 y Gen 45, 25. Pero esos pasajes no pueden aducirse como ejemplo, pues la preposición אל se pone solo delante de objetos inanimados, tales como בית cuando el objeto especial del movimiento está indicado de un modo muy preciso por el acusativo.

Las palabras que siguen, הכלים-אות, no son de tipo adversativo sino explicativo: y (ciertamente) los vasos fueron llevados a la casa del tesoro de su dios –como botín. El hecho de llevar una parte de los vasos del templo y un número de jóvenes judíos de clase distinguida a Babilonia, para que allí pudieran ser educados para el servicio de la corte real, fue un signo y una garantía del sometimiento de Judá y de su Dios bajo el dominio de los reyes y de los dioses de Babilonia. Todo eso se nombre aquí con la finalidad de que se pueda conocer que Daniel y sus tres amigos de los que seguirá tratando este libro se hallaban entre esos jóvenes, y de que esos vasos sagrados serían después causa de ruina para el rey de Babilonia (Dan 5).

1, 3-7

³ וַיֹּאמֶר הַמֶּלֶךְ לְאַשְׁפְּנַז רַב סָרִיסָיו לְהָבִיא מִבְּנֵי יִשְׂרָאֵל וּמִזֶּרַע הַמְּלוּכָה וּמִן־הַפַּרְתְּמִים׃
⁴ יְלָדִים אֲשֶׁר אֵין־בָּהֶם כָּל־(מְאוּם) [מוּם] וְטוֹבֵי מַרְאֶה וּמַשְׂכִּילִים בְּכָל־חָכְמָה וְיֹדְעֵי דַעַת וּמְבִינֵי מַדָּע וַאֲשֶׁר כֹּחַ בָּהֶם לַעֲמֹד בְּהֵיכַל הַמֶּלֶךְ וּלֲלַמְּדָם סֵפֶר וּלְשׁוֹן כַּשְׂדִּים׃
⁵ וַיְמַן לָהֶם הַמֶּלֶךְ דְּבַר־יוֹם בְּיוֹמוֹ מִפַּת־בַּג הַמֶּלֶךְ וּמִיֵּין מִשְׁתָּיו וּלְגַדְּלָם שָׁנִים שָׁלוֹשׁ וּמִקְצָתָם יַעַמְדוּ לִפְנֵי הַמֶּלֶךְ׃
⁶ וַיְהִי בָהֶם מִבְּנֵי יְהוּדָה דָּנִיֵּאל חֲנַנְיָה מִישָׁאֵל וַעֲזַרְיָה׃
⁷ וַיָּשֶׂם לָהֶם שַׂר הַסָּרִיסִים שֵׁמוֹת וַיָּשֶׂם לְדָנִיֵּאל בֵּלְטְשַׁאצַּר וְלַחֲנַנְיָה שַׁדְרַךְ וּלְמִישָׁאֵל מֵישַׁךְ וְלַעֲזַרְיָה עֲבֵד נְגוֹ׃

³Y dijo el rey a Aspenaz, jefe de sus eunucos, que trajera de los hijos de Israel, del linaje real de los príncipes, ⁴ muchachos en quienes no hubiera tacha alguna, de buen parecer, instruidos en toda sabiduría, sabios en ciencia, de buen entendimiento e idóneos para estar en el palacio del rey; y que les enseñara las letras y la lengua de los caldeos. ⁵ Y les señaló el rey una porción diaria de la comida del rey y del vino que él bebía; y que los educara durante tres años, para que al fin de ellos se presentaran delante del rey. ⁶ Entre ellos estaban Daniel, Ananías, Misael y Azarías, de los hijos de Judá. ⁷ A estos el jefe de los eunucos puso nombres: a Daniel, Beltsasar; a Ananías, Sadrac; a Misael, Mesac; y a Azarías, Abed-nego.

1, 2-3. El nombre Aspenaz (אַשְׁפְּנַז), que suena como el viejo persa *Açp*, un caballo, no ha recibido todavía ninguna explicación que haya sido aceptada de un modo general y satisfactoria. El hombre así nombrado era el jefe de campo de la corte de Nabucodonosor. רַב סָרִיסָיו (la palabra רב se emplea en vez de שׂר, cf. Dan 1, 7.

9, y pertenece al uso posterior del lenguaje, cf. 39,3) significa comandante o jefe de eunucos, es decir, vigilante del serrallo, el *Kislar Aga*, y en esa línea el ministro del palacio real, jefe de todos los oficiales. Por su parte, con frecuencia, la palabra סָרִיס, eunuco, deja de tener su sentido básico y se refiere solo a un cortesano, un chamberlán, un asistente del rey, como en Gen 37, 36.

El significado de לְהָבִיא, determinado de un modo más preciso por el contexto, es *dirigir,* es decir, introducir en la tierra de Senaar, en Babilonia. En מִבְּנֵי יִשְׂרָאֵל, Israel aparece como nombre teocrático del pueblo escogido, y no ha de excluirse, como hace Hitz, que aluda también a Benjamín y Leví y a muchos otros que pertenecían a otras tribus, y que en ese momento formaban parte del reino de Judá.

וּמִזֶּרַע וּמִן, *y del linaje, y de...* así como הַפַּרְתְּמִים es la palabra zend. *frathema,* sanscrito *prathama,* es decir, personas de distinción, magnates. יְלָדִים es el objeto de לְהָבִיא y designa a jóvenes de quince a veinte años. Entre los persas, la educación de los muchachos por los παιδάγωγαι βασίλειοι comenzaba según Platón (*Alcib.* I. 37), a la edad de catorce años, y según Jenofonte (*Ciropedia* I. 2), los ἔφηβοι podían entrar ya a los diecisiete años al servicio del rey.

Al escoger a los jóvenes, el jefe de los eunucos debía fijarse en su perfección corporal y en su belleza, así como en sus dotes mentales. El estar libres de taras corporales y el estar dotados de belleza corporal eran signos característicos de nobleza moral e intelectual. Cf. Curcio, XVII. 5, 29. מְאוּם, tacha, se escribe con א, como en Job 31, 7.

1, 4. משכיל, bien dotado, inteligente en toda sabiduría, es decir, en los temas de la sabiduría de los caldeos (cf. Dan 1, 17), se aplica a la habilidad para dedicarse al estudio de la sabiduría. De igual manera han de entender los otros requisitos mentales aquí mencionados. וְיֹדְעֵי דַעַת, teniendo conocimiento, mostrando inteligencia; וּמְבִינֵי מַדָּע, poseyendo facultad adecuada para el conocimiento, para el buen juicio; וַאֲשֶׁר כֹּחַ בָּהֶם, y que hubiera en ellos fuerza, es decir, que tuvieran dotes corporales y mentales apropiadas para estar en el palacio del rey, como siervos, para responder a sus mandatos. וּלְלַמְּדָם (para enseñarles) está en coordinación con להביא (para llevar) de Dan 1,3 y depende de ויאמר (y él habló). Para este servicio, ellos deben ser instruidos y entrenados en el conocimiento y en el lenguaje de los caldeos. סֵפֶר se refiera a la literatura caldea, y en Dan 1, 17 סֵפֶר y לָשׁוֹן se refieren a la conversación o a la capacidad de hablar en aquella lengua.

כַּשְׂדִּים, *kashdim,* caldeos, es el nombre que se da usualmente: (1) a los habitantes del reino de Babilonia fundado por Nabopolasar y Nabucodonosor; (2) y de un modo más restringido a la clase más alta de los sacerdotes caldeos, y de los hombres instruidos o magos, finalmente a todo el cuerpo de los sabios de Babilonia; cf. en Dan 2, 2. La palabra se utiliza aquí en ese segundo sentido.

El idioma de los caldeos כַּשְׂדִּים, no es, como piensan Ros., Hitz. y Kran., la rama aramea oriental de la lengua semítica que se suela llamar lengua caldea, pues esta lengua, en la que los sabios respondieron a Nabucodonosor (Dan 2, 4) se llama allí, lo mismo que en Es 4, 7 y en Is 36, 11 אֲרָמִית, es decir, arameo (siríaco). La cuestión de cuál era esta lengua utilizada por los caldeos depende de la forma en que se entienda la cuestión muy disputada del origen de los כַּשְׂדִּים, Χαλδαῖοι.

La referencia histórica más antigua de כַּשְׂדִּים se encuentra en אוּר כַּשְׂדִּים (Ur de los Caldeos, LXX χώρα τῶν Χαλδαίων), el lugar del que Terah, padre de Abrahán salió con su familia para ir a Harrán, en el norte de Mesopotamia. El origen de Abrahán (de Ur de los Caleos), tomado en conexión con el hecho (cf. Gen 2, 22) de que uno de los hijos de Najor, hermano de Abraán, se llamara כֶּשֶׂד (Kesed), cuyos descendientes se llamaban כַּשְׂדִּים, parece suponer que los כַּשְׂדִּים provenían de Sem.

Además de eso, en apoyo de esa misma opinión, se ha añadido también que uno de los hijos de Sem se llamaba ארפכשד (Arfaxad). Pero la conexión de ארפכשד con כשד no puede probarse, y el hecho de que Najor, hijo de כשד fuera el padre de una raza llamada כַּשְׂדִּים es una suposición que no puede probarse tampoco. De todas formas, si hubiera una raza que descendiera de hecho de ese כשד no podría ser otra que la tribu beduina de los כַּשְׂדִּים, que cayeron sobre los camellos de Job (Job 1, 17), pero no el pueblo de los caldeos, por lo que se denominaba a Ur, en tiempos de Teraj.

Por otra parte, el hecho de que el Patriarca Abrahán hubiera morado en Ur de los Caldeos no prueba en modo alguno que él fuera un caldeo, pues él podría haberse visto obligado a cambiar de residencia por el traslado de los caldeos hacia el Norte de Mesopotamia para realizar él también este viaje (sin ser él un caldeo).

Por otra parte, resulta incuestionable, y es ahora reconocido, que los habitantes originales de Babilonia era de origen semita, como muestra el relato del origen de las naciones en Gen 10. Conforme a Gen 10, ss, Sem tuvo cinco hijos: Elam, Asur, Arfaxal, Lud y Aram, cuyos descendientes poblaron y dieron origen a los pueblos que siguen.

Los descendientes de Elam ocuparon el país llamado Elymais (Elamítica), entre el bajo Tigris y las montañas de Irán; los hijos de Asur poblaron Asiria, que yace en el país de colinas, en el norte, entre el Tigris y la cordillera de Irán; los de Arfaxad habitaron en la zona llamada *Arrapachitis,* sobre el alto Tigris, en la ribera oriental de ese río, de donde comenzaron a descender los habitantes de Armenia. Lud, el padre de los Lidios, es el representante de los semitas que fueron hacia el occidente, hacia Asia Menor. Y Aram es el padre de los semitas que se extendieron a lo largo del curso medio del Eufrates, hacia el Tigris, en el este, y hacia siria en el oeste. A partir de aquí, M. Duncker (*Gesch. des Alterth.*) ha concluido lo siguiente:

> Según este catálogo de naciones, que muestra la extensión de la raza semítica desde las montañas de Armenia, hacia el sur (hacia el Golfo Pérsico) hacia el este (hacia las montañas de Irán) y hacia el oeste (hacia Asia Menor), podemos seguir

a los semitas a lo largo del curso de los dos grandes ríos, el Eufrates y el Tigris, hacia el sur. Hacia el norte de Arfaxad yacen las montañas de Cadim, a los que los griegos llaman Chaldaei, Carduchi, Gordiaei, cuya frontera hacia Armenia era el río Centrites.

Si encontramos el nombre de caldeos también en el bajo Eufrates y si, en particular, ese nombre designa una región en la ribera occidental del bajo Eufrates, hasta su desembocadura, como límite extremo de la tierra regada por el Eufrates, hacia el desierto arábigo, no podemos dudar de que ese nombre fue traído de las montañas de Armenia al bajo Eufrates.

Beroso utiliza de un modo intercambiable los dos nombres, Caldea y Babilonia, para referirse a toda la región entre el bajó Eufrates y el Tigris, hasta el mar. Pero es importante anotar que el nombre semítico original de la región es Senaar, y es distinto de Caldea; y es notable el hecho de que los sacerdotes de Senaar se llamaran especialmente caldeos, y también que en los fragmentos de Beroso se llame a los patriarcas caldeos de esta o aquella región y que también los dirigentes nativos de la región se llamaran caldeos.

Por todo eso, debemos concluir que hubo una doble migración desde el norte hasta las regiones del bajo Eufrates y del Tigris, que esas zonas fueron ocupadas primero por los elamitas que vinieron a lo largo del Tigris; y que después vino otro grupo desde las montañas de los caldeos, a lo largo de la ribera occidental del Tigris, y que ellos pastorearon primero sus rebaños por un tiempo en la región de Nísibe y que finalmente siguieron el curso de Eufrates, obteniendo la superioridad sobre los habitantes anteriores, que habían surgido del mismo trono (¿) y que se habían extendido hacia el oeste, desde la desembocadura del Eufrates. La supremacía que ellos alcanzaron de esa forma fue ejercida por los jefes de los caldeos; ellos fueron las familias dirigentes del reino, que ellos fundaron con su autoridad, adoptando así la forma antigua de civilización del lugar.

Si, de acuerdo con esta visión, los caldeos eran ciertamente no semitas, aún no se ha decidido si ellos pertenecían a la raza jafetita de los arios o si, como C. Sax[22]

---

22. Cf. lo que él dice en *Abhdl*. "Sobre la historia Antigua de Babilonia y la nacionalidad de los cusitas y de los caldeos", en *Deutsch. morg. Ztschr.* XXII. pp. 1-68. Sax intenta probar aquí que "los caldeos, lo mismo que los Kasdím bíblicos, eran una tribu dominante de los tiempos antiguos, desde el Golfo Pérsico hasta el Mar Negro, que habitaban particularmente en Babilonia, y que fueron ocupando lentamente la región del sur, desde la desembocadura del Eufrates hasta las montañas de Armenia y del Ponto, y que en Babilonia se hallaban especialmente representados por la casta sacerdotal e ilustrada".

El autor fundamenta esta idea en la identificación de los cusitas bíblicos con los escitas de los griegos y romanos; pero los datos que tenemos para concluir es son extremadamente débiles y se fundan en combinaciones arbitrarias y violentas, cuya inconsistencia se manifiesta, por ejemplo, en la identificación de los כשְׂדִּי, con los כסלחים de Gen 20, 14, y en conclusiones deducidas de Ez 29, 10 y 38, 5, sobre la expansión de los cusitas en Arabia y de su inclusión en el ejército escita del Gog del norte etc. En general, tal como la presenta Sax, esta suposición es insostenible, aunque contiene elementos de verdad que no han de ser pasados por alto.

ha intentado probar, ellos eran probablemente de la raza hamítica de los cusitas, una nación que pertenecía a la familia tártara (turámica) de naciones. Por lo que se refiere al origen ario de los caldeos, además de la relación de los caldeos con los gordianos y los *carduchi* con los modernos kurdos, cuyo lenguaje pertenece a la familia indo-germana, y ciertamente a la familia de lenguas arias, puede aducirse además esta circunstancia: Que desde tiempo muy antiguo pueden encontrarse elementos arios en el lenguaje de Asiria y Babilonia.

Pero este dato no ofrece una evidencia conclusiva del tema. Del hecho de que el idioma moderno de los kurdos esté relacionado con el lenguaje ario no puede deducirse nada seguro sobre el lenguaje de los antiguos caldeos, gordianos y *carduchi*. Por otra parte, la introducción de palabras y apelativos arios en el lenguaje semítico de los asirios y babilonios se explica plenamente, en parte por el intercambio que ambos pueblos mantenían sin duda con los medos y los persas, que colindaban con ellos, y en parte por el dominio ejercido por la raza irania sobre los babilonios, lo que está afirmado en los fragmentos de Beroso, según los cuales la segunda dinastía de Babilonia después del diluvio fue de origen medo.

De todas maneras, podríamos estar inclinados a aceptar el origen ario de los caldeos, si no tuviéramos en contra estos dos argumentos: (a) El relato bíblico del reino que fundó Nimrod el cusita en Babilonia, y que se extendió hacia asiria (Gen 10, 8-12). (b) Por otra parte, el resultado de las investigaciones de los expertos en los restos antiguos de Asiria, en relación con el desarrollo de la cultura y de los escritos de Babilonia, que hacen que esa hipótesis sea muy dudosa[23].

23. La tradición bíblica sobre el reino fundado por Nimrod en Babel ha sido arbitrariamente relegada por parecer irreconciliable con la idea del desarrollo de la cultura babilonia (cf. Duncker, p. 204). Pues bien, parece que ella está siendo confirmada por estudios recientes sobre los monumentos antiguos de Babilonia y Asiria, que han llegado a la conclusión de que hay tres tipos de escritura cuneiforme, y que la escritura de los ladrillos babilonios es anterior a la asiria, y de que la forma más antigua partió de una escritura de tipo jeroglífico, de la que solo quedan ejemplos aislados en el valle del Tigris y en la zona de Susa (Susiana).

De eso puede concluirse que la invención de las letras cuneiformes no tuvo lugar entre los semitas, sino entre un pueblo de raza turania, que probablemente se había asentado en tiempos anterior en la región de Susiana, o en las bocas del Tigris y del Eufrates, en el Golfo Pérsico. Cf. Spiegel, en Herz., *Realencyclop.*, quien al llegar a esos resultados, concluye: "Resulta notable que un pueblo de raza turco-tartárica aparezca como posesor de una alta cultura, mientras que otros pueblos de ese tipo de tribus aparecen en la historia del mundo casi siempre carentes de cultura, y en muchos sentidos como impedimentos para la civilización., de manera que debe confesarse que, por lo que ahora sabemos estado de cosas va en esa línea…".

En ese sentido, él concluye diciendo: "La escritura cuneiforme brotó en tiempos antiguos, varios miles de años antes del nacimiento de Cristo, muy probablemente a partir de un Sistema antiguo de escritura jeroglífica, en la región de la desembocadura del Tigris y del Eufrates, junto al Golfo Pérsico. Sin embargo, ella fue adoptada muy pronto por los semitas. Los monumentos más antiguos de escritura cuneiforme se encuentran en el extremo sur de la llanura Mesopotamia. Con el curso del tiempo, ese tipo de escritura fue extendiéndose hacia el norte, donde ella encontró su forma más extendida entre los asirios. Desde Asiria pudo pasar a los indo-germanos, y primero a

Según eso, no es mucho lo que se puede asegurar con certeza sobre el origen de los caldeos y sobre la naturaleza de su lenguaje y escritura, sin embargo hay cosas que se puede tomar ya como ciertas: El lenguaje y escritura de los caldeos (כַּשְׂדִּים) no era semítico o arameo, pues los caldeos habían emigrado en remotos tiempos a Babilonia, obteniendo allí el predominio sobre los habitantes semitas de la tierra; según eso, de la raza dominante de los caldeos brotó la casta sacerdotal y letrada de los llamados "caldeos" en sentido estricto. Esta casta es mucho más antigua que la monarquía caldea fundada por Nabucodonosor. Daniel y sus compañeros debieron ser educados en la sabiduría de los sacerdotes y sabios, que enseñaban en las escuelas de Babilonia, en Borsippa (Babilonia) y en Hpparene (Mesopotamia; cf. Strab. XVI. 1 y Plin. *Hist. Nat.* VI. 26).

1, 5. Con ese fin, Nabucodonosor les asignó para su mantenimiento la provisión necesaria de la casa del rey, siguiendo la costumbre oriental, según la cual todos los oficiales de la corte recibían el alimento de la mesa del rey, como testifican Athen. IV. 10, p. 69 y Plut. *Probl.* VII. 4, refiriéndose a los persas. Esta parece haber sido también la costumbre de los babilonios. דְּבַר־יוֹם בְּיוֹמוֹ, la porción diaria, cf. Ex 5, 13; Ex 5, 19; Jer 52, 34 etc. פַּת־בַּג viene de *path*, en zend. *paiti*, em sánscrito *prati* = προτί, πρός, y de *bag*, en Sanscrito *bhàga*, *porcion*, provisión, cf. Ez 25,7.

Por lo que toca a la composición, cf. el sánscrito *pratibhâgha*, una porción de frutos, flores que el Rajáh recibe cada día para el mantenimiento de su casa. Cf. Gildemeister, en Lassen, *Zeits.f. d. Kunde des Morg.* IV. 1, p. 214. Según eso, esta palabra (פַּת־בַּג) no significa ambrosia, ni comidas delicadas, sino en general comida, vituallas, alimentos de carne y pan, en oposición a vino o bebida (מִשְׁתָּיו es singular) y verduras (Dan 1, 12).

En esa línea, el rey limita el período de su educación a tres años, conforme a la costumbre persa, igual que la caldea. וּלְגַדְּלָם no depende de יֹאמֶר (Dan 3), sino que va unido a בְּיוֹמוֹ y es un infinitivo de finalidad con ו explicativa, significando "y para que él les alimentara", con sentido de finalidad. El verbo יַעֲמְדוּ significa estar delante (del rey). Aquí no se habla de obedecer el mandato del rey, pero se supone al referirse a "estar ante el rey" (cf. Dan 1,6 ss).

1, 6-7. Daniel y sus tres amigos se encontraban entre los jóvenes que habían sido llevados a Babilonia. Ellos eran "de los hijos de Judá", es decir, de esa tribu. De aquí se deduce que otros jóvenes que habían sido llevados con ellos, pertenecían a

---

Armenia, porque los ejemplos de escritura cuneiforme encontrados en Armenia son de tipo silábico. La forma en que esa escritura silábica se transformó en escritura de letras (de alfabeto) resulta difícil de precisar. El tipo más reciente de escritura cuneiformes es ya escritura de letras".

En el caso de que este tipo de evolución de la escritura cuneiforme pueda confirmarse con nuevos descubrimientos, podríamos decir que los caldeos fueron los poseedores y transmisores de ese tipo de ciencia de la escritura y su lenguaje y literatura no pertenecerían a la familia semítica de lenguas ni a una familia de tipo indo-germano o ario.

otras tribus, pero no se recuerda el nombre de ninguno. Solo se mencionan los de Daniel y sus tres compañeros, pertenecientes a la misma tribu, porque la historia recogida en este libro ofrece en especial el recuerdo de ellos.

Como futuros siervos del rey caldeo, y como signo de su nueva relación con él, ellos reciben otros nombres, como Eliakim y Matanías, que recibieron nombres cambiados por Necao y Nabucodonosor cuando él les hizo sus vasallos (cf. 2 Rey 23, 34; 24, 17). Pero aquellos reyes recibieron de parte de los conquistadores unos nombres que eran también israelitas. Por el contrario, Daniel y sus amigos recibieron nombres paganos, en vez de sus propios hebreos, que estaban asociados al verdadero Dios. Los nombres que les dieron estaban se referían ídolos de Babilonia, a fin de que ellos pudieran ser plenamente integrados en la religión y cultura de los vencedores, y se volvieran extraños a la religión y país de sus antepasados[24].

Daniel, es decir, "Dios juzgará", recibió el nombre de *Belteshazzar* (Beltsasar, Baltasar), formado a partir de *Bel*, el Dios principal de los babilonios. El significado de ese nombre no ha sido aún determinado. Ananías, es decir, *Dios tiene piedad*, recibió el nombre de *Shadrach* (=Sidrac), cuyo origen es totalmente desconocido. Misael, es decir, "el que es como el Señor", recibió el nombre de *Meshach* (=Mesac) también indescifrable. Y Azarías (el Señor ayuda) recibió el nombre de *Abednego*, es decir, *esclavo o siervo de Nebo* (Nego), el nombre del segundo Dios más importante de Babilonia (Is 46, 1), cambiando la ב en נ por influencia de la ב de עבד (dando así *Nego* en vez de *Nebo*).

1, 8-16

⁸ וַיָּשֶׂם דָּנִיֵּאל עַל־לִבּוֹ אֲשֶׁר לֹא־יִתְגָּאַל בְּפַתְבַּג הַמֶּלֶךְ וּבְיֵין מִשְׁתָּיו וַיְבַקֵּשׁ מִשַּׂר הַסָּרִיסִים אֲשֶׁר לֹא יִתְגָּאָל׃
⁹ וַיִּתֵּן הָאֱלֹהִים אֶת־דָּנִיֵּאל לְחֶסֶד וּלְרַחֲמִים לִפְנֵי שַׂר הַסָּרִיסִים׃
¹⁰ וַיֹּאמֶר שַׂר הַסָּרִיסִים לְדָנִיֵּאל יָרֵא אֲנִי אֶת־אֲדֹנִי הַמֶּלֶךְ אֲשֶׁר מִנָּה אֶת־מַאֲכַלְכֶם וְאֶת־מִשְׁתֵּיכֶם אֲשֶׁר לָמָּה יִרְאֶה אֶת־פְּנֵיכֶם זֹעֲפִים מִן־הַיְלָדִים אֲשֶׁר כְּגִילְכֶם וְחִיַּבְתֶּם אֶת־רֹאשִׁי לַמֶּלֶךְ׃
¹¹ וַיֹּאמֶר דָּנִיֵּאל אֶל־הַמֶּלְצַר אֲשֶׁר מִנָּה שַׂר הַסָּרִיסִים עַל־דָּנִיֵּאל חֲנַנְיָה מִישָׁאֵל וַעֲזַרְיָה׃
¹² נַס־נָא אֶת־עֲבָדֶיךָ יָמִים עֲשָׂרָה וְיִתְּנוּ־לָנוּ מִן־הַזֵּרֹעִים וְנֹאכְלָה וּמַיִם וְנִשְׁתֶּה׃
¹³ וְיֵרָאוּ לְפָנֶיךָ מַרְאֵינוּ וּמַרְאֵה הַיְלָדִים הָאֹכְלִים אֵת פַּתְבַּג הַמֶּלֶךְ וְכַאֲשֶׁר תִּרְאֵה עֲשֵׂה עִם־עֲבָדֶיךָ׃
¹⁴ וַיִּשְׁמַע לָהֶם לַדָּבָר הַזֶּה וַיְנַסֵּם יָמִים עֲשָׂרָה׃
¹⁵ וּמִקְצָת יָמִים עֲשָׂרָה נִרְאָה מַרְאֵיהֶם טוֹב וּבְרִיאֵי בָּשָׂר

---

24. El designio del rey era que estos jóvenes adoptaran las costumbres de los caldeos, a fin de que ellos no pudieran tener nada en común con el pueblo escogido (Calvino)

מִן־כָּל־הַיְלָדִ֖ים הָאֹ֣כְלִ֑ים אֵ֖ת פַּתְבַּ֥ג הַמֶּֽלֶךְ׃
¹⁶ וַיְהִ֣י הַמֶּלְצַ֗ר נֹשֵׂא֙ אֶת־פַּתְבָּגָ֔ם וְיֵ֖ין מִשְׁתֵּיהֶ֑ם וְנֹתֵ֥ן לָהֶ֖ם זֵרְעֹנִֽים׃

⁸ Daniel propuso en su corazón no contaminarse con la porción de la comida del rey ni con el vino que él bebía; pidió, por tanto, al jefe de los eunucos que no se le obligara a contaminarse. ⁹ Puso Dios a Daniel en gracia y en buena voluntad con el jefe de los eunucos; ¹⁰ y el jefe de los eunucos dijo a Daniel: Temo a mi señor el rey, que asignó vuestra comida y vuestra bebida; pues luego que él vea vuestros rostros más pálidos que los de los muchachos que son semejantes a vosotros, haréis que el rey me condene a muerte. ¹¹ Entonces dijo Daniel a Melsar, a quien el jefe de los eunucos había puesto sobre Daniel, Ananías, Misael y Azarías: ¹² Te ruego que hagas la prueba con tus siervos durante diez días: que nos den legumbres para comer y agua para beber. ¹³ Compara luego nuestros rostros con los rostros de los muchachos que comen de la porción de la comida del rey, y haz después con tus siervos según veas. ¹⁴ Consintió, pues, con ellos en esto, y probó con ellos durante diez días. ¹⁵ Y al cabo de los diez días pareció el rostro de ellos mejor y más robusto que el de los otros muchachos que comían de la porción de la comida del rey. ¹⁶ Así, pues, Melsar se llevaba la porción de la comida de ellos y el vino que habían de beber, y les daba legumbres.

El mandato del rey, según el cual los jóvenes debían ser alimentados con la comida y el vino de la casa del rey, fue para Daniel y sus amigos una prueba de su fidelidad al Señor y a su ley, como había sido la prueba a la que fue sometido José en Egipto, correspondiendo a las circunstancias en que él había sido colocado (Gen 39, 7). La participación en la comida que les llevaban de la mesa del rey era para ellos causa de contaminación, porque estaba prohibida por ley, no tanto porque la comida no estaba preparada siguiendo el mandato de la ley levítica, o quizá porque contenía carne de animales que eran impuros para los israelitas (porque en ese caso los jóvenes no tenían necesidad de abstenerse del vino), sino porque en sus fiestas los paganos ofrecían una parte de la comida y bebida, en sacrificio a sus dioses de manera que ella se hallaba consagrada por un rito pagano, prohibido por la fe de Israel.

Según eso, no solo aquellos que participaban en esas comidas compartían así el culto a los ídolos, sino que la misma carne y el vino en conjunto eran comida y bebida de un sacrificio idolátrico, opuesto al verdadero Dios, conforme al dicho del apóstol (2 Cor 10, 20), cuando afirmaba que participar de esa comida era lo mismo que sacrificar a los ídolos.

El abstenerse de tal comida y bebida no era expresión de un rigorismo que iba más allá de la ley de Moisés, conforme a una tendencia que se muestra por vez primera en el tiempo de los macabeos. Por el contrario, lo que estos piadosos judíos hicieron en aquellos tiempos (cf. 1 Mac 1,62s; 2 Ma 5, 27), se encuentra es un elemento básico de la ley. En esa línea, la aversión a comer algo que esté impuro, y a mancharse a sí mismo en tierras paganas no apareció por vez primera en el tiempo de los macabeos, ni siquiera en el tiempo del exilio, sino que aparece ya en las amenazas de Os 9, 3 y Am 7, 17.

Según eso, la decisión de Daniel, de abstenerse de esos alimentos impuros brotaba de la fidelidad a la ley, y de la firme obediencia a la fe, según la cual "el hombre no solo vive de pan, sino de toda palabra que brota de la boca del Señor" (Dt 8, 3), y surgía también de la seguridad de que Dios bendeciría la comida más humilde que Daniel pide para sí mismo, y que por ese medio hará que él y sus amigos estén más fuertes y vigorosos que los otros jóvenes que comían alimentos caros de la mesa del rey. Estando firme en su convencimiento, Daniel pide al jefe del servicio del rey que le, libere, a él y a los tres amigos del uso de la comida y de la bebida de la mesa real. Y el Señor le fue favorable, de manera que su petición fue escuchada.

1, 9. נתן לחסד, *procurar gracia o favor* para alguno, cf. 1 Rey 8. 30; Sal 106,46; Neh 1,11. Esta afirmación por la que se dice que Dios hizo que Daniel alcanzara el favor del chambelán, mayordomo del rey, se refiere al hecho de que él no rechazó por principio su petición, como algo que no debía concederse o que era punible, sino que valorando la convicción religiosa de la que brotaba, se fijó solo en el peligro o perjuicio que podría traerle una desobediencia al mandato real, mostrando así que él quería cumplir la petición del rey, pero sin hacer daño a los jóvenes judíos en su religión. Esta disposición del jefe de los eunucos era un efecto de la gracia divina.

1, 10. Las palabras אֲשֶׁר לָמָּה (= שׁלּמה, Cant 1, 7), ¿por qué, cómo debería él...? tienen el sentido de una negación enfática, como למה en Gen 47, 15; Gen 47, 19; 2 Cron 32, 4, así como די למה en Es 7, 23, y son equivalentes a "ciertamente, él no debe ver". Por su parte, זֹעֲפִים es *desagradable*, de apariencia triste, aquí "teniendo una apariencia penosa, a consecuencia de una comida inferior", correspondiente a σκυθρωπός en Mt 6.16.

פְּנֵיכֶם ha de entenderse antes de הַיְלָדִים según el principio de la *comparatio decurtata* que aparece con frecuencia en hebreo, cf. Sal 4, 8; 18, 34 etc. וְחִיַּבְתֶּם con ו *de relación* y depende de למה, *y pongas en peligro*, de tal forma que tú pongas en peligro... וְחִיַּבְתֶּם אֶת־רֹאשִׁי, hacer que uno sea culpable, poner en peligro la cabeza, es decir, la vida de alguno.

1, 11-12. Cuando Daniel conoció la respuesta del jefe de la guardia, diciéndole que él concedería lo pedido, pero con la condición de que se viera libre de responsabilidad personal en el asunto, él se volvió al capitán que estaba bajo las órdenes del chambelán jefe, bajo cuya autoridad inmediata él estaba sometido, y le pidió que hiciera una prueba durante diez días, permitiéndoles comer solo verduras y agua, en vez de las costosas provisiones y vino de la mesa del rey, para actuar luego con ellos conforme a los resultados obtenidos.

המלצר, con el artículo ha de ser tomado como un apelativo que expresa el *trabajo u oficio* propio de un hombre. La traducción de *camarero* o jefe de cocina se funda solo en la explicación de la palabra tal como ha sido dada por Haug (en Ewald, *Bibl. Jahrbb.* V. p. 159s.), quien supone que la palabra viene del neo-persa *mel* (licores alcohólicos, vinos, que corresponde al zend *madhu*. μεθυ, bebida inebriante) y de la palabra צר (*çara*, sánscrito *çiras*, cabeza). Según eso, מלצר sería el supervisor de la comida, un sinónimo de רבשקה, Isa 36,2. נס-נא , *prueba*, "yo re ruego que examines a tus siervos", es decir, que pruebes con nosotros durante diez días.

Diez días, que es en el sistema decimal número de plenitud, de acabamiento, según las circunstancias, puede significar un tiempo lago, o también un *tiempo proporcionalmente corto* pero suficiente. Aquí se utiliza en el último sentido, porque diez días son suficientes para mostrar el efecto que un tipo de comida tiene en la apariencia externa de las personas. זרעים, comida de verduras, vegetales de frutos leguminosos.

1,13. מראינו es singular y se utiliza con יראו en plural porque siguen dos sujetos. כאשר תראה, *como tú veas*, es decir, como encuentres nuestra apariencia. El significado es: *Obra entonces conforme a lo que tú veas*. Al plantear así su propuesta, Daniel actúa confiando en la ayuda de Dios, y Dios no defraudó su confianza[25].

Los jóvenes aparecen tan visiblemente mejorados comiendo solo verduras y agua que el jefe de cocina les libera de la necesidad de comer y beber de la mesa real. **1,15**. בריאי בשר, gordo, bien entrado en carnes, se une gramaticalmente con el sufijo de מראיהם, el pronombre del cual queda fácilmente suplido en pensamiento. **1,16**. נשא, *quitar*, no dar más.

1, 17-21

¹⁷ וְהַיְלָדִים הָאֵלֶּה אַרְבַּעְתָּם נָתַן לָהֶם הָאֱלֹהִים מַדָּע
וְהַשְׂכֵּל בְּכָל־סֵפֶר וְחָכְמָה וְדָנִיֵּאל הֵבִין בְּכָל־חָזוֹן וַחֲלֹמוֹת:
¹⁸ וּלְמִקְצָת הַיָּמִים אֲשֶׁר־אָמַר הַמֶּלֶךְ לַהֲבִיאָם
וַיְבִיאֵם שַׂר הַסָּרִיסִים לִפְנֵי נְבֻכַדְנֶצַּר:
¹⁹ וַיְדַבֵּר אִתָּם הַמֶּלֶךְ וְלֹא נִמְצָא מִכֻּלָּם כְּדָנִיֵּאל חֲנַנְיָה
מִישָׁאֵל וַעֲזַרְיָה וַיַּעַמְדוּ לִפְנֵי הַמֶּלֶךְ:
²⁰ וְכֹל דְּבַר חָכְמַת בִּינָה אֲשֶׁר־בִּקֵּשׁ מֵהֶם הַמֶּלֶךְ וַיִּמְצָאֵם
עֶשֶׂר יָדוֹת עַל כָּל־הַחַרְטֻמִּים הָאַשָּׁפִים אֲשֶׁר בְּכָל־מַלְכוּתוֹ:
²¹ וַיְהִי דָּנִיֵּאל עַד־שְׁנַת אַחַת לְכוֹרֶשׁ הַמֶּלֶךְ: פ

---

25. Esta propuesta es perfectamente inteligible desde la naturaleza de una fe viva, sin que debamos recurrir a la suposición de Calvino, según la cual Daniel había recibido en secreto una revelación de Dios que le aseguraba cuál sería para él y para sus compañeros el resulta de comer solo verduras. La confianza de una fe viva que espera en la presencia y ayuda de Dios es fundamentalmente diferente de una expectación ansiosa en busca de milagros exteriores, tal como sería propia de un tipo de judío macabeo, que es la que C. v. Lengerke y otros deístas y ateos quieren encontrar aquí en Daniel y en otros temas sagrados de la religión.

> ¹⁷ A estos cuatro jóvenes Dios les dio conocimiento y habilidad en toda clase de escritura y sabiduría. Y Daniel era entendido en toda clase de visiones y sueños. ¹⁸ Pasados los días, al fin de los cuales el rey había dicho que los trajesen, el jefe de los funcionarios los llevó a la presencia de Nabucodonosor. ¹⁹ El rey habló con ellos, y no se encontró entre todos ellos ninguno como Daniel, Ananías, Misael y Azarías. Así se presentaron al servicio del rey. ²⁰ En todo asunto de sabiduría y entendimiento que el rey les consultó, los encontró diez veces mejores que todos los magos y encantadores que había en todo su reino. ²¹ Y Daniel continuó hasta el primer año del rey Ciro.

1, 17-20. Estos versos tratan del progreso de los jóvenes en la sabiduría de los caldeos, y de su nombramiento para el servicio del rey. Igual que Dios bendijo la resolución de Daniel y de sus tres amigos, a fin de que no se mancharan con la comida real, él bendijo también la educación que ellos recibían en la literatura (ספר, Dan 1,17 como en 1,4) y en la sabiduría de los caldeos, de forma que los cuatro jóvenes hicieron grandes progresos en ese campo. Por su parte, Daniel obtuvo un profundo conocimiento en toda clase de visiones y sueños, es decir, alcanzó la rapidez y facilidad para interpretar visiones y sueños.

Esto se recuerda especialmente de él por todo el argumento que sigue en ese libro. No se trata de un gesto de vanagloria, sino de una simple afirmación fáctica. Por otra parte, la instrucción en la sabiduría de los caldeos fue para Daniel y para sus tres amigos una prueba de su fe, porque la sabiduría de los caldeos, por la misma naturaleza de sus temas, se hallaba profundamente aliada a la idolatría caldea y a la superstición pagana, que los estudiosos de esta sabiduría podrían haber adoptado con facilidad.

Pero es evidente que Daniel y sus amigos aprendieron solo la sabiduría caldea, es decir, su cultura externa, sin adoptar los elementos paganos que estaban mezclados a ella, como lo muestra la firmeza de su fe, que podemos ver con claridad en un período posterior de sus vidas cuando, incluso bajo riesgo de muerte (Dan 3, 6), ellos se mantuvieron libres de toda idolatría. Pues bien, Daniel tuvo que estar profundamente versado en la sabiduría de los caldeos, como en un tiempo anterior lo había estado Moisés en la de Egipto (Hch 7, 22), para ser de esa manera capaz de avergonzar a los sabios de este mundo con la sabiduría escondida de Dios.

Una vez que terminó el período de tres años, los jóvenes fueron llevados ante el rey, siendo examinados por él, de tal forma que los cuatro fueron encontramos más inteligentes que los otros, que habían sido educados con ellos, sobresaliendo por encima de todos (מכלם, "de todos" se refiere a los otros jóvenes israelitas que habían sido llevados a Babilonia con Daniel y sus amigos, Dan 1, 3). De esa manera, ellos fueron nombrados para el servicio del rey. יעמדו, como en Dan 1,5: *mantenerse como siervo* ante su maestro. Ciertamente, en todas las materias de las que les examinó, el rey les encontró superiores a todos los sabios de su reino.

Sobre los dos tipos de personas instruidas de Caldea, que se nombran en 1, 20 aquí *instar omnium* (entre todos) cf. Dan 2, 2.

1, 21. Con este verso termina la introducción de este libro con una afirmación general sobre el período en que Daniel se mantuvo en el oficio para el que Dios les instituyó. La dificultad que ofrece la explicación de ויהי no se supera cambiando la lectura de la palabra (de la duración del tiempo), pues, según 10, 1, Daniel vivió hasta más allá del primer año de Ciro y recibió revelaciones divinas. עד marca el *terminus ad quem* en un sentido extenso, es decir, indica un final pero sin referencia a lo que vendrá después.

Conforme a 2 Cron 36, 2 2; Es 1, 1; 6, 3, el primer año de Ciro constituye el final del exilio de babilonios, y la datación "en el primer año del rey Ciro" se encuentra en relación estrecha con las fechas anteriores de Dan 1, 1: El avance de Nabucodonosor en contra de Jerusalén y la primera toma de la ciudad, que forma el comienzo del exilio.

En esa línea, la afirmación "Daniel continuó hasta el primer año de Ciro" significa solo que él vivió y actúo durante todo el período del exilio en Babilonia, sin aludir más al hecho de que él continuara o no tras la terminación del exilio. En esa línea, véase la afirmación análoga de Jer 1, 2, donde se dice que Jeremías profetizó en los días de Josías y de Jeconías, hasta el final del año 11 de Sedecías, aunque después su libro contiene profecías de una fecha posterior a la toma de Jerusalén ese año 11 de Sedecías.

ויהי no significa aquí que *él vivió,* en el sentido de existió, estuvo presente en general, pues aunque היה significa *existir,* ser, nunca se utiliza de un modo absoluto en ese sentido, como חיה, *vivir sin más,* sino que está incluyendo un matiz que incluye al mismo tiempo el *cómo* y *dónde* de la existencia, al menos de un modo implícito.

Por eso, también aquí, la cualificación del ser debe ser suplida por el contexto. Según eso, la expresión no significa que él vivió en la corte o en Babilonia, o que el rey le mantuvo en alta estima, sino de un modo general: Que él vivió en el lugar para el que Dios le había elevado en Babilonia por sus dotes admirables.

Dan 2-7
PRIMERA PARTE
DESARROLLO DE LOS PODERES
DEL MUNDO

Esta parte consta de seis capítulos y contiene muchos relatos sobre las formas sucesivas y el carácter propio más hondo del poder del mundo. Comienza y termina (Dan 2 y Dan 7) con una revelación de Dios relacionada con el despliegue histórico de los cuatro grandes reinos del mundo, tal como se siguen unos a otros, con la destrucción final de todos ellos por obra del Reino de Dios, que durará para siempre.

Entre esos capítulos (Dan 2 y 7) se insertan cuatro acontecimientos que pertenecen a los tiempos del reino primero y segundo, que en parte muestran los intentos de los gobernantes del mundo para obligar a los adoradores del verdadero Dios a que se sometan a sus ídolos y dioses, con el fracaso de esos intentos (Dan 3 y 6), y en parte ponen de relieve las humillaciones de los gobernantes de este mundo, que se envanecían de su poder, debiendo someterse bajo los juicios de Dios (Dan 4 y 5); de esa manera muestran la relación que existe entre los gobernantes de este mundo y el Dios todopoderoso del cielo y de la tierra, con los verdaderos adoradores de su Nombre.

Las narraciones de esos cuatro acontecimientos se siguen en orden cronológico, porque de hecho ellas se encuentran vinculadas entre sí, y en esa línea las mismas narraciones de Dan 5 y 6, que pertenecen a un tiempo posterior a la visión de Dan 7 han sido colocadas antes de ella, a fin de que las dos revelaciones referidas al desarrollo del poder del mundo formen el encuadre dentro del cual se contiene la sección histórica que describe el carácter de ese poder del mundo.

I
Daniel 2
VISIÓN DE NABUCODONOSOR SOBRE LAS CUATRO MONARQUÍAS, Y SU INTERPRETACIÓN POR DANIEL

Cuando, acabado el tiempo de su educación, Daniel y sus tres amigos entraron al servicio del rey caldeo, Nabucodonosor tuvo en sueños una visión que le conmovió mucho, de manera que llamó a todos los sabios de Babilonia, a fin de que pudieran manifestarle el sueño, y darle su interpretación. Y cuando ellos se mostraron incapaces de revelarse el sueño y de darle su interpretación (Dan 2, 1-13), él mando que fueran ajusticiados. Pero Daniel intercedió ante el rey, y obtuvo un tiempo de reflexión, al fin del cual prometió cumplir lo que el rey la había pedido (2, 14-18).

En respuesta a sus oraciones y a las de sus amigos, Dios reveló a Daniel el secreto de la visión (Dan 2, 19-23), y en esa línea él fue capaz no solo de revelar al rey su sueño (2, 24-36), sino que le ofreció su interpretación (2, 37-45). A consecuencia de eso, Nabucodonosor alabó al Dios de Daniel como verdadero Dios, y le concedió grande honores y dignidades (2, 46-49).

Se ha destacado justamente como hecho significativo que Nabucodonosor, el fundador del poder mundial, fue el primero que vio en un sueño todo el desarrollo futuro del poder mundial. Como Auberlen ha puesto justamente de relieve el primer rey que obtiene un poder mundial, ya desde el principio de su gobierno, aquel que puso fin al reino de Dios, es decir, a la teocracia, debía conocer cuál debía ser su destino, sabiendo ya que al fin sería destruido para siempre y sometido al Reino de Dios. También es digno de mención el hecho de que Nabucodonosor no recibió por sí mismo esta revelación, sino que fue Daniel, iluminado por Dios, el que debió revelarla[26].

26. Según Bleek, Lengerke, Hitz., Ew., y otros, toda esta narración ha de tomarse como una invención, pues el sentido y conjunto de su desarrollo está formado como imitación de varias afirmaciones y escenas de la Biblia, partiendo de la narración de Gen 41 con el sueño del Faraón y de su interpretación por José el hebreo, cuando los sabios egipcios fueron incapaces de hacerlo. Nabucodonosor sería una copia del faraón y, al mismo tiempo, una representación de Antíoco Epífanes, que fue sin duda un déspota medio loco, lo mismo que Nabucodonosor tal como aparece

2, 1. Sueño de Nabucodonosor e incapacidad de los caldeos para interpretarlo

1וּבִשְׁנַת שְׁתַּיִם לְמַלְכוּת נְבֻכַדְנֶצַּר חָלַם נְבֻכַדְנֶצַּר חֲלֹמוֹת וַתִּתְפָּעֶם רוּחוֹ וּשְׁנָתוֹ נִהְיְתָה עָלָיו׃

¹En el segundo año del reinado de Nabucodonosor, este tuvo un sueño; y su espíritu se perturbó, y no pudo dormir.

Por la copulativa que hallamos al comienzo de este capítulo, la siguiente narración se encuentra conectada con Dan 1, 21. "Así descubriremos lo que vino a ser el joven Daniel, y lo que él siguió siendo hasta el fin del exilio" (Klief.). El plural

---

así descrito (aunque él no lo fuera en realidad). Pero la semejanza entre el sueño del faraón y el de Nabucodonosor consiste solo en esto:

- Ambos reyes tienen sueños significativos, que sus sabios no pudieron interpretar, pero que fueron interpretados por los israelitas con la ayuda de Dios.
- José y Daniel, de modos semejantes, aunque no con las mismas palabras, pusieron a los reyes ante Dios (cf. Gen 41, 16; Dan 2, 27-28).
- En ambas narraciones se utiliza la palabra פעם (estar inquieto, cf. Gen 41, 8; Dan 2, 1.3). En todo lo restante, las narraciones son enteramente distintas.

Pues bien, esas semejanzas (como ha puesto de relieve Hengst (*Beitr.* I. p. 82), "se explican en parte por la gran importancia que se concedía antiguamente a los sueños y a su interpretación, y en parte por la dispensación de la providencia divina que en diversos tiempos ha utilizado este medio para liberar al pueblo escogido". En adición a eso, Kran. p.70, ha dicho también de un modo muy apropiado: "Solo alguien que pertenezca al pueblo de Dios puede recibir en ambos casos la interpretación de los sueños, lo que va en la línea de que solo hay un verdadero Dios ayuda de manera moral y espiritual y fortalece a aquellos que le conocen y reconocen, según leyes psicológicas, pero de un modo muy especial".

Más aún, si la palabra פעם hubiera sido realmente prestada de Gen 41, 8, esto indicaría solamente que Daniel había leído los libros de Moisés. Pero las razones por la que los críticos arriba citados desean probar el carácter no histórico de esta narración están tomadas en parte de una consideración superficial del conjunto del pasaje y ofrecen una interpretación ciertamente falsa de algunas de sus partes separadas, y en parte brotan de un prejuicio dogmático que supone que "un anuncio particular de un futuro remoto no pertenece a la naturaleza de la profecía hebrea". En otras palabras, esos críticos parte del hecho de que no puede darse una predicción que esté fundada en una revelación sobrenatural (de forma que si algo tiene visos de sobrenatural ha de tomarse como falso).

Pues bien, en contra de esas y otras razón, Kran. ha puesto de relieve lo siguiente "La afirmación de que esta narración, en su forma actual, carece de proporción y unidad (cf. Hitz., *Pa.* 17) no se funda en una justa visión de la situación; por el contrario, el conjunto de la escena produce la fuerte impresión de situarnos ante algo inmediato y fresco, lleno de vida, de manera que una consideración cuidadosa de las circunstancias ofrece fácilmente los medio para llenar los detalles de este breve esbozo profético".

De todo esto se puede deducir que el contenido del sueño no muestra la menor semejanza con el sueño del Faraón, y en toda la escena no hay rasgo alguno de una relación hostil con Nabucodonosor y con sus cortesanos respecto al judaísmo; al contrario, la relación de Nabucodonosor con el Dios de Daniel muestra un decidido contraste con la loca indignación que Antíoco Epífanes mostraba en contra de la religión judía.

חֲלֹמוֹת (*sueños*, cf. Dan 2, 1-2), cuyo singular aparece en Dan 2, 3, no es plural de universalidad (Hv., Maur., Klief.), sino de plenitud intensiva, indicando que el sueño contiene en sus partes una pluralidad de temas.

וַתִּתְפָּעֶם (de פעם, *perturbarse*, quedar en shock, ser llevado de aquí para allí) indica una gran inquietud interna. En Dan 2, 3 y en Gen 41, 9, como en Sal 77, 5, está en forma *nifal*, pero en Dan 2, 1 se encuentra en *hitpael*, de lo que Kran, deduce rectamente: "El *hitpael* intensifica la impresión de una inquietud interna, mientras que el *nifal* evoca la idea de que esa inquietud se manifiesta externamente".

Y no pudo dormir (se le fue el sueño). Así lo muestra sin duda alguna la última cláusula de Dan 2, 1: נִהְיְתָה עָלָיו. En este contexto se pueden destacar algunas interpretaciones que son totalmente equivocadas: "El sueño vino sobre él", es decir, él comenzó de nuevo a dormir (Calvino); "su sueño fue en contra de él", es decir, iba en contra de él, estaba turbado (L. de Dieu); o, como supone Hv, "el sueño le hirió, o fue como un peso grande sobre él". Esos sentidos no son apropiados, porque נִהְיְתָה no significa caer, y tampoco está de acuerdo con el pensamiento aquí expresado. El *nifal* de נהיה significa *haber sucedido*, haber sido, suceder.

El significado ha sido ya rectamente expresado por Teodoreto, con las palabra ἐγένετο ἀπ' αὐτοῦ, y por la Vulgata, con las palabras "fugit ab illo" (huyó de él). En esa línea, Berth., Ges. y otros han mostrado, con igual propiedad, que וּשְׁנָתָהּ נִהְיְתָה tiene el mismo sentido que נדת שנתה (Dan 6, 19) y que הדדת שנת (Est 6, 1). Sin embargo, este sentido (*haber sido*) no lleva al significa supuesto por Klief.: "El sueño había venido sobre él", pues si no estaba ya más se había ido.

Según eso, este pasaje no indica simplemente que el sueño "no está ya más", sino que ha terminado, ha pasado, se ha ido. Este significado queda confirmado por נהייתי (Dan 8, 27): "se me había hecho, yo estaba ido". La palabra עָלָיו no está en lugar del dativo, sino que conserva su significado de *encima, sobre*, indicando la influencia sobre la mente, como en Jer 8, 18; Os 11, 9; Sal 42, 6-7; 43, 4 etc., cosa que en alemán se expresa con *bei* o *für* (por, a fin de).

La razón para tan gran inquietud no podemos buscarla en el hecho de que al despertar Nabucodonosor no podía recordar su sueño. Esto no se sigue ni de Dan 2, 3, y además resulta psicológicamente improbable que un sueño que podía haber sido muy impresionante, pero que él había olvidado al despertarse, hubiera inquietado con tanta fuerza su espíritu en sus horas de vigilia. "La inquietud fue creada en él, como en el Faraón (Gen 41) por los incidentes especialmente chocantes del sueño, y por la temerosa y alarmante impresión que el sueño producía para su futuro destino, con el que estaba conectado" (Kran.).

2, 2

² וַיֹּאמֶר הַמֶּלֶךְ לִקְרֹא לַחַרְטֻמִּים וְלָאַשָּׁפִים וְלַמְכַשְּׁפִים וְלַכַּשְׂדִּים לְהַגִּיד לַמֶּלֶךְ חֲלֹמֹתָיו וַיָּבֹאוּ וַיַּעַמְדוּ לִפְנֵי הַמֶּלֶךְ׃

² El rey mandó llamar a los magos, a los encantadores, a los hechiceros y a los caldeos para que le declarasen sus sueños. Vinieron y se presentaron delante del rey.

En su inquietud, el rey mandó que todos sus astrólogos y sabios vinieran ante él. Pues bien, este verso se mencionan cuatro clases de ellos:

1. Los חַרְטֻמִּים son escribas y *magos*, a los que encontramos también en Egipto (Gen 41, 24). Se les llama así por el חרט o "pluma", es decir, aquellos que llevando la pluma forman la clase sacerdotal de los ἱερογραμματεῖς, es decir, los expertos en los escritos sagrados y en la literatura.
2. Los אַשָּׁפִים, *conjuradores*, de שאף o נשף, respirar, soplar, musitar. Se les llama así porque ellos practicaban sus encantamientos con movimientos del aliento, como puede verse entre los árabes (cf. *nft*, o prestigiadores), los que encantan creando conexiones, como suponen Hitz. y Kran.
3. Los מְכַשְּׁפִים, magos, que se encuentran también en Egipto (Ex 7.1), según Is 47, 9. 12, que formaban en Babilonia un cuerpo poderoso.
4. Los כַּשְׂדִּים, la casta sacerdotal de los *caldeos*, que son así nombrados (cf. Dan 2, 4. 10 y Dan 1, 4) como ejemplo, por ser la clase más distinguida de sabios de Babilonia. Conforme a Heródoto I, 171 y Diodoro Siculo (Sin 2, 24) los caldeos parecen haber formado un tipo de sacerdocio especial, o han participado en los deberes propios de los sacerdotes. Como hemos visto ya en la introducción, entre los pueblos arameos, los caldeos aparecen como sacerdotes en un sentido estricto, por la antigua supremacía que ellos habían tenido en Babilonia.

Además de estas cuatro clases había aún una quinta (cf. Dan 2, 27; 4, 4. 7; 5, 7. 11, llamada la de los גָּזְרִין, no *arúspices* de גזר, cortar carne en piezas, sino aquellos que determinan la גזרה, el destino o *fatum*, aquellos que anunciaban el destino de los hombres por la posición y movimiento de las estrellas en el momento de su nacimiento. Estas diferentes clases de sacerdotes y sabios quedan incluidas en Dan 2, 12 bajo la designación general de חכימין (cf. también Is 44, 45; Jer 50, 35), y ellos formaban un σύστημα, es decir, un *collegium* (colegio: Diod. Sic. II. 31), bajo un presidente (רב סגנן, Dan 2, 48), con gran autoridad en el Estado (cf. Dan 2, 48).

Estas clases separadas se ocupaban sin duda de distintas ramas de la sabiduría babilonia. Ciertamente, cada clase cultivaba un campo determinado de la sabiduría, pero no de forma exclusiva, sino de manera que las actividades de diversas clases se mezclaban entre sí.

Esto resulta claro por lo que se dice de Daniel y de sus compañeros, pues se afirma que se habían educado en todas la sabiduría de los caldeos (Dan 1, 17), y se confirma por el testimonio de Diodoro Sic. II, 29, cuando dice que los magos caldeos tenían casi casi el mismo oficio lugar que los sacerdotes en Egipto, es decir, se ocupaban en el servicio de los dioses, buscaban la mayor gloria en el estudio de la astrología, y se dedicaban también al estudio de la profecía, pronosticando cosas futuras y buscando por medio de lustraciones, sacrificios y encantaciones la forma de rechazar el mal y de asegurar aquello que era bueno Ellos poseían el conocimiento de la adivinación por medio de presagios, exposición de sueños y prodigios y por su forma inteligente de interpretar los horóscopos.

A fin de recibir una explicación de su sueño, Nabucodonosor mandó que todas las clases de sacerdotes y de hombres llenos de sabiduría fueran traídos a su presencia, porque, en un asunto que para él era de mucho peso, debía no solo calcular sus implicaciones, sino también, en el caso de que el sueño anunciara alguna desgracia, tenía obligación de encontrar los medios para evitarla.

A fin de que quedara asegurada la corrección de la explicación del sueño, los sabios y magos debían examinarse las estrellas, y emplearse quizá también otros métodos de adivinación. Los mismos sacerdotes podían hacer que los dioses fueran favorables a través de algunos sacrificios, mientras que los hechiceros y los magos debían ocuparse de conjurar y rechazar los males que les amenazaban.

2, 3

³ וַיֹּאמֶר לָהֶם הַמֶּלֶךְ חֲלוֹם חָלָמְתִּי וַתִּפָּעֶם רוּחִי לָדַעַת אֶת־הַחֲלוֹם:

³El rey les dijo: He tenido un sueño, y mi espíritu se ha turbado por saber el sueño.

Tal como el rey lo pregunta, no es seguro si él desea conocer el sueño mismo o su significado. Los sabios (2, 4) entienden la pregunta como si el rey quisiera conocer solo el significado del sueño; pero el rey les responde diciendo que él quiere conocer las dos cosas: el sueño y su interpretación. De todas maneras este petición del rey no es una prueba de que él haya olvidado el sueño, como piensan Bleek, v. Leng y otros, encontrando así una objeción contra la veracidad histórica de la narración, pues era una locura la petición de Nabucodonosor que les exigía que le dijeran el sueño que había tenido y no solo su interpretación (Dan 2, 12).

Por el contrario, el hecho de que el rey no hubiera olvidado su sueño del todo, de forma que solo recordara su carácter opresor aparece claramente en Dan 2, 9, donde el rey dice a los caldeos: "Si no me contáis el sueño, una sola sentencia hay para vosotros. Ciertamente, vosotros preparáis una respuesta mentirosa y perversa, para decirla ante mí, mientras vaya pasando el tiempo. Contadme, pues, el sueño, para que yo sepa que me podéis dar también su interpretación".

Según eso, Nabucodonosor quería que los sabios le contaran el sueño para que él tuviera la garantía de que le darían también la interpretación correcta. Él no podía hablarles de esa forma si es que hubiera olvidado plenamente el contenido del sueño y solo le hubiera quedado una difusa y oscura aprehensión de lo que había soñado. En ese caso, él no habría ofrecido una gran recompensa por el anuncio del sueño, y no hubiera amenazado con severos castigos e incluso con la muerte a los que fueran incapaces de declararle el sueño.

Por el contrario, si él conocía todavía el sueño que tanto le turbaba y conocía el contenido que él deseaba escuchar de parte de los caldeos, de manera que él podía ponerles a prueba, para saber si podía confiar en su interpretación, en ese caso, ni su petición ni la severidad de su conducta podían tomarse como irracionales.

Los magos se gloriaban diciendo que con la ayuda de sus dioses ellos podían revelar cosas profundas y escondidas. Si esta pretensión estaba bien fundada (así concluía Nabucodonosor), entonces sería fácil para ellos darle a conocer, decirle, su sueño y su interpretación, y en caso contrario podía tomarles fácilmente como engañadores, lo mismo que el pueblo de Israel en el monte Carmelo, en el tiempo de Elías, hizo con los sacerdotes de Baal (1 Rey 18) porque sus dioses no respondieron enviando fuego para el sacrificio" (Hengst).

2, 4

⁴ וַיְדַבְּרוּ הַכַּשְׂדִּים לַמֶּלֶךְ אֲרָמִית מַלְכָּא לְעָלְמִין חֱיִי אֱמַר חֶלְמָא (לְעַבְדָיִךְ) [לְעַבְדָךְ] וּפִשְׁרָא נְחַוֵּא׃

⁴ Entonces hablaron los caldeos al rey en lengua aramea: ¡Rey, para siempre vive! Cuenta el sueño a tus siervos, y te daremos la interpretación.

Al hablar así los caldeos, en nombre de toda la compañía de sabios y magos, interpretaron la palabra del rey en el sentido más favorable para ellos, y le pidieron que les contara el sueño. וַיְדַבְּרוּ, que deriva de וַיֹּאמְרוּ, que es la forma que se pone normalmente antes de una cita; el cambio se debe a la adición de אֲרָמִית, y las palabras que siguen están unidas en forma de zeugma con esa palabra.

En arameo, es decir, en la lengua nativa que se hablaba en Babilonia, según Jenofonte (*Ciropedia* VII, 5), esto es, en siríaco, el arameo oriental. A partir de esta afirmación, según la cual los caldeos hablaron al rey en arameo, no se debe concluir, de un modo impositivo, que Nabucodonosor hablaba lenguaje el idioma ario-caldeo de su raza. La referencia al arameo se refiere aquí a la circunstancia de que las palabras siguientes han sido recogidas por el texto de Daniel en arameo, lo mismo que se dice en Es 4, 7. Daniel escribió este capítulo y los siguientes en arameo a fin de que él pudiera transmitir la profecía relacionado con el poder del mundo en el idioma del poder del mundo, que bajo la dinastía caldea era el idioma nativo de Babilonia, es decir, el arameo oriental.

La fórmula "Rey, para siempre vive" era el saludo con el que se solía dirigir al rey, tanto en la corte caldea como en la persa (cf. Dan 3 9; 5, 10; 6, 7. 22; Ne 2, 3). En relación a la corte persa, cf. Aelian, *Var. hist.* I. 32. Esta fórmula de saludo se utilizaba raramente con los reyes de Israel. El Ketiv (del texto) לְעַבְדָיִךְ, con *yod* antes del sufijo, supone que aquí la fórmula original era con *alef* larga, lo mismo que en Dan 2, 26; 4, 16. 22, lo que quizá se refiera solo a la forma etimológica, lo mismo que sucede en el sufijo hebreo עיו en vez de עו dado que con frecuencia se suprime la *yod*. Cf. Dan 4, 24; 5, 10 etc.

La forma איא está en la base de la forma כַּשְׂדָּיֵא; el *queré* sustituye a la forma usual caldea כַּשְׂדָּיֵי de כַּשְׂאָא, con la inserción de la "yod, י, *quiescente*", que equivale a un tipo *ê quiescente*, mientras que en el *ketiv* mantiene la *yod* del singular כַּשְׂדָּי, en vez de sustituirla por la *alef*, como en כַּשְׂדָּיֵא. Esta lectura está muy bien garantizada por el método análogo de formación del plural enfático en nombres que terminan en yod en el caldeo bíblico (cf. Dan 3, 2. 8. 24; Es 4, 12-13).

2, 5

⁵ עָנֵה מַלְכָּא וְאָמַר (לְכַשְׂדָּיֵא) וְלְכַשְׂדָּאִין מִלְּתָא מִנִּי אַזְדָּא
הֵן לָא תְהוֹדְעוּנַּנִי חֶלְמָא וּפִשְׁרֵהּ הַדָּמִין תִּתְעַבְדוּן וּבָתֵּיכוֹן נְוָלִי יִתְּשָׂמוּן׃

⁵ Respondió el rey y dijo a los caldeos: -- El asunto lo olvidé; pero si no me decís el sueño y su interpretación, seréis hechos pedazos y vuestras casas serán convertidas en estercoleros.

El significado de la respuesta del rey puede entenderse de maneras diferentes, según las diferentes explicaciones que se den a las palabras מִלְּתָא מִנִּי אַזְדָּא. La palabra אַזְדָּא, que aparece de nuevo solamente en la misma frase de Dan 2, 8, en el sentido que le dan las traducciones de Teodoreto, ὁ λόγος ἀπ᾽ ἐμοῦ ἀπέστη, y en la vulgata, "sermo recessit a me" (se me olvidó la palabra), como un verbo que tiene el mismo significado de עזל, *irse*, olvidarse marcharse, de manera que M. Geier, Berth y otros la han traducido en el sentido de "el sueño se me ha olvidado". Pero Ges. Hv. y muchos otros intérpretes la traducen con el sentido contrario: "al mandato ha salido de mí".

No se ha de tener en cuenta el hecho de que la puntuación de la palabra אַזְדָּא no es en modo alguno la de un verbo (pues esta forma no puede ser un participio de una tercera persona de un pretérito en femenino). Aquí no se dice en ningún momento que el sueño se haya escapado de la mente de Nabucodonosor. Esa afirmación iría en contra de lo que se dice en Dan 2, 3, y no concordaría con lo que se dirá en Dan 2, 8.

Por su parte, מִלְּתָא no es el sueño. Además, la suposición de que אזד es equivalente a אזל, ir, salir, no es sostenible. El cambio de la ל en ד es muy raro en las lenguas semíticas, y no puede asumirse en este caso, porque el mismo Daniel utiliza אזל אזל en Dan 2, 17. 24; 6, 19-20, y también lo hace Esdras en 4, 23; 5, 8; 5, 15. Además אזל no tiene el significado אצי, salir, tomar la salida, sino que corresponde al hebreo הלך, ir.

Ciertamente, Winer, Hengst., Ibn Esr. Aben Ezra, Saad. y otros rabinos interpretan la palabra con el significado de *firmus*: "la palabra se mantiene firme", cf. Dan 6, 13 (יַצִּיבָא מִלְּתָא), Esta interpretación está justificada, sin duda, por la importancia que tiene la palabra y concuerda con Dan 2, 8, pero no concuerda con el sentido de 2, 5.

Aquí, en 2, 5, la declaración de la certeza de la palabra del rey resultaba superflua, porque todos los mandatos reales eran imposibles de ser anulados. Por esta razón, hay que rechazar también el significado de σπουδαιῶς, que ha sido explicado con toda seriedad y esfuerzo, pero sin fundamento, por Hitz., pero con una fantasiosa referencia al persa, de donde derivaría. Más satisfactoria resulta su derivación de una palabra del antiguo persa, que se encuentra en inscripciones con el sentido de âzanda, ciencia "lo que es conocido", lo que ha sido "dado a conocer", tal como afirma (Herz., en *Realenc*. III. p. 274), y como han defendido Kran. y Klief[27].

Conforme a eso, Klief ha interpretado así la frase "que la palabra que viene de mí sea conocida", "sea ella conocida para vosotros", traducción que obviamente es más apropiada que la de Kran.: "el mandato, por lo que a mí respecta ha sido hecho público". De esa manera, lo que el rey quiere ahora por primera vez y dice de manera distinta y clara es no solo oír la interpretación de los sabios, sino también el sueño mismo, declarando el castigo que caerá sobre aquellos en el caso de que no sean capaces de cumplir su mandato.

עבד הדמין, μέλη ποιεῖν, 2 Mac 1,16, LXX en Dan 3, 39, διαμελίζεσθαι, *cortar en piezas*, un castigo que era común entre los babilonios (Dan 3, 39, cf. Ez 16, 40), y también entre los israelitas, en caso de prisioneros de guerra (cf. Sam 15, 33). Sin embargo, eso no debe confundirse con la costumbre bárbara común entre los persas de cortar algunos miembros especiales.

נולי, en Dan 6, 11, tiene el sentido de *estercolero*, abono. La conversión de sus casas en basureros no ha de entenderse en el sentido de que la casa construida de ladrillos deberá ser derribada, para convertirse después por el agua y la tormenta en un montón de basura, sino que ha de interpretarse según 2 Rey 10,27, donde se dice que el templo de Baal ha sido derribado y convertido en urinarios privados. Cf. Hv. *in loco*. El *quere* תתעבדון sin *dagesh* en la ב, puede ser el *itpael* del ketib, pero parece ser *itpeal*, como en Dan 2, 29 y Es 6, 11.

Por lo que toca a בתיכון, hay que indicar que Daniel utiliza solo las formas de sufijo en כון y הון, mientras que con Esdras כם y כן son intercambiables (como he señalado con anterioridad); esas formas de Esdras aparecen en el lenguaje de los targumes y pueden tomarse como hebraísmo, mientras que las formas con כון y הון son peculiares de los dialectos siríacos y samaritanos. Esta distinción no

---

27. En relación con la explicación de la palabra אזדא, tal como aparece arriba, hay que destacar, sin embargo, que no está confirmada, y en el momento actual Delitzsch ha renunciado a ella, porque (tal como él me ha informado) la palabra *azdâ*, que aparece una vez en la gran inscripción de Behistan (Bisutun), y dos veces en la inscripción de Nakhschi-Rustam, es de lectura y significado incierto. Spiegel dice que significa "desconocido", de la raíz *zan* (conocer) y de una "a" privativa.

prueba que el arameo de Daniel pertenece a un período posterior al de Esdras (como piensan Hitz. y v. Leng.), sino solo que Daniel preserva con más fidelidad la forma familiar de arameo babilonio que el escrita judío Esdras.

2, 6

⁶ וְהֵן חֶלְמָא וּפִשְׁרֵהּ תְּהַחֲוֺן מַתְּנָן וּנְבִזְבָּה וִיקָר שַׂגִּיא תְּקַבְּלוּן מִן־קָדָמָי לָהֵן חֶלְמָא וּפִשְׁרֵהּ הַחֲוֺנִי׃

⁶ Pero si me declaráis el sueño y su interpretación, recibiréis de mí regalos, favores y grandes honores. Por tanto, declaradme el sueño y su interpretación.

La rigurosa severidad de este edicto responde al carácter de los déspotas orientales y en particular al de Nabucodonosor, especialmente en su relación con los judíos (cf. 2 Rey 25, 7; 2 Rey 25, 18; Jer 52, 10). En lo referente a la promesa de respuestas se disputa el sentido de נבזבה (en plural נבזבין, Dan 5,17). La traducción por "dinero", "oro" (propuesta por Eichh. y Berth.) se ha abandonado ya hace tiempo por incorrecta. El sentido de don, presente, puede aceptarse, por el contexto y por las traducciones antiguas; pero es altamente improbable su derivación del caldeo בזב, como peal de בז, *erogavit, expendit* (gastó, dio), con la sustitución de נ por מ y la supresión de la segunda ז de מבזבה, con sentido de *largitio amplior* (alargamiento), con la yod del plural explicada por afinidad a los verbos ה"ע ל"ע (Ges. *Thes.* p. 842, y Kran.).

También es muy cuestionable la derivación de esa palabra del persa *nuvâzan, nuvâzisch*, en el sentido de acariciar, agradecer, dar un presente a alguien (P. v. Bohlen), o del sánscrito *namas*, presente, regalo (Hitz.), o del védico *bag̀, dar*, distribuir, o la relación con el neo persa *bâj (bash)*, un regalo (Haug).

Por su parte, להן (cf. Dan 2,9 y 4,24), que se forma por la preposición ל y el adverbio demostrativo הן, tiene en sentencias negativas (como el hebreo כי y להן) el significado de pero, más bien (Dan 2, 30), y en sentido pregnante de *solamente* (Dan 2, 11; 2, 28; 6,8), sin que en esos casos להן derive de לא y הן, igual que אם לא.

2, 7

⁷ עֲנוֹ תִנְיָנוּת וְאָמְרִין מַלְכָּא חֶלְמָא יֵאמַר לְעַבְדוֹהִי וּפִשְׁרָה נְהַחֲוֵה׃

⁷ Le respondieron por segunda vez diciendo: Diga el rey el sueño a sus siervos, y nosotros declararemos su interpretación.

Los sabios repiten su petición, pero el rey sigue pensando que, por medio de esa pregunta, ellos solo están justificando la sospecha que él tiene de ellos, pues ha visto que quieren engañarle con una interpretación del sueño inventada por ellos mismos. ופשרה no puede cambiarse, como propone Hitz., en ופשרה. La forma es un estado enfático hebreo en lugar de וּפִשְׁרָא, como, por ejemplo, en מִלְּתָה (Dan 2,5); esa forma ha sido cambiada en מִלְּתָא (en Dan 2, 8. 11), y en el caldeo bíblico, en la sílabas finales, aparece a menudo ה en lugar de א.

2, 8

⁸ עָנֵה מַלְכָּא וְאָמַר מִן־יַצִּיב יָדַע אֲנָה דִּי עִדָּנָא אַנְתּוּן
זָבְנִין כָּל־קֳבֵל דִּי חֲזֵיתוֹן דִּי אַזְדָּא מִנִּי מִלְּתָא׃

⁸ El rey respondió: Ciertamente yo me doy cuenta de que vosotros ponéis dilaciones, porque veis que de mi parte el asunto está decidido:

מִן יַצִּיב, una expresión adverbial, *estar seguro*, ciertamente, como מִן קְשֹׁט, verdaderamente, en Dan 2, 47 y en otras formas adverbiales. Las palabras זָבְנִין דִּי עִדָּנָא אַנְתּוּן no significan ni que "deseáis usar o encontrar el tiempo favorable" (Hv., Kran.), ni que "deseáis superar el presente momento peligroso" (Hitz.), sino "vosotros *queréis comprar* (es decir, ganar) tiempo" (Ges., Maur., etc.).

זְבַן עִדָּן tiene el mismo sentido que *tempus emere,* comprar tiempo, en Cicerón. Aquí no se habla de un momento favorable, porque no había tal momento de tiempo para los sabios, sea porque Nabucodonosor hubiera olvidado su sueño (Hv.) o porque, teniendo curiosidad por la interpretación del sueño, el rey pudiera ofrecerles una información completa del mismo sueño (Kran.).

Pero, a consecuencia de la amenaza del reino, el tema se encontraba lleno de peligros para todos los sabios. De todas formas, no puede pasarse por alto el hecho de que ellos pensaban poder dominar la situación, haciendo que ella quedara bajo su control, por el deseo que tenían de interpretar el sueño si es que el rey se lo contaba.

Su petición, así repetida, de que se les contara el sueño muestra solo su propósito de ganar tiempo y de salvar sus vidas sea que ellos creyeran verdaderamente que el rey no podía recordar con precisión el tema, sea que, al no repetirles el sueño, el rey quisiera ponerles en prueba. Por eso, el rey les dice: "Veo por vuestras dudas que no estáis seguros de lo que debéis decir, y dado que, al mismo tiempo, pensáis que yo he olvidado el sueño, por vuestra petición repetida de que os lo narre, y así veo que solo queréis ganar tiempo, porque estáis temiendo que cumple que castigo con el que os he amenazado" (Klief.). כָּל־קֳבֵל דִּי, en el sentido de *totalmente*, porque (no en el de "a pesar de: Hitz.). Sobre el sentido de las últimas palabras de Dan 2,8, cf. lo dicho en Dan 2, 5.

2, 9

⁹ דִּי הֵן חֶלְמָא לָא תְהוֹדְעֻנַּנִי חֲדָה־הִיא דָתְכוֹן וּמִלָּה
כִדְבָה וּשְׁחִיתָה (הַזְמִנְתּוּן) [הִזְדְּמִנְתּוּן] לְמֵאמַר קָדָמַי עַד
דִּי עִדָּנָא יִשְׁתַּנֵּא לָהֵן חֶלְמָא אֱמַרוּ לִי וְאִנְדַּע דִּי פִשְׁרֵהּ תְּהַחֲוֻנַּנִי׃

⁹ Si no me dais a conocer el sueño, habrá una sola sentencia para vosotros. Ciertamente os habéis puesto de acuerdo para dar una respuesta mentirosa y corrupta delante de mí, entre tanto que las circunstancias cambien. Por tanto, decidme el sueño, para que yo sepa que también podéis declarar su interpretación.

די הן equivale a אם אשר, "si no". La די supone la afirmación del pasaje anterior y la pone en relación con la cláusula condicional (Kran.). דתכון no significa "vuestro designio u opinión", o vuestra parte (Mich., Hitz., Maur.), pues *dat* es ley, decreto, sentencia. דתכון, la sentencia que ha sido promulgada o ha sido expresada en contra de vosotros, es decir, según Dan 2,5, la sentencia de muerte. חדה, *uno*, o esto y no lo otro.

Este juicio está fundado en el pasaje que sigue, en el que la copulativa ו ha de ser aplicada a lo anterior, lo ya dicho. כדבה ושחיתה, mentiras y palabras perniciosas, se unen para intensificar la idea en el sentido de palabras peligrosas (Hitz.). הזמנתון no ha de tomarse, como hacen Hv., v. Leng., Maur. y Kran., a modo de *afel* de הזמנתון: vosotros habéis preparado o resuelto decir…, porque en el *afel* esta palabra (זמן) significa indicar u obligar a una persona, pero no prepararla o destinarla para algo (cf. Buxt., *Lex. Tal, in loco*). Y la suposición de que el rey se dirige a los caldeos como si fueran representantes de todos los sabios no cabe en este pasaje.

El *ketiv* הזמנתון ha de leerse como *hitpael* de הזדמנתון según el *quere* (cf. הזכו por הזדכו, Is 1, 16), en el sentido de *inter se convenire*, convenir entre ellos, como han traducido los intérpretes antiguos. "Hasta que cambie el tiempo," es decir, hasta que el rey olvide el tema o hasta que ellos aprendan algo más preciso sobre el sueño, a través de las nuevas circunstancias que puedan surgir.

Las mentiras de las que Nabucodonosor culpó a sus sabios consistían en el hecho de que ellos le dijeron que explicarían el sueño en el caso de que el rey se lo dijera, mientras que el deseo de que el rey les contara el sueño era una prueba de que ellos no tenían la facultad de revelas secretos. Las palabras del rey indican claramente que él conocía el sueño, porque en el caso contrario él no sería capaz de saber discernir si los sabios le decían la verdad al contarles el sueño (Klief.).

2, 10

¹⁰ עֲנוֹ (כַשְׂדָּיֵא) [וְכַשְׂדָּאִין] קֳדָם־מַלְכָּא וְאָמְרִין לָא־אִיתַי אֲנָשׁ עַל־יַבֶּשְׁתָּא דִּי מִלַּת מַלְכָּא יוּכַל לְהַחֲוָיָה כָּל־קֳבֵל דִּי כָּל־מֶלֶךְ רַב וְשַׁלִּיט מִלָּה כִדְנָה לָא שְׁאֵל לְכָל־חַרְטֹם וְאָשַׁף וְכַשְׂדָּי׃

¹⁰ Los caldeos respondieron delante del rey: No hay hombre sobre la tierra que pueda declarar el asunto del rey, porque ningún rey grande y poderoso ha pedido cosa semejante a ningún mago ni encantador ni caldeo.

Dado que el rey insistía en su petición, los caldeos se sintieron obligados a confesar que ellos no podían decirle el sueño. De todas formas, ellos intentan ocultar su impotencia, diciendo que lo que el rey les pedía estaba por encima de los poderes humanos, pues se trataba de una cosa que ningún rey poderoso había pedido a ningún mago o astrólogo, algo que solo podían conocer los dioses, que no habitan entre los mortales.

כל־קבל די no significa *quam ob rem, por lo cual,* como partícula de consecuencia (Ges.), sino que se utiliza aquí en el sentido de "*porque*", ofreciendo una razón. El pensamiento aquí expresado no es "porque el asunto es imposible para los hombres, por lo tanto ningún rey ha pedido nunca algo semejante", sino, "dado que ningún rey grande o poderoso ha pedido algo semejante, lo que tú pides es algo que ningún hombre puede cumplir".

Los sabios presentan ante el rey el hecho de, dado que ningún rey ha hecho nunca una petición de ese tipo, la petición misma va más allá de las capacidades humanas. Los epítetos de "rey grande o poderoso", no son aquí meros títulos de los reyes del oriente (Hv.), sino que están escogidos como significativos. Cuanto más grande es un rey mayor podía ser la petición que podía plantear.

2, 11

וּמִלְּתָא דִי־מַלְכָּה שָׁאֵל יַקִּירָה וְאָחֳרָן לָא אִיתַי דִּי יְחַוִּנַּהּ קֳדָם מַלְכָּא לָהֵן אֱלָהִין דִּי מְדָרְהוֹן עִם־בִּשְׂרָא לָא אִיתוֹהִי׃

[11] Además, el asunto que el rey demanda es difícil, y no hay delante del rey quien lo pueda declarar, salvo los dioses, cuya morada no está con los mortales.

להן, *pero solo*, cf. en Dan 2, 6. En la afirmación de que la morada de los dioses no está entre los mortales no subyace la idea de dioses superiores e inferiores, ni el pensamiento de que los dioses solo actúan entre los hombres en ciertos acontecimientos (Hv.), sino solo el simple pensamiento de la esencial distinción entre dioses y hombres, por lo cual nadie puede pedir a los hombres, débiles mortales, algo que solo puede ser respondido por los dioses que son seres celestiales.

בשרא, *carne*, en oposición a רוח, *espíritu*, expresa la debilidad y enfermedad del hombre (cf. Is 31, 3; Sal 56, 5). Pero el rey no admite esa excusa, sino que se deja llevar por el impulso de una violenta pasión y manda formalmente que los sabios, a quienes ve como engañadores, abandonados por los dioses, sean condenados a muerte. Este fue un mandato terrible, pero conocemos casos en los que una crueldad aún mayor fue perpetrada por los déspotas orientales, antes y después de Nabucodonosor. El edicto (דתא) se cumple, pero no totalmente. No todos los "hombres sabios" fueron condenados a muerte como seguiremos viendo,

2, 12-13

^{12} כָּל־קֳבֵ֣ל דְּנָ֔ה מַלְכָּ֕א בְּנַ֖ס וּקְצַ֣ף שַׂגִּ֑יא וַאֲמַר֙ לְה֣וֹבָדָ֔ה לְכֹ֖ל חַכִּימֵ֥י בָבֶֽל׃
^{13} וְדָתָ֣א נֶפְקַ֔ת וְחַכִּֽימַיָּ֖א מִתְקַטְּלִ֑ין וּבְע֛וֹ דָּנִיֵּ֥אל וְחַבְר֖וֹהִי לְהִתְקְטָלָֽה׃ פ

^{12} Por esto, el rey se enfureció y se airó muchísimo, y mandó que matasen a todos los sabios de Babilonia. ^{13} Se promulgó el decreto, para que los sabios fuesen llevados a la muerte. Y buscaron a Daniel y a sus compañeros para que fuesen muertos.

Es claro que el decreto no fue cumplido totalmente, por lo que seguiremos viendo. De todas formas, el participio מתקטלין no tiene aquí el sentido de pretérito, sino de presente, como si la acción de matar hubiera ya comenzado. Este participio no tiene, pues, un sentido de gerundio, como si dijera: Ellos iban a ser matados, es decir, fueron condenados (Kran.) porque el uso del participio pasivo como gerundio no se puede aplicar a מהימן (cf. Dan 2, 45) y a דחיל (cf. Dan 2,31). Por otra parte, el mandato de matar a estos sabios de Babilonia suponía matar a todos los sabios del reino entero

La palabra *Babilonia* puede referirse al imperio de Babilonia, o a la provincia de Babilonia, o solo a la ciudad de Babilonia. En la ciudad de Babilonia se había establecido un colegio de sabios babilonios o caldeos quienes, conforme a Estrabón (XV. 1. 6), ocupaban un barrio particular de la ciudad, como si fuera propio de ellos. Pero, además de este había otros colegios de sabios en la provincia de Babilonia en Hippareun, de Orchae, lugar, quienes, conforme a Plinio, *Hist. nat.* VI. 26, cultivaban la *tertia chaldaeorum doctrina* (la tercera doctrina de los caldeos), en Borsippa y en otros lugares.

Los sabios que fueron llamados a la presencia del rey (cf. Dan 2,2) eran naturalmente aquellos que residían en la ciudad de Babilonia, porque en aquel momento Nabucodonosor se encontraba en su palacio. Pero, entre aquellos que residían allí, no fueron llamados Daniel y sus compañeros, porque ellos habían acabado de terminar su "noviciado" y, además, obviamente, porque solo fueron enviados ante el rey los miembros mayores de las varias clases de sabios. Pero, dado que Daniel y sus compañeros pertenecían al cuerpo de los sabios, ellos también fueron buscados después para ser ejecutados.

2, 14-30. Daniel está dispuesto a declarar su sueño al rey, y dirige su oración a Dios, pidiéndole que le revele el secreto, y Dios responde a su petición. Su respuesta ante el rey

2, 14

^{14} בֵּאדַ֣יִן דָּנִיֵּ֗אל הֲתִיב֙ עֵטָ֣א וּטְעֵ֔ם לְאַרְי֕וֹךְ רַב־טַבָּחַיָּ֖א דִּ֣י מַלְכָּ֑א דִּ֚י נְפַ֣ק לְקַטָּלָ֔ה לְחַכִּימֵ֖י בָּבֶֽל׃

¹⁴ Entonces Daniel se dirigió con prudencia y discreción a Arioc, capitán de la guardia del rey, quien había salido para matar a los sabios de Babilonia.

A través del sensato ofrecimiento de Daniel ante Arioc, quedó interrumpida la ejecución del decreto real. עטא וטעם התיב, se dirigió con prudencia y discreción, es decir, palabras de consejo y entendimiento (cf. Prov 26, 16). El nombre de Arioc aparece en Gen 14, 1, aplicado a un rey de Elasar, en unión con los reyes de Elam y Senaar.

No deriva del sánscrito *ârjaka*, sino que está formado probablemente de ארי, un león, lo mismo que נסרך y que *nisr*=נשר. Por su parte, רב־טבחיא es el jefe de la guardia real, a quien se le tomaba como el oficial mayor del reino (cf. Jer 39, 9.11; 40, 1). Él estaba encargado de realizar la ejecución que el rey había mandado. Cf. 1 Rey 2,25; 2 Rey 25, 8

2, 15

¹⁵ עָנֵה וְאָמַר לְאַרְיוֹךְ שַׁלִּיטָא דִי־מַלְכָּא עַל־מָה דָתָא
מְהַחְצְפָה מִן־קֳדָם מַלְכָּא אֱדַיִן מִלְּתָא הוֹדַע אַרְיוֹךְ לְדָנִיֵּאל׃

¹⁵ Habló y dijo a Arioc, oficial del rey: ¿Cual es la causa por la que se ha promulgado este decreto tan severo de parte del rey? Entonces Arioc declaró el asunto a Daniel

El participio *afel* de מהחצפה, colocado después del nombre en estado absoluto no tiene sentido predicativo (¿a qué se debe este mandato tan hostil de parte del rey? Kran.), sino que está en aposición al nombre. En lo que toca a esos participios, especialmente cuando sigue una definición posterior, el artículo puede ser y es con frecuencia omitido, incluso en casos en que haya sustantivos definidos por el artículo, cf. *Cant* 7,5 (Ew. 335a). חצף, ser fuerte, afilado, en este caso severo.

Daniel muestra comprensión y consejo en esta pregunta que él presenta sobre la causa de un mandamiento tan severo, y en especial en la medida en que él daba a entender a Arioc que quizá había una posibilidad de cumplir lo que el rey había pedido. Cuando Arioc le informó del estado de cosas, Daniel fue donde el rey, esto es (como se dice expresamente en Dan 2, 24), *él fue introducido o llevado por Arioc*, pidiendo al rey que le concediera tiempo, prometiéndole que él mostraría al rey la interpretación del sueño.

2, 16-17

¹⁶ וְדָנִיֵּאל עַל וּבְעָה מִן־מַלְכָּא דִּי זְמָן יִנְתֵּן־לֵהּ וּפִשְׁרָא לְהַחֲוָיָה לְמַלְכָּא׃
¹⁷ אֱדַיִן דָּנִיֵּאל לְבַיְתֵהּ אֲזַל וְלַחֲנַנְיָה מִישָׁאֵל וַעֲזַרְיָה חַבְרוֹהִי מִלְּתָא הוֹדַע׃

¹⁶ Daniel entró y pidió al rey que le diese tiempo para que le declarase la interpretación. ¹⁷ Luego Daniel fue a su casa y dio a conocer el asunto a Ananías, Misael y Azarías, sus compañeros.

La construcción de la frase cambia con וּפִשְׁרָא לְהַחֲוָיָה. Este pasaje no depende de דִּי, *tiempo*, es decir, que se le conceda tiempo para mostrar la interpretación (Hitz.), sino que está coordinado con la cláusula anterior de relativo, y así, lo mismo que ella, depende de וּבְעָא. Este cambio de la construcción está causado por la circunstancia de que el pasaje último debía ser introducido con otro sujeto: El rey debía conceder tiempo a Daniel, y así Daniel podrá ofrecer la interpretación.

La copulativa ו delante de פִשְׁרָא (interpretación) no se entiende de un modo explicativo (como diciendo "ciertamente"), ni significa "también". Aquí es suficiente el simple sentido de "y", aunque la segunda parte de la petición contenga la explicación razonada de la primera. Daniel pide un tiempo, no para que él pueda vivir más largamente, sino para que sea capaz de interpretar el sueño al rey.

Por otra parte, el hecho de que él habla solamente del significado del sueño y no del sueño en sí mismo (como en Dan 2,25) ha de explicarse aquí (lo mismo que en Dan 2,24) a partir de la brevedad de la narración. Por la misma razón se omite el hecho de que el rey concede la petición, como se sabe por lo que Daniel hace inmediatamente después. Daniel va a su propia casa y les cuenta el tema a sus compañeros, a fin de que ellos puedan pedir a Dios que tenga piedad de todos y les muestre su secreto, a fin de que ellos no perezcan con el resto de los sabios de Babilonia.

2, 18-19

וְרַחֲמִין לְמִבְעֵא מִן־קֳדָם אֱלָהּ שְׁמַיָּא עַל־רָזָה דְּנָה דִּי לָא יְהֹבְדוּן דָּנִיֵּאל וְחַבְרוֹהִי עִם־שְׁאָר חַכִּימֵי בָבֶל: ¹⁸
אֱדַיִן לְדָנִיֵּאל בְּחֶזְוָא דִי־לֵילְיָא רָזָה גֱלִי אֱדַיִן דָּנִיֵּאל ¹⁹
בָּרִךְ לֶאֱלָהּ שְׁמַיָּא:

¹⁸ a fin de implorar misericordia del Dios de los cielos con respecto a este misterio, para que Daniel y sus compañeros no pereciesen junto con el resto de los sabios de Babilonia. ¹⁹ Entonces el misterio le fue revelado a Daniel en una visión de noche, por lo cual Daniel bendijo al Dios de los cielos.

La cláusula de finalidad de 2, 18 depende de 2, 17 (הוֹדַע). La ו inicial de וְרַחֲמִין ha de interpretarse como explicativa, con el sentido de "ciertamente", "es decir"... En contra de esa interpretación no puede objetarse con Hitz que Daniel ya oraba. Como dice el texto, él y sus amigos *oraron a Dios*, a fin de que él pudiera ofrecerles una revelación del secreto, es decir, del sueño misterioso y de su interpretación.

La designación "Dios del Cielo" (אֱלָהּ שְׁמַיָּא) aparece en Gen 24,7, donde ella se emplea para Yahvé. Pero ella comenzó a usarse de un modo común, como designación del Dios todopoderoso y verdadero en el tiempo del exilio (cf. Dan 2,19. 44; Es 1, 2; 6, 10; 7, 12.21; Neh 1,5; 2,4; Sal 136, 26), pues como Daniel le nombra (Dan 5, 23) es *el Señor de todos los cielos*, a quien están sometidas todas las estrellas a las que los paganos veneraban como dioses y estaban bajo su protección.

Como respuesta a sus peticiones, el secreto le fue revelado a Daniel, en una visión nocturna (cf. 2,19). Una visión en la noche no se identifica necesariamente con un sueño. En este caso, Daniel no habla de sueño y la idea de que él ha tenido el mismo sueño que Nabucodonosor ha sido arbitrariamente introducida en el texto por Hitz a fin de situarnos ante una "imposibilidad psicológica", para así arrojar su sospecha contra el carácter histórico de la narración.

Ciertamente, es posible que los sueños puedan ser medios de una revelación divina, y como tales pueden ser llamados visiones en la noche (cf. Dan 7,1. 13); pero en sí misma una visión en la noche no es más que una visión que alguien recibe en la noche, cuando en medio de ella él se encuentra despierto[28].

2, 20-23. Oración de Daniel

עָנֵה דָנִיֵּאל וְאָמַר לֶהֱוֵא שְׁמֵהּ דִּי־אֱלָהָא מְבָרַךְ ²⁰
מִן־עָלְמָא וְעַד־עָלְמָא דִּי חָכְמְתָא וּגְבוּרְתָא דִּי לֵהּ־הִיא׃
וְהוּא מְהַשְׁנֵא עִדָּנַיָּא וְזִמְנַיָּא מְהַעְדֵּה מַלְכִין וּמְהָקֵים ²¹
מַלְכִין יָהֵב חָכְמְתָא לְחַכִּימִין וּמַנְדְּעָא לְיָדְעֵי בִינָה׃
הוּא גָּלֵא עַמִּיקָתָא וּמְסַתְּרָתָא יָדַע מָה בַחֲשׁוֹכָא (וּנְהִירָא) ²²
[וּנְהוֹרָא] עִמֵּהּ שְׁרֵא׃
לָךְ אֱלָהּ אֲבָהָתִי מְהוֹדֵא וּמְשַׁבַּח אֲנָה דִּי חָכְמְתָא ²³
וּגְבוּרְתָא יְהַבְתְּ לִי וּכְעַן הוֹדַעְתַּנִי דִּי־בְעֵינָא מִנָּךְ דִּי־מִלַּת
מַלְכָּא הוֹדַעְתֶּנָא׃

²⁰ Daniel habló y dijo: ¡Sea bendito el nombre de Dios desde la eternidad hasta la eternidad! Porque suyos son la sabiduría y el poder. ²¹ Él cambia los tiempos y las ocasiones; quita reyes y pone reyes. Da sabiduría a los sabios y conocimiento a los entendidos. ²² Él revela las cosas profundas y escondidas; conoce lo que hay en las tinieblas, y con él mora la luz. ²³ A ti, oh Dios de mis padres, te doy gracias y te alabo, porque me has dado sabiduría y poder. Y ahora me has dado a conocer lo que te hemos pedido, pues nos has dado a conocer el asunto del rey.

---

28. Sueño y visión no constituyen dos categorías separadas. La imagen del sueño en una visión; la visión cuando uno está despierto es un sueño, pero solo con la diferencia de que en el caso de que uno esté despierto se mantiene más fácilmente la relación entre lo interior y lo exterior. Como estado intermedio entre los sueños y las visiones diurnas se encuentran las visiones nocturnas, entre las que pueden distinguirse dos tipos:

(a) Por una parte están las visiones de Job 4, 13 que, habiendo surgido ante el espíritu, se deshacen después y desaparecen de la mente de manera que no puede pensarse en ellas.

(b) Por otra parte se encuentra la visión de Nabucodonosor (Dan 2, 29), como una imagen ante la imaginación, de la que provienen los pensamientos en la noche. Zacarías vio una serie de visiones en la noche (Zac 1, 7; 6, 15). Incluso aquellas que en Zac 1,8 aparecen como visiones en la noche no son imágenes de sueño, sino percepciones despiertas en la noche. Esto sucede precisamente porque el profeta no duerme, como dice Zac 4, 1: "El ángel me despertó, como se despierta a alguien en la noche". Cf. Tholuck, *Die Propheten* etc. p. 52.

Tras recibir la revelación divina, Daniel respondió (ענה) con una oración de agradecimiento. La palabra ענה conserva aquí su significado propio. La revelación ha aparecido como palabra del mismo Dios, a quien Daniel responde con alabanza y agradecimiento.

Las formas לֶהֱוֵא y en plural להון y להוין, que son peculiares del caldeo bíblico las tomamos con Maur., Hitz., Kran. y otros como formas de imperfecto o de futuro, en 3ª persona del singular y del plural, en las que la ל en vez de la י ha de explicarse quizá a partir del performativo siriaco. La *nun* se encuentra también con frecuencia en los targumes caldeos (cf. Dietrich, *De sermonis chald. proprietate*, p. 43), mientras que los hebreos del exilio emplean en la palabra הוא la ל en vez de la נ porque su pronunciación es más fácil.

En este verso (2, 20), la doxología recuerda la de Job 1, 21. La expresión *desde siempre hasta siempre* (desde la eternidad hasta la eternidad!) aparece aquí por primera vez en el Antiguo Testamento, de tal forma que la *Beraka* (Bendición) litúrgica del tiempo del Segundo Templo (Neh 9,5; 1 Cron 16,36), con la que concluyen también la primera la segunda colección de salmos (45, 14; 106, 48) parece haber sido compuesta siguiendo la forma de alabanza de Daniel.

"Sea bendito el Nombre...", es decir, la manifestación de la existencia de Dios en el mundo. De esa forma, en la medida en que ofrece siempre de nuevo manifestaciones de su gloriosa existencia, Dios da siempre testimonio de que Él es el que posee la sabiduría y la fuerza (cf. Job 12, 13). La ד (en 2, 20) delante de לה retoma de forma enfática y confirma el sentido de די, *porque*.

En esa línea se despliega en toda esta oración (Dan 2, 20-23) la evidencia de la sabiduría y del poder de Dios y se muestra la manifestación de su poder. Dios cambia los tiempos y las estaciones (2, 21), como indican los LXX y Theodocion: καιροὺς καὶ χρόνους. Sería más preciso decir χρόνους καὶ καιρούς (tiempos y momentos), como en Hch 1,7; 1 Tes 5,1.

Por su parte, la *peschita* traduce χρόνοι con la palabra siríaca que es equivalente a זמניא, conforme a lo cual עדן aparece como la expresión más general para tiempo, mientras que זמן se aplica a un tiempo "medido", un punto definido de tiempo. El hecho de unir así palabras que son sinónimas da la impresión de que hay un fondo de pensamiento divino que lo dirige todo: *ex arbitrio Dei pendere revolutiones omnium omnino temporum, quaecunque et qualia-cunque illa fuerint* (de la voluntad de Dios dependen todos los cambios de todos los tiempos, de cualquier tipo y forma que ellos fueren: C. B. Mich).

El control ilimitado de Dios sobre estaciones y tiempos (2, 21) aparece de un modo especial en el hecho de que eleva y derriba a los reyes. De esa forma explica Daniel la revelación que está indicado en el fondo del sueño de Nabucodonosor en el que Dios le anunció grandes cambios en los reinos del mundo, de manera que el mismo Dios vino a presentarse como Señor del tiempo y del mundo en su desarrollo. Toda sabiduría viene por tanto de Dios, y él ofrece a los hombres ciertas revelaciones sobre sus consejos escondidos. Esto es lo que Daniel acaba de experimentar en su oración.

Con Dios habita la "iluminación", como si fuera una persona, como Sabiduría (Prov 8, 30). El *ketiv* נהירא ha de mantenerse, en contra del *qere* נהירו (cf. Dan 5, 11. 14). Con el perfecto שרא pasamos de la construcción de participio a la construcción de tiempo finito, de forma que el perfecto aparece con el sentido de indicar un acto ya completado.

Por todo eso, Daniel (cf. Dan 2,23) afirma que la alabanza y la acción de gracias pertenecen a Dios. A través de la revelación del secreto escondido a los sabios de este mundo (sabios caldeos), Dios se ha revelado a Daniel como el Dios de los padres, como el verdadero Dios, en oposición a los dioses de los paganos. וכען equivale a ועתה, *y ahora*.

2, 24-25

²⁴ כָּל־קֳבֵל דְּנָה דָּנִיֵּאל עַל עַל־אַרְיוֹךְ דִּי מַנִּי מַלְכָּא לְהוֹבָדָה לְחַכִּימֵי בָבֶל אֲזַל וְכֵן אֲמַר־לֵהּ לְחַכִּימֵי בָבֶל אַל־תְּהוֹבֵד הַעֵלְנִי קֳדָם מַלְכָּא וּפִשְׁרָא לְמַלְכָּא אֲחַוֵּא׃ ס
²⁵ אֱדַיִן אַרְיוֹךְ בְּהִתְבְּהָלָה הַנְעֵל לְדָנִיֵּאל קֳדָם מַלְכָּא וְכֵן אֲמַר־לֵהּ דִּי־הַשְׁכַּחַת גְּבַר מִן־בְּנֵי גָלוּתָא דִּי יְהוּד דִּי פִשְׁרָא לְמַלְכָּא יְהוֹדַע׃

²⁴ Después de esto, Daniel entró a la presencia de Arioc, a quien el rey había comisionado para hacer perecer a los sabios de Babilonia. Fue y le dijo así: No hagas perecer a los sabios de Babilonia. Llévame a la presencia del rey, y yo declararé al rey la interpretación. ²⁵ Entonces Arioc llevó apresuradamente a Daniel a la presencia del rey y le dijo así: He hallado un hombre de los cautivos de Judá, quien dará a conocer al rey la interpretación.

Daniel anuncia de esa forma al rey que él está preparado para darle a conocer el sueño y la interpretación, כָּל־קֳבֵל דְּנָה (2, 24), *por esta razón*, es decir, porque Dios le ha revelado el asunto del rey. Y así Daniel fue llevado ante la presencia del rey, porque nadie tenía acceso directo al rey a no ser sus servidores inmediatos. De un modo inconsecuente, en vez de אזל, él fue, el texto pone el verbo על (*intravit*, entró), que está conectado con la larga sentencia que sigue.

Arioc introduce a Daniel (2, 25) ante el rey, presentándole como un hombre entre los cautivos judíos, diciéndole que podría darle a conocer la interpretación de su sueño. Arioc no tiene necesidad de referirse al hecho de que Daniel ha hablado ya con el rey (2, 16) respecto al tema, aunque él tenga conocimiento de ello. En la forma הַנְעֵל (2, 25, cf. también 4, 3 y 6, 19) el *dagesh* de הַעֵלְנִי (2, 24) queda compensado por una *nun* epentética; cf. Winer, *Chald. Gram.* 19, 1.

בְּהִתְבְּהָלָה, con prisa, porque el tema está vinculado a la ejecución posterior del mandato del rey (matar a los sabios que no han respondido a la pregunta del rey), que Arioc ha suspendido a causa de la interferencia de Daniel, y por su ofrecimiento de dar a conocer el sueño y su interpretación. הֻשְׁכַּחַת en vez de אֻשְׁכַּחַת, cf. Winer, 15, 3. El relativo דִי, que muchos códices introducen después de גְבַר, constituye una forma de expresión circunstancial antes de las frases preposicionales, Cf. Dan 5, 13; 6,14. Winer, 41, 5

2, 26-27

²⁶ עָנֵה מַלְכָּא וְאָמַר לְדָנִיֵּאל דִּי שְׁמֵהּ בֵּלְטְשַׁאצַּר
(הַאִיתָיךְ) [הַאִיתָךְ] כָּהֵל לְהוֹדָעֻתַנִי חֶלְמָא דִי־חֲזֵית וּפִשְׁרֵהּ:
²⁷ עָנֵה דָנִיֵּאל קֳדָם מַלְכָּא וְאָמַר רָזָה דִּי־מַלְכָּא שָׁאֵל לָא
חַכִּימִין אָשְׁפִין חַרְטֻמִּין גָּזְרִין יָכְלִין לְהַחֲוָיָה לְמַלְכָּא:

²⁶ El rey habló y preguntó a Daniel, cuyo nombre era Beltesasar: ¿Podrás tú darme a conocer el sueño que tuve y su interpretación? ²⁷ Daniel respondió en presencia del rey diciendo: El misterio sobre el cual el rey pregunta, ni los sabios, ni los encantadores, ni los magos, ni los adivinos lo pueden declarar al rey.

A la pregunta del rey, que le dice si es capaz de mostrar el sueño con su interpretación, Daniel responde elevándose desde el plano del hombre que es incapaz de cumplir una cosa como esa, al plano del Dios vivo de los cielos, que es el único que puede revelar secretos. La expresión, "cuyo nombre era Belteshazzar" (Baltasar: 2, 26), indica en este contexto que aquel que entre los judíos se llamaba Daniel, para Nabucodonosor, rey de los caldeos, era conocido solamente con el nombre que él le había dado (Baltasar).

La pregunta: "¿Eres tú capaz? ¿Podrás tú darme a conocer…?", no expresa la ignorancia del Rey respecto a la persona de Daniel, sino solo su asombro ante su capacidad de revelar los sueños. Daniel reconoce que este asombro está justificado, diciendo que ningún hombre es capaz de hacer una cosa como esa.

En la numeración de los varios tipos de magos, la palabra חַכִּימִין o *sabios* constituye la designación general de todos ellos. "Pero hay un Dios en el cielo…". Daniel declara ante los gentiles la existencia de Dios, antes de hablarles de las obras de Dios (Klief). De esa manera, cuando él testifica la existencia de un Dios en el cielo, como el Único que es capaz de revelar las cosas escondidas, él niega *eo ipso* (por ello mismo) a todos los así llamados dioses de los cielos.

De esa manera, Daniel muestra la inhabilidad de los sabios paganos, que no conocían al Dios viviente de los cielos, pues ellos eran incapaces de mostrar los misterios divinos. Pero, al mismo tiempo, él se está refiriendo a todas las revelaciones que los paganos han recibido del único Dios verdadero en todos los tiempos. De esa manera se introduce el pensamiento general que sigue.

2, 28-30

²⁸ בְּרַם אִיתַי אֱלָהּ בִּשְׁמַיָּא גָּלֵא רָזִין וְהוֹדַע לְמַלְכָּא
נְבוּכַדְנֶצַּר מָה דִּי לֶהֱוֵא בְּאַחֲרִית יוֹמַיָּא חֶלְמָךְ וְחֶזְוֵי
רֵאשָׁךְ עַל־מִשְׁכְּבָךְ דְּנָה הוּא: פ
²⁹ (אַנְתָּה) [אַנְתְּ] מַלְכָּא רַעְיוֹנָךְ עַל־מִשְׁכְּבָךְ סְלִקוּ מָה דִּי
לֶהֱוֵא אַחֲרֵי דְנָה וְגָלֵא רָזַיָּא הוֹדְעָךְ מָה־דִי לֶהֱוֵא:
³⁰ וַאֲנָה לָא בְחָכְמָה דִּי־אִיתַי בִּי מִן־כָּל־חַיַּיָּא רָזָא דְנָה
גֱּלִי לִי לָהֵן עַל־דִּבְרַת דִּי פִשְׁרָא לְמַלְכָּא יְהוֹדְעוּן וְרַעְיוֹנֵי
לִבְבָךְ תִּנְדַּע:

²⁸ Pero hay un Dios en los cielos, quien revela los misterios. Él ha hecho saber al rey Nabucodonosor lo que ha de acontecer en los postreros días. Tu sueño y las visiones de tu cabeza en tu cama son estos: ²⁹ Estando tú, oh rey, en tu cama, tus pensamientos se agitaban por saber lo que había de suceder en el porvenir; y el que revela los misterios te ha hecho saber lo que ha de suceder. ³⁰ En cuanto a mí, me ha sido revelado este misterio, no porque la sabiduría que hay en mí sea mayor que la de todos los vivientes, sino para que yo dé a conocer al rey la interpretación y para que entiendas los pensamientos de tu corazón.

Daniel muestra al rey la existencia de un Dios del cielo que revela los secretos del mundo al explicarle su sueño como una inspiración de Dios, y así se lo indica en unas circunstancias muy particulares: Dios le ha mostrado en un sueño "aquello que ha de suceder al fin de los días". יומיא אחרית (2, 28), lo mismo que אחרית הימים, no designa aquí el futuro en general (Hv.), y menos aún "aquello que vendrá después de los días de este mundo", un tiempo que sigue después de otro tiempo, comprendido dentro de los הימים (Klief.), sino el futuro en el que termina este mundo, es decir, el período mesiánico posterior al tiempo de esta mundo (cf. Gen 49,1). A partir de אחרי דנה (Dan 2, 29) se indicará la interpretación general de esa expresión.

באחרית יומיא (en los postreros días: Dan 2, 28) no se explica por מה די להוא אחרי דנה (lo que había de suceder en el porvenir: Dan 2, 29), pues este אחרי (después) se refiere a los pensamientos de Nabucodonosor sobre un futuro en la historia del mundo, un futuro al que Dios, conocedor de los de secretos, vincula sus revelaciones mesiánicas. Más aún, todo acontecimiento mesiánico futuro es también un אחרי דנה (después de estas cosas: Dan 2,45), sin que todo אחרי דנה (después de estas coas) sea mesiánico en sí, aunque puede volverse tal si es que, al mismo tiempo, constituye una parte integrante de la experiencia futura y de la historia de Israel, el pueblo de la promesa mesiánica (Kran.).

Las "visiones de tu cabeza" (cf. Dan 4, 2. 7. 10; 7, 1) no son visiones de sueño porque ellas se formen en la cabeza o en el cerebro (v. Leng., Maur., Hitz.), de manera que serían solo fantasmas o fantasías. Las palabras no son una expresión poética de sueños que anidan en la cabeza (Hv.). Tampoco podemos decir con Klief. que "las visiones de tu cabeza, cuando estás en la cama, las visiones que tú has visto cuando tu cabeza se apoya en la almohada" son solo visiones oníricas o del sueño.

En contra de la primera interpretación se puede decir lo siguiente: Los sueños de Dios no sobrevuelan o anidan en torno a tu cabeza. Y en contra de la última hay que decir que, en ese caso, la misma mención de la cabeza humana sería superflua.

La expresión particular de Daniel designa más bien el orden divino de las visiones como tales, en cuanto se vinculan perfectamente con los pensamientos de tu cabeza, que está activamente implicada en ellos (Kran.). La forma singular דנה הוא remite a חלמך (tu sueño) como idea fundamental y está gobernada por וחזוי ראשך en el sentido de: "tu sueño, con las visiones de tu cabeza" (cf. Winer, 49, 6). Se utiliza el plural חזוי porque la revelación incluye una serie de visiones de acontecimientos futuros.

El pronombre אנתה (2, 29, en cuanto a ti), como Daniel lo escribe siempre, y donde el *qere* ocupa lugar de la fórmula posterior del Targum (אנת) es absoluto y está en contraste con el ואנה (en cuanto a mi) de Dan 2, 30. Los pensamientos del rey no son los de su simple sueño normal (Hitz.), sino pensamientos sobre el futuro de su reino, que llenan su mente mientras él se encuentra en su lecho, pensamientos a los que Dios responde con un sueño de revelación de Dios (cf. v. Leng., Maur., Kran., Klief.).

Lógicamente, ellos han de ser distinguidos de los pensamientos de su corazón (Dan 2, 30), porque estos son los pensamientos que turbaban al rey, mientras que los nuevos pensamientos del rey que brotan de las revelaciones que Dios le ha ofrecido en el sueño.

El contraste entre Dan 2, 30a y Dan 2, 30b no es que "por mi sabiduría yo puedo mostrar todo lo que viene", sino que "por causa del rey yo puedo explicar el sueño", porque la ב no es una preposición de objeto, sino que se refiere a los medios, y se traduce de esta forma: "No es por la sabiduría que puede haber en mí" (no porque la sabiduría que hay en mí ante todos los vivientes…).

La revelación sobrenatural (גלי לי) forma el contraste y el objeto al que se dirige על־דברת די y está comprendida implícitamente en מן־כל־חייא, porque en la frase "la sabiduría que hay en mí ante todos los vivientes" supone implícitamente el pensamiento de que "yo puedo ser iluminado por esa sabiduría sobrehumana".

יהודצון, "de manera que ellos pueden hacerme conocedor…", es una forma plural de tipo indefinido y general, cf. Winer, 49, 3. La forma impersonal de expresión ha sido escogida a fin de que no aparezca en primer lugar su propia persona. La idea de Aben Ezra, Vatke, y otros, según la cual el sujeto del verbo son los ángeles, resulta insostenible.

Visión de Nabucodonosor sobre las cuatro monarquías

Dan 2, 31-45. El sueño y su interpretación

2, 31

³¹ (אַנְתָּה) [אַנְתְּ] מַלְכָּא חָזֵה הֲוַיְתָ וַאֲלוּ צְלֵם חַד שַׂגִּיא צַלְמָא דִּכֵּן רַב וְזִיוֵהּ יַתִּיר קָאֵם לְקָבְלָךְ וְרֵוֵהּ דְּחִיל׃

³¹ Tú, oh rey, mirabas, y he aquí una gran estatua. Esta estatua, que era muy grande y cuyo brillo era extraordinario, estaba de pie delante de ti; y su aspecto era temible.

Nabucodonosor vio en su sueño una gran imagen de metal, que era terrible ante su mirada. Daniel intercambia אלו (he aquí) con las palabras hebreas ראה, ראו o הנה. El término צלם no indica una imagen idolátrica, sino una estatua, y por la descripción que sigue aparece como una estatua en forma humana. חד no es el artículo indefinido (Ges., Win., Maur.), sino un número (uno). "El poder del mundo es uno en todas sus fases, y por eso todas ellas están unidas en la visión en una imagen" (Klief).

Las palabras que van de צלמא a יתיר contienen dos expresiones en forma de paréntesis, introducidas con el fin de explicar el sentido de שגיא (grande). קאם ha de unirse con ואלו. Por su parte, דך, aquí y en Dan 7, 20, se utiliza como una forma particular del pronombre demostrativo, para lo cual Esdras utiliza דך. La apariencia de la imagen colosal era terrible, no solo por su grandeza y su esplendor metálico, sino también porque ella representa el poder mundial que se muestra como terrible para el pueblo de Dios (Klief.).

2, 32-33

³² הוּא צַלְמָא רֵאשֵׁהּ דִּי־דְהַב טָב חֲדוֹהִי וּדְרָעוֹהִי דִּי כְסַף מְעוֹהִי וְיַרְכָתֵהּ דִּי נְחָשׁ׃ ³³ שָׁקוֹהִי דִּי פַרְזֶל רַגְלוֹהִי (מִנְהוֹן) [מִנְהֵין] דִּי פַרְזֶל (וּמִנְהוֹן) [וּמִנְהֵין] דִּי חֲסַף׃

³² La cabeza de esta estatua era de oro fino; su pecho y sus brazos eran de plata; su vientre y sus muslos eran de bronce; ³³ sus piernas eran de hierro; y sus pies en parte eran de hierro y en parte de barro cocido.

La descripción de la imagen, de acuerdo con sus diversas partes, viene introducida con la expresión absoluta הוּא צַלְמָא, que se refiere a la misma imagen, pero no en el sentido de "esta era la imagen". Aquí se destaca el pronombre הוּא, como דנה, Dan 4, 15, y el hebreo זה con mucha frecuencia (cf. Is 23, 13).

חדוהי, cuyo plural es חדין (su forma singular aparece solo en los targums) corresponde al hebreo חזה, el *pecho*. מצין, el *abdomen*, aquí en sentido amplio, incluyendo las entrañas, el vientre. ירכה, las *piernas* (en alemán *hüfte*) son la parte superior de las *pantorrillas* (Dab 2, 33). שַׁק, los pies, incluyendo la parte superior de las plantas de los pies.

מִנְּהוֹן es partitivo: *parte de ellos* de hierro. En vez de מִנְּהוֹן el *qere* prefiere el femenino מִנְּהֵן, tanto aquí como en 2,41-42, dado que רַגְלוֹהִי se utiliza generalmente en femenino, conforme a la costumbre de que los miembros del cuerpo puedan ser de los dos géneros. Sin duda alguna ha de preferirse el *ketiv*, a pesar de su forma aparentemente anómala, que aquí muestra, con este sufijo también en Dan 7,8. 20, después de sustantivos que parecen tener un significado femenino; en estos casos, la elección del masculino se debe a la concepción general de la idea, dejando a un lado el sentido concreto del sexo (cf. Ewald, *Lehr. d. hebr. Sp.* 319).

La imagen se divide por su material en cuatro o cinco partes: Cabeza, pecho con los brazos, vientre con sus muslos y piernas con los pies. Solo la cabeza, que es le primera parte, constituye en sí misma un todo; la segunda parte, pecho con brazos, presenta ya una división; la tercera (vientre y muslos) está también dividida; la cuarta que está unida por la parte superior se divide en dos piernas, y tiene el poder de moverse a sí mismo, y finalmente se divide además en los diez dedos.

El material se va haciendo menos digno de la cabeza hacia abajo (oro, plata, cobre, hierro, barro), pues los metales se van volviendo inferiores y al final terminan en el barro, disolviéndose en la tierra común. A pesar de todo, el metal inferior es el más duro, pues es hierro, pero entonces, al fin, se vuelve débil, simple barro o arcilla (Klief).

La cuarta y quinta parte, las piernas y los pies, se encuentran sin duda externamente separadas unas de las otras, pero internamente están unidas y también por el material, el hierro, de manera que podemos pensar solo en cuatro parte, como indicará después la interpretación.

2, 34-36

³⁴ חָזֵה הֲוַיְתָ עַד דִּי הִתְגְּזֶרֶת אֶבֶן דִּי־לָא בִידַיִן וּמְחָת לְצַלְמָא עַל־רַגְלוֹהִי דִּי פַרְזְלָא וְחַסְפָּא וְהַדֵּקֶת הִמּוֹן׃
³⁵ בֵּאדַיִן דָּקוּ כַחֲדָה פַּרְזְלָא חַסְפָּא נְחָשָׁא כַּסְפָּא וְדַהֲבָא וַהֲווֹ כְּעוּר מִן־אִדְּרֵי־קַיִט וּנְשָׂא הִמּוֹן רוּחָא וְכָל־אֲתַר לָא־הִשְׁתֲּכַח לְהוֹן וְאַבְנָא דִּי־מְחָת לְצַלְמָא הֲוָת לְטוּר רַב וּמְלָת כָּל־אַרְעָא׃
³⁶ דְּנָה חֶלְמָא וּפִשְׁרֵהּ נֵאמַר קֳדָם־מַלְכָּא׃

³⁴ Mientras mirabas, se desprendió una piedra, sin intervención de manos. Ella golpeó la estatua en sus pies de hierro y de barro cocido, y los desmenuzó. ³⁵ Entonces se desmenuzaron también el hierro, el barro cocido, el bronce, la plata y el oro; y se volvieron como el tamo de las eras en verano. El viento se los llevó, y nunca más fue hallado su lugar. Y la piedra que golpeó la estatua se convirtió en una gran montaña que llenó toda la tierra. ³⁶ Este es el sueño. Y su interpretación también la diremos en presencia del rey.

Nabucodonosor estaba contemplando esta imagen (Dan 2, 34), es decir, estaba reflexionando sobre ella mientras la miraba, hasta que, sin intervención de mano humana, una piedra se desgajó de una montaña, chocó contra la parte inferior de la imagen, rompió todo en pedazos y derribó hasta el suelo todo el material, desde la cabeza hasta los pies, de manera que fue dispersado como se dispersa en verano la paja del trigo de una era.

די לא בידין no significa "que no estaba en las manos de ninguno" (Klief.), pues esas palabras son una expresión preposicional con el sentido de "sin"; בִּידַיִן לָא, *no con las manos*, es decir, "sin las manos", de manera que די expresa la dependencia de la palabra respecto al nombre anterior. Sin manos, es decir, sin ayuda humana. Esta expresión es una *litotes*, es decir, una figura retórica en el sentido de "a través de una intervención más alta", es decir, de la providencia divina (Dan 8, 25; Job 34, 20; Lam 4,6).

כחדה, como uno, en el sentido de "de una vez", con un golpe. דקו en vez de דקו no es intransitivo o pasivo, sino que tiene un sujeto plural indefinido: "se desmenuzaron", "fueron desmenuzadas", evocando el poder sobrenatural por el que se produjo el desmenuzamiento. La destrucción de la estatua se describe así de tal manera que el símbolo de la estatua nos conduce hasta el objeto al que se refiere.

No se nombran aquí las partes de la imagen que fueron desmenuzadas por la piedra (cabeza, pecho, vientre y extremidades), "porque las formas del poder del mundo representadas por estas partes han pasado ya hace tiempo, cuando la piedra chocó contra la última forma de poder del mundo representada por los pies", sino que se nombran solo los materiales de los que están formadas esas partes, incluido el oro y la plata, "porque el material del que están formadas las primeras parte del poder del mundo ha venido a condensarse en el material de las últimas, de manera que todo ese material queda destruido cuando la piedra destruye la última forma del poder del mundo" (Klief.).

Pero la piedra que trajo esta destrucción viene a convertirse ella misma en una gran montaña que cubre toda la tierra. A todo esto se añade la interpretación que Daniel añade en 2, 36. נאמר, *nosotros diremos,* conforme a una forma general de anunciar lo que vendrá después (Kran.) en armonía con Dan 2,30. De esa manera, Daniel se asocia con sus compañeros de fe, que han adorado al mismo Dios de la revelación (cf. Dan 2, 23).

2, 37-38

³⁷ (אַנְתָּה) [אַנְתְּ] מַלְכָּא מֶלֶךְ מַלְכַיָּא דִּי אֱלָהּ שְׁמַיָּא
מַלְכוּתָא חִסְנָא וְתָקְפָּא וִיקָרָא יְהַב־לָךְ׃
³⁸ וּבְכָל־דִּי (דָאֲרִין) [דָיְרִין] בְּנֵי־אֲנָשָׁא חֵיוַת בָּרָא
וְעוֹף־שְׁמַיָּא יְהַב בִּידָךְ וְהַשְׁלְטָךְ בְּכָלְּהוֹן (אַנְתָּה) [אַנְתְּ־]הוּא
רֵאשָׁה דִּי דַהֲבָא׃

³⁷ Tú, oh rey, eres rey de reyes porque el Dios de los cielos te ha dado la realeza, el poder, la fuerza y la majestad. ³⁸ Todo lugar donde habitan los hijos del hombre, los animales del campo y las aves del cielo, él los ha entregado en tus manos y te ha dado dominio sobre todos ellos. Tú eres aquella cabeza de oro.

La interpretación comienza con la cabeza de oro. מלך מלכיא, *rey de reyes*, título usual de los monarcas de los reinos mundiales del oriente (cf. Ez 26, 7), no es el predicado de אנתה, sino que está en aposición a מלכא. Los siguientes pasajes de relativo (Dan 2,37 y 2, 38) son solo explicaciones posteriores del saludo dirigido al Rey de los Reyes, en el que se cita de nuevo אנתה para retomar el predicado.

בכל־די, *cualquiera*, en cualquier parte. Sobre la forma דארין, cf. las observaciones que ofreceremos al tratar de קאמין en Dan 3, 3. La descripción del dominio de Nabucodonosor sobre hombres, bestias y aves está formada a partir de las palabras de Jer 27, 6; 28, 14.

La mención del pecho sirve solamente para poner de relieve el pensamiento de que su dominio era el dominio de un reino mundial, pues Dios le había sometido todo. Ciertamente, el dominio de Nabucodonosor no se extendía sobre toda la tierra, sino solo sobre el mundo civilizado de Asia, sobre todas las naciones históricas de su tiempo, y en ese sentido era un poder mundial en cuanto tal, "el prototipo y modelo, el comienzo y primera representación de todos los poderes mundiales" (Klief.).

ראשה, en estado enfático; la lectura ראשה defendida por Hitz carece de sentido. Si Daniel le llama (a Nabucodonosor) *cabeza de oro*, la designación no puede referirse a su persona, sino al reino mundial fundado por él y representado en su persona, pues Dios había puesto todas las cosas bajo su dominio. La idea de Hitzig de que Nabucodonosor es la cabeza de oro en cuanto se distingue de sus sucesores en el reino de Babilonia se opone a Dan 2, 39, donde no se dice que tras él vendrá otro rey, sino más bien otro reino.

Por eso, en las palabras "tú eres la cabeza de oro" no se está aludiendo a Nabucodonosor como persona, sino al reino de Babilonia representado en su persona. Por otra parte, Daniel habla de un modo impersonal de los otros reinos (sin centrarlos en un rey). Esto se debe a que Daniel está dirigiéndose personalmente a Nabucodonosor que estaba delante de él, pudiendo así dirigirse a él con el pronombre "tú", mientras que no podía hacer lo mismo con los otros reyes (Klief).

2, 39

³⁹ וּבָתְרָךְ תְּקוּם מַלְכוּ אָחֳרִי אַרְעָא מִנָּךְ וּמַלְכוּ (תְלִיתָיָא) [תְלִיתָאָה] אָחֳרִי דִּי נְחָשָׁא דִּי תִשְׁלַט בְּכָל־אַרְעָא׃

³⁹ Después de ti se levantará otro reino inferior al tuyo, y otro tercer reino de bronce, el cual dominará en toda la tierra.

En este verso se interpretan la segunda y tercer parte de la imagen, con el segundo y el tercer reino mundial. Aquí se dice poco de estos reinos, porque ellos están descritos de manera más extensa en Dan 7.8 y 10. El hecho de que la primera frase de 2, 39 se refiere al segundo reino (la parte de plata de la imagen) resulta claro por el hecho de que Dan 2, 38 se refiere a la cabeza de oro, y la segunda frase de 2, 39 se refiere al vientre de bronce.

Según eso, el pecho y los brazos de plata representan otro reino que debería brotar después de Nabucodonosor, es decir, después del reino de Babilonia. Ese reino es ארעא מנך, es decir, *inferior a ti*, al reino que tú representas. En vez del adjetivo ארעא, utilizado aquí de un modo adverbial, los masoretas han puesto la forma adverbial ארע, que se aplica comúnmente a tiempos posteriores, lo que Hitz. interpreta de un modo incorrecto como "descendiendo de ti".

Dado que este nuevo reino, es decir, el segundo, es el reino mundial medo-persa, como probaremos más tarde, surge un problema: ¿En qué sentido es ese reino inferior al de Babilonia? En sentido externo, el reino medo-persa no fue menor, sino mayor que el de Babilonia.

En referencia a la circunstancia de que la imagen de ese segundo reino es la plata, no el oro de la cabeza, Calv., Aub., Kran. y otros han pensado que Daniel se está refiriendo a la condición moral de ese reino. Pero si la deterioración sucesiva de la condición moral interna de los cuatro reinos está indicada por la sucesión de los metales, esto no puede expresarse por las palabras ארעא מנך, dado que viniendo después los reinos de bronce y de hierro no se puede hablar aquí de una condición moral de esos reino, aunque el valor del bronce y del hierro sea inferior al del oro y la plata.

En contra de eso, Klief. piensa que el reino medo-persa era inferior o más pequeño que el reino babilónico en lo que se refiere a la universalidad. Pero este es el único elemento al que se alude en el texto, y se atribuye no solo al reino persa, sino al tercer reino y al cuarto (Dan 2, 39-40). Pero en lo que refiere a un reino mundial, la universalidad no requiere que ese reino gobierne sobre todas las naciones de la tierra, de un extremo a otro del orbe, sino solo que ese reino abarque toda la οἰκουμένη, es decir, *el mundo civilizado*, que incluye todas las naciones históricas de ese momento.

Y eso fue verdad de las monarquías mundiales de los babilonios, los macedonios y los romanos, pero no fue verdad del reino medo-persa, aunque quizá fue más poderoso y abarcó un territorio más extenso que el de los babilonios, porque en el tiempo de la monarquía medo-persa, porque en ese tiempo Grecia había entrado ya en el rango de las naciones históricas, y sin embargo quedó fuera del imperio medo-persa. Pero si esta visión es correcta tampoco la monarquía greco-macedonia puede llamarse universal (en el sentido de reinar sobre toda la tierra), porque, en el tiempo de esa monarquía, Roma había entrado ciertamente en el rango de las naciones histórica, y sin embargo no fue incorporada al imperio macedonio.

Pues bien, según eso, podemos afirmar que el imperio medo-persa es inferior al de Babilonia quizá solo en este sentido: Porque desde el principio careció de unidad interna, dado que los medos y los persas no formaron un pueblo unido, sino que lucharon entre sí por la supremacía, como muestra la expresión de Dan 7,5, donde se dice que "el oso se elevó de un lado (cf. comentario a ese pasaje).

Esa falta de unidad interna constituye la debilidad o inferioridad de este reino medo-persa en comparación al reino de los babilonios. El carácter originalmente dividido o separado de este reino aparece en la imagen por la que se encuentra representado por el pecho y los brazos. Como bien dice Hofm. (*Weiss. u. Ef.* I. pag. 279) "medos y persas son los dos lados o brazos" del pecho del reino.

El gobierno del reino de los persas no fue uno y unido, como el de la nación y rey de los caldeos, sino que fue un reino doble. Así los magos pertenecían a una raza diferente de la de Ciro, y los medos eran considerados desde fuera como pueblo gobernante con (además) de los persas. Esa dualidad aparece claramente indicada en los dos cuernos del carnero (Dan 8).

Dan 2, 39 trata del tercer reino, que aparece claramente distinto del anterior por la expresión אחרי, "otro". Así lo indica también su metal, que es cobre o bronce. En este capítulo se dice solamente que este reino "gobernará sobre toda la tierra", de manera que en extensión y poder será superior a los reinos precedentes. Cf. Dan 7, 6 donde se alude expresamente al hecho de que le fue dado el poder. Más precisiones sobre el segundo y tercer reino en Dan 8-11.

2, 40-43. Visión de conjunto

La interpretación del cuarto componente de esta imagen de la estatua, es decir, de sus piernas y sus pies, será más extensa. El último reino, que corresponde a los pies de hierro, será duro como el hierro más resistente. Pues bien, así como el hierro rompe todas las cosas en piezas, así hará este reino que es como el hierro: Romperá en piezas y destruirá todos los reinos.

2, 40-41

⁴⁰ וּמַלְכוּ (רְבִיעָיָה) [וּרְבִיעָאָה] תֶּהֱוֵא תַקִּיפָה כְּפַרְזְלָא
כָּל־קֳבֵל דִּי פַרְזְלָא מְהַדֵּק וְחָשֵׁל כֹּלָּא וּכְפַרְזְלָא
דִּי־מְרָעַע כָּל־אִלֵּין תַּדִּק וְתֵרֹעַ׃
⁴¹ וְדִי־חֲזַיְתָה רַגְלַיָּא וְאֶצְבְּעָתָא (מִנְהוֹן) [מִנְּהֵן] חֲסַף דִּי־פֶחָר
(וּמִנְהוֹן) [וּמִנְּהֵין] פַּרְזֶל מַלְכוּ פְלִיגָה תֶּהֱוֵה וּמִן־נִצְבְּתָא דִּי
פַרְזְלָא לֶהֱוֵא־בַהּ כָּל־קֳבֵל דִּי חֲזַיְתָה פַּרְזְלָא מְעָרַב בַּחֲסַף טִינָא׃

⁴⁰ El cuarto reino será fuerte como el hierro; y como el hierro todo lo desmenuza y pulveriza, y como el hierro despedaza, así desmenuzará y despedazará a todos estos. ⁴¹ Lo que viste de los pies y de los dedos, que en parte eran de barro cocido

de alfarero y en parte de hierro, significa que ese reino estará dividido; pero en él habrá algo de la firmeza del hierro, tal como viste que el hierro estaba mezclado con el barro cocido.

En vez de רביציא, palabra que está formada por analogía con el lenguaje siríaco, el *qere* tiene la forma usual caldea de רביעאה, que corresponde a תליתאה (Dan 2, 39). Cf. el mismo *qere* en Dan 3, 25; 7,7. 23. כל־קבל די no significa "así como" (Ges., v. Leng., Maur., Hitz.), sino *porque*, y el pasaje introducido por esta partícula ofrece la razón por la que este reino aparece representado tan duro como hierro. חשל, *romper en piezas*, en siríaco forjar o martillar, romper con el martillo. Cf. חושלא, grano discernido (=cernido), es decir, separado del salvado (o piel externa del trigo).

Según Kran., en conformidad con los acentos del pasaje, la palabra כל־אלין ha de referirse a la cláusula de relativo: "porque, en unión con la idea verbal siguiente, se ha de empezar asumiendo la idea de una mezcla de la imagen con la cosa indicada por ella". Se han dado muchas razones de la orientación del tema y de la forma de distinguir entre sí los metales.

Dentro de una visión de conjunto se ha tendido a decir el cuarto reino (metal) ha destruido a los anteriores, que seguirían existiendo al lado del tercero, para ser destruidos solo al final. Pero, en contra de eso, las palabras del texto no pueden entenderse como si el cuarto reino siguiera teniendo ante sí los tres reinos anteriores, pudiendo destruirlos a todos juntos, o a uno contra el otro.

En contra de eso, conforme a la visión del texto, debemos afirmar que el primer reino fue destruido por el segundo, y el segundo por el tercero. De todas formas, los materiales de los dos primeros reinos estaban contenidos (mantenidos de algún modo) en el tercero (siendo así destruidos por el cuarto).

> Los elementos de los cuales estaba constituido el reino mundial de los babilonios, es decir, los países, pueblos y civilizaciones integradas en su reino mundial, fueron destruidos por el reino medo-persa, y asumidos por ese mismo reino medo-persa, que tomó así los elementos del imperio babilonio. De un modo semejante puede entenderse la relación entre el reino mundial medo-persa y el de los macedonios, de manera que los macedonios no tomaron solo los elementos componentes del reino medo-persa, sino también los del reino de Babilonia (Klief.).

De un modo semejante, el cuarto reino mundial destruirá todos reinos ya pasados, como hace el hierro. Ese cuarto reino no asumirá en sus formas organizadas a los reinos mundiales anteriores, sino que los destruirá y romperá en pedazos, con la fuerza del hierro. Pero este cuarto reino no posee por igual, por todas partes, la misma fuerza y dureza del hierro (cf. 2, 41), pues solo sus piernas son de hierro, mientras que los pies y los dedos que nacen de las piernas son en parte de arcilla y en parte de hierro.

En relación a 41 ,2) מִנְהוֹן), cf. *Comentario* a 2, 33, חסף significa tierra (barro, arcilla) y por tanto se emplea para indicar una vasija de arcilla (2 Sam 5, 20). En los *targumes*, פחר significa *alfarero*, y también tierra de alfarero y vasijas de alfarero. La expresión די פחר sirve para acentuar el sentido de fragilidad. El hecho de estar compuesto de dos materiales indica que este reino será un reino dividido externamente en varios, no solo porque está compuesto por varios (dos o diez) reinos, como lo está indicado la dualidad de los pies y por los diez dedos, sino también internamente dividido.

La palabra פלג significa siempre en hebreo y muchas veces en caldeo, la *división antinatural* y violenta que brota de una falta de armonía o de una discordia interna; cf. Gen 10, 25; Sal 55, 10; Job 38, 25, y Levy, *Chald. Worterb*. Ver en palabra. Sin embargo, a pesar de esa división interna, habrá en este reino un tipo de firmeza como la del hierro. נצבא, firmeza, palabra relacionada con יצב, que significa hacer con rapidez, y en caldeo generalmente *plantatio*, propiamente hablado un esqueje, una planta.

2, 42-43

⁴² וְאֶצְבְּעָת רַגְלַיָּא (מִנְהוֹן) [מִנְּהֵין] פַּרְזֶל (וּמִנְהוֹן) [וּמִנְּהֵין] חֲסַף מִן־קְצָת מַלְכוּתָא תֶּהֱוֵה תַקִּיפָה וּמִנַּהּ תֶּהֱוֵה תְבִירָה:
⁴³ (דִּי) [דִּי] חֲזַיְתָ פַּרְזְלָא מְעָרַב בַּחֲסַף טִינָא מִתְעָרְבִין לֶהֱוֹן בִּזְרַע אֲנָשָׁא וְלָא־לֶהֱוֹן דָּבְקִין דְּנָה עִם־דְּנָה הֵא־כְדִי פַרְזְלָא לָא מִתְעָרַב עִם־חַסְפָּא:

⁴² Y por ser los dedos de los pies en parte de hierro y en parte de barro cocido, así el reino será en parte fuerte y en parte frágil. ⁴³ En cuanto a lo que viste, que el hierro estaba mezclado con el barro cocido, se mezclarán por medio de alianzas humanas, pero no se pegarán el uno con el otro, así como el hierro no se mezcla con el barro.

Dan 2, 42 sigue refiriéndose a los dedos y de los pies y Dan 2, 43 compara el tema con la relación entre hierro y barro, como mezcla de dos partes componentes. Así como el hierro indica la firmeza del reino, el barro indica su fragilidad. Esa mezcla del hierro y del barro representa el intento de dos materiales distintos y separados para formar un todo combinado, que no puede lograrse, pues todo intento de unión resulta vano.

La mezcla de esos dos materiales con "semilla de hombres" (Dan 2, 43) se ha entendido muchas veces como expresión de matrimonios políticos entre príncipes. Aquellos que toman los cuatro reinos como expresión de la monarquía de Alejandro y de sus seguidores, piensan que ese dato se refiere a los matrimonios entre los seléucidas y los tolomeos, tema al que se alude ciertamente en Dan 11, 16. 17, pero no aquí. Por su parte, Hofm. piensa que se refiere a matrimonios como los del antiguo Kaiser alemán Otto II y el Gran Duque Vladimir de Rusia con las hijas del emperador de Bizancio. Pero esta interpretación ha sido justamente rechazada por Klief, pues ella parece totalmente ajena al texto.

El sujeto de מתערבין no es el rey, de quien no se hace ninguna mención en Dan 2, 43, ni se ha hecho previamente. Por otra parte, los dos pies, así como los diez dedos, no se refieren a reyes, sino a partes del cuarto reino, y de esa forma en el mismo Dan 2,44 por la palabra מלכיא no han de entenderse unos reyes, en cuanto distintos a los reinos, sino que se están indicando partes del reino, representadas por los pies y los dedos, que existen al mismo tiempo, por lo cual no se puede concluir en modo algunos que el sujeto de מתערבין son reyes (que deberían mezclarse entre sí).

Como en los tres reinos precedentes, oro, plata y bronce representan el material de esos reinos (es decir, sus pueblos y su cultura), así también aquí, en el cuarto reino, hierro y arcilla representan el material de los reinos que surgen de la división de este reino, es decir, los elementos nacionales (=las diversas naciones) de los que están constituidos y que quieren y deben mezclarse entre sí. Por eso, si el hecho de "mezclarse entre sí con semilla de hombres" se refiere a matrimonios, se trata aquí básicamente de la mezcla de diferentes tribus a través de matrimonios forzados como medio para amalgamar las diferentes nacionalidades.

Pero la expresión no debe limitarse a eso, aunque en Es 9, 2, התערב se aplica a la mezcla de la nación santa con las naciones de los paganos a través de matrimonios. La expresión particular, זרע אנששא, semilla de hombres, no tiene el mismo sentido de שכבת זרע, pero se escoge obviamente con referencia al contraste siguiente con el gobernante divino (Dan 2,44), para situar de esa manera el vano intento humano de los gobernantes paganos (Kran.), en contraste con la forma de actuar del Dios del cielo. Como en Jer 31, 27, זרע אדם está indicando la oposición con זרע בהמה.

La imagen de mezclar semillas deriva de sembrar un campo con simientes mezcladas (de varios tipos), e indica todos los medios empleados por los gobernantes para combinar personas de nacionalidades distintas, y entre esos medios el más importante y de más éxito suele ser el de los matrimonios mixtos. Pero el éxito de esas mezclas forzadas resulta tan pequeño como el de aquellos que quisieran mezclar hierro y arcilla. Las partes así mezcladas no logran unirse entre sí. Sobre להון, cf. lo dicho en Dan 2, 20.

2, 44

⁴⁴ וּבְיוֹמֵיהוֹן דִּי מַלְכַיָּא אִנּוּן יְקִים אֱלָהּ שְׁמַיָּא מַלְכוּ דִּי לְעָלְמִין לָא תִתְחַבַּל וּמַלְכוּתָה לְעַם אָחֳרָן לָא תִשְׁתְּבִק תַּדִּק וְתָסֵיף כָּל־אִלֵּין מַלְכְוָתָא וְהִיא תְּקוּם לְעָלְמַיָּא׃

⁴⁴ Y en los días de esos reyes, el Dios de los cielos levantará un reino que jamás será destruido, ni será dejado a otro pueblo. Este desmenuzará y acabará con todos estos reinos, pero él permanecerá para siempre.

El reino del mundo será roto en pedazos por el reino que establecerá el Dios del cielo. "En los días de esos reyes", es decir, de los reyes de los reinos del mundo que se acaban de describir, en el tiempo de los reyes representados por los diez dedos de los pies en los que se ha extendido la figura de la cuarta monarquía del mundo, la piedra (Dan 2, 34) que desciende del monte chocará contra los dedos de los pies de la estatua y la romperá y destruirá. Este nuevo reino no estará fundado por manos de hombres, sino que será erigido por el Dios del cielo, y permanecerá inmutable para siempre, en contraste con los reinos de la tierra, que serán aniquilados uno por el otro. Su dominio no será dado a otro pueblo.

מלכותה, su dominio, es decir, el dominio de ese reino. Esta palabra no necesita ser puesta en estado absoluto, que es aquí menos apropiado. Entre los reinos del mundo, el dominio pasa de uno al otro, de los babilonios a los persas, de los persas a los macedonios etc. Por el contrario, el reino de Dios se mantiene siempre en el mismo pueblo, es decir, en el pueblo de Israel, pero no en Israel κατὰ σάρκα (según la carne), sino en el Israel de Dios (Gal 6, 16).

Pues bien, ese reino de Dios no se limitará a existir eternamente, sin cambio en su dominio, al lado de los reinos del mundo, que están siempre mudando, de manera que uno destruya al anterior, sino que ese reino de Dios romperá y destruirá todos esos reinos (תסף, de סוף, *llevar al fin*, hacer que acaben), y de esa manera existirá para siempre. Este es el significado de la piedra, que descenderá por sí misma, sin intervención de mano humana, y que romperá en piezas la imagen de los reinos de este mundo.

2, 45

⁴⁵ כָּל־קֳבֵל דִּי־חֲזַיְתָ דִּי מִטּוּרָא אִתְגְּזֶרֶת אֶבֶן דִּי־לָא בִידַיִן
וְהַדֶּקֶת פַּרְזְלָא נְחָשָׁא חַסְפָּא כַּסְפָּא וְדַהֲבָא אֱלָהּ רַב
הוֹדַע לְמַלְכָּא מָה דִּי לֶהֱוֵא אַחֲרֵי דְנָה וְיַצִּיב חֶלְמָא
וּמְהֵימַן פִּשְׁרֵהּ׃ פ

⁴⁵ De la manera que viste que de la montaña se desprendió una piedra sin intervención de manos, la cual desmenuzó el hierro, el bronce, el barro cocido, la plata y el oro, el gran Dios ha hecho saber al rey lo que ha despues de estas cosas. El sueño es verdadero, y su interpretación es fiel.

La palabra מטורא ante אתגזרת, que falta en Dan 2,34, y que sin duda alguna se utiliza aquí de un modo significativo, ha de tomarse como en Dan 2, 42, referida a *los dedos de los pies*, que se mencionaban también en 2, 33. Es evidente que, para que descienda sin impulso de mano humana, una piedra debe haber sido situada en una montaña, o debe desgajarse de ella.

Es evidente que en ese contexto la montaña a la que se alude no puede ser otra que el Monte Sion donde el Dios del cielo ha fundado su reino, que ha de extenderse desde allí a toda la tierra, y destruir todos los reinos del mundo. Cf. Sal 50, 2; Is 2,3; Miq 4, 2.

La primera mitad de 2, 45 (hasta ודהבא) confirma aquello que el profeta Daniel (cf. 2,44) había dicho al rey en relación con el establecimiento y la duración del reino de Dios, y pertenece esencialmente a este verso. Por otra parte, Hitz. (y Kran. que le sigue) desean unir este pasaje confirmatorio con el siguiente: "Porque tú has visto que la piedra, bajando libremente desde la montaña, rompe en piezas el hierro etc.

De esa manera, Dios te ha permitido ver como en un destello fugaz aquello que está escondido en el futuro". En esa línea, ellos (Hitz. y Kran.) quieren concluir que el escritor del libro está mostrando su propia perspectiva, como buen judío macabeo, para quien solo esta catástrofe final sigue estando todavía en el futuro, pues todo el resto de las cosas que ha contado han sucedido ya.

Kran. ha rechazado esta conclusión, pero con un argumento insostenible, diciendo que la expresión "lo que ha de acontecer en el porvenir" ha de tomarse en concordancia con las palabras "lo que ha de suceder" de Dan 2, 29, que aparecían al comienzo de este discurso. Ciertamente, en sí mismo, eso podría ser verdad, pero no puede sostenerse si el pasaje de Dan 2, 45a es el antecedente de 2, 45b. En este caso, אַחֲרֵי דְנָה (después de estas cosas), solo puede referirse a la piedra que se desprende.

De esa manera culmina el elevado discurso de Daniel que se entenderá plenamente cuando el lector se fije en las últimas palabras, que vienen como tras una pausa: "El gran Dios ha hecho saber al rey lo que ha de suceder después de estas cosas".

Las palabras finales, אחרי דנה, *después de estas cosas*, no significan algo que ha de suceder en el lejano futuro, "en algún tiempo futuro" y alejado (Hitz.), sino después de lo que existe en el presente, evocando el futuro indicado en el sueño, desde el tiempo de Nabucodonosor hasta el establecimiento del reino de Dios en el tiempo del mesías.

La palabra con la que Daniel termina su discurso es יציב, *firme* (2, 25b): el sueño es seguro y la interpretación es cierta. Esta palabra de Daniel no quieren confirmar sin más la verdad del sueño del rey, porque el rey no había captado sus elementos particulares, ni quiere asegurar la firmeza de la interpretación (Kran.), sino que quiere poner de relieve la importancia del sueño, a fin de que el rey decida tomar en serio su contenido, y dar gloria a Dios, que le ha ofrecido estas revelaciones.

Pero, al mismo tiempo, esta palabra concede a los lectores del libro la seguridad de la certeza de su cumplimiento, porque ese cumplimiento se sitúa en un tiempo remoto, y el curso de las cosas (en el presente y el futuro próximo) no ofrece una indicación clara de lo que sucederá, sino una leve visión de su cumplimiento. Por otras seguridades de ese tipo, cf. Dan 8, 26; 10, 21; Ap 19,9; 22, 6.

Aquí dejamos para más adelante una visión más completa del cumplimiento de este sueño o de las referencias históricas a los cuatro reinos, a fin de evitar repeticiones, pues en Dan 7 expondremos la visión que Daniel ha recibido.

2, 46-49. Impresión que produjo en Nabucodonosor esta interpretación del sueño, y las consecuencias que ello tuvo para Daniel

2, 46-47

⁴⁶ בֵּאדַ֡יִן מַלְכָּ֣א נְבֽוּכַדְנֶצַּר֩ נְפַ֨ל עַל־אַנְפּ֜וֹהִי וּלְדָנִיֵּ֣אל סְגִ֗ד וּמִנְחָה֙ וְנִ֣יחֹחִ֔ין אֲמַ֖ר לְנַסָּ֥כָה לֵֽהּ׃
⁴⁷ עָנֵה֩ מַלְכָּ֨א לְדָנִיֵּ֜אל וְאָמַ֗ר מִן־קְשֹׁט֙ דִּ֣י אֱלָהֲכ֗וֹן ה֣וּא אֱלָ֧הּ אֱלָהִ֛ין וּמָרֵ֥א מַלְכִ֖ין וְגָלֵ֣ה רָזִ֑ין דִּ֣י יְכֵ֔לְתָּ לְמִגְלֵ֖א רָזָ֥ה דְנָֽה׃

⁴⁶ Entonces el rey Nabucodonosor se postró sobre su rostro y rindió homenaje a Daniel. Mandó que le ofreciesen ofrendas e incienso. ⁴⁷ El rey habló a Daniel y le dijo: Ciertamente vuestro Dios es Dios de dioses y Señor de reyes. Él revela los misterios, pues tú pudiste revelar este misterio.

El anuncio y la interpretación de este significativo sueño produjo una impresión tan poderosa en Nabucodonosor que él se postró en el suelo en gesto de súplica a Daniel, y ordenó que se le ofrecieran sacrificios. Ciertamente, caer postrado en tierra es una señal de honor para los hombres (1 Sam 20, 41; 25, 28; 2 Sam 14, 4), pero סגד se utiliza solo para ofrecer un homenaje a Dios (Is 44, 15. 17.19; 46, 6; Dan 3, 5).

Daniel aparece así ante el rey de los caldeos como un hombre en el que se manifiestan los dioses, y por tanto él le ofrece un honor divino, como el que Cornelio ofreció al Apóstol Pedro, y como el que quisieron ofrecer los hombres de Listra a Pablo y Bernabé (Hch 10, 25; 14, 13).

מנחה, *sacrificio incruento*, y ניחחין, no son sacrificios que se queman sobre el altar, ni ofrendas de piezas de grasa (Hitz.), sino *incensaciones*, ofrendas de incienso; cf. Ex 30, 9 donde se menciona de un modo especial el קטרת junto a la עלה y el מנחה. La palabra נסך ha sido tomada, según Hitz., del árabe y tiene el significado general de *sacrificar*, pero se aplica gramaticalmente, a modo de zeugma, al gesto de derramar una ofrenda de bebida a la ofrenda de un sacrificio.

La expresión de Dan 2, 47, donde Nabucodonosor alaba al Dios de los judíos como el Dios de los dioses, no está en contradicción con el ofrecimiento de un honor divino a Daniel, de una forma en la que según Hitz. la conducta del rey está carente de consistencia y propiedad, de manera que resulta improbable. Pues bien, en contra de eso, debemos afirmar que Nabucodonosor no ruega (no ofrece sacrificios) a Daniel, sino que en la persona de Daniel él ruega a su Dios, es decir, al Dios de los judíos, y lo hace porque ese Dios se ha manifestado a sí mismo por medio de su interpretación del sueño, como el Dios supremo, que gobierna sobre los reyes, y revela las cosas escondidas que los sabios de los dioses de los caldeos eran incapaces de revelar.

En este contexto debemos recordar que, al actuar de esa manera, Nabucodonosor no abandonó su perspectiva pagana. Él no reconoció al Dios de los judíos como el único Dios, en exclusiva, sino solo como el Dios de los dioses, como el más alto y exaltado de los dioses, que excede a todos los restantes dioses en poder y en sabiduría, apareciendo así como Señor de los Reyes, de manera que como tal debe ser honrado con los dioses de cada país. מן־קשט די, *de verdad él es esto*, aparece aquí proverbialmente como "verdaderamente".

2, 48-49

⁴⁸ אֱדַ֣יִן מַלְכָּ֗א לְדָנִיֵּאל֙ רַבִּ֔י וּמַתְּנָ֨ן רַבְרְבָ֥ן שַׂגִּיאָ֖ן יְהַב־לֵ֑הּ וְהַ֨שְׁלְטֵ֜הּ עַ֚ל כָּל־מְדִינַ֣ת בָּבֶ֔ל וְרַב־סִגְנִ֔ין עַ֖ל כָּל־חַכִּימֵ֥י בָבֶֽל׃
⁴⁹ וְדָנִיֵּאל֙ בְּעָ֣א מִן־מַלְכָּ֔א וּמַנִּ֗י עַ֚ל עֲבִ֣ידְתָּ֔א דִּ֖י מְדִינַ֣ת בָּבֶ֑ל לְשַׁדְרַ֤ךְ מֵישַׁךְ֙ וַעֲבֵ֣ד נְג֔וֹ וְדָנִיֵּ֖אל בִּתְרַ֥ע מַלְכָּֽא׃ פ

⁴⁸ Entonces el rey engrandeció a Daniel y le dio muchos y grandes regalos. Le dio dominio sobre toda la provincia de Babilonia y le hizo intendente principal de todos los sabios de Babilonia. ⁴⁹ Daniel solicitó del rey, y él designó a Sadrac, a Mesac y a Abed-nego sobre la administración de la provincia de Babilonia. Y Daniel permaneció en la corte del rey.

2, 48. Después que Nabucodonosor ha dado honor al Dios de los judíos, él recompensa a Daniel, el servidor de este Dios, con dones, y elevándole a un alto oficio del Estado. רבי, hacer grande, se define de manera más precisa en los siguientes pasajes.

השלטה, le hizo hombre de poder, gobernador de la provincia de Babilonia, es decir, vice-regente y gobernador de esta provincia. Según Dan 3,2, el reino de los caldeos constaba de varios מדינתא *provincias* (*medinatos*), cada una de las cuales tenía su propio sultán (שלטון).

Sin embargo, la siguiente expresión (ורב סגנין) depende en forma de *zeugma* de השלטה: "Y le hizo intendente/presidente principal de todos los sabios de Babilonia". סגנין, en hebreo סגנים, significa *vicegerente*, prefecto, y es una palabra aria incorporada en hebreo, con el sentido de ζωγάνης en Atenas, pero no está atestiguada en el antiguo persa, cf. referencia a la aportación de Spiegel, en Delitzsch *Comentario* sobre Is 41, 25. Estos sabios de Babilonia estaban divididos en clases, conforme a sus funciones principales, bajo סגנין, jefes, y Daniel fue nombre presidente de ellos (como רב־מג, Jer 39, 3).

2, 49. A petición de Daniel, el rey nombró a sus tres amigos gobernadores de provincia. La palabra ומני no ha de traducirse, como hacen Hv. y otros escritores antiguos *para que él mandara,* pues este sentido debería expresarse utilizando para ello el imperfecto. El texto no expresa con más precisión el cumplimiento de la petición de Daniel, pero puede deducirse del hecho de que Dios concede lo que él le pide.

En este contexto, esa petición no puede entenderse como hacen *Hitz. y otros intérpretes* antiguos como si Daniel pidiera al rey que le liberara del oficio de vice-gerente (virrey), y que encargara ese oficio a sus tres amigos. Si Daniel deseara simplemente retener esta dignidad, pero trasferir sus deberes a sus amigos no había necesidad de una nueva petición (como piensa Hitz), pues bastaba un simple permiso.

Pero ¿de dónde ha recibido Hitz esta información especial sobre los asuntos de Estado de Babilonia? ¿y cómo sabe que מני, decretar implica un nombramiento estricto en vez de un permiso real? El gobernante jefe de la provincia tenía un número de ὕπαρχοι, es decir, de suboficiales dentro de la provincia para las varias ramas del gobierno. Para estos cargos nombró el rey a los tres amigos de Daniel, escuchando su propuesta, de manera que él (como gobernante principal) pudiera residir continuamente en la corte del rey.

עבידתא, *realizar servicios*, tiene el mismo sentido de עבדת המל־, servicio del rey, 1 Cron 26, 30, según la materia de la que se trate, en la línea de la realización de negocios o tareas. מלכא בתרע, *cerca de la puerta*, es decir, en la corte del Rey, porque la puerta, el portón se emplea para indicar el edificio al que sirve de entrada, cf. שער המלך (Est 2, 19; 2, 21; 3, 2ss). Gesenius se equivoca cuando explica estas palabras en el sentido de que Daniel fue nombrado prefecto del palacio.

II
Daniel 3
LOS TRES AMIGOS DE DANIEL EN EL HORNO DE FUEGO

Nabucodonosor mandó que se colocara en la llanura de Dura, en Babilonia, una estatua colosal de oro, y que todos los altos oficiales del Estado estuvieran presentes en su consagración, mandando además que un heraldo proclamara que a una señal dada todos deberían postrarse ante la imagen y rendirle homenaje, de manera que cualquiera que rehusara hacerlo fuera arrojado en un horno de fuego ardiente (Dan 3, 1-7).

Finalizada esta ceremonia, algunos caldeos dijeron al rey que los amigos de Daniel, que habían sido colocados en el gobierno de la Provincia de Babilonia no habían rendido homenaje a la imagen. Por eso fueron llamados a presentarse ante él, pero ellos recusaron rendir homenaje a la imagen, porque no podían servir a sus dioses (3, 8-18). Por esta oposición a la palabra del rey, ellos fueron arrojados, atados a sus vestimentas, en el horno de fuego ardiente. Pero ellos no fueron dañados por el fuego, y el mismo rey descubrió con terror que allí, en el horno, no había allí tres, sino cuatro hombre, paseando desatados y sin daño por el horno (3, 19-27).

Los LXX y Teodocion han fijado la fecha de este acontecimiento en el año 18 de Nabucodonosor, aparentemente solo porque ellos asociaron la colocación de esta estatua con la toma de Jerusalén, bajo Sedecías, aunque aquella ciudad no fue tomada y destruida hasta el año 19 de Nabucodonosor (2 Rey 25, 8). Pero aunque es probable que Nabucodonosor, tras haber vencido a todos sus enemigos y haber establecido su reino mundial, se sintiera movido a erigir esta imagen como monumento a sus grandes logros y a su poder mundial, el hecho de la destrucción de la capital de Judea, que había sido ya por dos veces conquistado, puede tomarse también como una circunstancia que le ofreció motivo suficiente para ello.

Sea como fuere, esto es lo cierto: Lo que se narra en Dan 3 sucedió después de lo que había ocurrido en Dan 2, dado que Dan 3, 12.30 se refieren a Dan 2, 49. Por otra parte, lo que aquí se narra ocurrió antes del incidente de Dan 4, donde hay muchas cosas que remiten a la primera parte del reinado de Nabucodonosor, y lo que se narra aquí (Dan 3) pertenece a la parte central de su reinado, cuando Nabucodonosor se hallaba en la cumbre de su grandeza.

La circunstancia de que aquí no hallamos en el rey ningún rasgo de la impresión que la omnipotencia e infinita sabiduría del Dios de los Judíos, tal como quedó mostradas por la interpretación que Daniel hizo de su sueño (Dan 2), el texto en sí no ofrece ningún medio para determinar de un modo más preciso el tiempo en el que ocurrió lo narrado.

No hay necesidad de que asumamos con Jerónimo un *rápido olvido de la verdad* (*velox oblivio veritatis*) o con Calvino, quien afirma que tuvo que pasar un intervalo grande de tiempo entre los dos acontecimientos. El comportamiento de Nabucodonosor en este momento no está en oposición a las afirmaciones que se han hecho en Dan 2.

El mandato de que todos los que se hallaban reunidos en el momento de la consagración de la imagen debían inclinarse ante ella y adorarla ha de mirarse desde el punto de vista del rey pagano. No hay aquí ninguna referencia a la opresión que podían sufrir los que adoraban al Dios de los judíos, ni a una persecución de los judíos por causa de su Dios. Aquí se pide solamente que todos reconozcan al Dios nacional, a quien Nabucodonosor supone que él debe la grandeza de su reino, que se le reconozca como Dios del reino.

Este es un mandato que los súbditos paganos de Nabucodonosor podían cumplir sin ninguna violencia contra sus conciencias. Por el contrario, los judíos no podían obedecer este mandato sin violar el primer precepto de su ley. Pero Nabucodonosor no pensó solo en ellos. La desobediencia en contra de este mandato aparecía ante él como una rebelión culpable en contra de su majestad, y los informadores caldeos presentan así ante el rey la conducta de los amigos de Daniel (Dan 3, 12). "Los judíos que has puesto al mando de los asuntos de la provincia de Babilonia no te han obedecido, ellos sirven a otros dioses... (Dan 3, 8)".

Estas palabras muestran claramente que esos informadores aparecen como "acusadores de los judíos", y que por medio de esa denuncia ellos no quieren otra cosa que expulsar a los extranjeros de los lugares de influencia del reino, y para ello utilizan esa festividad político-nacional promulgada por Nabucodonosor como la una oportunidad adecuada.

De esa forma podemos entender la ira de Nabucodonosor contra aquellos que no cumplen su mandato. Las palabras con la que él pronuncia su sentencia contra los acusados (¿qué Dios podrá liberarles de mis manos?) constituyen una blasfemia desde el punto de vista de los israelitas, una blasfemia contra Dios. Pero, miradas desde el punto de vista pagano de Nabucodonosor, ellas son solo una expresión de la orgullosa confianza en su poder y en el poder de sus dioses, y muestran así que la revelación del Dios viviente en Dan 2 no ha impresionado de un modo permanente su corazón, sino que se ha ido debilitando con el tiempo.

La conducta de Nabucodonosor contra los judíos, tal como se describe en este capítulo, es totalmente distinta de la que ofrece Antíoco Epífanes en relación con el judaísmo. *Antíoco* quiere impedir toda forma de adoración judía. Por el contrario, en la conducta de *Nabucodonosor* frente los amigos de Daniel no encontramos ningún rasgo de fanatismo contra los judíos como aparece en la edad de los Macabeos, cuando los judíos fueron perseguidos a causa de su fidelidad a la Ley.

Lejos de confiar en una milagrosa ayuda de Dios, esos judíos ven como posible que el Dios a quien sirven no salve sus vidas, pero declaran que, incluso en esa eventualidad, en ese caso, ellos no adorarían a las deidades paganas del rey, ni rendirán homenaje a su estatua (cf. 3, 16). La recta comprensión de la situación histórica descrita en este capítulo es totalmente diferente de aquella que suponen muchos críticos modernos, cuando afirman que esta narración es anti-histórica y que fue inventada con la finalidad de crear un paralelo con respecto a la conducta de Antíoco Epífanes en relación con el judaísmo.

El hecho notable de que Daniel no aparezca como presente en esta festividad (ciertamente, él no habría adorado a la imagen), tomado en sí mismo, no ofrece ningún argumento en contra de la realidad histórica de esta narración, aunque no se puede probar partiendo de la suposición de Hgstb., según la cual, como presidente de todos los sabios, él no formaba parte de la clase de oficiales de estado de Nabucodonosor, ni tampoco de la de Hitz., según el cual Daniel no pertenecía a la clase de altos oficiales de la corte porque, conforme a Dan 2,49, él había trasferido ese oficio a sus amigos.

Ambas suposiciones son erróneas (cf. lo dicho en *Com.* a Dan 2,49). De todas formas, pueden encontrarse otras posibilidades que expliquen la ausencia de toda mención al nombre de Daniel. Él podía tener otras razones para no hallarse presente en aquella ocasión, o podía haber estado presente, sin inclinarse ante la imagen, sin que elevaran una acusación contra él.

En ese último caso, la afirmación de Calvino de que *ut abstinuerint a Daniele ad tempus, quem sciebant magnifieri a rege* (los oponentes renunciaban a acusar a Daniel en un tiempo en que sabían que era muy estimado por el rey) no resulta suficiente. De todas formas, podemos supones que los acusadores querían insistir en primer lugar en la acusación y rechazo de los tres gobernantes de la provincia de Babilonia[29].

Sea como fuere, el hecho de que, aún no habiendo estado presente en la ceremonia de dedicación de la estatua, Daniel no se comprometiera para ayudar a

---

29. Kran. supone (p. 153) que como presidente de la clase de los sabios, Daniel tenía el derecho de pertenecer a ella, mientras que en el desempeño del oficio secular él podía estar representado por sus amigos judíos, de manera que pudo renunciar a la invitación de la inauguración de la estatua y del mandato de adorar la imagen. Pero esa suposición tiene poco fundamento. Ciertamente, el texto no dice que este mandato se impusiera a toda la casta de los sabios, pero supone que los sacerdotes y los directores de asuntos ceremoniales debían asistir a la inauguración, adorando la imagen del rey… Sea como fuere, en conciencia, Daniel no podía participar en ese festival idolátrico, ni asociarse con los sacerdotes idólatras, pero como presidente de todos los magos no podía excluirse y quedar fuera, evitando la ceremonia de adoración de la estatua.

sus amigos condenados resulta extraño. De todas formas, puede explicarse por la rapidez de la ejecución de las sentencias en la justicia de Babilonia. Sin embargo, pudo haber en todo esto una razón más alta que indujera a no participar... y a dejar luego la solución del tema de la condena de sus amigos en manos del Señor su Dios[30].

Dan 3, 1-18. Construcción y consagración de la imagen de oro, que tenía una altura de trescientos codos y una anchura de seis codos, con la acusación elevada en contra de los amigos de Daniel, que se negaron a obedecer el mandamiento de rendir homenaje a esta imagen

3, 1

׳נְבוּכַדְנֶצַּר מַלְכָּא עֲבַד צְלֵם דִּי־דְהַב רוּמֵהּ אַמִּין שִׁתִּין פְּתָיֵהּ אַמִּין שֵׁת אֲקִימֵהּ בְּבִקְעַת דּוּרָא בִּמְדִינַת בָּבֶל׃

¹El rey Nabucodonosor hizo una estatua de oro cuya altura era de 60 codos y su anchura de 6 codos, y la levantó en la llanura de Dura, en la provincia de Babilonia.

Nabucodonosor mando erigir una estatua de oro, de sesenta codos de altura y seis codos de anchura. צלם es propiamente una *imagen* de semejanza humana (cf. Dan 2, 31) y excluye la idea de un mero pilar u obelisco, para lo cual se tendría que haber dicho מצבה. De todas formas, el uso de la palabra צלם no implica en modo alguno que la imagen tuviera en todos sus rasgos forma humana. En la parte superior (cabeza y rostro, brazos y pecho) podía tener forma de hombre. Pero en la parte baja podía tener la forma de un pilar. Esto podría estar de acuerdo con el arte de Babilonia, que tiende a presentar figuras grotescas, gigantes, cf. Hgstb., *Beitr.* I. p. 96s.

Las medidas, en altura sesenta codos y en anchura seis codos, se explican fácilmente, porque en la figura humana la relación entre altura y anchura es de seis a uno. En la altura de sesenta codos se puede incluir el pedestal de la imagen, de manera que, conforme a su componente principal (figura humana), la imagen fue presentada como צלם. Ciertamente, el pasaje de Jc 18, 30-31, aducido por Kran., menciona la imagen erigida por Mica, en el tiempo de los jueces de Israel, sin

---

30. Hemos señalado ya en parte los argumentos que los enemigos de la autenticidad de Daniel elevan en contra de la precisión histórica de esta narración, partiendo así por ejemplo de los nombres griegos que se dan a los instrumentos musicales y fijándose en la conducta de Antíoco Epífanes que puso un tipo de ídolo sobre el altar de la ofrendas del templo de Jerusalén. Todas las restantes razones aparecerán expuestas en lo que sigue. La objeción principal que se aduce es el milagro que aquí se está evocando (no quemarse en el horno de fuego). En esa línea, Hitz. supone que solo ese dato le permite afirmar que la narración no tiene realidad histórica.

que se evoque un pedestal que vaya unido a ella (Jc 18, 17. 18); pero ese dato no ofrece ninguna prueba de que el פסל de Jc 18, 30 y 18, 31 no incluya el pedestal.

La proporción entre la altura y la anchura no justifica en modo alguno que la narración no tenga un carácter histórico. Tampoco es una objeción la cantidad de oro que se necesitaría para construir una imagen como ésa, dado que, como hemos mencionado ya, según la forma de hablar hebrea, no hace falta que la imagen entera sea de oro macizo (basta que esté recubierta de oro), sin contar además con las grandes riquezas del mundo antiguo.

Ciertamente, en sus victoriosas campañas, Nabucodonosor pudo haber acumulado una asombrosa cantidad de metal precioso. Las afirmaciones de Heródoto y Diodoro sobre las imágenes de los ídolos de Babilonia, lo mismo que la descripción de Is 40, 19 sobre la construcción de imágenes de ídolos nos llevan a pensar que la imagen estaba simplemente recubierta con planchas de oro[31].

El rey mandó que esta imagen se colocara en la llanura de Dura, en la provincia de Babilonia. Los antiguos nombran dos lugares con el nombre de *Dura*, uno de ellos en la boca del río Caboras, que desemboca en el Eufrates, no lejos de Carquemis (Polyb. V. 48; Ammiano Marc. XXIII. 5, 8, XXIV. 1, 5); el otro más allá del Tigris, no lejos de Apollonia (Polyb. V. 52; Ammiano Marc. XXV. 6, 9).

De entre esos dos, el último lugar tiene sin duda más probabilidades, porque ciertamente el primero, que, según Jenofonte, se extendía a tres millas al sur de Tiphsach, no pertenecía a la provincia de Babilonia (cf. Nieb., *Gesch. Assurs*, p. 421). El segundo lugar, situado en el distrito de Sittakene, podía pertenecer ciertamente a la provincia de Babilonia, ya que, según Estrabón, Sittakene, al menos en el antiguo tiempo persa, pertenecía a Babilonia (Nieb. p. 420).

Pero incluso ese segundo lugar yacía demasiado lejos de la capital del reino para ser el adecuado. Sin duda, debemos seguir buscando ese lugar de Dura más cerca de la capital del reino, pues debía hallarse en las cercanías de Babilonia donde, según la expedición de Jul. Oppert (*Exped. Scientif. en Msopotamie*, I. p. 238ss.), existen en la actualidad un conjunto de montículos que llevan el nombre de Dura, al final de los cuales, al lado de dos montículos más grandes hay uno más pequeño que se llama *Mokattat* (colina alineada) y que forma un cuadrado de seis metros de altura, con una base de 14 metros, totalmente construida de ladrillos crudos (en árabe *lbn*), y que tiene una semejanza sorprendente con la base o pedestal de

---

31. Según Heródoto I. 183, para la gran imagen de oro de *Belus*, que tenía doce codos de altura, y para la gran placa de oro colocada ante ella, para la escala de oro y la cadena de oro, se utilizaron solo 800 talentos de oro. Y según Diodoro Siculo. II. 9 la estatua de oro, de 40 pies de altura, colocada en el templo de Belus contenía 1000 talentos de oro. Esa cantidad no sería suficiente si esas estatuas fueran de oro macizo. Diodoro afirma además expresamente que la estatua fue hecha con el martillo, de forma que ella no podía ser de oro macizo. Cf. Hgstb. *Beitr*. I. p. 98, y Kran. *in loco*.

la estatua colosal de nuestro relato. En esa línea, Oppert cree que ese pequeño montículo es lo que queda de la estatua de oro erigida por Nabucodonosor[32].

En lo que toca al significado de esta imagen hay una diferencia de opiniones. Conforme a la visión común (cf. por ejemplo Hgstb., *Beitr.* I. p. 97), Nabucodonosor quería erigir una estatua para dar gracias a su dios Bel por sus grandes victorias, y consagrarla además con esa ocasión con ceremonias religiosas. Por otra parte, Hofm. (*Weiss. u. Erf.* I. p. 277) indica que la estatua no era la imagen de un Dios, porque hay una diferencia entre postrarse ante ella y el servicio a su Dios que Nabucodonosor exige a sus oficiales de Estado (Dan 3, 12. 13.18).

De todas formas, esta distinción no está bien atestiguada, porque en esos versos se identifica el orar a los dioses de Nabucodonosor y el postrarse ante la imagen. Pero, por otra parte, la estatua no ha sido designada como imagen de un Dios, o como imagen de Belus. Por todo esto, estamos de acuerdo con Klief. cuando afirma que la estatua era un símbolo del poder mundial alcanzado por Nabucodonosor, de forma que el postrarse ante ella era una manifestación de reverencia no solo ante el poder mundial del reino, sino ante sus dioses, de manera que los israelitas no podían hacerlo, porque al obrar así ellos habrían rendido homenaje al mismo tiempo también al Dios o a los dioses de Nabucodonosor personificados en la imagen del poder mundial.

Pero la idea de representar el poder mundial fundado por él como un צלם, *tselem*, imagen, le fue probablemente sugerida a Nabucodonosor por el mismo צלם, *tselem*, que había visto en el sueño (Dan 2) a modo de estatua cuya cabeza de oro era él mismo, como había reconocido Daniel.

Por eso, no debemos buscar, como hace Klief., ninguna justificación a la idea de que el significado de la imagen se encuentra en su tamaño de seis codos multiplicados por diez, porque la idea de que el número 6 es un signo de la acción humana a la que le falta la plenitud divina del siete no aparece aquí, ni es una comparación simbólica conocida en Babilonia.

Menos base tiene aún la explicación de Zündel (pag. 12), que interpreta la ausencia de Daniel a partir del significado político de la estatua, porque la suposición de que Daniel no fue invitado a la inauguración de la estatua constituye una mera conjetura, que es además muy improbable, y la suposición de que Daniel no

---

32. Oppert (O.c. p. 239) dice que "al ver ese montículo, uno queda inmediatamente extrañado de la semejanza que presenta con el pedestal de la estatua que hallamos por ejemplo en Bavaria, cerca de Múnich, y todo nos lleva a pensar en el pedestal de la estatua mencionada en el libro de Daniel (3, 1). El hecho de la erección de una colosal estatua por Nabucodonosor no tiene nada que pueda causarnos asombro, aunque la forma aramea del relato pueda ser más reciente.

Por su parte, Oppert no encuentra dificultad en el tamaño de la estatua, y dice en elación con ella: "No hay nada increíble en la existencia de una estatua de sesenta codos de altura y seis codos de anchura. Además el nombre de la llanura de Dura, en la provincia (מדינה) de Babilonia concuerda con la configuración actual de la ruina".

pudo ser incluido entre los oficiales civiles del estado, por ser jefe de los magos, es decididamente errónea.

3, 2-7

² וּנְבוּכַדְנֶצַּר מַלְכָּא שְׁלַח לְמִכְנַשׁ לַאֲחַשְׁדַּרְפְּנַיָּא סִגְנַיָּא וּפַחֲוָתָא אֲדַרְגָּזְרַיָּא גְדָבְרַיָּא דְּתָבְרַיָּא תִּפְתָּיֵא וְכֹל שִׁלְטֹנֵי מְדִינָתָא לְמֵתֵא לַחֲנֻכַּת צַלְמָא דִּי הֲקֵים נְבוּכַדְנֶצַּר מַלְכָּא: ³ בֵּאדַיִן מִתְכַּנְּשִׁין אֲחַשְׁדַּרְפְּנַיָּא סִגְנַיָּא וּפַחֲוָתָא אֲדַרְגָּזְרַיָּא גְדָבְרַיָּא דְּתָבְרַיָּא תִּפְתָּיֵא וְכֹל שִׁלְטֹנֵי מְדִינָתָא לַחֲנֻכַּת צַלְמָא דִּי הֲקֵים נְבוּכַדְנֶצַּר מַלְכָּא (וְקָאֲמִין) [וְקָיְמִין] לָקֳבֵל צַלְמָא דִּי הֲקֵים נְבוּכַדְנֶצַּר: ⁴ וְכָרוֹזָא קָרֵא בְחָיִל לְכוֹן אָמְרִין עַמְמַיָּא אֻמַּיָּא וְלִשָּׁנַיָּא: ⁵ בְּעִדָּנָא דִּי־תִשְׁמְעוּן קָל קַרְנָא מַשְׁרוֹקִיתָא (קִיתָרֹס) [קַתְרוֹס] סַבְּכָא פְּסַנְתֵּרִין סוּמְפֹּנְיָה וְכֹל זְנֵי זְמָרָא תִּפְּלוּן וְתִסְגְּדוּן לְצֶלֶם דַּהֲבָא דִּי הֲקֵים נְבוּכַדְנֶצַּר מַלְכָּא: ⁶ וּמַן־דִּי־לָא יִפֵּל וְיִסְגֻּד בַּהּ־שַׁעֲתָא יִתְרְמֵא לְגוֹא־אַתּוּן נוּרָא יָקִדְתָּא: ⁷ כָּל־קֳבֵל דְּנָה בֵּהּ־זִמְנָא כְּדִי שָׁמְעִין כָּל־עַמְמַיָּא קָל קַרְנָא מַשְׁרוֹקִיתָא (קִיתָרֹס) [קַתְרוֹס] שַׂבְּכָא פְּסַנְטֵרִין וְכֹל זְנֵי זְמָרָא נָפְלִין כָּל־עַמְמַיָּא אֻמַּיָּא וְלִשָּׁנַיָּא סָגְדִין לְצֶלֶם דַּהֲבָא דִּי הֲקֵים נְבוּכַדְנֶצַּר מַלְכָּא:

² Y el rey Nabucodonosor mandó reunir a los sátrapas, los intendentes y gobernadores, a los consejeros, los tesoreros, los jueces, los oficiales y a todos los gobernantes de las provincias, para que viniesen a la dedicación de la estatua que el rey Nabucodonosor había levantado. ³ Entonces fueron reunidos los sátrapas, los intendentes y gobernadores, los consejeros, los tesoreros, los jueces, los oficiales y todos los gobernantes de las provincias, para la dedicación de la estatua que el rey Nabucodonosor había levantado. Mientras estaban de pie delante de la estatua que había levantado el rey Nabucodonosor, ⁴ el heraldo proclamó con gran voz:

– Se ordena a vosotros, oh pueblos, naciones y lenguas, ⁵ que al oír el sonido de la corneta, de la flauta, de la cítara, de la lira, del arpa, de la zampoña y de todo instrumento de música, os postréis y rindáis homenaje a la estatua de oro que ha levantado el rey Nabucodonosor. ⁶ Cualquiera que no se postre y rinda homenaje, en la misma hora será echado dentro de un horno de fuego ardiendo.

⁷ Por eso, tan pronto como oyeron todos los pueblos el sonido de la corneta, de la flauta, de la cítara, de la lira, del arpa, de la zampoña y de todo instrumento de música, todos los pueblos, naciones y lenguas se postraron y rindieron homenaje a la estatua de oro que había levantado el rey Nabucodonosor.

3, 2-4. Nabucodonosor mandó que todos los oficiales superiores del reino estuvieran presentes en la solemne dedicación de la imagen, y para ello שלח, él envió a los מלאכים o רצים, que son los *mensajeros* (1 Sam 11, 7; 2 Cron 30, 6. 10; Est 3, 15). Entre los grandes oficiales del Estado se nombran siete clases, con una octava, más general:

1. אחשדרפניא, *ajasdrepenaiah,* es decir, administradores de *khshatra,* que en viejo persa significa dominio, provincia, y de *pâvan,* que en zend significa *guardianes,* vigilantes. En griego son los *sátrapas,* Σατράπης, representantes principales del rey en las provincias.
2. סגניא, en hebreo *seganim*, סגנים, palabra que parece provenir (aunque no está probado) del viejo persa *akana,* que significa mandar (cf. Coment. a Dan 2, 48), son los *comandantes,* probablemente los jefes militares de las provincias.
3. פחותא, *pahawatah,* en hebreo פחה, פחות. Es también una vieja palabra persa, cuya etimología y significado no ha sido aún establecido (cf. Coment a Ag 1,1). Se refiere a los *presidentes del gobierno civil,* los guardianes del país (cf. Ag 1,1. 14; Neh 5, 14.18
4. אדרגזריא, *adargazeraih, jueces prin*cipales, del semítico גזר, que significa distinguir, y de אדר, dignidad (cf. אדרמלך). Son propiamente los que ejercen una función de arbitraje, los consejeros del gobierno.
5. גדבריא, *gedabraiah,* una voz de origen ario, de גדבר, que tiene el mismo sentido de גזבר, jefes del tesoro, *superintendentes* del tesoro público.
6. דתבריא, *detabraiah,* del antiguo persa *dâta-bara,* guardianes de la ley, *abogados,* legisladores (cf. דת, ley).
7. תפתיא, *tiptayeh,* palabra semítica, como el árabe *fty,* dar una justa sentencia, es decir, *jueces,* en el sentido más concreto de la palabra.
8. Finalmente, todos los שלטני, *shiltone,* de la misma raíz que *sultán,* aquellos que mandan, es decir, los gobernadores de provincia, los prefectos que están subordinados al gobernador principal (Cf. Dan 2, 48-49).

A todos estos oficiales se les manda "*que ven*gan (מתא de אתא, con pérdida de la א inicial) a la dedicación de la imagen". La objeción de V. Leng. y Hitz., diciendo que esta convocatoria hubiera hecho pararse al gobierno del país, muestra simplemente su ignorancia respecto a los departamentos del gobierno del Estado, y en ningún sentido hace que la narrativa sea dudosa.

Los asuntos del Estado no estaban exclusivamente en las manos de los presidentes de las diversas ramas del gobierno, de manera que su ausencia temporal hubiera puesto en suspenso todos los asuntos del gobierno. חנכה se utiliza para la dedicación de una casa (Dt 20, 5) y también para la de un templo (1 Rey 8, 63; 2 Cron 7, 5; Es 6, 16), y aquí se refiere sin duda a un acto que está relacionado con usos religiosos, por medio de los cuales la imagen quedaba solemnemente consagrada como símbolo del poder del mundo y de su gloria divina, en el sentido pagano (cuando los grandes oficiales del reino caían de bruces ante ella). Aquí se describe ese acto, en la medida en que lo vuelve necesario el objeto del que se trata.

Cuando todos los grandes oficiales del estado se hallaban reunidos, un heraldo proclamaba que tan pronto como se oyera el sonido de la música, todos los presentes, bajo pena de muerte (de ser lanzados al horno de fuego) debían postrarse ante la imagen y rendirle homenaje; y así lo hicieron todos, tan pronto como se dio la señal. La forma 3 (3, קאמין) corresponde al singular 31 (2, קאם), tal como se escribe en siríaco, aunque se lee קימין, y así sustituyen los masoretas la palabra en el Talmud.

La forma común es קימין; cf. Frst., *Lehrgb. der aram. Idiom.* p. 161 y Luzzatto, *Elem. Gram.* p. 33. La expresión לקבל, Dan 3, 3 y Es 4, 16 se funda en קבל, con la semivocal anterior suprimida (absorbida), como en el siríaco *l-kebel*. Sobre כרוזא, *heraldo*, y sobre la forma לכון, cf. Dan 2, 5. אמרין, ellos dicen, en lugar de "está dicho para vosotros". La utilización del pasivo por medio de una forma plural activa empleada de un modo impersonal, sea de un modo participial o por la 3ª persona plural de perfecto se encuentra poco utilizada en hebreo, pero es muy común en caldeo; cf. Ewald, *Lehr. d. hebr. Spr.* 128 b, y Winer, *Chald. Gram.* 49, 3.

La proclamación del heraldo se refiere no solo a los oficiales que habían sido llamado a la festividad, sino a todas las personas presentes pues, además de los oficiales, había allí una gran multitud de pueblo de todas las partes del reino, como ha mostrado justamente M. Geier, de manera que la asamblea estaba formada por personas de varias raza y lenguas.

אמיא indica las tribus del pueblo, como en hebreo אמה, אמות (Gen 25, 15) se refiere a las diversas tribus de Ismael, y en Num 25, 15 a las tribus separadas de los madianitas, y de esa forma su sentido no es tan extenso como el de עמין, pueblos. לשניא, corresponde a הלשות (Is 66, 18) y designa (cf. Gen 10, 5. 20. 31) comunidades de hombres de la misma lengua, y no es una tautología, porque con frecuencia se han dado distinciones entre naciones y lenguas.

Al colocar juntas estas tres palabras (referidas a tribus/pueblos, lenguas y naciones) está indicando todas las naciones, por mucho que ellas puedan hallarse divididas en tribus con diferentes lenguajes, y de esa forma indica que en todo el gran reino nadie puede ser excluido de ese mandato. Este es un modo de expresar (cf. Dan 3,7. 29; 31, 4 y Dan 6, 26) especialmente característico del estilo oratorio del heraldo y del lenguaje oficial de los reinos del mundo, del que Dan 5, 19; 7, 14 hace también uso; es un lenguaje que ha sido utilizado también por el Apocalipsis, de manera que a través de la unión de estos pasajes de Daniel con Is 66, 18, queda ampliado de manera que contiene cuatro grupos: ἔθνη (גוים en Is), φυλλαι, λαοὶ καὶ γλῶσσαι, *pueblos, tribus, naciones y lenguas* (cf. Ap 5, 9; 7, 9; 13, 7; 14, 6; 17, 15).

En este mismo pasaje (Dan 3,7, cf. también 3, 8) זמנא בה se intercambia con בעדנא, *en el momento en que* (Dan 3,5. 15). Pero esa expresión ha de distinguirse de בַּהּ־שַׁעְתָּא, en el mismo momento (Dan 3, 6. 15). שָׁעָא o שָׁעָה tiene en la Biblia Caldea solo el significado de *instante*, momento (cf. Dan 4, 16. 30; 5, 5) y adquiere por ampliación el significado de tiempo corto, hora, en primer lugar en los *targumes* y los rabinos.

En la enumeración de los seis nombres de instrumentos musicales, con la adición de todas las clases de música, se expresa bien el lenguaje pomposo del gobernante del mundo y del heraldo de su poder. Sobre el nombre griego de esos instrumentos véase lo que hemos dicho en la introducción. La gran afición de los babilonios en la música y en los instrumentos de cuerda aparece ya en Is 14, 11 y Sal 137, 3, y está confirmada por el testimonio de Heródoto I, 191 y de Curcio.

3, 5. קרנא, cuerno es la *tuba* o trompeta de gran alcance de sonidos de los antiguos. Es el קרן o שׁופר de los hebreos. Cf. en *Coment.* Jos 6, 5. מַשְׁרוֹקִיתָא, de שׁרק, tocar, es la flauta o la flauta de caña, traducida por los LXX y por Teodoreto como σύριγξ, las flautas de los pastores o del dios Pan, que estaban formadas por varias cañas de diferente anchura y longitud, unidas entre sí, que, según la tradición griega (Pollux, IV. 9, 15) fueron inventadas por dos medos.

קיתרס (en *ketiv*, aunque el *qere*, el Targum y los rabinos dan la forma קתרס) es la *cítara*, κιθάρα o κίθαρις, el harpa, cuya terminación griega en ις se convierte en ος en arameo, como en muchos otros casos semejantes, cf. Ges. *Thes.* p. 1215. סבכא, que corresponde a griego σαμβύκη (*sanbuca*), aunque es una invención siríaca que según Athen. IV. p. 175, es un instrumento de cuatro cuerdas, con un tono agudo y claro, cf. Ges., *Thes.* p. 935.

פְּסַנְתֵּרִין (escrito en Dan 3, con una ט en vez de la ת) se dice en griego ψαλτήριον, pero de manera que la final griega en ιον se abrevia en arameo, convirtiéndose en ין (cf. Ges., *Thes.* p. 1.116). La palabra no tiene etimología semítica. Era un instrumento como un harpa que, según Agustín (sobre Sal 33, 2 y 43, 4) se distinguía de la cítara en esto: mientras que las cuerdas de la cítara pasaban por encima de la tabla de sonido, las del salterio (u órganon) se colocaban debajo de ella. Ese tipo de harpas se encuentran en monumentos egipcios (cf. Rosellini) y también asirios (cf. Layard, *Ninev. and Bab.*, Tabla XIII. 4).

סומפניה, en Dan 3, 10 סיפניה, no deriva de ספן, *contignare, unir*, sino que es la forma aramea de συμφωνία, un instrumento de viento, en forma de gaita, como la *zampoña* o *sampogna* (español, italiano), con dos tubos colocados en un tipo odre donde se recoge y de donde sale el aire. Cf. Ges., *Thes.* p. 941.

זמרא no significa "sonido" sino hacer sonar, es decir, tocar música, de זמר, tocar las cuerdas, ψάλλειν; y como la música del instrumento estaba acompañada del canto, significa también el canto que acompaña a la música. La explicación de זמרא en el sentido de canto está aquí en oposición a כל זני, pues todo tipo de sonidos debían tocase o cantarse uno tras el otro, pero el heraldo habla de una producción simultánea de sonidos.

Aquí no se habla solo de tocar instrumentos de cuerda, pues se nombran también instrumentos de viento. Y así, de un modo especial, en las palabras כל זני זמרא se incluyen todos los restantes instrumentos que no han sido nombrados en particular, de manera que זמרא ha de referirse de un modo particular a tocar todo tipo de instrumentos musicales.

בה־שעתא, *al mismo tiempo*. Aquí estamos ante un uso pleonástico de las palabras, frecuente en el arameo posterior, que consiste en la unión de la preposición con un sufijo que se pone antes del nombre que sigue, como en בדניאל בה, Dan 5, 12, cf. Dan 5, 30. Este uso innecesario tiene en el caldeo bíblico un sentido pleonástico, porque el sufijo pronominal tiene sin duda un significado de demostrativo, como insistiendo en lo dicho.

3, 6-7 4ss. De esa forma se manda rendir homenaje a la imagen, bajo pena de muerte, para aquellos que se nieguen. Dado que el dominio de Nabucodonosor se fundaba no solo en el derecho, sino también en el poder de la conquista (Klief.), y el homenaje que se debía rendir a la imagen no era solo una prueba de sometimiento bajo el poder del rey, sino que implicaba el reconocimiento de sus dioses y de los dioses del reino podían esperarse casos de rechazo.

La petición del rey implicaba sin duda un tipo de opresión religiosa, pero en ningún sentido (en contra de lo que piensan Bleek, v. Leng. y otros críticos) una persecución religiosa como la de Antíoco Epífanes. Aquel paganismo era tolerante, pero todos los reyes paganos exigían que las naciones a ellos sometidas reconocieran también a sus dioses, pues ellos pensaban que sus dioses vencedores eran más poderosos que los dioses de los pueblos vencidos.

Por eso, esos reyes pensaban que el gesto de rechazar a los dioses de su reino era un gesto de hostilidad contra el mismo reino y su monarca, pues cada uno debía honrar al mismo tiempo al monarca y a su Dios nacional. Cualquier pagano podía admitir esto: Que los dioses del pueblo vencedor eran más poderosos que los dioses del pueblo vencido. De esa manera, Nabucodonosor no pedía nada que los pueblos sometidos no le pudieran conceder desde un punto de vista religioso. En ese sentido, para él, el gesto de los judíos que no le rendían homenaje solo podía aparecer como un gesto de oposición a su reino.

Pero los judíos o los israelitas no podían rendir homenaje a los dioses de Nabucodonosor sin negar su fe en que solo Yahvé era Dios, y que, además de él, no había Dios alguno. Según eso, la imposición de Nabucodonosor contra los judíos que no se inclinaban ante su estatua puede parecer una imposición religiosa intolerable, pero es fundamentalmente distinta de la persecución de Antíoco Epífanes contra el judaísmo, pues lo que Antíoco quería es prohibir a los judíos servir a su Dios, bajo pena de muerte, queriendo así destruir con toda dureza la religión de los judíos. Sobre el sentido del horno de fuego, cf. en Dan 3, 22.

3, 8-13

⁸ כָּל־קֳבֵ֤ל דְּנָה֙ בֵּהּ־זִמְנָ֔א קְרִ֖בוּ גֻּבְרִ֣ין כַּשְׂדָּאִ֑ין וַאֲכַ֥לוּ קַרְצֵיה֖וֹן דִּ֥י יְהוּדָיֵֽא:
⁹ עֲנוֹ֙ וְאָ֣מְרִ֔ין לִנְבוּכַדְנֶצַּ֖ר מַלְכָּ֑א מַלְכָּ֖א לְעָלְמִ֥ין חֱיִֽי:
¹⁰ (אַנְתָּה) [אַ֣נְתְּ] מַלְכָּא֮ שָׂ֣מְתָּ טְּעֵם֒ דִּ֣י כָל־אֱנָ֡שׁ דִּֽי־יִשְׁמַ֡ע
קָ֣ל קַרְנָ֣א מַ֠שְׁרוֹקִיתָא (קִיתָרֹס) [קַתְר֨וֹס] שַׂבְּכָ֤א פְסַנְתֵּרִין֙
(וְסִיפֹּנְיָ֔ה) [וְסוּמְפֹּ֣נְיָ֔ה] וְכֹ֖ל זְנֵ֣י זְמָרָ֑א יִפֵּ֥ל וְיִסְגֻּ֖ד לְצֶ֥לֶם דַּהֲבָֽא:
¹¹ וּמַן־דִּי־לָ֥א יִפֵּ֖ל וְיִסְגֻּ֑ד יִתְרְמֵ֕א לְגֽוֹא־אַתּ֥וּן נוּרָ֖א יָקִֽדְתָּֽא:
¹² אִיתַ֞י גֻּבְרִ֣ין יְהוּדָאיִ֗ן דִּֽי־מַנִּ֤יתָ יָתְהוֹן֙ עַל־עֲבִידַת֙ מְדִינַ֣ת
בָּבֶ֔ל שַׁדְרַ֥ךְ מֵישַׁ֖ךְ וַעֲבֵ֣ד נְג֑וֹ גֻּבְרַיָּ֣א אִלֵּ֗ךְ לָא־שָׂ֨מֽוּ (עֲלַיִךְ֙)
[עֲלָ֤ךְ] מַלְכָּא֙ טְעֵ֔ם (לֵאלָהַיִךְ) [לֵֽאלָהָ֣ךְ] לָ֣א פָלְחִ֔ין וּלְצֶ֧לֶם
דַּהֲבָ֛א דִּ֥י הֲקֵ֖ימְתָּ לָ֥א סָגְדִֽין: ס
¹³ בֵּאדַ֤יִן נְבוּכַדְנֶצַּר֙ בִּרְגַ֣ז וַחֲמָ֔ה אֲמַר֙ לְהַיְתָיָ֔ה לְשַׁדְרַ֥ךְ
מֵישַׁ֖ךְ וַעֲבֵ֣ד נְג֑וֹ בֵּאדַ֙יִן֙ גֻּבְרַיָּ֣א אִלֵּ֔ךְ הֵיתָ֖יוּ קֳדָ֥ם מַלְכָּֽא:

⁸ Por esto, en el mismo tiempo algunos hombres caldeos se acercaron y denunciaron a los judíos. ⁹ Hablaron y dijeron al rey Nabucodonosor: ¡Oh rey, para siempre vivas! ¹⁰ Tú, oh rey, has dado la orden de que todo hombre que oiga el sonido de la corneta, de la flauta, de la cítara, de la lira, del arpa, de la zampoña y de todo instrumento de música, se postre y rinda homenaje a la estatua de oro; ¹¹ y que el que no se postre y rinda homenaje sea echado dentro de un horno de fuego ardiendo. ¹² Hay, pues, unos hombres judíos, a quienes tú has designado sobre la administración de la provincia de Babilonia (Sadrac, Mesac y Abed-nego); estos hombres, oh rey, no te han hecho caso. Ellos no rinden culto a tus dioses ni dan homenaje a la estatua de oro que tú has levantado. ¹³ Entonces Nabucodonosor dijo con ira y con enojo que trajesen a Sadrac, a Mesac y a Abed-nego. Luego estos hombres fueron traídos a la presencia del rey.

Los caldeos denunciaron inmediatamente a los tres amigos de Daniel como transgresores del mandamiento del rey. כָּל־קֳבֵל דְּנָה, *por tanto*, es decir, porque los amigos de Daniel, que habían sido colocados como gobernadores de la provincia de Babilonia, no habían rendido homenaje al rey, postrándose delante de la imagen de oro. No se dice expresamente que no obedecieran, pero está implícito en lo que sigue.

גֻּבְרִין כַּשְׂדָּאִין no son los caldeos como astrólogos o magos (כַּשְׂדִּים), sino como *miembros de la nación caldea,* en contraste con los יְהוּדָיֵא, *los judíos*. קְרִבוּ, ellos *vinieron* hasta el rey. אֲכַל קַרְצֵי דִּי, literalmente "comer la carne de alguno" es en arameo la expresión común para calumniar, denunciar. Lo que resulta odioso en su conducta es que ellos utilizaron este momento de desobediencia contra el mandato del rey por parte de los oficiales judíos como una ocasión para removerlos de sus cargos.

Esto significa que ellos (los caldeos) denunciaron a los judíos porque tenían envidia de su posición de influencia, como en Dan 6, 5-6. Evidentemente, ellos estaban molestos por el hecho de que el rey había elevado a estos judíos a lugares de importancia en la provincia de Babilonia. Sobre esta manera de dirigirse en Dan 3, 9, cf. Dan 2, 4.

שִׂים טְעֵם significa en Dan 3, 12 *rationem reddere*, fijarse en, *dar razón de*. Por el contrario, en Dan 3, 10 esa expresión significa, como en otros casos, *dar una opinión contraria*, insistir en un juicio, es decir, publicar una acusación. Aquí ha de mantenerse como correcto el *ketiv* לֵאלָהָיִךְ (Dan 3, 12), en contra del *qere* que prefiere la forma singular לֵאלָהָךְ, que tiene el mismo sonido que el plural contracto.

En nuestro caso, el *qere*, lo mismo que en Dan 3,18, apoyándose en לֶאֱלָהִי, se funda en la idea de que al honrar al Dios de Nabucodonosor no se está pensando solo en honrar a la imagen material, sino a lo que ella representa, de manera que el hecho de no rendir homenaje a la estatua está implicando que ellos, los tres judíos, no honraban a los dioses de Nabucodonosor. Esto es lo que ponen de relieve los acusadores, a fin de encender la indignación del rey. En esa línea comenta Hitz. rectamente:

> Estos caldeos conocían a los tres jóvenes, que habían sido colocados en puestos por los que eran bien conocidos, y al mismo tiempo les tenían envidia, ya antes de esta acusación. Ellos sabían ya desde atrás que estos tres judíos no adorarían a los ídolos; pero solo en esta ocasión, cuando su religión hizo necesario que los judíos desobedecieran el mandato del rey, ellos hicieron uso de su conocimiento y les acusaron.

Estos acusadores habían logrado su objetivo, y así Nabucodonosor muestra su furia y su enfado con los que no han cumplido su mandato por el que ordena que traigan ante su presencia a los rebeldes. הֵיתָיו, a pesar de su semejanza con la forma hebrea *hifil* de הֵתִיו (cf. Is 21, 14) no es un *afel* activo hebraizante, sino que, como muestra הֵיתִית (Dan 6,18), es una forma pasiva hebraizante del *afel*, pues la forma activa es הֵיתִיו (Dan 5, 3). Esta formación pasiva es peculiar de la Biblia Caldea, y en lugar de ella los targumes emplean el *itafel*

3, 14-18: juicio de los acusados

¹⁴ עָנֵה נְבוּכַדְנֶצַּר וְאָמַר לְהוֹן הַצְדָּא שַׁדְרַךְ מֵישַׁךְ וַעֲבֵד נְגוֹ לֵאלָהַי לָא אִיתֵיכוֹן פָּלְחִין וּלְצֶלֶם דַּהֲבָא דִּי הֲקֵימֶת לָא סָגְדִין׃
¹⁵ כְּעַן הֵן אִיתֵיכוֹן עֲתִידִין דִּי בְעִדָּנָא דִּי־תִשְׁמְעוּן קָל קַרְנָא מַשְׁרוֹקִיתָא (קִיתָרֹס) [קַתְרוֹס] שַׂבְּכָא פְּסַנְתֵּרִין וְסוּמְפֹּנְיָה וְכֹל זְנֵי זְמָרָא תִּפְּלוּן וְתִסְגְּדוּן לְצַלְמָא דִי־עַבְדֵת וְהֵן לָא תִסְגְּדוּן בַּהּ־שַׁעֲתָא תִתְרְמוֹן לְגוֹא־אַתּוּן נוּרָא יָקִדְתָּא וּמַן־הוּא אֱלָהּ דִּי יְשֵׁיזְבִנְכוֹן מִן־יְדָי׃
¹⁶ עֲנוֹ שַׁדְרַךְ מֵישַׁךְ וַעֲבֵד נְגוֹ וְאָמְרִין לְמַלְכָּא נְבוּכַדְנֶצַּר

לָא־חַשְׁחִין אֲנַחְנָה עַל־דְּנָה פִּתְגָם לַהֲתָבוּתָךְ׃
17 הֵן אִיתַי אֱלָהַנָא דִּי־אֲנַחְנָא פָּלְחִין יָכִל לְשֵׁיזָבוּתַנָא
מִן־אַתּוּן נוּרָא יָקִדְתָּא וּמִן־יְדָךְ מַלְכָּא יְשֵׁיזִב׃
18 וְהֵן לָא יְדִיעַ לֶהֱוֵא־לָךְ מַלְכָּא דִּי לֵאלָהָיִךְ לָא־(אִיתַיְנָא)
[אִיתַנָא] פָּלְחִין וּלְצֶלֶם דַּהֲבָא דִּי הֲקֵימְתָּ לָא נִסְגֻּד׃ ס

¹⁴ Y Nabucodonosor habló y les dijo: ¿Es verdad, Sadrac, Mesac y Abed-nego, que vosotros no rendís culto a mi dios, ni dais homenaje a la estatua de oro que he levantado? ¹⁵ Ahora pues, ¿estáis listos para que al oír el sonido de la corneta, de la flauta, de la cítara, de la lira, del arpa, de la zampoña y de todo instrumento de música os postréis y rindáis homenaje a la estatua que he hecho? Porque si no le rendís homenaje, en la misma hora seréis echados en medio de un horno de fuego ardiendo. ¿Y qué dios será el que os libre de mis manos? ¹⁶ Sadrac, Mesac y Abed-nego respondieron y dijeron al rey: Oh Nabucodonosor, no necesitamos nosotros responderte sobre esto. ¹⁷ Si es así, nuestro Dios, a quien rendimos culto, puede librarnos del horno de fuego ardiendo; y de tu mano, oh rey, nos librará. ¹⁸ Y si no, que sea de tu conocimiento, oh rey, que no hemos de rendir culto a tu dios ni tampoco hemos de dar homenaje a la estatua que has levantado. ¹⁹ Entonces Nabucodonosor se llenó de ira, y se alteró la expresión de su rostro contra Sadrac, Mesac y Abed-nego. Ordenó que el horno fuese calentado siete veces más de lo acostumbrado,

3, 14. Los traductores antiguos interpretan incorrectamente la pregunta הצדא como *¿es verdad que?* (como hace la traducción de Reina-Valera). Nabucodonosor no duda en modo alguno de la justicia de la acusación, de manera que צדא no tiene ese significado de pregunta sobre la realidad del hecho. Tampoco parece adecuado dar a esa palabra el sentido de injusticia/desprecio que אצדי tiene en arameo, como han querido mostrar L. de Dieu, Hv. y Kran., pues en el caso de que el rey hubiera visto en el rechazo de rendir homenaje a su imagen un desprecio a sus dioses, él no hubiera repetido públicamente su mandato a los tres jóvenes, ni les hubiera concedido la posibilidad de escapar del castigo, como él hizo (Dan 3, 15).

Según eso, compartimos la visión de Hitz. y Klief., que interpretan esa palabra desde el hebreo צדיה (Num 35, 20), en el sentido de *resolución mala* (=contraria al deseo del rey), y no meramente de intención mala, como han visto Gesen., Winer y otros. Ciertamente, los tres jóvenes han actuado en contra de la voluntad del rey, pero quizá su actitud no es aún definitiva, por eso el rey les ofrece la posibilidad de retractarse o de pensar mejor su decisión. Eso significa que el rey piensa que el motivo de la transgresión no se encuentra aún fijado, de manera que ellos podrían cambiar. Por eso les pregunta si tienen ya tomada firmemente la decisión de no obedecer.

3, 15. Consta de dos partes, de una pregunta del rey a los jóvenes, y de una amenaza en el caso de que no le obedezcan. עתידין ha de unirse a la cláusula que sigue, con תִּפְּלוּן ... דִּי, que no es un circunloquio para el futuro (como ha visto Winer, *Chald. Gram.* 45, 2). La conclusión de la primera parte del verso (con su pregunta: ¿obedecerán o no obedecerán?) no se dice expresamente, porque ella es evidente por todo lo que sigue: en el caso de que los jóvenes no obedezcan serán arrojados en el horno ardiente. Una construcción semejante en Ex 32, 32; Lc 13, 9.

Para dar más fuerza a su amenaza, Nabucodonosor añade que no podrá haber ningún Dios que les libre de sus manos. En este caso, Hitz. no tiene razón al suponer que aquí se incluye una blasfemia contra Yahvé, como la de Senaquerib en Is 37, 10. El caso es diferente: Senaquerib elevaba a sus dioses por encima de Yahvé el Dios de los judíos. Por el contrario, Nabucodonosor se limita a decir que ningún Dios puede realizar la obra de liberarles del horno ardiente. En esa línea él solo compara de un modo indirecto al Dios de los judíos con el Dios de los paganos.

3, 16. En contra de lo que suponen los acentos, en la respuesta de los acusados, נְבוּכַדְנֶצַּר no ha de tomarse en aposición a לְמַלְכָּא, porque, como ha indicado rectamente Kran., una omisión intencional de מלכא al dirigirse a Nabucodonosor resulta tan poco probable (según Dan 3, 18, donde מלכא aparece en el discurso) como el hecho de que el *atnah* se coloque bajo el לְמַלְכָּא solamente a causa de la aposición anterior para separar de esa palabra el nombre propio del rey; por otra parte resulta muy poco probable que ese *antah* se haya colocado en ese lugar solo por error, cosa que resulta inaceptable dada la precisión del texto.

La forma directa en que los tres jóvenes se dirigen al rey, llamándole por su nombre corresponde a la forma en que el rey se ha dirigido a ellos en las palabras anteriores de 3, 14. De aquí no se deduce, en contra de lo que supone Hitz., que ellos se dirigen al rey como si fuera un plebeyo, sino que, como en la palabra anterior de 3, 14 esa manera directa de dirigirse al interlocutor pone de relieve la impresión que cada uno quiere causar en la persona a la que se dirige.

פתגם es el acusativo, y no ha de conectarse con עַל דְּנָה: *en cuanto a este mandato* (Hv.). Si el demostrativo viniera delante del nombre, el nombre debería hallarse en estado absoluto, como en Dan 4, 15. פִתְגָם, del zend *paiti*, en el sentido de πρός. Por su parte, *gâm* es ir, y de una forma precisa "aquello que va" (que se emite), y en esa línea recibe el sentido de *mensaje, edicto*, y de un modo general de *palabra* (como en este caso) y de *asunto, cosa* (cf. Es 6, 11), como frecuentemente en el targum, correspondiendo al hebreo דבר, que es también *cosa*.

3, 17-18. יָכִל indica una habilidad ética, es decir, la habilidad que está limitada por la santidad divina y por la justicia, no la omnipotencia de Dios en cuanto tal. Por eso, los acusados no tienen duda ni ponen en cuestión la omnipotencia divina delante del rey pagano. La conclusión comienza después del *atnah* y הֵן no significa *mira, he aquí* (como suponen las versiones antiguas y muchos intérpretes modernos), para lo que Daniel utiliza constantemente la palabra אֲלוּ o אֲרוּ, sino que significa *si (en el caso de que)*, como pide aquí el contraste con וְהֵן לָא, y como implica *si no…*de Dan 3, 18.

Así aparece en la respuesta: "Si nuestro Dios puede librarnos (=si nos libra)… pero, aunque si no nos librase no serviremos a tus dioses…". Estas palabras no indican ni audacia ni una expectación supersticiosa de algún milagro (3, 17) ni fanatismo (3, 18), como suponen Berth., v. Leng. y Hitz., sino solo la confianza de la fe y una sumisión humilde a la voluntad de Dios.

Los tres descubren con claridad que su perspectiva y la del rey son totalmente diferentes, y que su forma de entender las cosas no podrá ser entendida con claridad por Nabucodonosor y que, por tanto, ellos omiten todo tipo de justificarse a sí mismos con razones. Simplemente añaden que no pueden hacer lo que les piden, porque ello sería totalmente contrario a su fe y a su conciencia. Y de esa forma, sin fanatismo, renuncian a responder y dicen al rey solamente que haga lo que haya de hacer, poniendo su liberación en manos de Dios, sin ningún tipo de superstición (Klief.).

3, 19-27. Juicio contra los acusados, castigo y liberación milagrosa

19 בֵּאדַ֨יִן נְבוּכַדְנֶצַּ֜ר הִתְמְלִ֣י חֱמָ֗א וּצְלֵ֤ם אַנְפּ֙וֹהִי֙ (אֶשְׁתַּנּ֔וּ) [אֶשְׁתַּנִּ֔י] עַל־שַׁדְרַ֥ךְ מֵישַׁ֖ךְ וַעֲבֵ֣ד נְג֑וֹ עָנֵ֤ה וְאָמַר֙ לְמֵזֵ֣א לְאַתּוּנָ֔א חַד־שִׁבְעָ֕ה עַ֛ל דִּ֥י חֲזֵ֖ה לְמֵזְיֵֽהּ׃

20 וּלְגֻבְרִ֤ין גִּבָּֽרֵי־חַ֙יִל֙ דִּ֣י בְחַיְלֵ֔הּ אֲמַר֙ לְכַפָּתָ֔ה לְשַׁדְרַ֥ךְ מֵישַׁ֖ךְ וַעֲבֵ֣ד נְג֑וֹ לְמִרְמֵ֕א לְאַתּ֖וּן נוּרָ֥א יָקִֽדְתָּֽא׃

21 בֵּאדַ֜יִן גֻּבְרַיָּ֣א אִלֵּ֗ךְ כְּפִ֙תוּ֙ בְּסַרְבָּלֵיהוֹן֙ (פַּטִּישֵׁיה֔וֹן) [פַּטְשֵׁיה֔וֹן] וְכַרְבְּלָתְה֖וֹן וּלְבֻשֵׁיה֑וֹן וּרְמִ֕יו לְגֽוֹא־אַתּ֥וּן נוּרָ֖א יָקִֽדְתָּֽא׃

22 כָּל־קֳבֵ֣ל דְּנָ֗ה מִן־דִּ֞י מִלַּ֤ת מַלְכָּא֙ מַחְצְפָ֔ה וְאַתּוּנָ֖א אֵזֵ֣ה יַתִּ֑ירָא גֻּבְרַיָּ֣א אִלֵּ֗ךְ דִּ֤י הַסִּ֙קוּ֙ לְשַׁדְרַ֤ךְ מֵישַׁךְ֙ וַעֲבֵ֣ד נְג֔וֹ קַטִּ֣ל הִמּ֔וֹן שְׁבִיבָ֖א דִּ֥י נוּרָֽא׃

23 וְגֻבְרַיָּ֤א אִלֵּךְ֙ תְּלָ֣תֵּה֔וֹן שַׁדְרַ֥ךְ מֵישַׁ֖ךְ וַעֲבֵ֣ד נְג֑וֹ נְפַ֛לוּ לְגֽוֹא־אַתּוּן־נוּרָ֥א יָקִֽדְתָּ֖א מְכַפְּתִֽין׃ פ

24 אֱדַ֙יִן֙ נְבוּכַדְנֶצַּ֣ר מַלְכָּ֔א תְּוַ֖הּ וְקָ֣ם בְּהִתְבְּהָלָ֑ה עָנֵ֨ה וְאָמַ֜ר לְהַדָּֽבְר֗וֹהִי הֲלָא֩ גֻבְרִ֨ין תְּלָתָ֜א רְמֵ֤ינָא לְגוֹא־נוּרָא֙ מְכַפְּתִ֔ין עָנַ֤יִן וְאָמְרִין֙ לְמַלְכָּ֔א יַצִּיבָ֖א מַלְכָּֽא׃

25 עָנֵ֣ה וְאָמַ֗ר הָֽא־אֲנָ֨ה חָזֵ֜ה גֻּבְרִ֣ין אַרְבְּעָ֗ה שְׁרַ֙יִן֙ מַהְלְכִ֣ין בְּגֽוֹא־נוּרָ֔א וַחֲבָ֖ל לָא־אִיתַ֣י בְּה֑וֹן וְרֵוֵהּ֙ דִּ֣י (רְבִיעָיָ֔א) [רְבִֽיעָאָ֔ה] דָּמֵ֖ה לְבַר־אֱלָהִֽין׃ ס

26 בֵּאדַ֜יִן קְרֵ֣ב נְבוּכַדְנֶצַּ֗ר לִתְרַע֮ אַתּ֣וּן נוּרָ֣א יָקִֽדְתָּא֒ עָנֵ֣ה וְאָמַ֗ר שַׁדְרַ֨ךְ מֵישַׁ֜ךְ וַעֲבֵד־נְג֗וֹ עַבְד֙וֹהִי֙ דִּֽי־אֱלָהָ֣א (עִלָּיָ֔א) [עִלָּאָ֔ה] פֻּ֣קוּ וֶאֱת֑וֹ בֵּאדַ֣יִן נָֽפְקִ֗ין שַׁדְרַ֥ךְ מֵישַׁ֛ךְ וַעֲבֵ֥ד נְג֖וֹ מִן־גּ֥וֹא נוּרָֽא׃

27 וּ֠מִֽתְכַּנְּשִׁין אֲחַשְׁדַּרְפְּנַיָּ֞א סִגְנַיָּ֣א וּפַחֲוָתָא֮ וְהַדָּבְרֵ֣י מַלְכָּא֒

חָזֵין לְגֻבְרַיָּא אִלֵּךְ דִּי לָא־שְׁלֵט נוּרָא בְּגֶשְׁמְהוֹן וּשְׂעַר
רֵאשְׁהוֹן לָא הִתְחָרַךְ וְסָרְבָּלֵיהוֹן לָא שְׁנוֹ וְרֵיחַ נוּר לָא עֲדָת בְּהוֹן׃

¹⁹ Entonces Nabucodonosor se llenó de ira, y se alteró la expresión de su rostro contra Sadrac, Mesac y Abed-nego. Ordenó que el horno fuese calentado siete veces más de lo acostumbrado, ²⁰ y mandó a hombres muy fornidos que tenía en su ejército que atasen a Sadrac, a Mesac y Abed-nego para echarlos en el horno de fuego ardiendo. ²¹ Entonces estos hombres fueron atados, con sus mantos, sus túnicas, sus turbantes y sus otras ropas, y fueron echados dentro del horno de fuego ardiendo. ²² Porque la orden del rey era apremiante y el horno había sido calentado excesivamente, una llamarada de fuego mató a aquellos hombres fuertes que habían levantado a Sadrac, a Mesac y a Abed-nego. ²³ Y estos tres hombres, Sadrac, Mesac y Abed-nego, cayeron atados dentro del horno de fuego ardiendo. ²⁴ Entonces el rey Nabucodonosor se alarmó y se levantó apresuradamente. Y habló a sus altos oficiales y dijo: ¿No echamos a tres hombres atados dentro del fuego? Ellos respondieron al rey: Es cierto, oh rey. ²⁵ Él respondió: He aquí, yo veo a cuatro hombres sueltos que se pasean en medio del fuego, y no sufren ningún daño. Y el aspecto del cuarto es semejante a un hijo de los dioses. ²⁶ Entonces Nabucodonosor se acercó a la puerta del horno de fuego ardiendo y llamó diciendo: ¡Sadrac, Mesac y Abed-nego, siervos del Dios Altísimo, salid y venid! Entonces Sadrac, Mesac y Abed-nego salieron de en medio del fuego. ²⁷ Y se reunieron los sátrapas, los intendentes, los gobernadores y los altos oficiales del rey para mirar a estos hombres; cómo el fuego no se había enseñoreado de sus cuerpos, ni se había quemado el cabello de sus cabezas, ni sus mantos se habían alterado, ni el olor del fuego había quedado en ellos.

3, 19-20. Tras el rechazo decidido de los acusados de adorar a sus dioses, Nabucodonosor cambió su forma de mostrarse ante ellos. Lleno de ira por la obstinación que ellos mostraban, él mando que el horno se calentara siete veces por encima de lo ordinario (3, 19), y que unos hombres fuertes de su ejército ataran a los rebeldes con sus ropas y que después los arrojaran al fuego (3, 20-21). Cambió de esa manera su rostro y la ira se mostró en las facciones de su cara.

El *ketiv* אשתנו (plural) se refiere al genitivo plural [אנפוהי, "su expresión", "su rostro"] indicando así la idea principal de la frase. Ese *ketiv* no debe cambiarse y ponerse en singular como propone el *qere*. Por su parte, למזא está en lugar de למאזא. Sobre הד־שבעה, siete veces, cf. Winer, *Chald. Gram.* 59, 5. על די חזה, más allá de lo acostumbrado, es decir, de lo necesario. El número *siete* se emplea para indicar una cantidad muy alta, un gran número, con referencia al significado religioso del castigo.

3, 21. De entre las diferentes partes del vestido, סרבלין no son *pantalones*, sino unas *prendas interiores cortas*, de manera que, según Hitz., la numeración va pasando de las prendas interiores a las exteriores. Esta indicación, siendo correcta en sí misma, no prueba nada sobre la forma en que están cubiertas las piernas. Hitz. atribuye a סרבלין ese significado apelando al neo-persa *shalwâr*, que en árabe es *sarâ*wîl; cf. Haug, en Ew., *Bibl. Jahrbb*. p. 162. Pero ese término responde a la palabra semítica genuina *sirbal*, que significa *túnica* (*indusium*), cf. Ges., *Thes*. 970,y *Heb. Lex*., ver entrada correspondiente[33].

Según eso, סרבלין indica la ropa interior, que se pone directamente sobre el cuerpo, como nuestras camisetas/calzoncillos. El sentido de פטישיהון, cuyo *qere* utiliza la forma פטשיהון, que corresponde al siríaco *petšayhūn*, queda explicado en la traducción hebrea del caldeo de Daniel por כתנת, túnica. Esa palabra caldea (פטישיהון) deriva de פשט, *expandit* (lo que se expande, con transposición de la segunda y tercera radicales). Los lexicógrafos sirios aplican de esa forma la palabra siríaca.

La traducción de Teodocion, τιάραι, se apoya probablemente solo en la semejanza de sonido del griego πέτασος, lo que cubre la cabeza de los *jóvenes*, es decir, de los ἔφηβοι. Por su parte, כרבלן son los *mantos*, de כרבל, de la raíz כבל, atar, poner alrededor con una erre (ר) intercalada, que aparece en 1 Cron 15, 27, y que se aplica a lo que se pone *alrededor o sob*re, en el sentido de מעיל (el vestido de arriba).

לבושיהון son las otras piezas del vestido (Aben Ezra y otros), no los mantos. La palabra לבוש puede utilizarse especialmente de los vestidos exteriores (Hitz.); pero ello no se puede probar de Job 24,7 y 2 Rey 10,22. Según todo eso, aquí

---

33. Los LXX han omitido en su traducción la palabra סרבלין. Teodoreto la ha traducido por σαράβαρα, y la tercera pieza de vestido citada (כרבלן) la traduce por περικνημῖδες, que los LXX han traducido por τιάρας ἐπὶ τῶν κεφαλῶν (*tiaras sobre las cabezas*). Teodoreto la explica así: περικνημῖδας δὲ τὰς καλουμένας ἀναξυρίδας λέγει. Seg Herod. VII. 161, éstas son las ἀναχυρίδες, es decir, las *braccae*, un tipo de pantalones de lana que los persas llevan περὶ τὰ σκέλεα, *en torno a las piernas*.

En relación a las Σαράβαρα, Teodoreto señala: ἔστι Περσικῶν περιβολαίων εἴδη, *son como un tipo de pantalones persas*. De esa manera, Teodoreto y Teodoro distinguen expresamente las σαράβαρα (סרבלין) y las περικνημῖδες. Pero la falsa interpretación de סרבלין, en sentido de *pantalones*, ha llevado a confundir esta palabra con כרבל, identificando el sentido de las dos, e intepretando las περικνημῖδες con un tipo de *prenda para cubrir los pies*. Por su parte, la Vulgata traduce así este pasaje: "cum braccis suis et tiaris et calceamentis et vestibus" (con sus pantalones y tiaras y calzados y vestidos". Por su parte, Lutero pone "mantos, zapatos y sombreros".

Esta confusión de las dos palabras fue asumida por los escoliastas griegos, y para ello puede haber contribuido el hecho de que la palabra persa *shalwâ*r fue traducida al árabe como *saravilu*. Suidas ofrece la interpretación recta (pero con una parte falsa), cuando dice Σαράβαρα ἐσθὴς Περσικὴ ἔνιοι δὲ λέγουσι βρακία (en el sentido de: *los persas llaman sarabara a lo que llamamos braquia, pantalones*). Por otra parte, Hesiquio identifica las σαράβαρα con las βρακία, κνημῖδες, σκελέαι (un tipo de pantalones, lo que se pone en las piernas). En esa línea, esa palabra, en las formas de *sarabara, siravara, saravara o saraballa, sarabela*, se utiliza comúnmente en la Edad Media para indicar los *pantalones*, y ha sido adoptado o transformadas en varios idiomas modernos, cf. Gesen. *Thes*. p. 971.

tenemos los tres tipos de vestido que según Heródoto I. 195, llevaban los babilonios, es decir:

- El סרבלין, el κιθῶν ποδηρεκὴς λίνεος (ropa interior de lino).
- El פטיש que se pone encima, ἄλλον εἰρίνεον κιθῶνα (una especie de *jitón* griego túnica).
- Y el כרבלא que se pone encima de eso, χλανίδιον λευκόν (un tipo de manto blanco). Por su parte, bajo la palabra לבושיהון hay que entender los otros elementos de la vestimenta, que cubren los pies y la cabeza[34].

Los diversos elementos del vestido, que están compuestos de material que se inflama con facilidad, se mencionan sin duda en relación con el milagro que sigue, pues se dice que incluso esos vestidos quedaron intactos en el horno ardiente (Dan 3, 27). En la naturaleza fácilmente inflamable de esos materiales, es decir, del fino κιθῶν ποδηνεκὴς λίνεος (*la larga túnica de lino*) tenemos que buscar la razón por la que los acusados fueron atados a sus vestidos y no, como piensan Teodoreto y otros, en el hecho de que la sentencia se tuvo que cumplir con toda prisa.

3, 22-23. מן די (*por eso*, porque la orden del rey...), una nueva expresión aclaratoria, añadida a כל־קבל דנה (totalmente por esa causa...): porque la orden del rey era apremiante y a consecuencia de ello (con ו), el horno había sido encendido a gran temperatura. Las palabras גבריא אלך (estos hombres fuertes: גבריא) están aquí en estado absoluto, y quedan retomadas por el pronombre המון después del verbo קטל. Si las tres víctimas fueron arrojadas al horno, ese horno debe haber tenido una boca superior, a través de la cual se arrojaba a las víctimas.

Cuando el horno se calentaba a una temperatura ordinaria, eso podía hacerse sin peligro para aquellos que arrojaban dentro a las víctimas, para que se quemaran allí; pero en ese caso el calor del fuego era tan grande que los mismos siervos perecieron al arrojar a las víctimas. Esta circunstancia se indica también para mostrar la grandeza del milagro de los tres jóvenes, que quedaron sin sufrir daños en medio del horno. Lo mismo se indica por la triple repetición de la palabra מכפתין, *atados*, Dan 3, 23, que además queda destacada aquí, hacia el final del pasaje, para preparar por contraste la palabra siguiente, que será שרין, *en libertad*, libre de ataduras (Dan 3, 25)[35].

---

34. Con esta descripción de los vestidos hemos superado la falsa interpretación de aquellos que rechazan el carácter histórico de la narración (cf. v. Leng. y Hitz.) cuando, partiendo de la afirmación de Heródoto, aseguran que los babilonios no llevaban pantalones, que empezaron a ser utilizados por los persas, que los tomaron de los medos.

35. Entre Dan 3,24 y 3, 24, el texto de los LXX han introducido la oración de Azarías y el canto de los tres jóvenes en el horno ardiente, vinculando estos himnos con una narración que explica la muerte de los caldeos que arrojaron a los jóvenes al horno, y con el milagro de la liberación

3, 24-27. El rey, que estaba sentado esperando la conclusión del asunto, miró hacia el horno, a través de la puerta, y observó que los tres que habían sido arrojados al horno caminaban libres de ataduras y sin daño alguno. Y, en realidad, él no vio solo a tres, sino también a un cuarto, al lado de ellos, como un "hijo de los dioses".

Al descubrir eso, el rey quedó asombrado y aterrado. Él se levantó de prisa, y habiéndose asegurado con sus consejeros que los que habían sido arrojados al horno, atados, eran tres, mientras que él veía a cuatro, caminando por el horno, se aproximó a la boca del horno y gritó a los tres y les dijo que salieran. Ellos salieron inmediatamente y fueron examinados por los oficiales del Estado, allí reunidos, y ellos descubrieron que no habían recibido daño alguno en sus cuerpos, y que sus vestiduras tampoco habían sufrido daño alguno, y que no olían a fuego.

הדברין se refiere, sin duda, a los *oficiales del reino*, ministros o consejeros de Estado, que se hallaban sentados muy cerca del rey, y que se nombran en Dan 3, 27 y 6,8, además de en Dan 4, 23, durante la locura de Nabucodonosor (como aquellos que en ese tiempo realizaron la tarea del gobierno). De todas formas, el sentido literal de la palabra no se conoce bien.

No es claro que derive del caldeo דברין, *duces* (los dirigentes), con artículo hebreo (Gesenius), derivación que solo puede apoyarse en מדברא (Prov 11,14; Targum). Además, esa derivación carece de analogías, pues no conocemos ningún caso en el que el artículo no funcione con un nombre en las lenguas semíticas.

El Corán no ofrece analogías, pues la unión de la palabra con el artículo (como en muchos derivados de palabras castellanas de origen árabe), solo se encuentra en dialectos más modernos. P. v. Bohlen (*Symbolae ad interp. s. Codicis ex ling. pers.* p. 26) ha postulado el origen persa de esa palabra, que derivaría de una voz que significa *simul judex*, es decir, *socio en el juicio*; pero esa derivación se opone no solo al hecho de la compensación de la *mem* con un *dagesh*, sino a la misma composición y significado de la palabra, que tiene muy poca probabilidad de tener ese sentido.

El cuarto hombre al que Nabucodonosor vio en el horno tenía la apariencia de un *hijo de los dioses,* es decir, de alguien de la raza de los dioses, de alguien que suscitaba *veneración*. Ese mismo personaje aparece en 3, 28 como un *ángel de Dios*, y así le llama Nabucodonosor, siguiendo las concepciones religiosas de los judíos, después de la conversación que él tuvo sin duda con los tres salvados.

Por otro lado, aquí, siguiendo el espíritu y doctrina babilónica de la divinidad, él habla de *dioses (hijo de dioses),* reflejando, de esa manera, la representación teogónica de la συζυγία o *dualidad* y *generación* de los dioses, que se hallaba presente en todas las religiones orientales. Entre los babilonios se habla, sin duda

---

de los amigos de Daniel. Sobre el carácter apócrifo de estas narraciones, compuestas en lenguaje griego y que Lutero ha colocado con razón entre los apócrifos, cf. mi *Lehr. der Einl. in d. A. Test.* 251.

alguna, de una divinidad femenina llamada Mylitta, asociada con *Bel.* Cf. Hgst., *Beitr.* I. p. 159, y Hv., Kran. y Klief. in loco.

Partiendo de este supuesto (de que el cuarto es un "hijo de dioses"), que sirve para mostrar que la liberación de los acusados se debe a la intervención milagrosa de la divinidad, Nabucodonosor se acerca a la puerta del horno y grita a los tres hombres para que salgan fuera, dirigiéndose a ellos como a siervos (adoradores) del Dios supremo. Esta forma de actuar no va más allá del círculo de las ideas paganas. Nabucodonosor no se dirige al Dios de Sidrac, Misac y Abed-nego, el único Dios verdadera, sino solo al Dios más alto, al jefe de los dioses, ciertamente a aquel al que los griegos llamaban Zeus o ὕψιστος θεός, el Dios Supremo.

El *ketiv* עליא (en siríaco elāyà, *preservar*) aparece vocalizado y puntuado aquí por los masoretas, lo mismo que en los restantes lugares de Daniel (cf. Dan 3, 32; 4, 14. 21 etc.) en la forma de עילאה (con ה), forma que sigue apareciendo en el Targum. Las formas גשם, גשמא son propias de Daniel (cf. 3, 27 ss; 4, 30; 5, 21; 7, 11). El Targum pone גושמא en vez de esas palabras (גשם, גשמא).

3, 28-30. La impresión que ese hecho produjo en Nabucodonosor

עָנֵה נְבוּכַדְנֶצַּר וְאָמַר בְּרִיךְ אֱלָהֲהוֹן דִּי־שַׁדְרַךְ מֵישַׁךְ [28]
וַעֲבֵד נְגוֹ דִּי־שְׁלַח מַלְאֲכֵהּ וְשֵׁיזִב לְעַבְדוֹהִי דִּי הִתְרְחִצוּ
עֲלוֹהִי וּמִלַּת מַלְכָּא שַׁנִּיו וִיהַבוּ (גֶשְׁמֵיהוֹן) [נֶשְׁמְהוֹן] דִּי
לָא־יִפְלְחוּן וְלָא־יִסְגְּדוּן לְכָל־אֱלָהּ לָהֵן לֵאלָהֲהוֹן:
וּמִנִּי שִׂים טְעֵם דִּי כָל־עַם אֻמָּה וְלִשָּׁן דִּי־יֵאמַר (שֵׁלָה) [29]
[שָׁלוּ] עַל אֱלָהֲהוֹן דִּי־שַׁדְרַךְ מֵישַׁךְ וַעֲבֵד נְגוֹא הַדָּמִין
יִתְעֲבֵד וּבַיְתֵהּ נְוָלִי יִשְׁתַּוֵּה כָּל־קֳבֵל דִּי לָא אִיתַי אֱלָהּ
אָחֳרָן דִּי־יִכֻּל לְהַצָּלָה כִּדְנָה: [30] בֵּאדַיִן מַלְכָּא הַצְלַח לְשַׁדְרַךְ מֵישַׁךְ וַעֲבֵד נְגוֹ בִּמְדִינַת בָּבֶל: פ

[28] Nabucodonosor exclamó diciendo: Bendito sea el Dios de Sadrac, de Mesac y de Abed-nego, que envió a su ángel y libró a sus siervos que confiaron en él y desobedecieron el mandato del rey; pues prefirieron entregar sus cuerpos antes que rendir culto o dar homenaje a cualquier dios, aparte de su Dios. [29] Luego, de mi parte es dada la orden de que en todo pueblo, nación o lengua, el que hable mal contra el Dios de Sadrac, de Mesac y de Abed-nego, sea descuartizado, y su casa sea convertida en ruinas. Porque no hay otro dios que pueda librar así como él. [30] Entonces el rey hizo prosperar a Sadrac, a Mesac y a Abed-nego en la provincia de Babilonia.

La maravillosa liberación de los tres de las llamas del horno produjo tal impresión en Nabucodonosor que él cambió el juicio anterior sobre el Dios de los judíos, al que consideraba inferior (3,15), y habló ahora en alabanza del poder de ese Dios.

Él no solo proclamó que ese Dios había salvado a sus siervos (Dan 3, 28), sino que, a través de un edicto publicado para todos los pueblos de su reino, prohibió bajo pena de muerte cualquier deshonra que se hiciera en contra del Dios de los judíos (3, 29).

De todas formas, Nabucodonosor no se convirtió al Dios verdadero. Ni reconoció a Yahvé como el único y solo Dios verdadero, ni mandó que se le adorara. Él declaró solamente que ese Dios de los judíos era capaz de salvar a sus siervos, como ningún otro dios podía hacerlo, limitándose a prohibir todo desprecio o deshonor en contra de ese Dios. Por eso, cualquiera que dijera algo erróneo o injusto en contra del Dios de Sidrac, etc. sería condenado a muerte.

שֵׁלָה, de שָׁלָה, *errar* (pecar), cometer una falta. El *qere* pone שָׁלוּ, que aparece en Dan 6, 5; Es 4, 22 y en los *targumes*, pero sin razón suficiente, pues ambas formas aparecen en otras palabras y se dan al mismo tiempo, por ejemplo ארמלא, *viuda*, con ארמלו, *viudez*. Según eso, שָׁלוּ en abstracto significa *error*; שָׁלָה en concreto *lo que es erróneo*. Hitz. piensa que ese mandato del edicto es por un lado muy estrecho y por otro lado inaplicable, porque un error, una simple equivocación debería ser siempre perdonada. Pero la distinción entre una falta que proviene de una equivocación y una que viene de la mala intención no responde al edicto de un déspota oriental, que se expresa de un modo tajante, sin distinguir entre transgresiones reales y meras equivocaciones.

Menos importancia ha de atribuirse todavía a la objeción de que la aplicación del edicto puede haber tenido dificultades, pues esta objeción no puede poner en duda el carácter histórico de la narración. Igual que los caldeos habían vigilado a los judíos y les habían acusado de desobediencia, así los judíos extendidos por el reino podían acusar a los caldeos ante los tribunales paganos, diciendo que blasfemaban contra su Dios.

Con respecto a la colocación de las palabras אמה עם ו, véase Dan 3, 4, y en relación a הַדָּמִין y al castigo con el que se amenaza a los transgresores, cf. Dan 2, 5. Pienso, con los LXX, Teodocion, Vulgata y otros intérpretes, que כדנה es un femenino adverbial, con el sentido οὕτως, *así*, tal como aparece en Dan 2, 10; Es 5, 7 y Jer 10, 11. Su interpretación como masculino (como su Dios) no corresponde a la conciencia pagana de Dios, pues para los paganos era más concebible un Dios al que se percibe por la vista que un Dios invisible (Kran.).

Esta narración concluye en Dan 3, 30 con la indicación de que Nabucodonosor miró desde ahora a los tres jóvenes con el mayor respeto (=favor). Pero el texto no añade la forma en que se manifestó ese favor, pues eso no era necesario para la narración. הצלח con ל, *conceder a uno felicidad*, prosperidad, hacer que sea afortunado.

Atentamente observada, mirando la importancia que esta narración tiene para la historia del pueblo de Dios, vemos cómo los auténticos adoradores de Dios han de comportarse bajo el dominio del poder mundial, y cómo encontrarán dificultades que pongan en peligro su vida, entre las exigencias de los señores de este mundo y los deberes que ellos han de cumplir ante Dios. Pero la historia nos enseña también que, si permanecen fieles a Dios en esas circunstancias, el mismo Dios les protegerá de una forma maravillosa, y revelará de tal manera su omnipotencia que incluso los gobernantes paganos se verán obligados a reconocer al Dios de esos adoradores y a glorificarle.

III

Daniel 4

(Dan 4, 1-37 = 3, 31-4, 34)
SUEÑO Y LOCURA DE NABUCODONOSOR

Esta sección (Dan 4) aparece como proclamación del rey Nabucodonosor a todos los pueblos de su reino, informándoles de un acontecimiento maravilloso por el que el Dios vivo del cielo se le mostró como gobernante sobre todos los reinos de los hombres[36].

Tras una pequeña introducción (Dan 3, 31-4,2 = 4, 1-3), el rey da a conocer a sus súbditos que, en medio de la pacífica prosperidad de su vida, él había soñado un sueño que le había llenado de inquietud, y que los sabios de Babilonia no habían podido interpretarlo, hasta que llegó Daniel, que fue capaz de hacerlo (Dan 3, 31-4, 2 = 4, 4-8). En este sueño, él había visto un árbol grande, bajo el cual hallaban asilo, protección y cuidado bestias y pájaros.

Después vino del cielo un vigilante sagrado y mando que el árbol fuera cortado, de manera que solo quedaran en la tierra sus raíces, pero atadas con hierro y bronce, hasta que pasaran siete tiempos, a fin de que los hombres conocieran el poder del Altísimo sobre todos los reinos de los hombres (4, 6-15 = 4, 9 18).

Daniel le interpretó el sueño, diciéndole que el árbol era el mismo rey, pero añadiendo que el Cielo había decidido que fuera expulsado de los hombres y viviera en medio de las bestias, hasta que pasaran siete tiempos, de manera que pudiera conocer que el Altísimo gobierna sobre los reinos de los hombres (4, 16-24 = 4, 19-27).

Tras 12 meses este sueño empezó a cumplirse, y Nabucodonosor cayó en un estado de locura, y se convirtió en un tipo de bestia del campo (4, 25-30 = 4, 28, 33). Pero después del tiempo indicado volvió a él su cordura, por lo que fue

---

36. Dan 4 sigue dos numeraciones, como empezaré poniendo de relieve. (a) *La Biblia hebrea*, con algunas traducciones evangélicas, introduce los tres primeros versículos en el capítulo anterior (en Dan 3, 31-33). (b) *Por el contrario, la mayor parte de las traducciones modernas* (entre ellas la de Reina-Valera) comienzan el cap. 4 con el verso 31 del capítulo anterior. De esa manera, Dan 3, 31 corresponde a Dan 4, 1. Para que el lector pueda acostumbrase, en esta introducción empiezo poniendo las dos numeraciones (*Nota del traductor*).

restaurado de nuevo a su reino, y se convirtió en inmensamente grande, por lo que alabó y honró al Rey del cielo (4, 31-34 = 4, 34-37).

La historia anterior (Dan 3) indicaba la forma en que el Dios Todopoderoso protege de un modo maravilloso a sus adoradores, en contra de la enemistad del poder del mundo. Por el contrario, esta nueva historia es una confirmación del hecho de que ese mismo Dios puede humillar a los gobernantes del mundo, que se enorgullecen de su grandeza, con orgullo presuntuoso, obligándoles a reconocerle (a Dios) como Señor sobre los reinos de la tierra.

Esta narración no contiene ningún milagro contrario al curso de la naturaleza, sino solo el recuerdo de un juicio divino, que hizo que por un tiempo Nabucodonosor cayera en un estado de locura, un juicio anunciado de antemano en un sueño, y cumplido después según la predicción. A pesar de ello, Bleek, v. Leng., Hitz. y otros han rechazado la veracidad histórica de este pasaje, y lo han explicado solo como un invento por el que el seudo-Daniel macabeo amenazaba al altivo Antíoco Epífanes con una venganza del cielo, que le obligaría a reconocer al Dios de Israel como mayor que sí mismo. Ellos encuentran una prueba de su interpretación en la misma forma de la narración.

Así dicen los que se oponen a la autenticidad del texto. La proclamación de Nabucodonosor a todas las naciones de su reino, en la que concluye este relato muestra, por su introducción y su final, una gran familiaridad con los pensamientos bíblicos, en parte posteriores al Exilio, mayor que la esperada en tiempos de Nabucodonosor, por lo que este capítulo (y todo el libro de Daniel) tendría que ser situado en un tiempo posterior, como es el del alzamiento de los macabeos.

Las doxologías (Dan, 3,33 =4, 3 y Dan 4, 31 = 4, 34) concuerdan casi literalmente con Sal 145, 13. Y en la alabanza de la omnipotencia y de la infinita majestad de Dios (Dan 4, 32 = 4, 35) pueden verse claramente los ecos de Is 40, 17; 43, 13. 21.24). El hecho de que en Dan 4, 25-30 = 4, 28-33 Nabucodonosor hable en tercera persona parece exigir también que el relato haya sido compuesto por un autor distinto del rey.

Pero el uso de la tercera persona en los versos citados se explica perfectamente por el contenido del pasaje (cf. exposición), y nada justifica la conclusión de que el autor era una persona distinta del rey, ni justifica la suspensión de Hv. según la cual los versos 4, 26-30 (=4, 29-33) constituyen un paréntesis añadido por Daniel a la breve declaración del edicto de 4, 25 (=4, 28) con el fin de explicarlo y de lograr que el tema quedara más claro para la posteridad.

En contra de la opinión de muchos críticos, la circunstancia de que 4, 31 (=4, 34) se refiera a la fijación del tiempo en 4, 26 (=4, 29) y el hecho de que la proclamación real sería incompleta sin 4, 26-30 (=4, 29-31) suponen precisamente lo contrario de lo que quieren esos críticos. Según eso, la existencia de esos pensamientos bíblicos (aunque no se explica de un modo suficiente a partir de unas posibles conversaciones de Daniel con Nabucodonosor, que los habría presentado después como suyos) no se pueden aducir en contra de la autenticidad del edicto, sino que muestran únicamente que Nabucodonosor ha tomado como propios algunos pensamientos de Daniel, de los que se sirve para alabar a Dios.

Pues bien, por otra parte, en el conjunto de la narración se perciben las concepciones paganas del rey caldeo, de una forma tan natural, que sin duda alguna, en esa narración, estamos escuchando las palabras empleadas por el mismo Nabucodonosor. En ese contexto, muchos han encontrado muy extraño que Nabucodonosor mismo haya querido publicar su locura, en vez de hacer todo lo posible para que esa historia se olvidara. Pero, teniendo en cuenta que las visiones de los antiguos sobre la locura eran diferentes de las nuestras, debemos añadir con Klief. y otros que dicen:

> En un caso como ese era mejor la publicidad que el ocultamiento; el tema, siendo ciertamente conocido, no podía ser mejorado ni empeorado por el hecho de hacerlo público. Lo que Nabucodonosor quiere publicar no es su locura, sino la ayuda que Dios le ha ofrecido, y el hecho de que lo reconozca así muestra ciertamente la magnanimidad de su carácter (Klief., *ad locum*).

De todas formas, el argumento principal en contra de la veracidad histórica de este acontecimiento deriva del hecho de que en ningún otro lugar se mencionen estos siete años de locura de Nabucodonosor, un acontecimiento que sin duda tuvo que haber introducido cambios y complicaciones importantes en el reino de Babilonia.

Ciertamente, la historia hebrea no se refiere a los últimos años del reinado de Nabucodonosor, aunque se extiende (cf. Jer 52, 31) a un período posterior al de estos tiempos y (según dicen algunos, en el caso de que lo aquí narrado fuera un hecho histórico) debería haber dado, sin duda, mucha importancia a un juicio divino como este (dirigido a un enemigo), como había hecho refiriéndose al destino de Senaquerib (2 Rey 19,37; cf. Hitz.).

Pero, en contra de eso, la breve noticia de Jer 52, 31 de que el rey Joaquín fue liberado de la prisión 37 años después de su deportación, por Evilmerodac, cuando él llegó a ser rey, no ofrecía una oportunidad para hablar de la locura de Nabucodonosor que, durante un tiempo, locura que le hizo incapaz de dirigir los asuntos del estado, una enfermedad que fue grave, pero que no causó su muerte. Y la referencia al asesinato de Senaquerib no prueba nada en esa línea, porque, según la visión de Jeremías y de los historiadores bíblicos, Nabucodonosor tuvo una relación totalmente distinta con la teocracia que la que había tenido Senaquerib.

Nabucodonosor no aparece como un archi-enemigo del pueblo, sino como un siervo de Yahvé que ejecutó la voluntad de Dios, en contra del reino pecador de Judá. Senaquerib, por el contrario, se burló del Dios de Israel, con una insolencia audaz, y fue castigado por él con la aniquilación de su ejército, y fue después asesinado por su propio hijo, mientras Nabucodonosor fue curado de su locura.

Ciertamente, los adversarios de la autenticidad del texto arguyen que incluso el historiador caldeo Beroso no pudo recordar nada de la locura de Nabucodonosor, y que Josefo, Orígenes y Jerónimo, hombres bien versados en libros de historia, no pudieron encontrar tampoco nada en esa línea.

Pues bien, hay que responderles en primer lugar que la representación de los siete "años" de duración de la locura, y las severas complicaciones que ella puede haber causado en el reino de Babilonia, no son más que suposiciones frívolas de los críticos modernos, pues el texto dice solo que la locura del rey duró siete "tiempos", por lo cual podemos pensar en siete meses y no en siete años, y las complicaciones en los asuntos de gobierno pudieron solucionarse con un gobierno interino (*ad interim*).

En esa línea, Hgstb. (*Beitr.* I. p. 101ss.), Hv., Del., y otros han mostrado rectamente que no contamos con ninguna obra histórica de aquel período en la que pudiera esperarse una información más completa sobre la enfermedad de Nabucodonosor, algo ha podido ser bastante significativo para la historia sagrada, pero que no ha tenido gran importancia para el reino de Babilonia.

Heródoto, el padre de la historia, no conoció a Nabucodonosor ni siquiera de nombre, y parece que no tuvo información ninguna de sus empresas militares y políticas, por ejemplo de su gran victoria sobre el ejército egipcio en Carquemish. Por su parte, Josefo solo cita a seis autores en cuyas obras se menciona a Nabucodonosor. Pues bien, cuatro de esas autoridades no pueden tomarse en cuenta (es decir, los *Anales* de los fenicios, *Filóstrato*, autor de una historia fenicia, *Megástenes* y *Diocles*).

Los dos primeros solo contienen cosas relacionadas con Fenicia, la conquista de la tierra y el asedio de Tiro, la capital. Por otra parte, las otras dos, que son Megástenes, *Historia de la India*, y Diocles, *Historia de Persia*, se refieren solo incidentalmente a Nabucodonosor. Solo quedan dos autores (Beroso y Abydeno) que han recordado la historia caldea.

Beroso, un sacerdote de Belus, en Babilonia, en tiempos de Alejandro Magno, que había examinado muchos documentos antiguos, es reconocido con justicia como un historiador fiable; pero de él solo conservamos unos pequeños fragmentos de sus Χαλδαϊκά (temas caldeos), citados en los escritos de Josefo, de Eusebio y de escritores posteriores, ninguno de los cuales había leído y extractado la obra en sí de Beroso.

No solo Eusebio, sino M. v. Niebuhr han probado de un modo concluyente que Josefo solo había conocido a Beroso a través de una obra conservada de Alejandro Polyhistor, un contemporáneo de Sila, un "trabajador compulsivo" cuyas citas y referencias no tienen gran seguridad por su precisión, y aún menos por su integridad, aunque él no tuvo ningún propósito expreso de falsificar nada (cf. M. v. Niebuhr, *Gesh. Assurs*, p. 12f.).

Abydeno vivió mucho más tarde, y escribió en apariencia después de Josefo, ya que este no le utiliza, y no estuvo tan cerca como Beroso de las fuentes originales, y además (por los fragmentos de su obra, conservados por Eusebio y Syncelo), no es capaz de interpretar bien los hechos, aunque no se puede tampoco rechazar la fidelidad de sus fuentes, ya que las noticias que se derivan de ellas, aunque son independientes de Beroso, se ajustan a sus afirmaciones (M. v. Niebuhr, p. 15s.).

Pues bien, si Josefo no leyó directamente la obra de Beroso, sino solo informaciones que encontró en los extractos de Polyistor, no es extraño que en ellos no encontremos nada sobre la locura de Nabucodonosor. A pesar de ellos, Josefo ha conservado una noticia de Beroso que parece referirse a una enfermedad poco común a la que Nabucodonosor estuvo sometido antes de su muerte: "Después de haber comenzado a construir la antes citada muralla, Nabucodonosor cayó enfermo, y partió de esta vida, después de haber reinado 43 años" (*Contra Apion*, I. 20).

Estas palabras no incluyen más que una simple referencia al hecho de que, como sucede en la mayor parte de los casos, Nabucodonosor murió de una enfermedad anterior, y no de repente, como Berth., Hitz. y otros han querido interpretar el texto. Beroso no utiliza una fórmula de ese tipo al referirse a Nabónido ni a Neriglisor, que no murieron de repente, sino de una muerte natural.

Solo en el caso de la muerte del padre de Nabucodonosor tenemos una referencia semejante: "Sucedió entonces que su padre (Nabopolasar) cayó en aquel tiempo enfermo de fiebres, y murió en la ciudad de Babilonia". Esto que dice es importante porque antes ha debido decir que, por causa de la enfermedad debida a sus largos años, él había confiado a su hijo Nabucodonosor la dirección de la guerra contra Egipto. Pues bien, en ese contexto, las palabras "en aquel tiempo él cayó enfermo de fiebres" (enfermedad que le llevó a la muerte) adquieren un significado particular[37].

En esa línea, el hecho de "caer enfermo" está evocando una aflicción especial de Nabucodonosor; y también es importante el hecho de que Beroso aluda a las fiebres en relación con la muerte de Nabopolasar, mientras que por el contrario, según este capítulo (Dan 4), Nabucodonosor se curó de su enfermedad y reinó todavía más tiempo.

Conforme a la historia de Beroso, lo mismo que al relato de Daniel, la enfermedad le sobrevino a Nabucodonosor en el período final de su reino, después que no solo había realizado guerras para la fundación y establecimiento de

---

37. Lo que Hitzig aduce en 2 Rey 13, 14 en apoyo de su tesis no ha tenido en cuenta que en este lugar las noticias de la grave enfermedad de Eliseo han sido la ocasión para que el rey Joás visitara al profeta, de quien recibió en aquel momento un significativo anuncio profético, de manera que este pasaje contiene algo muy diferente de la noticia trivial de que Elías estaba enfermo de muerte.

su reino mundial, sino que había terminado también, al menos en gran parte, la construcción de sus espléndidas edificaciones.

Después de su recuperación, hasta el tiempo de su muerte, él no llevó a cabo grandes obras, al menos conforme al relato que Beroso ha podido transmitirnos, pues ya solo menciona el hecho de su muerte, con la afirmación del tiempo que duró su reinado. Sin embargo, nadie puede afirmar, por este sumario de sus hechos, que Nabucodonosor murió muy pronto después de haberse recuperado de su locura.

Una referencia más precisa del acontecimiento narrado en este capítulo la ofrece Abydeno, en un fragmento conservado por Eusebio, *Praepar. evang.* IX. 41, y en la *Crónica Armenia* (edición de Aucher, I. p. 59) donde Abydeno presenta, como tradición caldea (λέγεται πρὸς Χαλδαίων), que Nabucodonosor, después de haber concluido su guerra en el lejano occidente, subió a su torre real, es decir, al piso superior del palacio y allí se presentó a sí mismo como Dios (κατασχεθείη θεῷ ὅτεῳ δὴ), y anunció de un modo oracular (θεσπίσαι) a los babilonios que ellos serían inevitablemente subyugados por los "mulos" persas (πέρσης ἡμίονος, *semiasnos*) unidos a los Medos, que serían ayudados por sus propios dioses babilonios.

Nabucodonosor pidió que los persas pudieran ser destruidos en el abismo del mar o condenados a vagar errantes por una tierra salvaje y desierta, habitada solo por fieras salvajes. Y para sí mismo, Nabucodonosor pidió una muerte pacífica antes de que estos infortunios cayeran sobre el imperio caldeo. Inmediatamente después de esos oráculos, Nabucodonosor fue arrebatado (παραχρῆμα ἠφάνιστο) de la vista de los hombres[38].

En esta tradición caldea Eusebio ha reconocido la huella desfigurada de esta narración bíblica de Dan 4; e incluso Bertholdt se atreve a decir que "esta extraña tradición de Abydeno se identifica parcialmente con la que ofrece Daniel". En ese contexto, Hitz. no es capaz de hacer otra cosa que afirmar que "esta narración suena tan fabulosa que en ella no se pude descubrir ninguna sustancia histórica".

Pues bien, esa sustancia histórica está en el fondo de la experiencia que narra Daniel. Según Daniel, Nabucodonosor se hallaba en la torre o parte superior de su palacio, cuando fue súbitamente golpeado por Dios con la locura; de un

---

38. En la *Chron. Arm.*, p. 61, después de haber recordado esta tradición de Abydenos, Eusebio ha indicado lo siguiente: "In Danielis sane historiis de Nabudhadonosoro narratur, quomodo et quo pacto mente captus fuerit: quod si Graecorum historici aut Chaldaei morbum tegunt et a Deo eum acceptum comminiscuntur, Deumque insaniam, quae in illum intravit, vel Daemonem quendam, qui in eum venerit, nominant, mirandum non est. Etenim hoc quidem illorum mos est, cuncta similia Deo adscribere, Deosque nominare Daemones" (Ciertamente, en las historia de Nabucodonosor se narra cómo y de qué forma perdió él su mente. En esa línea, los historiadores griegos y caldeos afirman que las enfermedades vienen de Dios; por eso, no es admirable que dijeran que su locura venía de un dios o de un demonio. Ciertamente, según su costumbre, todas las cosas semejantes a esas se las atribuyen a Dios, y a los dioses les llaman demonios).

modo semejante, según Abydeno, él estaba subiendo a su palacio (ὡς ἀναβὰς ἐπὶ τὰ βασιλήϊα) cuando fue golpeado por algún Dios o poseído por algún *daimon*.

En estos casos no solo concuerdan el tiempo y lugar del acontecimiento, sino también la circunstancia de que el rey fuera atado o poseído por algún "dios", es decir, no por sí mismo sino por un espíritu extraño. No menos significativa es la coincidencia del tema de la maldición de Abydeno contra el persa (los persas): "Que vague por el desierto, donde no hay ciudades, ni huellas humanas, por donde solo vagan las bestias y los pájaros". En una línea semejante describe Dan 5, 21 la forma de vida del rey en su locura:

> Fue arrojado de entre los hijos de los hombres. Su corazón fue hecho semejante al de los animales, y con los asnos monteses estaba su morada. Le daban de comer hierba, como a los bueyes, y su cuerpo era mojado con el rocío del cielo, hasta que reconoció que el Dios Altísimo es Señor del reino de los hombres y que levanta sobre él a quien quiere.

Más aún, la designación del persa al que el rey maldice como ἡμίονος (literalmente medio asno) en Abydos no está quizá tomada del ערדין de Daniel, sino que deriva de antiguos oráculos relacionados con Ciro, que se habían extendido por el oriente como dice y estima probable Hv. (*N. Krit. Unters.* p. 53, con referencia a Heródoto, I. 55, 91).

En ese caso, la armonía de la tradición caldea de Abydos con la narración de Daniel parecen mostrar sin duda alguna que en el fondo del hecho anunciado por Daniel yace esa misma tradición, aunque Abydeno la ha adaptarlo para glorificar de un modo mítico a su gran héroe Nabucodonosor de quien Megástenes dice que excedía a Hércules en arrojo y coraje (Ἡρακλέως ἀλκιμώτερον γεγονότα, en Euseb. *Praep. ev.* l.c.).

El rey aparece así representado en un estado mórbido de sometimiento psicológico y de falta de libertad, como hallándose movido (poseído) por un dios con un espíritu de profecía. Eso parece natural por la semejanza entre la inspiración mántica y el éxtasis de la μανία (cf. la combinación de איש משגה ומתנבא, en Jer 29, 26; 2 Rey 9, 11).

Y en esa locura, que por un tiempo se apoderó del fundador del reino mundial a causa del ejercicio de su soberanía, puede expresarse algo que no está muy lejos de un tipo de experiencia de fondo de los caldeos, familiarizados con el estudio de portentos y prodigios que evocan el destino de los hombres y de las naciones, como un "omen" o pronóstico del derrumbamiento del poder mundial, fundado precisamente por Nabucodonosor.

Cuando la poderosa monarquía de Nabucodonosor fue transferida al πέρσης ἡμίονος (semi-asno persa) no había pasado ni una generación desde la muerte del fundador de esa monarquía (unos 25 ó 26 años). En ese contexto, parece conforme a la tradición de los caldeos el interpretar esa ominosa experiencia de su gran rey partiendo del hecho de que el mismo célebre rey y héroe, hubiera profetizado su caída antes de su muerte (θεῷ ὅτεῳ δὴ κατάσχετος), *pidiendo grandes males* para los destructores de su reino, pero deseando para sí mismo una muerte feliz antes del desastre que se aproximaba.

Pero, incluso en el caso de que no tuviéramos esas referencias tradicionales de Abydeno habría que excluir, por su misma naturaleza, el hecho de que este relato de su locura fuera algo puramente inventado. Ciertamente, a Antioco se le podría atribuir un tipo de locura, presentándole como un επιμανής (loco), que había perdido totalmente su entendimiento. Pero aún sigue sin resolver, como el mismo Hitz. está obligado a confesar, la elección de este tipo de locura, la *insania zoanthropica* (un tipo de manía animal), un misterio que ni la crítica más aguda no puede resolver.

Por eso, Hitz. recurre a la absurda conjetura de que un judío macabeo (que sería el autor del libro de Daniel) habría fabricado esta historia a partir del nombre de Nabucodonosor (נבוכדנצר), pues נבוך puede significar *oberravit cum perturbatione* (anduvo errante perturbado) y כדן significa *atar*, asegurar, mientras que la representación del rey como un árbol deriva de pasajes de Is 14, 12 y Ez 31, 3.

Además de eso (que esta narración no concuerda con la historia de los macabeos) hay que añadir el hecho de que la tendencia que se atribuye a esta narración no responde a las circunstancias del tiempo de los macabeos. La invención de una enfermedad tan peculiar no concuerda en modo alguno con el espíritu del tiempo de los macabeos, en contra de los críticos que rechazan la autenticidad del texto de Daniel y afirman que la figura de Nabucodonosor se ha creado como un "espejo" en el que refleja la presunción y orgullo de Antíoco Epífanes en contra del Altísimo. Esos críticos piensan que esta historia se ha creado para que los judíos se opongan a Antíoco Epífanes, y reconozcan el poder y la gloria del único Dios, para no convertirse en víctimas de su juicio más severo (Bleek). En esa línea avanza Hitzig de un modo más preciso:

> Nabucodonosor el transgresor, castigado por Dios con la locura por su soberbia, es el tipo de este arrogante y *loco* (επιμανής) Antíoco Epífanes, que quiso crear una sociedad de inmensa opresión, y que se degradó a sí mismo como rey (Polyb. XXVI. 10), y que, sin embargo, al final publicó una carta circular de *un carácter totalmente distinto* (1 Mac 1, 41ss). Si en Dan 4,28 (=4, 21) la pérdida del reino viene a presentarse ya ante la vista de Nabucodonosor (es decir, de Antíoco Epífanes), este pasaje parece haber sido compuesto en un tiempo en el que los macabeos habían tomado ya las armas y habían logrado ya la superioridad (1 Mac 2, 42-48) (Hitzig, *ad locum*).

Conforme a esta visión de Hitzig, deberíamos suponer que el autor de Daniel escribió su libro en un momento en que los judíos que se habían mantenido fieles a su religión, bajo el liderazgo de Matatías, marcharon a través del país para oponerse y destruir por la fuerza de las armas la opresión de Antíoco Epífanes. Pues bien, en un contexto como ese, los judíos rebeldes propusieron al rey tirano que aceptarían su soberanía y se someterían bajo su gobierno bajo la condición de que él reconociera la omnipotencia de su Dios (del Dios judíos).

Pero ¿cómo puede compaginarse esa propuesta de paz con la guerra que los judíos dirigidos por Matatías mantuvieron en contra de "los hijos de la soberbia-arrogancia" (ὑπερηφανία), en contra de los paganos y transgresores, al oponerse al cuerno perverso de Antíoco Epífanes? (1 Mac 2, 47-48). Cómo puede compaginarse esa visión de Hitzig con el discurso apasionado del moribundo Matatías: "No temáis las palabras de un hombre pecador (ἀνδρὸς ἁμαρτωλοῦ, es decir, de Antíoco), porque su gloria será estiercol y gusanos (1 Mac 2, 62: ὅτι ἡ δόξα αὐτοῦ εἰς κόπρια καὶ εἰς σκώληκας)?

¿En qué consiste la semejanza entre el *Nabucodonosor* de este capítulo y *Antíoco Epífanes*? Este último fue un déspota que estaba lleno de odio mortal contra los judíos que se opusieron a él. Nabucodonosor en cambio era un príncipe que mostraba su buena voluntad hacia los judíos en la persona de Daniel, a quien tenía en gran estima.

Nabucodonosor buscaba de hecho su gloria en la construcción de la gran Babilonia como sede de su reino, y Daniel le pidió que tuviera compasión hacia los pobres y oprimidos (Dan 4, 24 = 4, 27). En esa línea él no podía ser un tipo de Antíoco, "que buscó una sociedad degradada (sin dignidad), y que se negó a sí mismo como rey", pues, según Polibio, citado por Hitzig, se deleitaba en la compañía de las clases más bajas de la sociedad y gastaba gran parte de su tesoro entre los pobres obreros con quienes se juntaba.

En esa línea, la carta circular de Antíoco (mandando que todos en su reino fueran un único pueblo y que cada uno renunciara a sus leyes particulares) es muy distinta de la proclamación en la que Nabucodonosor declara ante todos los pueblos los signos y las maravillas que el Altísimo ha realizado en él, por las cuales él alababa al Dios de los cielos.

Y si, finalmente, fijamos nuestra atención en la relación de Daniel con Nabucodonosor vemos también grandes diferencias. El profeta Daniel, como consejero del rey pagano, en gesto de verdadero afecto, desea que el sueño malo pueda recaer en aquellos que le odian, y su interpretación se cumpla en sus enemigos... (Dan 4, 16 = 4, 19). Por el contrario, en contra de Daniel, los macabeos lo sacrifican todo por la causa de su Dios y desean para su enemigo Antíoco que su gloria pueda terminar hundida entre basura y gusanos.

Según eso, es inconcebible que un judío macabeo, celoso de la ley de sus padres, haya podido imaginar que el antiguo y célebre profeta Daniel hubiera mostrado un deseo tan benevolente respecto al rey pagano Nabucodonosor para animar así con esta invención a sus contemporáneos a fin de perseverar con toda fuerza en la guerra contra el cruel tirano Antíoco. Según eso, el libro de Daniel no puede ser obra de un judío macabeo.

La total diferencia que existe entre los hechos recordados en este capítulo y las circunstancias del tiempo de los macabeos, descritas en 1 Mac 2, 42-48 (tal como Kranichfeld ha mostrado de forma muy clara) nos impiden suponer que el libro Daniel ha surgido de una tendencia nacida en tiempo de los macabeos. Los esfuerzos de una crítica hostil no lograrán hacernos creen que los hechos históricos recordados en este capítulo (Dan 4) son solo una ficción construía a partir de una tendencia como la de los macabeos[39].

4, 1-3 (3, 31-33)

³¹ נְבוּכַדְנֶצַּר מַלְכָּא לְכָל־עַמְמַיָּא אֻמַיָּא וְלִשָּׁנַיָּא דִּי־(דָאֲרִין) [דָיְרִין] בְּכָל־אַרְעָא שְׁלָמְכוֹן יִשְׂגֵּא:
³² אָתַיָּא וְתִמְהַיָּא דִּי עֲבַד עִמִּי אֱלָהָא (עִלָּיָא) [עִלָּאָה] שְׁפַר קָדָמַי לְהַחֲוָיָה:
³³ אָתוֹהִי כְּמָה רַבְרְבִין וְתִמְהוֹהִי כְּמָה תַקִּיפִין מַלְכוּתֵהּ מַלְכוּת עָלַם וְשָׁלְטָנֵהּ עִם־דָּר וְדָר:

> ¹El rey Nabucodonosor, a todos los pueblos, naciones y lenguas que habitan en toda la tierra: Paz os sea multiplicada. ² Me ha parecido bien declarar las señales y milagros que el Dios Altísimo ha hecho para conmigo. ³ ¡Cuán grandes son sus señales, y cuán poderosos sus milagros! Su reino es un reino eterno, y su señorío de generación en generación.

Estos versos forman la introducción al manifiesto que sigue, con la expresión de los buenos deseos del rey y el anuncio del tema[40]. El modo de discurso aquí empleado va acompañado de una expresión de buenos deseos, en la forma usual de

---

39. Como he señalado en la introducción de este capítulo, existen dos numeraciones, de manera que Dan 3,31 del texto hebreo corresponde a Dan 4,1 de las traducciones más extendidas. Para evitar repeticiones innecesarias, de aquí en adelante sigo solo la numeración y traducción de Reina-Valera (a no ser en los encabezados, donde ofrezco las dos numeraciones, la del texto hebreo y la de Reina-Valera). El lector interesado podrá descubrir con facilidad que nuestra numeración va adelantada en tres números a la del texto hebreo (Nota del traductor).

40. La conexión de estos tres versos con el capítulo anterior (Dan 3) resulta improcedente en las biblias hebreas, griegas y latinas. El creador de la división en capítulos parece haber tenido la idea de que Nabucodonosor había querido proclamar el milagro de la liberación de los tres jóvenes del horno de fuego a través de esta proclamación, de manera que el capítulo 4 ofrecería una nueva proclamación, diferente de la anterior. Pero esa idea ha sido rechazada por Lutero que, según eso, ha dividido los capítulos de un modo adecuado.

Conforme a la otra división, como ha destacado bien Chr. B. Michaelis "prius illud programma in fine capitis tertii excerptum caput sine corpore, posterius vero quod capite IV exhibetur, corpus sine capite, illic enim conspicitur quidem exordium, sed sine narratione, hic vero narratio quidem, sed sine exordio" (Si se toma por separado el anuncio del final de cap. 3 estaríamos ante

los edictos promulgados por los reyes persas (Es 4, 17; 7, 12). Para la designación de los súbditos, cf. Dan 3,4.

בכל ארעא no es "en todas las tierras" (Hv.), sino *en toda la tierra*, porque Nabucodonosor se toma a sí mismo como el señor de toda la tierra. אתיא ותמהיא corresponde al hebreo אותת ומפתים; cf. Dt 6, 22; 7, 19. La experiencia de este milagro lleva al ofrecimiento de alabanzas de Dios (Dan 4, 3). La doxología de la segunda parte de Dan 4,3 aparece también con una pequeña variación en 4,34; 7, 14. 18, y la encontramos igualmene en Sal 145, 13, que lleva el nombre de David. La traducción de עם־דר, de generación en generación, es decir, a lo largo de las generaciones, concuerda con la de Sal 72, 5.

4,4-5 (4,1-2)

¹ אֲנָה נְבוּכַדְנֶצַּר שְׁלֵה הֲוֵית בְּבֵיתִי וְרַעְנַן בְּהֵיכְלִי:
² חֵלֶם חֲזֵית וִידַחֲלִנַּנִי וְהַרְהֹרִין עַל־מִשְׁכְּבִי וְחֶזְוֵי רֵאשִׁי יְבַהֲלֻנַּנִי:

⁴ Yo, Nabucodonosor, estaba tranquilo en mi casa y próspero en mi palacio. ⁵ Entonces tuve un sueño que me espantó, y las fantasías sobre mi cama y las visiones de mi cabeza me turbaron.

En 4, comienza Nabucodonosor la narración de su maravillosa experiencia. Cuando él estaba descansando en su palacio tuvo un sueño, tumbado en su cama, un sueño que le dejó temeroso y perplejo.

שלה, *quieto*, en una prosperidad no disturbada y segura. רענן, evoca el crecimiento verde y vigoroso de un árbol con el que se compara frecuentemente la felicidad y prosperidad de los hombres, como en Sal 52, 10; 92, 12. Evidentemente, las palabras se escogen aquí en referencia al árbol que el rey ha visto en el sueño.

Por esta descripción de su prosperidad, vemos que tras sus victorias Nabucodonosor gozaba del fruto de su prosperidad y estaba firmemente establecido en su trono, como aparece en 4, 29, donde se dice que un año después del sueño el rey pudo concluir con gozo y orgullo la construcción de sus espléndidos edificios en Babilonia. Por tanto, este acontecimiento pertenece a la segunda parte de su reinado.

Pues bien, en medio de este estado de seguridad y paz (4, 5), el rey fue alarmado por un sueño. La manera abrupta en que se introduce el tema ilustra

---

una cabeza sin cuerpo, y el cap. 4 sería un cuerpo sin cabeza; el final del cap. 3 es un exordio..., por el contrario el cap. 4 sin ese final del cap. 3 forma una narración sin exordio).

De un modo arbitrario, Ewald ha alargado este pasaje en la línea de los LXX, que han introducido las palabras Ἀρχὴ τῆς ἐπιστολῆς antes de Dan 3, 31 y Ἔτους ὀκτωκαιδεκάτου τῆς βασιλείας Ναβουχοδονόσορ ει antes de 4,1, introduciendo además una *superscriptio*: "En el año 28 del reinado del rey Nabucodonosor, el rey Nabucodonosor escribió así a todas las naciones, comunidades y lenguas que habitan en la tierra...".

bien la rapidez con que viene a darse el acontecimiento. הרהרין, *pensamientos*, de הרהר, *pensar, medit*ar. En la Misná y en Siríaco son imágenes de la imaginación. Aquí imágenes de un sueño.

Las palabras הרהרין על משכבי han de tomarse en sí mismas, de un modo más preciso, como una frase por sí misma y en ellas se suple el verbo (*yo tuve, yo vi*) de manera que se conectan con la palabra siguiente: יבהלנני. Sobre חזוי ראשי véase lo dicho en Dan 2, 28. Sobre este tema ha comentado con razón Chr. B. Michaelis: "Licet somnii interpretationem nondum intelligeret, tamen sensit, infortunium sibi isthoc somnio portendi" (a pesar de que no entendiera todavía la interpretación del sueño, sintió sin embargo que este sueño portaba infortunio).

4, 6-9 (4, 3-6)

³ וּמִנִּי שִׂים טְעֵם לְהַנְעָלָה קָדָמַי לְכֹל חַכִּימֵי בָבֶל
דִּי־פְשַׁר חֶלְמָא יְהוֹדְעֻנַּנִי: ⁴ בֵּאדַיִן (עללין) [עָלִלִין] חַרְטֻמַיָּא
אָשְׁפַיָּא (כשדיא) [כַּשְׂדָּאֵי] וְגָזְרַיָּא וְחֶלְמָא אָמַר אֲנָה
קָדָמֵיהוֹן וּפִשְׁרֵהּ לָא־מְהוֹדְעִין לִי:
⁵ וְעַד אָחֳרֵין עַל קָדָמַי דָּנִיֵּאל דִּי־שְׁמֵהּ בֵּלְטְשַׁאצַּר כְּשֻׁם
אֱלָהִי וְדִי רוּחַ־אֱלָהִין קַדִּישִׁין בֵּהּ וְחֶלְמָא קָדָמוֹהִי אַמְרֵת:
⁶ בֵּלְטְשַׁאצַּר רַב חַרְטֻמַיָּא דִּי אֲנָה יִדְעֵת דִּי רוּחַ אֱלָהִין
קַדִּישִׁין בָּךְ וְכָל־רָז לָא־אָנֵס לָךְ חֶזְוֵי חֶלְמִי דִי־חֲזֵית
וּפִשְׁרֵהּ אֱמַר:

⁶ Por esto di un decreto para traer a mi presencia a todos los sabios de Babilonia, a fin de que me diesen a conocer la interpretación del sueño. ⁷ Entonces vinieron los magos, los encantadores, los caldeos y los adivinos, y yo conté el sueño delante de ellos, pero no me dieron a conocer su interpretación. ⁸ Al final entró delante de mí Daniel (cuyo nombre es Beltesasar, como el nombre de mi dios), en quien hay espíritu de los dioses santos. Yo conté el sueño delante de él, diciendo: ⁹ Beltesasar, jefe de los magos, como entiendo que en ti hay espíritu de los dioses santos y que ningún misterio está escondido de ti, dime las visiones del sueño que he tenido y su interpretación.

Por eso, Nabucodonosor mando a los sabios de Babilonia (2, 2) para que vinieran, a fin de que pudieran interpretarle el sueño. Pero ellos no pudieron hacerlo, a pesar de que en esta ocasión él solo les pidió que le dieran la interpretación, sin tener que adivinar el sueño como en 2,2.

En lugar del *ketiv*, עֲלַלִין, tanto aquí como en 5,8, el *qere* ofrece la forma contracta עָלִּין que solo puede formarse por el acortamiento de la י, como en חֲשַׁחַן (Dan 3, 18). La forma אחרין se explica de maneras diferentes. Aparentemente, ella debe ser plural masculino, en vez de אחרן, de manera que עד אחרין, *por fin*, es una circunlocución del adverbio (finalmente). En este contexto, a pesar de su propuesta, Hitzig. no ha ofrecido todavía la prueba de que אחרין significa *posterus* (posterior) y אחרן *otro*.

Zündel (pág. 16) no ha respondido satisfactoriamente al tema de por qué Daniel vino solo después de que los sabios caldeos no pudieran interpretar el sueño de un modo satisfactorio; él dice que era natural que vinieran primero los sabios caldeos, y solo después, cuando ellos hubieran fracasado, debía llamarse a Daniel que se había hecho famoso resolviendo revelaciones que no habían podido ser aclaradas por aquellos sabios, Si Nabucodonosor tuviera en su mente los acontecimientos de Dan 2, él debía haber empezado llamando a Daniel, porque no cabe pensar que, en su ansiedad ante el sueño, él hubiera querido empezar probando la sabiduría natural de los magos.

Así no se ha resuelto pues la objeción de Hitzig, cuando él se pregunta por qué el rey no acude en primer lugar al jefe de sus magos (4, 9), es decir, a Daniel, que en Dan 2 había mostrado que era el mejor intérprete de sueños. Tiene todavía menos fundamento la solución de aquellos que piensan que, según la costumbre, no se debía empezar llamando al presidente de los magos (Jahn), ni se puede añadir al hecho de que tenían mucha prisa, pues no tuvieron tiempo de pensar en él, es decir, en Daniel (Hv.).

Ciertamente, podía ser una costumbre no empezar llamando al jefe de los magos para solucionar cualquier caso, pero un sueño del rey, que había quedado lleno de terror, era una circunstancia muy especial. Las razones por las que Daniel fue llamado solo cuando la sabiduría natural de los magos se había mostrado inadecuada pueden ser más bien las siguientes: (a) Que Nabucodonosor hubiera olvidado lo que había sucedido varios años antes en Dan 2. (b) O que Nabucodonosor solo llamara al presidente de los magos en ocasiones muy especiales, de manera que él empezó llamado primero a los magos ordinarios, y de esa forma, cuando estos no pudieron responder llamó a Daniel, que era presidente de ellos. (c) O pudo suceder que, teniendo miedo de recibir una respuesta poco agradable de parte de Daniel, el rey comenzara preguntando a los otros magos. Kranichfeld (*ad locum*) ha optado por esta última suposición:

> El rey conocía por el mismo sueño que el árbol (4, 11) que se alcanzaba hasta el cielo y que se extendía por toda la tierra representaba a una persona real gobernando sobre la tierra, y que esa persona era él mismo, gobernando sobre la tierra, y que él podía quedar arruinado por obra del Dios de los judíos, y que seguiría estando arruinado hasta que no reconociera como Dios al Todopoderoso rey de los judíos (cf. 4, 16-17). Por esa razón, el rey mantenía lejos a Daniel, el judío. Sin duda, Nabucodonosor tenía que pensar que él mismo era la persona de la que trataba el sueño, y dada la dirección que tomaba el sueño, él debía pensar que la respuesta que le ofreciera Daniel tenía que ocasionarle más temor; por eso, él prefirió tomar la actitud del rey Ajab, el idólatra, en relación con Mica, el profeta de Yahvé (1 Rey 22, 8), que le anunciaría un juicio severo; por eso prefirió tratar

el tema con otros profetas antes que con Mica, el profeta de Yahvé. Así también, Nabucodonosor prefirió empezar exponiendo sus sueños a los otros sabios, antes que a Daniel.

Para fundamentar esta interpretación, Kranichfeld evoca las palabras que el rey dirige después a Daniel (4, 8-9), con el comportamiento suave y gentil que él muestra ante el adorador del Dios de los judíos. Ese procedimiento tiende a captar la benevolencia de Daniel, a quien Nabucodonosor había puesto el nombre de Baltasar (Belteshazzar), según el nombre de su Dios. Al recordar el hecho de que había impuesto a Daniel el nombre de un célebre "dios" del reino, Nabucodonosor quería mostrar su favor hacia él, lo mismo que hará en la expresión que sigue (afirmando que Daniel tiene el espíritu de los dioses).

Pero, en contra de Kranichfeld, ni en uno ni en otro caso podemos percibir la intención de "cautivar" y de apaciguar al judío Daniel, por esta razón fundamental: La expresión "en quien reside el espíritu de los dioses santos" es plenamente pagana, de manera que un judío como Daniel, que solo admitía la existencia de un Dios, no podía sentirse especialmente honrado al escucharle, porque ella suponía que él (Nabucodonosor) era portador del espíritu de los dioses (y no solamente del Dios de Israel).

Si Nabucodonosor hubiera tenido la intención de ganar el favor de Daniel, conforme a su confesión anterior (Dan 2, 47), él tenía que haberle atribuido el espíritu del Dios de los dioses, del Señor de los señores, una confesión que él podía utilizar incluso como pagano. No podemos atribuir al rey tan poco entendimiento como para suponer que él hacía un favor especial a Daniel, que había mantenido de manera tan firme la confesión de su Padre Dios de Dios, al recordarle que él le había impuesto el nombre de Baltasar (Belteshazzar), dedicado al Dios Bel, a quien los judíos rechazaban como ídolo[41].

Según eso, al recordarle su nombre, y al decir que él poseía el espíritu de sus santos dioses, Nabucodonosor no está queriendo apaciguar y cautivar a Daniel. Al mostrar la falta de consistencia de esa interpretación del saludo de Nabucodonosor hemos descartado también la explicación de aquellos que piensan que Daniel solo fue llamado a la presencia del rey después de que habían sido llamados los sabios caldeos. Además de eso, pueden aducirse otras consideraciones de peso:

- *No hay en el edicto nada que nos permita conjeturar que Nabucodonosor no confiara en Daniel* (y muchos menos que tenía desconfianza). En esa línea, la comparación de Nabucodonosor con el rey Ajab en su conducta en relación con el profeta Miqueas no es nada apropiada,

---

41. En este contexto, Calvino recuerda con precisión: *non dubium est, quin hoc nomen graviter vulneraverit animum prophetae* (este nombre vulneraba sin duda gravemente la visión religiosa del profeta).

porque Ajab no era solo un simple politeísta como Nabucodonosor, sino que como Antíoco Epífanes él perseguía a los siervos de Yahvé en su reino y, por instigación de su esposa Jezabel, que era pagana, quería que la adoración de Baal fuera la religión de su reino.

- *Nada indica que Nabucodonosor pensara que él podía ser destruido por causa de este sueño, y del reino de los judíos,* aunque conocíera o sospechaba que el sueño se refería a él mismo como gobernante sobre el mundo entero. Así lo muestra ya Dan 4, 17, mostrando que todo sucedía por la inspiración divina que el rey había recibido, como indica no solo 4, 30, en el cumplimiento del sueño, sino también la exhortación que Daniel dirige al rey al final de la interpretación, diciéndole que todo ha sucedido para "superar el pecado con la justicia y la iniquidad por la misericordia dirigida a los pobres" (4, 27).

Por todo eso, tenemos que suponer que el rey había olvidado las revelaciones anteriores de Dios (ellas se habían desvanecido de su corazón y de su memoria), un hecho que no resulta sorprendente en un rey que había sido fundador y gobernante supremo de un reino mundial. Habían pasado ya de 25 a 30 años desde que Daniel había interpretado el sueño del rey, el año segundo de su reinado; y habían pasado de 10 a 15 años desde el milagro de la liberación de los tres jóvenes judíos del horno ardiente.

En esos años, llenos de prosperidad, esas revelaciones anteriores de Dios se habían oscurecido en el corazón del rey. Y además Daniel no había tenido ocasión de mostrarse ante él como revelador de los misterios divinos. Por eso, es fácil de entender el hecho de que, en medio de su inquietud por el sueño recordado en este capítulo, el rey solo hubiera mandado llamar a los sabios de Babilonia, sin mencionar expresamente a su presidente, de forma que ellos vinieron primero y Daniel solo fue convocado después que había fracasado la sabiduría normal de los caldeos.

El hecho de que, en el manifiesto del rey, dirigido a todo el pueblo del reino y no solo a los judíos, a Daniel se le llame por su nombre hebreo, tiene por fin mostrar que él es un judío, para distinguirlo de los sabios nativos de Babilonia, un judío adorador del Dios Altísimo. Al añadir que "su nombre es Baltasar (Belteshazzar), según el nombre de mi Dios", Nabucodonosor quiere indicar que, a través de ese nuevo nombre, Daniel ha sido introducido en el círculo de su gran Dios babilonio (Bel), de manera que ha venido a convertirse en portador del espíritu de los santos dioses no solamente a través del Dios de los judíos, sino también a través del gran Dios Bel.

Por los santos dioses, Nabucodonosor no entiende a Yahvé, Único Santo, derivando, como dice M. Geier, este predicado de la teología de Israel (*ex theologia Isralitica*) y añadiendo "dioses" para indicar, como supone Calovius, el "mysterium pluralitatis personarum" (*la pluralidad de las personas trinitarias*), sino que él habla de los dioses paganos, y lo hace como un pagano idólatra, en sentido politeísta (como saben Jerónimo, Calvino y Grocio).

Todos los paganos afirmaban que la revelación de secretos sobrenaturales pertenecía a los dioses, sabiendo además que los hombres capaces de revelar esos misterios debían poseer el espíritu de los dioses. Eso es lo que el faraón (Gen 41, 38) pensaba en relación con José, y eso es lo que los caldeos dijeron a Nabucodonosor (Dan 2, 11) al recordarle que solo los dioses podían conocer su sueño.

La verdad que subyace en esa creencia fue reconocida por José en Egipto, ante el faraón, lo mismo que por Daniel ante el rey caldeo, pues ambos declararon ante los reyes paganos que la interpretación de sus sueños no era algo que está en manos de los hombres sino que viene de Dios (Gen 41, 16; Dan 2, 28). Pues bien, en esa línea, cuando en nuestro caso Nabucodonosor habla de los "santos dioses" él está refiriéndose por esa expresión a los ἀγαθοδαίμονες (*daimones buenos*) en cuanto opuestos a los κακοδαίμονες (*malos*), utilizando la palabra "santo" para referirse a los dioses, probablemente partiendo de la conversación que él había debido tener con Daniel sobre ese tema.

En la palabra de Dan 4, 9, Nabucodonosor llama a Baltasar רב חרטמיא, maestro de los magos, y lo hace probablemente refiriéndose a la rama de la sabiduría caldea en la que Daniel era especialmente experto, siendo, al mismo tiempo, el presidente-jefe de todos los magos. La palabra אנס significa oprimir, obligar a alguien, hacerle violencia; aquí crear problemas, dificultades.

4, 7-8 (4, 10-11)

⁷ וְחֶזְוֵי רֵאשִׁי עַל־מִשְׁכְּבִי חָזֵה הֲוֵית וַאֲלוּ אִילָן בְּגוֹא אַרְעָא וְרוּמֵהּ שַׂגִּיא:
⁸ רְבָה אִילָנָא וּתְקִף וְרוּמֵהּ יִמְטֵא לִשְׁמַיָּא וַחֲזוֹתֵהּ לְסוֹף כָּל־אַרְעָא:

¹⁰ Éstas son las visiones de mi cabeza en mi cama: Yo miraba, y he aquí un árbol en medio de la tierra, cuya altura era grande. ¹¹ Este árbol crecía y se hacía fuerte; su altura llegaba hasta el cielo, y era visible hasta los confines de toda la tierra.

Nabucodonosor cuenta su sueño. La primera parte (4, 10) es una sentencia nominal en absoluto: Las visiones de mi cabeza, estando tumbado en mi cama, entonces yo vi... un árbol en medio de la tierra. Aunque el árbol era grande, él se volvía siempre más grande y más fuerte, de manera que alcanzaba el cielo y se extendía por toda la tierra (4,11).

El perfecto רבה y תקיף no indica la naturaleza del árbol, sino su grandeza y su fuerza creciente. En el segundo hemistiquio, el imperfecto ימטא, indicando el movimiento, corresponde a esos perfectos. Daniel B. Michaelis indica con razón que Nabucodonosor vio cómo el árbol crecía gradualmente y se volvía siempre

Daniel 4,9 (4, 12)

más fuerte. חזות, indica la *visión*, lo que se ve. La visibilidad del árbol llega hasta los límites de la tierra.

Los LXX ponen correctamente: ὅρασις αὐτοῦ (su visión), y en la misma línea va la Vulgata. Por su parte, Teodocion pone τὸ κύτος αὐτοῦ, indicando solo su *altura*, como una especie de cúpula. Hitzig, de un modo totalmente inadecuado, se refiere al árabe *hawzah*; porque *hwzh*, de *hwz*, no corresponde al hebreo חזה, ni significa extenderse, sino *amplitud, comprensión*; en esa línea han de entenderse los significados *tractus, latus, regio*, que aparecen en el léxico árabe.

4,9 (4, 12)

⁹ עָפְיֵהּ שַׁפִּיר וְאִנְבֵּהּ שַׂגִּיא וּמָזוֹן לְכֹלָּא־בֵהּ תְּחֹתוֹהִי
תַּטְלֵל חֵיוַת בָּרָא וּבְעַנְפוֹהִי (יְדֻרוּן) [יְדוּרָן] צִפֲּרֵי שְׁמַיָּא

¹² Su follaje era hermoso, y su fruto abundante. En él había sustento para todos. Debajo de él se ponían a la sombra los animales del campo, y en sus ramas habitaban las aves del cielo. Todo mortal tomaba sustento de él.

Al mismo tiempo, el árbol estaba lleno de hojas y de frutos, de manera que pájaros y bestias encontraban sombra, protección y alimento en él. שגיא, ni *grande*, ni *muchos*, sino poderoso, expresando la grandeza y cantidad de su fruto. Los masoretas han conectado rectamente la בה con לכלא, y los han unido con un *maqip*.

El significado no es *había fruto en él, el árbol tenía fruto para...* (Hv., Maur. y otros), sino *había fruto para todos en él*, es decir, fruto para todos los habitantes del distrito (Kran., Klief.). Además, las palabras no forman una sentencia independiente, sino que ofrecen solo una visión ulterior del sentido de שגיא (Kran.), y se expanden aún más al final del verso, de manera que en la primera y segunda frase del segundo hemistiquio ofrecen una expansión ulterior de la primera cláusula del verso.

El término אטלל, en *afel*, significa *umbram captavit, gozaban de la sombra*, según los *targumes*. El *afel* tiene en la mayoría de los casos el significado de *obumbravit*, dió sombra. El *ketiv* ידרון no ha de ser cambiado, pues צפרין es de género común. El *qere* responde a 4,18, donde la palabra está construida en femenino.

La expresión *toda ca*rne incluye bestias del campo y pájaros del cielo, pero se ha escogido por su referencia a los hombres, de los que trata en especial el texto. Para todos, animales, aves y hombres, este árbol poderoso, que llega a los cielos y que es visible en toda la tierra, aparece claramente como símbolo de un gobernante mundial cuyo poder se extiende sobre toda la tierra.

La descripción de su crecimiento y de su grandeza nos recuerda la forma en que el faraón había aparecido representado por un poderoso cedro del Líbano, en Ez 31,3; 17, 22 y 19. 10. La comparación entre el crecimiento de los hombres y el crecimiento de los árboles es muy frecuente en la Biblia y en otros escritos.

4, 10 (4, 13)

$$^{10}\text{חָזֵה הֲוֵית בְּחֶזְוֵי רֵאשִׁי עַל־מִשְׁכְּבִי וַאֲלוּ עִיר וְקַדִּישׁ}$$
$$\text{מִן־שְׁמַיָּא נָחִת:}$$

¹³ Estando en mi cama miraba las visiones de mi cabeza, y he aquí que un vigilante y un santo, descendían del cielo.

Con las palabras *miraba* etc. se introduce un nuevo incidente en el sueño: "Un vigilante y un santo descendían del cielo...". וקדיש con la ו explicativa "y un" ponen de relieve ante nosotros, de forma muy expresiva, que el vigilante (עיר) es el mismo santo.

עיר no ha de identificarse con ציר, un mensajero, sino que deriva de עור, *vigilar*, y corresponde al hebreo ער (Cant 5, 2; Mal 2, 12) y no significa "manteniendo la vigilancia", sino *ser vigilante*, uno que está despierto, como explica el escolio a εἴρ de Teodocion en el Cod. Alex.: ἐγρήγορος καὶ ἄγρυπνος (*vigilante y despierto*).

De un modo semejante, Jerónimo comenta: "se refiere a los ángeles que están siempre vigilantes y siempre atentos a la palabra de Dios" (significat angelos, quod semper vigilent et ad Dei imperium sint parati). De este lugar deriva el nombre de los ángeles más elevados, que son (=se llaman) ἐγρήγορος (vigilantes), que miran sin nunca cansarse, tal como aparecen en los libros de Henoc y en otros escritos apócrifos, nombre que se aplica a los ángeles buenos y malos.

La designación del ángel como עיר es peculiar de este pasaje del Antiguo Testamento, y esto concede verosimilitud a la conjetura de que esta palabra está asociada con la doctrina caldea de los dioses. De un modo ciertamente justo, Kliefoth pone de relieve el hecho de que esta designación no aparece solo en los labios de Nabucodonosor, sino que es empleada también por el mismo vigilante (4, 17) e incluso por Daniel. De esto saca la conclusión de que el mismo santo vigilante utiliza primero la expresión de sí mismo, y luego de todo el grupo de sus compañeros, y que después de él la utiliza Nabucodonosor (4, 13), de forma que Daniel la adopta de Nabucodonosor.

De esto se deduce que la palabra *ángel* no se aplica aquí a una deidad pagana. Como estamos viendo, según la narración, fue Dios mismo quien inspiró este sueño a Nabucodonosor, de manera que su mensajero venía de parte de Dios. Pero de eso no ha de concluirse que ese nombre responde a las concepciones religiosas de Nabucodonosor y de los babilonios. En relación con los dioses babilonios, Diodoro Sículo. II. 30, afirma:

> Bajo los cinco planetas (iguales a Dioses) se encuentran establecidos treinta otros, a los que ellos llaman *dioses consejeros* (θεοὶ βούλαιοι), la mitad de los cuales tienen el encargo de vigilar las regiones que están bajo la tierra y la otra mitad supervisan lo que acontece sobre la tierra, y entre los hombres y en el cielo. Cada diez días uno

de esos es enviado como mensajero de los astros desde los más altos a los bajos y, al mismo tiempo, uno de las partes inferiores es enviado a las regiones superiores.

Si según Dan 4, 17 los עירין constituyen un consejo deliberativo, que están tomando una resolución que se refiere al destino de los hombres, y entonces uno de esos עירין desciende y da a conocer la resolución al rey se puede pensar que esos עירין corresponden a los θεοὶ βούλαιοι de los babilonios. La inspiración divina del sueño corresponde a esa idea. El pensamiento de fondo está en la visión caldea de θεοὶ βούλαιοι, por la que se indica que la relación de Dios con el mundo se encuentra mediada a través de la acción de los seres celestes.

La revelación bíblica reconoce la existencia de esos seres mediadores y les llama mensajeros de Dios o ángeles y santos. Más aún, la Escritura habla de las asambleas de ángeles ante el trono de Dios, y que en esas asambleas Dios mismo toma resoluciones en relación con el destino de los hombres, resoluciones que los mismos ángeles realizan (cf. Job 1, 6; 1 Rey 22, 19; Sal 89, 8).

De un modo consecuente, si el sueño de Nabucodonosor venía de Dios, podemos mirar a ese עיר como un ángel de Dios, que pertenecía a la סוד קדשים, a la *asamblea de santos,* en torno al trono de Dios (Sal 89,8). Pero este ángel que habla al rey caldeo no es un mensajero del Dios Excelso, ni es un ángel en el sentido de la Escritura, sino que él habla (cf. Sal 89, 14) de גזרת עירין, es decir, de una *resolución de los vigilantes,* de un *fatum* de los θεοὶ βούλαιοι (consejeros divinos) que tienen el encargo de vigilar este mundo.

Esta concepción de los גזרת עירין no es bíblica, sino babilonia, pagana. Según la doctrina de la Escritura, los ángeles no determinan el destino (fatum) de los hombres, sino que eso lo hace solamente Dios, en cuyo entorno se encuentran los ángeles como "espíritus ministeriales" para cumplir sus mandamientos y para dar a conocer su consejo a los hombres. El ángel destinado para el rey babilonio le transmite la resolución divina en relación con el juicio que ha de caer sobre él, para humillarle por su orgullo, como "resolución de los vigilantes", a fin de que él la pueda entender de la manera más fácil como juicio divino.

En esa línea no se puede poner la objeción de que un mensajero de Dios no puede darse a sí mismo el nombre de una deidad pagana (=no puede presentarse como un Dios pagano), y que si Nabucodonosor por falta de entendimiento hubiera dado al portador del sueño el nombre de uno de sus dioses paganos, Daniel tenía que haberle corregido, al interpretar el sueño, como afirma Klief.

Pues bien, en contra de eso, Daniel no tenía que corregirle, porque el mensajero de Dios había evitado el malentendido al afirmar que la materia era un decreto de los observantes, un decreto por el que ellos reconocían que el Dios vivo, el Altísimo, gobierna sobre el reino de los hombres y que él concede ese reino a quién él quiere (dan 4, 20), por lo cual él se presenta de manera bastante clara como mensajero del Altísimo, es decir, del Dios vivo.

Bastaba este mensaje para avanzar en esa línea, y para instruir al rey, y para darle a conocer que las *concepciones religiosas de los dioses (y de los mensajeros de los dioses)*, los עִירִין o θεοὶ βούλαιοι, eran erróneas, pues al lado del Altísimo, el único Dios, no hay otros dioses sino ángeles, que no son dioses, que no son θεοί, divinos, sino creaturas de Dios. El propósito de este mensaje no era otro que el de llevar a Nabucodonosor a un reconocimiento del Altísimo es decir, al conocimiento de que el Altísimo dirige desde el cielo el reino de los hombres.

En este momento, dado que todo eso había sido declarado por Daniel, el mensajero de Dios, al interpretar al rey su sueño, no necesitará decir más que lo que se dirá en 4, 24-25, donde él presenta el tema como una resolución del Altísimo y de esa manera, indirectamente, corrige la visión del rey respecto a las "decisiones de los vigilantes" y le da a entender de un modo bien preciso que la humillación anunciada para él estaba determinada por el Altísimo, no por los θεοὶ βούλαιοι de los babilonios, sino por el único Dios Verdadero a quien adoraban Daniel y su pueblo. En esa línea debemos recordar que Nabucodonosor habla de los עִיר קַדִּישׁ en el mismo sentido en que él habla de los "santos" en Dan 4, 8[42].

4, 11-12 (4, 14-15)

11 קָרֵא בְחַיִל וְכֵן אָמַר גֹּדּוּ אִילָנָא וְקַצִּצוּ עַנְפוֹהִי אַתַּרוּ עָפְיֵהּ וּבַדַּרוּ אִנְבֵּהּ תְּנֻד חֵיוְתָא מִן־תַּחְתּוֹהִי וְצִפֲּרַיָּא מִן־עַנְפוֹהִי׃ 12 בְּרַם עִקַּר שָׁרְשׁוֹהִי בְּאַרְעָא שְׁבֻקוּ וּבֶאֱסוּר דִּי־פַרְזֶל וּנְחָשׁ בְּדִתְאָא דִּי בָרָא וּבְטַל שְׁמַיָּא יִצְטַבַּע וְעִם־חֵיוְתָא חֲלָקֵהּ בַּעֲשַׂב אַרְעָא׃

14 Él proclamaba con gran voz y decía así: ¡Derribad el árbol y cortad sus ramas; quitad su follaje y desparramad su fruto! ¡Huyan los animales que están debajo de él, y las aves de sus ramas! 15 Pero dejad el tronco de sus raíces en la tierra, con atadura de hierro y de bronce, entre el pasto del campo. Que él sea mojado con el rocío del cielo y que con los animales tenga su parte entre la hierba de la tierra.

El mensajero de Dios gritó con poder (cf. Dan 3, 4) "como signo de un fuerte y firme propósito" (Kran.). El mandato *derribad el árbol* no se dirige a los ángeles (Hv., Hitz., Auberl.). El plural del verbo ha de verse como impersonal: El árbol *debe ser cortado*, con אַתַּרוּ, según la analogía de los verbos guturales, de נתד, *que caigan las hojas*, en referencia a las hojas secas.

---

42. Debemos rechazar la afirmación de Berth., v. Leng., Hitz. y Maur., según los cuales el lenguaje de este verso sobre el ángel enviado a Nabucodonosor responde a la representación persa de los siete *Amschaspands* (Amēschā-spenta), pues, conforme al juicio de los más expertos en pensamiento persa, la doctrina de los Amēschā-spenta no aparece en modo alguno en las partes más antiguas del Avesta. Por su parte, el Avesta no es tan antiguo como la doctrina babilonia de los dioses, como puede verse por el hecho de que depende de la doctrina zend de los parsis.

A causa de la destrucción del árbol, las bestias que hallaban cobijo debajo de él y entre sus ramas tienen que huir. Pero el árbol no ha de ser totalmente destruido, sino que la raíz debe permanecer en tierra (4, 15), a fin de que pueda brotar de nuevo y convertirse en árbol. La raíz no es la realeza, la dinastía que debe permanecer en la casa de Nabucodonosor (Jv.), sino el árbol con su raíz, es decir, el mismo Nabucodonosor que debe ser cortado como rey y que de nuevo debe brotar como rey.

Pero esa raíz debe ser atada, con atadura de hierro y de bronce. Con estas palabras, cuyo sentido ha de completarse con la palabra שְׁבֻקוּ, que viene del contexto anterior, el lenguaje pasa del tipo (árbol) a la persona representada por él (Nabucodonosor). Esta transición influye en la última parte del verso "con las bestias del campo tenga su parte...", pues esas palabras no pueden aplicarse al tronco con las raíces, de manera que ellas han de aplicarse de una forma directa a Nabucodonosor (cf. 4, 25).

Pues bien, incluso en los pasajes anteriores puede detectarse ya ese paso del tipo (del signo) a la realidad significada. Ni las palabras que aluden a la hierba del campo, ni el estar humedecido con el rocío del cielo pueden aplicarse sin más a la raíz del árbol, pues esas afirmaciones no tendrían sentido alguno en ese contexto; menos sentido tiene aún el ser rodeado con una cadena de hierro y bronce, porque no tiene sentido atar o rodear un tronco de árbol para que no sea cortado en piezas.

Esas palabras se refieren ciertamente a Nabucodonosor. De todas formas, el atar con bronce y con hierro no ha de entenderse como piensa Jerónimo en el sentido de sujetar externamente a un loco con cadenas, sino el atarle de un modo simbólico y espiritual, como en el caso figurativo de impedir con cadenas de locura a un demente, de manera que no pueda ejercer la libertad de pensamiento (cf. "cadenas de aflicción": Sal 107, 10; Job 36, 8).

En ese sentido figurado han de entenderse también los otros gestos de moverse por el campo, como los animales, bajo el cielo abierto, lo mismo que el dejarse mojar por el rocío del cielo y andar entre animales. Esos son signos simbólicos, de manera que no podemos pensar en Nabucodonosor como en un maniaco que camina suelto por ahí, sin tener sobre sí ninguna protección.

4, 13 (4, 16)

¹³ לִבְבֵהּ מִן־(אֱנוֹשָׁא) [אֲנָשָׁא] יְשַׁנּוֹן וּלְבַב חֵיוָה יִתְיְהִב לֵהּ וְשִׁבְעָה עִדָּנִין יַחְלְפוּן עֲלוֹהִי׃

¹⁶ Sea cambiado su corazón de hombre; séale dado un corazón de animal, y pasen sobre él siete tiempos."

El ángel declara aquí los medios por los que Nabucodonosor será llevado a su nueva condición, de forma que su corazón de hombre se volverá corazón de bestia.

שנא מן, *cambiar, hacer diferente de*, de manera que uno no sea lo que era. El *ketiv* אנושא es la forma hebrea del אנששא que ofrece aquí el *qere*, como en 4,17, donde a su lado se encuentra también la forma hebrea plural אנשים. La palabra אנושא está aquí en lugar de la forma abreviada, frecuente en hebreo, לבב מן אנושא. Por su parte ישנון es 3ª persona. plur. pasiva, en sentido impersonal. לבב es el corazón, el centro del alma-vida inteligente del hombre.

El corazón del hombre se deshumaniza cuando su alma se vuelve como el alma de las bestias, porque la diferencia entre el corazón de un hombre y el de una bestia tiene su fundamento en la diferencia entre el alma de un hombre y el alma de una bestia (cf. Delitzsch, *Bibl. Psych*. p. 252). *Sobre él han de pasar siete tiempos*, es decir, mientras continúan las circunstancias descritas, esto es, su condición de esclavitud durará durante siete tiempos.

Siguiendo el ejemplo de los LXX y de Josefo, muchos intérpretes antiguos y modernos, hasta Maur., Hitz., and Kran., han pensado que la palabra se refiere a עדנין años, porque los "tiempos" de Dan 7, 28.30 son también años y porque en 4, 32 se hace mención de doce meses, de manera que un tiempo se definiría como un año. Pero de Dan 4,31 no se puede deducir en modo alguno la duración de עדנין, y en Dan 7, 28.30 los tiempos no son años.

עדן designa de un modo general un período de tiempo, cuya longitud o duración puede ser muy diferente. Por otra parte, *siete* es la medida y signo de la historia del desarrollo del reino de Dios y de todos los factores y fenómenos que son significativos para él, como indica Lammert, en un trabajo sobre el carácter simbólico de los números de la Biblia, en *Jahrbb.f. deutsche Theol*. IX. p. 11). Cf. también Leyrer, en Herzog, *Realencykl*. XVIII. p. 366, donde dice que el siete es "el signo de todas las acciones de Dios, en juicio y misericordia, en castigos, expiaciones, consagraciones y bendiciones relacionadas con la economía de la salvación, tal como se expresa en el tiempo".

Según eso, "siete tiempos" es la duración del castigo divino que ha sido decretado en contra de Nabucodonosor para finalidades que están conectadas con la historia de la redención. No se dice si esos tiempos han de ser calculados en forma de años, meses, semanas o días, y no pueden ser determinados. La suposición de que se trataba de siete años "no puede ser adoptada, por el simple hecho de que Nabucodonosor volvió a la razón y volvió a reinar, y es muy raro que alguien pueda seguir reinando después de una larga enfermedad psíquica de siete años" (J. B. Friedreich, *Zur Bibel. Naturhist., anthrop. u. med. Fragmente*, I. p. 316).

4, 14-15 (4, 17-18)

¹⁴ בִּגְזֵרַת עִירִין פִּתְגָמָא וּמֵאמַר קַדִּישִׁין שְׁאֵלְתָא עַד־דִּבְרַת
דִּי יִנְדְּעוּן חַיַּיָּא דִּי־שַׁלִּיט (עִלָּיָא) [עִלָּאָה] בְּמַלְכוּת
(אֲנוּשָׁא) [אֲנָשָׁא] וּלְמַן־דִּי יִצְבֵּא יִתְּנִנַּהּ וּשְׁפַל אֲנָשִׁים יְקִים

(עֲלַיַּהּ) [עֲלֹהִי]:
¹⁵ דְּנָה חֶלְמָא חֲזֵית אֲנָה מַלְכָּא נְבוּכַדְנֶצַּר (וְאַנְתְּ) [וְאַנְתָּה]
בֵּלְטְשַׁאצַּר פִּשְׁרֵא אֱמַר כָּל־קֳבֵל דִּי כָּל־חַכִּימֵי מַלְכוּתִי
לָא־יָכְלִין פִּשְׁרָא לְהוֹדָעֻתַנִי (וְאַנְתְּ) [וְאַנְתָּה] כָּהֵל דִּי
רוּחַ־אֱלָהִין קַדִּישִׁין בָּךְ:

¹⁷ La sentencia por decreto de los vigilantes, y la decisión por palabra de los santos (es firme, está dada), para que los vivientes reconozcan que el Altísimo es Señor del reino de los hombres, que lo concede a quien quiere y que constituye sobre él al más humilde de los hombres. ¹⁸ Yo, el rey Nabucodonosor, he tenido este sueño. Tú, pues, Beltesasar, di la interpretación, puesto que todos los sabios de mi reino no han podido darme a conocer su interpretación. Pero tú sí puedes, porque el espíritu de los dioses santos está en ti.

El mensaje divino concluye con la afirmación de que el tema había sido decretado de un modo firme, con la finalidad de que los hombres pudieran ser llevados a reconocer la supremacía del Altísimo sobre los reyes de la tierra. Los dos primeros pasajes no tienen verbo y así debe ser suplido el verbo sustantivado. Según eso, no debemos traducir *por decreto de los vigilantes es el mensaje*, es decir, "el mensaje ha sido entregado por…" (Kran.), ni "el decreto está incluido en el destino, como voluntad inalterable de los cielos" (Hv.), pues la ב es el punto de partida de la sentencia (גזרה), de forma que el conjunto ha de traducirse: "El mensaje consiste en (se apoya sobre) el decreto de los vigilantes".

גזרה es la *decisión* incambiable, el "decreto divino que se impone a los hombres o a las cosas humanas de un modo inexorable" (*decretum divinum, quod homini aut rebus humanis tanquam inevitabile impositum est*; cf. Buxtorf, *Lex. talm. rabb.* p. 419), el *fatum* en el que los caldeos creían. Sobre פתגם cf. *Coment* a Dan 3,16. Aquí se puede insistir en el sentido fundamental del mensaje, que se centra en aquello que ha de suceder.

La segunda parte de 4, 17 afirma lo mismo que la primera, pero de otro modo. El tema es la palabra, es decir, שאלתא, *la proclamación* de los santos, esto es, de los vigilantes (cf. lo dicho sobre 4, 16). El sentido etimológico del término שאלתא (*petición*, lo que se requiere) no es aquí adecuado, por lo que tenemos que apoyarnos en el sentido derivado, es decir de *algo cuya realidad ya está fijada*. Lo que así se quiere decir es que lo que ha sido decidido sobre el árbol se cumplirá: que será cortado etc. Eso resulta tan claro que no hace falta decirlo expresamente.

עד דברת די, *para que, con el fin de que…* No significa lo mismo que עד די (Dan 4, 28), porque aquí no se ofrece una indicación de tiempo. El cambio de עד en על (Hitz.) resulta innecesario y arbitrario. *Para que los vivientes reconozcan…* etc. Esta expresión es de tipo general, porque aún no se ha dicho lo que ha de ser entendido sobre el árbol que ha de ser cortado. Pero esta expresión general resulta correcta, porque el rey ha llegado por experiencia al conocimiento, y así han de alcanzar conocimiento todos los que consideren esto.

Las dos últimas frases de Dan 4,14 expresan de un modo más intenso la forma en que el Altísimo manifiesta su supremacía sobre todos los reinos de los hombres. El *ketiv* עליה es una abreviación de עליהא, y el *qere* es una abreviación aún mayor, que se consigue a *través* de la supresión de la yod (י); cf. 5, 21; 7, 4 etc. Dan 4, 18, añade el mandato que Nabucodonosor dirige a Daniel para que interprete el sueño. La forma פשרא (su interpretación) ofrece la ortografía antigua, con la forma suavizada de פשרה (con el cambio de la *he* en *alef*. Cf. Dan 4, 9).

4, 16-24 (4, 19-27). La interpretación del sueño

Tan pronto como Daniel comprendió la interpretación del sueño, sintió por un momento tal asombro que él no pudo ni hablar por el terror ante los pensamientos que movían su alma. Este asombro llenó su espíritu, porque él quería bien al rey, y sin embargo debía anunciarle el duro juicio de Dios.

4,16-23

16 אֱדַיִן דָּנִיֵּאל דִּי־שְׁמֵהּ בֵּלְטְשַׁאצַּר אֶשְׁתּוֹמַם כְּשָׁעָה חֲדָה וְרַעְיֹנֹהִי יְבַהֲלֻנֵּהּ עָנֵה מַלְכָּא וְאָמַר בֵּלְטְשַׁאצַּר חֶלְמָא וּפִשְׁרֵא אַל־יְבַהֲלָךְ עָנֵה בֵלְטְשַׁאצַּר וְאָמַר (מָרְאִי) [מָרִי] חֶלְמָא (לְשָׂנְאַיִךְ) [לְשָׂנְאָךְ] וּפִשְׁרֵהּ (לְעָרַיִךְ) [לְעָרָךְ]:
17 אִילָנָא דִּי חֲזַיְתָ דִּי רְבָה וּתְקִף וְרוּמֵהּ יִמְטֵא לִשְׁמַיָּא וַחֲזוֹתֵהּ לְכָל־אַרְעָא:
18 וְעָפְיֵהּ שַׁפִּיר וְאִנְבֵּהּ שַׂגִּיא וּמָזוֹן לְכֹלָּא־בֵהּ תְּחֹתוֹהִי תְּדוּר חֵיוַת בָּרָא וּבְעַנְפוֹהִי יִשְׁכְּנָן צִפֲּרֵי שְׁמַיָּא:
19 (אַנְתָּה) [אַנְתְּ־]הוּא מַלְכָּא דִּי רְבַית וּתְקֵפְתְּ וּרְבוּתָךְ רְבָת וּמְטָת לִשְׁמַיָּא וְשָׁלְטָנָךְ לְסוֹף אַרְעָא:
20 וְדִי חֲזָה מַלְכָּא עִיר וְקַדִּישׁ נָחִת מִן־שְׁמַיָּא וְאָמַר גֹּדּוּ אִילָנָא וְחַבְּלוּהִי בְּרַם עִקַּר שָׁרְשׁוֹהִי בְּאַרְעָא שְׁבֻקוּ וּבֶאֱסוּר דִּי־פַרְזֶל וּנְחָשׁ בְּדִתְאָא דִּי בָרָא וּבְטַל שְׁמַיָּא יִצְטַבַּע וְעִם־חֵיוַת בָּרָא חֲלָקֵהּ עַד דִּי־שִׁבְעָה עִדָּנִין יַחְלְפוּן עֲלוֹהִי:
21 דְּנָה פִשְׁרָא מַלְכָּא וּגְזֵרַת (עִלָּיָא) [עִלָּאָה] הִיא דִּי מְטָת עַל־(מָרְאִי) [מָרִי] מַלְכָּא:
22 וְלָךְ טָרְדִין מִן־אֲנָשָׁא וְעִם־חֵיוַת בָּרָא לֶהֱוֵה מְדֹרָךְ וְעִשְׂבָּא כְתוֹרִין לָךְ יְטַעֲמוּן וּמִטַּל שְׁמַיָּא לָךְ מְצַבְּעִין וְשִׁבְעָה עִדָּנִין יַחְלְפוּן (עֲלַיִךְ) [עֲלָךְ] עַד דִּי־תִנְדַּע דִּי־שַׁלִּיט (עִלָּיָא) [עִלָּאָה] בְּמַלְכוּת אֲנָשָׁא וּלְמַן־דִּי יִצְבֵּא יִתְּנִנַּהּ:
23 וְדִי אֲמַרוּ לְמִשְׁבַּק עִקַּר שָׁרְשׁוֹהִי דִּי אִילָנָא מַלְכוּתָךְ לָךְ קַיָּמָה מִן־דִּי תִנְדַּע דִּי שַׁלִּטִן שְׁמַיָּא:

¹⁹ Entonces Daniel, cuyo nombre era Beltesasar, quedó atónito por un momento, y sus pensamientos le turbaban. El rey habló y dijo: Beltesasar, no te turben el sueño ni su interpretación. Y Beltesasar respondió y dijo: ¡Oh señor mío, que el sueño sea para tus enemigos, y su interpretación para tus adversarios! ²⁰ El árbol que viste (que crecía y se hacía fuerte, y cuya altura llegaba hasta el cielo y que era visible a toda la tierra; ²¹ cuyo follaje era hermoso y su fruto abundante, de modo que en él había sustento para todos; debajo del cual habitaban los animales del campo y en cuyas ramas las aves del cielo tenían su morada) ²² eres tú mismo, oh rey, que has crecido y te has hecho fuerte. Tu grandeza ha crecido y ha llegado hasta el cielo, y tu dominio hasta los confines de la tierra. ²³ En cuanto a lo que vio el rey (un vigilante, uno santo, que descendía del cielo y decía: ¡Derribad el árbol y destruidlo; pero dejad el tronco de sus raíces en la tierra, con atadura de hierro y de bronce, entre el pasto del campo. Que él sea mojado con el rocío del cielo y que con los animales del campo tenga su parte, hasta que pasen sobre él siete tiempos. ²⁴ Esta es, oh rey, la interpretación: Es un decreto del Altísimo que ha caído sobre mi señor el rey. ²⁵ A ti te echarán de entre los hombres, y junto con los animales del campo estará tu morada. Te darán de comer hierba, como a los bueyes, y serás mojado con el rocío del cielo. Siete tiempos pasarán sobre ti, hasta que reconozcas que el Altísimo es Señor del reino de los hombres y que lo da a quien quiere. ²⁶ Y lo que dijeron, que dejasen en la tierra el tronco de las raíces del árbol, significa que tu reino continuará firme después que tú reconozcas que el señorío es de los cielos.

4, 16 (4, 19) La puntuación de אֶשְׁתּוֹמַם es siríaca, como en el hebreo de Dan 8, 27, cf. Winer, *Chald. Gram.* 25, 2. כשעה חדא no significa *en torno a una hora* (Mich., Hitz., Kran. etc.), sino un *momento*, como si fuera un instante. En relación con שָׁעָה, cf. *Coment.* a Dan 3, 6. El rey percibe el asombro de Daniel y le responde como si ya conociera la interpretación. Sin embargo, él le pregunta de un modo amistoso, pidiéndole que le conteste sin reservas. Entonces, Daniel le comunica la interpretación, con palabras de interés afectuoso por el bienestar del rey.

Las palabras *que el sueño sea para tus enemigos* etc. no significan "se trata de un sueño, de una profecía que agradaría a los enemigos del rey, que desearían algo así para Nabucodonosor" (Klief.), sino "desearía que este sueño y su interpretación se aplicara a tus enemigos", desearía que se cumpliera en ellos, no en ti (Hv., Hitz., etc.).

El *ketiv* מְרִאי es la forma normal, derivada de מרא con el sufijo, por lo que los masoretas lo han sustituido por el *qere,* a causa de la forma posterior talmúdica-targúmica מָרִי. Con relación a שָׂנְאָיךְ con la *alef* abreviada, como en Dan 3, 16 (חַשְׁחִין) y en otras formas participiales, cf. Winer, *Chald. Gram.* 34, III.

El hecho de que Nabucodonosor hable aquí en tercera persona (4,19) no justifica la conclusión de que es otro el que está hablando por él, ni la afirmación de que el texto no es auténtico, ni tampoco la suposición de que este verso contiene una noticia histórica que ha sido introducida más tarde como una interpolación en el documento. Formas semejantes de expresión aparecen con frecuencia en este tipo de documentos. Cf. 7, 13-15; Es 8, 7-8.

4, 20-22 (4, 17-19). Daniel interpreta al rey su sueño, repitiendo de una forma abreviada, solo aquí y allí, lo que el rey ha dicho, para declarar después su aplicación al mismo rey (cf. 4, 20-21 en relación a 4, 11-12). La descripción más completa del árbol está subordinada a la cláusula de relativo (*que tú has visto*) de forma que el sujeto aparece conectado con הוא (Dan 4, 22), que se vincula con el verbo sustantivado, conforme a la norma, como el predicado אילנא. La interpretación de las afirmaciones separadas sobre el árbol aparece también en forma subordinada al sujeto en las cláusulas relativas.

En vez del *ketiv* רביח (que es igual a רבית) el *qere* ofrece una forma abreviada, רבת, con elisión de la tercera radical, igual que en el caso siguiente de מטת. Al mandato del ángel de "cortar el árbol" (4, 23; cf. 4, 7-10), Daniel da la interpretación en 4, 24: "Es un decreto del Altísimo que ha caído sobre mi señor el rey. A ti te echarán de entre los hombres y habitarás entre las bestias…".

מטא על corresponde al hebreo בוא על. La forma plural indefinida טרדין está en lugar de la pasiva, como en el יטעמון לך siguiente y en מצבעין, cf. Dan 3,4. De esa manera, el sujeto permanece indefinido, de manera que no tiene que pensarse ni en hombres que le expulsan de la sociedad, ni en ángeles (de los que se podría quizá pensar…), ni mucho menos de alimentarse de hierbas y de dejarse mojar por el rocío.

4, 23 (4, 26). En este verso el tema y la interpretación están simplemente colocados uno junto al otro, de forma que podemos repetir con el pensamiento las palabras דנה פשרא de Dan 4, 9 antes de מלכותך. Por su parte קימא, de קאם, en este lugar, no significa *estar, existir, permanecer*, pues esto no concuerda con el מן־די siguiente: *Hasta que* Nabucodonosor no reconozca la supremacía de Dios no podrá recuperar su dominio (que permanecerá firme).

קום, *elevar*, tiene aquí un sentido incoativo, elevar de nuevo. A שליטין (gobernar) hay que añadir, de 4, 25, la cláusula sobre el reino de los hombres. En este pasaje tenemos una explicación del uso de שמיא, cielo, de עליא, el Altísimo, Dios del cielo, de donde brotó más tarde el uso de βασιλεία τῶν οὐρανῶν (reino de los cielos) para indicar βασιλεία τοῦ Θεοῦ (reino de Dios).

4, 24 (4, 27)

²⁴ לָהֵן מַלְכָּא מִלְכִּי יִשְׁפַּר (עֲלָיךְ) (וַעֲלָךְ) (וַחֲטָיָךְ) (וַחֲטָאָךְ)
בְּצִדְקָה פְרֻק וַעֲוָיָתָךְ בְּמִחַן עֲנָיִן הֵן תֶּהֱוֵא אַרְכָה לִשְׁלֵוְתָךְ:

²⁷ Por tanto, oh rey, que te sea grato mi consejo, y rompe con tus pecados mediante la práctica de la justicia, y con tus iniquidades mediante obras de misericordia para con los pobres. Tal vez esto resulte en la prolongación de tu tranquilidad.

Daniel añade a su interpretación del sueño una advertencia dirigida al rey, para que supere sus pecados por medio de la justicia y la misericordia, a fin de que pueda alargarse el tiempo de su paz. Daniel no conoció nada del *fatum* o destino pagano, pero sabía que los juicios de Dios afectan a los hombres según su conducta, y que la amenaza del castigo solo podía ser evitada por el arrepentimiento (cf. Jer 18,7; Jon 3,5; Is 38, 1).

Esta manera de evitar la amenaza del juicio se hallaba abierta también para Nabucodonosor, y de un modo particular por el hecho de que el tiempo en que debía cumplirse el sueño no estaba aún fijado, de manera que existía todavía un espacio para el arrepentimiento. Berth., Hitz., y otros, después de Teodoción, la Vulgata y muchos santos Padres y rabinos, han interpretado esta conversión y arrepentimiento de Nabucodonosor a partir de la doctrina de la santidad de las obras, tal como la han defendido los judíos posteriores, en la línea de "redime tus pecados con buenas obras" (Hitz.: compra con limosnas el perdón de los pecados) y "supera tus transgresiones teniendo misericordia con los pobres"[43].

Pero esta traducción del primer pasaje es literalmente falsa porque פרק no significa redimir, rescatar, y צדקה no significa limosnas o caridad. En contra de eso, פרק significa destruir, romper en piezas, y de aquí separar, desunir, poner a distancia. Cf. *Coment.* a Gen 21, 40. Y aunque los Targumes emplean פרק en el sentido de גאל, פדה, rescatar, absolver, redimir a un primogénito, rescatar una herencia u otra posesión valioso, este uso de la palabra no se aplica a los pecados, porque los pecados no son bienes que uno redime o rescata, a fin de retenerlos para uso propio.

פרק חטי solo puede significar arrojar fuera los pecados, quedarse libre de pecados. Por su parte, en el Antiguo Testamente, צדקה no significa nunca hacer bien, dar limosnas, aunque los rabinos dieron ese significado a esta palabra en sus escritos. Daniel recomienda al rey practicar la justicia como virtud principal de un gobernante, en contra de la injusticia de los déspotas, como han indicado justamente Hgstb., Hv., Hofm y Klief. Este es además el sentido de la segunda parte del verso.

El rey ha de practicar justicia con sus súbditos, mostrándose al mismo tiempo misericordioso con los oprimidos, los miserables, los pobres. Ambas virtudes se nombran con frecuencia unidas, como en Is 11, 4; Sal 72, 4; I 41,2,

---

43. Teodocion traduce el texto así: καὶ τὰς ἁμαρτίας σου ἐν ἐλεημοσύναις λύτρωσαι καὶ τὰς ἀδικίας σου ἐν οἰκτιρμοῖς πενήτων, y en esa línea sigue la Vulg.: *et peccata tua eleemosynis redime et iniquitates tuas misericordiis pauperum* (redime tus pecados con limosnas y tus iniquidades teniendo misericordia de los pobres). De un modo consecuente, la Iglesia Católica mira este pasaje como un *locus classicus* para la doctrina del mérito por las obras y, en contra de ellas, se propuso por vez primera la recta explosión de la doctrina en la *Apología* de la Confesión de Augsburgo (*Confessio Augustana*).

apareciendo como virtudes del Mesías. חטייך es el plural de חטי, como muestra el paralelo עויתך, y el *qere* con su sufijo (como en Dan 2,4; 5, 10).

La última cláusula del verso ha sido mal entendida por los LXX que la traduce así: ἴσως ἔσται μακρόθυμος τοῖς παραπτώμασιν σου ὁ Θεός, y por la Vulgata, que traduce *forsitan ignoscet delictis tuis* (quizá ignore tus delitos) y por muchos intérpretes antiguos que interpretan ארכא en el sentido de ארך אפים, *paciente*, y que derivan שלותך de שלה, *errar*, ir en contra de (cf. Dan 3, 29).

ארכא significa continuidad o longitud de tiempo, como en Dan 7, 12. שלוא, *descanso*, salvación, como en hebreo שלוה, que es aquí la posperidad pacífica de la vida. Por su parte, הן no es *ecce* ni *forsitan*, *si forte* (he aquí, quizá, si puede ser), sino *simplemente*, como siempre en este libro. Daniel propone al Rey, como condición de una prosperidad continua de vida e, implícitamente de superación de la amenaza de castigo, la reforma de vida, la superan de la injusticia y de la crueldad respecto de los pobres, y la práctica de la justicia y la misericordia.

4, 25-30 (4, 28-33) El cumplimiento del sueño

Nabucodonosor narra el cumplimiento del sueño de un modo totalmente objetivo, de tal forma que habla de sí mismo en tercera persona. Berth., Hitz. y otros encuentran aquí la base para afirmar que el autor del libro interpreta mal la función de Nabucodonosor y deja traslucir que el que ha expuesto la trama del edicto es alguien distinto del rey. Pero a esta conclusión se opone el hecho de que Nabucodonosor vuelve a hablar de sí mismo en primera persona desde 4, 31 (4,24) después de haberse recuperado de la enfermedad. Eso significa que el cambio en el uso de la persona se debe al mismo tema.

Ciertamente no se trata de que Nabucodonosor viera como inconveniente el tratar en primera persona de su enfermedad; porque si él hubiera tenido una actitud tan reservada sobre su persona no había hablado de su enfermedad en todo lo anterior, exponiéndola en un manifiesto que sería escuchado por todos sus súbditos. Pero en la base del hecho de que aquí hable de su locura en tercera persona, como si fuera otro el que está hablando de él, se encuentra la circunstancia de que, en el tiempo de su enfermedad, él no era propiamente "yo" (*Ich*), como dice Klieforth, sino que era como si fuera otro. Solo con su retorno al "yo", a través de la curación de su enfermedad, Nabucodonosor puede volver a tratar de sí mismo en primera persona (cf. 4, 31 =4, 34).

4, 25-27 (4, 28-30)

²⁵ כֹּלָּא מְטָא עַל־נְבוּכַדְנֶצַּר מַלְכָּא: פ
²⁶ לִקְצָת יַרְחִין תְּרֵי־עֲשַׂר עַל־הֵיכַל מַלְכוּתָא דִּי בָבֶל

²⁷ עָנֵה מַלְכָּא וְאָמַר הֲלָא דָא־הִיא בָּבֶל רַבְּתָא דִּי־אֲנָה
בֱנַיְתַהּ לְבֵית מַלְכוּ בִּתְקָף חִסְנִי וְלִיקָר הַדְרִי:

²⁸ Todo aquello le sobrevino al rey Nabucodonosor. ²⁹ Al final de doce meses, mientras se paseaba sobre la terraza del palacio real de Babilonia, ³⁰ dijo el rey: ¿No es esta la gran Babilonia que yo edifiqué como residencia real, con la fuerza de mi poder y para la gloria de mi majestad?

En este verso hallamos una afirmación breve y abarcadora del cumplimiento del sueño del rey, que se extenderá después en 4, 26-30 (4, 29-33). Al final de los doce meses, es decir, después que se cumplieran los doce meses desde el momento del sueño, Nabucodonosor se encontraba en su palacio de Babilonia, y más en concreto en la habitación superior de ese palacio (cf. 2 Sam 11, 2). El hecho de que se cite a Babilonia no indica que el rey estuviera viviendo fuera de Babilonia, como Berth., v. Leng., Maur. y otros imaginan, sino que responde al mismo despliegue del tema porque, sin duda, Nabucodonosor tenía palacios fuera de Babilonia, y además de esa manera se insiste en la grandeza de Babilonia.

ענה (4, 30) significa aquí no simplemente comenzar a hablar, sino más bien responder, y sugiere que el rey ha tenido un coloquio anterior consigo mismo, en su propia mente. Si de aquí se puede concluir, en el contexto de la fijación del tiempo transcurrido, después de doce meses, que Nabucodonosor se hallaba ya implicado activamente en el gobierno de su reino es una cuestión que quedar indeterminada. Ese posible dato no se puede utilizar como una explicación psicológica de lo que había sucedido en el sueño. Los pensamientos que Nabucodonosor expresa en 4, 26 (4,29) no favorecen esa suposición.

Si el rey estuviera recordando el sueño y su interpretación es poco probable que él hablara después de un modo tan orgulloso de la espléndida ciudad que había edificado (4,27 = 4, 30). Cuando él miró la ciudad grande y magnífica desde lo alto de su palacio "se llenó de orgullo", porque pensó que la edificación de su gran ciudad como casa central de su reino se debía a la grandeza de su poder y al honor de su majestad.

Por la adición de רבתא (grande, magnífica) no se sigue que este predicado sea un epíteto para indicar el honor de Babilonia como en el caso de חמת en Am 6,2, pues Pausanias y Estrabón llaman a Babilonia μεγάλη (la Grande) y μεγίστη πόλις (la ciudad mayor), sin embargo ningún autor antiguo le da este sobrenombres. Pero Ap 14,8, cita este mismo predicado al hablar de Babilonia, tomándolo de nuestro texto. Este es un predicado que en la boca de Nabucodonosor está indicando el orgullo que él siente por su gran poder, por haber edificado Babilonia como ciudad de un gran rey.

De todas formas, la palabra בנה no significa aquí, como en otros casos, el hecho de que Nabucodonosor hubiera edificado la ciudad, porque la fundación de

Babilonia tuvo lugar en los tiempos más antiguos, después del diluvio (Gen 11), y estuvo dedicada al Dios Belus o a la mítica Semíramis, en un tiempo prehistórico. En nuestro caso, בנה significa renovar, ampliar, adornar la ciudad, para convertirla en לבית מלכו, en casa del reino, es decir, en residencia real, como indica también la expresión relacionada de בית ממלכה (Am 7, 13). En este caso, בית no se refiere solo a la ciudad ni al palacio (היכל, Dan 4, 31), sino que tiene el sentido de lugar donde se habita. La realeza de Babilonia tiene su lugar de habitación, su sede, en Babilonia, la capital del reino.

En relación con los grandes edificios de Nabucodonosor en Babilonia, cf. lo que dice Beroso en Josefo, *Ant.* X. 11, 1, y en *Contra Ap.* I. 19, y también Abydeno, en Eusebio, *Praepar. evang.* IX. 41, y en *Cron.* I. p. 59, con las ilustraciones de Duncker, *Gesch. des Alterth.* I. p. 854ss. El carácter presuntuoso del lenguaje del rey aparece en estas palabras: "con la fuerza de mi poder y para la gloria de mi majestad".

De esa forma, Nabucodonosor se describe a sí mismo como creador del reino y de su gloria, y presenta la edificación de su capital como una residencia que rinde testimonio de su gloria y de su poder y quiere indicar al mismo tiempo la duración que se atribuye a su dinastía. A esta proclamación orgullosa le sigue inmediatamente el relato de su humillación bajo la omnipotencia de Dios.

En ese contexto se escucha una voz que viene del cielo. נפל como en Is 9,7, refiriéndose a la venida súbita de una revelación divina. אמרין en lugar de la voz pasiva, como en Dan 3,4. El perfecto עדת indica que el tema ha terminado. En el momento en el que Nabucodonosor escucha en su alma la voz que viene del cielo la profecía queda concluida, el rey pierde su mente y queda privado de su realeza.

4, 29-30 (4, 32-33)

²⁹ וּמִן־אֲנָשָׁא֩ לָ֨ךְ טָֽרְדִ֜ין וְֽעִם־חֵיוַ֧ת בָּרָ֣א מְדֹרָ֗ךְ עִשְׂבָּ֤א
כְתוֹרִין֙ לָ֣ךְ יְטַעֲמ֔וּן וְשִׁבְעָ֥ה עִדָּנִ֖ין יַחְלְפ֣וּן (עֲלַיִךְ) [עֲלָ֑ךְ]
עַ֣ד דִּֽי־תִנְדַּ֗ע דִּֽי־שַׁלִּ֞יט (עִלָּיָא) [עִלָּאָה֙] בְּמַלְכ֣וּת אֲנָשָׁ֔א
וּלְמַן־דִּ֥י יִצְבֵּ֖א יִתְּנִנַּֽהּ׃
³⁰ בַּהּ־שַׁעֲתָ֗א מִלְּתָא֮ סָ֣פַת עַל־נְבוּכַדְנֶצַּר֒ וּמִן־אֲנָשָׁ֣א טְרִ֔יד
וְעִשְׂבָּ֤א כְתוֹרִין֙ יֵאכֻ֔ל וּמִטַּ֤ל שְׁמַיָּא֙ גִּשְׁמֵ֣הּ יִצְטַבַּ֔ע עַ֣ד דִּ֥י
שַׂעְרֵ֛הּ כְּנִשְׁרִ֥ין רְבָ֖ה וְטִפְר֥וֹהִי כְצִפְּרִֽין׃

³² Te echarán de entre los hombres, y junto con los animales del campo será tu morada. Te darán de comer hierba como a los bueyes. Siete tiempos pasarán sobre ti, hasta que reconozcas que el Altísimo es Señor del reino de los hombres y que lo da a quien quiere. ³³ En la misma hora se cumplió la palabra acerca de Nabucodonosor, y fue echado de entre los hombres. Comía hierba como los bueyes, y su cuerpo era mojado con el rocío del cielo, hasta que su pelo creció como plumas de águilas y sus uñas como las de las aves.

Aquí se repite el contenido de la profecía de 4, 22 (4, 25) y lo que se dice en 4, 30 (4, 33) al afirmar que se cumplió inmediatamente la palabra acerca del destino de Nabucodonosor. Sobre בה שעתא, cf. Dan 3, 6. ספת, de סוּף, terminar. La profecía llega hasta su fin y cuando se realiza está cumplida, y ese cumplimiento se cuenta con las mismas palabras de la profecía.

Nabucodonosor es arrojado de entre los hombres por su locura, pues por causa de ella dejó la conversación con los hombres y vivió al aire libre, entre las bestias, como ellas, comiendo hierba como el ganado, y se olvidó de tal manera de su persona que su pelo se volvió como las plumas de las águilas, y sus uñas como las garras de las aves.

כצפרין y כנשרין son comparaciones abreviadas (cf. lo dicho en 4, 16). Esa forma de presentarse fue un resultado de su locura, como se dice expresamente en 4, 32 (=4, 34) donde la recuperación de Nabucodonosor se describe como restauración de su entendimiento

Esta enfermedad en la que los hombres se toman a sí mismos como animales e imitan su forma de vida se llama *insania zoo-antrópica*, y en el caso de aquellos se toman como lobos suele hablarse de *licantropía*. Esa condición se describe de una forma que responde a la naturaleza. Y así lo describe G. Rsch, en el *Deutsch. Morgenl. Zeitschr.* XV. p. 521: "Incluso en el hecho de comer hierba no hay nada de lo que admirarse, nada que necesite ser explicado. Esta es una conducta que se ha reproducido en tiempos recientes, como en el caso de una mujer enferma de insania en el asilo de Württemberg". Testimonios de este tipo de enfermedad han sido recogidos por Trusen en *Sitten, Gebr. u. Krank. der alten Hebraer*, 2ª ed., p. 205ss y por Friedrich, *Zur Bibel*, I. p. 308s[44].

4, 31-34 (4, 34-36). Recuperación de Nabucodonosor, su restauración en el reino y reconocimiento agradecido al Señor del cielo

³¹ וְלִקְצָת יוֹמַיָּה אֲנָה נְבוּכַדְנֶצַּר עַיְנַי לִשְׁמַיָּא נִטְלֵת וּמַנְדְּעִי עֲלַי יְתוּב (וּלְעֶלָּיָא) [וּלְעִלָּאָה] בָּרְכֵת וּלְחַי עָלְמָא שַׁבְּחֵת וְהַדְּרֵת דִּי שָׁלְטָנֵהּ שָׁלְטָן עָלַם וּמַלְכוּתֵהּ עִם־דָּר וְדָר׃
³² וְכָל־(דָּאֲרֵי) [דָּיְרֵי] אַרְעָא כְּלָה חֲשִׁיבִין וּכְמִצְבְּיֵהּ עָבֵד בְּחֵיל שְׁמַיָּא (וְדָאֲרֵי) [וְדָיְרֵי] אַרְעָא וְלָא אִיתַי דִּי־יְמַחֵא בִידֵהּ וְיֵאמַר לֵהּ מָה עֲבַדְתְּ׃
³³ בֵּהּ־זִמְנָא מַנְדְּעִי יְתוּב עֲלַי וְלִיקַר מַלְכוּתִי הַדְרִי וְזִוִי

---

44. Sobre la afirmación "su pelo creció como plumas de águilas y sus uñas como las de las aves", Friedr. pag. 316, comenta que, además del abandono de la apariencia externa, debe observarse el hecho de que en las enfermedades psíquicas las uñas adquieren un gran tamaño y muestran deformidades. Hay que tener también en cuenta el hecho de vivir por largo tiempo al aire libre, porque "es un dato de la experiencia el hecho de que, cuanto más se expone el pelo a la influencia del clima externo y de los rayos de sol más duro se vuelve, apareciendo como plumas de águila".

יִתְוּב עֲלַי וְלִי הַדְבְרַי וְרַבְרְבָנַי יְבַעוֹן וְעַל־מַלְכוּתִי הָתְקְנַת
וּרְבוּ יַתִּירָה הוּסְפַת לִי:
³⁴ כְּעַן אֲנָה נְבוּכַדְנֶצַּר מְשַׁבַּח וּמְרוֹמֵם וּמְהַדַּר לְמֶלֶךְ שְׁמַיָּא
דִּי כָל־מַעֲבָדוֹהִי קְשֹׁט וְאֹרְחָתֵהּ דִּין וְדִי מַהְלְכִין בְּגֵוָה
יָכִל לְהַשְׁפָּלָה: פ

³⁴ Pero al cabo de los días, yo, Nabucodonosor, alcé mis ojos al cielo; y me fue devuelta la razón. Entonces bendije al Altísimo; alabé y glorifiqué al que vive para siempre. Porque su señorío es eterno, y su reino de generación en generación. ³⁵ Todos los habitantes de la tierra son considerados como nada. Él hace según su voluntad con el ejército del cielo y con los habitantes de la tierra. No hay quien detenga su mano ni quien le diga: ¿Qué haces? ³⁶ En el mismo tiempo me fue devuelta la razón, y mi dignidad y mi esplendor volvieron a mí para gloria de mi reino. Mis altos oficiales y mis nobles me buscaron. Yo fui restituido a mi reino, y me fue añadida aun mayor grandeza. ³⁷ Ahora, yo, Nabucodonosor, alabo, exalto y glorifico al Rey de los cielos, porque todas sus obras son verdad y sus caminos son justicia. Él puede humillar a los que andan con soberbia.

Así se cumple la segunda parte de la profecía: *Pero al cabo (al final) de los días...* es decir, después que terminaron los siete tiempos, Nabucodonosor alzó los ojos al cielo... Este es el primer signo del retorno del hombre a la conciencia humana. Pero de ello no podemos concluir como hace Hitzig, que Nabucodonosor anduviera antes como un oso, totalmente desnudo. Con esa palabra, Nabucodonosor indica solo que su primer pensamiento fue una mirada dirigida al cielo, de donde le vino la ayuda, como en Sal 123,1. Entonces le volvió inmediatamente el entendimiento.

El primer pensamiento que tuvo fue dar gracias a Dios, alabándole como aquel que vive eternamente, reconociendo la eternidad de su poder. Nabucodonosor reconoció y alabó a Dios como el que siempre vive, porque él le había dado de nuevo la vida (la conciencia de sí) que él había perdido en su locura (cf. Dan 6, 26-27).

Con la restauración de su entendimiento, Nabucodonosor volvió a ganar su dignidad real y su trono. A fin de poner de relieve la conexión interna entre el retorno a la razón y la restauración de la soberanía, en este verso se repite el primer elemento de esa restauración, tomada de Dan 4, 31 (4, 34), para poner después de relieve su segundo elemento, es decir, el poder real (En el mismo tiempo me fue devuelta la razón, y mi dignidad y mi esplendor volvieron a mí para gloria de mi reino...).

El pasaje que empieza con וליקר está construido de tal forma que los intérpretes lo entienden de modos diferentes. Muchos coordinan ליקר מל con מדרי וזיוי, y en esa línea miran ליקר como un nominativo (y me fue devuelta mi grandeza real, mi gloria...: Hitzig), o unen מדרי וזיוי como genitivo con מלכותי (*y por el honor de mi reino y mi fama y mi gloria...* volvió a mí mi entendimiento: v. Leng., Maur., Klief.). La primera de estas interpretaciones resulta gramaticalmente inadmisible, porque la *lamed* (ל) de וְלִיקָר no puede ser signo de genitivo. Por otra parte, la otra interpretación resulta innecesariamente artificial.

Y así coincidimos más bien con Rosenmller y Kranichfeld, tomando וזיוי מדרי como sujeto del pasaje. הדר (*splendor, pompa*) es la aparición majestuoso del príncipe que, según la costumbre oriental, se mostraba en los espléndidos vestidos (cf. Sal 110, 3; Sal 29, 2; 96,9; 2 Cron 20, 21). זיו, esplendor (cf. Dan 2, 31), es el color brillante y la naturalidad de la apariencia que se pierde a través del terror, de la ansiedad o de la enfermedad, como en Dan 5,6. 9-10; 7, 28. לִיקָר como en Dan 4,27 (4,30).

En la segunda parte del verso (4, 33 = 4, 36), donde se dice que sus consejeros le establecieron de nuevo en su reino, se muestra la manera en que el cambio en la forma externa de vestir y comportarse hizo que recibiera de nuevo el honor de la realeza. En esa línea, בעא, buscar, no indica naturalmente que el rey, durante el período de su locura, hubiera andado vagando por los campos y selvas, sin que nadie le vigilara, como opinan Bertholdt y Hitzig, sino que indica el gesto de buscar a alguien a quien debe confiarse una tarea, como en Dan 2,13. Aquí se trata pues de buscar una persona a quien se le pueda ofrecer de nuevo el gobierno.

Los altos oficiales y nobles son aquellos que han realizado las tareas de gobierno durante la locura de Nabucodonosor. A causa de su acento, הָתְקְנַת es *ofal*, vocalizado con *patach* en vez de con *tsere*, como en la palabra siguiente (סְפַת הִוּ). El texto sigue diciendo que, tras su restauración, Nabucodonosor alcanzó aún más gloria (רבוּ) que antes; así se sigue suponiendo que el (Nabucodonosor) reinó durante un largo tiempo (sin necesidad de realizar aún grandes obras).

4, 37 (4, 34). El manifiesto termina con una alabanza a Dios, el Rey del cielo, cuyas obras son verdaderas y rectas, y que se muestra a sí mismo humillando a los orgullosos. קְשׁוֹט corresponde al hebreo מִשְׁפָט. De esa manera, Nabucodonosor reconoce que la humillación que ha experimentado ha sido un castigo justo por su orgullo, sin tener, sin embargo, conciencia de la divina gracia que se ha expresado en él de una forma misericordiosa. Calvino ha deducido de esto que Nabucodonosor no llegó a un verdadero arrepentimiento de corazón.

IV

Daniel 5

FIESTA DE BALTASAR Y ESCRITURA DE DIOS EN EL MURO DEL PALACIO

El rey caldeo Baltasar celebró una fiesta con sus altos oficiales y, estando borracho, con gran arrogancia, profanó los vasos sagrados que Nabucodonosor había llevado del templo de Jerusalén, despreciando al Dios de Israel (Dan 5, 1-4). Entonces, de repente, él vio el dedo de una mano que escribía en la pared de la cámara de invitados, y, agitado de violento terror, mandó que le enviaran los sabios, a fin de que pudieran leer e interpretar para él el escrito. Y cuando ellos vinieron y fueron incapaces de hacerlo, el rey se llenó de miedo y quedó pálido (5, 5-9).

La reina informó entonces al rey, diciéndole que Daniel sería capaz de interpretar el escrito (5, 10-12). Daniel fue llamado inmediatamente y declaró que estaba dispuesto a leer e interpretar el escrito. Pero antes, él recordó al rey su pecado, pues no había tenido en cuenta los castigos divinos que habían caído sobre el rey Nabucodonosor (Dan 4), sino que había ofendido al Altísimo profanando los vasos sagrados de su templo (5, 3-14).

Después interpretó el escrito, mostrándole al rey que Dios le había anunciado por medio de ese escrito el fin de su reinado y el traspaso del reino a los medos y persas (5, 25-28). Por haber interpretado el escrito, Daniel fue honrado por Baltasar quien, sin embargo cayó muerto esa misma noche.

Esta narración presenta dificultades históricas, pues en ningún lugar aparece un rey caldeo que tenga el nombre de Baltasar, a no ser en Baruc 1, 11 ss, que depende de este capítulo de Daniel. Y por otra parte, el juicio que aquí se anuncia, en Dan 5, 30 y que en parte se sigue evocando en 6, 1 (Dan 5, 51) parece que no armoniza con la información extra-bíblica que conocemos, sobre la destrucción del reino de los caldeos.

Si consideramos atentamente el contenido de este capítulo, observamos que Baltasar, designado en 5, 30 como rey de los caldeos, aparece en otros lugares como hijo de Nabucodonosor (Dan 5, 11. 13. 18), y así le llama la reina madre (Dan 5, 11), y él se llama también a sí mismo (Dan 5, 13). Por otra parte, Dan 5, 18 dice que Nabucodonosor es su אב, padre.

De todas formas, ni אב ni בר designan siempre la relación del padre con el hijo, sino que אב se utiliza muchas veces en el sentido amplio de abuelo y de antepasado y בר de hijo y de otro tipo de descendientes. De todas formas esta manera extensa de utilizar los términos resulta muy improbable o más bien queda directamente excluida pues es la misma reina madre la que llama a Nabucodonosor padre de Baltasar (5, 22) y Daniel dice a Baltasar que él ha conocido el castigo que Nabucodonosor ha sufrido de parte de Dios por la locura él había padecido, sin que él, Baltasar, haya cambiado por ello.

En contexto, el anuncio del juicio amenazador contra Baltasar y su reino (Dan 5, 24-28) cuando se compara con el cumplimiento parcial en la muerte de Baltasar (Dan 5, 30), parece indicar que su muerte, con la destrucción del reino caldeo y su traspaso al reino de los medos y de los persas (6, 1) sucedió al mismo tiempo. Sin embargo, como se ha indicado ya, esta relación no es segura, pues ni la combinación de los dos acontecimientos anunciados, ni su unión cuando se afirma que han sido cumplidos, a través de la cópula y (ו) en Dan 6, 1 prueban que se trata de hechos contemporáneos.

En Dan 5, 30 se habla solo de la muerte de Baltasar, pero en 6, 1 no se precisa el tiempo en que el reino pasa de los caldeos a los medos. Por eso, podemos afirmar sin miedo a equivocarnos que los dos acontecimientos (muerte del rey y paso del reino a los medos) sucedieron en tiempos muy distintos. En nuestro texto se habla solo del anuncio del juicio, y en ningún momento se supone que, mientras Baltasar está celebrando una fiesta impía con sus cortesanos y concubinas, la ciudad de Babilonia se hallaba sitiada por sus enemigos y sería tomada por ellos esa misma noche.

Pues bien, en nuestro texto, Baltasar aparece totalmente despreocupado (Dan 5, 1-4), lo que no podría suceder en el caso de que el enemigo estuviera ya atacando sus puertas. El escrito en la pared anuncia un mal totalmente nuevo, lo que no se podría decir en el caso de que el enemigo estuviera sitiando la ciudad. Baltasar no pensaba en modo alguno que el mal fuera ya inminente (5, 29), y además el texto da a indicar que su muerte no fue resultado de una insurrección o conquista que nadie esperaba (Kliefoth, p. 148).

Por eso, debemos comparar ahora con esta visión general del tema de Dan 5 los relatos que tratan del final de la monarquía babilonia, para precisar mejor el castigo de Dios, con la muerte de Baltasar, y la conquista de la ciudad de Babilonia por los medo-persas.

En un fragmento conservado por Josefo (C. Ap I, 20), Beroso dice que "Nabucodonosor fue sucedido en el reino por su hijo Evil-Merodac, que había reinado mal, realizando las tareas regias de una forma injusta e indigna (προστὰς τῶν πραγμάτων ἀνόμως καὶ ἀσελγῶς), y que fue asesinado (ἀνηρέθη) por Neriglisor, el marido de su hermano, después de haber reinado por dos años.

Este Neriglisor, le sucedió y reinó durante cuatro años. Su hijo Labosordaco, que era todavía un *niño* (παῖς ὤν), reinó tras él nueve meses, y fue asesinado por sus amigos (διὰ τὸ πολλὰ ἐμφαίνειν κακόηθη ὑπὸ τῶν φίλων ἀπετυμπανίσθη), *porque daba muchas pruebas de mal carácter*. Estos asesinos, por consenso general, pusieron el gobierno en manos de Nabónido, uno de los babilonios que formaba parte de la conspiración.

Bajo el gobierno de ese Nabónido se reedificaron las murallas de Babilonia a lo largo de la ribera del río. Pero en el año 17 de su reinado vino Ciro de Persia con un gran ejército y tomo Babilonia, después de haber sometido el resto de Asia.

Nabónido salió a su encuentro y le planteó batalla, pero fue derrotado y huyó con unos pocos seguidores, para refugiarse en Borsippa. Pues bien, Ciro, después de haber tomado Babilonia y derruido sus murallas, marchó contra Borsippa y sitió a Nabónido, que no pudo mantenerse y que por tanto se rindió.

En principio, Nabonides fue tratado humanamente por Ciro, que *le permitió residir en Carmania* (δοὺς οἰκητήριον αὐτῷ Καρμανίαν), donde pasó el resto de sus días y murió. Por su parte, Abydeno, en un pequeño fragmento conservado por Eusebio en la *Praepar. Ev.* IX. 41 y en la *Cron. Armen.* p. 60f., hace las mismas afirmaciones. La traducción que Petermann ofrece de ese fragmento, tal como aparece en Niebuhr, *Gesch. Assurs*, p. 504, dice como sigue:

> Después de Nabucodonosor reinó su hijo Amilmarodokos (Evil-merodac), cuyo cuñado Neriglisor le asesinó muy pronto. Pero permaneció vivo su hijo Labosordaco, y él también pereció de muerte violenta. Por su parte, Niglisar mando que fuera colocado en el trono un tal Nabónido, *un hombre poco apto para ocupar ese trono* (como dice el texto griego de la *Praepar. Evang.* Ναβοννίδοχον ἀποδείκνυσι βασιλέα προσήκοντα οἱ οὐδέν). Por su parte, Ciro, tras haber tomado posesión de Babilonia nombró a Nabónido gobernantes de Carmania., pero el rey Dario le expulsó de la tierra (este último pasaje falta en la *Praep. Ev.*)[45].

---

45. Con estas afirmaciones concuerda en lo principal lo que dice Alejandro Polyhistor, en Eusebio, *Chron. Armen.* (ed. Aucher, I. p. 45). Según la traducción de Petermann (cf. p. 497), este pasaje dice así: "Después de Nabucodonosor, reinó durante 12 años su hijo Evil-Merodac, a quien los hebreos llaman Ilmarudokos. Tras él reinó sobre los caldeos Neriglisar, 4 años, y entonces Nabónido, 17 años, y en ese tiempo, Ciro, hijo de Cambises, levantó un ejército contra la tierra de los babilonios.

Nabónido se le opuso, pero fue vencido y se dio a la fuga. Entonces, Ciro reino 8 años sobre Babilonia etc". Los 12 años de Ilmarudokos son sin duda un error del traductor armenio o de algún escriba. Y la omisión de Labosordaco se explica por la circunstancia de que él no llegó a reinar ni durante un año. La corrección de la afirmación de Beroso está confirmada por el canon de Tolomeo, que nombra estos sucesores de Nabopolasar (tras Nabucodonosor que reinó 43 años): Illoarudmos 2 años, Neriglisar 4 años, y Nabónido 17, omitiendo a Laborosaco por razón arriba mencionada. El número de años mencionados por Beroso concuerda con las afirmaciones bíblicas sobre la duración del exilio.

Desde la primera toma de Jerusalén bajo Nabucodonosor en el año 4 de Joaquim se mencionan: Joaquim 7 años, Joaquín 3 meses, y su prisión 37 años (Jer 52, 31), Evil-merodac 2 años, Neriglisar 4 años, Labosordaco 8 meses y Nabónido 17 años, en total 68 años, y si añadimos a esos los dos años de Darío el medo tenemos 70 años. Los años de los reinados de los reyes babilonios suman

Daniel 4, 31-34 (4, 34-36)

Conforme a estas fechas, después de Nabucodonosor, reinaron en Babilonia cuatro nuevos reyes entre los cuales ninguno se llama Baltasar, y solo uno fue hijo de Nabucodonosor, es decir Evil-merodac, porque Neriglisar fue su nuero y Laborosaco su nieto (hijo de una hija) y, finalmente, Nabónido no fue en modo alguno de su descendencia real. De entre estos solo Evil-Merodac y Laorsordaco fueron asesinados, mientras los otros (Neriglisar y Nabónido) murieron de muerte natural, y el reino de Babilonia fue conquistado por los medos sin que Nabónido perdiera por ello la vida. De esto se sigue que:

1. *Baltasar no pudo ser el último rey de Babilonia*, ni se identifica con Nabónido, que no fue hijo ni descendiente de Nabucodonosor, y que no fue condenado a muerte por Ciro tras la destrucción de Babilonia y del reino de los caldeos.
2. *Baltasar no pudo ser ni Evil-Merodac ni Labosordaco*, dado que solo estos dos fueron condenados a muerte, el primero tras haber reinado solo dos años, y el último durante nueve meses, mientras que en Dan 8, 1 se habla de año 3 del reinado de Baltasar.
3. *La muerte de Bal*tasar no pudo darse al mismo tiempo que la destrucción de Babilonia por los medos y los persas.

Si comparamos con estos datos, que provienen de fuentes orientales, los datos de los historiadores griegos Heródoto y Jenofonte, encontramos lo siguiente. *Heródoto* habla de varios reyes babilonios, pero no dice nada en particular sobre ellos, mientras que cuenta muchos dichos e historias fabulosas de dos reinas de Babilona, Semíramis y Nitocris a la que atribuye (I. 184s.) muchas historias, y la creación de edificaciones que Beroso ha atribuido a Nabucodonosor.

De entre los reyes de Babilonia Heródoto nombra (1, 188) solo a Labineto, como hijo de Nitocris, con la indicación que él tenía el mismo nombre que su padre, y que Ciro mantuvo una guerra contra este segundo Labineto y que, desviando el curso del río Eufrates en el tiempo en que sus habitantes celebraban un festival nocturno, entró en la ciudad de Babilonia (I, 191), después de haber ganado una batalla antes de poner asedio a la capital de los babilonios (I, 190).

Jenofonte (*Ciropedia* VII. 5, 15ss.) concuerda con Heródoto y afirma que Ciro entró en Babilonia tras haber desviado las aguas del Eufrates durante un festival de sus habitantes, haciendo matar al rey, cuyo nombre no menciona, pero al que describe (V. 2. 27, IV. 6. 3) como un hombre amigo de disputas, voluptuoso, cruel e impío (IV. 6. 3, V. 2. 27s; V. 3. 6, VII. 5. 32). Él añade que el rey

---

el mismo número. Nabucodonosor 44 ¼ años, dado que él no comenzó a ser rey hasta después de la destrucción de Jerusalén (es decir, 43 años), Evil-Merodac 2 años, Neriglisar 4 años, Labosodaco 9 meses, Nabónido 17 años y Darío el Medo 2 años, es decir, en total: 70 años.

anterior, el padre del último, era un buen hombre, pero que su hijo más joven, que le sucedió en el trono, fue un malvado.

Heródoto y Jenofonte aparecen, pues, coincidiendo en esto: que ambos conectan la destrucción de Babilonia y la caída del reino de los caldeos, realizada por Ciro, con un festín violento de los babilonios y que los dos describen al último rey como alguien de descendencia real. Ellos concuerdan con la narración de Daniel sobre la muerte de Baltasar, diciendo que ella tuvo lugar en medio o inmediatamente después de un festín, y concuerdan también en el paso del reino a manos de los medos y persas; y los dos confirman la interpretación prevalente de este capítulo, donde se supone que Baltasar fue el último rey de los caldeos, y de que fue condenado a muerte con la ocasión de la toma de Babilonia.

Al mismo tiempo, en lo que se refiere al último rey de Babilonia, ambos están en contra de los relatos de Beroso y Abydeno. Heródoto y Jenofonte describen al último rey como hijo de rey, mientras suponen que Nabónido, conforme a la visión de los dos historiadores caldeos, no era de descendencia real. Además, Jenofonte afirma que el rey perdió su vida en la toma de Babilonia, mientras que, por el contrario, Beroso afirma que el no murió en la toma de Babilonia, sino que pudo escapar y fue sitiado más tarde en Borsippa, rindiéndose a Ciro, y siendo desterrado a Carmania, o que fue nombrado gobernante de esa provincia. ¿Por quién debemos decidirnos: por Heródoto y Jenofonte o por Beroso y Abydeno?

En un primer momento podemos afirmar que la imperfección y falta de concreción de los historiadores griegos debe levantar sospechas. Si, como se supone en general, el primer Labineto de Heródoto era el marido de Nitotris, quien a su vez era la esposa de Nabucodonosor (es decir, que Labineto y Nabucodonosor eran una misma persona) su hijo no podía ser el Nabónido de Beroso y Abydeno, porque según el testimonio de la Biblia y de las autoridades orientales, que son firmes en esto, el reino de los caldeos no fue destruido bajo el reinado del hijo de Nabucodonosor.

En esa línea, la afirmación de Heródoto que habla de dos reyes que se llaman Labineto es ciertamente incorrecta, y proviene de tradiciones muy oscuras. Tampoco Jenofonte aparece muy bien informado en lo que se refiere a la historia de los reyes caldeos. Ciertamente, parece que su descripción de los últimos reyes caldeos contiene un tipo de conocimiento de su forma de vida, de forma que responde al carácter de Baltasar, sin embargo, él no conoce ni siquiera el nombre de este rey, ni menos la duración de su reinado.

De un modo consecuente, la escasez y poca precisión de las informaciones griegas no pueden ponerse en el mismo nivel que las afirmaciones más extensas y precisas de Beroso y de Abydeno, y no puede utilizarse como clave para la interpretación histórica de Dan 5. Ciertamente, Josefo entiende la narración de tal manera que él identifica a Baltasar con Nabónido y conecta su muerte con la destrucción del reino de Babilonia, porque él afirma (*Ant.* X. 11, 2f.) que, después de Nabucodonosor, reinó su hijo Evil-Merodac 18 años. Pero cuando él murió le sucedió su hijo Neriglisar, que murió después de reinar 4 años. Tras él, la sucesión del reino cayó en manos de su hijo Labosordaco, que reinó durante nueve meses, y *tras su muerte* (τελευτήσαντος αὐτοῦ), vino Baltasar, a quien los babilonios llamaron Naboandelus (Nabonides), y a quien hicieron guerra Ciro, rey de Persia, y Darío, rey de Media.

Mientras ellos sitiaban Babilonia sucedió un hecho maravilloso, en una fiesta que daba el rey para sus magnates y sus mujeres, como se describe en Dan 5. No mucho después, Ciro tomó la ciudad e hizo prisionero a Baltasar. "Porque, como sigue Josefo, en el tiempo de este Baltasar, que había reinado durante 17 años, fue tomada Babilonia. Este fue, como se nos ha transmitido, el final de la descendencia de Nabucodonosor". Es claro por lo que vemos que Josefo no ha tenido en este caso más informaciones que las de Beroso, y quizá las de los historiadores griegos, que él combina con su propia exposición de Dan 5.

Las desviaciones de Beroso y del *Canon* de Ptolomeo en relación con el número de los años del reinado de Evil-Merodac y de Neriglisar han de atribuirse al hecho de los textos que conservamos de ellos transmiten mal los datos, porque el mismo Josefo, en su obra *Contra Apión,* ofrece el número correcto, en armonía con los datos ofrecidos por esos autores, sin hacer más observaciones. Los datos de los cuatro reyes derivan de Beroso, lo mismo que los 9 meses del reinado de Laborosaco y los 17 años de Nabónido.

Por su parte, las desviaciones que ofrece Josefo con respecto a Beroso, en lo referente a la muerte de Evil-Merodac y al hecho de que Neriglisar y Nabónido son descendientes de Nabucodonosor él las toma sin duda de Jer 27, 7 y de Dan 5. La afirmación de Jeremías, según la cual todas las naciones servirán a Nabucodonosor, a su hijo y a su nieto "hasta que venga el tiempo verdadero de su tierra" ha de entenderse literalmente en el sentido de que Evil-Merodac, el hijo de Nabucodonosor fue sucedido por su propio hijo, quien a su vez fue sucedido por su hijo, y así hasta Baltasar, a quien Dan 5, 22 ha llamado "hijo de Nabucodonosor" y a quien Josefo toma como el último rey de Babilonia, y a quien identifica con el Nabónido de los babilonios.

Josefo no supo cómo armonizar estos hechos con el dato del asesinato de Evil-Merodac por su cuñado, y por eso supone que Evil-Merodac murió sin ser asesinado, y que su hijo le sucedió en el trono, mientras que pasa en silencio la muerte de Labosordaco y la ascendencia de Baltasar, y solo al final de la frase reconoce que él también era de los sucesores de Nabucodonosor.

Pues bien, si en los pasajes citados, Josefo solo ofrece su propia visión sobre los reyes caldeos hasta el tiempo de la destrucción del reino, y si él contradice en eso, en varios puntos, las afirmaciones de Beroso, sin apoyar esas contradicciones en autoridades, no podemos utilizar su narración como evidencia histórica para la exposición de este capítulo. Por eso, la pregunta sobre qué rey babilonio era este

Baltasar de Dan 5 ha de decidirse sobre la base de autoridades independientes. Como vemos, las autoridades extra-bíblicas se contradicen.

- *Los historiadores caldeos* describen a Nabónido como el último rey de los caldeos, como alguien que no era de ascendencia real y que usurpó el trono de Babilonia, siendo destronado por Ciro, y desterrado después a Carmania, donde murió de muerte natural.
- *Por otro lado, Heródoto y Jenofonte* hablan del último rey de Babilonia, a quien Heródoto llama Labineto, que sería el mismo Nabónido (Naboned, Nabonid), de descendencia real, que sucedió a su padre en el trono; ellos vinculan la toma de Babilonia con un festival ruidoso que se celebraba en el palacio y, de un modo general, en la ciudad, y Jenofonte añade que en ese festival el rey fue asesinado.

A partir de estos datos, la determinación del contenido histórico de Daniel pende de este punto: Si, bajo la autoridad de los autores griegos hay que identificar a Baltasar con Nabónido; o si, con la autoridad de los historiadores caldeos, hay que tomarle como alguien distinto de ese Nabónido, identificándole más bien con uno de los dos reyes babilonios que fueron destronados a través de una conspiración.

Yo he defendido la primera postura en mi *Lehrb. der Einl.*, y lo he hecho con otros muchos intérpretes. En esta perspectiva, pienso que las afirmaciones de Beroso y de Abydeno en relación con la ascendencia real de Nabónido y sobre el final de su vida deben rechazarse como faltas de historicidad, explicándolas solo como tradiciones que buscan la glorificación de la casa real de Nabucodonosor, y que quieren aminorar la indudable desgracia de la caída de la monarquía de Babilonia, procurando evitar así, al menos en parte, el deshonor de la famosa familia real de Nabucodonosor.

Ciertamente no se puede negar que Beroso y en particular Abydeno han querido ofrecer una visión laudatoria de Nabucodonosor. De todas formas, como responden con justicia Hvernick (*N. Krit. Unterss.* p. 70s.) y Kranichfeld, p. 30ss., esta "parcialidad" a favor de Babilonia no aparece de un modo general en Beroso, porque él habla de una forma muy condenatoria del hijo de Nabucodonosor, diciendo que él administró los asuntos del gobierno de un mundo *injusto y sin piedad*, ἀνόμως καὶ ἀσελγῶς. Por otra parte, él condena también a los predecesores de Nabónido y justifica de algún modo el asesinato del primero y también del último por su mala conducta.

En esa línea, no parece que Beroso despreciara a Nabónido para beneficiar a sus predecesores, sino al contrario, él pensó que Nabónido era digno de distinción y le colocó sobre el trono con honor, por encima de sus predecesores. Según Hvernick (I, 186), lo que Heródoto dice sobre la mujer de Nabucodonosor lo afirma Beroso para gloria del gobierno de Nabónido, es decir, que *bajo su reino se reforzó con fortificaciones una gran parte de la muralla de la ciudad* (τὰ περὶ τὸν ποταμὸν τείχη τῆς Βαβυλωνίων πόλεως ἐχ ὀπτῆς πλίνθου καὶ ἀσφάλτου κατεκοσμήθη); y obviamente en referencia a esto se mencionan después las grandes fortificaciones de la ciudad, que resistieron el asalto de Ciro.

Más aún, en esta narración, Nabónido no aparece como traidor ni como cobarde. Por el contrario, él se enfrenta bien armado en contra del enemigo y *dirige personalmente la batalla* (ἀπαντήσας μετὰ τῆς δυνάμεως καὶ παραταξάμενος); y el hecho de que tuviera que rendirse ante Ciro en Borsippa lo atribuye al hecho que había tenido que huir allí con una tropa muy pequeña de soldados. Por otra parte, Beroso menciona el hecho de que Ciro vino a luchar contra Babilonia después de haber conquistado el resto de Asia.

Por todo eso, podemos seguir diciendo que la fama de la fuerza de Babilonia no fue debilitada en modo alguno durante los 17 años de reino de Nabónido (Kranichfeld). Todas estas circunstancias van en contra de la opinión de aquellos que piensan que Beroso quiere limpiar de culpas a la familia real de Nabucodonosor y atribuir la caída del reino a un tipo de destino que no puede ser evitado.

Más bien, lo que Beroso dice en relación con el trato que Nabónido recibe de parte de Ciro no muestra ninguna traza de despreciar al monarca destronado. El hecho de que Ciro le asignara una residencia durante el tiempo de su vida en Carmania, responde a la noble conducta que Ciro mostró en otros casos, por ejemplo, hacia Astiages, el medo, y hacia el rey lidio Creso (Herod. I. 130; Justin. I. 6, 7).

Por otra parte, Heródoto (1, 90) confirma las afirmaciones de Beroso sobre la batalla que precedió a la conquista de Babilonia, y confirma también su relato sobre la ascendencia de Nabónido. Además, el tema de sus edificaciones está confirmado por inscripciones que han sido publicadas por Oppert, en su *Expdit. Scient*. I. p. 182ss.

Las ruinas de Babilonia preservan hasta el día de hoy, a los dos lados del Eufrates, los fundamentos sobre los que se edificaron las murallas de Nabónido, formadas por duros ladrillo casi totalmente cubiertos de asfalto, llevando el nombre de Nabonidas, a quien no se le describe como hijo de rey, sino solo como hijo de *Nabobalatirib*. Cf. Duncker, *Gesch. des Alterth*. II. p. 719, 3ª ed.

Después de todo lo dicho, como historiador nativo, que forma su narración a partir de tradiciones caldeas, Beroso merece sin duda una preferencia no solo sobre Heródoto quien, como él mismo afirma (I, 95) se ocupa especialmente de las tradiciones persas, en relación con Ciro, y que no solamente está bien informado respecto de los reyes de Babilonia, sino que tiene también mejor información que Jenofonte, quien en su *Ciropedia,* por más que valoremos sus aportaciones históricas, él no tuvo intereses puramente históricos, sino que quiso presentar a Ciro como el modelo de un rey-héroe, y que además no muestra un conocimiento particular de los reyes caldeos.

Pues bien, aunque en sus afirmaciones principales sobre Nabónido Beroso merece plena crédito, podemos renunciar a la identificación de Baltasar con Nabónido, desde el momento en que la narración de Dan 5 (tal como arriba la hemos presenta) vincula la muerte de Baltasar con la destrucción de Babilonia, desde un punto de vista temático, pero no desde un punto de vista temporal. Por otra parte, las narraciones de Heródoto y de Jenofonte que sitúan la destrucción de Babilonia en el contexto de una fiesta nocturna de sus habitantes, puede descansar solo sobre tradiciones propias de su tiempo, pero sin fondo histórico[46].

46. Kranichfeld, p. 84ss. ha mostrado de manera muy clara el origen de las afirmaciones que Heródoto y Jenofonte ofrecen sobre las circunstancias de la toma de Babilonia por Ciro, de manera que queremos ofrecer aquí los elementos principales de su prueba. *Kranichfeld* toma como punto de partida el argumento de Hitzig, según el cual, conforme a Dan 5, 26, la muerte de Baltasar coincide aparentemente con la destrucción del reino de los caldeos, pues ambos acontecimientos han sido anunciados al mismo tiempo en el escrito de la mano de Dios en la pared, durante la gran cena; y en esa línea ha mostrado que esa "apariencia" (que ha de tomarse como una ilusión óptica, que responde al estilo de los anuncios proféticos en los que se colocan al mismo tiempo algo cercano y algo lejano), ha hecho que se entiendan mal las tradiciones populares poco críticas que recogen Heródoto y Jenofonte, de fuentes secundarias y ajenas al contexto babilonio.

El hecho notable del escrito misterioso, que fue interpretado por Daniel, le elevó al rango de tercera autoridad en el reino e hizo que se hablara de él como de un personaje importante. A partir de aquí se mezclaron dos "facta" (dos hechos). El primer hecho (la muerte del rey) sucedió aquella misma noche, y eso llevó a que se acabara pensando que el segundo (la caída del reino) se cumplió también al mismo tiempo, durante esa misma noche. De esa manera, con el paso del tiempo, se unieron los dos acontecimientos, no solo entre los nativos de Babilonia, sino mucho más en los países extranjeros, y de un modo especial en Persia. Por eso se acabó pensando que los dos hechos mencionados se cumplieron en aquella misma noche (Kranichfeld).

En esa línea, la tradición popular de Persia y Media pudo pensar fácilmente que el rey que murió aquella noche fue el hijo de Nabucodonosor y que fue el último rey de Babilonia, con el que fue destruido el reino de Babilonia, atribuyéndole el nombre de Labineto, es decir, del mismo Nabónido de Beroso, lo que puede ser confirmado por la coincidencia entre Heródoto y Beroso en relación con la batalla que se dio antes de la caída de Babilonia y por la misma ausencia del rey en el momento de la toma de la ciudad.

"Los hechos históricos relacionados con el fin del reino caldeo (sigue diciendo Kran.), tal como han sido conservados por Beroso fueron mezclados y confundidos en el curso de la misma tradición popular con los hechos de la narración que nos han sido conservador en su forma original por Daniel, cuando habla del escrito misterioso, conectando la muerte del rey con el final del reino. Lo que está en el fondo de esa tradición es el hecho de que esa misma noche tuvo lugar el asesinato del rey, tema que se encuentra conservado en los relatos de Heródoto y Jenofonte. Pues bien, el hecho relatado por Dan 5 se encuentra en un lugar central de la tradición: entre la afirmación básica de Beroso y la forma en que esa tradición ha sido recogida por Heródoto y Jenofonte".

"Este es para mí, sigue diciendo Kran. en forma conclusiva, el hecho simple y natural que ha de mantenerse en el contexto de dura contradicción que se plantea entre los autores griegos, por un lado, y por otro los caldeos (Beroso y Abydeno),, sin que sin embargo ellos se opongan del todo entre sí (como muestra Heródoto). Por otra parte, tanto unos autores como otros ofrecen una armonía de fondo con Daniel, sin concordar, sin embargo, del todo con él. De esa manera, tanto los autores griegos como Beroso y Abideno nos sirven para situar los hecho de Dan 5 (desde donde se entienden mejor)".

En esa línea, si Baltasar no es el mismo Nabónido, ni es el último rey de Babilonia, entonces él solo puede ser Evil-Merodac o Labosordaco, porque entre los sucesores de Nabucodonosor solo estos dos fueron asesinados. Los dos han tenido sus sucesores. Siguiendo el ejemplo de Escaligero y Calvisio, Ebrard (*Comm. zur Offb. Johannes,* p. 45) y Delitzsch (en Herz, *Realencykl.* III. p. 277) piensan que Baltasar es Labosordaco (que es como Josefo escribe el nombre en *Antigüedades,* es decir, Nebo-Sadrach (con Bel= Nebo). Por el hecho de que en el texto aparezca la reina madre, debe tratarse de un rey muy joven. Por otra parte, todo lo que Beroso dice de Nabucodonosor (Dan 5, 13) parece que lo sabe únicamente de oídas.

Parece que Daniel calcula los años de Baltasar a partir de la muerte de Evil-Merodac (cf. Jer 27, 7), desde la perspectiva del padre de Baltasar que fue Neriglisar (Nergal-Sar), el marido de la hija de Nabucodonosor, pues él reinó solo en nombre de su hijo, que era nieto de Nabucodonosor. En esa línea, podemos decir que Baltasar (=Nebo-Sadrach) fue asesinado después de un reinado de cuatro años y nueve meses, de los cuales su padre Nergal-Sal reinó cuatro años (en vez de su hijo), y este Baltasar (=Nebo-Sadrach) reinó nueve meses. Con Baltasar dejó de reinar la casa de Nabucodonosor.

Astiages, rey de los medos, se afirmó a sí mismo como heredero del trono caldeo, y tomó a Nabónido (que fue hecho rey por los conspiradores que mataron a Baltasar) como si fuera su vasallo. Pero Nabónido intentó mantener su independencia por medio de un tratado con el rey de Lidia, y de esa forma comenzó la guerra, que fue dirigida primero contra el rey lidio, y después contra el mismo Nabónido.

Sea como fuere, todas estas conjeturas y combinaciones no tienen mucha seguridad, pues no hay pruebas para demostrarlas. Por lo que toca al pretendido origen de la guerra contra el rey de Lidia y contra Nabónido no existe evidencia histórica, pues la suposición de que, tras la caída de la casa de Nabucodonosor, Astiages se consideraba a sí mismo como el heredero del trono de los caldeos es una mera suposición. Ninguna de estas conjeturas encuentra un apoyo real en el hecho de Nabónido permaneciera inactivo durante la guerra de Lidia, en vez de ofrecer su ayuda al rey de Lidia.

Por otra parte, está el tema de las inscripciones relacionadas con las edificaciones de Nabónido. Según los descubrimientos Oppert y Duncker (*Gesch. d. Alterthums,* II. p. 719), "Noaboneto" (Nabunahid, Nabónido) no se limitó a

---

En contra de esta visión del origen y de la verdad histórica de esa tradición, transmitida por Heródoto y Jenofonte, según la cual Ciro tomó Babilonia durante un ruidoso festival de sus habitantes no se pueden aducir las profecías de Is 21, 5 y Jer 51, 39; porque esas profecías contienen solo el pensamiento de que Babilonia ha de ser destruida de repente en medio de un tumulto de rebelión y de embriaguez. Los textos de Isaías y Jeremías solo se podrían tomar como testimonio de esta verdad de Dan 5 si ellas fueran simplemente *vaticinia ex eventu* o debieran tomarse como predicciones de carácter literalista.

terminar las murallas aún inacabadas de Nabucodonosor, que querían proteger la ciudad de Babilonia del Eufrates, por los dos lados del río, sino que él se presentó a sí mismo, en inscripciones halladas en ladrillos de los muros como preservador y restaurador de la pirámide y la torre enorgulleciéndose a sí mismo por haber elevado un templo en Mugheir en honor de las divinidades, de la diosa *Belit* y del Dios *Sin* (Dios de la luna).

La restauración de la pirámide (*zigurat*) y de la torre, así como de los edificios del templo no concuerda con la suposición de que Nabónido ascendió al trono como vasallo del rey persa. Más aún, la suposición de que Neriglisar, esposo de la hija de Nabucodonosor, pudiera haber gobernado solo en nombre de su hijo se opone a las afirmaciones de Beroso y del canon de Tololomeo, que reconoce a Neriglisar como auténtico rey, y presentan su reinado como distinto del de su hijo. Por otra parte, la aparición de la reina madre en Dan 5 (recordando a Daniel) no indica en modo alguno que Baltasar fuera todavía un muchacho; en contra de eso, el hecho de que en la fiesta participen las mujeres y concubinas de Baltasar está mostrando que el rey no era ya un muchacho.

Finalmente, de Dan 5, 13 no se sigue que Baltasar conociera a Nabucodonosor solo de oídas. En el verso correspondiente, Baltasar dice solo que él había oído hablar de Daniel como de uno de aquellos judíos que habían sido traídos cautivos por su padre Nabucodonosor. Pues bien, el hecho de que Nabucodonosor hubiera traído a Daniel y a sus compañeros judíos a Babilonia tuvo lugar antes de que él hubiera ascendido al trono.

Por otra parte, la caída de Jerusalén y el destierro final de los judíos (bajo el reinado de Sedecías) sucedió durante la primera parte del reinado de Nabucodonosor, cuando su hijo mayor podía ser aún un muchacho. Además, el mismo Daniel dice directamente a Baltasar que él no conoció a su padre solo de oídas, sino que le conocía de un modo personal, refiriéndose a su locura (Dan 5, 22).

Más aún, la identificación de Labosordaco (= Nebo-Sadrach), con Baltasar es más apariencia que verdad. El Dios Bel no es lo mismo que Nebo, en el sentido de que ambos nombres designen a una misma Divinidad, sino que Bel es el Júpiter de los babilonios y Nebo es el Mercurio. Además, los nombres de los dos reyes, tal como aparecen en las inscripciones, son muy distintos. Para el nombre de Labosordaco (Λαβοσόρδαχος, Josefo, *Ant.*) Beroso utiliza el de Λαβοροσοάρχοδος, y Abydeno (Eusebio, *Praep. ev.* IX. 41) el de Λαβασσάρασκος. En la *Crónica Armenia* él aparece como Labossorakos, y Sincelo pone Λαβοσάροχος.

Estos nombres no se refieren sin más a Nebo-Sadrach, sino que el empleado por Beroso corresponde al nombre nativo caldeo de Nabu-ur-uzuurkud. Los otros aluden más bien a Nabu-surusk o Nabu-suruk, y muestran las partes componentes del nombre de Nabucodonosor (Nabu-kudrussur) en forma invertida o, al menos, están muy relacionados con ese nombre. Por el contrario, Baltasar (Belshazzar) aparece escrito en la inscripción publicada por Oppert (Duncker,

p. 720) como Belsarrusur. En esta inscripción Nabónido llama a Belsarrusur el renuevo de su corazón.

Según eso, si consideramos que Nabónido se toma a sí mismo como aquel que lleva adelante y que completa la obra comenzada por Nabucodonosor en Babilonia, podemos suponer que también en el nombre que dio a su hijo, que fue eventualmente su sucesor sobre el trono, él siguió las huellas del famoso fundador de la monarquía de Babilonia. De un modo consecuente, esas inscripciones indicarían que el Baltasar (= Belsarrusur) de Daniel era el hijo de Nabucodonosor y su sucesor sobre el trono.

Aunque estas suposiciones son ya suficientes para que quedemos satisfechos, hay todavía razones de más peso para tomar a Baltasar como hijo y sucesor de Nabucodonosor, como aquel que fue asesinado por su cuñado Neriglisar, de manera que podemos identificarle con Evil-merodac (cf. 2 Rey 25, 27; Jer 52, 31). Siguiendo el ejemplo de Marsham en *Canon chron.* p. 596, esta opinión es mantenido actualmente por críticos modernos como Hofmann (*Die 70 Jahre*, p. 44ss.), Hvernick (*N. K. Unt.* p. 71), Oehler (*Theol. Litt. Anz.* 1842, p. 398), Hupfeld (*Exercitt. Herod. spec.* II. p. 46), Niebuhr (*Ges. Ass* p. 91f.), Zündel (p. 33), Kranichfeld,y Kliefoth.

En favor de esta opinión destacamos el hecho de que Baltasar aparece claramente en la narración de Daniel como hijo y sucesor de Nabucodonosor. La afirmación de Beroso de que Evil-Merodas condujo los asuntos de gobierno de un modo ἀνόμως καὶ ἀσελγῶς, concuerda claramente también con el carácter que se atribuye en este capítulo (Dan 5) a Baltasar, mientras que son de poca importancia los argumentos que parecen oponerse a esta identidad.

La diversidad de nombres, es decir, que el sucesor de Nabucodonosor aparece tanto en 2 Rey 15, 25 como en Jer 52, 13 como אויל מרדך, y en Berosus, en Abydenus y el *Canon* de Tolomeo como Εὐειλμαράδουχος, Amilmarodokos, Ἰλλοαρούδαμος (solo en el Canon, en vez de Ἰλμαρούδακος), mientras que en Daniel aparezca solo como בלשאצר, ha de explicarse simplemente por esto: Por regla general, en el Oriente, los reyes tenían varios nombres. Junto a sus nombres personales, ellos tomaban también un sobrenombre o un nombre "regio" y este era el único que conocían los extranjeros, como muestra Niebuhr, *Gesch. Assurs u. Babels*, p. 29ss.

En el nombre de Evil-Merodac, las dos partes componentes, Il (=El), es decir, *Dios*, y *Merodac* aparecen en todas las formas. La primera parte (Il-El, Dios) fue cambiada por los judíos, quizá tras la trágica muerte del rey, poniendo en su lugar Evil (= *'ewiyl, tonto, stultus*, cf. Sal 53, 1-5), mientras que Daniel, que vivía en la corte de Babilonia, conserva el nombre de Baltasar (Belshazzar), formado a partir del nombre de Bel, que es aquí el utilizado. Más aún, la forma benevolente que Evil-Merodac tuvo de comportarse con el rey Joaquín, que estaba consumiéndose en la prisión, no va en contra de la vileza de su carácter, tal como ha sido testificado por Beroso, pues incluso un gobernante injusto e impío puede ser a veces justo y bueno.

Más aún, el hecho de que, según el *Canon* de Tolomeo, Evil-Merodac reinara solo 2 años, mientas que Dan 8, 1 habla del año 3 de Baltasar no implica una discrepancia inexplicable. Sin apelar a Sincelo, que en su Canon le atribuye 3 años, dado que los números mencionados en este canon contienen muchos errores, las discrepancias se pueden explicar por la costumbre normal en los libros de anales de los reyes donde se les atribuye un número de años enteros de reinado, sin tener en cuenta los meses que pueden faltar para el año (o que pasan del año).

Conforme a ese uso, el tiempo de reinado podía aparecer solo como de dos años, si comenzaba hacia la mitad del año del calendario, pero podía también tomarse como si fueran tres años si es que se reconocían el año de comienzo y el año de final, según el calendario. Por otra parte, es concebible que Evil-Merodac reinara unas pocas semanas (o incluso algunos meses) más de los dos años, y que esas semanas o meses no se le atribuyeran a él sino a su sucesor.

Tolomeo ha observado sin duda este procedimiento en su *Canon astronómico*, en el que él computa la duración de años de todos los gobernantes conforme a los años enteros. Por eso, esa discrepancia de años no está en modo alguno en oposición a la visión de que Baltasar fuera el mismo Evil-Merodac, el hijo y sucesor de Nabucodonosor.

Con la superación de la dificultad histórica que supone el nombre de Baltasar, se confirma al mismo tiempo la credibilidad de los contenidos principales de esta narración. Y esto se apoya también de un modo importante en el hecho de que los que niegan la autenticidad no son capaces de encontrar en favor de su postura (que esta historia es una ficción) ninguna situación o contexto en el que ella pudiera entenderse entre las acciones de Antíoco Epífanes o en las realidades históricas del tiempo de los Macabeos. Según, Berth., v. Leng., Hitz. y Bleek, el autor del libro de Daniel quiso presentar por una parte al príncipe sirio (en la figura de Baltasar) para mostrar el juicio tan grande de Dios que le amenazaba a causa de su maldad por haber profanado el templo; y, por otra parte, el habría querido glorificar a Daniel, el judío, presentándole según el tipo de José, en hijo de Jacob, en Egipto.

En relación a la primera tendencia (o finalidad), falta aquí totalmente el tema principal, es decir, la profanación de los vasos sagrados del templo por parte de Antíoco en el contexto de una fiesta, tema que en Dan 5 aparece como centro de la maldad de Baltasar, que atrae el juicio de Dios. De Antíoco Epífanes se dice solo que el saqueó el templo de Jerusalén a fin de resolver sus necesidades financieras, mientras que el hecho de que Nabucodonosor llevara los vasos sagrados del templo (Dan 1, 2) aparece como un designio de Dios[47].

---

47. Según Bleek y v. Leng., esta narración ha de leerse desde la perspectiva de 1 Mc 1, 21ss y 2 Ma 5,15ss., donde se presenta a Antíoco como alguien vicioso en grado sumo, que entró en el

Por lo que respecta a la segunda "tendencia" de la composición (la glorificación de Daniel según el tipo de José), Kliefoth añade justamente "La comparación de Daniel con José se basa en semejanzas indefinidas, trabajosamente recogidas, a pesar de que las diferencias son mucho mayores". Las semejanzas se reducen a estas: Que Daniel fuera adornado por el rey con una cadena de oro para el cuello, y que fuera elevado al oficio más alto del estado por haber interpretado la escritura misteriosa, lo mismo que lo había sido recompensado José por haber interpretado el sueño del Faraón. Pero el mismo Ewald[48] comenta:

> La promesa de que cualquiera que solucionara el misterio fuera constituido tercer gobernante del reino, y al mismo tiempo la declaración de Dan 6, 2-3, muestran que en el reino de Babilonia existía una disposición semejante a la del imperio romano, después de Diocleciano, según la cual podían existir tres césares bajo un Augusto. Pero es totalmente distinta la vieja ley egipcia, que aparece en Gen 41, 43, que encontramos también en otros reinos antiguos, según la cual un rey podía reconocer a otro hombre como segundo gobernante del reino o como su representante.
>
> En contra de eso, lo que se dice de Daniel en Dan 5 es algo especial y se funda, según todas las apariencias, en algún tipo de costumbre antigua y genuina de Babilonia. Por otra parte, el ser vestido de púrpura y adornado con una cadena de oro en el cuello ha de tomarse como una marca distintiva de que se le atribuye y concede rango principesco, como se ve en el caso de José en Gen 41-42.

A eso se añade el hecho de que la relación de Daniel con Baltasar y la misma conducta de Baltasar en relación con Daniel son totalmente distintas de la relación de Antíoco con los judíos que permanecían fieles a su ley y la conducta de esos

---

templo de Jerusalén y que con manos impías llevó de allí los utensilios sagrados, las copas, vasos y otros utensilios santos. Pero, como confiesa el mismo Bleek, la referencia sería mucho más clara en el caso de que Antíoco hubiera utilizado en una fiesta profana los vasos sagrados del templo o que lo hubiera hecho por lo menos en un momento de ofrenda sacrificial.

De todas formas, si nos fijamos de manera más precisa en 1 Mac 1, 21ss hallamos que Antíoco tomó no solo los utensilios mencionados por Bleek, sino también el altar de oro, el candelabro de oro, la mesa del pan de las proposiciones, el velo y las coronas y ornamentos sagrados que estaban delante del templo, tomando consigo todo lo que era de oro, con los diversos tesoros de plata y de oro y las demás riquezas escondidas que él encontró. De esto se deduce que Antíoco saqueó el templo a causa de su penuria económica, como pone de relieve Grimm, es decir, para resolver sus necesidades financieras (Grimm, *Coment.* 2 Mac. 5,16).

Por esa razón, Hitzig ha abandonado esa comparación como inadecuada para su objetivo, y ha buscado un nuevo contexto para la "ficción" de Dan 5: Los espléndidos juegos y fiestas que Antíoco celebró en Dafne (Polibio. XXXI. 3, 4). Pero esta suposición es también improcedente, porque aquí no encontramos referencia alguna a la profanación de los vasos sagrados del templo. Polibio dice meramente que el coste de las fiestas de Dafne se hizo con el saqueo que Antíoco realizó en Egipto, con los dones de sus aliados, y sobre todo con el tesoro tomado del templo.

48. *Die Propheten des A. Bundes*, 2ª ed., pag. 380 del volumen 3.

judíos en relación con el rey. La conducta de Baltasar hacia Daniel no concuerda con la del tiempo de los macabeos, como han de reconocer los mismos críticos.

Hitzig expresa su sorpresa ante el hecho de que el rey Baltasar escucha la profecía de una manera que no se habría esperado. Su conducta no es como la de Ajab hacia Miqueas, ni como la de Agamenón hacia Calcas. Antíoco Epífanes habría actuado de otra forma, con gran violencia. ¿Y cómo se puede armonizar la conducta de Daniel con la de Matatías que rechazó los dones y favores del tirano (1 Mac 2, 18 ss), y que mató con su espada a los que se sometieron a las peticiones del rey? Daniel, en cambio, recibió la púrpura y fue adornado con una cadena de oro que le regaló el mismo rey pagano, y dejó que le elevaran al puesto de tercer gobernante del reino[49].

Según eso, la narración de Dan 5 está en un fuerte contraste respecto a las circunstancias del tiempo de los macabeos, pero se entiende perfectamente si la tomamos como un episodio histórico que pertenece al tiempo de los caldeos de Babilonia. Ciertamente, esa narración (estando situada en un tiempo muy concreto) tiene también un carácter y una finalidad parenética más amplia y puede aplicarse en unas circunstancias nuevas, que podrían ser incluso las de Antíoco Epífanes.

Este relato de Daniel, formando parte de su propia historia, puede aplicarse a todos los tiempos en los que la Iglesia del Señor está oprimida por los poderes del mundo, para mostrar así a los blasfemos la forma en que el Dios Todopoderoso del cielo castiga y destruye a los señores de este mundo que profanan y destruyen y abusan de aquello que es sagrado, sin tener en cuenta las advertencias divinas dirigidas a ellos por su orgullosa auto-glorificación. Al mismo tiempo, este relato sirve para mostrar el honor que Dios concede a aquellos que son rechazados y despreciados por el mundo.

Por otra parte, al ser comparado con las narraciones anteriores, este acontecimiento muestra la forma en que los poderes del mundo a lo largo de su despliegue se vuelven más y más opuestos a las revelaciones del Dios vivo, y más maduros para el juicio. Nabucodonosor pidió a todos sus súbditos que reconocieran al Dios de Daniel, y se enorgulleció por su gran poder y por su gloria mundana, pero, a pesar de ello, dio gloria al Señor de los Cielos, por los signos y maravillas que Dios le había concedido. Baltasar conocía esto, y sin embargo él no dejó de blasfemar contra este Dios, ni buscó la manera de evitar, a través de un gesto penitencia, el juicio de muerte que había sido proclamado en contra de él.

---

49. Kranichfeld (p. 213) concluye así su disertación sobre este punto: Todos los componentes de este pasaje (Dan 5) son completamente distintos de los del tiempo de los macabeos, de manera que, si hubieran sido compuestos en el tiempo de los macabeos, tenían que estar escritos por alguien que ignorara totalmente las circunstancias históricas de ese tiempo.

5, 1-4

¹בֵּלְשַׁאצַּר מַלְכָּא עֲבַד לְחֶם רַב לְרַבְרְבָנוֹהִי אֲלַף וְלָקֳבֵל אַלְפָּא חַמְרָא שָׁתֵה:
²בֵּלְשַׁאצַּר אֲמַר ׀ בִּטְעֵם חַמְרָא לְהַיְתָיָה לְמָאנֵי דַּהֲבָא וְכַסְפָּא דִּי הַנְפֵּק נְבוּכַדְנֶצַּר אֲבוּהִי מִן־הֵיכְלָא דִּי בִירוּשְׁלֶם וְיִשְׁתּוֹן בְּהוֹן מַלְכָּא וְרַבְרְבָנוֹהִי שֵׁגְלָתֵהּ וּלְחֵנָתֵהּ:
³בֵּאדַיִן הַיְתִיו מָאנֵי דַהֲבָא דִּי הַנְפִּקוּ מִן־הֵיכְלָא דִי־בֵית אֱלָהָא דִּי בִירוּשְׁלֶם וְאִשְׁתִּיו בְּהוֹן מַלְכָּא וְרַבְרְבָנוֹהִי שֵׁגְלָתֵהּ וּלְחֵנָתֵהּ:
⁴אִשְׁתִּיו חַמְרָא וְשַׁבַּחוּ לֵאלָהֵי דַּהֲבָא וְכַסְפָּא נְחָשָׁא פַּרְזְלָא אָעָא וְאַבְנָא:

¹El rey Belsasar hizo un gran banquete a mil de sus príncipes, y en presencia de los mil bebía vino. ² Belsasar, con el gusto del vino, mandó que trajeran los vasos de oro y de plata que Nabucodonosor, su padre, había traído del templo de Jerusalén, para que bebieran de ellos el rey y sus grandes, sus mujeres y sus concubinas. ³ Entonces trajeron los vasos de oro que habían traído del templo de la casa de Dios, que estaba en Jerusalén, y bebieron de ellos el rey y sus príncipes, sus mujeres y sus concubinas. ⁴ Bebieron vino y alabaron a los dioses de oro y plata, de bronce, de hierro, de madera y de piedra.

5, 1. Este verso describe el progresivo enaltecimiento de Baltasar (Belsasar) al magnificarse a sí mismo en contra del Dios vivo, por lo que vino sobre él y sobre su reino el juicio amenazado contra ellos. La ocasión para ello la ofreció una gran fiesta que el rey ofreció a sus oficiales de estado y a sus viudas.

El nombre del rey, בֵּלְשַׁאצַּר, está compuesto de dos partes que el libro de Daniel ha aceptado (Dan 1, 7: cf. בֵּלְטְשַׁאצַּר, con ט) pero sin interponer la *teth* (ט) por la que se distingue las dos formas. Esta distinción no puede pasarse por alto, aunque no lo hayan hecho así los LXX (que, según eso, no distinguen las dos formas del nombre: בֵּלְטְשַׁאצַּר y בֵּלְשַׁאצַּר, poniendo siempre: Βαλτασαρ, Baltasar, בֵּלְטְשַׁאצַּר) y no "Balsasar". El significado de este nombre es aún desconocido. לְחֶם, *tiempo de comida,* festival. La invitación a mil oficiales de Estado responde a la magnificencia de los reyes orientales. Según Ctesias (*Athen. Deipnos.* IV. 146), en la mesa del rey persa comían cada día 15.000 personas (cf. Es 1, 4).

Para lograr este gran número de huéspedes, no era necesario suponer que durante el asedio de Babilonia por Ciro vinieran a Babilonia y se refugiaran allí esa multitud de oficiales de todas las partes del reino. Este es, sin duda, un número "redondo", es decir, se trataba de unos mil. Las palabras "él bebió vino ante mil oficiales" (un gran número de ellos) no han de explicarse en el sentido de que bebió primero, o de que les precedió en la bebida, o que hizo un brindis de bebida para todos, sino que han de entenderse en la línea de la costumbre oriental conforme a la cual, en las grandes celebraciones, el rey se sentaba en una mesa separado y más elevada, de manera que él tuviera delante a los huéspedes. La bebida de vino se indica para poner así de relieve la ocasión inmediata de la maldad que sigue.

5, 2. בטעם חמרא, *mientras él gustaba el vino,* es decir, cuando él se dedicaba a la bebida, esto es, en medio de la locura pretenciosa de uno que está excitado por el vino… (Prov 20, 1, cf. Hitz.). Estas palabras muestran que Baltasar mandó que utilizaran los vasos del templo que Nabucodonosor había traído de Jerusalén, no para lograr (como piensa Hvernick), en medio de su ansiedad, el favor del Dios de los judíos, para así liberarse del asedio que sufría la ciudad de Babilonia, sino para insultar a ese Dios en presencia de sus propios dioses.

La suposición de que el rey está ansioso a causa del asedio de la ciudad no está en armonía con la celebración de una fiesta tan abundante. Además, los vasos de Jerusalén no se trajeron con la finalidad de ofrecer libaciones para propiciar a Dios a quien estaban consagrados sino que, de acuerdo con la afirmación expresa del texto, ellos se utilizan para beber de ellos por el gusto de hacerlo, en gesto de desprecio.

וישתון, *para que ellos puedan beber;* expresa, delante del imperfecto, la finalidad para la que se han traído los vasos: שתה ב, *para beber de,* como en Gen 44,5; Am 6, 6. שגלן, las mujeres del rey, cf. Neh 2, 6 y Sal 45,10. חנן, concubinas. Esta palabra se emplea en los targumes en vez del hebreo פלגש. Lo mismo aquí que en Dan 5, 23, los LXX han omitido la mención de las mujeres, conforme a la costumbre de los macedonios, griegos y romanos (cf. Heródoto, *Ch.* 5:18; Corn. Nep, *Proem.* 6). Pero tanto Jenofonte (*Cyr.* V. 2. 28) como Curcio (v. 1. 38) declaran expresamente que entre los babilonios las mujeres se hallaban también presentes en las celebraciones.

5, 3. היכלא indica el lugar sagrado del templo, su apartamento o cámara interior, como en 1 Rey 6, 3; Ez 4, 1. אשתיו en vez de שתיו, con א prostética o antecedente. Cf. Winer, *Chald.* 23, 1.

5, 4. Este verso repite la expresión de que ellos bebían vino, y lo hace con la finalidad de indicar la vinculación que existía entre beber y alabar a los dioses. La maldad reside en esto: En que ellos bebían de los vasos sagrados del templo del Dios para glorificar (שבח, alabar, con el canto de himnos) a sus dioses paganos, con música de fiesta sagrada pagana. Al actuar de esa manera, ellos no colocaban a Yahvé en el mismo lugar que a sus dioses (Hvernick), sino que elevaban a los dioses por encima del Señor de los cielos, como dice Daniel (5, 23) al responder al rey.

El hecho de haber llevado los vasos del templo de Jerusalén a Babilonia y de haberlos colocado en el templo de Bel era un signo de la derrota de aquel Dios a quien estaban consagrados esos vasos (cf. Dan 1, 2). Su utilización para beber vino en una fiesta, en medio de cantos de alabanza a los dioses, implicaba celebrar la victoria de esos dioses sobre el Dios de Israel.

Este gesto no brotaba de una simple hostilidad en contra de los judíos, al celebrar así la victoria del Dios de Babilonia, como Kranichfeld ha indicado; al contrario, como nos informa la narración, el gesto surgió de la locura del rey borracho y de sus huéspedes también borrachos (cf. 5, 2), en medio de la fiesta, una locura que les llevaba a pensar y mostrar que habían sometido al Dios de los judíos, lo mismo que a su pueblo, a pesar de que ese Dios se había revelado por diversos milagros, haciendo que los gobernantes del mundo reconocieran su omnipotencia (cf. Dan 2, 47; Dan 3; Dan 4, 14.31.34 = Dan 4, 17.34.37).

Como indica Daniel (cf. 5, 18) el deshonor que se hace al Dios de los cielos reside ante todo en el hecho de no haber hecho caso de estas revelaciones anteriores, aunque esos vasos santos del santuario pueden haber sido profanados simplemente al utilizarnos para la bebida común, o pueden haber sido utilizados para hacer con ellos libaciones a los dioses. Ciertamente, el texto no habla de esas libaciones, pero es muy probable que el hecho cantar a los dioses mientras se bebe suponga que se hacen tales libaciones. Los seis predicados que se emplean para esos objetos son de dos clases, y están divididos por una ו: oro y plata, bronce y hierro, madera y piedra, en un orden descendente que representa el aumento progresivo de vanidad de esos dioses.

5, 5-12 Signos de aviso, asombro de Baltasar, incapacidad de los sabios para aconsejarse y consejo de la reina.

5, 5-6

⁵ בַּהּ־שַׁעֲתָה (נְפַקוּ) [נְפַקָה] אֶצְבְּעָן דִּי יַד־אֱנָשׁ וְכָתְבָן
לָקֳבֵל נֶבְרַשְׁתָּא עַל־גִּירָא דִּי־כְתַל הֵיכְלָא דִּי מַלְכָּא
וּמַלְכָּא חָזֵה פַּס יְדָה דִּי כָתְבָה:
⁶ אֱדַיִן מַלְכָּא זִיוֹהִי שְׁנוֹהִי וְרַעְיֹנֹהִי יְבַהֲלוּנֵּהּ וְקִטְרֵי חַרְצֵהּ
מִשְׁתָּרַיִן וְאַרְכֻבָּתֵהּ דָּא לְדָא נָקְשָׁן:

⁵ En aquella misma hora aparecieron los dedos de una mano de hombre que escribía delante del candelabro, sobre lo encalado de la pared del palacio real; y el rey veía la mano que escribía. ⁶ Entonces el rey palideció y sus pensamientos lo turbaron, se debilitaron sus caderas y sus rodillas daban la una contra la otra.

5, 5. De un modo inesperado y súbito el loco gesto rebelde y vanidoso del rey y de sus invitados se convirtió en terror intenso a través de una señal de aviso. El rey vio el dedo de la mano de un hombre escribiendo en el encalado del muro de la sala de fiesta, y quedó tan turbado que de pronto su cuerpo se puso a temblar. Las palabras בה־שעתא (en aquel momento) sitúan el signo en conexión inmediata con la bebida y la alabanza a los dioses.

La traducción *en aquella misma hora* debe precisarse (como he señalado en Dan 3, 6). El *ketiv* נפקו (apareció) no se debe rechazar, como si fuera una determinación indefinida del sujeto, porque el sujeto viene después. Por su parte, el *qere* נפקה ha de ser rechazado porque, aunque responde al género no concuerda con el sujeto siguiente por el número. El rey no ve toda la mano, sino solamente פס ידא, el final de la mano, es decir, los dedos que escriben. Esto despertó inmediatamente el pensamiento de que el escrito provenía de un ser sobrenatural y alarmó al rey, sacándole de la borrachera.

Los dedos escribían en el encalado del muro, detrás del candelabro que estaba junto a la mesa en la que el rey se sentaba, de manera que la luz se reflejaba de un modo perceptible en la pared opuesta, y así pudieron verse de un modo preciso los dedos que escribían. La fiesta se había prolongado en la oscuridad de la noche, y la pared de la sala no estaba cubierta de madera, sino solo encalada con masa de barro, como las habitaciones que se encuentran en los palacios de Nimrod en Korsaban, cubiertas solo con un tipo de cemento (cf. Layard, *Nineveh and Babylon*).

5, 6. מלכא (el rey), en estado absoluto, para poner de relieve la impresión producida por la aparición. El plural זיוהי tiene un significado intensivo: el color de su rostro. En relación a זיו, ver en Dan 4, 33 (4, 36). El sufijo de שנוהי ha de entenderse con el significado de dativo, dado que שנא en *peal* aparece solo en sentido intransitivo.

La conexión de un verbo intransitivo con el sufijo en acusativo es una irregularidad de la que se encuentran quizá una analogía en שובני, Ez 47, 7, y quizá también en עשיתיני, Ez 29, 3. Cf. Ewald, *Lehrb*. 315b. La dureza de la expresión se evita en Dan 5, 9, donde se repite esta forma y se emplea עלוהי para indicar de manera aún más clara el cambio de color.

El sentido es que el rey cambió de color en su rostro, y se volvió pálido de terror, y quedó de tal forma debilitado por el miedo y la sorpresa que su cuerpo perdió su firmeza y su vigor. Los músculos o ligamentos de sus rodillas (חרץ equivale al hebreo חלצים) se soltaron, es decir, perdieron la fuerza para mantener su cuerpo, y sus rodillas chocaron una contra la otra. ארכובא con א prostática, en vez de רכובא, significa en el tárgum la rodilla.

El espanto fue aumentado por una mala conciencia que le invadió y le llenó con presentimientos oscuros. Por eso, inmediatamente el rey mandó que trajeran a los magos y prometió una gran recompensa al que pudiera leer e interpretar la misteriosa escritura.

5, 7-8

⁷ קָרֵא מַלְכָּא בְּחַיִל לְהֶעָלָה לְאָשְׁפַיָּא (כַּשְׂדָּיֵא) [כַּשְׂדָּאֵי]
וְגָזְרַיָּא עָנֵה מַלְכָּא וְאָמַר ׀ לְחַכִּימֵי בָבֶל דִּי כָל־אֱנָשׁ
דִּי־יִקְרֵה כְּתָבָה דְנָה וּפִשְׁרֵהּ יְחַוִּנַּנִי אַרְגְּוָנָא יִלְבַּשׁ

Daniel 5, 7-8

(וְהַמּוֹנְכָא) [וְהַמְנִיכָא] דִּי־דַהֲבָא עַל־צַוְּארֵהּ וְתַלְתִּי
בְמַלְכוּתָא יִשְׁלַט: ס
⁸ אֱדַיִן (עָלֲלִין) [עָלִּין] כֹּל חַכִּימֵי מַלְכָּא וְלָא־כָהֲלִין
כְּתָבָא לְמִקְרֵא (וּפִשְׁרָא) [וּפִשְׁרֵהּ] לְהוֹדָעָה לְמַלְכָּא:

⁷ El rey gritó en alta voz que hicieran venir magos, caldeos y adivinos. Y dijo el rey a los sabios de Babilonia: Cualquiera que lea esta escritura y me dé su interpretación, será vestido de púrpura, llevará en su cuello un collar de oro y será el tercer señor en el reino. ⁸ Entonces fueron introducidos todos los sabios del rey, pero no pudieron leer la escritura ni dar al rey su interpretación.

En el primer verso solo se citan tres clases de sabios a los que se ordena que vengan donde el rey, y se les promete una recompensa si leen e interpretan el escrito. Pues bien, en el segundo verso se dice que vinieron todos los sabios del rey, de manera que es posible que en un primer momento el rey mandara venir a tres tipos de sabios nombrados en 5, 7. Partiendo de esta posibilidad, Kranichfeld ha supuesto que, en un primer momento el rey solo mandó que vinieran esos tipos de sabios por temor a Daniel, a quien él no quería consultar porque como pagano tenía miedo del Dios de los judíos. Pero esta suposición resulta insostenible por varias razones.

En primer lugar, del texto de Dan 8, 27 no se sigue que bajo Baltasar, Daniel fuera presidente de todos los sabios, sino que se supone solo que él estaba en el servicio del rey. Además, en el caso de que Daniel retuviera aún la plaza que Nabucodonosor le había asignado, el hecho de que no estuviera presente en este caso no se puede explicar suponiendo que Baltasar llamó solo a tres clases de sabios, porque la suposición de que la frase כל חכימי מלכא (todos los sabios del rey) de Dan 5, 8, va en contra de las tres clases mencionada en Dan 5, 7 no puede sostenerse a partir del lenguaje que aquí se emplea.

Pues bien, si por "todos los sabios del rey" (Dan 5, 8) ha de entenderse el cuerpo total de sabios de todas las clases, que vinieron a presentarse delante del rey, eso significa que todos ellos tenían que haber sido llamado al principio, pues no hallamos ninguna llamada suplementaria de unos tipos nuevos de sabios que no habían sido mencionados en Dan 5, 7. Además de eso, las palabras "el rey llamó a los sabios de Babilonia" suponen probablemente que fueron llamadas todas las clases de sabios sin excepción de dos clases especiales.

Por otra parte, es muy improbable que en nuestro caso, donde el tema investigado era la lectura de un escrito, fueran expresamente excluidos los חרטמים, es decir, *los magos, conocedores de la escritura*, con el fin de evitar a Daniel, que era su רב (su "mayor" o presidente, cf. Dan 4, 6 =4, 9). Y en fin, es psicológicamente muy improbable que con la gran agitación que le llenaba a la vista de la mano escribiendo, Baltasar hubiera reflexionado expresamente en esto, excluyendo a Daniel, teniendo miedo de que él le anunciaría un infortunio o una venganza del

Dios de los judíos. Ese tipo de deliberación puede quizá brotar en un momento de tranquila deliberación, pero no en medio de una angustia como la que agitaba su corazón.

La extraña circunstancia de que, conforme a Dan 5-7, el rey había prometido una recompensa a los sabios supone que ellos se encontraban ya presentes, y entonces el hecho de que en Dan 5, 8 se mencione por vez primera su presencia se debe al hecho de que en Dan 5, 7 no se cite expresamente la presencia de los sabios, pero sabiendo ella estaba presupuesta. Eso supone que las frase de 5, 8 están simplemente yuxtapuestas, sin estar unidas una a la otra por un nexo causal.

El significado de las afirmaciones de Dan 5, 7 y 5, 8 es este: *El rey mando en voz alta que los astrólogos etc. fueran llamados a su presencia.* Y entonces los sabios de Babilonia vinieron a él, y él les dijo a todos: "Cualquiera que lea la escritura..." etc. Pero todos los sabios del rey, cuando vinieron, fueron incapaces de leer la escritura. Sobre los nombres de los sabios de Dan 5, 7 cf. *Coment.* a Dan 2, 2.

יקרה por יקרא, de קרא, leer. Como recompensa, el rey promete un vestido de púrpura, una cadena de oro para el cuello, y el oficio más alto del reino. El vestido de púrpura era una señal del rango propia de los altos oficiales del Estado entre los persas (cf. Es 8, 15 y Jenofonte, *Anab.* I, 5, 8) y entre los seléucidas (cf. 1 Mac 10, 20), siendo también entre los medos el vestido de los príncipes (*Anab.* I. 3. 2, II. 4. 6. ארגון, hebreo ארגמן, *púrpura,* es una palabra de origen ario, del sánscrito *râga,* color rojo, con las sílabas formativas *man* y *vat*; cf. Gesenius, *Thes. Addit.* p. 111s.

וְהַמּוֹנְכָא דִי־דַהֲבָא no depende de ילבש, sino que forma una cláusula por sí misma: *Y una cadena de oro tendrá en torno a su cuello.* En vez del *ketiv* המונכא el *qere* pone la forma propia del targum y del siríaco המניכא (Dan 5, 7. 16. 29), es decir, la forma griega μανιάκης, del sánscrito *mani,* que es joya, perla, con la sílaba formativa frecuente *ka* en zend, del que deriva la palabra caldea. Significa una cadena o pulsera, para el cuello o para el brazo (aquí para el cuello). La *cadena de oro para el cuello* (στρεπτὸς χρύσεος) era un adorno que llevaban los persas de rango, y solía ser dada por los reyes como señal de favor, incluso a otros reyes, como en el caso de Cambises y Ciro el joven, cf. Herod. III. 20; Xen., *Anab.* I. 1. 27, 5. 8, 8. 29.

No es totalmente segura la condición principesca que se promete para aquel que interprete el escrito, dado que el significado de וְתַלְתִּי no es del todo claro. No se trata del número ordinal referente al tres, y así lo ha visto Hvernick, a quien generalmente se sigue en la actualidad, porque en arameo para *tertius* o tercero se utiliza תְּלִיתִי (no תַלְתִּי), como en Dan 2, 39. Según eso, Hvernick piensa que תַלְתִּי, que aparece también en Dan 5, 16. 29 es una formación adjetiva que indica un tipo de rango o de ocupación, y que aquí se emplea como *nomen officii* (nombre de oficio), que corresponde al hebreo שְׁלִישִׁי.

Por su parte, Gesenius y Dietrich toman תלתי solamente como forma singular, תליתי, y lo consideran como estado absoluto de תלת, tercer rango. Hitzig piensa que hay que cambiar תלתי por תלתא y tomar la palabra como un singular formado a partir de תלתאין, como *triumvir* de *triumvirorum* (cf. en castellano triunvirato), e interpretar la palabra como τρίτος αὐτός, el tercero (el auténtico tercero): *Como uno de los tres él reinara en el reino*, según Dan 6, 3.

Finalmente Kranichfeld piensa que תלתי es una formación verbal femenina, en analogía con ארמית, אחרי, en el sentido de tres-gobernantes-sabios, y que תלתא es un nombre formado por תלתא, en el sentido de *triumvir* (el miembro de un triunvirato). Casi todas estas explicaciones llevan a pensar que el texto nos sitúa ante un gobierno en forma de triunvirato, tal como fue regulado por el rey medo Darío (Dan 6,3), y este parece ser el sentido de las palabras tal como pueden tomarse en sentido literal: תלתי y תלתא. Sobre el *quere* עלין cf. Dan 4, 4 (=4, 7), respecto a פשרא, cf. 4, 15 (=4, 18).

Dado que todos los sabios fueron incapaces de leer la inscripción, se ha pensado que estaba escrita en un idioma extranjero, distinto del idioma usual de Babilonia, y que no podía esperarse que los sabios nativos lo conocieran. Y dado que, en esa línea, según Dan 5, 17. 24, Daniel mostró de inmediato el conocimiento de ese escrito en cuestión, se ha podido concluir que ya entonces la antigua escritura de los babilonios, correspondiente a la inscripciones posteriores de tipo siro-palmiriano (de Palmira) se había perdido (aunque él, Daniel, la conocía), mientras que entre los hebreos del tiempo del exilio el estilo peculiar de escritura nacional era esencialmente la antigua fenicia, que se encuentra en las así llamadas monedas samaritanas y en las escrituras samaritanas (Kran.).

Pero esta interpretación del milagro acudiendo a principios naturales resulta totalmente equivocada. (1) En primer lugar porque es muy poco probable que los sabios caldeos desconocieran esos antiguos caracteres semíticos, aunque en aquel tiempo hubieran dejado de ser corrientes entre ellos, para su escritura común. (2) Además, por el hecho de que Daniel pudiera leer a primera vista el escrito no se deduce que la escritura utilizada fuera la de los antiguos caracteres hebreos propios de su tierra. De todas formas, como ha observado Hengstenberg (*Beitr.* I. p. 122), "los caracteres de la escritura debían ser muy inusuales, pues solo podían ser descifrados por una iluminación divina". En este contexto no podemos pensar, con M Geier y otros, que la escritura solo era visible para el rey y para Daniel. Esto va en contra del texto, según el cual los sabios caldeos, y sin duda otros muchos allí presentes, también vieron los caracteres de la escritura, pero fueron incapaces de leerla.

5, 9-12

⁹ אֱדַיִן מַלְכָּא בֵלְשַׁאצַּר שַׂגִּיא מִתְבָּהַל וְזִיוֹהִי שָׁנַיִן עֲלוֹהִי וְרַבְרְבָנוֹהִי מִשְׁתַּבְּשִׁין׃

¹⁰ מַלְכְּתָא לָקֳבֵל מִלֵּי מַלְכָּא וְרַבְרְבָנוֹהִי לְבֵית מִשְׁתְּיָא [עֲלַלַת] (עַלֲלַת) עֲנָת מַלְכְּתָא וַאֲמֶרֶת מַלְכָּא לְעָלְמִין חֱיִי אַל־יְבַהֲלוּךְ רַעְיוֹנָךְ וְזִיוָיךְ אַל־יִשְׁתַּנּוֹ: ¹¹ אִיתַי גְּבַר בְּמַלְכוּתָךְ דִּי רוּחַ אֱלָהִין קַדִּישִׁין בֵּהּ וּבְיוֹמֵי אֲבוּךְ נַהִירוּ וְשָׂכְלְתָנוּ וְחָכְמָה כְּחָכְמַת־אֱלָהִין הִשְׁתְּכַחַת בֵּהּ וּמַלְכָּא נְבֻכַדְנֶצַּר אֲבוּךְ רַב חַרְטֻמִּין אָשְׁפִין כַּשְׂדָּאִין גָּזְרִין הֲקִימֵהּ אֲבוּךְ מַלְכָּא: ¹² כָּל־קֳבֵל דִּי רוּחַ ׀ יַתִּירָה וּמַנְדַּע וְשָׂכְלְתָנוּ מְפַשַּׁר חֶלְמִין וַאֲחַוָיַת אֲחִידָן וּמְשָׁרֵא קִטְרִין הִשְׁתְּכַחַת בֵּהּ בְּדָנִיֵּאל דִּי־מַלְכָּא שָׂם־שְׁמֵהּ בֵּלְטְשַׁאצַּר כְּעַן דָּנִיֵּאל יִתְקְרֵי וּפִשְׁרָה יְהַחֲוֵה: פ

⁹ Entonces el rey Belsasar se turbó sobremanera y palideció, y sus príncipes estaban perplejos. ¹⁰ La reina, por las palabras del rey y de sus príncipes, entró a la sala del banquete, y dijo: ¡Rey, vive para siempre! No te turben tus pensamientos ni palidezca tu rostro. ¹¹ En tu reino hay un hombre en el que mora el espíritu de los dioses santos, y en los días de tu padre se halló en él luz, inteligencia y sabiduría, como la sabiduría de los dioses. El rey Nabucodonosor, tu padre, oh rey, lo constituyó jefe sobre todos los magos, astrólogos, caldeos y adivinos, ¹² por cuanto en él se halló más espíritu, ciencia y entendimiento para interpretar sueños, descifrar enigmas y resolver dudas; esto es, en Daniel, al cual el rey puso por nombre Beltsasar. Llámese, pues, ahora a Daniel, y él mismo te dará la interpretación

5, 9. De esa forma no solo aumentó el asombro del rey, sino que los oficiales de Estado quedaron también confundidos. "Por משתבשין no solamente se expresa la idea de consternación, sino la de confusión, de gran conmoción en la asamblea" (Hitzig). Toda la asamblea se hundió en la confusión. Los magnates hablaban, pero sin inteligencia, y estaban perplejos por el tema.

El tumulto formado por la conversación confusa del rey y de los nobles no solo se oyó entre aquellos que estaban presentes, sino que la misma reina-madre, que estaba viviendo en el palacio, la mujer de Nabucodonosor, oyó también lo que pasaba e intervino. Tan pronto como conoció la causa de la conmoción, ella dirigió la atención de su hijo, el rey, hacia Daniel, es decir, hacia aquel que, en los días de su padre Nabucodonosor, había actuado como intérprete de sueños y misterios, recordándole que en él habitaba el espíritu de los santos dioses (Dan 5, 10-12).

5, 10. Por מלכתא los intérpretes entienden rectamente a *la madre del rey reinante, l*a viuda de su hijo Nabucodonosor. Hemos visto ya en Dan 5, 2 que las mujeres del rey estaban presentes en la fiesta, y entre ellas debía estar la madre del rey, que vino donde estaba él, como solo una madre puede hacer. También entre los israelitas la madre del rey reinante era tenida en alta estima, como muestran 1 Rey 15, 13; 2 Rey 24, 12. 15; Jer 13, 18; 29, 2.

לקבל מלין, *por razón de las palabras,* no "a causa del asunto", con lo cual no concuerda ni el מלי ni el genitivo רברבנוהי. En vez del *ketiv* עללת el *qere* tiene עלת, forma que es preferible. La reina madre viene de una forma tranquilizadora, pues ella puede dar un consejo que es capaz de superar el embarazo en que están todos.

5. 11. Su juicio sobre Daniel es el mismo de Nabucodonosor (Dan 4, 5-6 = 5, 8-9), y ella lo expone con las mismas palabras de Nabucodonosor, de manera que podemos concluir que él es su marido. Las palabras אבוך מלכא al final del verso pueden ser una repetición enfática de lo anterior, de מלכא נב אבוך (así piensan Maur. y Hitz.), pero en ese caso מלכא debería ir en primer lugar. מלכא ha sido mejor interpretado por Ros., v. Leng., Klief., como vocativo enfático: *Tu padre, oh rey.* De esa manera las palabras producen mayor impresión.

5, 12. Aquí se evoca de nuevo la gran capacidad de Daniel (siguiendo en la línea de 5, 11), para fundamentar de esa manera el consejo de la reina, diciendo que él debe ser llamado. Las palabras מפשר [interpretando] hasta פטרין [dudas] forman una cláusula explicativa de paréntesis, después de la cual, según la norma, el verbo siguiente se une a שכלתנו.

En esa cláusula de paréntesis, el nombre de acción (*nomen actionis*), que es אחויה [mostrando] se utiliza en lugar del participio, por lo que la representación de la capacidad continuada de Daniel (expresada por el participio) se transfiere a cada uno de los casos concretos en que se aplica. Así debe entenderse literalmente: en interpretar sueños, en explicar misterios, en resolver dudas.

La alusión de פטרין משרא a קטרי חר משתרין, Dan 5, 6, es solo aparente, y ciertamente no está buscada, dado que la primera de esas expresiones tiene un sentido totalmente diferente. La palabra dudas (nudos) aparece de un modo figurado, en el sentido de problemas complicados. El hecho de que Daniel no haya aparecido desde el principio con los sabios, sino que sea llamado solamente después que la reina lo haya aconsejado, ha de explicarse simplemente por el hecho de que él no era ya presidente de los magos, dado que, con la ocasión de la subida al trono de un nuevo rey, él había perdido su oficio anterior, y había sido sustituido por otro (Dan 8,27).

Las palabras de la reina no prueban que Baltasar no conociera a Daniel, sino solamente que él había olvidado el servicio que había realizado a Nabucodonosor, porque, conforme a Dan 5, 13, podemos ver que él conocía bien las circunstancias personales de Daniel. A partir de aquí se entienden las tres partes que siguen: (a) Dan 5, 13-17: Daniel es convocado ante el rey. (b) Dan 5, 18-24: Daniel reprocha al rey su conducta. (c) Dan 5, 25-28: Daniel lee e interpreta el texto.

5, 13-17. Daniel es convocado ante el rey

13 בֵּאדַ֙יִן֙ דָּֽנִיֵּ֔אל הֻעַ֖ל קֳדָ֣ם מַלְכָּ֑א עָנֵ֨ה מַלְכָּ֜א וְאָמַ֣ר לְדָנִיֵּ֗אל (אַנְתָּה) [אַ֤נְתְּ־]ה֣וּא דָנִיֵּ֔אל דִּֽי־מִן־בְּנֵ֥י גָלוּתָ֖א דִּ֥י

יְהוּד דִּי הַיְתִי מַלְכָּא אַבִי מִן־יְהוּד׃
14 וְשִׁמְעֵת (עֲלָיִךְ) [עֲלָךְ] דִּי רוּחַ אֱלָהִין בָּךְ וְנַהִירוּ וְשָׂכְלְתָנוּ וְחָכְמָה יַתִּירָה הִשְׁתְּכַחַת בָּךְ׃
15 וּכְעַן הֻעַלּוּ קָדָמַי חַכִּימַיָּא אָשְׁפַיָּא דִּי־כְתָבָה דְנָה יִקְרוֹן וּפִשְׁרֵהּ לְהוֹדָעֻתַנִי וְלָא־כָהֲלִין פְּשַׁר־מִלְּתָא לְהַחֲוָיָה׃
16 וַאֲנָה שִׁמְעֵת (עֲלָיִךְ) [עֲלָךְ] דִּי־(תִיכוּל) [תוּכַל] פִּשְׁרִין לְמִפְשַׁר וְקִטְרִין לְמִשְׁרֵא כְּעַן הֵן (תּוּכַל) [תִּכּוּל] כְּתָבָא לְמִקְרֵא וּפִשְׁרֵהּ לְהוֹדָעֻתַנִי אַרְגְּוָנָא תִלְבַּשׁ (וְהַמּוֹנְכָא) [וְהַמְנִיכָא] דִי־דַהֲבָא עַל־צַוְּארָךְ וְתַלְתָּא בְמַלְכוּתָא תִּשְׁלַט׃
17 בֵּאדַיִן עָנֵה דָנִיֵּאל וְאָמַר קֳדָם מַלְכָּא מַתְּנָתָךְ לָךְ לֶהֶוְיָן וּנְבָזְבְּיָתָךְ לְאָחֳרָן הַב בְּרַם כְּתָבָא אֶקְרֵא לְמַלְכָּא וּפִשְׁרָא אֲהוֹדְעִנֵּהּ׃

¹³ Entonces trajeron a Daniel ante el rey. Y dijo el rey a Daniel: ¿Eres tú aquel Daniel de los hijos de la cautividad de Judá, que mi padre trajo de Judea? ¹⁴ Yo he oído de ti que el espíritu de los dioses santos está en ti, y que en ti se halló luz, entendimiento y mayor sabiduría. ¹⁵ Y ahora trajeron ante mí sabios y astrólogos para que leyeran esta escritura y me dieran su interpretación; pero no han podido interpretarme el asunto. ¹⁶ Yo, pues, he oído de ti que puedes interpretar y resolver dificultades. Si ahora puedes leer esta escritura y darme su interpretación, serás vestido de púrpura, llevarás en tu cuello un collar de oro y serás el tercer señor en el reino. ¹⁷ Entonces Daniel respondió y dijo al rey: Tus dones sean para ti; da tus recompensas a otros. Leeré la escritura al rey y le daré la interpretación.

5, 13. El consejo de la reina se cumple, y Daniel es llamado y traído sin retraso. הֻעַל, cf. הֻעַלּוּ (Dan 5, 15) es hebreo *hofal* de עַל que es igual que עֲלַל, entrar, como הוּסַף (Dan 4, 33 = 4, 37). La pregunta del rey (¿eres tú Daniel?) no espera una respuesta, y tiene este significado: *Tú eres ciertamente Daniel.* Este saludo muestra que Baltasar conocía el origen de Daniel, del que la reina no ha dicho nada, quizá porque no ha tenido ninguna relación oficial con él. Esto muestra que Daniel no era ya presidente de los magos de la corte del rey (Dan 2, 48)

5, 14-15. Cf. 5, 11. No se debe pasar por alto el hecho de que Baltasar deja a un lado el predicado de "santos" en conexión con los אֱלָהִין (los dioses). El asíndeton אָשְׁפַיָּא está en aposición a חַכִּימַיָּא como explicación de ello: es decir, de los sabios, esto es, de los que proclaman conjuros (sabios) que se mencionan en nombre de todos los otros tipos de intervenciones.

דִּי con el imperfecto que sigue no es una partícula de relativo, sino que la conjunción que está antes de la cláusula de finalidad, de manera que la frase de infinitivo depende de la cláusula de designio que viene antes: "para que puedas leer el escrito y darme su interpretación". מִלְּתָא no es la escritura misteriosa en el sentido de "palabras, discursos", sino el escrito con su maravilloso origen, es decir, el tema cuyo contenido desea conocer el rey.

5, 16-17. El *ketiv* (תוכל 5, 16) es el *hofal* hebreo, como en Dan 2, 10. El *qere* תכול es la formación usual caldea, que se encuentra en Dan 3, 29. Sobre la recompense prometida a Daniel, cf. Dan 5, 7. Daniel renuncia a la distinción (5, 17) y al lugar de honor que el rey le promete por la interpretación, no porque la distinción sea solo temporal y el honor peligroso, como supone Hitzig; porque Daniel no tiene razón para temer así, cuando él habla "como alguien que ha recibido la información, porque ha visto la escritura y la ha leído y ha entendido su contenido", pues la interpretación que lleva una amenaza de ruina y de muerte para el rey, no podía implicar para él ningún peligro, ni por parte de Baltasar, ni por parte de su sucesor.

Daniel rechaza más bien el don y la distinción prometida para evitar, como vidente divinamente iluminado, cualquier apariencia de interés propio en presencia de tal rey y para mostrar al rey y a sus altos oficiales de Estado que no estaba movido por una ganancia mundana, de manera que declararía la verdad sin vacilación, ya fuera agradable o desagradable para el rey.

Pero antes de leer e interpretar el escrito, Daniel recordará al rey el castigo que su padre Nabucodonosor había provocado sobre el mismo a causa de su gran orgullo contra Dios (Dan 5, 18-21), mostrando después como él, su hijo, había obrado de un modo malvado en contra de Dios, el Señor de la vida (5, 22-23), para explicarle finalmente en este contexto el sentido del signo que Dios le había enviado (Dan 5, 24).

18-24. Daniel amonesta al rey

18 (אַנְתָּה) [אַנְתְּ] מַלְכָּא אֱלָהָא (עִלָּיָא) [עִלָּאָה]
מַלְכוּתָא וּרְבוּתָא וִיקָרָא וְהַדְרָה יְהַב לִנְבֻכַדְנֶצַּר אֲבוּךְ:
19 וּמִן־רְבוּתָא דִּי יְהַב־לֵהּ כֹּל עַמְמַיָּא אֻמַּיָּא וְלִשָּׁנַיָּא הֲווֹ
(זָאֲעִין) [זָיְעִין] וְדָחֲלִין מִן־קֳדָמוֹהִי דִּי־הֲוָה צָבֵא הֲוָא קָטֵל
וְדִי־הֲוָה צָבֵא הֲוָה מַחֵא וְדִי־הֲוָה צָבֵא הֲוָה מָרִים
וְדִי־הֲוָה צָבֵא הֲוָה מַשְׁפִּיל:
20 וּכְדִי רִם לִבְבֵהּ וְרוּחֵהּ תִּקְפַת לַהֲזָדָה הָנְחַת מִן־כָּרְסֵא
מַלְכוּתֵהּ וִיקָרָה הֶעְדִּיו מִנֵּהּ:
21 וּמִן־בְּנֵי אֲנָשָׁא טְרִיד וְלִבְבֵהּ ׀ עִם־חֵיוְתָא (שָׁוִי) [שַׁוִּיְו]
וְעִם־עֲרָדַיָּא מְדוֹרֵהּ עִשְׂבָּא כְתוֹרִין יְטַעֲמוּנֵּהּ וּמִטַּל שְׁמַיָּא
גִּשְׁמֵהּ יִצְטַבַּע עַד דִּי־יְדַע דִּי־שַׁלִּיט אֱלָהָא (עִלָּיָא) [עִלָּאָה]
בְּמַלְכוּת אֲנָשָׁא וּלְמַן־דִּי יִצְבֵּה יְהָקֵים (עֲלֵיַּהּ) [עֲלַהּ]:
22 (וְאַנְתָּה) [וְאַנְתְּ] בְּרֵהּ בֵּלְשַׁאצַּר לָא הַשְׁפֵּלְתְּ לִבְבָךְ
כָּל־קֳבֵל דִּי כָל־דְּנָה יְדַעְתָּ:

²³ וְעַל מָרֵא־שְׁמַיָּא ׀ הִתְרוֹמַ֒מְתָּ וּלְמָאנַיָּ֥א דִֽי־בַיְתֵ֖הּ הַיְתִ֑יו (קָֽדָמַיִךְ) [קָֽדָמָ֔ךְ] (וְאַנְתָּה) [וְאַ֨נְתְּ] (וְרַבְרְבָנַיִךְ) [וְרַבְרְבָנָ֜ךְ] שֵֽׁגְלָתָ֣ךְ וּלְחֵנָתָךְ֮ חַמְרָא֮ שָׁתַ֣יִן בְּהוֹן֒ וְלֵֽאלָהֵ֣י כַסְפָּֽא־וְ֠דַהֲבָא נְחָשָׁ֨א פַרְזְלָ֜א אָעָ֣א וְאַבְנָ֗א דִּ֠י לָֽא־חָזַ֧יִן וְלָא־שָׁמְעִ֛ין וְלָ֥א יָדְעִ֖ין שַׁבַּ֑חְתָּ וְלֵֽאלָהָ֞א דִּֽי־נִשְׁמְתָ֥ךְ בִּידֵ֛הּ וְכָל־אֹרְחָתָ֥ךְ לֵ֖הּ לָ֥א הַדַּֽרְתָּ׃ ²⁴ בֵּאדַ֙יִן֙ מִן־קֳדָמ֔וֹהִי שְׁלִ֖יחַ פַּסָּ֣א דִֽי־יְדָ֑א וּכְתָבָ֥א דְנָ֖ה רְשִֽׁים׃

¹⁸ El Altísimo Dios, oh rey, dio a Nabucodonosor, tu padre, el reino, la grandeza, la gloria y la majestad. ¹⁹ Y por la grandeza que le dio, todos los pueblos, naciones y lenguas temblaban y temían delante de él. A quien le placía, mataba, y a quien le placía, daba vida; engrandecía a quien le placía, y a quien le placía, humillaba. ²⁰ Pero cuando su corazón se ensoberbeció y su espíritu se endureció en su orgullo, fue depuesto del trono de su reino y despojado de su gloria. ²¹ Fue echado de entre los hijos de los hombres, su mente se hizo semejante a la de las bestias y con los asnos monteses fue su habitación. Le hicieron comer hierba, como al buey, y su cuerpo se empapó del rocío del cielo, hasta que reconoció que el Altísimo Dios tiene dominio sobre el reino de los hombres, y que pone sobre él al que le place. ²² Pero tú, su hijo Belsasar, no has humillado tu corazón sabiendo todo esto, ²³ sino que contra el Señor del cielo te has ensoberbecido; hiciste traer ante ti los vasos de su Casa, y tú y tus grandes, tus mujeres y tus concubinas bebisteis vino de ellos; además diste alabanza a dioses de plata y oro, de bronce, de hierro, de madera y de piedra, que ni ven ni oyen ni saben; pero nunca honraste al Dios en cuya mano está tu vida y de quien son todos tus caminos. ²⁴ Por eso, de su presencia envió él la mano que trazó esta escritura.

5, 18-21. El saludo personal (¡Pero tú oh rey!) es aquí una oración absoluta, que no se retoma hasta 5, 22. Por este saludo, todas las frases que siguen y tratan de Nabucodonosor quedan referidas a Baltasar. La brillante descripción del poder de Nabucodonosor en 5, 18-19 tiene sin duda el objeto de impresionar a Baltasar poniendo de relieve que él posee un poder y majestad como la de su padre.

Sobre עממיא וגו, cf. 3, 4, y por lo que se refiere al *ketiv* זאעין, con el *qere* יעין, véase Coment. a Dan 3, 3. מחא no viene de מחא, *luchar* (Theodot., Vulg.), sino que es *afel* de חיא (vivir), cuyo participio es מחי (Dt. 32, 39), contraído de מחיא. Aquí aparece en forma de participio מחא, en el que la *yod* se compensa con el alargamiento de la vocal *alef* (א). Por eso no hay razón para dar la preferencia a la variante מחא, como hacen Buxt., Ges., Hitz. y otros, utilizando la forma usual del *tárgum*. La última frase de 5, 19 recuerda la de 1 Sam 2, 6-7. En Dan 5, 20-21, Daniel hace que Baltasar recuerde el juicio divino que cayó sobre Nabucodonosor (dan 4).

רם no es participio pasivo, sino un perfecto activo, con significado intransitivo, cf. Winer, 22, 4. תקף, *fuerte*, ser y volverse firme, tiene aquí, como el hebreo חזק (Ex , 13), el sentido de dureza, obstinación. העדיו, 3ª persona plural del imperfecto, en lugar de la pasiva: ellos le echaron, fue echado fuera, perdió. Cf. en Dan 3, 4, y Winer, & 49, 3.

שׁוִי ha de interpretarse también de esa manera, dado que en su uso impersonal es equivalente del plural, cf. Winer. No hay razón para cambiar (con v. Leng. y Hitz.) esa forma y poner el *qere shewiy*[שַׁוִּין], en participio piel. El cambio de construcción depende de la forma retórica del saludo, que explica también el hecho de que se nombren las ערדין, *asnos salvajes* y fieras intratables, en vez de חיות ברא (bestias del campo), cf. Dan 4, 20 (=4, 23). Sobre el *ketiv* עליה, véase en Dan 4, 14, y para el sujeto cf. 4, 22.29 (=4, 25. 32).

5, 22-24. Daniel se dirige ahora a Baltasar. Las palabras "pero tú, dado que conocías todo esto…" muestran sin duda alguna que Baltasar sabía estos acontecimientos de la vida de Nabucodonosor y que por tanto era su hijo, pues su nieto (el hijo de su hija) debería ser en su tiempo demasiado mayor, para que se le acusara de pecador por haber olvidado el juicio divino que recayó sobre su abuelo. En las palabras כל קבל די, *sabiendo todo esto,* a pesar del conocimiento del tema, él no evitó aquello que aumentaba su culpabilidad.

En Dan 5, 23, Daniel le dice cómo ha pecado en contra del Cielo por haber profanado (cf. 5, 2-3) los vasos sagrados del templo del Dios de Israel. Y para destacar la grandeza de este pecado, él pone de relieve el gran contraste que existe entre los dioses formados de muerta materia y el Dios viviente, del que depende la vida y fortuna de los hombres.

Baltasar ha invocado a los dioses, pero ha deshonrado al Dios verdadero (tema expresado en forma de "litotes": no ha honrado). La descripción que aquí se ofrece de los dioses depende de Dt 4, 28; para una visión más amplia del tema, cf. Sal 115,5; 135, 15. Cf. también la descripción del gobierno del verdadero Dios en Job 12, 10; Num 16, 22 y Jer 10, 23. La palabra ארחת indica los caminos, es decir, los destinos. Para castigar a Baltasar por su maldad, Dios ha enviado la mano que ha escrito las palabras misteriosas en la pared (5, 23; cf. 5, 5).

5, 25-28. Lectura e interpretación

²⁵ וּדְנָה כְתָבָא דִּי רְשִׁים מְנֵא מְנֵא תְּקֵל וּפַרְסִין:
²⁶ דְּנָה פְּשַׁר־מִלְּתָא מְנֵא מְנָה־אֱלָהָא מַלְכוּתָךְ וְהַשְׁלְמַהּ:
²⁷ תְּקֵל תְּקִילְתָּה בְמֹאזַנְיָא וְהִשְׁתְּכַחַתְּ חַסִּיר:
²⁸ פְּרֵס פְּרִיסַת מַלְכוּתָךְ וִיהִיבַת לְמָדַי וּפָרָס:

²⁵ Y la escritura que trazó es: Mene, Mene, Tekel, Uparsin. ²⁶ Esta es la interpretación del asunto: Mene: Contó Dios tu reino y le ha puesto fin. ²⁷ Tekel: Pesado has sido en balanza y hallado falto. ²⁸ Peres (Uparsin): Tu reino ha sido roto y dado a los medos y a los persas.

Daniel lee ahora el escrito (Dan 5, 25), y da su interpretación (5, 26-28). El escrito tiene el carácter misterioso de un oráculo. פרס, תקל, מנא (Dan 5, 28) son participio piel, y las formas תקל y פרס, en lugar de תקיל y פריס, se escogen por razón de su semejanza (de su sinfonía) con מנא. Por su parte, פרסין se toma generalmente como participio plural, pero en ese caso hubiera debido tener una vocalización distinta; por eso es preferible tomarlo como un nombre, como el plural de פרס que se dice en hebreo de la misma forma (פרס, cf. פרסיהן, Zac 11,16, en el sentido de piezas rotas, fragmentos). En esa línea, פרס significa dividir, romper en piezas, no solo en hebreo (cf. Lev 11,4; Is 58,7; Sal 69,32), sino también en caldeo (cf. tárgum 2 Rey 4, 39), aunque en los *targumes* prevalece el sentido de "extender".

En el fondo de las tres palabras yace un doble sentido, que se pone de relieve en la interpretación. La palabra מנא se repite, para impresionar más o quizá solo a causa del paralelismo, para así mantener los dos *esticos* del verso, cada uno con dos palabras.

Al presentar así el tema vemos que en el fondo hay un motivo de decisión, de cumplimiento, de conclusión de una forma y espacio de tiempo. Según eso, Daniel interpreta así מנא: *Dios ha numerado*, contado (מנה en lugar de מנא, perfecto activo), tu reino, es decir, la duración de tus días, y *los ha terminado*, והשלמה, es decir, ha contado de tal manera su duración que se encuentra ya llena, y que ahora termina.

En תקל subyace el doble sentido de la palabra תקל, *pesar*, que como *nifal* de קלל significa ser ligero (ser encontrado sin peso: cf. תקל, Génesis 16:4). La interpretación responde a ese doble sentido: Tú has sido pesado en las balanzas (תקלתא), y se ha descubierto que eres muy ligero (en el sentido de תקל), pues no tienes peso. חסיר, *faltar*, no tener el peso necesario, esto es, ser deficiente en sentido moral. תקלתא, es un perfecto, formado del participio piel; cf. Winer, 13, 2. Sobre la figura de la *balanza*, cf. Job 31, 6; Sal 62,10 (9).

Para פרסין (Dan 5,25) Daniel utiliza la interpretación del singular פרס, que según la analogía de תקל, puede tomarse como participio piel, y desde ese fondo entiende el sentido de la palabra, en la que se incluye también una alusión a פרס, persa: Tu reino será dividido o roto en piezas, y dado a los medos y a los persas. El sentido no es que el reino será dividido en dos partes iguales, de forma que una parte se dé a los medos y la otra a los persas, pues aquí פרס significa *romper en piezas*, es decir, destruir, disolver y derribar el reino.

Esto será efectuado por los medos y los persas, y se realizó cuando Ciro, el persa, con el poder unido de los medos y los persas, destruyó a Babilonia, y de esa forma puso fin al reino caldeo, por lo cual el reino fue transferido primero a Darío, el medo (Dan 6, 1= 5, 31), y después de él a Ciro el persa. En el hecho de nombrar primero a los medos y luego a los persas hallamos, como ya he puesto de relieve en la introducción, una prueba notable de la autenticidad de este relato, y con ello de todo el libro, pues la hegemonía de los medos fue de duración muy pequeña, y después que ellos fueron superados (derribados) por los persas comenzó a utilizarse siempre la expresión de "persas y medos", como se encuentra en el libro de Ester.

5, 29-30. Daniel recompensado y comienzo del cumplimiento del escrito

בֵּאדַיִן ׀ אֲמַר בֵּלְשַׁאצַּר וְהַלְבִּשׁוּ לְדָנִיֵּאל אַרְגְּוָנָא [29]
(וְהַמּוֹנְכָא) [וְהַמְנִיכָא] דִי־דַהֲבָא עַל־צַוְּארֵהּ וְהַכְרִזוּ עֲלוֹהִי
דִּי־לֶהֱוֵא שַׁלִּיט תַּלְתָּא בְּמַלְכוּתָא׃
בֵּהּ בְּלֵילְיָא קְטִיל בֵּלְאשַׁצַּר מַלְכָּא (כַשְׂדָּיָא) [כַּשְׂדָּאָה]׃ פ [30]

[29] Entonces Belsasar mandó, y ellos vistieron a Daniel de púrpura, poner en su cuello un collar de oro y proclamar que él era el tercer señor del reino. [30] La misma noche fue muerto Belsasar, rey de los caldeos.

Baltasar cumplió la promesa que había hecho a Daniel, recompensándole por leer e interpretar el escrito. והלבשו no ha de traducirse (mandó) que ellos vistieran (pues este significado exigía que el verbo estuviera en imperfecto, cf. Dan 2, 49), sino: *y ellos le vistieron*. El mandato se cumplió, y Daniel no solo fue adornado con púrpura y con una cadena de oro, sino que fue proclamado como el tercer gobernante del reino.

La objeción de que esta última dignidad no fue posible concedérsela a Daniel, porque según 5, 30 Baltasar fue asesinado aquella misma noche se basa en la suposición de que la proclamación tuviera que hacerse de un modo público en las calles de la ciudad. Pero las palabras del texto no lo exigen. La proclamación puede haberse hecho solamente delante de los magnates del reino, reunidos en el palacio, y después Baltasar fue asesinado aquella misma noche.

Quizá, como piensa Kliefoth, los conspiradores contrarios a Baltasar se valieron de la misma confusión vinculada con esa proclamación de la dignidad de Daniel, y esto mismo les sirvió para realizar su propósito. Pero de esto no se sigue que Daniel perdió por ellos su nueva dignidad.

Todo depende más bien de esto, es decir, de saber si el sucesor de Baltasar reconoció la promoción que se le había concedido a Daniel en las últimas horas del reinado de Baltasar. Pero podemos suponer que el sucesor estaría inclinado a reconocer esa promoción de Daniel, por el hecho de que la interpretación del escrito misterioso, en el que se indicaba que Dios había condenado a Baltasar a muerte, formaba parte de un designio que brotaba del consejo de los dioses, de manera que él (el sucesor de Baltasar) podía afirmar que había sido legítima su ejecución, y el hecho de que él hubiera de sucederle en el trono. Esta suposición aparece confirmada en Dan 6, 1 (= 6, 2).

Bleek y otros críticos han propuesto en contra de la veracidad histórica de esta narración el hecho (la objeción) de que Baltasar hubiera recompensado a

Daniel, en vez de condenarle a muerte, pues la interpretación predecía algo malo en contra de él, y el hecho de que él no podía saber aún si esa interpretación era o no correcta (Hitzig). Pero esta objeción se funda en el supuesto de que Baltasar no creía en la revelación de Dios por medio de Daniel, ni en la providencia del Dios vivo que actúa en los asuntos de los hombres, como hacen los críticos de nuestro tiempo.

Pues bien, esa objeción es muy débil, porque incluso entre los paganos se creía en las revelaciones de Dios (y de los dioses); por otra parte, Daniel no podía pensar que ese juicio de amenaza de Dios iba a cumplirse de inmediato, dado que la interpretación de Daniel no decía nada en relación con el tiempo de su cumplimiento. Por otra parte, Baltasar podía pensar que él sería capaz de aplacar la ira de Dios confiriendo un gran honor a Daniel[50].

Según eso, el hecho de que Daniel recibiera el honor prometido, a pesar de que lo había declinado (5, 17), no puede tomarse como objeción contra la verdad de la narración, ya que la renuncia anterior había sido solo una expresión de su total falta de interés egoísta, lo que se demostró por la forma en que interpretó el texto, de forma que ahora ya no había más motivo para declinar los honores que se le concedían (a pesar de que él no los había buscado), pues esos honores aparecían en sí mismos como un modo de reconocer al Dios a quien él servía.

5, 30. Con la muerte de Baltasar, aquella misma noche, comenzó a cumplirse la interpretación de Daniel, y ese cumplimiento ofreció la certeza que las restantes partes de su profecía se cumplirían también, antes o después. Hemos mostrado ya previamente, en las reflexiones preliminares de este capítulo que esas cosas no se cumplieron inmediatamente.

---

50. Así dice Jerónimo: "Non mirum, si Baltasar audiens tristia, solverit praemium quod pollicitus est. Aut enim longo post tempore credidit ventura quae dixerat, aut dum Dei prophetam honorat, sperat se veniam consecuturum" (No puede resultarnos admirable el hecho de que Baltasar, oyendo estos tristes anuncios concediera a Daniel el premio que le había prometido, creyendo que las cosas anunciadas se cumplirían después de mucho tiempo, o creyendo que al honrar al profeta podría conseguir el perdón de Dios).

V

Daniel 6
DANIEL EN EL FOSO DE LOS LEONES

Darío, rey de los medos, tenía la intención de nombrar a Daniel jefe supremo sobre todo su reino, y con eso suscitó contra Daniel la envidia de los altos oficiales del Estado (cf. 6, 1-6). Para frustrar la intención del rey y desbancar a Daniel, ellos lograron que Darío publicara un edicto por el que se prohibía bajo pena de muerte que durante treinta días se ofrecieran oraciones a ningún otro dios u hombre, sino al rey (6, 7-10). A pesar de ello, Daniel continuó abriendo las ventanas de su habitación superior donde oraba a Dios tres veces al día.

Su conducta fue descubierta por espías, y así fue acusado de violar el edicto del rey, de manera que debió cumplirse con él el castigo amenazado de ser enviado al foso de los leones (6, 11-18). Pero él quedó sin ser dañado entre los leones. Por eso, la mañana siguiente el rey hizo que saliera del foso donde había sido arrojado, y que fueran arrojados allí los malvados acusadores (6, 19-25), y entonces, por un nuevo edicto, él mandó a sus súbditos que reverenciaran al Dios de Daniel, que hace maravillas (6, 26-28). A consecuencia de eso, Daniel prosperó durante el reinado de Darío y de Ciro el persa (6, 29)[51].

1. Introducción. Relaciones entre Darío el medo y Ciro el persa

Por la afirmación histórica de este capítulo, según la cual Darío el persa tomó el reino de los caldeos cuando tenía sesenta y dos años de edad (6, 1= 5, 31), mirada en conexión con la afirmación conclusiva (6, 29 = 6, 28), según la cual a Daniel le fue bien durante el reinado de Darío el Medo y el de Ciro el Persa, vemos que

---

51. Este capítulo tiene dos numeraciones, la del texto hebreo que seguimos aquí, y la de numerosas, traducciones en las que 6, 1 aparece como 5, 31 (formando parte del capítulo anterior, como hace la misma traducción de Reina-Valera). Aquí seguimos con Keil la numeración hebrea, pero manteniendo en la traducción la numeración de Reina-Valera, según la cual los versículos van retrasados en un número, de manera que 6, 2 es 6, 1 y así sucesivamente. Esperamos que el lector no encuentre dificultad en esta diferencia de numeraciones, como seguiremos recordando en algunos textos (nota del traductor).

el reino caldeo, después de haber sido derribado por los medos y los persas, no pasó inmediatamente a las manos de Ciro, sino que entre el último de los reyes caldeos, que perdió el reino, y el reinado de Ciro el Persa, las riendas del gobierno estuvieron en manos de Darío, descendiente de una familia de medos, y solo después de él vino Ciro, y ascendió al trono del reino de los caldeos, que él había sido conquistado para los medos y los persas.

Este Darío el Medo era un hijo de Asuero (Dan 9, 1), de la raza de los medos. Y según Dan 11, 1, el ángel Gabriel le acompañó durante su primer año, lo que significa que el reino de los babilonios fue sometido y destruido con la asistencia divina. Este Darío el medo y su reinado no aparecen claramente documentados por los historiadores profanos. Por esa razón, muchos críticos modernos han negado incluso su existencia o, al menos, la han puesto en duda, sacando de aquí un argumento en contra de la veracidad histórica de toda la narración del libro de Daniel.

Según Beroso y Abideno (*Fragmenta*, p. 163), Nabónido, el último rey de Babilonia, fue sitiado por Ciro en Borsippa, donde fue hecho prisionero y luego desterrado a Carmania. Después de eso, como dice Alejandro Polyhistor, Ciro reinó nueve años sobre Babilonia. Pues bien, en los fragmentos de la *Crónica Armenia*, preservados por Eusebio, se dice que Ciro concedió a Nabónido el gobierno de la provincia de Carmania, después de haberse apoderado de Babilonia, y añade: "Darío el rey le removió trasladándole un poco más lejos de su tierra". También en el canon astronómico de Tolomeo se dice que Nabónido el Babilonio fue perseguido por los reyes persas, empezando por *Ciro*, Κῦρος, que reinó durante nueve años.

Cuando comparamos estas informaciones con los relatos de los historiadores griegos, descubrimos que Heródoto (I, 96-103, 106) menciona una lista de sucesión de los reyes medos: Dejoces, Phraortes, Cyaxares y Astyages. El último de los nombrados, sin descendencia masculina, tenía una hija llamada Mandane, que estaba casada con el rey persa Cambyses.

Ciro nació de ese matrimonio, y Astyages tuvo miedo de que el hijo de su hermana le quitara el reino, y buscó la forma de matarle, pero no logró conseguir lo que quería. Cuando Ciro alcanzó la mayoría de edad, Harpago, un oficial de la corte de Astyages, que quería vengarse de él, hizo una conspiración, poniendo a Ciro a la cabeza de los persas, para tomar el reino de manos de su abuelo Astyages.

Ciro obedeció, haciendo que los persas se rebelaran en contra de los medos, ataco a Astiages en Pasagarda y le tomó prisionero, pero siguió actuando cortésmente con él hasta su muerte, después de lo cual tomó el reino de los medos y de los persas, y de esa forma siguió luchando, y conquistó primero el reino de los lidios y después el de los babilonios. Así venció primero en batalla al rey babilonio Labineto el joven, y entonces sitió Babilonia, de forma que durante un festival nocturno de los babilonios penetró en la ciudad y la tomó, después de haber desecado un dique del agua del Eufrates.

Polieno, Justino y otros siguen los detalles de esa narración muy fabulosa, que está adornada con sueños e incidentes ficticios. También Ctesias, que recuerda tradiciones de la historia antigua de Media, partiendo siempre de Heródoto, y que nombra nueve reyes, concuerda con Heródoto en esto: Que Ciro se impuso sobre Astiages y que le destronó. Véanse acerca de esto los diversos relatos que ofrecen los escritores griegos sobre la forma en que los persas superaron y destruyeron el poder de los medos, en M. Duncker, *Ges. d. Alterh.* II. p. 634ss., 3ª ed.

Jenofonte en la *Ciropedia* cuenta de un modo algo distinto las cosas sobre Ciro. Según él, el rey medo Astiages, hijo de Ciaxares I, concedió su hija Mandane en matrimonio a Cambises, el rey persa, que se hallaba bajo la autoridad de los medos, y que Ciro nació de ese matrimonio (I. 2. 1).

Cuando Ciro llegó a la mayoría de edad murió Astiages, y fue sucedido sobre el trono de los medos por su hijo Ciaxares II, el hermano de Mandane (I. 5. 2). Cuando después de eso el rey lidio Creso hizo un pacto con el rey asirio (=babilonio), con el fin de destruir el poder de los medos y los persas, Ciro recibió el mando sobre el ejército unido de los medos y los persas (III. 3. 20ss.); y cuando, más tarde, tras una batalla victoriosa, Ciaxares se negaba a seguir luchando por sí mismo, Ciro llevó adelante la guerra con su permiso y destruyó al ejército de Creso y al de los asirios, tras lo cual, habiendo oído eso, Ciaxares, que había pasado la noche en un banquete tumultuoso, se llenó de pasión, escribió una carta amenazadora a Ciro y ordenó a los medos que volvieran. Pero cuando los medos, siguiendo el deseo de Ciro, decidieron permanecer con él y seguir luchando (IV. 5. 18), Ciro prosiguió la Guerra en contra de Babilonia, sin contar con Cyaxares (V. 3. 1).

Habiendo logrado que el rey babilonio se encerrara en su capital, Ciro envió mensajes a Ciaxares, pidiéndole que viniera para que él pudiera decidir en lo referente a los vencidos y sobre la continuación de la guerra (V. 5. 1). Viendo que todos los medos y las naciones confederadas se unían a Ciro, Ciaxares viéndose en la necesidad de tomar una decisión, vino al campamento de Ciro, que le exhibió su poder, pasando ante él revista de todo su ejército. Después le trató con amabilidad y le regaló una porción muy rica de los bienes que había tomado en botín (V. 5. 1ss.).

Después de eso, la guerra en contra de Babilonia fue llevada de tal forma que Ciaxares, entronizado en su capital como rey de los medos, actuaba como si fuera dirigente máximo en la guerra, pero era Ciro, como general, el que la dirigía (VI. 1. 6). Y así, en esas circunstancias, Ciro conquistó Sardes, tomó al rey Creso como prisionero (VII. 2. 1), y conquistó, de esa manera, la Alta Asia, y volviendo a Babilonia (VII. 4. 17), durante una fiesta nocturna tomó la ciudad, de manera que murió el mismo rey de Babilonia (VII. 5. 15-33).

Tras la conquista de Babilonia, el ejército tomó a Ciro como rey, y él empezó a dirigir sus asuntos como si fuera un auténtico rey (VII. 5. 37). A pesar de eso, él (Ciro) volvió a Media, para presentarse ante Ciaxares, llevándole presentes, y diciéndola que en Babilonia había una casa y palacio real para, donde él pudiera residir siempre que fuera allí como rey (VIII. 5. 17f.). Por su parte, Ciaxares aceptó la propuesta, le dio a su hija como mujer, y junto a eso, como dote, le regaló el reino de Media, porque él no tenía hijos varones (VIII. 5. 19).

Entonces, Ciro fue primero a Persia, y determinó que su padre Cambises retuviera la soberanía de ese reino mientras viviera, de manera que a continuación él mismo (Ciro) pudiera heredarlo. Ciro fue después a Media y se casó con la hija de Ciaxares (VIII. 5. 28). Más tarde fue a Babilonia y colocó sátrapas sobre los pueblos sometidos etc. (VIII. 6. 1), y de esa forma determinó que el pasaría el invierno en Babilonia, la primavera en Susa y el verano en Ecbatana (VIII. 6. 22).

Habiendo alcanzado una edad avanzada, Ciro fue por séptima vez durante su reinado a Persia, donde murió, después de haber nombrado a Cambises su hijo como su sucesor (VIII. 7. 1ss.). Esta narración de Jenofonte varía de la de Heródoto en los siguientes puntos principales:

- Según *Heródoto*, la línea de los reyes medos se cierra con Astiages, que no tenía hijos; pero *Jenofonte* dice que Astiages fue sucedido sobre el trono por su hijo Ciaxares.
- Según *Heródoto*, Ciro estaba relacionado con la casa real persa únicamente por ser el hijo de la hermana de Astiages, y solo podía aspirar al trono de Media porque era nieto de Astiages. Por el contrario, *Jenofonte* dice que estaba relacionado con la casa real de Media no solo como nieto de Astiages y sobrino de Ciaxares II, sino también porque estaba casado con la hija de su tío Ciaxares, y porque recibió con ella, como dote, el trono de Media.
- Según *Heródoto*, Ciro tomó parte en la conspiración formada por Harpago en contra de Astiages, matando a su abuelo en la batalla y tomando posesión del reino de los medos por la fuerza. Por el contrario, *Jenofonte* dice que, aunque él tenía ciertas diferencias con Astiages, se reconcilió con él, y no solo no le destronó, sino que le permitió retener la dignidad real, incluso después de haber tomado Babilonia, cosa que él (Ciro) hizo sin la cooperación de Astiages.

De estas discrepancias, las dos primeras no implican una contradicción especial. Jenofonte se limita a comunicar más cosas de la tradición que Heródoto, quien, conforme a su costumbre, trata solo de los gobernantes más famosos, pasando por alto a los menos importantes[52], y cierra la lista de los reyes medos con Astiages.

---

52. Cf. Ges. *Thes.* p. 350: "Solere Herodotum praetermissis mediocribus hominibus ex longa regum serie nonnisi unum alterumve memorare reliquis eminentiorem, et aliunde constat et ipsa Babyloniae historia docet, et qua unius Nitocris reginae mentionem injicit, reliquos reges omnes usque ad Labynetum, ne Nebucadnezare quidem excepto, silentio transit" (*Historia*, I, 185-187).

Según eso, Heródoto no menciona a Ciaxares II, de manera que no solo pasa por alto la segunda relación que Ciro mantuvo con la casa real de Media, sino que supone que el último de los reyes persas no tuvo como descendiente a Astiages.

En el caso de la tercera discrepancia solo existe una contradicción entre las afirmaciones de Heródoto y las de Jenofonte, es decir que, según Heródoto, Ciro tomó con las armas el reino de su abuelo, venció a Astiages en una batalla en Pasagarda y le destronó. A diferencia de eso, según Jenofonte, el reino medo paso a manos de Ciro en primer lugar porque él era comandante de su ejército y en segundo lugar como dote recibida por su mujer, que era hija y heredera del rey de los medos.

En este punto debemos tomar una decisión: ¿Nos alistaremos con v. Leng., Hitzig y otros, en favor de Heródoto y en contra de Jenofonte, y borraremos a Ciáxares II no solo de la lista de los reyes medos, sino también de la misma historia porque Heródoto y Ctesias no le han nombrado? ¿Han sido solo Heródoto y Ctesias los únicos que han recordado los hechos históricos, y lo han hecho plenamente, mientras que Jenofonte en la *Ciropedia* se ha limitado a crear una novela pedagógica, sin ninguna veracidad histórica?

Pues bien, en contra de eso, la mayoría de los investigadores se oponen a esa visión de Heródoto, y el mismo Heródoto confiesa abiertamente (I. 95) que él se ha limitado a ofrecer sobre Ciro solamente aquellos datos que le han parecido creíbles. Por otra parte, esa narración de Heródoto, tal como él la ha transmitido, está formada solo por una serie de tradiciones populares, que circulaban en su tiempo entre los medos, dos o tres siglos después de los acontecimientos.

Por su parte, también Jenofonte ha reunido el material histórico de su *Ciropedia* apoyándose solo en relatos anteriores, pero lo ha hecho a partir de la tradición persa, en la que, favorecida por la dinastía reinante, la leyenda de Ciro, entrelazada con recuerdos del final de la independencia de Media y con la fundación de la soberanía persa, se transmite de un modo más completo que entre los medos, cuyos recuerdos nacionales no fueron promocionados después de la extinción de su monarquía. De todas formas, suponiendo que Jenofonte nos ofrece una información más exacta que Heródoto, podemos imaginar también que él presentó la rebelión de Ciro, lo mismo que su relación con Ciaxares, de un modo más favorable a su héroe, para presentarle así de un modo más favorable.

Pero esta suposición solo ganaría probabilidad si se pudiera fundamentar el presupuesto que establece Hitzig: "Ciertamente, en la *Ciropedia* VIII. 5. 19, Jenofonte dice que el rey medo regaló su país voluntariamente a Ciro. Pero, en

---

(Según su costumbre, Heródoto suele pasar por alto a los personajes mediocres, de manera que de la larga serie de reyes solo nombra a uno u otro de los más importantes, como se ve en general, y especialmente en la historia de Babilonia, de la que solo nombra a la reina Nitocris, pasando por alto a todos los restantes, hasta Labineto, sin citar ni siquiera a Nabucodonosor).

contra de eso, en su libro de historia, Jenofonte muestra, por el contrario, que los persas destruyeron con violencia la soberanía de los medos… (*Anab*. III. 4. 7, 11, 12)". De todas formas, en contra de esa afirmación de Hitzig, debemos indicar que en la Anábasis (l.c.) Jenofonte no dice eso, sino solamente ὅτε παρὰ Μήδων τὴν ἀρχὴν ἐλάμβανον Πέρσαι (*que los persas recibieron el principado de parte de los medos*)[53].

Según eso, aún suponiendo que fuera verdadera la afirmación de que las ciudades de Larissa y Mespila fueron sitiadas por el rey de Persia, en el momento en que los persas lograron la supremacía sobre los medos, y que Jenofonte comunicó aquí ese dato no como mera *fabulam ab incolis narratam* (fábula narrada por los habitantes del lugar), él no estaría diciendo aquí cosas contrarias a las que dice en su *Cyropaedia*. En esa línea, como Kran. ha observado rectamente, "no puede sorprendernos el hecho de que en un pueblo acostumbrado a una dinastía real nativa, por muy bien fundados que en otro plano estuvieran los derechos de Ciro, surgieran conmociones e insurrecciones, que necesitan ser suprimidas a la fuerza, de manera que se puedan decir, al mismo tiempo, las cosas de dos formas: que se diga, por un lado, que el rey medo entregó a Ciro, esposo de su hija, el reino de los medos; y que por otro se diga que Ciro tuvo que conquistar ese reino de los medos por la fuerza".

A eso ha de añadirse el hecho decisivo de que el relato que Heródoto ofrece de Ciro y de su victoria sobre Astiages (relato del que incluso Duncker, p. 649, afirma que despierta grandes dudas) está en abierta contradicción con los hechos bien establecidos de la historia medo-persa. Todos los testimonios auténticos muestran que en la formación del reino medo-persa los medos y los persas se hallaban en principios separados, pero que, sin embargo, se encontraban vinculados entre sí por sus raíces comunes.

Pues bien, en el caso de que Heródoto estuviera en lo cierto, cuando afirma que Ciaxares estaba intentando matar siempre a Ciro, y si Ciro tomó el reino de Ciaxares por la fuerza, en ese caso, la relación entre los medos y los persas (tal como aparece siempre en el AT) hubiera sido inconcebible. "En ese caso, los medos hubieran estado relacionados con los persas de la misma forma que lo estuvieron

---

53. Sobre la expresión ἐλάμβανον τὴν ἀρχὴν, Dindorf observa "Verbum hoc Medos sponte Persarum imperio subjectos significat, quanquam reliqua narratio seditionem aliquam Larissensium arguere videatur. Igitur hic nihil est dissensionis inter Cyropaediam et Anabasin… Gravius est quod Xenophon statim in simili narratione posuit, ὅτε ἀπώλεσαν τὴν ἀρχὴν ὑπὸ Περσῶν Μῆδοι. Sed ibidem scriptor incolarum fidem antestatur". (Esta frase supone que los medos se entregaron espontáneamente bajo el poder de los persas, aunque el resto de la narración parece indicar que hubo algún tipo de sedición de parte de los habitantes de Larissa… Más grave es lo que Jenofonte pone inmediatamente después, en una narración semejante: ὅτε ἀπώλεσαν τὴν ἀρχὴν ὑπὸ Περσῶν Μῆδοι (cuando los medos perdieron el principado bajo los persas…). Pero en ese caso, Jenofonte se limita a transmitir una creencia de los habitantes de Media. Según eso, los filólogos se oponen en su juicio a la visión de los críticos modernos.

otros pueblos sometidos, como los babilonios, y no hubieran formado con ellos un mismo reino" (Klief.).

Por otra parte, la información que ofrece Jenofonte sobre Ciaxares concuerda tan plenamente con la narración de Daniel sobre Darío el Medo que, como confiesa Hitzig, "la identidad de los dos (de Ciáxares y Darío) está fuera de toda duda", de forma que tenemos que decir ese Ciaxares se identifica con el rey Darío el Medo del libro de Daniel. Conforme a Jenofonte, Ciro conquistó Babilonia con el permiso de Ciáxares y tras haberla conquistado no solamente le ofreció allí una "residencia real" (Hitzig), sino que fue a Media, se presentó delante de Ciáxares y le mostró lo que había preparado para él en Babilonia, a fin de que cuando él fuera allí pudiera εἰς οἰκεῖα κατάγεσθαι, es decir, él pudiera tener allí un palacio real.

Según eso, este Ciaxares/Darío no tomó por guerra el reino caldeo, sino que lo recibió de Ciro (Dan 6, 1), y fue hecho rey (המלך, Dan 9,1). Así podemos y debemos decir que Ciro fue quien conquistó Babilonia, conforme a las profecías de Isaías, y fue el mismo que, según Dan 6, 29 sucedió a Darío en el trono (que él mismo le había concedido, tras la conquista).

Según eso, la afirmación según la cual Darío tenía sesenta y dos años cuando ascendió al trono del reino caldeo armoniza con la información dada por Jenofonte, según la cual, cuando Ciaxares entregó su hija a Ciro como mujer, él le dio también con ella el reino de Media, pues no tenía heredero varón, y era ya tan avanzado de edad que no podía abrigar la esperanza de tener ya más hijos. Finalmente, incluso en su carácter este Ciaxares de Jenofonte se parece al Darío de Daniel.

En esa línea, Jenofonte presenta a Ciaxares como un hombre que se entrega a los placeres sensuales, sin pensar en lo que hacía. De un modo semejante, Daniel presenta a Darío como alguien a quien sus nobles le hacen firmar un edicto sin que él tenga un conocimiento claro de sus motivos, de manera que se ve forzado a ejecutarlo, por muy penoso que ello sea a causa de su relación con Daniel.

Por todo eso, no hay ninguna razón para dudar de la existencia de un reinado de Darío el medo en Babilonia. Pero no se puede determinar el tiempo de su duración, ni por el libro de Daniel, donde solo se nombra el primer año de su reinado (Dan 9, 1) ni por otras fuentes directas. Tolomeo, en su *Canon*, coloca el reino de Ciro el Persa después del de Nabónido, durante nueve años. Con esto se combinan las palabras de Jenofonte, que dice τὸ ἕβδομον ἐπὶ τῆς αὐτοῦ ἀρχῆς (el año octavo de su principado, Ciro...), por lo que, supliendo ἔτος después de ἕβδομον, se puede pensar en un reinado de ocho años; y de aquí se concluye que Ciaxares/Darío reinó dos años.

Pero el hecho de suplir ἔτος no está exigido por el contexto. Sin embargo, la suposición de que Darío reinó dos años resulta correcta, pues el reino de Babilonia fue destruido 68 años después del comienzo del exilio. Pues bien, dado que los setenta años del exilio fueron cumplidos el primer año del reinado de Ciro

(2 Cron 36, 22; Es 1, 1), ha de suponerse que Ciro comenzó a ser rey dos años después de la toma de Babilonia, es decir, dos años después del reinado de Darío (cf. *Coment.* a Dan 9, 1-2).

A partir de la brevedad del reinado de Darío/Ciaxares, unida a la circunstancia de que Ciro destruyó Babilonia y puso fin al reino de los caldeos, resulta fácil explicar el hecho de que el breve y poco independiente reinado de Darío haya podido ser pasado por alto, no solamente por Heródoto y Ctesias, y por todos los historiadores griegos posteriores, sino también por Beroso. Aunque Ciro había tomado Babilonia solo como comandante en jefe del ejército de Ciáxares/Darío y con tropas medo-persas, la tradición puede presentarle como persa conquistador y como Señor del Reino Caldeo, sin tener en cuenta al verdadero rey medio que fue Ciáxares, es decir, Darío, a quien Ciro el conquistador sucedió tras un breve tiempo en el trono.

En la tradición posterior de los persas[54], sobre la que se han apoyado todos los historiadores conocidos hasta nosotros, con la excepción de Beroso el reinado de los medos sobre los caldeos desaparece de un modo natural y se vuelve insignificante en relación con el gobierno independiente del conquistador Ciro y de su pueblo persa, que estaba tan pronto a seguirle. La ausencia de toda noticia de Beroso, Heródoto y Ctesias sobre el pequeño reinado de los medos no puede ofrecer ningún fundamento para hacernos dudar da las afirmaciones de Jenofonte en relación con Ciaxares y de Daniel en relación con Darío, el medo, aunque todos los restantes testimonio para ello carecieran de fuerza, algo que se afirma sin duda, pero no ha sido probado en modo alguno[55].

54. Como dice bien Kranichfeld "en la tradición babilonia, la memorable caída de Babilonia se vinculó a todos los efectos con las operaciones militares de Ciro, el conquistador persa quien, según Jenofonte, se comportó en Babilonia como verdadero rey (cf. *Ciropedia* VII. 5. 37), de manera que al fin resulta indiferente saber para quien realizó la campaña (si para él mismo o para Ciaxares/Darío). La tradición persa, movida por intereses nacionales, ha tenido razones para ignorar la breve soberanía feudal de los medos (de Ciáxares) sobre Babilonia que, por otra parte solo pudo realizarse con la ayuda victoriosa de un príncipe persa, llamado Ciro".

55. Entre esas tradiciones es importante la de Abydenus (en Eusebio, *Chron. Armen.*), ya mencionada anteriormente, a pesar de su brevedad aforística: "Darío el rey le expulsó de la tierra". Esta tradición tiene un sello de autenticidad histórica, y solo puede referirse a Darío el Medo, dado que Eusebio la ha vinculado con la información sobre el derrocamiento del último rey babilonio por Ciro.

Tenemos además las muy citadas líneas de Ésquilo, *Los persas* 762-765, que pueden interpretarse históricamente del modo más simple. Ellas dicen que la obra "que comenzó el primer medo, que el segundo completó y que fue llevada a toda su gloria por el tercero (es decir, por Ciro)", refiriéndose a la la toma de Babilonia. Esas línea pueden entenderse así: El primero fue Astiages, el segundo Ciáxares II (es decir, Darío) y el tercero Ciro. De esa manera Ésquilo concuerda con Jenofonte.

Otras interpretaciones, por ejemplo las que vinculan a Phraortes con Cyaxares I, no concuerdan con ningún dato histórico. Finalmente, los Dáricos ofrecen también una referencia a Dario, el Medo, pues entre todas las otras explicaciones del nombre de esa moneda de oro (Dárico) la más probable es que deriva de un rey llamado Darío.

Este resultado no se puede rechazar por el hecho de que Jenofonte llama al rey medo Κυαξάρης y le describe como el hijo de Astiages, mientas que Daniel le llama דָּרְיָוֶשׁ (*Darjawesch*, Darius) el hijo de Asuero (Daniel 9:1). El nombre Κυαξάρης responde al nombre medo *Uwakshatra*, y significa *Autócrata*. Por su parte, Ἀστυάγης corresponde al medo *Ajisdahâ*ka, nombre de la dinastía meda, y significa la *Serpiente que pica*, (cf. Nieb., *Gesch. Assurs*, p. 175s).

El nombre דריוש, Δαρεῖος, del persa *Dârjawusch*, ha sido bien explicado por Herod. VI. 98 por la palabra ἑρξείης, que significa el que mantiene, el gobernante. Finalmente, אחשורוש, *Ahasverus*, Asuero, es el nombre de Jerjes, que aparece en las inscripciones cuneiformes persas como *Kschajârschâ*, palabra que está ciertamente formada (sea cual fuere la forma de interpretarla) a partir de *Kschaja*, reino, el título de los gobernantes persas, como Astiages entre los medo.

Según eso, los nombres Ciaxares y Darjawesch (Darío) están relacionados entre sí, y son los nombres paternos de ambas dinastía, o los títulos de los gobernantes. Jenofonte nos ha comunicado el nombre y título del último rey (Ciaxares), mientras Daniel le da el nombre y título de Darío, como rey del reino unido de los medos y los persas.

Las circunstancias a las que se refiere este capítulo ocurrieron, conforme a lo que dice Dan 5, 29 en el primero de los dos años de reinado de Darío sobre Babilonia. El tema y objeto de esta narración está relacionado con los acontecimientos a los que se alude en Dan 3. Como en aquel capítulo los compañeros de Daniel fueron condenados a ser arrojados en el horno de fuego a causa de que desobedecieron el mandato real que les obligaba a inclinarse delante de la imagen de oro que había sido elevada por Nabucodonosor, así aquí, en este capítulo, es Daniel mismo quien es arrojado al foso de los leones a causa de que no ha cumplido el mandato de no orar a ningún otro Dios, sino solo al rey. Tanto en un caso como en el otro, el motivo de la acusación es la envidia por el alto cargo que un judío había alcanzado en la administración del reino, y el objetivo final era el de expulsar a los extranjeros de sus puestos de influjo en el Estado.

La maravillosa liberación de los fieles adoradores de Dios, que se salvan de la muerte que les amenazaba, con las consecuencias implicadas en esa liberación, es semejante en ambos casos. Pero al lado de las semejanzas aparecen también diferencias que responden ante todo a las circunstancias históricas, y que no son producto de una ficción formada simplemente con una finalidad moral de tipo genérico.

En esa línea han de entenderse las afirmaciones del retórico Harpocrates, el escoliasta de Aristófanes, cuando afirma que los Δαρεικοί no derivan su nombre, como muchos suponen, de Darío, el padre Jerjes, sino de otro rey más antiguo (Darío), conforme a la declaración de Heródoto IV. 166, cuando dice que Darío fue el primero que acuñó esa moneda, una declaración que no suele valorarse bien por el escaso conocimiento que se tiene de la historia más antigua de los medos y los persas.

- *En Dan 3,* Nabucodonosor exige que todos los súbditos de su reino rindan homenaje a la imagen que él ha mandado elevar, y no adoren a los dioses de su reino, y ese mandato ofrece a los enemigos de los judíos la oportunidad deseada para acusar a los amigos de Daniel, diciendo que ellos desobedecen el mandato real.
- Por otra parte, *en Dan 6,* Darío es movido e inducido por sus grandes oficiales de Estado, que deseaban liberarse de Daniel, para proclamar el edicto aquí mencionado, de manera que él queda grandemente turbado cuando descubre la aplicación del edicto en el caso de Daniel.

En Dan 6, el carácter de Darío es fundamentalmente distinto del de Nabucodonosor. *Nabucodonosor* había sido un rey distinguido por su energía y actividad, un perfecto autócrata. Por el contrario, *Darío* era un débil príncipe, carente de autoridad, que dejó que los oficiales de estado le guiaran y gobernaran.

El mandato de Nabucodonosor de rendir homenaje a sus dioses era una simple consecuencia de la supremacía del poder mundano impío. Por el contrario, el edicto de Darío era una deificación del poder del mundo, con la finalidad de oprimir a los verdaderos siervos de Dios.

El mandamiento de Nabucodonosor se limitaba a poner a los dioses del poder del mundo por encima del Dios vivo de los cielos y de la tierra. El edicto de Darío quería poner directamente a un lado el reconocimiento de ese Dios, aunque solo fuera por un tiempo, prohibiendo que se le dirigieran oraciones. Esta tiranía de los siervos del poder del mundo resulta más intolerable que la tiranía del gobernante del mundo.

De esa manera, la historia recordada en este capítulo *muestra, por un lado,* cómo el poder impío del mundo asume, en su desarrollo progresivo, un aspecto cada vez más hostil hacia el Reino de Dios y cómo, con la disminución de su poder, aumenta su odio contra los verdaderos siervos de Dios. *Y ella muestra, por otro lado,* cómo el Dios todo poderoso no solo protege a sus adoradores contra todas las intrigas y maquinaciones del enemigo, sino que responde a sus adversarios conforme a sus obras. Daniel fue protegido contra la furia de los leones, mientras que sus enemigos caían destrozados, hechos piezas, tan pronto como fueron arrojados al foso de los leones.

Este milagro del poder divino resulta humillante para los críticos modernos, como Bleek, v. Leng., Hitzig y otros que no han ahorrado ningún tipo de esfuerzo para negar la veracidad histórica de la narración y la toman como una ficción, escrita para probar una idea preconcebida (la del poder salvador de Dios). Ellos afirman que la prohibición de elevar una petición a cualquier dios u hombre que no sea el rey, durante un mes, es totalmente absurda, y añaden, además, que la tipología (¡Daniel como antitipo de Jose!), así como la relación de este pasaje con Dan 3, nos muestra que todo lo que se dice en este pasaje constituye es una ficción, sin fondo histórico.

Ciertamente, esos críticos pueden añadir que Darío no es simplemente un tipo de Antíoco Epífanes, pero añaden que la prohibición de Dan 6, 7 contiene un ataque tan grande y una hostilidad tan marcada contra la fe de los creyentes en el Dios verdadero que solo ha alcanzado su realización, por vez primera y en cualquier lugar, en la época de Antíoco Epífanes. De un modo consecuente, según Hitzig, "la prohibición que aquí se atribuye a Darío es la misma que la de Antíoco Epífanes" (1 Mac 1, 41-50), exagerada de un modo caricaturesco, con la finalidad de poner de relieve el carácter odioso de la tiranía del rey de Siria, en el tiempo de los macabeos.

Pues bien, en contra de eso, debemos afirmar que los defensores de la autenticidad de Daniel han mostrado de un modo concluyente que la prohibición a la que se refiere Dan 6, 7 responde plenamente a la visión religiosa de los medo-persas, mientras que, por otra parte, no puede situarse en modo alguno en las circunstancias del tiempo de los macabeos. Ese edicto de Darío no tenía la intención de suprimir el despliegue de toda forma de adoración, a no ser la del rey; pues así lo manifiesta claramente no solo el hecho de que la prohibición solo se aplicaría durante un mes, sino también la circunstancia de que los magnates tenían como intención básica la de derribar de su lugar de autoridad a Daniel.

La limitación religiosa que aquí se imponía a los judíos durante un mes es muy distinta del odio continuo de Antíoco Epífanes contra la adoración judía de Dios. Por otra parte, los rasgos de carácter de Darío y su relación con Daniel no responden al tipo de conducta de Antíoco Epífanes, como han de confesar los mismos que se oponen a la autenticidad del pasaje, pues los enemigos de Daniel no aparecen realmente como tipos de ese tirano, pues no actúan por un tipo de antipatía religiosa, sino que están movidos simplemente por una vulgar envidia en contra de Daniel, a quien quieren oponerse, derribándole de su alta posición en el Estado.

En esa línea, la perspectiva histórica de la hostilidad en contra de Daniel, como representante del judaísmo, es totalmente distinta de la guerra que Antíoco declaró en contra del judaísmo, de manera que esta narración de Dan 6 carece de cualquier marca característica de la era de los seléucidas y macabeos. Para una visión más precisa de las diferencias, cf. Kranichfeld, p. 229ss. Los elementos básicos de la visión de Hitzig irán apareciendo en nuestra exposición.

2. Comentario al texto

6, 1-10 (5, 31–6, 9). Transferencia del reino a Darío el medo. Nombramiento de su regencia. Envidia de los sátrapas en contra de Daniel, con su intento de destruirle.

6, 1 (5, 31)

¹ וְדָרְיָ֙וֶשׁ֙ (מָדָיָא) [מָדָאָ֔ה] קַבֵּ֖ל מַלְכוּתָ֑א כְּבַ֥ר שְׁנִ֖ין שִׁתִּ֥ין וְתַרְתֵּֽין׃

³¹ Y Darío, de Media, cuando tenía sesenta y dos años, tomó el reino.

La narración de este capítulo está conectada con el tema del capítulo anterior a través de la copula ו. Sin embargo, a pesar de lo que muestran las versiones antiguas y muchos comentadores, Dan 1 no pertenece a Dan 5, sino a Dan 6, y forma no solamente el lazo de unión entre los acontecimientos narrados en Dan 5 y Dan 6, sino que ofrece el fundamento histórico para la narración que sigue (6, 2-29 =6, 1-28).

La afirmación de este verso, según la cual Darío el Medo recibió el reino cuando tenía en torno a 62 años de edad, conecta de un modo preciso con Dan 5, 30, pues se vincula al cumplimiento allí indicado de la primera las palabras sagradas que habían sido interpretadas por Daniel (en el banquete del rey Baltasar), donde se hablaba no solo de su muerte, sino de la destrucción de su reino. Pero, como he puesto ya de relieve, el cumplimiento de la segunda parte de la profecía (=la destrucción del reino caldeo) no se iba a realizar en aquella misma noche en que Baltasar fue asesinado, sino que quedaba abierta para más adelante. Según eso, la trasferencia del reino de los caldeos a los medos no sucedió aquella misma noche.

En ese contexto de separación entre el asesinato de Baltasar y el paso del reino de los caldeos a los medos se sitúa el dato de la edad del rey Darío (62 años), dato de edad que no sirve para poner de relieve la oposición de edad entre *el joven rey desbocado* y loco (Baltasar), con el que terminó el cautiverio de Israel en Babilonia, *y el nuevo rey maduro (Darío)*, con el que comenzó la liberación de Israel, como supone Delitzsch.

Pero ese supuesto "dato" Esa suposición va no solo en contra de la hipótesis base de nuestro comentario (el reino no pasó directamente de Baltasar a Darío, sino que hubo otros reyes caldeos intermedios), sino que va también en contra del texto, pues en lo que sigue Darío no aparece como un gobernante de experiencia madura. Más aceptable parece la observación de Kliefoth, según la cual la afirmación de la edad de Darío quiere poner de relieve que el gobierno de Darío el Medo no duró mucho, pues fue sustituido pronto por Ciro el Persa (cf. 6, 29), de manera que se cumplió así plenamente la afirmación que el reino sería dado a los medos (Darío) y a los persas (Ciro).

Sobre *Darjawesch*, véanse las observaciones anteriores de la introducción. La adición de מָדָיָא (*ketiv*) forma por un lado un contraste respecto a la expresión "el rey de los caldeos" (5, 30) y por otra parte está sirviendo de anticipo de lo que se dirá en 6, 29 de los reinos de Darío y de Ciro. De todas formas, ese verso (6, 29 = 6, 28) no ofrece una prueba de que Daniel distinguiera entre el reino medo y el reino persa, porque no se dice que se tratara de un reino medo, sino solo que Darío era de ascendencia meda y que le sucedió en el reino Ciro el persa. La palabra קבל, *recibió* el reino, está indicando que Darío no lo conquistó, sino que lo recibió de su conquistador. La letra כ (como), en כבר está indicando que la afirmación sobre la edad no es firme, sino que se funda en una estimación probable.

6, 2-3 (6, 1-2)

² שְׁפַר֙ קֳדָ֣ם דָּרְיָ֔וֶשׁ וַהֲקִים֙ עַל־מַלְכוּתָ֔א לַאֲחַשְׁדַּרְפְּנַיָּ֖א מְאָ֣ה וְעֶשְׂרִ֑ין דִּ֥י לֶהֱוֺ֖ן בְּכָל־מַלְכוּתָֽא׃
³ וְעֵ֤לָּא מִנְּהוֹן֙ סָרְכִ֣ין תְּלָתָ֔א דִּ֥י דָנִיֵּ֖אל חַֽד־מִנְּה֑וֹן דִּֽי־לֶהֱוֺ֞ן אֲחַשְׁדַּרְפְּנַיָּ֣א אִלֵּ֗ין יָהֲבִ֤ין לְהוֹן֙ טַעְמָ֔א וּמַלְכָּ֖א לָא־לֶהֱוֵ֥א נָזִֽק׃

¹ Pareció bien a Darío constituir sobre el reino ciento veinte sátrapas que gobernaran en todo el reino. ² Y sobre ellos tres gobernadores, de los cuales Daniel era uno, a quienes estos sátrapas dieran cuenta, para que el rey no fuera perjudicado.

Para regular el gobierno del reino que él había recibido, y especialmente para ocuparse de los tributos de las diferentes provincias, Darío colocó 120 sátrapas sobre todo el reino, y sobre esos sátrapas colocó tres jefes a quienes debían rendir cuenta los sátrapas. Sobre la palabra אחשדרפניא (sátrapas), cf *Coment* a Dan 3, 2. סרכין, plural de סרך. סרכא no tiene etimología semítica propia, sino que se deriva del ario, a través de zend *sara, ara, cabeza*, con la sílaba final כא (*ka*). En el Targum que se utiliza para traducir el hebreo emplea שטר en el sentido de *presidente*, ya así aparecen los tres presidentes a los que se alude en 6, 2 (6, 1) que, por situarse por encima de los sátrapas, reciben el rango de gobernantes más altos o ministros, para los cuales el tárgum utiliza la palabra סרכן, mientras que en Dan 6, 8 esa palabra se aplica a todos los prefectos militares y civiles del reino.

Los críticos modernos han fundado en esta disposición para el gobierno del reino, tal como se dice que la realizó Darío, un argumento en contra de la credibilidad de la narración, que Hitzig ha formulado como sigue: Según Jenofonte, fue Ciro el primero que nombró sátrapas sobre las regiones conquistadas, en número de seis (*Ciropedia* VIII. 6, 1, 7); por el contrario, conforme al historiador Heródoto (III. 89ss.), fue Darío Hystaspes el primero que dividió el reino en 20 satrapías, para que se ocuparan de la administración de los impuestos. Con esta afirmación concuerda el número de pueblos mencionados en la inscripción de Bisutun; por otra parte, en diversos lugares se mencionan 24 o 29 satrapías (inscripciones de Nakschi Rustam), de manera que varias regiones o naciones podían ser incluidas en una misma satrapía (Heródoto, l.c.).

Esos críticos siguen diciendo que el reino era demasiado pequeño para 120 sátrapas en el sentido persa. Por otra parte no se puede apelar a las 127 *provincias* (מדינות) del rey Asuero (Jerjes) en Es 1, 1; 9, 30, porque el gobernador de una מדינה

no es lo mismo que el sátrapa (Es 8, 9). En Es 3, 12 se habla de provincias, como por ejemplo de la provincia de Judá (Ag 1, 1; Mal 1, 8; Neh 5, 14).

Ciertamente, había también provincias mayores, como la de Media y Babilonia (Es 6,2; Dan 2, 49), y la misma palabra *pecha* (פחה) puede utilizarse en sentido amplio para designar un sátrapa (Ex 5, 3; 6, 6). De todas formas, las 127 no eran satrapías en sentido estricto, ni un sátrapa es lo mismo que un *pecha*. Por eso, cuando Daniel menciona de esa forma un número tan grande de sátrapas parecería estar refiriéndose a unas satrapías en sentido griego, y así, bajo Seleuco Nicator había 72 de ese tipo. Esa sería una prueba de que su libro ha de situarse en un momento posterior.

Pues bien, en contra de eso se puede decir que la afirmación de que fue Darío Hystaspes el que "según el historiadores Heródoto" dividió por primera vez el reino en satrapías y lo mismo la afirmación de Jenofonte de que había seis satrapías bajo el territorio dominado por Ciro carece de credibilidad, y no puede tomarse como histórico, pues descansa solo en una mala interpretación y distorsión de los testimonios aducidos. Ni Heródoto ni Jenofonte presentan el nombramiento de sátrapas bajo Ciro y Darío Hystaspes como algo enteramente nuevo, como si se tratara de un tipo de gobierno que no se había utilizado antes.

Por su parte, Jenofonte no dice en modo alguno que Ciro mandó solo seis sátrapas a los países conquistados. Ciertamente, él menciona por nombre solo a seis (cf. Dan 8, 6-7), pero indicando también las provincias a las que fueron enviados, una en Arabia y las otras cinco en Asia Menor, quizá con la excepción de Cilicia, Chipre y Paflagonia, a la que él, Ciro, no envió ningún πέρσας σατράπας, porque los habitantes de la zona se unieron voluntariamente en su lucha contra Babilonia. Por todo eso es claro como el mediodía que Jenofonte solo habla de aquellos sátrapas a los que Ciro envió a Asia Menor y Arabia, y no dice nada de las satrapías de otras partes del reino, como Judea, Siria, Babilonia, Asiria, Media etc., por lo cual no se puede afirmar que Ciro envió solo seis sátrapas a los países conquistados.

Tampoco Heródoto afirma que Darío Hystaspes fue el primero en introducir el gobierno del reino a través de los sátrapas. Él solo dice que Darío Hystaspes dividió todo el reino en 20 ἀρχαί, que eran llamadas σατραπηῖαι, y nombró para ellas ἄρχοντες y reguló los tributos. Pues bien, él numera esas satrapías simplemente en referencia al tributo que cada una debía pagar, mientras que Ciro y Cambises no impusieron tributos, sino que se limitaron a recibir presentes de las satrapías. De un modo consecuente, Heródoto habla solo de la regulación de la administración de las diferentes provincias del reino para aludir al pago que Darío Hystaspes había determinado.

El historiador M. Duncker entiende también así esos datos (*Gesch. des Alterth*. II. p. 891): "En torno al año 515 a.C., Darío estableció distritos de gobierno en lugar de las vice-regencias que Ciro y Cambises habían creado, y las cambió según las exigencias del tiempo. Él dividió el reino en 20 satrapías".

Más adelante, en pag. 893, él muestra que esta división del reino bajo Darío no tenía un carácter fijo e inmutable, sino que fue cambiando según las circunstancias. Por otra parte, la afirmación de Hitzig, cuando dice que el reino era demasiado pequeño para dividirse en 120 satrapías en el sentido persa carece de fundamento. De Es 8, 9 y 3, 19 no se sigue ni remotamente que los jefes de las מדינות o *provincias* no son sátrapas, sino simples פחות o gobernantes en sentido amplio.

En Dan 8, 9 a los sátrapas se les llama פחות y שׂרי המדינות, y en Dan 3, 12 se les llama gobernantes de las provincias del rey, מדינה פחית אשר על. Sobre Es 3, 12, Bertheau dice que los *pechas* o פחות a los que se nombra junto a los sátrapas son probablemente los oficiales vinculados a las satrapías. Por su parte, en Dan 8, 9 sátrapas y pechas reciben el nombre de שׂרי המדינות, es decir, de *presidentes o superintendentes de las 127 provincias* del reino, desde la India a Etiopía, por lo que de aquí no puede deducirse nada sobre la relación entre los sátrapas y los pechas.

Por su parte, Berth. hace la misma observación sobre Es 8, 36: "La relación de los sátrapas del rey con los *pachavoth abar nahara* (gobernantes del otro lado del río Eufrates) no podemos determinarla con precisión. Los sátrapas eran probablemente jefes militares; los *pachavoth* en cambio era oficiales del gobierno". De todas formas, la afirmación de que se puede utilizar la palabra pecha en sentido amplio para referirse a sátrapa no ha sido probada, como indica Hitzig.

Del libro de Ester no se puede deducir sin más que había tantos sátrapas gobernando sobre las 127 provincias en las que Jerjes dividió su reino, sino solo que esas provincias estaban regidas pos sátrapas y pechas. Pero el hecho de que todo el reino estuviera dividido en 127 provincias muestra, sin embargo, que ese reino podía hallarse estructurado ya en un momento anterior, bajo Darío el Medo, en unas 127 provincias, cuyos prefectos o gobernantes podían ser llamados en este verso אחשדרפנין, es decir, *kschatrapavan* (sátrapas), protectores del Reino o de las Provincias, título que deriva del sánscrito y/o del antiguo persa, y que no ha sido utilizado por primera vez bajo el gobierno de Darío Hystaspes o de Ciro.

Darío el Medo pudo haberse visto inclinado a nombre sátrapas, es decir, prefectos con poder militar, sobre cada uno de los distritos de su reino, dado que su territorio acababa de ser conquistado, a fin de que él fuera capaz de cortar de raíz todo intento de insurrección entre las naciones que habían caído bajo su dominio.

La separación del poder civil (especialmente en el tema de cobrar los tributos) del poder militar, o el nombramiento de sátrapas que cobraban los tributos (οἱ τὸν δασμὸν λαμβάνοντες etc.), con los φρούραρχοι y χιλίαρχοι, que eran los gobernantes militares para la protección de las fronteras del reino, según Jenofonte fue adoptada por vez primera vez por Ciro, que después nombró sátrapas para las provincias de Asia Menor y de Arabia, que habían caído recientemente bajo su dominio, pues en las provincias anteriores, que habían sido ya formadas por el reino de Babilonia, existían satrapías bajo el poder civil y militar, desde el tiempo de Nabucodonosor (cf. Dan 2, 32). Esta distribución del territorio no comenzó con Darío Hystaspes, cuando dividió todo el reino en 20 satrapías, mencionadas por Heródoto.

Siendo así las cosas, las afirmaciones de Heródoto y Jenofonte armonizan perfectamente con las de la Escritura y así pierde su valor cualquier razonamiento que mire con sospecha el testimonio de Daniel. Según 6, 2, Darío el Medo no solo nombró 120 sátrapas para todas las provincias y distritos de su reino, sino que colocó todo el cuerpo de los sátrapas bajo un gobierno formado por tres presidentes, que debían controlar a cada uno de los sátrapas.

עלא, que en el tárgum aparece como עילא, significa la *altura*, con el adverbio מן, *más alto que*, por encima de. יהב טעמא, dar cuenta de. נזק, participio de נזק, *sufrir pérdida*, particularmente con referencia a los ingresos. Este triunvirato o autoridad superior de tres no fue una institución nueva creada por Darío, sino que según Dan 5, 7, ya existía en el reino caldeo, bajo Baltasar, de manera que Daría se limitó a seguir manteniéndola, y así los sátrapas o gobernantes de los diversos distritos estaban sometidos a esos tres jefes superiores. Daniel era un miembro de ese triunvirato. Dado que no se dice que Darío le nombrara para ese cargo, podemos concluir con seguridad que él se limitó a confirmarle para el oficio al que le había promovido Baltasar.

6, 4-7 (6, 3-6)

⁴אֱדַיִן דָּנִיֵּאל דְּנָה הֲוָא מִתְנַצַּח עַל־סָרְכַיָּא וַאֲחַשְׁדַּרְפְּנַיָּא כָּל־קֳבֵל דִּי רוּחַ יַתִּירָא בֵּהּ וּמַלְכָּא עֲשִׁית לַהֲקָמוּתֵהּ עַל־כָּל־מַלְכוּתָא׃

⁵אֱדַיִן סָרְכַיָּא וַאֲחַשְׁדַּרְפְּנַיָּא הֲווֹ בָעַיִן עִלָּה לְהַשְׁכָּחָה לְדָנִיֵּאל מִצַּד מַלְכוּתָא וְכָל־עִלָּה וּשְׁחִיתָה לָא־יָכְלִין לְהַשְׁכָּחָה כָּל־קֳבֵל דִּי־מְהֵימַן הוּא וְכָל־שָׁלוּ וּשְׁחִיתָה לָא הִשְׁתְּכַחַת עֲלוֹהִי׃

⁶אֱדַיִן גֻּבְרַיָּא אִלֵּךְ אָמְרִין דִּי לָא נְהַשְׁכַּח לְדָנִיֵּאל דְּנָה כָּל־עִלָּא לָהֵן הַשְׁכַּחְנָה עֲלוֹהִי בְּדָת אֱלָהֵהּ׃ ס

⁷אֱדַיִן סָרְכַיָּא וַאֲחַשְׁדַּרְפְּנַיָּא אִלֵּן הַרְגִּשׁוּ עַל־מַלְכָּא וְכֵן אָמְרִין לֵהּ דָּרְיָוֶשׁ מַלְכָּא לְעָלְמִין חֱיִי׃

³ Pero Daniel mismo era superior a estos sátrapas y gobernadores, porque había en él un espíritu superior; y el rey pensó en ponerlo sobre todo el reino. ⁴ Los gobernadores y sátrapas buscaron ocasión para acusar a Daniel en lo relacionado con el reino; pero no podían hallar motivo alguno o falta, porque él era fiel, y ningún error ni falta hallaron en él. ⁵ Entonces dijeron aquellos hombres: No hallaremos contra este Daniel motivo alguno para acusarlo, si no lo hallamos contra él en relación con la ley de su Dios. ⁶ Entonces estos gobernadores y sátrapas se juntaron delante del rey, y le dijeron: ¡Rey Darío, para siempre vive!

En esta situación, Daniel sobresalía sobre todos los presidentes y sátrapas. אתנצח, mostrarse superior. Sobre este "espíritu" o conocimiento superior de Daniel, cf. Dan 5, 12. Por esta razón, el rey pensó ponerle sobre todo el reino, es decir, hacerle gobernante supremo del reino, segundo en el mando, después del rey (משנה למלך, Es 10,3). עשׁית en vez de עשׁת, forma intransitiva del *peal*, pensar, considerar sobre algo.

Esta intención del rey provocó la envidia de los otros presidentes y de los sátrapas, de manera que ellos buscaron una ocasión para oponerse a Daniel, a fin de que él pudiera ser derribado de su poder. עלה, una *ocasión*, aquí en el sentido de αἰτία (Jn 18, 28; Mt 27, 37), una *causa judicial* para destituirle, מצד מלותא, *de su poder en el reino*, es decir, no solo en un sentido político, sino también en lo referente a tener un oficio público, es decir, en relación con su oficio. Pero, dado que no pudieron encontrar una ocasión contra Daniel en ese campo, porque él era מהימן, *fiel*, un hombre en que podía confiarse, y dado que no podían elevar contra él ninguna acusación, ellos buscaron para ello una ocasión relacionada con su religión, en lo referente a la ley de su Dios, es decir, en la adoración de Dios.

Con este fin, hicieron que el rey sancionara y ratificara con toda la fuerza de la ley un decreto, que ellos fijaron, como resultado de una consulta común de todos los altos oficiales, a fin de que durante treinta días nadie en el reino pudiera elevar una oración a ningún Dios o a ningún hombre, excepto al rey, bajo pena de ser arrojado en el foso de los leones, y que ese decreto se ratificara como ley de los medos y los persas, es decir, como una ley irrevocable.

הרגשׁ, de רגשׁ, *hacer daño*, en *afel*, con על, *asaltar a uno* de manera tumultuosa. Estos presidentes y sátrapas (príncipes: cf. 6, 67 = 6, 5-6), que aparecen designados aquí como "estos hombres" y no como todo el cuerpo de presidentes y sátrapas, son, según Dan 6, 5 (6, 4) los enemigos especiales de Daniel que quieren derribarle. Eran solo un número particular de ellos que podían haber tenido una ocasión para actuar en contra del oficio de Daniel.

Las palabras del texto no avalan en modo alguno la suposición de que todo el Consejo de Estado se había reunido y que se presentó "como cuerpo" ante el rey (Hvernick), pues ni en 6, 4 (=6, 3), ni en 6, 5, ni en 6, 7, (6, 6) se menciona a todos (כל) los presidentes y sátrapas. Por el hecho de que estos acusadores digan al rey que el decreto que ellos presentaron había sido el resultado de una consulta de todos los prefectos del reino, no se puede deducir que todos los sátrapas y alto oficiales del Estado habían venido a Babilonia (como piensa Dereser) para rendir cuentas de la marcha de las provincias a los tres supervisores supremos, entre los que se hallaba Daniel, aprovechando esa ocasión para tenderle una trampa, de forma que no se puede aceptar el argumento de aquellos que (como Hitzig) se apoyan en la dificultad de que se celebrara esa gran reunión para afirmar que el texto no es histórico.

Toda la trama de la narración muestra con gran claridad que los autores de la acusación engañaron al rey. El Consejo de Estado, o corte suprema, ante la cual debían rendir cuenta todos los sátrapas, estaba formado por tres hombres, entre los que se hallaba Daniel. Pero ciertamente, Daniel no fue llamado a la consulta.

Según esto, la pretensión de que habían sido llamados todos los presidentes del reino es falsa. Además, ellos engañaron al rey sobre el tema de fondo de su propuesta, pues le ocultaron la intención del decreto, o no le informaron de ello. אתיעט no significa simplemente que ellos consultaron entre sí, sino que incluye también el resultado de la consulta: todos *estaban de acuerdo* (Hitz.).

6, 8 (6,7)

⁸ אִתְיָעַ֜טוּ כֹּ֣ל ׀ סָרְכֵ֣י מַלְכוּתָ֗א סִגְנַיָּ֤א וַאֲחַשְׁדַּרְפְּנַיָּא֙ הַדָּֽבְרַיָּ֣א וּפַחֲוָתָ֔א לְקַיָּמָ֤ה קְיָם֙ מַלְכָּ֔א וּלְתַקָּפָ֖ה אֱסָ֑ר דִּ֣י כָל־דִּֽי־יִבְעֵ֣ה בָ֠עוּ מִן־כָּל־אֱלָ֨הּ וֶֽאֱנָ֜שׁ עַד־יוֹמִ֣ין תְּלָתִ֗ין לָהֵן֙ מִנָּ֣ךְ מַלְכָּ֔א יִתְרְמֵ֕א לְגֹ֖ב אַרְיָוָתָֽא׃

> ⁷ Todos los gobernadores del reino, magistrados, sátrapas, príncipes y capitanes han acordado por consejo que promulgues un edicto real, y lo confirmes, ordenando que cualquiera que en el espacio de treinta días demande petición de cualquier dios u hombre fuera de ti, rey, sea echado al foso de los leones.

Las palabras כל סרכי מלותא no se refieren a los tres presidentes nombrados en 6, 3 (5, 2), sino a *todos prefectos del reino*, de los que había cuatro clases, como reconoce Chr. B. Michaelis, aunque Hitz. se opone a ello, pues así lo exige el genitivo מלותא y la ausencia de כל, o al menos la de la cópula ו, delante de los nombres oficiales que siguen. Por otra parte, la objeción de que, conforme a esa interpretación, se omiten precisamente los presidentes principales, que son que están más implicados en el caso (Hitz.), carece de fundamento, porque ellos están incluidos bajo la palabra סגניא.

Si comparamos la lista de las cuatro clases de oficiales mencionados aquí con la de los grandes oficiales de Estado bajo Nabucodonosor (Dan 3, 2), el hecho de que nombre a los סגניא antes de a los אחשדרפניא (sátrapas), mientras en Dan 3, 2 aparecían después, muestra que esos סגניא son aquí *grandes oficiale*s, a los que estaban subordinados los mismos sátrapas, y que por ese nombre solo pueden entenderse los tres סרכין , a quienes los sátrapas tenían que rendir cuentas. Más aún, la lista de los cuatro nombres está dividida por la cópula ו en dos clases.

A la primera clase pertenecen los סגניא y los sátrapas. A la segunda los הדברין, consejeros de Estado, y los פחותא, prefectos civiles de las provincias. Según eso, podemos afirmar sin miedo a equivocarnos que los סגניא son los miembros del más alto Consejo de Estado. Los הדבריא son los ministros o miembros del consejo inferior del Estado y los sátrapas y pechas son los gobernantes militares y civiles de las provincias.

Esta agrupación de nombres confirma, en consecuencia, la interpretación general de כל סרכי מלכותא que se refiere a las cuatro clases nombradas que constituyen la prefectura o administración principal del reino. Esta interpretación no puede ponerse en cuestión por el hecho de que los סרכין ocupen en el reino de Darío un lugar diferente del que ocupaban en el de Nabucodonosor. En este contexto podemos afirmar que cada reino tenía sus disposiciones particulares, que sufrieron varios cambios con el paso de los tiempos.

La frase de infinitivo לקימא קים וגו ofrece la conclusión a la que se llega después de la consulta. לכא no es el genitivo קים, sino que, de acuerdo con los acentos y el contexto, es el sujeto de la frase de infinitivo: aquí se dice que el rey debe proclamar una ley, no que la ley debe ser proclamada. Según la analogía del pronombre y del nombre en diminutivo, el acusativo se coloca antes del sujeto en genitivo, como en Is 20, 1 y 5, 24, de manera que no se pueden separar una de otra las dos palabras: קים קימא (establecer una ley, un estatuto) y תקפה אסר (hacer un firme decreto). Dan 6,9 requiere esta construcción, porque es el rey el que proclama el decreto y nos sus altos oficiales de Estado, como sería el caso si מלכא se construyera como genitivo dependiente de קים. Por su parte, קים es un *manifiesto*, una ordenanza, un mandato.

El mandato se define de un modo más preciso por la cláusula paralela תקפה אסר, hacer un ayuno, es decir, decretar una prohibición. Los oficiales desean que el rey publique un decreto que contenga una prohibición vinculante, es decir, que se prohíba bajo pena de muerte que, durante el espacio de treinta días, es decir, de un mes se ofrezca ninguna oración a ningún Dios o a ningún hombre, con la excepción del rey.

בעו no es aquí cualquier tipo de petición o súplica, sino una oración, como muestra 6, 14 (=6, 15), que dice בעא בעותה, *dirigiendo su oración* o plegaria. La palabra ואנש no es una prueba de lo contrario, porque los paganos oraban también a otros hombres a los que consideraban "divinos", portadores de poderes sagrados (cf. Dan 2, 46); en esa línea, la frase *excepto al rey* está colocando al mismo tiempo a Dios y al hombre, de manera que el rey quizá no se da cuenta de que la prohibición estaba directamente dirigida en contra de Daniel.

6, 9-10 (6, 8-9)

⁹ כְּעַן מַלְכָּא תְּקִים אֱסָרָא וְתִרְשֻׁם כְּתָבָא דִּי לָא לְהַשְׁנָיָה
כְּדָת־מָדַי וּפָרַס דִּי־לָא תֶעְדֵּא׃
¹⁰ כָּל־קֳבֵל דְּנָה מַלְכָּא דָּרְיָוֶשׁ רְשַׁם כְּתָבָא וֶאֱסָרָא׃

⁸ Ahora, pues, oh rey, confirma el edicto y fírmalo, para que no pueda ser revocado, conforme a la ley de Media y de Persia, que no puede ser abrogada. ⁹ Firmó, pues, el rey Darío el edicto y la prohibición.

6, 9. A fin de que pudieran conseguir con más seguridad su objetivo, ellos pidieron al rey que pusiera por escrito la prohibición, de manera que no se pudiera cambiar, es decir, de manera que no se pudiera pasar por alto o abrogar, según la ley de los medos y los persas, según la cual, una vez emitido por un rey en su debida forma, escrito y sellado con su sello, un edicto no podía ser ya cambiado (cf. Dan 6, 15, con Es 8, 8 y 1, 19).

די לא תעדא, *que no puede pasar* (perder valor), es decir, que no puede ser dejado a un lado, que es irrevocable. El relativo די se refiere a דת, pero con esa palabra no debemos entender, como piensa v. Lengerke, que ese edicto se está refiriendo a toda la ley nacional de los medos y los persas, como si esta fuera tan inalterable que ninguna ley pudiera ser anulada o cambiada según las circunstancias, pues דת es cada edicto separado de un rey, emitido en forma de ley. Ese edicto permanecía inmutable y se tomaba como irrevocable, porque al rey se le miraba y honraba como encarnación de la deidad, que no podía equivocarse ni cambiar.

6, 10. El rey cumplió la propuesta. ואסרא es una palabra explicativa: el escrito, es decir, la prohibición (de la que se hablaba); porque este es el tema principal, por eso, aquí se menciona solo אסרא, y no también קים (el edicto), Dan 6,8.

La recta interpretación del tema y del fundamento de la ley que había sido sancionada por el rey deja sin fuerza la objeción de que la prohibición era una ley sin sentido, una ley loca (v. Leng.), que en vez de regular la sociedad no podía hacer otra cosa que romperla. La ley hubiera carecido de sentido únicamente si ella debiera aplicarse a toda petición referente a la vida normal, en las relaciones de una sociedad civil. Pero si ella solo se refería a la esfera religiosa de la oración, como expresión de adoración a Dios y si el rey era venerado como una encarnación de la deidad, entonces esa ley resultaba razonable en su formulación.

Por otra parte, si consideramos que la intención de la ley, cuya finalidad ellos habían ocultado al rey, tenía solo la finalidad de derribar a Daniel de su puesto de mando, esa ley no puede tomarse en el sentido de que por ella se quisiera imponer el parsismo o la religión zend sobre todas las naciones del reino, o que se quisiera prohibir la libertad religiosa, o hacer del parsismo la religión mundial.

Al contrario, como Kliefoth ha mostrado de manera clara y justa, el objetivo de la ley era solo poner de relieve el reconocimiento de que el rey era la manifestación viva de todos los dioses, no solo de Media y de Persia, sino también de Babilonia y Lidia de todos los dioses de las naciones conquistadas. Por eso, no es correcto decir que el rey debía aparecer como la encarnación exclusiva de Ormuz.

El tema no se explica solo desde el parsismo, sino desde el paganismo en general. Según el principio fundamental del paganismo, el gobernante es el hijo, el representante, la manifestación viva, de los dioses del pueblo y el gobernante del imperio mundial es por tanto el representante de todos los dioses de todas las naciones que le están sometidas, de manera que cada nación ha de rendirle un homenaje especial, según el modo propio de cada una de esas naciones. Por tanto, todos los gobernantes paganos exigieron que las naciones sometidas a ellos le rindieran homenaje. En esa línea, todas las naciones sometidas al reino medo-persa no tenían que abandonar las religiones especiales de sus dioses, sino reconocer de hecho que el gobernante mundial medo-persa Darío era también el hijo, es decir, el representante de todos sus dioses nacionales.

Con este fin, por el espacio de treinta días, todos los pueblos debían presentar sus homenajes a los dioses nacionales a través del rey medo-persa, que era su manifestación más alta. Y las naciones paganas podían hacerlo sin violar su conciencia, porque de esa manera ellas reconocían y servían al rey de Media como hijo de sus dioses, sirviendo así también a sus mismos dioses nacionales. Por el contrario, los judíos no podían hacerlo, pues no podían tomar al rey medo como manifestación de Yahvé. De esa manera, esa ley implicaba para los judíos una auténtica persecución religiosa, aunque ni los reyes persas ni los sátrapas la entendían como tal, de forma que ellos tomaban la desobediencia de los judíos como una obstinación culpable, es decir, como una rebelión política[56].

La persecución religiosa a la que esta ley sometió a los judíos resultaba opresora por esto: Los judíos fueron colocados ante una situación por la que durante todo un mes ellos tenían que omitir sus oraciones a Dios, de manera que o pecaban contra su Dios o desobedecían al rey. Los sátrapas habían planteado bien su plan. Ellos conocían bien la piedad de Daniel, de manera que podían esperar confiadamente en que lograrían alcanzar su objetivo, quitando a Daniel del poder.

No hay ninguna razón para rechazar esta narración por el hecho de que Daniel, sin sospecha alguna, actuara en contra de la ley. Tampoco necesitamos insistir más en la indolencia de tantos reyes como Darío que se dejan guiar totalmente por sus ministros, pues la descripción de Jenofonte nos ofrece de Ciaxares II concuerda plenamente con este supuesto. De todas formas, del hecho de que Darío haya sancionado la ley sin más consideraciones sobre ella no se sigue que él no hiciera averiguaciones sobre el propósito del plan formado por los sátrapas.

El libro de Daniel no ha recordado los detalles en referencia a la ocasión y objetivo de esa ley, porque ese no era el tema principal de su narración. Los sátrapas pueden haberse limitado a presentar ante el rey la conveniencia de que todas

---

56. Brissonius, *De regio Persarum princ.* p. 17ss., ha recogido los testimonies de los autores antiguos en los que se muestra que los reyes persas se atribuyeron honores divinos: *Persas reges suos inter Deos colere, majestatem enim imperii salutis esse tutelam* (los persas veneraron a sus reyes como dioses, pues la majestad del imperio era garantía de salvación), en Curcio, VIII. 5. 11. Cf. también Plutarco, *Themist.* c. 27.

Pues bien, esta costumbre, que fue aceptada por Alejandro Magno (Curt. VI. 6. 2) derivaba de los medos, como lo muestra una afirmación de Heródoto I. 99 cuando dice que Dejoces περὶ ἑαυτὸν σεμνύειν, apartó su real persona de la visión de los hombres. Los antiguos egipcios y etíopes rindieron honores a sus reyes, conforme al testimonio de Diod. Sic. I. 90, III. 3, 5. Por otra parte, es un hecho bien conocido que los emperadores romanos exigieron que sus imágenes fueran adoradas con veneración religiosa.

las nacionalidades que estaban sometidas a su reino reconocieran su poder real, probando así su lealtad. De esa manera aparecía clara ante el rey la conveniencia de esa ley, de manera que sin más reflexiones él la aprobó.

6, 11-25 (6, 10-24). Ofensa de Daniel contra la ley, su acusación, condena y liberación milagros del foso de los leones; el castigo de sus acusadores

6,11-12 (6, 10-11)

וְדָנִיֵּאל כְּדִי יְדַע דִּי־רְשִׁים כְּתָבָא עַל לְבַיְתֵהּ וְכַוִּין ¹¹
פְּתִיחָן לֵהּ בְּעִלִּיתֵהּ נֶגֶד יְרוּשְׁלֶם וְזִמְנִין תְּלָתָה בְיוֹמָא
הוּא ׀ בָּרֵךְ עַל־בִּרְכוֹהִי וּמְצַלֵּא וּמוֹדֵא קֳדָם אֱלָהֵהּ
כָּל־קֳבֵל דִּי־הֲוָא עָבֵד מִן־קַדְמַת דְּנָה׃ ס
¹² אֱדַיִן גֻּבְרַיָּא אִלֵּךְ הַרְגִּשׁוּ וְהַשְׁכַּחוּ לְדָנִיֵּאל בָּעֵא וּמִתְחַנַּן קֳדָם אֱלָהֵהּ׃

¹⁰ Cuando Daniel supo que el edicto había sido firmado, entró en su casa; abiertas las ventanas de su habitación que daban a Jerusalén, se arrodillaba tres veces al día, oraba y daba gracias delante de su Dios como solía hacerlo antes. ¹¹ Se juntaron entonces aquellos hombres, y hallaron a Daniel orando y rogando en presencia de su Dios.

6, 11. Los sátrapas no tuvieron que esperar mucho tiempo para descubrir la desobediencia de Daniel a la prohibición de su rey. Era costumbre de Daniel ponerse de rodillas durante tres veces al día y ofrecer sus oraciones en la cámara superior de su casa, con la ventana abierta hacia Jerusalén. Él siguió cumpliendo esta costumbre incluso después que se publicara el edicto, porque dejar de cumplirla a causa del decreto del rey hubiera significado renegar de su fe y pecar contra Dios. En esto habían confiado sus enemigos, que le vigilaban en secreto, y comunicaron al rey inmediatamente esta desobediencia.

Dan 6, 10 describe de un modo más preciso el lugar donde iba para orar, a fin de que se pudiera descubrir la forma en que le observaban y espiaban. Esto sucedía en la cámara superior de su casa (עלית, en hebreo עליה, cf. 1 Rey 17, 19; 2 Sam 19, 1), habitación que se escogía para los momentos en que alguien pudiera estar sin que le molestaran, es decir, como por ejemplo cuando quería dedicarse a la oración (cf. Hch 1, 13; 10, 9). Las ventanas estaban abiertas, es decir, no cerradas con un tipo de enrejado (cf. Ez 40, 16), en el lugar que se oponía a (=en dirección a) Jerusalén.

לה no se refiere a Daniel, pues él había abierto las ventanas, sino a su casa (לביתה) que tenía las ventanas abiertas. Si לה se refiriera a Daniel el siguiente הוא sería superfluo. La costumbre de volverse en la oración hacia Jerusalén se originó después de haber construido el templo como lugar de presencia de Yahvé (cf. 1 Rey 8, 33.35; Sal 5, 8; 28, 2).

El cumplimento de la oración tres veces al día (es decir, a la hora de tercia, de sexta y de nona, que es el tiempo del sacrificio de la mañana, del mediodía y de la tarde) no se introdujo por primera vez en el tiempo de los hombres de la Gran Sinagoga, como hace la tradición rabínica, poco crítica, que refiere a ese tiempo todas las costumbres antiguas relacionadas con la oración a Dios; tampoco es correcta la opinión de los que v. Leng., Hitz. y otros piensan que esa costumbre surgió en tiempos posteriores a los de Darío el Medo. Al contrario, esa costumbre ha de retrotraerse a los tiempos de David, pues encontramos la primera noticia de ella en Sal 5, 18.

Pues bien, si Daniel continuó ofreciendo su oración diaria (מודא corresponde a מהודא, Dan 2,23) con la ventaba abierto, dirigiendo su rostro hacia Jerusalén, después de la promulgación de la ley, como lo había hecho antes, su gesto no era prueba de ostentación, ni de hipocresía farisea, ni de desprecio, ni una forma de tentar a Dios como imagina Kirmiss. Al contrario, su conducta fue el resultado natural de su temor de Dios y de su religión, bajo la cual él ofrecía oraciones, no para hacer una ostentación exterior, a fin de que los espías secretos pudieran observarla cuando la estaba realizando. כל־קבל די no significa en general *así como* (Rosenmller, v. Leng., Maur., Hitzig), sino *como siempre,* porque, por esta razón. Dado que él lo hacía así, siguió haciéndolo.

6, 12. Cuando los enemigos de Daniel habían observado en secreto su oración, ellos entraron en la casa donde estaba ofreciendo sus plegarias, a fin de que pudieran sorprenderle en el acto mismo, a fin de que fuera castigado. El acto de observarle directamente orando no se menciona en particular, pero se deduce del contexto, en contra de Hitzig, que inventa todo tipo de pretextos para echar sospechas sobre la narración, así, por ejemplo, preguntando como se podían esconder 122 sátrapas en una zona oculta para expiar a Daniel, y preguntando también por qué Daniel no se había defendido de ellos, encerrándose de un modo oculto en la casa… הרגיש, como en Dan 6, 7: Ellos se abalanzaron, para apresarle con furia, "mostrando así el gran celo con el que realizaban su tarea" (Kran.).

6, 13-17 (6, 12-16)

¹³ בֵּאדַיִן קְרִיבוּ וְאָמְרִין קֳדָם־מַלְכָּא עַל־אֱסָר מַלְכָּא
הֲלָא אֱסָר רְשַׁמְתָּ דִּי כָל־אֱנָשׁ דִּי־יִבְעֵה מִן־כָּל־אֱלָהּ וֶאֱנָשׁ
עַד־יוֹמִין תְּלָתִין לָהֵן מִנָּךְ מַלְכָּא יִתְרְמֵא לְגוֹב אַרְיָוָתָא
עָנֵה מַלְכָּא וְאָמַר יַצִּיבָא מִלְּתָא כְּדָת־מָדַי וּפָרַס דִּי־לָא תֶעְדֵּא:
¹⁴ בֵּאדַיִן עֲנוֹ וְאָמְרִין קֳדָם מַלְכָּא דִּי דָנִיֵּאל דִּי מִן־בְּנֵי
גָלוּתָא דִּי יְהוּד לָא־שָׂם (עֲלַיִךְ) [עֲלָךְ] מַלְכָּא טְעֵם
וְעַל־אֱסָרָא דִּי רְשַׁמְתָּ וְזִמְנִין תְּלָתָה בְּיוֹמָא בָּעֵא בָּעוּתֵהּ:

Daniel en el foso de los leones

אֱדַ֣יִן מַלְכָּ֗א כְּדִ֤י מִלְּתָא֙ שְׁמַ֔ע שַׂגִּ֥יא בְּאֵ֖שׁ עֲל֑וֹהִי וְעַ֣ל ¹⁵
דָּנִיֵּ֜אל שָׂ֤ם בָּל֙ לְשֵׁ֣יזָב֣וּתֵ֔הּ וְעַד֙ מֶֽעָלֵ֣י שִׁמְשָׁ֔א הֲוָ֥א מִשְׁתַּדַּ֖ר לְהַצָּלוּתֵֽהּ׃
בֵּאדַ֙יִן֙ גֻּבְרַיָּ֣א אִלֵּ֔ךְ הַרְגִּ֖שׁוּ עַל־מַלְכָּ֑א וְאָמְרִ֣ין לְמַלְכָּ֗א ¹⁶
דַּ֤ע מַלְכָּא֙ דִּֽי־דָ֣ת לְמָדַ֣י וּפָרַ֔ס דִּֽי־כָל־אֱסָ֥ר וּקְיָ֖ם
דִּֽי־מַלְכָּ֥א יְהָקֵ֖ים לָ֥א לְהַשְׁנָיָֽה׃
בֵּאדַ֜יִן מַלְכָּ֣א אֲמַ֗ר וְהַיְתִיו֙ לְדָ֣נִיֵּ֔אל וּרְמ֕וֹ לְגֻבָּ֖א דִּ֣י ¹⁷
אַרְיָוָתָ֑א עָנֵ֤ה מַלְכָּא֙ וְאָמַ֣ר לְדָנִיֵּ֔אל אֱלָהָ֗ךְ דִּ֣י (אַנְתָּה)
[אַ֤נְתְּ] פָּֽלַֽח־לֵהּ֙ בִּתְדִירָ֔א ה֖וּא יְשֵׁיזְבִנָּֽךְ׃

> ¹² Fueron luego ante el rey y le hablaron del edicto real: ¿No has confirmado un edicto ordenando que cualquiera que en el espacio de treinta días pida a cualquier dios u hombre fuera de ti, rey, sea echado al foso de los leones? Respondió el rey diciendo: Verdad es, conforme a la ley de Media y de Persia, que no puede ser abrogada. ¹³ Entonces respondieron y dijeron delante del rey: Daniel, que es de los hijos de los cautivos de Judá, no te respeta a ti, rey, ni acata el edicto que confirmaste, sino que tres veces al día hace su petición. ¹⁴ Cuando el rey oyó el asunto, le pesó en gran manera y resolvió librar a Daniel; y hasta la puesta del sol trabajó para librarlo. ¹⁵ Pero aquellos hombres rodearon al rey y le dijeron: Sabes, oh rey, que es ley de Media y de Persia que ningún edicto u ordenanza que el rey confirme puede ser abrogado. ¹⁶ Entonces el rey ordenó que trajeran a Daniel, y lo echaron al foso de los leones. El rey dijo a Daniel: -- El Dios tuyo, a quien tú continuamente sirves, él te libre.

6, 13. Ellos le acusaron inmediatamente ante el rey, y recordándole la promulgación del edicto con la prohibición, le indicaron que Daniel, uno de los judíos cautivos, no había cumplido el mandato del rey, sino que durante tres días había continuado orando a su propio Dios, violando de esa forma la ley. Al acusar de esa manera a Daniel, observamos que ellos no le describen como alguien que tiene un alto oficio ante el rey, sino solo como uno de los extranjeros, uno de los judíos exilados en Babilonia, a fin de que ellos puedan presentar su conducta bajo la sospecha de ser un acto político de rebeldía contra la autoridad real.

6, 14-15. Pero el rey, que conocía y valoraba mucho la gran fidelidad de Daniel (cf. 6, 1) a los deberes de su oficio, quedó profundamente displaciado por la acusación, de tal manera que se esforzó por liberarle hasta la puesta del sol. El verbo באש tiene un sentido intransitivo (estar mal, encontrarse disgustado) y no se vincula en una sentencia con el sujeto מלכא, que está aquí en absoluto. Por su parte, el sujeto de באש עלוהי está indefinido: *Ello, es decir, el tema, le disgustó* (Gen 21, 11). שם בל corresponde al hebreo שית לב, Prov 22, 17, *poner en el corazón*. La palabra לב, *corazón*, mente, no aparece en el caldeo posterior, pero se conserva en el siríaco *bālā* y en el árabe *bâlun*.

6. 16. Dado que el rey no pudo resolver el asunto de otra manera, decidió que la sentencia contra Daniel se cumpliera, y ya en este momento sus acusadores se habían reunido en su presencia con la finalidad de hacer que cumpliera el castigo amenazado, recordándole que según la ley de los medos y de los persas toda prohibición y mandato que el rey hubiera decretado (יהקים), es decir, publicado de forma real, no se podía cambiar, es decir, abrogar. No había escapatoria para el rey en su dificultad, y así él tenía que mandar que se cumpliera el castigo decidido, de manera que Daniel tenía que ser arrojado al foso de los leones.

6, 17. Sobre el *afel* היתיו, y el pasivo היתית, cf. lo dicho sobre Dan 3, 13. La ejecución de la sentencia se realizó, conforme a la costumbre oriental, en la tarde del día en el que se había presentado la acusación. Esto no implica, sin embargo, como dice Hitzig, que se tratara de la misma tarde en la que, a la hora de nona, habían sorprendido orando a Daniel, pues todo el desarrollo del tema lo hace improbable.

Al entregar a Daniel para que fuera castigado, el rey expresó su deseo "el Dios tuyo, a quien tú continuamente sirves, él te libre", no "él te librará", porque el rey no podía confiar así en el Dios de Israel; pero él podía tener una débil esperanza en la posibilidad de esa liberación, y así la deseaba en su corazón, especialmente si él había oído hablar de los milagros del Dios Todopoderoso a quien Daniel servía en los días de Baltasar y Nabucodonosor.

6, 18 (6, 17)

¹⁸ וְהֵיתָיִת אֶבֶן חֲדָה וְשֻׂמַת עַל־פֻּם גֻּבָּא וְחַתְמַהּ מַלְכָּא בְּעִזְקְתֵהּ וּבְעִזְקָת רַבְרְבָנוֹהִי דִּי לָא־תִשְׁנֵא צְבוּ בְּדָנִיֵּאל:

¹⁷ Trajeron una piedra y la pusieron sobre la puerta del foso, la cual selló el rey con su anillo y con el anillo de sus príncipes, para que el acuerdo acerca de Daniel no se cambiara.

Después que Daniel había sido arrojado el foso de los leones, la boca del foso quedó cubierta con una piedra ancha, y la piedra fue sellada con el sello del rey y de los altos oficiales de Estado, a fin de que nada pudiera cambiarse o ser cambiado en relación con Daniel (צְבוּ בְּדָנִיֵּאל), ni se pudiera frustrar la condena contra Daniel (como piensan Hv., v. Leng., Maur., Klief.). Pero esa interpretación requeriría el estado enfático de צנותא, y no responde tampoco al hecho de que se utilice un doble sello.

La traducción antigua de Teodocion es correcta, cuando vierte el texto así: ὅπως μὴ ἀλλοιωθῇ πρᾶγμα ἐν τῷ Δανιήλ (*a fin de que no se cambiara nada respecto a Daniel*). Ese es el sentido de la paráfrasis de los LXX: ὅπως μὴ απ'αὐτῶν (μεγιστάνων) ἀρθῇ ὁ Δανιήλ, ἤ ὁ βασιλεὺς αὐτὸν ἀνασπάσῃ ἐκ τοῦ λάκκου (*a fin de que Daniel no fuera tomado por ellos [por lo grandes del reino], ni que el rey lo sacara del foso).* De un modo semejante traducen Efén el Sirio y otros.

El foso de los leones se designa como גבא, que el Targum emplea en lugar del hebreo בור, cisterna. A partir de aquí, v. Leng., Maur. y Hitzig infieren que el escritor tiene en su mente una cisterna en forma de embudo, excavada en la tierra, con una abertura o boca moderadamente pequeña en la parte superior, que podía cubrirse con una piedra, a fin de que la boca del foso estuviera cerrada por una noche, mientras que en otros momentos no se ponía una piedra sobre la apertura.

También el pozo en el que José, el hijo de Jacob, que tipo de Daniel, fue arrojado era una cisterna (Gen 37, 24), y las bocas de las cisternas solían estar de ordinario cubiertas con una piedra (Gen 29, 3; Lam 3 53). En ese contexto, apenas se puede concebir la forma en que los leones, sobre los que ningún ángel estaba vigilando, podían permanecer en una caverna subterránea de ese tipo, cubierta con una piedra. El foso debía ser ciertamente muy grande si, como parece, pudieron ser arrojados allí 122 hombres con sus mujeres e hijos, uno después del otro (6, 25).

Por eso, los críticos afirman que toda la narración es ficticia, una historia fabricada conforme al modelo de la historia de José. Pues bien, en contra de eso, debemos afirmar que han sido los mismos críticos los que han fabricado la idea de que tuvieron que ser arrojados en el foso 122 hombres (con sus mujeres y niños), para hacer así que el texto parezca absurdo; pero el texto no dice nada del número de personas arrojadas al foso.

No tenemos relatos antiguos sobre la construcción de fosos de leones. Pero Ge. Höst, en su obra sobre *Fez y Marruecos*, p. 77, describe las cuevas de leones, tal como pueden encontrarse en Marruecos. Conforme a su relato, están formadas por una gran caverna cuadrada, excavada bajo tierra, con un muro divisorio en la mitad, provisto de una puerta, que el guardián puede abrir y cerrar desde arriba.

Al arrojarles la comida, los guardianes pueden lograr que los leones pasen de una cámara a la otra, de manera que, cerrada la puerta, ellos entran en el espacio vacío, que así pueden limpiar. El foso o caverna está abierto por arriba, de modo que su boca está rodeada de un muro de aproximadamente metro y medio de altura, de manera que desde allí se puede mirar hacia el foso de abajo. Esta descripción concuerda perfectamente con lo que aquí en el texto se dice del foso de los leones.

Finalmente, גבא no significa cisternas comunes. En Jer 41, 7.9, גובא (hebreo בור) es una cámara subterránea en la que fueron arrojados setenta cadáveres. En Is 14, 15, el lugar del Sheol se llama גוב. No hay, por tanto, razón alguna para suponer que el foso de los leones de Dan 6 tuviera la forma de una cisterna en forma de embudo, todo bajo tierra.

La boca (פֻּם) del foso no es una abertura superior por la cual uno pudiera mirar lo que está dentro, sino una apertura que se hace a su lado, por la cual no solamente se introducían los leones, sino que por ella podían entrar los guardianes con el propósito de limpiar el foso y de cuidar a las fieras, a través de la puerta que se hallaba en el muro divisorio (cf. Höst, p. 270). Esta abertura era la que estaba cerrada con una gran piedra plana que fue sellada, mientras que el aire libre podía entrar por arriba en la fosa. Solo así se puede explicar también el hecho de que, según Dan 6, 20, el rey fuera capaz de conversar con Daniel antes de que se quitara la piedra (desde la apertura superior).

6, 19-24 (6, 18-24)

19 אֱדַיִן אֲזַל מַלְכָּא לְהֵיכְלֵהּ וּבָת טְוָת וְדַחֲוָן לָא־הַנְעֵל קָדָמוֹהִי וְשִׁנְתֵּהּ נַדַּת עֲלוֹהִי:
20 בֵּאדַיִן מַלְכָּא בִּשְׁפַּרְפָּרָא יְקוּם בְּנָגְהָא וּבְהִתְבְּהָלָה לְגֻבָּא דִי־אַרְיָוָתָא אֲזַל:
21 וּכְמִקְרְבֵהּ לְגֻבָּא לְדָנִיֵּאל בְּקָל עֲצִיב זְעִק עָנֵה מַלְכָּא וְאָמַר לְדָנִיֵּאל דָּנִיֵּאל עֲבֵד אֱלָהָא חַיָּא אֱלָהָךְ דִּי (אַנְתָּה) [אַנְתְּ] פָּלַח־לֵהּ בִּתְדִירָא הַיְכִל לְשֵׁיזָבוּתָךְ מִן־אַרְיָוָתָא:
22 אֱדַיִן דָּנִיֵּאל עִם־מַלְכָּא מַלִּל מַלְכָּא לְעָלְמִין חֱיִי:
23 אֱלָהִי שְׁלַח מַלְאֲכֵהּ וּסֲגַר פֻּם אַרְיָוָתָא וְלָא חַבְּלוּנִי כָּל־קֳבֵל דִּי קָדָמוֹהִי זָכוּ הִשְׁתְּכַחַת לִי וְאַף (קָדָמַיִךְ) [קָדָמָךְ] מַלְכָּא חֲבוּלָה לָא עַבְדֵת:
24 בֵּאדַיִן מַלְכָּא שַׂגִּיא טְאֵב עֲלוֹהִי וּלְדָנִיֵּאל אֲמַר לְהַנְסָקָה מִן־גֻּבָּא וְהֻסַּק דָּנִיֵּאל מִן־גֻּבָּא וְכָל־חֲבָל לָא־הִשְׁתְּכַח בֵּהּ דִּי הֵימִן בֵּאלָהֵהּ:
25 וַאֲמַר מַלְכָּא וְהַיְתִיו גֻּבְרַיָּא אִלֵּךְ דִּי־אֲכַלוּ קַרְצוֹהִי דִּי דָנִיֵּאל וּלְגֹב אַרְיָוָתָא רְמוֹ אִנּוּן בְּנֵיהוֹן וּנְשֵׁיהוֹן וְלָא־מְטוֹ לְאַרְעִית גֻּבָּא עַד דִּי־שְׁלִטוּ בְהוֹן אַרְיָוָתָא וְכָל־גַּרְמֵיהוֹן הַדִּקוּ:

18 Luego el rey se fue a su palacio, y se acostó en ayunas; no trajeron ante él instrumentos musicales, y se le fue el sueño. 19 El rey se levantó muy de mañana, y fue apresuradamente al foso de los leones. 20 Acercándose al foso, llamó a gritos a Daniel con voz triste, y le dijo: Daniel, siervo del Dios viviente, el Dios tuyo, a quien tú continuamente sirves, ¿te ha podido librar de los leones? 21 Entonces Daniel respondió al rey: ¡Rey, vive para siempre! 22 Mi Dios envió su ángel, el cual cerró la boca de los leones para que no me hicieran daño, porque ante él fui hallado inocente; y aun delante de ti, oh rey, yo no he hecho nada malo. 23 Se alegró el rey en gran manera a causa de él, y mandó sacar a Daniel del foso. Sacaron, pues, del foso a Daniel, pero ninguna lesión se halló en él, porque había confiado en su Dios. 24 Luego ordenó el rey que trajeran a aquellos hombres que habían acusado a Daniel, y fueron echados al foso de los leones ellos, sus hijos y sus mujeres; y aún no habían llegado al fondo del foso, cuando los leones se apoderaron de ellos y quebraron todos sus huesos.

6, 19-21. Entonces, el rey fue a su palacio y pasó la noche en ayunas, no le llevaron a ninguna de las concubinas, y el sueño huyó de sus ojos. El rey pasó la noche sin poder dormir, porque estaba triste por razón de Daniel. טות, en forma adverbial, *en ayunas*, es decir, sin haber tomado la comida de la noche. דחוה, concubina; cf. en árabe *dahâ, subigere faeminam* (someter a una mujer), y Gesen., *Thes.* p. 333.

A la mañana siguiente (6, 20) el rey se levantó temprano, a la madrugada del día, y fue a la fosa de los leones, y con voz de lamento llamó con fuerza a Daniel, esperando que pudiera haber sido liberado por el Dios al que continuamente servía. Daniel respondió al rey, mostrando así que había sido liberado, por lo que el rey se alegró muchísimo.

El futuro o imperfecto יקום (6, 19) no debe traducirse como hace Kranichfeld, de un modo hipotético, diciendo que "él pensó levantarse temprano", porque él de hecho lo hizo, sino que ha de entenderse en el sentido de perfecto, interpretando así la frase en relación con la siguiente, en este sentido: "el rey, tan pronto como *se levantó*, en la madrugada, fue rápidamente, con la primera luz de la mañana".

בנגהא, cuando brillaba la luz, sirve para determinar mejor el sentido de בשפרפרא, al amanecer, es decir, tan pronto como aparecieron los rayos del sol naciente. El predicado "el Dios viviente" está ocasionado por la referencia a la "preservación de la vida de Daniel", cosa que el rey juzga posible. Es probable que el mismo Daniel comentara al rey, en conversaciones anteriores, el sentido de ese nombre (el Dios viviente: cf. Sal 42, 3; 84, 3; 1 Sam 17, 36 etc.).

6, 22-24. En su respuesta, Daniel declara su inocencia, que Dios ha reconocido, diciendo que por ello ha enviado a su ángel (cf. Sal 34, 8; 91, 11) para cerrar la boca de los leones (cf. Hbr. 10, 33). ואף, y *también* ante el rey (ampliando así el tema de la inocencia, testificada de hecho por Dios). Es decir, Daniel afirma que él no ha hecho nada malo o equivocado contra el rey.

Al no cumplir el edicto, Daniel no ha hecho nada malo en contra de la persona del rey. Daniel podía decir eso con toda seguridad, y más cuando percibía que el rey había estado turbado y muy preocupado por su salvación, porque había podido ver que la transgresión de Daniel no había sido una conspiración en contra de su persona, sino solo un gesto de fidelidad hacia su Dios. Por eso, el rey mandó inmediatamente que sacaran a Daniel del foso de los leones.

El *afel* הנסקה y el *ofal* הסק, *a fin de,* no vienen de נסק, sino de סלק; la *nun* (נ) es meramente compensativa. סלק, *levantar*, en *afel sacar fuera*. No podemos suponer sin embargo que a Daniel le sacaran con cuerdas a través de la apertura de la fosa, que estaría arriba. La sacaron simplemente abriendo el pasadizo entre una parte y la otra de la fosa, para lo que se limitaron a quitar la piedra con los sellos. A fin de ratificar el milagro de la liberación y para mostrar la razón de ello, 6, 24 afirma que Daniel fue liberado (no sufrió ningún daño) porque había confiado en Dios.

Pero ahora la destrucción que los acusadores habían preparado para Daniel cayó sobre ellos mismos, pues el rey mandó que fueran inmediatamente arrojados al foso, y antes de que hubieran llegado al suelo fueron destrozados y despedazados por los leones. Sobre קרצוהי אכל cf. *Coment.* a Dan 3, 8. Pero los acusadores no eran (como dice Hitzig) los 120 sátrapas con los dos presidentes del Consejo del Reino, sino solo un pequeño número de los enemigos especiales de Daniel que se habían ocupado principalmente del tema.

La condena a muerte de las mujeres e hijos respondía a la costumbre persa, tal como ha sido testificada por Heródoto, III. 119, Amm. Marcell. XXIII. 6. 81, y también por los macedonios en caso de traición (Curcio, VI. II.), pero estaba prohibida por la Ley de Moisés (cf. Dt 24, 16).

6, 25-29 (6, 25-28) Consecuencias del acontecimiento

²⁶ בֵּאדַ֗יִן דָּרְיָ֣וֶשׁ מַלְכָּ֗א כְּתַ֞ב לְכָֽל־עַֽמְמַיָּ֤א אֻמַּיָּא֙ וְלִשָּׁ֣נַיָּ֔א דִּֽי־דארין [דָיְרִ֖ין] בְּכָל־אַרְעָ֑א שְׁלָמְכ֖וֹן יִשְׂגֵּֽא׃
²⁷ מִן־קֳדָמַי֮ שִׂ֣ים טְעֵם֒ דִּ֣י ׀ בְּכָל־שָׁלְטָ֣ן מַלְכוּתִ֗י לֶהֱוֺ֤ן זאעין [זָיְעִין֙] וְדָ֣חֲלִ֔ין מִן־קֳדָ֖ם אֱלָהֵ֣הּ דִּֽי־דָֽנִיֵּ֑אל דִּי־ה֣וּא ׀ אֱלָהָ֣א חַיָּ֗א וְקַיָּם֙ לְעָ֣לְמִ֔ין וּמַלְכוּתֵהּ֙ דִּֽי־לָ֣א תִתְחַבַּ֔ל וְשָׁלְטָנֵ֖הּ עַד־סוֹפָֽא׃
²⁸ מְשֵׁיזִ֣ב וּמַצִּ֔ל וְעָבֵד֙ אָתִ֣ין וְתִמְהִ֔ין בִּשְׁמַיָּ֖א וּבְאַרְעָ֑א דִּ֚י שֵׁיזִ֣יב לְדָֽנִיֵּ֔אל מִן־יַ֖ד אַרְיָוָתָֽא׃
²⁹ וְדָנִיֵּ֣אל דְּנָ֔ה הַצְלַ֖ח בְּמַלְכ֣וּת דָּרְיָ֑וֶשׁ וּבְמַלְכ֖וּת כּ֥וֹרֶשׁ פרסיא [פָּרְסָאָֽה]׃ פ

²⁵ Entonces el rey Darío escribió a todos los pueblos, naciones y lenguas que habitan en toda la tierra: Paz os sea multiplicada. ²⁶ De parte mía es promulgada esta ordenanza: Que en todo el dominio de mi reino, todos teman y tiemblen ante la presencia del Dios de Daniel. Porque él es el Dios viviente y permanece por todos los siglos, su reino no será jamás destruido y su dominio perdurará hasta el fin. ²⁷ Él salva y libra, y hace señales y maravillas en el cielo y en la tierra; él ha librado a Daniel del poder de los leones. ²⁸ Daniel prosperó durante los reinados de Darío y de Ciro, el persa.

6, 25. Como Nabucodonosor, después de la milagrosa liberación de los amigos de Daniel del horno ardiente proclamando un edicto por el que prohibió a todas las naciones de su reino bajo pena de muerte que injuriaran a esos hombres de Dios (3, 29), así también ahora Darío, a consecuencia de la milagrosa liberación de Daniel en el foso de los leones, promulgó y envió un edicto a todas las naciones de su reino mandando que temieran y reverenciaran al Dios de Daniel. Pero ni antes Nabucodonosor ni ahora Darío abandonaron su punto de partida politeísta.

Darío reconoció ciertamente que el Dios de Daniel era el Dios vivo, cuyo reino y dominio dura por siempre, pero no le tomó como el único Dios verdadero, y así mandó que fuera reverenciado solo como un Dios que hace maravillas en el cielo y en la tierra, sin prejuicio del honor de sus propios dioses y de los dioses de sus súbditos. Ciertamente, tanto Nabucodonosor como Darío elevaron al Dios de Judea por encima de los otros dioses, y proclamaron la duración perdurable de su dominio (Dan 3,29.31; 4, 2; 7, 27…), pero ellos no le confesaron como el único Dios. Según eso, este edicto no indica que Darío se convirtiera a la religión del Dios de los judíos, ni muestra ningún tipo de intolerancia hacia los dioses de sus súbditos.

6, 26-27 Sobre el sentido general de 6, 26. cf. Dan 3 31 (=4, 1). Lo mismo que Nabucodonosor, Darío concibió su reino como un reino mundial. Sobre 6, 27a (=6, 26), cf. 3, 29. La reverencia que todas las naciones han de mostrar hacia el Dios de Daniel se describe con las mismas palabras que el temor y reverencia que el poder y grandeza de Nabucodonosor inspira en todas las naciones que están sometidas a él (5,19). Y en esa línea, a partir de aquí, Hitzig ha destacado justamente el hecho de que no se utilicen aquí las palabras להון פלחין לאלהה (*ellos deben adorar a su Dios*).

A Dios se le describe aquí como viviente y eterno, con lo que se vincula la alabanza sin fin de su dominio y de su reinado en cielo y tierra, cf. 2, 44; 3, 33. La די después de מלכותה no es una conjunción, sino un relativo, y la expresión indica brevemente que *su reino es un reino que no será destruido* (4,31.34). עד סופא, hasta el final de todo, y no meramente de los reinos paganos que surgirán sobre la tierra; aquí se alude a la destrucción final del reino antiguo por el mesías según 2, 44 (Kranichfeld), porque aquí no se habla de un reino mesiánico temporal, sino hasta el fin de todas las cosas, hasta la eternidad.

6, 28-29. En 6, 28 (=6, 27) este Dios es alabado como liberador y hacedor de maravillas, porque en el caso de Daniel él se ha mostrado como tal (cf. 3, 32). מן יד, por la mano, es decir, por el poder de (cf. Sal 22, 21). En 6, 29 se cierra la narración de la misma manera que acababa la de la liberación de los amigos de Daniel (3, 30). Aquí solo se añade que Daniel continuó cumpliendo su oficio durante el reino de Ciro el Persa. Por el pronombre דנה, *este* Daniel, se acentúa la identidad de la persona: este mismo Daniel a quien sus enemigos quisieron destruir prosperó.

De la repetición de במלכות antes de כורש no se sigue que este pasaje separe el reino persa del reino medo, porque מלכו no significa aquí *reino*, sino *dominio*, es decir, reinado. El hecho de que Ciro el persa sucediera a Darío el Medo no significa que hubiera dos reinos distintos, sino que los gobernantes de esos reinos eran de razas distintas.

VI
Daniel 7
VISIÓN DE LOS CUATRO REINOS MUNDIALES. JUICIO Y REINADO DEL DIOS SANTO

Los capítulos anteriores (Dan 3-6) han presentado de un modo concreto, en un sentido, las experiencias significativas de Daniel y de sus amigos, y, en otro, los acontecimientos típicos que tratan de los gobernantes del mundo, con el lugar y conducta de los representantes del poder mundial en relación con los adoradores del Dios verdadero. Ahora sigue en este capítulo el relato de una visión que tuvo Daniel en el año quinto del rey Baltasar.

En esta imagen, las cuatro monarquías mundiales que se le mostraron a Nabucodonosor en un sueño, a modo de imagen, aparecen representadas bajo el símbolo de bestias. Hay, además un nuevo despliegue no solo de la naturaleza y carácter de los cuatro reinos sucesivos, sino también del reino eterno de Dios, establecido por el juicio de los reinos del mundo. Con esta visión, transmitida como las anteriores en lenguaje caldeo, llega a su conclusión de un modo aceptable, tanto por su forma como por su contenido, la primera parte de este libro, que trata del desarrollo del poder del mundo en sus cuatro formas principales. Conforme a su contenido, este capítulo se divide en dos partes casi iguales en extensión: Dan 7, 1-14 contiene la visión; Dan 7, 15-28 la interpretación.

- *Primera parte (7, 1-14)*. Después de una introducción histórica se narra la forma en que Daniel vio (7, 2-8) cuatro grandes bestias saliendo, una después de otra, del mar en tormenta; después el juicio de Dios contra la cuarta bestia y las otras bestias (7, 9-12), y finamente la entrega del reino sobre todas las naciones al Hijo del hombre, que vino en las nueves del cielo.
- *Segunda parte (7, 15-28)*. Sintiéndose profundamente movido por lo que ha visto (7, 15), Daniel recibe primero el contenido de la visión de un modo general, a través de un ángel (7, 16-18), y después de un modo más particular, con la descripción del juicio (7, 19-26) en contra de la cuarta bestia y de su destrucción, con el establecimiento del reino

de los santos del Altísimo (7, 37). Esta narración de la visión llega a su culminación cuando se habla de la impresión que esta revelación produjo en la mente del profeta (7, 28)[57].

1. Primera parte: 7, 1-14.

7, 1 La visión

¹בִּשְׁנַת חֲדָה לְבֵלְאשַׁצַּר מֶלֶךְ בָּבֶל דָּנִיֵּאל חֵלֶם חֲזָה וְחֶזְוֵי רֵאשֵׁהּ עַל־מִשְׁכְּבֵהּ בֵּאדַיִן חֶלְמָא כְתַב רֵאשׁ מִלִּין אֲמַר׃

[57]. Según los críticos modernos, esta visión pertenece también al tiempo de Antíoco Epífanes, y, como dice von Lengerke, la única porción profética del capítulo es la representación del reino mesiánico (7, 13-14), pues todas las partes restantes están anunciando lo que ha de pasar como futuro, mientras que de hecho se están refiriendo a algo que ya ha sucedido. En esa línea, según Hitzig, esta visión en forma de sueño (cf. 7, 25; 8, 14) debe haber sido compuesta poco después de la consagración del templo (1 Mac 4, 52. 59).

Pues bien, en contra de esta falsa opinión, Kranichfeld afirma que, si este capítulo hubiera sido compuesto en tiempos de Antíoco Epífanes, "su autor hubiera mostrado una grandísima ignorancia sobre los datos históricos principales de su propio tiempo". Para probar su propuesta, él aduce como ilustración el dato de 7, 25 y la incapacidad que muestran todos los que se oponen a su autenticidad para identificar históricamente los diez cuernos que crecieron del cuerno de 7, 11 y los tres reinos (Dan 7,7ss; 7, 20).

Según Dan 7, 25, la blasfemia contra el Santísimo, la persecución de los santos y el cambio de todos los ordenamientos religiosos duraron por tres tiempos y medio, que se supone que son tres años y medio, y que al final de ese tiempo vendría a ser superada, a través del juicio, la opresión pagana. Pero esos tres años y medio no están históricamente probados como tiempo de persecución religiosa bajo Antíoco Epífanes. "En los dos libros de los Macabeos (1 Mac 1,54; 2 Mac 10, 5) el período de profanación del templo (según v. Leng.) duró solo tres años". También Josefo, *Ant.* XII. 7. 6, habla solo de tres años, calculando a partir de años 145 de la Era Seléucida y del día 25 del mes de *Kisleu*, cuando se ofreció sobre el altar del ídolo la primera ofrenda idolátrica, suprimiéndose la auténtica ofrenda judía, según ley (1 Mac 1,57), hasta el día 25 del mes de Kisleu del año 148 de la Era Seléucida, cuando se ofreció de nuevo por primera vez el sacrificio auténtico sobre el altar judíos nuevamente erigido (1 Mac 4,52).

Pero, dado que el βδέλυγμα ἐρημώσεως (abominación de la desolación) fue erigido, según 1 Mac 1, 54, el día 15 del mes de Kisley, en el año 145 de la Era Seléucida, todo ese período sin sacrificios legítimos duró solamente tres años y diez días. Hitzig quiere ganar un cuarto de año partiendo desde la llegada a Judea (1 Mac 1,29, cf. 2 Mac 5,24) del recaudador de tributos enviado por Apolonio. Por su parte, C. von Lengerke piensa que ese período de tres años y medio no puede calcularse de un modo históricamente exacto. Hilgenfeld piensa que el comienzo de ese tiempo debería conocerse interpretarse a partir de algún otro acontecimiento del templo que, sin embargo, no ha sido reconocido por la historia.

Por todo eso resulta totalmente claro que esos tres años y medio no se pueden interpretar de un modo histórico, pues que el pretendido pseudo-Daniel macabeo ignoraba algunos de los acontecimientos principales de su tiempo. De la misma forma, esos críticos tampoco son capaces de identificar históricamente esos diez reyes (Dan 7, 7 20), como indicaremos en un excurso dedicado a los cuatro reinos mundiales, al final de este capítulo.

¹En el primer año de Belsasar, rey de Babilonia, tuvo Daniel un sueño y visiones de su cabeza mientras estaba en su lecho; luego escribió el sueño y relató lo principal del asunto.

El tiempo aquí indicado, "en el primer año del rey Baltasar" no puede significar, como es evidente, "un poco antes del reinado de Baltasar" (Hitz.), sino que Daniel recibió la revelación siguiente en el curso del año primero del reinado de ese rey, lo cual nos ayuda a entender el contexto de la revelación.

Esta visión concuerda con la del sueño de Nabucodonosor no solo en muchos de sus rasgos, sino también con los motivos de la visión. De todas formas, esos motivos, es decir, la representación del poder del mundo en sus diversas formas se desarrolla de diversas formas en estos dos capítulos.

En Dan 2 está representado de acuerdo con los diferentes rasgos de una imagen de hombre, cuyas cuatro partes principales están compuestas de metales distintos. Por su parte, en Dan 7 el tema aparece en forma de cuatro bestias que surgen del mar una después de la otra. En Dan 2, la destrucción está representada a partir de una piedra que rompe en piezas la imagen. En Dan 7, a través de un solemne acto de juicio. Hay otra diferencia, y es que aquí (Dan 7) la primera bestia y especialmente la última aparecen mucho más desarrolladas que en Dan 2 en relación con el pueblo de Dios.

Estas discrepancias se explican principalmente a partir de la diferencia de los recipientes de la divina revelación. En el primer caso, era *Nabucodonosor* el fundador del imperio mundial el que veía este poder en su imponente gloria y grandeza. Por el contrario, en este caso es Daniel, profeta de Dios, el que ve ese poder del mundo, en su oposición a Dios en forma de furiosas bestias de presa.

Nabucodonosor tuvo su sueño en el año 2 de su reinado, cuando él estaba empezando a fundar su monarquía mundial. Por el contrario, Daniel tuvo su visión de los reinos del mundo y del juicio en contra de ellos en el primer año del reinado de Baltasar, es decir de Evil-merodac, el hijo y sucesor de Nabucodonosor, cuando, con la muerte de la cabeza de oro de la monarquía mundial empezaba a desvanecerse su gloria y el impulso de su oposición a Dios se volvía más claro.

Esta revelación se le mostró al profeta en una visión de sueño, por la noche, en su lecho (comparar con Dan 2, 28). Inmediatamente después, Daniel escribió las partes principales del sueño, a fin de que ellas pudieran proclamarse públicamente: *la suma de las cosas* (ראש מלין) que él había visto en el sueño. אמר, *decir, relatar,* no se opone a כתב, *escribir,* pero explica su sentido. Al escribir la visión, él "decía", es decir transmitía, el contenido principal del sueño, omitiendo las cosas secundarias, como la descripción más minuciosa de las bestias.

7, 2-3

² עָנֵה דָנִיֵּאל וְאָמַר חָזֵה הֲוֵית בְּחֶזְוִי עִם־לֵילְיָא וַאֲרוּ אַרְבַּע רוּחֵי שְׁמַיָּא מְגִיחָן לְיַמָּא רַבָּא׃
³ וְאַרְבַּע חֵיוָן רַבְרְבָן סָלְקָן מִן־יַמָּא שָׁנְיָן דָּא מִן־דָּא׃

> ² Daniel comenzó y dijo: Miraba yo en mi visión de noche, y vi que los cuatro vientos del cielo combatían en el gran mar. ³ Y cuatro bestias grandes, diferentes la una de la otra, subían del mar.

Daniel comienza su reportaje escrito. Las palabras "comenzó y dijo" introducen el tema. חזוי לילא, *visiones en (durante) la noche*, cf. Dan 2,19. Estos versículos (7, 2-3) describen la escena en general. Los cuatro vientos del cielo se precipitan sobre el gran mar, y lo sacuden fieramente, de manera que de sus profundidades brotan cuatro grandes bestias, cada una diversa de la otra.

El gran mar no es el Mediterráneo (Berth., Ges., Hitz., Ewald), porque esa referencia está fuera de contexto. Es el océano como tal, la inmensidad del agua, y, por su parte, la tormenta que lo sacude representa los "tumultos del pueblo", las conmociones entre las naciones del mundo (Hv., Leng., Hofm., etc.), que corresponden a la comparación profética que hallamos en Jer 17, 12; 46, 7. Dado que las bestias representan las formas de poder del mundo, el mar debe representar aquello de lo que surgen, todo el mundo pagano (Hofmann).

En la interpretación de la imagen (Dan 7, 17), מן ימגא se explica por מן ארעא. Según Kran., la palabra גיח significa *romper* o abalanzarse hacia adelante (Ez 32,2), la explosión de una tormenta, pero no en sentido causativo: "hacer que el gran mar estalle" Pero ese sentido causativo no se encuentra ni en hebreo ni en caldeo. Los cuatro vientos están en relación con los cuatro ángulos de los cielos, cf. Jer 49, 39.

Así lo indica Calvino: *Mundus similis turbulento mari, quod non agitatur una procella vel uno vento, sed diversis ventis inter se confligentibus, ac si totum coelum conspiraret ad motus excitandos* (el mundo es semejante a un mar turbulento, que no está agitado solo por una tempestad o por un viento, sino por varios vientos que luchan entre sí, como si todo el cielo contribuyera a ponerlos en movimiento).

De todas formas, el significado de las palabras no se agota con eso. Los cuatro vientos del cielo no son meramente unos vientos distintos, y el hecho de que soplen con fuerza no es solo una imagen de una conmoción general representada por una tormenta en el océano. Los vientos de los cielos representan los poderes y fuerzas celestas por las que Dios pone en movimiento a las naciones del mundo. Y el número cuatro tiene un sentido simbólico: Que los pueblos de todas las regiones de la tierra se ponen en movimiento, en violenta conmoción, de aquí para allí. "Movimientos ecuménicos (de todo el mundo) producen el surgimiento de reinos ecuménicos" (Kliefoth).

Como una consecuencia de la tormenta en el mar surgen de allí cuatro feroces bestias, pero no al mismo tiempo, sino que una viene después de la otra como enseñan 7, 6-7, y cada una tiene una apariencia distinta. La diversidad de forma de las bestias, en la medida en que ellas representan reinos, está mostrando ya de antemano no solo que la selección de estas bestias no es arbitraria sino significativa (Hvernick), para indicar así enfáticamente que la visión de los diferentes reinos no se puede interpretar (como algunos hacen) como si se tratara solo de diversos reyes de un mismo reino.

7, 4-8. Descripción de las cuatro bestias

7, 4. La primera bestia

קַדְמָיְתָא כְאַרְיֵה וְגַפִּין דִּי־נְשַׁר לַהּ חָזֵה הֲוֵית עַד דִּי־מְרִיטוּ גַפַּיהּ וּנְטִילַת מִן־אַרְעָא וְעַל־רַגְלַיִן כֶּאֱנָשׁ הֳקִימַת וּלְבַב אֱנָשׁ יְהִיב לַהּ:

⁴ La primera era como un león, y tenía alas de águila. Yo estaba mirando hasta que sus alas le fueron arrancadas; fue levantada del suelo y se puso enhiesta sobre los pies, a manera de hombre, y se le dio corazón de hombre.

La primera bestia se parece a un león con alas de águila. A la entrada de un templo de Birs Nimrud se ha encontrado (cf. Layard, *Bab. and Nin.*) esta figura simbólica: un águila alada con cabeza de hombre. Se han encontrado también imágenes de bestias aladas en Babilonia (Mnter, *Relig. der Bab.*). Estos descubrimientos se pueden tomar como evidencia de que este libro fue compuesto en Babilonia, de forma que se explica así el colorido babilónico del drama. Pero la representación de naciones y reinos con imágenes de bestias se encuentra mucho más extendida, más allá de Babilonia, y ofrece al simbolismo profético las analogías y sustratos necesarios para la visión.

Leones y águilas no se toman aquí en consideración a causa de su fuerza, rapacidad o rapidez, sino simplemente porque son los "reyes" que dominan en el mundo de las bestias y las aves. "La bestia gobierna de un modo real, como el león, y extiende su vuelo real desde la altura, sobre la humanidad, οἰκουμένη, como el águila" (Kliefoth). Esta emblemática responde a la representación del primer reino con la cabeza de oro de Dan 2. Lo que el oro es entre los metales y la cabeza entre los miembros del cuerpo, eso es el león entre las bestias y el águila entre las aves.

Tras un tiempo, Daniel ve que hay un cambio en la bestia. Las alas, es decir, las plumas con las que vuela, le fueron arrancadas. De esa forma se le priva del poder de volar, de forma que no puede ya moverse con gran rapidez, conquistando sobre la tierra, ni puede elevarse como gobernante sobre ella. Esto significa que el reino será privado del poder de conquistar, de manera que se le elevará sobre la tierra (הקימת en *ofal*, cf. Dan 4,33), y será puesto en pie, como un hombre.

Este elevarse sobre la tierra no significa, por tanto, ser tomado o expulsado de la tierra, ni implica la destrucción del reino caldeo (Teodoreto, Jerónimo, Raschi, Hitzig, y otros), sino el ser elevado, cuando estaba postrado en la tierra, para tomar la postura de ser humano, que se pone de pie. Este cambio se describe aún mejor con las palabras "se le dio un corazón de hombre", de forma que su naturaleza de bestia quedó transformada en naturaleza humana.

Esas tres expresiones indican una misma idea: Que después de ser privado de su poder de volar, el león cambió no solo su apariencia humana (pasando de bestia a hombre), sino que cambió también internamente su naturaleza de bestia, ennobleciéndose en forma de hombre.

En esta descripción del cambio ocurrido al león hay sin duda una referencia a lo que se dice de Nabucodonosor en Dan 4; sin embargo, de aquí no se puede deducir, como hacen Hormann y otros, que estas palabras se refieran directamente a la locura de Nabucodonosor, pues el tema central de la imagen no es el rey, sino el reino, y en referencia al reino puede tener sentido la evocación de la vida del fundador. Pues así como la locura le vino a Nabucodonosor a causa de su orgullo, de manera que él fue rebajado a la condición de las bestias del campo, así también, por la misma razón el reino fue abajado y no pudo ya volar de un modo dominador sobre la tierra.

La locura de Nabucodonosor está simbolizada para su reino en el hecho de que le arrancaron las alas. Y así como él recobró la razón cuando dio gloria al Altísimo, de manera que alcanzó de esa manera, por primera vez su auténtica dignidad de hombre, así también su reino mundial fue ennoblecido en él, aunque el influjo constante de este ennoblecimiento puede no haber sido percibido en los acontecimientos del reinado de su hijo, tal como aparecen en Dan 5.

Además, aquí aparece no solo la idea de la superioridad de este primer reino mundial sobre los otros, tal como aparece en Dan 2 a través de la cabeza de oro (en la imagen de los animales), sino también la idea típica de que el reino mundial alcanzará por vez primera su dignidad humana cuando quede privado de su naturaleza de bestia. Allí donde no se produce esta transformación, o donde ella no es permanente, el reino debe perecer. Este es el significado profético por el que ese acontecimiento en la vida del fundador de la monarquía del mundo se aplica y transfiere aquí a su reino.

7, 5. La segunda bestia

⁵ וַאֲרוּ חֵיוָה אָחֳרִי תִנְיָנָה דָּמְיָה לְדֹב וְלִשְׂטַר־חַד הֳקִמַת וּתְלָת עִלְעִין בְּפֻמַּהּ בֵּין (שִׁנַּהּ) [שִׁנַּיַּהּ] וְכֵן אָמְרִין לַהּ קוּמִי אֲכֻלִי בְּשַׂר שַׂגִּיא:

Daniel 7, 5

⁵ Vi luego una segunda bestia, semejante a un oso, la cual se alzaba de un costado más que del otro. En su boca, entre los dientes, tenía tres costillas; y se le dijo: Levántate y devora mucha carne.

וארו significa que esta bestia apareció solo después del león, como lo prueban también los predicados אחרי.אחרי תנינה (luego, después) expresa la diferencia respecto a la primera bestia; תנינה (segunda) indica el orden en el que aparece. La bestia era como un *oso*. Después del león es el más fuerte de los animales, y a causa de su voracidad Aristóteles le ha dado el nombre de ζῷον παμφάγον (animal que come todo).

Las palabras לשטר־חד הקימת presentan alguna dificultad y han sido explicadas de diversas maneras. Rabbi Nathan da esta explicación: "y estableció un dominio", y así piensa también Kranichfeld. Pero ello no se opone al sentido de חד, sino a la línea de pensamiento de conjunto. חד no es artículo indefinido, sino un numeral (uno), y el pensamiento de que la bestia establece *un dominio* (o un *dominio unido*) resulta muy extraño, porque el carácter de un dominio unido o compacto no es algo que pertenezca a la segunda bestia, y en ningún caso le pertenece más que al reino de Babilonia, y además en general el establecimiento *de un dominio* no puede predicarse de las bestias a modo de *un reino* (las bestias no tienen reinos como los hombres).

Los traductores antiguos (LXX, Theod., Peshita, Saad.) y los rabinos han interpretado la palabra שטר en el sentido de *lado,* un significado que está atestiguado por el tárgum סטר, y también de un modo aún más fuerte por el árabe *s'thar*, sin que tengamos la necesidad de adoptar la lectura שׂטר, que se encuentra en varios códices. El objeto del verbo הקימת queda fácilmente suplido por el contexto: *lo eleva (su cuerno) sobre un lado*. Esto no significa ni que se inclinaba hacia un lado (Ebrard), ni que se pusiera en pie sobre los pies de atrás (Hvernick), porque los lados de un oso no son sus partes delantera y trasera.

Debemos imaginar más bien que la bestia, apoyándose sobre sus patas, elevaba los pies de un lado y después de otro, con la finalidad de avanzar, y de esa manera alzaba la espalda o todo el cuerpo de una parte. Pero con este tipo de movimiento de la bestia no se puede representar de un modo natural la situación geográfica del reino (Geier, Mich., Ros.), y mucho menos se puede estar evocando así la próxima destrucción del reino (Hitzig). Hofmann, Delitzsch y Kliefoth han encontrado la recta interpretación del tema haciendo una referencia a Dan 2 y Dan 8.

En Dan 2 los brazos de cada parte del pecho indican que el segundo reino constará de dos partes. Y esto aparece destacado de un modo aún más preciso en Dan 8, cuando se alude a los dos cuernos, uno de los cuales brotó después del oro, siendo más alto. De un modo semejante aquí se alude a las dos partes de este reino mundial, y en esa línea se indica que la bestia se eleva a sí misma sobre uno de los lados más que sobre el otro.

El oso medo-persa consta (como ha destacado bien Kliefoth) de dos lados. *El lado medo*, después de los esfuerzos realizados para la construcción del imperio mundial, ha quedado como en descanso, siendo así más bajo que el otro. Por el contrario, *el lado persa*, se ha elevado a sí mismo, de manera que se ha vuelto no solo más alto que el primero, sino que ha seguido estando preparado para nuevas rapiñas.

La otra expresión (que tenía tres costillas en su boca, entre sus dientes) se ha explicado también de varias formas. עלעין significa costillas, no lados; por otra parte las costillas en la boca, entre los dientes, no significan los dientes de los lados, ni colmillos (Saad., Hv.). Los עלעין en la boca entre los dientes son el botín que el oso ha conseguido, de acuerdo con el uso indudable de la palabra, cf. Am 3, 12; Sal 124, 6; Job 29, 17; Jer 51, 44.

De un modo consecuente, por costillas no podemos entender ni los persas, ni los medos o babilonios, como naciones que constituían la fuerza del reino (Ephr. Syr., Hieron., Ros.), ni los tres reyes medos (Ewald), porque ni los medos, ni sus tres reyes pueden tomarse como presa para el imperio medo o persa. Las costillas que la bestia está agarrando entre sus dientes no pueden ser los pueblos que constituyen el reino, ni los reyes que gobiernan sobre él, sino solamente los pueblos o países que ese reino ha conquistado y anexionado.

La determinación de esos pueblos y países depende del reino representado por el oso. Entre los que identifican al oso con el reino medo, Maurer y Delitzsch se refieren a las tres satrapías principales (6, 3), o , quizá mejor, las tierras divididas entre ellas; pero esa división no responde al argumento del texto, de manera que Media tiene que seguir siendo excluida, pues la referencia a las tres satrapías viene a resultar totalmente inadmisible.

Hitzig piensa que esa imagen alude a las tres ciudades que fueron destruidas por los medos, es decir: Nínive, Larissa y una tercera que no se puede especificar. En otra línea, v. Leng. piensa que el número tres ha de tomarse como un número redondo (de totalidad), por el que se indica la voracidad de la bestia. Finalmente, Kranichfeld supone que las tres costillas constituyen partes de un todo, formado por una confederación nacional más antigua, ya disuelta y rota, pero no tenemos argumentos para probarlo.

Vemos, pues, que si el oso es representante del reino medo, las tras costillas en su boca no pueden ser explicadas. Si, por el contrario, el oso representa al imperio mundial medo-persa, las tres costillas en su boca son los tres reinos (Babilonia, Lidia y Egipto) que fueron conquistados por los medo-persas. Esta es la visión de Hofm., Ebr., Znd y Klief.

El último de ellos (Klief) piensa, sin embargo, que el número tres no puede tomarse como simbólico, sino que ha de verse ante todo a modo contraste con el número cuatro de Dan 7, 6, mostrando que este segundo reino no devora en las cuatro direcciones del mundo, sino solo hacia tres lados, de manera que conquista y saquea los pueblos del entorno, en tres direcciones, sin alcanzar una universalidad total.

Muchos intérpretes toman el último significado del verso, *levántate y devora mucha carne*, como un mandato para seguir conquistando. Pero esta explicación no es necesaria, ni corresponde al lugar relativo que ocupan esas palabras. El "comer mucha carne" no está en contraste con las tres costillas en la boca, entre los dientes, de manera que deba aplicarse a otra carne, distinta de la que la fiera tiene entre los dientes. Esto se puede entender bien con Ebrard y Kliefoth, si lo referimos a consumir la carne de las costillas. De esa forma, el mandato de consumir mucha carne constituye solo una concreción (ratificación) de la figura de las costillas que la bestia lleva entre los dientes, de manera que la bestia debe consumirlo todo, hasta terminar con la carne de las costillas que tiene entre los dientes. El plural אמרין (ellos hablaron) es impersonal, y no puede atribuirse por lo tanto al ángel que habla.

7, 6. La tercera bestia

⁶ בָּאתַר דְּנָה חָזֵה הֲוֵית וַאֲרוּ אָחֳרִי כִּנְמַר וְלַהּ גַּפִּין אַרְבַּע דִּי־עוֹף עַל־(גַּבַּיַהּ) [גַּבַּהּ] וְאַרְבְּעָה רֵאשִׁין לְחֵיוְתָא וְשָׁלְטָן יְהִיב לַהּ׃

⁶ Después de esto miré, y otra, semejante a un leopardo, con cuatro alas de ave en sus espaldas. Esta bestia tenía cuatro cabezas; y le fue dado dominio.

La tercera bestia, que Daniel vio después de la segunda era como una pantera (un leopardo), que no es ni tan regio como el león, ni tan fuerte como el oso, pero que es semejante a los dos por su rapacidad y superior a ellos por su gran agilidad que para cazar a sus presas. En esa línea se puede decir con Kliefoth que, en la misma medida en que la pantera se subordina al león y al oso, se está siguiendo la misma gradación que en la estatua de Dan 2, donde el bronce viene después de la plata y el oro.

De la pantera se dice que tiene cuatro alas de ave y cuatro cabezas. La representación de la bestia con cuatro alas aumenta la agilidad de sus movimientos, hasta alcanzar la velocidad de vuelo de un gran pájaro, y expresa el pensamiento de que el reino representado por esta bestia se extenderá volando sobre la tierra. Este animal no será tan regio como Nabucodonosor, porque la pantera no tiene alas de águila, sino solo alas de ave, pero podrá volar, extendiéndose hacia las cuatro regiones de la tierra, porque tiene cuatro alas.

Al mismo tiempo, esta bestia tiene cuatro cabezas, no solo dos, como uno podría esperar por sus cuatro alas. Este número "cuatro" tiene por tanto un significado distinto, y no está en relación con las cuatro alas, que indican la expansión del reino hacia los cuatro ángulos de los cielos (Bertholdt, Hv., Kran.). Según eso, para estos autores, las cuatro cabezas no representan la división del reino en otros cuatro reinos (Hv., Auberl.).

Las alas son el signo del movimiento rápido; por el contrario, las *cabezas* (vinculadas a una sola bestia que significa un único reino) son las cabezas de ese reino, es decir, sus reyes o gobernantes. De aquí se sigue que, según esa opinión, las cuatro cabezas de la pantera son los cuatro reyes persas sucesivos, que son los únicos que Daniel conoce (11, 2)

Pero, sin tener en cuenta la falsa interpretación de Dan 11, 2 en la que se funda esta opinión, hay que indicar que las cuatro cabezas no brotan una después de la otra, sino que todas ellas existen contemporáneamente en el cuerno de la bestia, y que por tanto solo pueden simbolizar cuatro reyes que se han dado al mismo tiempo, o indicar que el reino se ha dividido en cuatro reinos.

El hecho de que las cuatro alas se mencionen antes que las cuatro cabezas significa que el reino se ha extendido sobre la tierra con la velocidad de un vuelo de pájaro, pero que después se ha convertido en un reino cuádruple, de forma que se ha dividido en cuatro reinos, como se muestra de manera muy precisas en Dan 8, 5. La última afirmación (y le fue dado dominio) responde a lo que se dice en Dan 2, 39 *y reinará sobre toda la tierra,* es decir, actuará como un imperio mundial concreto y fuerte.

7, 7-8. La cuarta bestia

[7] בָּאתַר דְּנָה חָזֵה הֲוֵית בְּחֶזְוֵי לֵילְיָא וַאֲרוּ חֵיוָה (רְבִיעָיָה)
(וּרְבִיעָאָה) דְּחִילָה וְאֵימְתָנִי וְתַקִּיפָא יַתִּירָא וְשִׁנַּיִן דִּי־פַרְזֶל
לַהּ רַבְרְבָן אָכְלָה וּמַדֱּקָה וּשְׁאָרָא (בְּרַגְלַיַהּ) [בְּרַגְלַהּ]
רָפְסָה וְהִיא מְשַׁנְּיָה מִן־כָּל־חֵיוָתָא דִּי קָדָמַיהּ וְקַרְנַיִן עֲשַׂר לַהּ׃
[8] מִשְׂתַּכַּל הֲוֵית בְּקַרְנַיָּא וַאֲלוּ קֶרֶן אָחֳרִי זְעֵירָה סִלְקָת
(בֵּינֵיהוֹן) [בֵּינֵיהֵן] וּתְלָת מִן־קַרְנַיָּא קַדְמָיָתָא (אֶתְעֲקַרוּ)
[אֶתְעֲקַרָה] מִן־(קָדָמַיַּהּ) [קֳדָמַהּ] וַאֲלוּ עַיְנִין כְּעַיְנֵי אֲנָשָׁא
בְּקַרְנָא־דָא וּפֻם מְמַלִּל רַבְרְבָן׃

> [7] Después de esto miraba yo en las visiones de la noche, y vi la cuarta bestia, espantosa, terrible y en gran manera fuerte, la cual tenía unos grandes dientes de hierro; devoraba y desmenuzaba, pisoteaba las sobras con sus pies, y era muy diferente de todas las bestias que había visto antes de ella; y tenía diez cuernos. [8] Mientras yo contemplaba los cuernos, otro cuerno pequeño salió entre ellos, y delante de él fueron arrancados tres cuernos de los primeros. Este cuerno tenía ojos como de hombre y una boca que hablaba con gran insolencia.

7, 7. Introducida por una descripción más detallada, la cuarta bestia aparece ante nosotros de un modo más preciso que las precedentes. Su carácter terrible y su fuerza, y el hecho de que no se nombre ninguna figura animal con la que pueda compararse nos muestra que es diferente de todas las bestias anteriores. Esta descripción corresponde a la que Dan 2 ofrecía de la cuarta monarquía por el hecho de que sus pies y sus dedos eran de metal.

El hierro que rompe en piezas todas las cosas (2, 40) está representado aquí por los grandes dientes de hierro, con los que este monstruo devora y rompe en piezas todo lo que encuentra. En adición a eso, este monstruo tiene también pies o, como añade 7, 9, de un modo complementario "garras de bronce" con las que en la furia de su ira destruye todo lo que queda, todo lo que no había devorado y destruido con sus dientes.

היא משניה וגו (*este era diferente etc.*) no indica una diversidad total de ser, y por ello Hitz. y Del. concluyen que esta expresión solo se puede aplicar al reino mundial de los macedonios que, viniendo de occidente era por su naturaleza distinto de las tres monarquías anteriores, que compartieron entre ellas un origen oriental y una forma diferente de civilización y de gobierno despótico. Porque aunque la palabra משניה dice más que אחרי (7,5), sin embargo el hecho de que se haya dicho de las bestias que son שנין דא מן דא (diversas unas de las otras, Dan 7,3) muestra que משניה no puede tomarse como si indicara una diversidad total de ser, sino solo diversidad en apariencia.

La bestia era de fuerza y rabia destructiva tan terrible, que todo el mundo animal no podía ofrecer ninguna representación por la cual se le pudiera designar. Esta bestia tenía diez cuernos, por los cuales se expresaba su fuerza terrible, porque un cuerno es en la escritura siempre un símbolo de fuerza armada. Con esta interpretación (7, 24) corresponde plenamente el hecho de que estos cuernos son muchos reyes o reinos.

Estos diez cuernos corresponden a los diez dedos de la imagen (Dan 2). El número diez se utiliza aquí solamente en un sentido simbólico, representando totalidad abarcadora y definitiva. El hecho de que los cuernos estén en la cabeza de la bestia indica que el despliegue de su señorío en diez reinos no debilita su poder, sino solo que lo despliega plenamente.

7, 8. Aquí se nos describe un nuevo acontecimiento. Mientras seguía contemplando los cuernos (la idea de continuidad se expresa a través del participio con verbo finito), Daniel ve cómo otro pequeño cuerno que brota entre los otros y los desgarra, es decir, destruye tres de los cuernos anteriores que estaban ya allí.

Daniel observa además que este cuerno tenía ojos de hombre, y una boca que hablaba arrogancias. Los ojos y la boca sugieren que este cuerno está representando a un ser humano. Ojos y mirada con ojos son símbolos de entendimiento, de circunspección, de prudencia. Eso significa que este rey superará a los otros en sabiduría y circunspección.

Pero ¿por qué se habla de ojos de hombre? Esto se muestra de un modo bastante preciso en el hecho de que se le atribuyen ojos, boca y palabra. No se le conceden ojos de hombre en oposición a una bestia, sino en oposición a un ser celestial más alto, con el que este gobernante terrible pudiera confundirse a causa del carácter aterrador de su poder y de su modo gobierno, como dice Jerónimo: *ne eum putemus juxta quorundam opinionem vel diabolum esse vel daemonem, sed unum de hominibus, in quo totus Satanas habitaturus sit corporaliter* (a fin de que, como algunos opinan, no pensemos que se trata del Diablo o de un demonio sino que se trata de uno de los hombres en los que Satanás habita de un modo corporal).

רברבן son *cosas presuntuosas* o arrogancias, no directamente blasfemias (Hv.). En el Apocalipsis (Ap 13 5) se dirá que dice μεγάλα (cosas grandes) y βλασφημίαι (blasfemias).

7, 9-14. Juicio del cuerno que habla arrogancias, y de las otras bestias y entrega del reino al Hijo de Hombre

7, 9-10

⁹ חָזֵה הֲוֵית עַד דִּי כָרְסָוָן רְמִיו וְעַתִּיק יוֹמִין יְתִב לְבוּשֵׁהּ
כִּתְלַג חִוָּר וּשְׂעַר רֵאשֵׁהּ כַּעֲמַר נְקֵא כָּרְסְיֵהּ שְׁבִיבִין דִּי־נוּר
גַּלְגִּלּוֹהִי נוּר דָּלִק׃
¹⁰ נְהַר דִּי־נוּר נָגֵד וְנָפֵק מִן־קֳדָמוֹהִי אֶלֶף (אַלְפִים) [אַלְפִין]
יְשַׁמְּשׁוּנֵּהּ וְרִבּוֹ (רִבְבָן) [רִבְבָן] קָדָמוֹהִי יְקוּמוּן דִּינָא יְתִב וְסִפְרִין פְּתִיחוּ׃

⁹ Estuve mirando hasta que fueron puestos unos tronos y se sentó un Anciano de días. Su vestido era blanco como la nieve; el pelo de su cabeza, como lana limpia; su trono, llama de fuego, y fuego ardiente las ruedas del mismo. ¹⁰ Un río de fuego procedía y salía de delante de él; miles de miles lo servían, y millones de millones estaban delante de él. El Juez se sentó y los libros fueron abiertos.

Después que Daniel hubiera contemplado por un tiempo el surgimiento del pequeño cuerno que apareció entre los diez cuernos cambió la escena. Así aparece una solemne sesión de juicio ante Dios, y se pronuncia la sentencia. Sedes o tronos se colocaron.

רמיו, en activo, con un sujeto indefinido: *fueron puestos* (se colocaron) en orden, rápidamente. Son sedes o tronos, no simplemente uno, para Dios el Juez, sino un número de tronos para la asamblea sentada en el juicio, con Dios.

Esa asamblea no estaba formada por los ancianos de Israel (tradición rabínica), ni por los hombres glorificados (Hengstb. sobre Ap 4, 4), sino por ángeles (Sal 89, 8) que han de ser distinguidos de los miles y decenas de miles que se mencionan en Dan 7, 10, pues estos no se sientan sobre tronos, sino que están de pie delante de Dios, como siervos, para ejecutar sus mandatos y ejecutar sus juicios. עתיק יומין, *anciano, avanzado de días*, de muchos años; no significa el Eterno, porque aunque se refiere a Dios, Daniel no ve al Dios siempre vivo, sino a un hombre anciano, a un hombre de cabellos blancos, en cuya majestad se hace visible Dios (cf. Ez 1, 26).

Cuando Daniel presenta al verdadero Dios como un hombre anciano, no lo hace en contraste con los dioses recientes del paganismo que Antíoco Epífanes quiso introducir, ni de un modo especial en referencia a dioses nuevos, como suponen Hitzig y Kran., en referencia a Dt 32, 17 y a Jr 23, 23, porque a Dios no se le llama el Dios Viejo, sino que aparece solamente como un *hombre anciano*, porque la edad inspira veneración y transmite la impresión de majestad. Esta impresión queda aumentada por la vestimenta con la que va cubierto y con la apariencia del pelo de su cabeza, y también por las llamas de fuego que se ven saliendo de su trono.

Su vestidura es blanca como la nieve y el cabello de su cabeza es también blanco como lana pura (cf. Ap 1, 14). Ambos son símbolos de pureza y santidad sin mancha. Llamas de fuego provienen de su trono, como si el mismo trono fuera de fuego, y de las ruedas de su trono emana fuego. Este fuego no debe tomarse exclusivamente como un signo de castigo, pues el fuego y el brillo del fuego son el fenómeno constante de la manifestación de Dios en el mundo, como uno de los elementos cósmicos más adecuados para representar el celo ardiente con el que el Dios Santo no solo castiga y destruye a los pecadores, sino que purifica y hace glorioso a su pueblo (cf. *Coment* Ex 3, 3).

Las ruedas del trono irradiando fuego muestran la omnipotencia de la sede divina del juicio, el despliegue del juicio de Dios sobre toda la tierra (Kliefoth). De este fuego que rodea con llamas el trono de Dios mana un río de fuego de Dios en el mundo, consumiendo todo lo que es pecador y hostil a Dios en el mundo, haciendo que el pueblo y reino de Dios sean gloriosos.

De delante de él, מן קדמוהי, se refiere a Dios y no a su trono. Mil veces mil y diez mil veces diez mil son expresiones hiperbólicas para indicar una compañía innumerable de ángeles, que están en torno a Dios como sus servidores (cf. Dt 33, 2; Sal 68, 18). El *qere* presenta la forma caldea אלפין en vez de la forma hebraizante del texto, אלפים, miles, y en vez de רבון pone también la forma hebraizante רבבן (miríadas), que se pone a menudo en el *targum*, para armonizar la forma plural con el singular רבו, ir delante.

Y así comienza de inmediato el juicio. Con la mayoría de los intérpretes traducimos יתב דינא por "comenzó el juicio". דינא, juicio, lo abstracto por lo concreto, como *judicium*, juicio, en Cicerón, *Verr*. 2. 18. Solo esta idea puede admitirse en Dan 7, 26, y aquí es más simple que la defendida por Dathe y Kran.: "Él (es decir, el anciano de Días) se dispone para el juicio", cosa que sería una pura tautología, dado que el sentarse para el juicio se ha formulado ya (Daniel 7, 9).

"Los libros se abrieron". Las acciones de los hombres están recordadas en los libros conforme a los cuales se les juzga, a unos para la vida eterna, a otros para la muerte eterna (cf. Ap 20, 12, con las notas que se indicarán al ocuparnos de Da 12, 1. Al primero a quien se condena a muerte es al cuerno que dice arrogancias.

7,11

חָזֵה הֲוֵית בֵּאדַיִן מִן־קָל מִלַּיָּא רַבְרְבָתָא דִּי קַרְנָא מְמַלֱלָה חָזֵה הֲוֵית עַד דִּי קְטִילַת חֵיוְתָא וְהוּבַד גִּשְׁמַהּ וִיהִיבַת לִיקֵדַת אֶשָּׁא: [11]

[11] Yo entonces miraba a causa del sonido de las grandes insolencias que hablaba el cuerno; y mientras miraba mataron a la bestia, y su cuerno fue destrozado y entregado para quemarlo en el fuego.

La construcción de este verso es disputada. La segunda vez que se dice חזה הוית (yo miraba) es una repetición de la primera con la finalidad de retomar la línea de pensamiento que se había roto por la sentencia anterior interpuesta. באדין (entonces) está separado por los acentos del primer חזה הוית y se une con la frase siguiente: "a causa del sonido de las grandes insolencias. A través de esta sentencia interpuesta se pone de nuevo ante la vista la ocasión del juicio que Daniel ve que se realiza en contra de la Bestia.

מן קל, "a causa del sonido de las palabras", es decir, a causa de las grandes palabras, no "por el tiempo de las palabras" o "por el tiempo en que se habían escuchado las grandes palabras" (Klief.). La siguiente expresión, עד די (hasta que), no tiene en modo alguno el sentido de מן.

No era necesario especificar el *terminus a quo* de la visión, ni aquí ni en 7, 9 (חזה הוית עד די). La interpretación temporal de מן altera no solo el paralelismo de 7, 9 y 7, 11, sino también el curso del pensamiento en la representación, según la cual Daniel permanece sobrecogido durante la visión hasta que todas las partes de esa representación han pasado ante su vista, es decir, hasta que él ha visto el final del juicio.

La primera parte de esta escena ofrece la constitución del juicio (7, 9-10), la segunda la muerte y destrucción del cuerno que habla arrogancias (7, 11), con lo que Dan 7, 12 conecta la destrucción del dominio de las otras bestias. Las palabras "y mientras miraba" (cf. עד די) se refieren (en contra de lo que piensa Kran.) al conjunto del proceso de ejecución judicial que termina con una destrucción. El pensamiento es simplemente este: Daniel permaneció contemplando la visión: Que la bestia fue matada etc.

חיותא (la bestia) es aquí, en virtud de la sentencia explicativa interpuesta en el primer hemistiquio, el cuerno que habla arrogancias. El poder impío de la cuarta bestia alcanza su clímax en el cuerno blasfemo. Según eso, la bestia es matada y destruida cuando se mata a ese cuerno, mientras su cuerno es dado a las llamas. ליקדת אשא (al fuego que quema) corresponde al hebreo: לשרפת אש, Is 64,10.

El hecho de quemar por el fuego no es una mera figura de destrucción, especialmente justificada por la tormenta de rayos expandidos como un velo en torno a la escena del juicio (Kran.), porque la tormenta no se menciona ni en Dan 7, 9 ni en ningún otro lugar en esta visión. La suposición de que el quemar es solo una figura de destrucción, como por ejemplo en Is 9, 4, se opone de un modo claro a otros pasajes paralelos, como son Is 66, 16, que Daniel tiene en su fondo, y Ap 19, 20 y 20, 10, texto que retoma esta profecía donde el juicio se expresa por el gesto de ser arrojado a un lago de fuego con tormento sin fin. Por eso, v. Lengerke tiene razón cuando indica que este pasaje habla de los duros tormentos de los malvados tras la muerte, mostrando que aquí se habla de un estado de retribución tras la muerte, es decir, tras el fin de la historia, y no en la misma historia.

7, 12

וּשְׁאָר֙ חֵיוָתָ֔א הֶעְדִּ֥יו שָׁלְטָנְה֖וֹן וְאַרְכָ֣ה בְחַיִּ֑ין יְהִ֥יבַת לְה֖וֹן עַד־זְמַ֥ן וְעִדָּֽן׃ ¹²

¹² También a las otras bestias les habían quitado su dominio, pero les había sido prolongada la vida hasta cierto tiempo.

En este verso se añade que fue destruido también el dominio de las otras bestias, porque la duración de sus vidas había sido determinada por cierto tiempo. La construcción de las palabras nos impide (con Lutero) mirar la primera parte de Dan 7, 12 como si dependiera del עַד־דִּי de 7, 11. El objeto de שְׁאָר חֵיוָתָא (el resto de las bestias) aparece en forma de nominativo absoluto, de manera que la afirmación de Dan 7, 12 queda separada de lo precedente.

הֶעְדִּיו aparece de un modo impersonal, pero no en pasiva, como הָדָקוּ en Dan 2, 35: les habían quitado su domino (porque su dominio había sido destruido). Las otras bestias no son aquellas que habían quedado de entre los siete cuernos de la cuarta bestia que no habían sido desarraigados por el nuevo cuerno que surgía entre ellas; no son, pues, los reinos restantes de la cuarta monarquía después de la destrucción de aquel cuerno, con el que llegó a su fin la bestia completa de la cuarta monarquía.

Esas bestias no son tampoco otros posibles reinos anteriores, que aún permanecerían en el tiempo de la destrucción de la cuarta monarquía mundial, es decir, de la destrucción de la cuarta bestia (J. D. Mich., v. Leng.), que solo habrían perdido su poder político (Hitzig), porque según la visión profética de Daniel las bestias representan reinos mundiales, cuyo dominio se extiende sobre toda la tierra (de forma que no quedan a su lado otras bestias menores).

Según eso, las "bestias restantes" han de ser más bien las primeras tres bestias que habían surgido del mar antes de la cuarta, como han reconocido con razón Chr. B. Mich., Ros., Hv., Hofm., Maur., Klief. y Kran., con otros intérpretes antiguos. A pesar de que los cuatro imperios mundiales simbolizados por las bestias se siguen unos a otros en la historia actual del mundo, de manera que el imperio anterior es siempre destruido por aquel que viene después, el dominio de cada uno es transferido al siguiente. De esa manera, en la representación profética no se había indicado todavía expresamente la muerte o desaparición de las tres primeras bestias, pero esa es solo una noticia que se recoge aquí por vez primera, sin que por ello tengamos que tomar la palabra העדיו como si fuera un pluscuamperfecto.

Para la exposición de este verso no podemos apelar tampoco a Dan 2 donde los cuatro reinos mundiales aparecen representados en una imagen humana, de manera que la piedra que cayó rodando contra los pies de esta imagen rompió no solo los pies, sino que con ellos rompió toda la imagen, haciéndola piezas (2, 34), lo que en 2, 44 se expresa indicando que el reino de Dios llevará a su fin a todos esos reinos (a los cuatro al mismo tiempo). A partir de aquí no podemos concluir que aquellos reinos habían perecido ya del todo en la hora destinada para ellos, sino que un resto de ellos (שאר) continuaba existiendo todavía, porque la representación de este capítulo (Dan 7) tiene un sentido distinto, de manera que aquí no se indica solo que permanecía algo de las bestias después que habían sido destruídas, sino que se habla de algún modo de las mismas bestias que permanecían después de la muerte de la cuarta bestia.

El sufijo masculino de שלטנהון (su dominio) y de להון se refiere *ad sensum* al jefe o dueño del reino mundial, representado por las bestias. Con la interpretación de "el resto de las bestias" tampoco concuerda la afirmación de la segunda mitad del verso, porque ella muestra que el sujeto es la destrucción del dominio de todas las bestias que brotaron de la cuarta. La longitud o duración de la vida es el tiempo en que perduran los reinos del mundo, representados por las bestias, de manera que el fin de la vida se identifica con la destrucción del reino.

El pretérito pasivo יהיבת no ha de tomarse según eso como imperfecto (se le ofreció un período de vida…), sino como pluscuamperfecto: "les había sido concedido", de manera que el pasaje formalmente conectado por una simple ו ha de tomarse como confirmación de la afirmación anterior, es decir, de la destrucción de todas las bestias.

עַד־זְמַן וְעִדָּן (*en unión*, como en Daniel 2, 21 con el significado allí indicado) no ha de identificarse con זמנא, Dan 7,22 (v. Leng., Kran.). La forma (estado absoluto, no enfático) muestra que no se está indicando aquí un tiempo definido (el tiempo del juicio divino de la cuarta bestia), sino el tiempo de la continuación de poder y dominio para cada una de las bestias (reinos), previsto solo en el consejo del Altísimo, pero sin quedar luego mejor definido. De acuerdo con esto, la afirmación de Dan 7, 12 es que las tres primeras bestias habían sido también privadas de su dominio, una tras otras, cada una en el tiempo determinado; pues a cada una le dio Dios un tiempo de duración de vida, que se extendía durante la época y el tiempo determinado por él.

De esa manera, en la línea de los intérpretes antiguos, Kliefoth ha fijado correctamente la conexión del final de las tres primeras bestias con el final de la última, indicando así que con la caída del último cuerno (que será el Anticristo, que brota del cuarto imperio mundial) no terminaba meramente el cuarto reino, sino que llegaba también a su terminación todo el poder del mundo, por medio del juicio final.

De todas formas, este pensamiento, que es válido en sí mismo, tal como aparece anunciado de un modo muy preciso en la destrucción de la imagen de Dan 2, parece haberse destacado menos en la conexión poco intensa que veremos entre Dan 12 y Dan 11, que en todo el contexto de este capítulo. De esa manera en el fondo de todo queda firme el pensamiento de que con la cuarta bestia vino a desplegarse y culminar (ser destruido) el poder de los reinos del mundo, en sus diversas fases. De esa manera, con el juicio y destrucción de ese poder del mundo viene a elevarse y triunfar para siempre la supremacía del Reino de Dios.

7, 13-14. Entrega del reino al Hijo del Hombre

יג חָזֵה הֲוֵית בְּחֶזְוֵי לֵילְיָא וַאֲרוּ עִם־עֲנָנֵי שְׁמַיָּא כְּבַר אֱנָשׁ אָתֵה הֲוָה וְעַד־עַתִּיק יוֹמַיָּא מְטָה וּקְדָמוֹהִי הַקְרְבוּהִי: יד וְלֵהּ יְהִיב שָׁלְטָן וִיקָר וּמַלְכוּ וְכֹל עַמְמַיָּא אֻמַּיָּא וְלִשָּׁנַיָּא לֵהּ יִפְלְחוּן שָׁלְטָנֵהּ שָׁלְטָן עָלַם דִּי־לָא יֶעְדֵּה וּמַלְכוּתֵהּ דִּי־לָא תִתְחַבַּל: פ

[13] Miraba yo en la visión de la noche, y vi que con las nubes del cielo venía uno como Hijo de Hombre; vino hasta el Anciano de días, y lo hicieron acercarse delante de él. [14] Y le fue dado dominio, gloria y reino, para que todos los pueblos, naciones y lenguas lo sirvieran; su dominio es dominio eterno, que nunca pasará; y su reino es uno que nunca será destruido.

El juicio no termina con la destrucción del poder del mundo en sus diversas formas de presentación. Ése ha sido solo el primer acto, al que sigue inmediatamente el segundo, el establecimiento del reino de Dios a través del Hijo del Hombre. Este acontecimiento está introducido por la repetición de la fórmula "yo vi en la visión nocturna" (7, 7 y 7, 2)

Uno, como Hijo de Hombre, vino en las nubes del cielo. עִם עֲנָנֵי, *con las nubes*, es decir, en conexión con ellas, en o sobre ellas, conforme se mire, rodeado de nubes (cf. Ap 1, 7; Mc 13, 26; Mt 24, 30; 26, 64). No se dice quién es aquel que viene, solo se le describe conforme a su apariencia: es como Hijo de Hombre, alguien que tiene apariencia de hombre (בַּר אֱנָשׁ como בֶּן אָדָם indicando la identidad entre אֱנוֹשׁ y אָדָם).

No se dice de un modo literal que es un hombre, sino solo "como un hombre". Esto significa que no es como una bestia o como algún otro tipo de creatura no humana. Ahora, cuando las bestias no significan bestias, sino reinos, aquello que aparece en forma de hombre puede significar algo distinto de un individuo humano.

Siguiendo el ejemplo de Aben Ezra, Paulus, Wegscheider, Hofmann (*Schriftbew.* II. 1. 80, y 2, p. 582s.), Hitzig, Weisse, Volkmar, Fries (*Jahrbb.f. D. Theol.* IV. p. 261), Baxmann y Herzfeld (*Gesch. des V. Isr.* II. p. 381) no aplican esta aparición en forma de hombre al Mesías, como hacen en general los intérpretes judíos y cristianos, sino al pueblo de Israel, y aducen en apoyo de esa postura el hecho de que, en la explicación de la visión, Dan 7, 27 (cf. 7, 24), se dice que el reino, el dominio y el poder que iba a recibir el Hijo del Hombre (7, 24) lo recibió de hecho el pueblo de los Santos del Altísimo.

Pero Dan 7, 27 no brinda ningún apoyo válido para esta suposición de que el Hijo de Hombre es solo el pueblo de Israel. Ciertamente, el ángel ofrece su declaración sobre el reino duradero de Dios no como una interpretación de la visión de Daniel, como en el caso de las cuatro bestias de Dan 7, 17. 23, sino que él dice solamente que, tras la destrucción del cuerno y de su dominio, el reino y el poder se le dará al *pueblo de los santos* porque él había hablado antes (7, 26; cf. 7, 22) de las blasfemias del cuerno contra Dios y de su guerra contra los Santos del Altísimo.

Pues bien, el hecho de que el Reino se entregue al pueblo de Dios, conforme al modo de contemplación profética, no excluye la presencia del Mesías, es decir de un "como Hijo de Hombre", entendido como su rey, sino que más bien la incluye, especialmente porque Daniel, como los otros profetas, no sabe nada de un reino sin una cabeza, no conoce un reino mesiánico sin el rey mesías.

En esa línea, Hofmann indica además que por esta aparición de un "como Hijo de Hombre" no se está indicando la santa congregación de Israel, sino un individuo, un quinto rey, el Mesías. De un modo consecuente, Auberlen y Kranichfeld han mostrado, en referencia a esto, que, según Dan 7, 21, los "santos", en su multiplicidad, aparecen implicados en una guerra en el momento que la persona que viene en las nubes se vuelve visible, de manera que así se manifiesta claramente la diferencia (y la relación) entre los santos (el pueblo del Altísimo) y esa persona (Hijo de Hombre) que viene en las nubes.

Pues bien, aplicando de un modo poco preciso lo anterior, Hofmann sigue diciendo que ese signo del hombre que viene en las nubes no se está refiriéndose a alguien que baja de los cielos a la tierra, sino a alguien *que sube de la tierra a los cielos*, a fin de que recibir allí el reino y el dominio. Pero esta opinión va en contra de lo que enseña sobre el tema la Escritura.

En este mismo capítulo que estamos explicando no hay ninguna indicación que muestre que el juicio se realiza en el cielo. No se nombra ningún lugar.

Solo se dice que el juicio se realizó contra el poder de la cuarta bestia, que vino con un cuerno en la cabeza, diciendo blasfemias, y que la bestia fue matada y su cuerno quemado.

Si aquel que aparece como un Hijo de Hombre en las nubes del cielo viene ante el Anciano de Días ejecutando el juicio sobre la tierra, queda claro que él solo pudo venir del cielo a la tierra (y no lo contrario, como piensa Hofmann). Si quisiera decirse lo opuesto, el texto debería haber sido expresado de otra forma, pues al afirmar que viene con las nubes del cielo, en oposición al hecho de que las bestias salían del mar, indica de un modo muy preciso que ese Hijo de Hombre está bajando del cielo. Las nubes son el velo (como el carruaje) en el que Dios viene del cielo para ejecutar la sentencia contra sus enemigos (cf. Sal 18, 10; 97, 2-4; 104, 3; Is 19, 1; Nah 1, 3).

Este pasaje constituye el fundamento para la declaración de Cristo respecto a su venida futura, que se describe, en la línea de Dan 7, 13, como venida del Hijo del Hombre con, en o sobre las nubes del cielo (Mt 24, 30; 26, 64; Mc 18, 26; Ap 1, 7; 14, 14). En contra de eso, como prueba de su explicación, Hofmann solo puede aducir 1 Tes 4, 17, y eso solo en oposición total al contexto precedente (Dan 7, 16)[58].

Pues bien, con todos los demás intérpretes (en contra de Hofmann), debemos mantener firmemente que aquel que aparece con las nubes del cielo *viene del cielo a la tierra*, y que es llevado ante Dios, que juzga el mundo, a fin de que pueda recibir dominio, majestad y reino. Pero las palabras "como un Hijo de Hombre" no significan que él fuera solo un hombre.

Como Kranichfeld observa justamente, las palabras "como un Hijo de Hombre" no significan que él fuera simplemente un Hombre. Al contrario, ellas indican con razón que aquel que viene en las nubes del cielo "puede ser tomado, conforme a las representaciones usuales de Israel, como *el mismo Dios que llega sobre las nubes*, tomando externamente la forma de un hombre". La comparación (con כ, como un hombre) dicen más bien que el que viene es un ser celestial o divino, tomando forma humana. Este "hijo de hombre" se acercó al Anciano de Días, pues así aparece Dios en la visión del juicio de Dan 7, 9, y se colocó delante de él.

---

58. La fuerza de estas consideraciones ha sido reconocida también por Hitzig. Dado que el pueblo de los santos no puede venir del cielo, él recurre a la explicación según la cual el Hijo del Hombre "es una figura que se aplica a la totalidad del reino de los santos, como reino que viene de los cielos". Las dificultades de esta interpretación resultan evidentes.

Fries parece mantener (con Hofmann) la opinión de que se trata de un ascenso del pueblo de los santos al cielo. Él supone que hay una clara evidencia de esto (que el Hijo del Hombre es el pueblo de Israel) cuando se dice que "vino al anciano de Días y fue llevado cerca, ante él", lo cual indica que debamos partir del lugar opuesto, que es la tierra, como indican Mt 24, 30; Mc 14, 62; Ap 1, 7. Y de esa manera se puede hacer un paralelo con Dan 7, 13, cosa que en esa línea resulta totalmente imposible.

El sujeto de הקרבוהי queda indefinido. Kran. piensa que son las nubes que acaban de ser mencionadas, otros piensan que son los ángeles servidores. A favor de ambas visiones se puede aducir diversos pasajes. A favor de la primera, la νεφέλη ὑπέλαβεν αὐτόν, puede apelarse a Hch 1, 9. Pero los pasajes paralelos con verbo intransitivo apoyan más bien la traducción impersonal: ellos le llevaron (=fue llevado). Las palabras "le fueron dados dominio y gloria y reino" nos recuerdan la expresión utilizada para Nabucodonosor en 2, 37, pero ellas quedan elevadas en línea celestial (divina) por la descripción que sigue, y que nos introduce en el dominio eterno de Dios.

Dios concedió a Nabucodonosor, fundador y primer portador del poder del mundo, un reino y un poder, majestad y dominio sobre todos los habitantes de la tierra, hombres, bestias y aves, a fin de que él pudiera gobernar a todas las naciones y tribus y lenguas (5, 18-19), pero no en el sentido de que todas las naciones y tribus tuvieran que rendirle un homenaje religioso, ni que su dominio fuera eterno, pues esas dos últimas cosas pertenecen solo al reino de Dios.

פלח se utiliza en el caldeo bíblico solo para el servicio y honra de Dios, cf. Dan 7, 27; 3,12-13. 17; Es 7, 19.24. En esa línea, aquí se indica también un servicio religioso, la reverencia que pertenece a Dios y que en el tárgum tiene el sentido del hebreo עבד con todos sus significados: *colere Deum, colere terram, laborare* (adorar a Dios, cultivar la tierra, trabajar).

Con respecto a la expresión "naciones, tribus y lenguas", cf. en Dan 7, 3.4. La eternidad de la duración del dominio aparece en este libro de Daniel como predicado constante del Reino de Dios y de su ungido el Mesías. Cf. Dan 3, 33; 4, 31; 2, 44. Para más observaciones sobre el Hijo del Hombre, cf. excurso al final de este capítulo.

2. Segunda parte: 7, 15- 28.

7, 15-16. Interpretación de la visión

¹⁵ אֶתְכְּרִיַּת רוּחִי אֲנָה דָנִיֵּאל בְּגוֹא נִדְנֶה וְחֶזְוֵי רֵאשִׁי יְבַהֲלֻנַּנִי׃
¹⁶ קִרְבֵת עַל־חַד מִן־קָאֲמַיָּא וְיַצִּיבָא אֶבְעֵא־מִנֵּהּ
עַל־כָּל־דְּנָה וַאֲמַר־לִי וּפְשַׁר מִלַּיָּא יְהוֹדְעִנַּנִי׃

¹⁵ A mí, Daniel, se me turbó el espíritu hasta lo más hondo de mi ser, y las visiones de mi cabeza me asombraron. ¹⁶ Me acerqué a uno de los que allí estaban y le pregunté la verdad acerca de todo aquello. Me habló y me hizo conocer la interpretación de las cosas:

7, 15. Con el verso anterior (7, 14) concluía el relato de contenido de la visión, pero no la visión en sí misma, con su interpretación, que continúa desde 7, 15 hasta el final del capítulo. Las cosas que Daniel vio le hicieron una profunda impresión en la mente, su espíritu estaba turbado dentro de él, la visión le llenó de terror.

No fue el misterio de la imagen, ni el hecho de que todo no estuviera claro ante su vista lo que le turbó e inquietó, porque Dan 7, 28 muestra que la inquietud no terminó cuando el ángel le explicó lo que había visto. Fueron las mismas cosas que habían pasado en visión ante él, los acontecimientos mismos, las calamidades que el pueblo de Dios tenía que soportar hasta el tiempo del cumplimiento eterno del reino de Dios, fueron esas cosas las que le llenaron de ansiedad y terror.

רוּחִי corresponde al hebreo נפשי, y אנה דניאל está en aposición al sufijo de רוּחִי, porque el sufijo se repite con énfasis en el pronombre (cf. 8, 1. 15; Ges., *Hebr. Gram.* 121, 3). El hecho de poner en primera línea el énfasis de la persona del profeta corresponde al significado de la visión, que produjo en él una impresión tan grande. Cf. también Dan 10, 1. 7; 12, 1; 13, 15. No hay en todo esto ningún rasgo de ansiedad por parte del que habla, para dar a conocer a Daniel lo que sucede.

Aquí se utiliza la figura del "fondo" de la vida humana, que es como una especie de vaina o receptáculo para el alma, como una espada encerrada y oculta en el alma, como vemos también en Job 27, 8, y en los escritos de los rabinos (cf. Buxt., *Lex. talm.* in loco). Esta imagen aparece también en Plinio, VII. 52. Sobre las "visiones de mi cabeza" cf. Dan 7,1.

7, 16. Daniel se vuelve hacia un ángel que está a su lado pidiéndole que le explique estas cosas. Uno de ellos, que está a su lado, es de aquellos que fueron mencionados en 7, 10, que estaban en torno al trono de Dios. Eso significa que la visión anterior continúa. אבעא no es pretérito, *yo le pregunté*, sino subjuntivo *para preguntarle* (para ver si podía preguntarle, con ו). Así también hay que pensar que יְהוֹדְעִנַּנִי está influido por la *waw* (ו) anterior: Él me habló para informarme, es decir, para que yo conociera por su palabras.

7, 17-19

¹⁷ אִלֵּין חֵיוָתָא רַבְרְבָתָא דִּי אִנִּין אַרְבַּע אַרְבְּעָה מַלְכִין יְקוּמוּן מִן־אַרְעָא׃
¹⁸ וִיקַבְּלוּן מַלְכוּתָא קַדִּישֵׁי עֶלְיוֹנִין וְיַחְסְנוּן מַלְכוּתָא עַד־עָלְמָא וְעַד עָלַם עָלְמַיָּא׃
¹⁹ אֱדַיִן צְבִית לְיַצָּבָא עַל־חֵיוְתָא רְבִיעָיְתָא דִּי־הֲוָת שָׁנְיָה
מִן־(כָּלְהוֹן) [כָּלְהֵין] דְּחִילָה יַתִּירָה (שִׁנַּיַהּ) [שִׁנַּהּ] דִּי־פַרְזֶל
וְטִפְרַיהּ דִּי־נְחָשׁ אָכְלָה מַדֱּקָה וּשְׁאָרָא בְּרַגְלַיהּ רָפְסָה׃

¹⁷ Estas cuatro grandes bestias son cuatro reyes que se levantarán en la tierra. ¹⁸ Después recibirán el reino los Santos del Altísimo, y poseerán el reino hasta el final del tiempo, eternamente y para siempre". ¹⁹ Entonces tuve deseo de saber la verdad acerca de la cuarta bestia, que era tan diferente de todas las otras, espantosa en gran manera, que tenía dientes de hierro y uñas de bronce, que devoraba y desmenuzaba, y pisoteaba las sobras con sus pies;

Visión de los cuatro reinos mundiales

7, 17-18. Estas grandes bestias, que son cuatro, son cuatro reyes que surgirán de la tierra, y así lo explica Dan 7, 17-27, ofreciendo la aclaración que quería el profeta. En 7, 17-18 ofrece una primera interpretación general de la visión.

Las palabras *estas grandes bestias,* que eran cuatro, forman una frase nominal en absoluto: "por lo que toca a las bestias", es decir, a su sentido, que es este: "Ellas representan cuatro reyes". Aquí se nombra a los reyes como fundadores y representantes de los reinos mundiales. Aquí aparecen cuatro reyes, como muestra Dan 7, 23, donde la cuarta bestia aparece como מלכו, "dominio, reino". Cf. también Dan 8, 20.21 donde se nombren los reyes, de un modo semejante, con el sentido de reinos.

Por el futuro de יקומון (*surgirán*) Hitzig deduce que el primer reino que Daniel ha visto en visión, en el tiempo de Baltasar, solo puede ser Baltasar, de manera que no puede representar a la monarquía caldea. Pero si tenemos en cuenta esa visión, según la cual se habla solo de reyes que han de surgir en el futuro, entonces, el rey que Daniel vio en su visión de futuro, en el primer año de Baltasar, no puede ser Baltasar. Pues bien, en esa línea, si, como piensa Hitzig, Baltasar fue el último rey de Caldea, entonces, toda la monarquía caldea queda excluida del número de las cuatro grandes bestias.

Por eso, Kranichfeld entiende esa palabra en forma modal en el sentido de *deberá surgir*. Se trata, pues, del decreto divino por el que se determina también que la duración de los reinos está determinada ya, previamente (cf. Dan 7, 16. 25). Pero esa interpretación modal no concuerda con Dan 7, 16, donde se dice que el ángel quiere dar a conocer a Daniel el significado de la visión, no mostrarle lo que estaba determinado en el consejo divino, sino lo que Dios le había revelado a través de las bestias que surgían del mar.

Al revelarle lo que ha de surgir en el futuro, el ángel lo hace más bien (Ros., v. Leng., Maur., Klief., etc.) con la finalidad de declarar que la visión representa el desarrollo del poder del mundo como un todo, como si viniera a desplegarse en cuatro fases sucesivas. Por eso, el ángel describe al profeta el sentido de la visión y lo hace de un modo sumario, de manera que, empezando desde el tiempo de su origen, él presenta el primer reino del mundo como surgiendo con el resto, a pesar de que ya había comenzado a existir, de manera que solo sus últimos estadios quedaban en el futuro.

El pensamiento de fondo de esta interpretación sumaria no es por tanto otro que este: "Cuatro reinos surgirán sobre la tierra, y desparecerán de nuevo; pero los Santos de Dios recibirán el reino y lo poseerán por toda la eternidad".

יקבלון, *recibirán*; no lo encontrarán o establecerán por su propio poder, sino que lo recibirán por obra del Hijo del Hombre al que Dios se lo ha dado (7, 14). עליונין (cf. Dan 7, 22. 25. 27) es el nombre de Dios, el Altísimo, en analogía a las formas plurales de אלהים, קדשים.

Los Santos del Altísimo, o más brevemente "los Santos" (7, 21. 22), no son los judíos, que tienen la costumbre de llamarse a sí mismos los "santos", en contraste con los paganos (v. Leng., Maur., Hitzig, etc.), ni son el Israel convertido del milenio (Hofmann y otros quiliastas), sino, como demostraremos a partir de Ex 19,6 y Dt 7, 6, esos santos son los verdaderos miembros del pueblo de la alianza, del Israel de Dios del Nuevo Testamento, es decir, la congregación de la nueva alianza, que está formada por Israel y por los fieles de todas las naciones, reunidos en la Iglesia cristiana.

En esa línea, según Dan 7,14, el reino que Dios concede al Hijo del Hombre, incluye a todos los que son redimidos de entre todas las naciones de la tierra. La idea de la duración eterna de su reino se describe aquí de forma superlativa, con las palabras עלם עלמיא (por siempre y siempre).

El ángel no da aquí más explicaciones sobre el primero de los tres reinos. Dado que Dan 2 trata de ellos, y dado que Dan 8 ofrece también una descripción ulterior del segundo y tercero de los reinos, aquí basta con decir que las tres primeras bestias representan los reinos que han sido ya mencionados en Dan 2. Sin embargo, la forma de la cuarta bestia de Dan 7 incluye muchas más cosas que las que aparecían en Dan 2, en el sueño de Nabucodonosor, en relación con el cuarto reino del mundo. Por eso, Daniel pregunta y pide al ángel que le ofrezca una información ulterior y segura sobre la terrible forma de esta bestia del futuro, de la que surgirá el Anticristo, de la que se hablará todavía en 7, 19-21, ofreciendo algunas circunstancias que aquí se omiten.

7, 19. De esa forma, 7, 19 presenta, en adición a lo anterior, que la bestia, además de los dientes de hierro, tenía garras de bronce, con las que podía partir y dividir en pedazos aquello que no podía devorar. En esa línea, Dan 7, 20 dirá que el pequeño cuerno se volverá mayor que sus compañeros, que hará guerra en contra de los santos del pueblo de Dios y que les vencerá hasta que el juicio destruya y ponga fin a su reinado. צבית ליצבא, *yo deseé tener un conocimiento seguro*, es decir, alcanzar una experiencia directa de ello.

7, 20-24

²⁰ וְעַל־קַרְנַיָּא עֲשַׂר דִּי בְרֵאשַׁהּ וְאָחֳרִי דִּי סִלְקַת (וּנְפַלוּ)
[וּנְפַלָה] מִן־(קָדָמַיַהּ) [קֳדָמַהּ] תְּלָת וְקַרְנָא דִכֵּן וְעַיְנִין לַהּ
וּפֻם מְמַלִּל רַבְרְבָן וְחֶזְוַהּ רַב מִן־חַבְרָתַהּ:

²¹ חָזֵה הֲוֵית וְקַרְנָא דִכֵּן עָבְדָה קְרָב עִם־קַדִּישִׁין וְיָכְלָה לְהוֹן:

²² עַד דִּי־אֲתָה עַתִּיק יוֹמַיָּא וְדִינָא יְהִב לְקַדִּישֵׁי עֶלְיוֹנִין
וְזִמְנָא מְטָה וּמַלְכוּתָא הֶחֱסִנוּ קַדִּישִׁין:

²³ כֵּן אֲמַר חֵיוְתָא רְבִיעָיְתָא מַלְכוּ (רביעיא) [רְבִיעָאָה]
תֶּהֱוֵא בְאַרְעָא דִּי תִשְׁנֵא מִן־כָּל־מַלְכְוָתָא וְתֵאכֻל
כָּל־אַרְעָא וּתְדוּשִׁנַּהּ וְתַדְּקִנַּהּ:

²⁴ וְקַרְנַיָּא עֲשַׂר מִנַּהּ מַלְכוּתָהּ עַשְׂרָה מַלְכִין יְקֻמוּן וְאָחֳרָן יְקוּם אַחֲרֵיהוֹן וְהוּא יִשְׁנֵא מִן־קַדְמָיֵא וּתְלָתָה מַלְכִין יְהַשְׁפִּל:

²⁰ (Y conocer) asimismo acerca de los diez cuernos que tenía en su cabeza, y del otro que le había salido, ante el cual habían caído tres. Este mismo cuerno tenía ojos y una boca que hablaba con gran insolencia, y parecía más grande que sus compañeros. ²¹ Y veía yo que este cuerno hacía guerra contra los santos y los vencía, ²² hasta que vino el Anciano de días, y se hizo justicia a los santos del Altísimo; y llegó el tiempo, y los santos recibieron el reino. ²³ Dijo así: La cuarta bestia será un cuarto reino en la tierra, el cual será diferente de todos los otros reinos, y a toda la tierra devorará, trillará y despedazará. ²⁴ Los diez cuernos significan que de aquel reino se levantarán diez reyes; y tras ellos se levantará otro, el cual será diferente de los primeros, y derribará a tres reyes.

7, 20. Con וּנְפַלוּ (cayeron…) se rompe la conexión de relativo, y se retoma la descripción directa de los hechos. וְקַרְנָא דְכֵן (y aquel cuerno), como expresión directa, que se explica con *waw epexeg*ético. חֵזוּ, la *apariencia* que es presentada, es decir su aspecto. מִן חַבְרָתַהּ (que sus compañeros). Para מִן חֵזוּ חַבְרָתַהּ (sobre el aspecto de sus compañeros), cf. en 1, 10.

7, 21. קַדִּישִׁין (sin artículo). Se utiliza en sentido definido y se aplica a *los santos* ya mencionados, pero se utiliza en sentido absoluto, por el estilo elevado del discurso; en ese contexto, como sucede también con frecuencia en hebreo, se omite el artículo en los nombres definidos. Cf. Ewald, *Lehrb*. 277.

7, 22. En relación con 7, 13-14, este verso no dice nada en referencia al juicio. En este contexto, יְהִיב דִּינָא no ha de traducirse, como piensa Hengstenberg (*Beitr*. I. p. 274), en referencia a 1 Cor 6, 2: *"Se concedió el juicio* a los santos del altísimo" (es decir, la función de juzgar). Esta interpretación se opone al contexto, según el cual es Dios mismo el que ejecuta el juicio, y por él (por Dios) se rinde justicia al pueblo de Dios, de forma que sus miembros son liberados de la opresión injusta de las bestias y reciben el reino. דִּינָא es la justicia que se logra a través del juicio, como se indica en hebreo por la palabra מִשְׁפָּט, Dt 10, 18 10:18.

7, 23-24. Daniel recibe la siguiente explicación sobre la cuarta bestia. Ella significa *un cuarto reino*, que será diferente de todos los anteriores, pues devorará y destruirá toda la tierra. "Toda la tierra es οἰκουμένη", una palabra que se aplica aquí sin hipérbole para "todo el círculo de las naciones históricas" (Kliefoth). Los diez cuernos que la bestia tiene son los diez reyes que brotarán de su reino, מִנַּהּ מַלְכוּתָהּ, de él, es decir, de ese mismo reino,

Dado que los diez cuernos existen al mismo tiempo en la cabeza de la bestia, estos diez reyes que brotan del cuarto reino han de tomarse como contemporáneos. De esa manera se simboliza la división o desmembramiento de este reino en diez principados o reinos menores. Porque estos diez reyes contemporáneos implican la existencia de diez reinos, al mismo tiempo.

Las objeciones de Hitzig en contra de esta visión no son de peso. El hecho de que מלכו y מלך se utilicen en este verso de formas distintas no prueba nada, porque, en toda la visión, las palabras rey y reino se aplican de formas convergentes

Pues bien, el hecho de que el cuerno de 7, 8 se aplique de forma indiscutible a una persona se justifica por el hecho de que de ese cuerno se dicen cosas que, en sentido básico, no pueden aplicarse a un reino, sino solo a una persona, es decir, a alguien que es portador del poder real. Los argumentos con los que Hitzig, apoyándose en Dan 7, 20-21, quiere refutar esta idea no solo no lo hacen, sino en el fondo la apoyan.

Ciertamente, en Dan 8, 21 el gran cuerno del macho cabrío se interpreta como el primer rey de Javán, aunque los cuatro cuernos que brotan inmediatamente de este se interpretan como cuatro reinos (no reyes). Eso prueba no solo que, conforme a la visión de Daniel, rey y reino no son cosas separadas entre sí, sino también que no se puede sostener que el signo *cuerno* sea menos apropiado para representar un reino que el signo de *cabeza* (al contrario, signo y cabeza pueden tener el mismo significado).

Después de esos diez reinos surgirá otro nuevo, que será diferente de los diez anteriores, y que superará a todos ellos. A diferencia de אקים, la palabra יהשפל (cf. Dan 2, 21), significa derribar, privar de la soberanía. Pues bien, ese rey que viene después de los diez solo puede superar a tres de los diez reinos anteriores cuando él mismo se haya establecido y posea un reino o imperio propio. Conforme a eso, el rey que viene después de los diez no es un gobernante aislado, sino el monarca de un reino que ha destruido a tres de los reinos que existían ya previamente.

7, 25-26

²⁵ וּמִלִּין לְצַד (עִלָּיָא) [עִלָּאָה] יְמַלִּל וּלְקַדִּישֵׁי עֶלְיוֹנִין יְבַלֵּא וְיִסְבַּר לְהַשְׁנָיָה זִמְנִין וְדָת וְיִתְיַהֲבוּן בִּידֵהּ עַד־עִדָּן וְעִדָּנִין וּפְלַג עִדָּן:
²⁶ וְדִינָא יִתִּב וְשָׁלְטָנֵהּ יְהַעְדּוֹן לְהַשְׁמָדָה וּלְהוֹבָדָה עַד־סוֹפָא:

²⁵ Hablará palabras contra el Altísimo, a los santos del Altísimo quebrantará y pensará en cambiar los tiempos y la Ley; y serán entregados en sus manos hasta tiempo, tiempos y medio tiempo. ²⁶ Pero se sentará el Juez, y le quitarán su dominio, para que sea destruido y arruinado hasta el fin,

Dan 7, 25 se refiere al mismo rey y dice que él hablará en contra del Altísimo. לצד significa propiamente "contra" o "al lado de" y es una palabra más expresiva que על. Indica que él utilizará un lenguaje por el que negará a Dios, mirándose y tomándose a sí mismo como Dios, como divino (2 Tes 2, 4). De esa forma, presentándose a sí mismo como Dios, ese cuerno (ese rey) destruirá a los santos de Dios.

בלא, no es solamente hacer que alguien sea infortunado (Hitzig), sino consumir, afligir, como el mismo hebreo בלה, en 1 Cron 17, 9 y Targum Jerusalén a Dan 3, 15. Estos pasajes muestran que la afirmación de que בלה, en el sentido de destruir no se utiliza nunca con acusativo de persona (Hitz.) es falsa. En esa línea, se dice finalmente que él cambiará tiempos y lugares.

Cambiar los tiempos es algo que solo pertenece al poder totalmente perfecto de Dios (Dan 2,21), que es el creador y ordenador de los tiempos (Gen 1, 14). No hay razón alguna para suponer que זמנין ha de entenderse especialmente de las festividades y los tiempos sagrados, pues esa palabra, como la correspondiente hebrea מועדים, no significa siempre "tiempos de festividades" (cf. Gen 1, 14; 17, 21; 18, 14 etc.). La palabra añadida ודת no se refiere a la disposición de la adoración divina, sino que denota "ley" u "ordenamiento" en general, en sentido humano y también divino (cf. Dan 2, 13. 15 con 6, 6. 9).

Tiempos y leyes son los fundamentos y las condiciones principales de la vida y acción de los hombres, que emanan de Dios. Según eso, como observa justamente Kliefoth, el pecado de ese cuerno/rey del cuarto imperio mundial, al colocarse a sí mismo en el lugar de Dios, consiste en esto, en que no considera esos ordenamientos como leyes fundamentales de Dios, sino que cambia las leyes de la vida humana de tal forma que él coloca su propio poder (placer) por encima de las disposiciones y de la voluntad del mismo Dios.

Él hace esto no solo con los ordenamientos de la vida del pueblo de Dios, sino con los de todos los hombres. De todas formas, los más afectados por la maldad de ese cuerno son los miembros del pueblo de Dios (los judíos), porque ellos mantienen los ordenamientos de su vida del modo que mejor responde al plan de Dios. Por otra parte, ese pasaje general se sitúa entre dos expresiones que se relacionan con la conducta del cuerno malvado en su relación con el pueblo de Dios.

El pueblo de Dios sufrirá esta tiranía "hasta (es decir, durante) un tiempo, (dos) tiempos y medio tiempo". Por estas especificaciones temporales se declara de manera más precisa la duración de la última fase del poder del mundo, como un período medido por Dios en todo su curso, según Dan 7, 12 y 7, 22. La palabra plural עדנין (tiempos) que está entre tiempo y medio tiempo solo puede designar el primer tipo de plural, en el sentido de dos tiempos (en sentido dual), pues en caldeo el plural se utiliza con frecuencia para indicar un par, en vez del dual hebreo; cf. Winer, *Chald. Gr.* 55, 3.

Tres tiempos y medio son la mitad de siete tiempos (Dan 4, 13). La mayor parte de los comentaristas antiguos, así como muchos intérpretes más recientes toman *tiempo* (עדן) en el sentido de año, de manera que tres tiempos y medio son tres años y medio. Y ellos fundamentan esta visión en parte en Dan 12, 7, donde aparece en hebreo la expresión correspondiente, y en parte en Ap 13, 5 y 11, 2-3 donde se utilizan de forma intercambiable 42 meses y 1260 días. Pero ninguno de esos pasajes prueba esa interpretación de una forma concluyente, pues como veremos en el comentario a Dan 12 estos tiempos tienen un sentido simbólico distinto, que no es el de años.

La suposición de que en Dan 4, 13 los siete tiempos representan siete años no se ha probado ni puede probarse. Por lo que toca al tiempo y tiempos del Dan 12, 7 y a los períodos nombrados en Apocalipsis, es muy dudoso que las semanas y los días representen las semanas ordinarias del año y los días de la semana, y que esos períodos de tiempo hayan de tomarse de un modo cronológico. Menos segura es la explicación de los que piensan que esta designación deriva de los 2.300 días (tardes, mañanas) de Dan 8, 14, pues los períodos de tiempo así citados no concuerdan ni los pasajes tratan del mismo acontecimiento. Por todo eso, como seguiremos viendo, los tiempos de Daniel han de entenderse básicamente en sentido simbólico.

La elección de la expresión cronológicamente indefinida עדן, *tiempo*, muestra que aquí no se trata de una determinación cronológica de un determinado período, sino que la designación del tiempo ha de entenderse simbólicamente. Eso significa que tenemos que buscar el significado simbólico de la afirmación.

Esto no debe hacerse en la línea de Hofmann (*Weiss*. I. 289), quien piensa que los tres años y medio forman la mitad de un período sabático, indicando que Israel será oprimida durante la mitad de un período sabático por el Anticristo, porque además del hecho de que la identificación de *tiempo* con *año* no ha sido probada, no se puede probar en modo algunos la identificación los períodos sabáticos y los tiempos de opresión del pueblo de Dios.

De todas formas, no hay duda de que tres tiempos y medio es la mitad se siete tiempos. Sin embargo, el sentido de esta mitad no ha de derivarse, con Kranichfeld, de Dan 4, 13, donde siete tiempos es una expresión que se utiliza para indicar una larga etapa de sufrimiento divinamente impuesto. A partir de aquí no se puede suponer que la mitad de siete tiempos se refiera proporcionalmente a un tiempo más corto de dura opresión que ha de sufrir el pueblo de Dios de manos de los paganos.

En esa línea, la humillación del orgulloso gobernante Nabucodonosor (4, 13) no mantiene ninguna conexión interna con la elevación del poder del mundo sobre el pueblo de Dios, de manera que no podemos explicar los tres tiempos y medio de nuestro pasaje a partir de los siete tiempos de castigo de Nabucodonosor en 4, 13.

De un modo general, las cuestiones que han de plantearse son éstas: (a) Si el significado de los *tres tiempos y medio* ha de derivarse meramente del significado simbólico del número *siete*. (b) Si, con Lammert, no tendremos que ir hacia atrás para relacionar esta medida de tiempo con el juicio divino realizado *en tiempos de Elías*, cuando los cielos quedaron cerrados por tres años y seis meses (Lc 4,23; Sant 5,17).

En ese sentido se ha podido decir que Ajab provocó la ira de Dios con más fuerza que todos los reyes precedentes. En esa misma línea se sitúa este rey de Dan 7, 24, de un modo totalmente distinto al de los reyes anteriores, pues él elevó palabras en contra del Altísimo y persiguió a sus santos etc., de tal forma que podemos verle ya como el Anticristo.

Sea como fuere, aunque no se demuestre esta referencia al castigo en tiempos del rey Ajab, los tres tiempos y medio han de mirarse como la mitad de los siete tiempos de Dios. Así se podría decir que *esta opresión del pueblo de Dios durante tres tiempos y medio por medio del pequeño cuerno solo durará la mitad del tiempo de la obra de Dio*s (Kliefoth).

Según eso, conforme a la interpretación simbólica de los siete tiempos, los tres tiempos y medio indicarían la duración de aquellas circunstancias durante las cuales el pueblo de Dios podrá ser perseguido, según la permisión de Dios, por el poder del mundo. Este será un tiempo de prueba, un período de juicio que Dios interrumpirá (cf. Mt 24, 22; Prov 10, 27) por causa de los elegidos, de manera que será un *septenario interrumpido* y acortado (*septenarius truncus*; cf. Leyrer, en Herz, *Real. Enc.* XVIII. 369.

Además de eso, hay que considerar la forma en que este espacio de tiempo se describe, *no como tres y medio, sino como un tiempo, dos tiempos y medio tiempo*. Ebrard (*Offenb.* p. 49) hace una buena observación respecto a eso: "Es como si su tiranía se extendiera siempre más o más; primero un tiempo, después el doble de tiempo, después una cuarta parte…Parece que son siete tiempos, pero no se alcanza esa longitud, pues de repente se acaba precisamente en el medio de los siete tiempos, pues en vez de venir un cuatro (doble de dos) viene un medio tiempo".

En esa línea sigue diciendo Kliefoth que "el movimiento empieza primero a doblarse, pero después, de repente, declina, mostrando así que el poder del cuerno malvado y de su opresión sobre el pueblo de Dios se hará patente muy pronto, de manera que llegará entonces a un fin repentino, por la interposición del juicio divino 7, 26)". De un modo consecuente, se debe recordar que el tres y medio tiempos no presentan toda la duración del pequeño cuerno, sino solo la mitad de una semana, solo la última mitad de ese tiempo en el que el dominio se dará a los santos de Dios (7, 21), de manera que el final de ese tiempo acaba antes del juicio. Cf. tema en 12, 7.

De esa manera se describe en Dan 7, 26-27 este juicio (cf. Dan 7, 10), pero solo desde la perspectiva de sus consecuencias para el poder mundial. El dominio de este cuerno en el que culmina el poder de la cuarta bestia es destruido y totalmente aniquilado. Aquí no se describe la destrucción de la bestia, pues ya ha sido mencionada en Dan 7, 11.

Por otra parte, lo que se dice en 7, 12 sobre el hecho de que le quitarán su poder y dominio aparece destacado por medio del infinitivo להשמדה (destruir) y וְלֹהוֹבָדָה (consumir) a lo que se añade יְהַעְדּוֹן (se le quitará) de manera que debe añadirse como objeto שָׁלְטָנֵהּ (su dominio). עַד סוֹפָא, hasta el final, es decir, no en sentido absoluto, separado del tiempo, sino como en 6, 27, hasta el final de los días, es decir, para siempre.

7, 27-28

²⁷ וּמַלְכוּתָה וְשָׁלְטָנָא וּרְבוּתָא דִּי מַלְכְוָת תְּחוֹת כָּל־שְׁמַיָּא יְהִיבַת לְעַם קַדִּישֵׁי עֶלְיוֹנִין מַלְכוּתֵהּ מַלְכוּת עָלַם וְכֹל שָׁלְטָנַיָּא לֵהּ יִפְלְחוּן וְיִשְׁתַּמְּעוּן׃
²⁸ עַד־כָּה סוֹפָא דִי־מִלְּתָא אֲנָה דָנִיֵּאל שַׂגִּיא רַעְיוֹנַי יְבַהֲלֻנַּנִי וְזִיוַי יִשְׁתַּנּוֹן עֲלַי וּמִלְּתָא בְּלִבִּי נִטְרֵת׃ פ

²⁷ y que el reino, el dominio y la majestad de los reinos debajo de todo el cielo sean dados al pueblo de los santos del Altísimo, cuyo reino es reino eterno, y todos los dominios lo servirán y obedecerán. ²⁸ Aquí fue el fin de sus palabras. En cuanto a mí, Daniel, mis pensamientos me turbaron y mi rostro se demudó; pero guardé el asunto en mi corazón.

7, 27. Después de la destrucción de la bestia, *el reino y el dominio*, que hasta ahora pertenecía al reino que se imponía sobre todo lo que existe bajo todo el cielo, le serán dados al pueblo de Dios, es decir, al Reino del Hijo del Hombre, como debe entenderse a partir de 7, 14. Como en 7, 26 aquí no se dice tampoco nada del destino del cuerno, porque todo lo que había sido necesario decir se había dicho ya en 7, 13-14, y conforme a la representación de la Escritura no se puede concebir el reino del Pueblo de los Santos sin la presencia y acción Hijo del Hombre que vendrá como rey.

דִּי מַלְכוּת (del reino) es un genitivo subjetivo como lo exige la idea del intransitivo רְבוּתָא (la grandeza) que le precede. El significado no es "el poder sobre todos los reinos", sino "el poder que tenían los reinos debajo de todo el cielo". Con relación a Dan 7,27 cf. 7, 14 y Dan 7, 18.

7, 28. Aquí se expone el final de la visión y la impresión que ella produjo sobre Daniel. Aquí, en este punto, se marca el final de la historia, es decir, hasta aquí se ha extendido la historia, y con esto culmina la narración. מִלְּתָא, *el tema*, no es solo la interpretación del ángel, sino toda la revelación, la visión con su interpretación. Daniel quedó muy conmovido por el acontecimiento (cf. 5, 9) y lo guardó en su corazón.

3. Apéndice. Los cuatro reinos mundiales.

Queda todavía para nuestra consideración esta pregunta: ¿Cuáles son los reinos históricos que están representados por la imagen de la estatua de Nabucodonosor

(Dan 2) y por la visión de Daniel de las cuatro bestias, saliendo del mar? Casi todos los intérpretes piensan que estas dos visiones han de ser interpretadas de la misma forma: "Los cuatro reinos o dinastías que habían sido simbolizados por las diversas partes de la estatua de un ser humano (Dan 2), desde la cabeza a los pies, son los mismos que están simbolizados por las cuatro grandes bestias que se elevan del mar".

Esta es la visión que tiene no solo Bleek, que concuerda en ello con Auberlen, sino también la visión de Kranichfeld y Kliefoth, y la de todos los intérpretes de la Iglesia. Conforme a esa interpretación, comúnmente recibida en la Iglesia, estos cuatro reinos son los babilonios, los medo-persas, los macedonios y los romanos (pues con ellos se identifica el cuarto imperio mundial).

Sobre esta interpretación y opinión, Lutero observa que "todo el mundo está concorde con ella, y así lo muestran la historia y los hechos". Esta opinión ha sido dominante hasta el final del siglo pasado (siglo XVIII), pues la interpretación individual de algunos no había no había encontrado partidarios[59].

Pero desde entonces, cuando la fe en el origen y carácter sobrenatural de la profecía bíblica fue combatida por el deísmo y el racionalismo, como una consecuencia de ello, con el rechazo de la autenticidad del libro de Daniel, se negó la referencia del cuarto reino a la monarquía mundial de Roma (y de lo que empieza con ella). Se puso como razón la suposición de que el pseudo-Daniel del tiempo de los macabeos no podía haber ofrecido una profecía que alcanzara más allá del tiempo de Antíoco Epífanes. En esa línea, se excluía a priori la referencia a Roma, pensando que el conjunto de los cuatro reinos no podía extenderse más allá de Antíoco Epífanes (en cuyo tiempo tenía que acabar la historia humana). Para ello se han barajado todas las posibilidades, y solo se ha logrado que una crítica excluya a la otra.

- Así, *Ewald y Bunsen* han supuesto que el primer reino tenía que ser el de los asirios, y así para mantener el número cuatro, el autor del libro de los macabeos tendría que haber separado, en contra de la historia, el reino de los medas y el de los persas, llegando hasta Nabucodonosor.
- Por su parte, *Hitzig*, de acuerdo con Redepenning, ha intentado dividir el reino de Nabucodonosor, de manera que habría que dividir el reino de los babilonios: el primero sería el de Nabucodonosor y el segundo el de Baltasar, su sucesor.

59. Esto se aplica a la interpretación de Efrén Siro y de Cosmas Indicopleustes, quienes pensaron que el segundo reino era el de los medos, el tercero el de los persas y el cuarto el de Alejandro y sus sucesores. Esta opinión ha sido adoptada solo por un escritor anónimo en el *Comentario de Daniel* en Mai, *Collectio nov. Script. Vett.* p. 176. Lo mismo se puede decir de la opinión de Polychronio y Grocio, quienes afirman que el segundo reino fue el medo-persa, el tercero la monarquía de Alejandro y el cuarto el reino de sus sucesores, una opinión que solo ha encontrado un débil apoyo en J. Chr. Becmann en su disertación *De Monarchia Quarta*, Franc. ad Od. 1671.

- Por su parte, *Bertholdt, Jahn, y Rosenmller*, con Grocio, han separado el reino de Alejandro del de sus sucesores.
- Pero, como las formas anteriores de dividir los reinos resultan demasiado arbitrarias, *Venema, Bleek, de Wette, Lcke, v. Leng., Maurer, Hitzig (Daniel 7), Hilgenfeld y Kranichfeld* han dividido la monarquía medo-persa en dos reinos mundiales, el medo y el persa, y han sido seguidos en esto por Delitzsch; cf. *Daniel* en Herz., *Real Encyc.*

Cuando examinamos el tema con más detención, *la primera de estas visiones ha sido refutada por el mismo Ewald (Die Proph.* III. 314), por lo que él afirma sobre este punto. Los cuatro reinos han de seguirse uno al otro, en orden cronológico, de manera que el que sigue es siempre inferior en fuerza, pero más duro y despiadado que el anterior. Así aparecen en la imagen gigantesca de Dan 2, los cuatro con sus cuatro partes, de la cabeza a los pies, partes que están compuestas por materiales diferentes. De igual manera, en Dan 7 aparecen sucesivamente cuatro bestias, de las cuales la siguiente destruye a la anterior.

Pues bien, en sentido estricto, no se puede afirmar que el reino caldeo pasó primero a manos de los medos y después a manos de los persas, sino que siempre se ha dicho que los persas y medos unidos, bajo el mando de Ciro, derribaron el reino caldeo y formaron un reino. Esto es lo que afirma el mismo autor en Dan 8, donde el reino medo-persa viene a presentarse como un único reino bajo la imagen de un carnero con dos cuernos.

Conforme a eso, tendría que reconocerse que a partir de Nabucodonosor solo hubo tres reinos mundiales, a no ser que el número de cuatro hubiera sido recibido (expuesto) por un antiguo profeta que vivió bajo el dominio asirio, y que entendió los cuatros reinos de esta manera: Reino asirio, caldeo, medo-persa y griego. Pues bien, dado que este número cuatro es para *Ewald* algo evidente no quedaba más remedio que separar el reino medo y el persa, pues el número cuatro resultaba ya inamovible, aunque él mismo, en otros tiempos, hubiera visto las cosas de un modo diferente.

Pero ¿qué es lo que, según *Ewald*, hizo necesario que este pseudo-profeta Daniel dejara a un lado el imperio de Asiria y comenzara con el de Caldeo, con Nabucodonosor, interpretando además el sentido de su cabeza de oro, para escribir a partir de ella su visión posterior de la historia, en contra de su propia perspectiva? Ewald no ha podido responder a esta objeción, ni ha podido mostrar que en Dan 2 y 7 el reino de Media se encuentra separado del de Persia.

Por eso, su hipótesis carece de todo fundamento, y la derivación del número 4, para los reinos mundiales, a partir de un libro profético del período de Asiria constituye una propuesta sin fundamento alguno y, a pesar de lo que ha intentado, él no ha sido capaz de enriquecer con su postura el conocimiento mejor de la Biblia.

Por su parte, la visión de *Hitzig*, según la cual Daniel ha ideado la división del poder mundial en cuatro reinos, siguiendo así para cada uno la representación de las cuatro edades del mundo no tiene un mejor fundamento. Fue para él natural representar a Asiria como el primer reino, pero como no quiso referirse al pasado sino al futuro, solo pudo comenzar con Nabucodonosor. Según eso, sintiéndose atado al número cuatro, él dividió por eso, en Dan 2, el reino caldeo en dos períodos, y lo mismo hizo en Dan 7, por la misma razón, con el reino de Persia, dividido también en dos reinos, el medo y el persa.

Hitzig fundamentó esa opinión en el hecho de que según Dan 2, 38 la cabeza de oro del principio no es el reino caldeo, sino Nabucodonosor, y en el hecho de que para Daniel no existen más que dos reyes caldeos, y también en el hecho de que el segundo reino o מלכו (Dan 2, 39) es inferior al de los caldeos, lo que no tiene sentido, pues el imperio medo-persa era mayor (más extenso) que el de Babilonia. Por otra parte, en la visión datada en el primer año de Baltasar (Dan 7), Nabucodonosor pertenecía ya al pasado, mientras que según Dan 7,17 el primer reino debía pertenecer todavía al futuro.

Pero no es cierto que Daniel solo conozca dos reyes caldeos. Además, del hecho de que Nabucodonosor se le presente como la cabeza de oro de la imagen no se sigue que él se tome como separado del rey caldeo que le iba a suceder, pues Nabucodonosor se presenta aquí solamente como fundador de la dinastía del reino caldeo, igual que aparece en Dan 2,39 donde se dice claramente que "después de ti surgirá otro reino (מלכו)", no otro rey (מלך), como debería haberse dicho conforme a la opinión de Hitzig.

Baltasar no fundó otro reino, como dice Hitzig, ni otro dominio (en el sentido alemán de *Herschaft*), sino que él solo siguió el reino (dominio o reinado) de Nabucodonosor. Las otras dos razones de Hitzig han sido ya refutadas cuando hemos ofrecido la interpretación de Dan 2, 39 y 7, 17. La expresión "un reino inferior al tuyo" (2, 39) no se refiere al reino medo-persa por la extensión geográfica, que no es la aquí referida, sino por otras razones que hemos ya expuesto.

Por su parte, el argumento que se deduce de las palabras "surgirá", en Dan 7, 17, como si esas palabras se refirieran al pasado prueba demasiado, es decir, nada. Si la palabra יקומון (surgirá) tuviera que entenderse en el sentido de que el primer reino aún no había surgido, lo mismo puede decirse del reinado de Baltasar, que existía ya sin duda en el tiempo de la visión. Más aún, la suposición de que מלכו significa en Dan 2, 39 *el gobierno de un rey* individual, mientras que en Dan 2,4 significa *un reino* (siendo ambos pasajes paralelos por su contenido y su forma) resulta imposible de probar.

Pues bien, en esa misma línea el sigue diciendo la palabra מלכין de 7, 17 ("las cuatro bestias son cuatro reyes"…) al aplicarse a las dos primeras bestias significa reyes separados, pero al aplicarse a las dos últimas significa reinos, una opinión que va contra de todas las posibles normas hermenéuticas, y no puede utilizarse en modo alguno como prueba de nada. Dos gobernantes como personas (reyes) no puedem tener el mismo sentido que dos reinos entendidos como instituciones (Kliefoth).

Por otra parte, la visión de Bertholet, según la cual el tercer reino representa la monarquía de Alejandro y el cuarto la de sus diádocos (διάδοχοι, sucesores) ha sido en la actualidad generalmente abandonada, y hay buenas razones para hacerlo. En esa línea debemos recordar que la descripción del cuarto reino de Dan 2, que tiene naturaleza de hierro y que rompe todas las cosas en piezas, lo mismo que la cuarta bestia terrible de Dan 7, no concuerda en modo alguno con los reinos de los sucesores de Alejandro, que en cuanto poder y grandeza fueron muy inferiores a la monarquía de Alejandro, como se dice expresamente en 11, 4.

En esa línea, Hitzig ha señalado con toda razón que para el autor de este libro el reino de Alejandro y el de sus sucesores formaron juntos el único reino de Grecia (מלכות יון), y así aparece Dan 8, 21 (*el reino de Javán* que es el de Grecia). Por eso, él no puede separar esos reinos ni puede hablar del reino de los sucesores como distinto en carácter al reino de Alejandro (Dan 7, 7. 19). Además por esa interpretación el signo de la cuatro cabezas (7, 6) y en especial el de las piernas que eran de hierro (2, 33) perdería todo su sentido.

Pues bien, dado que no puede sostenerse ninguna de esas tres suposiciones (las de Ewald, Hitzig y Bertholet), la única solución posible sería la de dividir el reino mundial medo-persa en un reino medo y en un reino persa, interpretando el primero con *el segundo* de los cuatro reino y el segundo (el de los persas) con *el tercero* de los reinos de Daniel. Pero este modelo tampoco se puede sostener en modo alguno, pues, como el mismo Maurer se ha visto obligado a reconocer, la historia no conoce nada sobre un reino mundial medo.

En esa línea, Kranichfeld ha debido confesar también, "no puede probarse a partir de Dan 5, 28; 7, 1. 29; 9, 1 y 11, 1 que el autor del libro, tanto en Da 2 y Dan 7 como en el conjunto del libro, haya concebido la existencia de un reino mundial que fuera exclusivamente medo, ni haya interpretado en modo alguno a la raza persa como un componente interior de ese reino.

Ciertamente, el libro de Daniel (según Dan 8) reconoce una distinción entre una dinastía meda y una persa (cf. Dan 8, 3), pero en otro sentido él solo reconoce un reino que comprende de un modo unitario a la raza meda y a la persa. En armonía con eso, en el tiempo en que dominaba el gobierno medo sobre Babilonia, el autor habla solo de una ley común del reino de los medos y de los persas (Dan 6, 9. 13. 16), es decir, de una ley que se apoyaba en un común acuerdo de las dos naciones, vinculadas en un único reino.

En esa línea, conforme a la visión de Kran., en el tiempo de Darío, rey de los medos, el autor de este libro (de Daniel) solo conoce un reino común a medos y persas; además, en el período anterior, cuando los caldeos eran independientes de los medos, el autor habla de los medos solamente en cuanto están vinculados a los persas (cf. Dan 5, 28; 8, 20), y en la línea de la analogía que aquí estamos empleando, el autor no habla de dos reinos separados (uno de los medos, otro de los persas) sino de un solo reino, es decir de un mismo poder mundial.

Esto queda ratificado durante la independencia de Babilonia incluso en Dan 8, 20, pues los reyes medos y persas aparecen representados por una sola bestia, aunque en ese momento formen dos dinastías. Esta unión nacional de medos y persas en un solo reino queda explicada de un modo natural y pleno, tanto en el caso de Ciro como en el de Darío, aunque se destaque enfáticamente el origen nacional de los gobernantes o reyes (cf. Dan 9, 1; 6, 1. 28; 11, 1), mientras que en el caso de los reyes caldeos no se ofrece ninguna noticia respecto a su origen.

Por otra parte, de un modo general, allí donde no se indica el origen personal de Darío y de Ciro podría haberse esperado una mención directa del pueblo sobre el que gobernaba cada uno de esos reyes, diciendo así que era rey de los persas o rey de los medos (cf. Dan 8, 20; 10, 1. 13. 20; 11, 2). Pero al no hacerse eso se está suponiendo que tanto en el caso del rey medo como del persa el reino al que se alude es el mismo[60].

A pesar de ello, algunos han seguido pensando que segundo reino es el reino de los medos y el tercero el de los persas. En esa línea afirman que, en el momento en que habla Daniel (en el año 2 de Nabucodonosor y en el primer año de su hijo Baltasar, es decir, de Evil-Merodac), cuando el reino de Media se alzaba amenazador contra los caldeos, Daniel habría pensado que surgiría un soberano (un reino) persa que se alzaría victoriosamente en contra del reino medo (que era por entonces el rival de Nabucodonosor). Pues bien, en este contexto debemos examinar de un modo más detenido la cuestión de cómo se sitúa esta referencia sobre los reinos del mundo de la que estamos hablando en relación con el reino tercero y cuarto, tal como aparecen en Dan 2 y 7, descubriendo siempre que los medos y los persas forman un único reino.

---

60. Según Kranichfeld, Hilgenfeld va demasiado lejos cuando, a partir del atributo de Darío "el medo" (Dan 6, 1; 5, 31), el autor quería presentar la existencia de un reino de los medos como separado del de los persas y nacionalmente distinto del reino persa. Lo que realmente encontramos es un proceso histórico, que nos hace pasar de la dinastía meda del reino medo-persa a la dinastía persa de ese mismo reino. De esa forma, a través del gobierno de Ciro el Persa la raza persa vino a ponerse naturalmente en el primer plano y asumió un lugar preeminente.

De esa forma, el reino empezó a denominarse *a potiori* (por su parte más importante) como reino de los persas (Dan 10,1. 13. 20; 11, 2), de igual manera que, en otra perspectiva (cf. Is 13,17; Jer 51,11. 28), los medos aparecen como los más importantes y *a potiori* los destructores de Babilonia. "De esa manera como en el tiempo de florecimiento de la dinastía meda existió un *reino de los medos y los persas* (cf. Dan 5,28; 8,20), así, más tarde, desde el tiempo de Ciro el Persa empezó a hablarse de un *reino de los persas y los medos*" (cf. Es 1,3. 18; 1 Mac 1,1; 14, 2). Así se habla en Daniel, en el tiempo de la supremacía meda en el reino, de *la ley de los medos y los persas* (Dan 6, 9. 13. 16), mientras que más tarde, de un modo natural, se nos habla de *la ley de los persas y los medos* (Es 1, 19).

La visión del segundo y tercer reino ha sido presentada en Dan 2 y Dan 7. Ciertamente, la afirmación de 2, 39, según la cual el segundo reino sería más pequeño que el de Nabucodonosor podría estar indicando que se trata del reino de los medos; y la afirmación de que el tercer reino dominaría sobre toda la tierra puede referirse a la expansión de los persas más allá de la fronteras de los caldeos y del reino de los medo-persas, tal como se encontraba bajo Darío. Pero la descripción de ambos reinos en Dan 7, 5 muestra de un modo claro la falta de consistencia de esa interpretación.

El segundo reino aparece representado bajo la imagen de un oso que se eleva de un lado, y que tiene tres costillas en la boca, entre los dientes. Los defensores de esta opinión no saben cómo entender las tres costillas en su boca, entre los dientes. Según Kran., esas costillas han de tomarse como partes constitutivas de un todo, es decir, de un reino más antiguo que Daniel no ha querido describir de un modo más preciso, pues la historia no recuerda nada de las conquistas que Darío el Medo habría logrado durante los dos años de su reinado, después de la conquista de Babilonia y de la destrucción del reino caldeo bajo Ciro.

Por su parte, el leopardo (Dan 7,6) que representa el tercer reino tiene no solo cuatro alas, sino también cuatro cabezas. Las cuatro cabezas muestran sin duda la visión (y división) del reino representado por el leopardo, lo mismo que en Dan 8 los cuatro cuernos del macho cabrío, que Dan 8, 22 presenta como cuatro reinos que surgen del reino de Javán (Grecia). Pues bien, esa división en cuatro reinos no puede aplicarse en modo alguno al reino mundial persa.

A pesar de ello según Kran, las cuatro cabezas representarían la vigilancia atenta y el poder de actuación en todas las regiones de la tierra, el movimiento que impulsa y tiende hacia las diferentes regiones de los cielos o, de acuerdo con Hitzig, los cuatro reyes de Persia que solo Daniel conoció. Pero esas interpretaciones se refutan a sí misma pues las cabezas no aparecen nunca como signo de vigilancia y poder agresivo; y la segunda queda descartada por una comparación con Dan 8, 22: Si los cuatro cuernos del macho cabrío representan cuatro reinos mundiales brotando al mismo tiempo (como son los de los sucesores de Alejandro Magno), entonces las cuatro cabezas no pueden ser los cuatros reyes de Persia que se suceden unos a los otros.

Aún más incompatibles son las afirmaciones que se refieren al cuarto reino mundial de Daniel 2 y 7 con la suposición de que ese reino se identifica con la monarquía de Alejando y de sus sucesores. Ni la monarquía de Alejando ni el reino mundial javánico (=griego) responde a la naturaleza de hierro de la cuarta monarquía, representada por los pies de hierro que rompen todo en piezas, ni con la división interna de ese reino, representada por los pies, que están formados en parte de hierro y en parte de barro, ni finalmente por los diez dedos de los pies, de hierro mezclado con barro (Dan 2, 33. 40-43). La monarquía de Alejandro y de sus sucesores tampoco se parece a una bestia terrible con diez cuernos, que no tiene ningún parecido en el reino animal, de manera que Daniel no ha podido darle el nombre de ningún animal. (cf. 7, 7. 19).

Por esas y otras dificultades, *Kranichfeld* rechaza el significado histórico de la imagen de Dan 2, y quiere interpretar sus diversos rasgos solo como expresión de la división irreparable del reino impío, que quiere luchar contra el reino teocrático de Israel con vehemencia destructiva que conduce hacia su propia disolución interna. Por su parte, *Hitzig* piensa que las dos piernas son la representación de una monarquía que como la de Grecia pone por un lado un pie en Europa y el otro en Asia, con materiales propios de Siria y de Egipto: Sería el hierro, Egipto el barro.

Otros, en cambio, piensan que los pies son los reinos de los seléucidas y de los tolomeos, y añaden que los diez cuernos son otros reinos de los diádocos (Διάδοχοι). Pero, por otra parte, *Kliefoth* se pregunta con toda razón: ¿Cómo pueden ser Siria y Egipto los pies? Los dedos brotan de los pies, pero los otros reinos de los διάδοχοι no brotan de Siria y Egipto. Por otra parte, en estas circunstancias, Daniel dice que la cuarta bestia era tan distinta de las otras que no se encontró para ella ninguna semejanza entre las bestias de presa. Pues bien, en ese contexto, Kran. solo puede afirmar que, al presentarla de esa forma, Daniel pone de relieve la peculiaridad de esa bestia, según su poder, de manera que no se puede encontrar ya para ella ningún nombre apropiado (ninguna figura animal); pues bien, esto no concuerda en modo alguno con la monarquía de Alejandro.

Según *Hitzig*, la diferencia de la cuarta bestia ha de buscarse en el hecho de que la monarquía de Alejandro pasó de Europa en Asia, en contra de las tres monarquías, que compartieron en común el hecho de tener un mismo origen oriental, con una clase de cultura propia de oriente y con un gobierno despótico. Pero ¿fue ese trasplante de una monarquía y cultura de Europa en Asía algo tan terrible que Daniel no pudo encontrar ningún nombre capaz de representar su carácter? La relación de Alejandro con los judíos no responde en modo alguno a esa representación (de lucha total), pues él muestra una concepción de la monarquía griega que es totalmente distinta de la que tienen los intérpretes modernos.

Finalmente, debemos tomar en consideración el hecho de que la terrible bestia que representa al cuarto poder mundial tiene diez cuernos (7, 7), lo que se explicará diciendo que de ese mismo reino surgirán diez reyes (7, 24), mientras que, por el contrario, por la ruptura del macho cabrío que representa la monarquía de Alejandro, del gran cuerno que es el primer rey, con el surgimiento posterior de cuatro cuernos semejantes, se ha de entender que a partir de él surgirán cuatro reinos (8, 5.8. 21-22). Pues bien, en ese contexto, la diferencia del número de los cuernos muestra que *la bestia de los diez cuernos* no puede ser el mismo reino que está representado por el *macho cabrío con cuatro cuernos*, pues el número 4 no se identifica ni numérica ni simbólicamente con el número 10.

Más aún, esta identificación de las dos bestias (la de los 10 cuernos y la de los 4 cuernos) queda descartada por la imposibilidad de identificar históricamente los 10 cuernos. Partiendo de la explicación del ángel, cuando afirma que los diez cuernos representan diez reyes, Berth., v. Leng., Hitz. y Del. han intentado explicar esos diez reyes a partir de la línea de los seléucidas, pero no han sido capaces de encontrar más que siete: 1. Seleuco Nicator; 2. Antioco Soter; 3. Antioco Theus; 4. Seleuco Callinico; 5. Seleuco Cerauno; 6. Antioco el Grande; 7. Seleuco Philopator, hermano y predecesor de Antíoco Epífanes, que subió al trono de Siria tras la muerte de Philopator, habiendo dejado a un lado a otros herederos que tenían mejores títulos, de manera que él (Antioco Epífanes) debe ser el pequeño cuerno que llegó a reinar arrancando y expulsando a los otros tres reyes

Los tres reyes a los que Antioco arrancó de raíz (cf. Dan 7, 8. 20. 24) deben ser Heliodoro, el asesino de Philopator; Demetrio, hijo de Philopator y sucesor legítimo del reino; y Tolomeo Philometor, para quien su madre Cleopatra, hermana de Seleuco Philopator y de Antíoco Epífanes, pretendía el trono de Siria. Pero ninguno de estos tres alcanzó la dignidad real, y ninguno de ellos fue destronado o arrancado de raíz por Antíoco Epífanes. Es cierto que Heliodoro luchó por el reino (Apiano, *Syriac.* 45); pero sus esfuerzos fueron detenidos, no por Antíoco Epífanes, Sino por Átalo y Eumenes.

Tras la muerte de Heliodoro, el legítimo heredero del trono fue Demetrio, pero no tuvo la posibilidad de hacer valer sus derechos, porque estaba como rehén en Roma; y dado que él no se sentó en el trono no pudo ser destronado por su tío Antíoco Epífanes. Finalmente, tras la muerte de Antíoco Epífanes, Tolomeo Philometor unió, aunque solo fuera por un pequeño tiempo, la corona de Siria con la de Egipto (1 Mac 11, 13; Polibio 40, 12), pero durante la vida de Antíoco Epífanes y antes de que él ascendiera al trono, Philometor no fue de hecho rey de Siria, y los pretendidos esfuerzos de Cleopatra para logar que su hijo tomara la corona de Siria no han sido probados en ningún lugar (Hitzig).

A partir de esta información histórica no podemos ni decir que esa "interpretación" (la de que esos tres reyes a los que Antíoco Epífanes hubiera destronado) tiene una pequeña probabilidad de verosimilitud (Delitzsch), pues ella no concuerda con la profecía en la que se dice que el pequeño cuerno (Antíoco Epífanes) arrancó de raíz a los tres reyes anteriores. Hitzig y Hilgenfeld (*Die Proph. Esra u. Daniel* p. 82) han renunciado a la visión según la cual Philometor sería un rey de Siria, de manera que, para alcanzar el número de diez han debido contar a Alejandro Magno entre los reyes de Siria, y han incluido a Seleuco Philopator en la tríada de los pretendidos reyes sirios que fueron arrancados de raíz por Antíoco Epífanes.

Pero Alejandro Magno no puede contarse entre los reyes de Siria, ni según la evidencia de la historia, ni según la afirmación del libro de Daniel. Por su parte, Seleuco Philopator no fue asesinado por Antíoco Epífanes, pues durante el tiempo de su asesinato Antíoco Epífanes vivía en Atenas (Apiano, *Syr.* 45). Por su parte, el asesino de Helodoro no pudo haber cumplido su crimen como instrumento de

Antíoco, porque él aspiraba a ganar el trono por sí mismo, y solo la intervención de Atalo y Eumenes se lo impidieron.

Según eso, Hilgenfeld no se aventura a reconocer a Heliodoro, el asesino del rey, entre la tríada de reyes arrancados de raíz, sino que quiere poner en su puesto a un hijo mayor de Seleuco Philopator, asesinado por instigación de Antíoco Epífanes según dice Gutschmid. Pero él no ha tenido en cuenta el hecho de que un hijo del rey, asesinado durante el tiempo de su padre, que reina como rey, no puede ser representado de hecho como un rey a quien Antíoco Epífanes hubiera expulsado del trono. Según eso, de los diez reyes del reino mundial griego de la rama de los seléucidas, antes de Antíoco Epífanes, de los que Hilgenfeld cree que casi puede tocarlos con las manos, la historia ofrece una información tan escasa como la que ofrece de los tres reyes sirios arrancados de raíz por Antíoco Epífanes.

Pero aunque la relevancia histórica del intento de fijar la identidad de los diez reyes del reino de los seléucidas fuera mayor de lo que es, conforme a lo indicado, queda sin embargo el hecho de que esa interpretación de la bestia tendría que ser abandonada, porque esos diez cuernos no crecieron uno después del otro, sino que aparecieron simultáneamente en la cabeza de la bestia, de manera que no pueden tomarse como diez reyes sirios que se fueron siguiendo uno tras otro, como reconocen no solo todos los intérpretes que identifican la bestia con el imperio de Roma, sino también Bell. y Kran., a pesar de que esa bestia evoca el reino mundial javánico (de Grecia).

Como observa justamente Bleek, hemos solido pensar que lo que se dice del pequeño cuerno, al afirmar que surge entre diez cuernos, se refiere a diez reyes o mejor reinos que existieron unos tras los otros, surgiendo así del cuarto reino. Ciertamente, como sigue diciendo Bleek, no podemos negar que la referencia a los sucesores de Alejandro aparece oscurecida por el hecho de que Dan 8 habla de cuatro monarquías que brotan de la de Alejandro después de su muerte. Pero el mismo Bleek añade que, en lo referente al desarrollo de las relaciones históricas tras la muere de Alejandro, las diferentes partes de su reino, que se convirtieron en reinos independientes, se puede numerar de formas distintas.

De esa forma, en Dan 7 se puede suponer que el número diez "representa el número de los generales que retuvieron el mando en las provincias principales en el momento de la división del reino de Alejandro" (323 a. C.). Esos generales del ejército de Alejandro serían: 1. Kraterus (Macedonia); 2. Antipater (Grecia); 3. Lysimachus (Tracia); 4. Leonatus (Frigia Menor, sobre el Helesponto); 5. Antigonus (Frigia Mayor, Lycia y Pamphylia); 6. Cassandro (Karia); 7. Eumenes (Capadocia y Paphlagonia); 8. Laomedon (Siria y Palestina); 9. Pithon (Media); 10. Ptolemeo Lago (Egipto). Pero, en oposición a esta visión, Zündel observa justamente que el número de estos reinos solo podría ser significativo en el caso que de que ellos formaran el todo, pero ellos solo forman una selección (una parte) del todo. Pero esto no es lo que sucede, porque según Justino, *Hist. L.* XIII. 4, en aquel tiempo, el reino se dividió en más de treinta partes separadas[61].

Aunque no todos los nombres concuerdan perfectamente, tal como han sido transmitidos por los diversos escritores, queda claro que no existe una información fiable sobre la división del reino de Alejandro en diez partes excluyentes. La historia no conoce nada de eso. Por otra parte la reconstrucción de Bleek cae en la misma equivocación que la más antigua de Porfirio, pues se trata de una selección arbitraria y no de un número fijo.

Por otra parte, si Bleek desea apoyar su arbitraria selección apelando a los Oráculos Sibilinos, donde se mencionan también los cuernos de Daniel, en conexión con Alejandro, en una línea contraria, Hilgenfeld (*Jd. Apokal.* p. 71ss) ha mostrado que este pasaje de los Oráculos Sibilinos se deriva de Daniel, y que por tanto no se puede tomar como apoyo de la hipótesis de Bleek, porque en esos oráculos no se nombran los sucesores inmediatos de Alejandro, sino diez reyes que se suceden unos a los otros. Eso significa que el sibilista ha dado al número 10 una interpretación que el mismo Bleek ha tomado como incompatible con las palabras de Daniel.

Pues bien, a pesar de la imposibilidad de interpretar los diez cuernos del reino mundial de Grecia, y a pesar de la incompatibilidad arriba mencionada de las afirmaciones de Dan 2 y Dan 7 respecto al tercer reino con las de Dan 8 respecto al reino medo-persa[62], *Kranichfeld* piensa que la identificación del cuarto

---

61. Justino cita en el lugar indicado las siguientes: 1. Ptolemeo (Egipto, Africa, Arabia); 2. Laomedon (Siria y Palestin); 3. Philotas (Cilicia); 4. Philon (Iliria); 5. Atropatos (Media Mayor); 6. Scynus (Susiana); 7. Antíoco (Frigia Mayor); 8. Nearco (Lidia y Pamphilia); 9. Cassandro (Caria); 10. Menandro (Lidia); 11. Leonato (Frigia Menor); 12. Lysimao (Tracia y Ponto); 13. Eumenes (Capadocia y Paphlagonia); 14. Taxiles (los paises entre el Hydaspes y el Indus); 15. Pithon (India); 16. Extarches (Caucaso); 17. Sybirtios (Gedrosia); 18. Statanor o Stasanor (Drangiana y Aria); 19. Amyntas (Bactria); 20. Seyteo (Sogdiana); 21. Nicanor (Partia); 22. Filipo (Hyrcania); 23. Phrataphernes (Armenia); 24. Tlepolen (Persia); 25. Peucestes (Babilonia); 26. Archon (la tierra de los pelasgos); 27. Arcesila (Mesopotamia). Además de estos había otros generales aquí no nombrados.

62. Kliefoth ha mostrado esta incompatibilidad de un modo concluyente (p. 245s) en conformidad con las observaciones anteriores. Él dice así: "El oso y la pantera se relacionan entre sí; pero resulta inconcebible la forma en que en dos visiones, una siguiendo a la otra, el mismo reino medo-persa pueda compararse con dos bestias tan enteramente distintas como una pantera alada y un macho cabrío. Los intérpretes no encuentran más solución que la de afirmar que la elección de las bestias es totalmente arbitraria. Dan 8 describe el reino medo-persa como un reino que incluye dos pueblos que están unidos entre sí. Pero Dan 7 afirma, respecto al tercer reino con cuatro cabezas, que tras una unidad original ese reino caerá hecho pedazos por todos los lados".

En esa línea, según dice Kliefoth, los intérpretes se ven así obligados a responder a esta contradicción explicando de modos distintos las cuatro cabezas, unas de una forma, las otras de otra, pero de un modo siempre insatisfactorio. Según Dan 8, el reino medo-persa se extiende solo en tres regiones de la tierra, mientras que en Dan 7 el tercer reino con sus cuatro alas se extiende por todos los lados del mundo. A esto se añade el hecho de que estos intérpretes deben dividir el

reino de Daniel con el reino mundial de Javán recibe una confirmación a partir de la representación de Dan 11 y Dan 12, 1-13, especialmente por el asombroso parecido de la descripción del cuarto reino de Dan 2 y Dan 7 con la del reino de Javán en Dan 8 ss. Pero, en contra de eso, podemos y debemos afirmar que de todo lo que en Dan 8, en 8, 5-8. 21. 22 se dice de Macedonia nada puede aplicarse a (o identificarse con) las afirmaciones de Dan 2 y Dan 7 sobre el cuarto reino (Kliefoth).

Además, todo lo que se dice de la disolución interna referida al cuarto reino en Dan 2, 41, que aparece representada por el hierro y el barro en los pies de la imagen, es diferente de lo que se dice de la lucha entre el príncipe del sur y el príncipe del norte, tal como aparecen en Dan 11, 3. La mezcla de hierro y barro, que no pueden unirse entre sí, se refiere a dos nacionalidades esencialmente distintas una de la otra, que no se pueden combinar formando una nación por medio de esfuerzos humanos, pero no se refiere en modo alguno a las guerras y conflictos entre príncipes sirios y egipcios (Dan 11, 3), entre tolomeos y seléucicas, por la supremacía. En esa línea, los intentos por combinar individualidades nacionales en un solo reino por medio de la mezcla de razas diferentes a través de la guerra es algo totalmente distinto de la política de matrimonios por la que los tolomeos y los seléucidas quisieron establecer la paz y amistad entre sí[63].

Resulta más plausible insistir en la semejanza que existe en la descripción de las dos persecuciones violentas del pueblo de Dios, que se dieron, una en el imperio javánico y otra en el cuarto reino mundial, tal como aparecen representadas en Dan 8 y en Dan 7 bajo la figura del cuerno pequeño. Así ha formulado Kran. esta semejanza: "Si en el cuarto reino de Dan 7.8.11.20-21. 25, el opresor pagano aparece proclamando insolencias contra el Altísimo y haciendo la guerra contra los santos, así también en Dan 8,10. 24; 11, 31.36 se desarrolla, de manera aún más intensa, en sus elementos fundamentales, esa misma insolencia y enemistad del opresor contra los santos de Dios. Y así como en 7, 25 la severa opresión de

---

reino medo-persa en Dan 2 y Dan 7 en dos reinos, uno de Media, otro de Persia, mientras que en Dan 8 ellos deben reconocer que no hay más que un reino medo-persa.

63. J. C. Velthusen, en su tratado *Animad. ad Daniel 2:25, imprimis de principum Romanorum connubiis ad firmandam tyrannidem inventis*, Helmst. 1783, vol. V del *Comentatt. Theolog.* de Velth. (editado por Kuinoel y Ruperti), ha mostrado, con el testimonio de muchos casos concretos, que los matrimonios políticos han sido poco frecuentes entre los tolomeos y los seléucidas, en contra de lo que sucedió entre los romanos, desde el tiempo de Sila hasta Diocleciano, utilizando a veces métodos violentos (*cum frequenti divortio et raptu gravidarum:* con divorcios frecuentes y rapto de mujeres grávidas). Dado que este tratado no ha recibido la atención merecida por parte de los críticos modernos, queremos citar el juicio de Catón sobre *la triplex ad evertendam rempublicam inventa politicarum nuptiarum conspiratio* (triple conspiración de la política nupcial para exterminar la república) de César. A su juicio, las *leyes de César se identifican en el fondo con un tipo de "lenocinio", cosa que no puede tolerarse* (rem esse plane non tolerabilem, quod connubiorum lenociniis imperium collocari" (p. 379).

los santos dura a lo largo de tres tiempos y medio, así dura también la opresión de los santos en Dan 8, 14 y 12, 7, en conexión con 12, 1. 11".

A partir de esta visión del tema, Delitzsch pregunta: ¿El pequeño cuerno, que se eleva a sí mismo y persigue a la iglesia de Dios en Dan 8, *es Antíoco Epífanes*, elevándose a sí mismo del reino dividido de Alejando y Dan 7, *o es por el contrario un rey futuro* que se eleva en el imperio mundial pagano de los últimos tiempos? La representación de ambos, en su relación con Yahvé, su pueblo y su religión es la misma.

El simbolismo en Dan 7 y Dan 8 coincide en el hecho de que el archienemigo es un pequeño cuerno que se eleva sobre otros tres. Pero en el fondo ambos son muy distintos, de manera que solo se puede afirmar que *el pequeño cuerno de Antíoco Epífanes* (en el tercer reino) es como un tipo del *Anticristo* (en el cuarto reino de los tiempos finales, que será destruido por el mismo Cristo, que inaugurará el reino eterno de los santos de Dios).

Insistiendo en esa línea, debemos precisar el tema diciendo que entre ambos casos (entre Antíoco Epífanes y el Anticristo que es el último enemigo de los santos) hay una diferencia que no es solo posible, sino cierta. La semejanza entre el símbolo de Dan 7 y el de Dan 8 solo se da en el hecho de que en ambos capítulos el enemigo perseguidor está representado como *un pequeño* cuerno, que crece gradualmente hasta alcanzar más poder. *Pero en Dan 8, 9* este pequeño cuerno (que es Antíoco Epífanes, en el reino de Javán,) brota de uno de los cuatro cuernos del macho cabrío, sin dañar a los otros tres, *mientras que en Dan 7, 8* el pequeño cuerno (que es el Anticristo) brota entre los diez cuernos de la bestia terrible, y arranca de raíz tres de esos cuernos.

El pequeño cuerno en Dan 8, como rama que crece de unos de los cuernos anteriores, no aumenta en uno el número de los cuernos existentes, como en Dan 7, donde el número de cuernos llega a once. Esta distinción no puede tomarse de manera meramente formal como supone Kranichfel, sino que constituye una distinción esencial, para la que el uso de símbolos diferentes para la que la representación de los reinos mundiales en Dan 2 y Dan 7 no ofrece una verdadera analogía.

Pues bien, a partir de la diferencia de estas dos imágenes se están comparando entre sí dos realidades totalmente distintas. (1) Una se refiere a la lucha de *Antíoco Epífanes* contra los santos del tiempo de los macabeos. (2) Otra se refiere a la lucha del *Anticristo* contra los santos del tiempo del final (al final del tiempo).

- *Las representaciones de los cuatro reinos mundiales en Dan 2 y Dan 7 son solo formalmente diferentes*: en Dan 2 una imagen humana; en Dan 7 cuatro bestias. Pero en realidad estas representaciones se corresponden entre sí, rasgo a rasgo, con la única diferencia de que en Dan 7 se añaden algunos rasgos que no se encuentran en Dan 2, pero que tampoco van en contra de lo que allí se representa (en ambos casos, el cuarto reino es el reino del Anticristo).

- *Por el contrario, entre Dan 7 y Dan 8 encontramos contradicciones esenciales* que aparecen en los mismos símbolos empleados (en un caso cuatro cuernos, en el otro diez), de manera que no pueden pasarse por alto como si fueran simples diferencias formales; eso significa que en Dan 8 nos hallamos ante un enemigo (Antíoco Epífanes) que esencialmente distinto del enemigo de los casos anteriores (que es el Anticristo).

Según eso, la descripción del enemigo del pueblo de Dios, que aparece en Dan 8 como un pequeño cuerno, no corresponde en modo alguno a la descripción de Dan 7.

(a) Ciertamente, *el fiero y poderoso rey de Dan 8, brotando de los reinos de los sucesores de Alejandro (Antíoco Epífanes)*, viene a convertirse en grande hacia el sur y hacia el este, y hacia la tierra agradable, y se vuelve grande incluso frente al ejército de los cielos, y derriba algunos de los ejércitos de los astros y los lanza al suelo; más aún, él se volverá grande incluso frente al Príncipe de los ejércitos, y suprimirá el sacrificio diario y derribará el lugar del santuario (Dan 8, 9-12. 23-25).

(b) *Pero ese rey del tercer reino se distingue esencialmente del rey que se eleva del cuarto reino, que es el Anticristo* que arranca a los tres otros reyes, "hablará grandes cosas en contra del Altísimo, y hará guerra contra los santos del Altísimo, y les vencerá y querrá cambiar tiempos y leyes", siendo al fin vencido por el Cristo, que inaugurará con su segunda venida el Reino Eterno de los Santos (cf. Dan 7, 8. 20. 25).

Estos dos enemigos se parecen mutuamente en esto, en que ambos hacen guerra en contra del pueblo de Dios; pero se diferencian profundamente entre sí. (a) *Aquel que brota del tercer reino mundial*, extendiendo su poder sobre el sur y sobre el este, es decir, hacia Egipto y Babilonia, y sobre la tierra santa, aplastará a algunos del pueblo de Dios, y hará que cese el sacrificio diario y y querrá destruir el santuario de Jerusalén, elevándose contra Dios, pero será vencido por los macabeos. (b) Por el contrario, *aquel que brota del cuarto imperio mundial* irá mucho más lejos, de manera que establecerá su reino por la destrucción de tres reinos, colocándose con grandes palabras en el lugar de Dios, y, como si él mismo fuera Dios (como verdadero Anticristo), querrá cambiar los tiempos y leyes de los hombres, hasta que sea vencido por Cristo en la última venida. En conformidad con esto, la longitud del tiempo durante el cual se mantendrá la persecución de estos dos adversarios será diferente.

Apéndice. Los cuatro reinos mundiales

- *La devastación del santuario por medio del poder el pequeño cuerno que surgirá del reino mundial javánico* (es decir por Antíoco Epífanes) se mantendrá durante 2.300 tardes y mañanas (Dan 8, 14), es decir, por un tiempo vinculado a la gran crisis de los macabeos.
- Al poder del *pequeño cuerno que brota del cuarto poder mundial* (es decir, bajo el poder el Anticristo) quedarán entregados los santos del Altísimo por un tiempo, dos tiempos y medio tiempo (Dan 7, 25), es decir, durante un tiempo simbólicamente significativo, que no se puede determinar cronológicamente, pero que no sea muy largo.

Nadie podrá pensar, como quiere Kranichfeld, que estos dos períodos de tiempo tan distintos son iguales. Esta diferencia de los períodos de tiempo aparece de nuevo en Dan 12, 7. 11-12, donde los tres y medio tiempos (Dan 12, 7) no concuerdan ni con los 1.290 ni con los 1.335 días. No es por tanto correcto decir que en Dan 8 y Dan 7 está representado el mismo Anticristo, el último enemigo de la iglesia, y que en ambos casos los aspectos de la imagen se parecen mucho entre sí. La verdadera oposición aparece tan pronto como uno considera los contenidos de la descripción sin prejuicios, sin quedar prendido solo, con Kranichfeld y otros, en los pequeños detalles de la representación, tomando lo accesorio como si fuera lo central.

El enemigo de Dan 8 (Antíoco Epífanes) actúa en contra de Dios tan solo en la medida en que él ataca a su pueblo, prohíbe su adoración y devasta el santuario. *Por el contrario, el enemigo de Dan 7* (el Anticristo) se hace a sí mismo como Dios (לצד, 7, 25), pensando y afirmando que él mismo es Dios, y en su locura se atreve a cambiar incluso los tiempos y las leyes que Dios ha instituido, y que solo Dios tiene poder para cambiar.

Por eso, *al enemigo de Dan 8* no se le puede llamar Anticristo, pues su ofensa contra Dios no es mayor que la de los crímenes de los reyes israelitas Ajaz y Manasés, que también impidieron la adoración del verdadero Dios, y pusieron en su lugar la adoración de ídolos que ellos mismos habían creado. Por otra parte, nunca vino a la mente de Ajaz, ni de Manasés, ni de Antíoco Epífanes, que quiso que terminará la adoración de Dios entre los judíos, el intento de ponerse a sí mismos en el lugar de Dios y de cambiar los mismos tiempos y leyes de Dios. *Por el contrario, el Enemigo de Dan 7 (la Cuarta Bestia) es el Anti-cristo,* que se opone y enfrenta totalmente contra Dios, queriendo ponerse en su lugar.

La semejanza entre *el enemigo de Dios de Dan 8, 1* ss (Antíoco Epífanes), en su ira en contra de la religión mosaica y en contra de los judíos que eran fieles a su ley, y *el enemigo de Dios en Dan 7*, que se hace pasar por Dios, se limita a lo siguiente: Uno (Antíoco) es el tipo o signo del otro (el Anticristo). En su conducta frente al pueblo de Dios del Antiguo Testamento, Antíoco (que forma parte del *tercer impe*rio, de Javán) es solo el tipo del Anticristo, que surgirá de los diez reinos del *cuarto imperio mundial* (Dan 7, 24), y que será diverso de ellos, arrogándose a sí mismo la omnipotencia que ha sido dada a Cristo, y en su arrogancia se pondrá a sí mismo en el lugar de Dios.

El hecho de que a estos dos adversarios del pueblo se le concede la misma designación, llamándoles "pequeño cuerno", no solo evoca la relación de tipo y antitipo, sino también, como Kliefoth ha puesto justamente de relieve, un paralelismo "intencional y definitivo" entre el tercer reino mundial (el macedonio) y el cuarto (el romano, el reino del fin de los tiempos). "En todos los puntos, los cambios del cuarto reino se describen de un modo semejante a los cambios que se dieron en el reino macedonio. Pero en cada uno de los puntos de semejanza se indica también algún punto mayor de diferencia, de manera que *el reino macedonio viene a presentarse en su desarrollo como tipo y representación del cuarto reino*, que aparece todavía en un lejano futuro".

El paralelismo aparece en esto, en que en el macho cabrío, que es representante del reino javánico (*tercer reino*), tras la ruptura de un gran cuerno vienen a surgir cuatro cuernos de gran fuerza; por su parte, la cuarta bestia tiene diez cuernos. En ambos casos, los cuernos muestran que en un caso de uno brotan cuatro reinos y en el otro brotan diez.

Así *en el caso del reino javánico brotan cuatro di*ádocos. Por su parte, *de los diez reinos en los que se divide el cuarto reino (el romano) brotará un pequeño cuerno*. Pero el pequeño cuerno del reino javánico se desarrolla y encuentra su dominio de un modo distinto a lo que sucede en el pequeño cuerno del cuarto reino, que será el Anticristo.

Si uno considera cuidadosamente las semejanzas y las diferencias de esta descripción tendrá que descubrir lo siguiente: En este proceso pasamos *de un estadio preliminar de impiedad pagana (tercer reino) a un estado de impiedad mucho más grande (en el tiempo del Anticristo,* cf. Kran., p. 282). Pero la afirmación de este crítico, según la cual entre el primer caso (el tipo) y el segundo (al antitipo) nos movemos en una misma línea de pensamiento, de manera que en ambos casos nos encontramos ante una misma remoción de la oración y una destrucción del santuario, que acontecen de maneras semejantes, resulta no solo impropia o deficiente, sino simplemente falsa.

La diferencia no se reduce meramente a una mayor intensidad en los temas, sino que estamos ante una diversidad total de pensamientos, porque el gesto de colocarse en el lugar de Dios y el intento de cambiar los tiempos y las leyes (Anticristo) manifiesta un grado más alto de impiedad que el hecho de remover la oración sacrificial y la profanación del templo judío (Antíoco Epífanes).

Finalmente, la relación del tipo y del antitipo aparece de un modo más preciso en la determinación del tiempo que será determinado para ambos enemigos, por su oposición a Dios. Aunque aparentemente puedan parecer semejantes, ellos son en realidad muy distintos, tanto en la explicación particular de sus rasgos (Dan 8, 17. 19) como en la representación de la conducta de ambos enemigos (en Dan 11 y en 12, 1-13), como mostraremos en nuestra exposición de esos capítulos.

Según eso, dado que no es permisible ni la división del reino medo-persa en un reino medo y en otro persa, ni es posible la identificación del cuarto reino de Dan 2 y Dan 7 con el reino mundial javánico que aparece en Dan 8, debemos tomar como correcta la visión tradicional de la Iglesia, según la cual los cuatro reinos mundiales son: El caldeo, el medo-persa, el griego (en el que surge Antíoco Epífanes) y el romano (del cual surgirá el Anticristo). Solo esta opinión, que ha sido recientemente mantenida por Hv., Hengst., Hofm., Auberl., Zndel, Klief., con C. P. Caspari y H. L. Reichel, concuerda sin ninguna presión ni arbitrariedad con la representación de estos reinos en ambas visiones, tanto con cada una por separado como con ambas al mismo tiempo.

Si comparamos, por ejemplo, las dos visiones entre sí, ellas se distinguen parcialmente en esto, en que, mientras Nabucodonosor (Dan 2) condensa el despliegue del poder del mundo en sus diversos momentos en una misma imagen metálica, el profeta *Daniel* (Dan 7) lo ve en forma de cuatro bestias feroces. Por eso, al menos de un modo parcial, Dan 7 describe la naturaleza del poder del mundo y su relación con el reino de Dios de un modo más preciso que Dan 2 (Nabucodonosor). Estas diferencias se fundan en la personas de los receptores de la revelación.

Nabucodonosor, el fundador del poder mundial, ve el desarrollo de ese poder a partir de su unidad y de la gloria terrena. En cuanto opuesto al Reino de Dios, los poderes del mundo, en todas las fases de su desarrollo, forman un poder unido de gran gloria, aunque su esplendor decrece gradualmente. La imagen con la cabeza de oro tiene pecho y brazos de plata, vientre de bronce y pies de hierro, con dedos que son de hierro y barro mezclado. De esa forma, la imagen se mantiene sobre unos pies que son débiles y que pueden romperse fácilmente, de manera que una piedra que rueda contra ellos puede romper en pedazos al mismo coloso. Dado que la imagen debe representar cuatro fases del reino de mundo, que se siguen una a la otra, ellas deben estar representadas por diferentes partes de la imagen.

Empezando por la cabeza, que representa el primer reino, el segundo reino está representado en su orden natural por el pecho y los brazos, el tercero por el vientre, y el cuarto por los pies y los dedos. Dado que esto deriva por necesidad del hecho de que la imagen tiene la forma de un cuerpo humano, en la interpretación no debemos dar ningún peso a la circunstancia de que el segundo reino está representado por el pecho y por los dos brazos, y el cuarto por los dos pies. Pero estas circunstancias pueden ser tomadas en consideración solo en la medida en que se le concede importancia a la interpretación que ha sido ofrecida por el texto o por el hecho de que esa interpretación ha sido resaltada en la visión correspondiente de Dan 7.

Si ahora pasamos en Dan 2 a la selección de los distintos metales de cada una de las partes de la estatua, veremos que ellos han sido escogidos no solo para destacar la diferencia de los cuatro reinos, sino también sus diversas naturalezas y cualidades. Esto resulta evidente por la interpretación de Dan 2, 39, donde se ponen de relieve la dureza y el poder destructor del hierro y la fragilidad de la tierra.

En esa línea, debemos observar que los metales no han de ser considerados, como quiere Auberlen, p. 228 ss, desde la perspectiva de su valor, por la "depreciación" descendente de los materiales (oro, plata, bronce, hierro, tierra), como signo de una disminución del poder de los reinos mundiales y de una disminución de su poder y dignidad. Ciertamente, Auberlen dice cosas excelentes desde la perspectiva del progreso descendente del desarrollo del mundo en general, con la sucesiva deterioración de la humanidad, desde el paraíso al día del juicio, pero este aspecto del tema no es el que aparece en primer lugar, sino que es solo un elemento subordinado en la visión de conjunto.

Daniel no está describiendo, como Auberlen y P. Lange suponen, el desarrollo de las civilizaciones a través de las monarquías mundiales; él no describe el progreso de un estado de naturaleza a un estado de cultura refinada, de un modo de existencia natural, vigoroso, sólido, a un tipo de vida de refinamiento y de intelectualismo, que está representado por el "ojo del Anticristo" (Dan 7, 8). En contra de eso, lo que él describe en ambas visiones es solo el desarrollo del poder del mundo en oposición al reino de Dios, y a su influencia sobre él en el futuro.

Cuando Auberlen pone como fundamento de su opinión que "el oro y la plata son metales más nobles y valiosos, mientras que, por otro lado, hierro y bronce son infinitamente más importantes para la causa de la civilización y de la cultura, él está confundiendo dos perspectivas, haciendo que la dignidad y valor de los primeros metales y la finalidad y el uso de los últimos aparezcan como clave de la comparación. Oro y plata son más nobles y tienen más valor que el bronce y el hierro, pero tienen menos utilidad intrínseca.

Esa diferencia aparece frecuentemente indicada en el Antiguo Testamento. Oro y plata se presentan no solo como de más valor que el bronce y el hierro (cf. Is 60, 17), sino que se emplean también metonímicamente para designar la pureza y rectitud de la vida de los hombres (cf. Mal 3, 3; Is 1, 22). Por el contrario, bronce y hierro se utilizan para indicar la impureza moral (cf. Jer 6, 28; Ez 22, 18) y la rebelión dura en contra de Dios (Is 48,4).

En referencia al valor relativo de los metales, su gradación en la imagen de la gran estatua muestra, sin duda alguna, una deterioración creciente de los reinos del mundo en el nivel moral y religioso. Sin embargo, no debe pensarse a partir de aquí, como hace Auberlen, que "los fundamentos religiosos de Babilonia y Persia fueran más genuinos y fiables, de más reverencia hacia lo divino, y de más decisión en la lucha contra el mal, que los fundamentos de las naciones en las que se desarrolló el espíritu helénico, que era más rico y estaba más bellamente desarrollado". Aunque esto se pudiera decir de la religión persa, no se puede decir de la babilonia, tal como nosotros la conocemos.

En esa línea, Kranichfeld (p. 107) es más correcto cuando encuentra en la sucesión de los metales el pensamiento propio de la teocracia, concebida como expresión de un carácter comparativo de los pueblos, en forma de un *camino* cuádruple (דרך, Jer 6, 27) de los paganos, que aparece en forma de deterioración creciente. Los dos primeros reinos, el de oro y el de plata, son a su juicio caminos que aparecen como proporcionalmente nobles y virtuosos, en su relación con la teocracia, e incluso relativamente piadosos. Por el contrario, los dos últimos reinos, que se muestran con apariencia de bronce y de hierro, se le muestran como los más duros y violentos, y así aparecen en relación con la teocracia como más fieros y malvados (cf. pág. 40)[64].

Con esto concuerda la declaración del texto, tanto en lo que se refiere a los cuatro reinos mundiales, como en lo que se refiere a sus gobernantes respecto al pueblo de Dios. En esa línea, Nabucodonosor y los primeros gobernantes del segundo reino (Darío el Medo y Ciro el Persa) respetaron las revelaciones del Dios Vivo y no solo rindieron honor al Dios viviente en sus propias personas, sino que mandaron a sus súbditos paganos que temieran y rindieran reverencia al Dios de los judíos. Por otro lado, por el contrario, del tercer y cuarto reino surgieron los mayores perseguidores del Reino de Dios, que quisieron destruirlo totalmente (Dan 7 y Dan 8). En ese sentido, los dos primeros reinos mundiales, vistos desde sus gobernantes, son como oro y plata; los dos últimos como bronce y hierro.

En Dan 7-8, la relación de los reinos mundiales con el reino y pueblo de Dios, representada por esta gradación de metales de Dan 2, ya no corresponde al símbolo de las bestias, tal como están representadas por el león, el oso, el leopardo y la última bestia para la que no se ha podido encontrar ninguna semejanza. Al *León* se le arrancaron sus alas de águila, y se le dio (de parte de Dios) un corazón de hombre. El *Oso* mostró solamente su voracidad manteniendo su presa entre sus dientes, y se alzaba de un lado para una nueva presa. El *Leopardo* con cuatro cabezas y cuatro alas avanza hacia adelante, como en un vuelo, sobre toda la tierra para conquistarla y ejercer dominio sobre ella. Por fin, la *Cuarta Fiera*, sin nombre,

---

64. De un modo semejante, Kliefoth (p. 93) dice: "De la aplicación que se hace en 2, 40 del material del hierro, podemos ver que las substancias que representan los diversos reinos y su deterioración desde el oro hasta el hierro, deben indicar algo más que el hecho de que el poder mundial, en el curso de su formación histórica, se volverá cada vez más bajo y de menos valor. Esos metales indican, al mismo tiempo el tratamiento más tierno o más cruel de los imperios sobre las naciones y sobre los hombres sometidos por esos imperios. De esa forma, los lazos con los que la monarquía mundial de Babilonia vinculaba a las naciones sometidas a ella, por el carácter primitivo de su ejército y de sus regulaciones burocráticas, eran más flexibles, más gentiles, más adaptadas a las circunstancias, como los de un anillo de oro; los lazos medo-persas eran de plata más dura, los de los macedonios eran todavía más duros, como el bronce; finalmente, el yugo del cuarto imperio será un yugo de hierro.

devora y rompe en piezas, con sus dientes de hierro todo lo que pisa, todo lo que encuentra, y lo aplasta con sus pies de hierro, y de esa forma representa la barbarie impía en su pleno desarrollo.

Pues bien, para la interpretación histórica ha de tomarse especialmente en cuenta la circunstancia de que la cuarta bestia no está representada por ningún animal que existe en realidad en la naturaleza, de manera que ella no está designada por ningún nombre histórico, real, como en el caso de la primera bestia (Dan 2,38), y de la segunda, y de la tercera (8, 20-21). Las dos primeras bestias habían comenzado ya a existir en el tiempo de Daniel, y por lo que toca a la tercera bestia, el pueblo del que ella iba a brotar había empezado a entrar ya en contacto con el pueblo de Israel (Joel 3, 6. 8). Por el contrario, el cuarto reino se encuentra representado por una bestia sin nombre, pues en el tiempo de Daniel Roma no había entrado aún en contacto con Israel, y en ese contexto ella se encontraba todavía fuera del círculo de visión de la profecía del Antiguo Testamento.

Aunque Daniel reciba muchas más revelaciones especiales respecto a este cuarto reino del mundo (Dan 7) que las que había recibido Nabucodonosor en su sueño (Dan 2), todas las líneas más concretas de la representación de esa cuarta bestia y de su cuerno se despliegan con tal falta de precisión que no podemos trazar a partir de ellas ninguna referencia concreta a un pueblo histórico, y por esta visión y su interpretación no podemos saber dónde iba a surgir ese pueblo (o, mejor dicho, ese monstruo), si en Asia o en algún otro lugar.

La fuerza de ese monstruo, que todo lo devora y pisa sin piedad, está en armonía con su naturaleza de hierro, y sus diez cuernos son la expresión de su poderosa armadura. Las expresiones más concretas relacionadas con el pequeño cuerno o con los once cuernos contienen solo unos rasgos ideales sobre el puesto del rey o del reino representado, de manera que de esa forma se muestran, de un modo claro la elevación de esa bestia sobre toda autoridad humana y divina, pero sin dar en modo alguno indicaciones sobre ninguna conexión histórica.

De esa forma vemos, por un lado, que las dos visiones no copian su representación profética de los hechos históricos, de forma que la profecía no es *vaticinium ex eventu*; pero, por otra parte, vemos que esas visiones no derivan de ideas generales, como Hitz. y Kran. han intentado mostrar.

- *Hitzig* piensa que la idea de las cuatro edades del mundo está en la base, no de la visión cuadripartita de las monarquías, pero sí del tipo de representaciones que se dan de ellas, en Dan 2, una idea que habría venido de la India a Grecia y que fue adoptada por Daniel 2 en su forma griega.
- *Kranichfeld,* por su parte, piensa que, bajo iluminación divina, Daniel desarrolló la idea del cumplimiento progresivo de la depravación pagana en cuatro estadios (no en cinco, seis etc.), conforme a la noción de las

cuatro edades del mundo, que encontramos no solo en las cuatro *jugas* de la India, sino también, sino también en la representación greco-romana de los eones vinculados a metales.

Pues bien, para este libro de Daniel no puede probarse ninguna dependencia especial respecto a los griegos por lo que se refiere al uso y valor de los metales, pues ellos solían ser empleados por los antiguos hebreos como símbolos metálicos, pero la combinación de la idea de las edades del mundo expresada de un modo tan firme y definido precisamente a través del número cuatro sigue siendo un fenómenos verdaderamente notable que ha debido tener un fundamento más profundo en la misma realidad que se quiere simbolizar (es decir, en las cuatro edades del hombre).

Esta conjetura podría resultar plausible si *Kranichfeld* hubiera probado que los supuestos cuatro momentos o edades de la vida del hombre formaban una idea familiar para el Antiguo Testamento. Pero él no ha sido capaz de ofrecer esa prueba, sino que se ha limitado a repetir que la combinación del número cuatro con las edades de la vida de un hombre se hallaba muy cerca del pensamiento de Daniel (cf. Dan 2), en la imagen del ser humano, en la misma personificación del paganismo.

¡Pero esta es una conclusión muy arbitraria ¿Qué tienen en común las cuatro partes de la figura humana (cabeza, pecho, vientre, extremidades) con los cuatro estados de la vida de un hombre? Esta combinación carece de todo tipo de apoyo físico. La idea del desarrollo del poder del mundo en cuatro reinos, que se suceden unos a los otros, y que se vuelven cada vez más opresores para el pueblo de Dios, no tiene ninguna conexión interna con la representación de las cuatro edades del mundo. En esa línea, como ha puesto de relieve incluso el mismo Ewald (Daniel p. 346), oponiéndose a esta combinación: "La misma comparación con oro, plata, bronce y hierro se encuentra muy cerca del autor de este libro para tener que tomarla prestada de Hesíodo".

La concordancia de las dos ideas en el número cuatro (aunque Hesíodo ha insertado la edad de los héroes entre el eón de bronce y el hierro, de manera que no ha destacado el número cuatro) se explicaría de un modo mucho más preciso a partir del carácter simbólico del cuatro, como número propio del mundo, en el caso de que fuera un mero producto de especulación o combinación sobre las edades del mundo y los reinos de la humanidad, pero no en el caso de que las edades del mundo se derivaran del despliegue histórico de la humanidad (y en el caso de los reinos del mundo de Daniel) y de la revelación divina.

Las restantes declaraciones sobre el desarrollo y curso de los reinos del mundo tampoco pueden ser concebidas como producto del pensamiento iluminado de los hombres. Esto se puede afirmar del despliegue general del segundo y tercer reino mundial (Dan 2 y Dan 7), y aún más de las declaraciones más especiales sobre ellos en Dan 8 y sobre todo en referencia al cuarto reino mundial.

Ciertamente, alguien podría deducir el terrible poder de este reino para destruir todas las cosas partiendo de la idea del despliegue de la hostilidad contra todo lo que es divino, internamente vinculada con la deterioración del estado del mundo, y darle mucha importancia a esto; en esa línea podría seguir diciendo que el número diez de los cuernos de la cuarta bestia corresponde al número de los dedos de los pies, y añadir que todo esto deriva de la comprensión del paganismo desde la figura de un hombre, añadiendo que todo esto no puede entenderse numérica, sino simbólicamente.

Pero dejando a un lado otros elementos, el crecimiento del pequeño cuerno entre los diez cuernos existentes y su elevación al poder a través de la destrucción de los tres cuernos anteriores no se puede deducir ni del significado simbólico de los números, ni puede ser interpretado a través de una iluminación interior de la humanidad. Al contrario, todo eso nos obliga a afirmar que nos encontramos ante una revelación divina de tipo inmediato. No estamos pues ante una visión racional de la historia, sino ante una revelación profética de Dios.

Por otra parte, si nos aproximamos de un modo más preciso a la referencia histórica de la cuarta bestia mundial, debemos reconocer que por ella no podemos entender el poder mundial de Grecia, sino el de Roma. Con Roma y no con la monarquía de Macedonia concuerdan tanto la naturaleza de hierro de la imagen (Dan 2) como las afirmaciones (Dan 7, 23) de que este reino será distinto de todos los anteriores y que él devorará y romperá y pisoteará sobre toda la tierra.

El reino de Roma fue la primera monarquía universal en sentido pleno. Durante el tiempo de las tres primeras monarquías mundiales, las naciones del futuro orden mundial quedaron todavía sin estar incluidas en el único imperio mundial. Durante el tiempo de las monarquías orientales, Grecia y Roma quedaban sin estar sometidas; durante la monarquía de Macedonia, Roma quedaba sin estar sometida. Solo Roma sometió todo el mundo conocido.

Únicamente el imperio romano extendió su poder y dominio sobre toda la οἰκουμένη, sobre todas las naciones históricas de la antigüedad en Europa, África y Asia. Así dice Herodiano II, 11, 7: "No existe parte de la tierra, ni región de los cielos donde los romanos no hayan extendido su dominio".

En esa línea, la profecía de Daniel nos muestra la diferencia entre los imperios mundiales anteriores, el asiro-babilonio, el persa y el griego, en la línea de lo que dice Dionyio de Halicarnaso, en *Proaem.* 9: "Todos los reinos anteriores más famosos han sido derribados, con su duración y poder. Pero el reino de Roma domina sobre todas las regiones de la tierra, hasta las más inaccesibles, habitadas por los hombres. Roma gobierna también sobre todo el mar, de manera que es la primera que ha extendido sus fronteras por el este y el oeste".

Respecto a los restantes rasgos de la imagen de Dan 2, en lo que toca a las dos manos y a los pies de la imagen, con el doble material de los pies no podemos encontrar ninguna indicación de la división del imperio romano en el este y oeste del Roma. El hierro y el barro no están divididos en la imagen de manera que un pie sea de hierro el otro de barro, sino que hierro y barro se encuentran al mismo tiempo en los dos pies.

En esta unión de los dos materiales heterogéneos no encontramos tampoco ninguna indicación de que, por la dispersión de las naciones, el material más informe de las tribus germanas y eslavas se añadiera al antiguo reino universal de Roma (Dan 2, 40) con su clara naturaleza de hierro (Auberlen. p. 252, cf. Hof., *Weiss. u. Erf.* I. p. 281). El barro no aparece en la imagen como material maleable y plástico, sino que conforme a la interpretación expresa de Daniel está indicando solo la fragilidad de la estatua.

La mezcla de hierro y barro, que no pueden combinarse nunca internamente, muestra la división interna de las naciones, que son de diferente material y que tienen rasgos nacionales distintos, tal como aparece en el imperio romano, que mantiene unidos a los diversos pueblos a través de la fuerza externa, pues la firmeza férrea de la nación romana se mezcló con el barro frágil.

Los reinos representados por los diez cuernos pertenecen todavía al futuro. Para juzgar sobre ellos con alguna certeza debemos precisar el lugar del reino mesiánico en referencia al cuarto reino mundial, de manera que podamos situarnos entonces ante la profecía del Apocalipsis de Juan, una profecía que se apoya en el libro de Daniel.

4. Reino mesiánico del Hijo del Hombre

En la imagen de las monarquías de Dan 2 el reino eterno de Dios se coloca simplemente frente (sobre) los reinos del mundo, y en concreto frente a la imagen idolátrica del hombre que se diviniza a sí mismo, imagen destruida y rota en piezas por la piedra que rueda y choca contra sus pies, mientras que la piedra en sí crece y se convierte en una gran montaña y llena toda la tierra (Dan 2, 34).

- *En Dan 2*, la piedra que rueda y destruye la imagen idolátrica de los reinos del mundo es una figura de ese reino que el Dios del cielo erigirá en los días de los reyes del cuarto reino mundial, un reino eterno que no será destruido en todas la eternidad, mientras que serán destruidos todos los reinos del mundo (Dan 2, 44).
- Por el contrario, *en Dan 7,* Daniel ve no solo ve el juicio que Dios realiza sobre los reinos del mundo, para destruirles por siempre con la muerte del último gobernante impío, sino que ve también la entrega del reino al Mesías que viene en las nubes del cielo, con la semejanza de un Hijo de Hombre, a quien todas las naciones servirán, y cuyo dominio permanecerá para siempre (Dan 7, 9-14; cf. 7, 26).

En ambas visiones aparece el reino mesiánico ya realizado. Auberlen (pág. 248), con otros quiliastas, afirma que el comienzo de ese reino no puede referirse a otra cosa que a la venida de Cristo para fundar el así llamado reino de los mil años, un acontecimiento que se realiza dentro este mismo mundo, en nuestra historia. A favor de esa visión, ellos ofrecen dos argumentos: (1) Que el juicio del Anticristo, cuya aparición parecía futura, se realiza antes del comienzo de ese reino eterno del Cristo. (2) Que en ambos capítulos (Dan 2 y Dan 7), ese reino aparece como un reino de gloria y de dominio, mientras que en este tiempo el reino de los cielos en la tierra es aún un reino de Cruz.

Pero, en contra de esa opinión de los quiliastas debemos afirmar que el juicio sobre el Anticristo y el comienzo del Reino de Dios (según Dan 2 y Dan 7) no se logra en este mundo, sino solamente después de la destrucción de todos los reinos del mundo y en especial de la destrucción del último enemigo poderoso que surge de ellos (que será el Anticristo). La piedra que rompe la imagen idolátrica se convierte en una gran montaña que llena toda la tierra (2, 35) solamente después que ella ha destruido la imagen de los reinos de este mundo, en los días de los reyes de la cuarta monarquía, que quedarán así para siempre vencidos.

Con esto armoniza Dan 7, pues el pequeño cuerno de la cuarta bestia lucha contra los santos del Altísimo (cf. Dan 7, 21. 22. 25. 27), hasta que el Anciano de Días ejecuta el juicio a favor del Cristo (del Hijo del Hombre), y solamente entonces llegará el tiempo en que los santos poseerán el reino. Aquí vemos de un modo preciso la llegada del reino de los cielos sobre la tierra, a través de la cruz de Cristo, de manera que partiendo de esta condición de cruz, el reino será elevado por el juicio y convertido en estado de gloria.

En un sentido, el reino del Mesías ha comenzado ya, y se mantiene en lucha contra el Anticristo, pero el reino del Anticristo solo será destruido cuando el reino del Mesías alcance su gloria. En esa línea, *Auberlen* matiza (con Roos, Hofm., etc.), diciendo que solo el pueblo de Dios, en oposición a las naciones y reinos paganos, puede ser entendido como "el pueblo de los santos del Altísimo" (Dan 7, 18. 27), porque Daniel solo podían pensar en este pueblo.

Pero *Kranichfeld* ha replicado, con razón, que Daniel y todo el Antiguo Testamento no sabían nada de esa distinción entre un época no israelita y una época israelita dentro del reino del Mesías, sino que solo conocían un reino del que Israel forma el centro duradero a fin de que las naciones paganas puedan acercarse a él (de manera que solo habrá un reino universal de Cristo, que es el mesías del verdadero Israel). A eso añadimos que la división del reino de los cielos fundado por Cristo en la tierra en un período de *Iglesia de los gentiles*, al que seguirá después *un período de mil años, con una iglesia propia de los judeo-cristianos* va en contra de las afirmaciones más claras de Cristo y de los apóstoles en el Nuevo Testamento y solo puede fundarse en una mala visión de unos pocos pasajes del Apocalipsis.

Ciertamente, Daniel predice el cumplimiento del reino de Dios en la Gloria, pero no profetiza diciendo que el reino de los cielos vendrá entonces por vez primera, sino que indica su comienzo de un modo simple (la pequeña piedra que desciende de la montaña..., aunque después no presenta su desarrollo de un modo gradual, en guerra contra el poder del mundo, pues solo ofrece unas breves insinuaciones del desarrollo temporal de los reyes y reinos del mundo. Cuando Aub. (p. 251) afirma que las palabras de Dan 2, 34 (entonces se rompieron en pedazos el hierro, el barro, el bronce, la plata y el oro) han de entenderse en el sentido de que *no puede haber una coexistencia entre el cuarto reino mundial y el reino de Dios*, él está atribuyendo a esas palabras un significado que no tienen en el texto.

El hecho de que las partes de la estatua se rompieran todas juntas, al embate de la piedra de la montaña, *significa que el poder del mundo quedó destruido en todas sus partes, pero no que la destrucción aconteciera al mismo tiempo, en el mismo momento, de forma que comenzó inmediatamente después la llegada del reino de Dios.*

La piedra que rompió la imagen en piezas comenzó a crecer entonces, es cierto, hasta convertirse en una gran montaña llenando toda la tierra. Pero esa destrucción de los reinos del mundo solo puede acontecer de un modo gradual, mientras va creciendo la piedra que baja de la montaña, y de esa forma, el reino de Dios solo puede destruir los reinos del mundo en la medida en que se va extendiendo gradualmente sobre la tierra.

La destrucción del poder del mundo, en todos sus componentes, comenzó con la fundación del reino de los cielos, por la aparición de Cristo sobre la tierra, o con el establecimiento de la Iglesia de Cristo, y solo alcanzará su culminación con la segunda venida de nuestro Señor para el juicio final. En la imagen que Daniel vio en un momento, como en un simple acontecimiento se expresa algo que se extiende históricamente en un desarrollo gradual, a lo largo de los siglos de historia cristiana, hasta la venida final gloria del Cristo, en el fin de los tiempos.

En su argumento, Auberlen ha identificado lo que es una imagen (rotura de la estatua...) con la realización fáctica, y no ha tenido en cuenta el hecho de que las palabras de Dan 2, 34 no concuerdan externamente con la visión del milenio del Ap 20, 1-15, que ha de entenderse en la línea de una extensión gradual del reino de Dios sobre la tierra, a lo largo de la historia humana, después de Cristo.

Ciertamente, en Dan 7, Daniel contempla el juicio de los reinos del mundo como un acto que está limitado en un punto del tiempo, por el cual no solo se destruye a la bestia final (en la que están contenidas todas las bestias), sino que en ese mismo acto se concede todo poder al Hijo del hombre. Pues bien, en esa línea, si uno identifica la visión profética, entendida de un modo superficial, con aquello que sucede de hecho, pone a Daniel en oposición a la enseñanza del NT sobre el juicio del mundo.

Conforme a la doctrina del NT, Cristo, el hijo del hombre, no recibe por primera vez el dominio y el poder sobre las naciones en el día del juicio final, tras la destrucción de los reinos del mundo por el Padre, sino que lo recibe (cf. Mt 28, 18) después que ha realizado su obra en el mundo, en el momento de su Ascensión. Y de esa forma, el que realiza el juicio no es Dios Padre, sino el Hijo, elevado a la derecha del Padre, que viene en las nubes del cielo para ello (Mt 25, 31). El Padre ha confiado el juicio al Hijo, ya en el tiempo en que él vivía en esta tierra en forma de siervo, fundando así el reino de los cielos (Jn 5, 27).

El juicio no comienza por primera vez ni antes ni después del milenio, tema sobre el que discuten una y otra vez los quiliastas, sino que el último juicio constituye solo el cumplimiento final del juicio comenzado por primera vez en la primera venida de Cristo sobre la tierra, juicio que se sigue realizando desde entonces a lo largo de los siglos a través de la extensión del reino de los cielos sobre la tierra, a través de la Iglesia Cristiana, hasta que Cristo vuelve visiblemente en su gloria, en las nubes del cielo, para el juicio final de los vivos y de los muertos.

Esta doctrina solo se revela y aclara para nosotros por vez primera con la aparición de Cristo, pues solo entonces se nos revelan por vez primera las profecías sobre el Mesías en su bajeza y en su gloria, con el claro conocimiento de la primera aparición de Cristo en la forma de siervo para fundar el reino de Dios por su muerte y resurrección, y con el conocimiento del retorno del Hijo del Hombre desde el cielo, en la gloria de su Padre, para culminar su Reino a través de la resurrección de los muertos y del juicio final.

Todo lo que acabamos de decir nos permite explicar la revelación que Daniel recibió sobre el Rey del Reino de Dios. Su aparición en forma de Hijo de Hombre en las nubes del cielo está evocando su venida futura en gloria. Pero, como he dicho arriba, su venida ante el Anciano de Días, es decir, ante Dios, recibiendo de Dios el reino y el dominio, no concuerda externamente con las afirmaciones del Nuevo Testamento sobre el retorno de Cristo para juzgar el mundo.

Por eso, aquí debemos distinguir entre el contenido actual de la profecía y la forma de la representación profética, es decir, entre el pensamiento de la profecía y su realización histórica. Solo por no tener en cuenta esta distinción, Fries ha podido deducir de Dan 7,13 un argumento en contra del hecho de poner en paralelo este pasaje de Dan 7 con Mt 24, 30; Mc 14, 62 y Ap 1,7, así como en contra de la referencia mesiánica del personaje que Daniel vio en las nubes del cielo como un Hijo de Hombre.

En la visión en la que el Anciano de Días (esto es, Dios) realiza el juicio sobre el mundo y sobre sus gobernantes, y en la que él concede al Hijo del Hombre, que aparece ante él, el reino y el dominio, lo que el profeta contempla de hecho es solo esto: Que el Padre concede al Hijo todo poder en cielo y tierra; que le concede el poder sobre las naciones, es decir, el poder que tenían los gobernantes de este mundo y que ellos empleaban solo para oprimir a los santos de Dios.

Dios concedió ese poder al Hijo del Hombre, y a través de él al pueblo de los santos, y de esa forma fundó el reino que ha de durar para siempre. Pero sobre la forma y manera en que Dios ejecuta ese juicio sobre el poder del mundo, y sobre el modo en que él concede el poder al Hijo del Hombre (Dan 7, 22. 27) y al pueblo de los santos, dándoles dominio y poder sobre todos los reinos bajo el cielo… sobre todo esto la profecía no nos ofrece detalles particulares.

Esto queda, sin embargo, claro a partir de Dan 7, 27: Que el juicio que realiza el Anciano de Días sobre el poder del mundo no es una aniquilación completa de los reinos del mundo por obra del Reino de los Cielos, sino solo una abolición de su dominio y poder hostil, de manera que se produce una sujeción de todos los reinos de la tierra bajo el poder y dominio del Hijo del Hombres, pues todos los poderes hostiles, con todas las naturalezas impías serán destruidos para siempre.

Las restantes revelaciones sobre la forma en que se realizará ese juicio se nos ofrecen en el NT, donde descubrimos que el Padre realiza el juicio por medio de su Hijo, a quien él ha dado todo poder en cielo y tierra. Con esta explicación del tema se armonizan fácilmente los pasajes del NT que se refieren a Dan 7, 13, sobre la venida del Hijo del Hombre en las nubes del cielo para realizar el juicio sobre el mundo. Para mostrar esto debemos examinar de un modo más preciso la concepción y el uso de la palabra "Hijo del Hombre" en el NT, es decir, del ὁ υἱὸς τοῦ ἀνθρώπου.

Es un hecho bien conocido que solo durante su vida en el mundo Jesús utilizó esta designación para referirse a sí mismo, como aparece en el NT. Así lo ha destacado Bengel, en su libro sobre Mateo, al comentar Mt 16, 13: "Nemo nisi solus Christus a nemine dum ipse in terra ambularet, nisi a semetipso appellatus est filius hominis" (nadie se ha llamado a sí mismo Hijo del Hombre, sino solo Cristo, llamándose a sí mismo, mientras caminaba por el mundo).

Tampoco los apóstoles utilizaron este nombre después de la ascensión de Cristo a los cielos. En Hch 7, 56; Ap 1, 13; 14, 14 (que son los únicos pasajes del NT donde aparece, fuera de los evangelios), este título de Hijo del hombre funciona solo como cita de Dan 7, 13. Por otra parte, es generalmente reconocido que Jesús, al llamarse de esa forma, quiso aplicarse a sí mismo el título de "mesías". Y como afirma H. A. W. Meyer al comentar el texto de Mt 8, 20, Mateo no se funda en Sal 8, 1-9, sino como resulta claro a partir de textos como Mt 24, 30 y 26, 64 (cf. también Hch 7, 57), él se funda en la descripción de la visión profética de Dan 7, 13, que los judíos conocían bien (cf. Jn 12, 34) y que se encuentra también en el libro precristiano de Henoc, donde el Mesías aparece en las nubes del cielo como כבר אנש, ὡς υἱὸς ἀνθρώπου, entre los ángeles, sobre la sede del juicio divino.

La comparación que así se establece (con כ, ὡς) con un hijo de hombre se refiere a la forma en que él ha sido visto por el profeta Daniel, como venimos indicando, y no define ni la verdadera humanidad ni la naturaleza sobre-humana de aquel que aparece. El carácter sobrehumano o la naturaleza divina de la persona que así se muestra en forma de hombre se expresa en su venida en las nubes del cielo, como sabe el Antiguo Testamento, pues solo el Dios verdadero utiliza las nubes como "carro" en el que se sienta y en el que viene (cf. Sal 104, 3; Is 19, 1).

Pero, por otra parte, estas palabras no excluyen la humanidad del que viene, como tampoco lo hacen las palabras ὅμοιος υἱῷ ἀνθρώπου, Ap 1,13, pues, como ha puesto de relieve C. B. Michaelis, כ *non excludit rei veritatem, sed formam ejus quod visum est describit* (la כ, *como,* no excluye la verdad del tema, sino que describe la forma en que se aparece). Así podemos decir con Oehler (en Herz., *Realenc.*) que el mesías aparece aquí como ser divino, tanto como ser humano. La unión de la naturaleza divina y de la humana yace por tanto en la auto-designación de Cristo como ὁ υἱὸς τοῦ ἀνθρώπου, aunque pueden darse diversas opiniones sobre la forma en que unen esas dos naturalezas.

No podemos afirmar que esta fue una designación común del Mesías entre los judíos del tiempo de Jesús, porque solo Jesús la utiliza. Sus discípulos no la emplean, ni acude a ella el pueblo al hablar del Mesías. Si, por tanto, Jesús habla de sí mismo como Hijo del Hombre, él está indicando por ello no meramente que es el Mesías, sino que él quiere designarse a sí mismo como el Mesías de la profecía de Daniel, es decir, como el Hijo de Hombre que viene a la tierra en las nubes del cielo. De esa manera, él se atribuye un origen divino, o una pre-existencia divina, afirmando al mismo tiempo la humanidad de su persona, queriendo así representarse a sí mismo como el Logos que se hace carne, según la expresión de Jn 1, 14[65]. Esta forma de entender la expresión queda confirmada por una comparación con los pasajes en los que Jesús la utiliza.

- *Jn 1, 52 afirma*: "Por lo tanto, veréis el cielo abierto y los ángeles de Dios subiendo y bajando sobre el Hijo del Hombre", indicando de esa forma que la gloria divina aparece oculta en la bajeza del Hijo del Hombre, pues el Hijo del Hombre que camina en la tierra como un hombre es el Hijo de Dios.
- Lo mismo aparece *en la respuesta que Jesús dio al sumo sacerdote,* cuando él le conjuró para que dijera "si era el Cristo, el Hijo de Dios" (Mt 26, 63), refiriéndose de un modo directo a Dan 7, 13: "Por lo tanto,

---

65. Meyer ha dicho justamente: "La conciencia con la que Jesús se apropia de esta designación de Daniel es la antítesis del tipo de auto-conciencia de la filiación divina que defendía Schleiermacher; esta conciencia de una pre-existencia divina aparece de la manera más decidida en el Evangelio de Juan, donde se habla de la *gloria* (δόχα) que él ha debido dejar a un lado para aparecer como *el hijo del hombre* (ὡς υἱὸς ἀνθρώπου) de Daniel, de una forma que originalmente no le pertenecía...

Cualquiera que, dejando a un lado esta idea bíblica, piense que Jesús se está llamando "hijo del hombre" para presentarse como segundo Adán, como humanidad ideal (Bhme, Neander, Ebrard, Olsh., Kahnis, Gess y Weisse), o como el hombre en quien se condensa toda la historia de la humanidad desde Adán (cf. Hofm., *Schriftbew.* II. 1, p. 81; cf. Thomas, *Chr. Pers. u. Werk*, II. p. 15), está introduciendo elementos que no son históricos en la referencia de Jesús a Dan 7.

veréis al Hijo del Hombre sentado a la derecha del Poder y viniendo en las nubes del cielo".
- De igual manera aparece *en los restantes pasajes de los evangelios en los que Jesús se designa a sí mismo como el Hijo del Hombre*. En ellos, Jesús evoca su bajeza presente o su gloria futura, como lo ha probado con lucidez Fr. A. Philippi (*Kirch. Glaubenslehre*, IV. 1, p. 415, 2ª ed.) con una lúcida comparación de todos los pasajes del Evangelio de Mateo.

Del uso de la expresión "Hijo del Hombre" por Jesús (no solo cuando él se refiere a su grandeza sobrenatural o a su preexistencia divina, sino también cuando él coloca su bajeza humana en contraste con su naturaleza divina) se sigue que, incluso en aquellos pasajes que tratan de su venida para juzgar en las nubes del cielo, él no quiere probar tanto su aparición para el juicio, sino más bien solamente el poder y gloria divina que el Padre le ha concedido, o indicar por la Escritura que el Padre le ha dado dominio sobre todos los pueblos, y que él vendrá para revelar su dominio por el juicio del mundo y por la realización de su reinado.

El Padre, es decir, Dios como Señor del mundo, le ha concedido el poder de realizar el juicio sobre vivos y muertos porque él es el Hijo del Hombre (Jn 5, 27), es decir, porque él, siendo hombre, es, al mismo tiempo, de naturaleza divina, en virtud de lo cual tiene la misma esencia del Padre.

Esta verdad se manifiesta en la visión de Dan 7, 13-14, por la que vemos que el Anciano de Días concede la gloria y el reino a aquel que aparece ante él en la forma de un hombre viniendo en las nubes del cielo, a fin de que todos los pueblos y naciones puedan honrarle. Por eso, Dios le concedió implícitamente el poder de realizar el juicio sobre todos los pueblos, porque el juicio es solo una manifestación de la soberanía que Dios le ha concedido.

5. El pequeño cuerno y la bestia apocalíptica

La entrega del reino al Hijo del Hombre viene antes de la aparición del gran adversario del pueblo de Dios, representado por el pequeño cuerno – el adversario (=el Anticristo) en el que alcanza su más alta revelación la enemistad del mundo contra el Reino de Dios. A fin de lograr una visión bien fundada de la aparición de este último enemigo debemos comparar la descripción de Dan 7, 8. 24 con la presentación apocalíptica del mismo enemigo bajo la imagen de la Bestia que sale del mar o del abismo en Ap 13, 1-8; 17, 7-13.

Juan el apocalíptico vio cómo salía del mar una Bestia que tenía siete cabezas y diez cuernos, y sobre sus cuernos diez coronas. Era como un leopardo, pero tenía pies de oso y boca de león, y el Dragón le concedió su trono y gran poder. Una de sus cabezas aparecía como si hubiera recibido una herida de muerte, pero esa herida mortal fue curada, Ap 13, 1-3.

En esta bestia se condensan las cuatro bestias de Daniel: el león, el oso, el leopardo y la bestia sin nombre que tenía diez cuernos como reyes (Dan 7, 7; cf. Ap 17, 9.12). Según eso, la bestia que ha visto Juan representa el poder del mundo, uniendo en una misma figura las figuras que Daniel había visto en forma de cuatro bestias, apareciendo cada una después de la otra, uniendo así los símbolos de todas.

En esto concuerdan todos los intérpretes. Sin embargo, Hofmann (*Schriftbew.* II. 2, p. 699) se equivoca cuando, partiendo de la circunstancia de que esta bestia tenía el cuerpo de un leopardo, él saca esta conclusión: "Juan ha visto al reino de Grecia surgiendo de nuevo en una forma distinta, pues lleva la boca del león caldeo, los pies de oso del reino medo-persa y los diez cuernos del último reino".

Pues bien, en contra de eso, esta bestia apocalíptica tiene el cuerpo de leopardo solo por una razón: porque la última bestia de Daniel no tenía ninguna comparación con animales. En esa circunstancia, a Juan solo le quedaba una salida, la de tomar el cuerpo de una de las bestias de Daniel, y unir con ella los pies, la boca o mandíbulas y los diez cuernos de las otras bestias.

Pero la bestia apocalíptica debe representar no solo el nuevo surgimiento del tercer reino mundial de Daniel, sino también la aparición del cuarto reino en su forma final, tal como Daniel lo había representado en el pequeño cuerno, tal como aparece en lo dicho, y también en la explicación de Ap 17 donde se afirma que la bestia tenía siete cabezas y diez cuernos, con el nombre de "blasfemia" en sus cabezas (Ap 13, 1), con los signos del pequeño cuerno de Daniel, que habla arrogancias y que dice blasfemias, a lo largo de 42 meses (Ap 13,5), que corresponden a los tres tiempos y medio de Dan 7, 25.

Por otra parte, Hofmann ha indicado con toda razón que la bestia debe representar no solamente el último poder del mundo, sino también, al mismo tiempo, al último gobernante del mundo, el enemigo principal de los santos de Dios. Como en el caso de Daniel, también en el Apocalipsis de Juan, el poder del mundo y su representante (jefe) son concebidos como uno y el mismo. Así aparece en la transición insensible del neutro al masculino en τῷ θηρίῳ ὅς ἔχει, del verso Ap 13, 14. En esta bestia se concentra no solo todo el poder mundial, sino que ese poder está representado por su cabeza.

Los diez cuernos han de ser concebidos como surgiendo de una cabeza, es decir de la séptima o última, y no como piensan Dsterdieck y otros, diciendo que surge un cuerno en cada cabeza, de manera que los tres restantes (diez cuernos para siete cabezas) se sitúan entre la sexta y la séptima cabeza. Esta extraña suposición debe su origen solo a la relación histórica de la bestia con el primer emperador romano, pero está en oposición a la interpretación de la bestia que ha ofrecido el mismo Juan en Ap 17, 7. En ese verso, Juan ve a la mujer, la gran Babilonia, la madre de los prostitutos y de las abominaciones, sentándose sobre una bestia de color escarlata, que estaba llena de nombres de blasfemia y que tenía diez cuernos (Ap 17, 3).

La identificación de la bestia de siete cabezas (Dan 7) con la bestia de color escarlata (Ap 17) ha sido justamente reconocida por un gran número de intérpretes actuales, incluso por Dst. De esa bestia escarlata (roja) dice Ap 17,8: "La bestia que has visto era y no es, y está para subir del abismo e ir a perdición. Los habitantes de la tierra, aquellos cuyos nombres no están escritos en el libro de la vida desde la fundación del mundo, se asombrarán viendo la bestia que era y no es, y será" (la palabra καὶ πάρεσται significa que "vendrá", que está presente, conforme a una lectura más precisa del texto).

La mayor parte de los intérpretes ven en esa palabra una paráfrasis de la afirmación de Ap 13, 3.12. 14, donde se dice que la bestia fue herida de muerte, pero que esa herida de muerte fue curada. La distinción entre las dos afirmaciones (es decir, de que no era y estaba herida y que ha vuelto de nuevo y su herida se ha curado), como ha puesto bien de relieve A. Christiani (*Uebersichtl. Darstellung des Inhalts der Apok.*, en Dorpater Zeitschriftf. Thel. 1861, III. p. 219), tiene su fundamento (en contra de Ebrard) sea en la falsa suposición de que la bestia de Ap 17 es distinta de la de Ap 13 o en el hecho de que ha de existir, al menos en sentido abstracto, una distinción entre el poder del mundo (Ap 13) y el gobernante del mundo (Ap 17). Además de que no se puede aceptar esa distinción, no queda clara la diferencia que hay entre la herida de muerte y el no ser (en contra de Aub.).

El ser y el no ser, y la aparente curación de la bestia no han de entenderse como algo que sucede en el tiempo presente del vidente, como si se dijera: La bestia existía antes del tiempo de Juan, y después no era, y después, un día, volverá a aparecer, una visión que se ha combinado con la fábula del retorno de Nerón. Pero, el pasado, el presente y el futuro de la bestia han de ser tomados, como piensan Vitringa, Bengel y Christ., desde la perspectiva del punto de partida de la visión, conforme a la cual el tiempo de cumplimiento, perteneciendo al futuro, ha de ser tomado como el punto desde el cual han de entenderse *el ser, el no ser y el aparecer de nuevo, de manera que esos tres elementos forman la concreción (la realidad) de la naturaleza de la bestia en su manifestación histórica.*

Desde aquí, el ángel revela al vidente el secreto de la mujer y de la bestia sobre la que va montada la mujer, comenzando con la interpretación de la bestia, Ap 17, 9: "Las siete cabezas son siete montañas, sobre las que va sentada la mujer; y son siete reyes". De esa forma, las cabezas se definen de dos maneras: Para la mujer son siete montañas sobre las que ella se sienta; peo en cuanto pertenecen a la bestia ellas son siete reyes" (Hofm. p. 711, Christ., etc.). La identificación de las montañas con las siete colinas de Roma ha de ser rechazada, porque es difícil de entender cómo las cabezas pueden representar al mismo tiempo montañas y reyes.

Las montañas son, según la visión profética, sedes de poder, símbolos de reinos del mundo (cf. Sal 68, 17; 76, 5; Jer 51, 25; Ez 35,2) y, por poco que se piense en eso, ellas aparecen ocupando su espacio, una al lado de la otra, como los siete reyes que han de ser tomados como contemporáneos. Según eso, los βασιλεῖς no son tampoco reyes separados de un reino, sino principados, dominios, (=reinos) como en Dan *los gobernantes y los reinos, que se toman unidos* (representando la misma cosa). Por eso, no hace falta pensar que βασιλεῖς está aquí en lugar de βασιλεῖαι; porque, según Dan 8, 20-22, "cuando se habla del reino se está pensando al mismo tiempo en la persona del rey; pero, cuando se está designando la soberanía, entonces se dice rey (el rey), sea porque el rey representa el reino o porque se trata del rey fundador, a quien se distingue de un modo especial" (Hofm. p. 714).

El ángel sigue hablando así de las siete cabezas: "Cinco (de estas soberanías o reinos) han caído", es decir, han pasado ya; "una es", es decir, existe, "la otra aún no ha llegado, y cuando venga ha de durar un poco de tiempo". Esta explicación se da obviamente desde el punto de vista del presente del vidente. Las cinco soberanías ya pasadas (βασιλεῖς) son Egipto, Asiria, Babilonia, Reino Medo-Persia y Grecia (Hengst., Aub., Christ.), y no Asiria, Caldea, Persia, Grecia y el reino de los seléucidas, como suponen Hofmann con Ebrard y Stier. La inclusión de los seléucidas o de Antíoco en el rango de gobernantes del mundo depende, según Hofmann, de la errónea interpretación de que la imagen de la bestia de la apocalíptica representa la reaparición de un reino mundial griego, cayendo así en un error.

El argumento principal que Hofmann eleva contra Egipto, cuyo poder nunca que se alzó para someter o unir el mundo bajo su cetro, y que nunca ha sido representado así por la Escritura, queda invalidado por lo que ha mostrado Aub. (p. 309), al indicar que *Egipto ha sido el primer poder mundial con el que el Reino de Dios tuvo un conflicto bajo Moisés*, cuando empezó a existir como nación y como reino. Más aún, en el tiempo de los reyes (desde David a la caída de Jerusalén el 576 a.C.), Israel estuvo implicado en las guerras entre Egipto y Asiria, lo mismo que en un momento ulterior entre los tolomeos y los seléucidas.

Por esa razón, los antiguos profetas nombran con frecuencia a Egipto y Asiria al mismo tiempo, particularmente como poderes mundiales con los que el pueblo de Dios se ha prostituido (cf. 2 Rey 17, 4; Os 7,11; 9, 3; 11, 1. 5. 11; Miq 7, 12; Is 52, 4; 19, 23-25; Jer 2, 18. 36; Zac 10, 10). Por otra parte, los seléucidas aparecen ante nosotros en Dan 8 y en 11,1-25 como un renuevo del reino mundial de los griegos, aunque no se explicite después nada más sobre ellos. En Dan 7 no se dice nada de ese quinto reino, lo mismo que en la visión de los cuatro carros de caballos de la visión de Zacarías.

El sexto reino que "es" (ὁ εἷς ἔστιν), el poder mundial de Roma, es decir, el emperador, que ejerce su dominio en el tiempo de Juan, que es el autor de Apocalipsis. El séptimo reino es aún futuro y cuando venga durará un corto tiempo (ὀλίγον). *Si el sexto reino es Roma, el séptimo ha de referirse a los poderes mundiales de la moderna Europa que han venido a ocupar su lugar.*

El ángel añade (Ap 17, 11): "La bestia que era y que no es, ella es también la octava (=el octavo rey) y es una de los siete y va a la perdición". Por aquello que se dice "es también la octava" solo se puede estar indicando que ella es la séptima, pues así lo exige el contraste que está en el fondo de καὶ αὐτὸς ὀγδοός. Por este reino (esta bestia) que está en el lugar de la séptima (Ap 17, 10), ὁ ἄλλος, se está indicando a la misma bestia, por lo que pone de manifiesto que la misma bestia se encarna en este octavo poder, con lo que se completa y culmina su forma de existencia.

Así lo muestra en parte la misma expresión ἐκ τῶν ἑπτά que se añade a la ὀγδοός, y en parte la designación de "la bestia que era y no es". Este añadido no dice simplemente que se trata de "uno de los siete", para lo que Juan debería haber escrito εἷς ἐκ τῶν ἑπτά (cf. Ap 17, 1; 21, 9), o "una formada como séptima", sino que dice "una que crece de las siete, como el retoño o flor que sale de la planta (βλαστάνων, como lo explica Andreas el Griego, aunque añadiendo erróneamente ἐκ μίας αὐτῶν).

Este séptimo-octavo poder es la esencia abarcadora de los siete, la encarnación de la misma bestia, que por primera vez alcanza su forma perfecta (Aub., Dsterd., Christ.). Por eso aparece como octavo frente (desde) los siete. Pero en sí no es un octavo reino, pues no está representado por una octava cabeza, sino que es solamente la bestia en cuanto tal, solo la bestia que era y no es y que ha de mostrarse de nuevo (πάρεσται, Ap 17, 11. Cf. 17, 8). Pues bien, conforme a lo anterior, esta definición significa lo mismo que lo que quería decir Dan 7, 23 por la herida mortal de la bestia y por la curación de la herida. Según eso, estas palabras significan que el poder mundial recibe una herida de muerte en una de las cabezas (¿en la séptima?), de manera que la bestia no es, es decir, no puede mostrar su poder su naturaleza de bestia hasta la curación de la misma, pero añadiendo que, tras la curación de la herida, ella aparecerá como el octavo rey (gobernante) con toda su fuerza y su naturaleza de bestia, desplegando el poder de sus diez cuernos.

De estos diez cuernos dice en ángel en Ap 17, 12: "Son los diez reyes que no han recibido βασιλείαν, pero que recibirán poder como reyes, una hora, con la bestia". De esta manera se afirma por un lado que los diez cuernos pertenecen a la séptima bestia; pero, por otro lado, se muestra, por la interpretación del ángel, tomada en conexión con lo que se ha dicho antes, que el gobernante con los diez cuernos es la fase más alta del desarrollo del poder del mundo, de manera que ese gobernante ha de verse como contemporáneo de los diez reyes (βασιλείς), que recibirán poder con los reyes (de parte de la Bestia).

De todas maneras, la afirmación de que el séptimo gobernante es también el octavo, y que debe representar a la bestia en su forma más perfecta, sin aparecer como una octava cabeza de la misma bestia, tiene sin duda su fundamento en el hecho de que depende de la configuración apocalíptica de la profecía de Daniel sobre el cuarto poder mundial, en el que (cf. Dan 2) los pies de hierro se distinguen de los dedos, que son en parte de hierro y en parte de barro; y depende sobre todo de Dan 7 donde el clímax del poder de la cuarta bestia está representado por el pequeño cuerno que crece entre los diez cuernos, y que sin embargo no ha sido llamado "quinto reino", ni en Dan 2, ni en Dan 7, ni aparece designado como quinto gobernante del mundo.

La presentación apocalíptica del poder del mundo y del gobernante mundial está de tal forma relacionada con la profecía de Daniel que, en primer lugar, vuelve a retomar sus elementos y los reúne en una imagen combinada, conforme a su desarrollo, en el pasado, presente y futuro, mientras que la profecía de Daniel parte del presente, comenzando con el poder mundial caldeo. Más aún, la revelación del Apocalipsis despliega el principio espiritual que está actuando en el poder del mundo. El Dragón, que es el principio de este mundo, ha dado su trono y su poder a la bestia.

Finalmente, el apocalipsis se extiende hacia lo que es aun futuro del reino impío, pues coloca ante la vista de los lectores, además del sexto poder/gobernante del presente el surgimiento de un séptimo poder en el que la bestia, que se ha curado de su herida de muerte, se revelará del todo a sí misma, manifestando su naturaleza antidivina.

La división del cuarto reino mundial de Daniel entre dos gobernante tiene su fundamento en el propósito de alcanzar el número significativo de siete. A través del número de siete cabezas, mientras Daniel solo había visto cuatro bestias, la bestia apocalíptica ha de ser representada como el poder opuesto al Cordero, en forma de contraste. La bestia tiene las siete cabezas y los diez cuernos en común con el Dragón que le ha dado su poder (cf. Ap 13,1-2; 12, 3).

Las siete cabezas del Dragón y de la Bestia son una caricatura infernal y una antítesis de los siete Espíritus de Dios, de los siete ojos y los siete cuernos del Cordero (cf. Ap 5, 6), lo mismo que las siete montañas sobre las que está sentada la mujer son el antitipo y la antítesis de la colina de Sion, la montaña escogida del (Cf. Lmmert, *Babel, das Thier u. der falsche Prophet*, 1863, p. 84.)

Por el significado simbólico de los números, resulta clara la razón por la que la bestia *que era y no es* puede aparecer como el octavo gobernante. Esa octava bestia que está constituida por la adición de uno al siete anterior indica un nuevo comienzo, o el comienzo de una nueva vida, como se dice con frecuencia en las leyes que están relacionadas con la adoración religiosa y como se muestra por ejemplo con el número 8 en lo referente al día de la circuncisión, en la consagración de los sacerdotes, en la purificación de los leprosos, en los ocho días de la fiesta de los Tabernáculos etc. Cf. Leyrer, en Herz., *Real. Enc*ycl. XVIII. p. 370.

Según él (Leyrer), la bestia es llamada καὶ αὐτὸς ὀγδοός (Ap 17,11), "porque aunque hasta ahora ha sido el número 7 el que ha constituido el desarrollo anticristiano hasta su culminación, ahora aparece alguien con la presunción de auto-deificarse, en rebelión abierta contra Dios, elevándose para crear así el experimento de una monarquía mundial absoluta, antes de que llegue sobre ella el juicio final.

Como el número 7 de las cabezas de la bestia del Apocalipsis, así también el número 4 de las bestias que surgen del mar en la visión de Daniel se aplica aquí en primer lugar por el significado simbólico que tiene en el mundo el número 4. Por razón de ese significado del número 4, solo se habla de cuatro reinos mundiales, pero en el cuarto existen claramente dos fases diferentes del desarrollo del reino mundial. Si miramos a este significado de los números, la diferencia entre la representación de Daniel y la del Apocalipsis se reduce a esto: Que *Daniel* designa los poderes del mundo simplemente en oposición al reino de Dios; por el contrario, el *Apocalipsis* designa esos poderes desde la perspectiva escondida de su trasfondo espiritual y de su forma anticristiana.

De esa forma, en el Apocalipsis el número 4, que pertenece a los reinos del mundo, viene a presentarse en contraste con el número 7, que pertenece a lo divino. Pero en ambas representaciones, la Bestia, que forma la última fase del poder del mundo, tiene diez cuernos. Este número tiene también un significado simbólico: Es el sello de la realización definitiva, signo del máximo desarrollo y perfección. "Los diez cuernos son reyes, porque los cuernos como los reyes evocan el poder de aplastar, de conquistar" (Lmmert, p. 78).

El pequeño cuerno que arrancó a los tres anteriores, para ocupar su lugar, representa, con los otros siete, el número ocho. Pero ocho es un siete aumentado. Se trata, pues, de la misma bestia, en su poder más alto, madura ya para el juicio, lo mismo que la bestia *que era y ya no es* viene a presentarse como el octavo gobernante, que será destruido tras un breve período de acción, a través del juicio.

Pero mientras atribuimos un sentido simbólico a los números, no queremos negar que su valor numérico pueda realizarse en el cumplimiento real de lo anunciado. Como muestra sin duda alguna la comparación entre Dan 7 y Dan 8, el segundo y el tercer reino que vio el profeta se han realizado históricamente en la sucesión del reino medo-persa y del griego, después del babilonio. Pues bien, en la presentación profética del cuarto reino mundial no debe ponerse en duda el carácter del poder mundial de Roma.

Finalmente, como en el Apocalipsis las primeras seis cabezas de la Bestia se refieren a los poderes mundiales que han aparecido hasta ahora, así también la profecía de las siete cabezas y de los diez cuernos de la bestia (en Daniel y el Apocalipsis) se cumplirá en el futuro, de manera que el poder anticristiano del mundo alcanzará su plenitud en los diez gobernantes que recibirán el poder como reyes por una hora con la bestia, es decir, como compañeros y auxiliadores del Anticristo, realizando la guerra por un momento en contra del Señor y de sus Santos, hasta que, cuando aparezca el Señor para juzgar, ellas serán destruidas, con la Bestia y el Dragón.

La forma en que esta parte de la profecía, que se relaciona con el último despliegue del poder impío y anticristiano del mundo, se cumplirá a sí misma, quizá solo conforme al significado simbólico de los números, o finalmente también de un modo actual, solo lo revelará por primera vez con claridad el Día.

Dan 8-12
SEGUNDA PARTE
EL DESARROLLO DEL PUEBLO DE DIOS

Esta segunda parte contiene tres revelaciones que Daniel recibió durante los reinos de Baltasar, Darío el Medo y Ciro el Persa, en relación con el desarrollo del Reino de Dios. Después de describir en la primera parte el desarrollo del poder del mundo y su relación con el pueblo y reino de Dios, desde los días de Nabucodonosor, su fundador, hasta el tiempo de su destrucción final por el reino perfecto de Dios, en esta segunda parte se le revela al profeta la forma en que el reino de Dios, en guerra contra el poder y la enemistad de los gobernantes del mundo, y en medio de severas opresiones, es conducido hacia adelante, hasta la victoria final y perfecta.

- *La primera visión (Dan 8)* presenta lo que sucederá al pueblo de Dios durante el desarrollo del segundo y tercer reino del mundo.
- *La segunda revelación (Dan 9), respondiendo a la oración penitencial del profeta,* por la restauración de la ciudad santa que está en ruinas y por el santuario desolado, le ofrece unas revelaciones sobre todo el desarrollo del reino de Dios, desde el exilio de Babilonia, hasta el cumplimiento final del plan de salvación de Dios.
- *En la última visión, en el año tercero de Ciro (Dan 10-12),* el profeta recibe aún revelaciones ulteriores y más precisas sobre las duras persecuciones que esperan al pueblo de Dios, para su purificación, en el cercano futuro, bajo Antíoco Epífanes y en el tiempo del fin, bajo el último enemigo que es el Anticristo.

I
Daniel 8
EL ENEMIGO QUE BROTA DEL TERCER REINO MUNDIAL

En Susa, en la provincia de Elam, Daniel vio en visión (8, 1-2) un carnero con dos cuernos, con un macho cabrío viniendo del oeste, corriendo sobre la tierra, que tenía un gran cuerno en su frente y que hería y destruía (8, 3-7). El macho cabrío combatía con mucha fuerza contra el carnero hasta que se rompió el gran cuerno, y en su lugar nacieron cuatro grandes cuernos, dirigidos hacia los cuatro vientos del cielo, y de uno de ellos surgió un pequeño cuerno, que dirigió su poder hacia el sur y hacia el este, y hacia la tierra santa, luchando contra el ejército de los cielos, y se alzó contra el Príncipe de los ejércitos celestiales, suprimió el sacrificio diario y desoló el lugar del santuario (8, 8-12).

Daniel escuchó entonces a un ángel que preguntaba cuánto tiempo duraría este sacrilegio (8, 13-14). Y oyó entonces que otro ángel le daba una explicación de la visión (8, 15-26). Y con una observación sobre el efecto de esta revelación en la mente de Daniel (8, 27) termina este capítulo.

Como muestra la referencia sobre el tiempo, en Dan 8, 1, esta visión se encuentra en relación con el capítulo anterior, y se vincula también con su contenido, en la medida en que ofrece revelaciones más precisas sobre la relación del segundo y del tercer reino mundial, que solo habían sido esbozadas en Dan 7.

A pesar de ello, este capítulo no forma un mero apéndice del anterior, sino que ofrece una revelación nueva sobre una fase del desarrollo del poder mundial y de su enemistad contra el pueblo de Dios, sobre lo cual nada se había dicho en Dan 7. La opinión de que este capítulo es solo un apéndice de Dan 7 está fundada en la idea errónea de que el cuarto imperio mundial es el macedonio y de que el pequeño cuerno de Dan 7 es el mismo que aquel sobre el que se profetiza en este capítulo[66].

---

66. Conforme a los críticos modernos (Berth., v. Leng., Hitz., Bleek), este capítulo debe haber sido escrito poco antes de la nueva consagración del templo de Jerusalén en el tiempo de los macabeos, o inmediatamente después de la muerte de Antíoco Epífanes. Esta suposición está tomada de Dan 8, 14, donde se supone que el tiempo de opresión durará 2.300 tardes-mañanas. Pero, dejando de lado el hecho de que esos críticos no pueden concordar en el cálculo de ese período de

El enemigo que brota del tercer reino mundial

8, 1-14. La visión

8, 1-2

¹ בִּשְׁנַת שָׁלוֹשׁ לְמַלְכוּת בֵּלְאשַׁצַּר הַמֶּלֶךְ חָזוֹן נִרְאָה אֵלַי אֲנִי דָנִיֵּאל אַחֲרֵי הַנִּרְאָה אֵלַי בַּתְּחִלָּה׃
² וָאֶרְאֶה בֶּחָזוֹן וַיְהִי בִּרְאֹתִי וַאֲנִי בְּשׁוּשַׁן הַבִּירָה אֲשֶׁר בְּעֵילָם הַמְּדִינָה וָאֶרְאֶה בֶּחָזוֹן וַאֲנִי הָיִיתִי עַל־אוּבַל אוּלָי׃

¹ En el año tercero del reinado del rey Belsasar, yo, Daniel, tuve una visión, después de aquella que había tenido antes. ² Miraba yo la visión, y en ella yo estaba en Susa, que es la capital del reino, en la provincia de Elam. En la visión, pues, me veía junto al río Ulai.

Dan 8, 1-2 contiene la introducción histórica para la nueva revelación. Ella fue concedida a Daniel en el año tercero del reinado de Baltasar, es decir, dos años después de la visión de los cuatro reinos (Dan 7,1), pero no en un sueño como aquella vez, sino cuando él se hallaba despierto. Las palabras "yo Daniel" no son un pleonasmo (Hv.), ni una señal de que al autor quería presentarse especialmente a sí mismo como Daniel (Ewald), sino que indican expresamente que Daniel continúa hablando de sí mismo en primera persona (Kliefoth).

El artículo de הנראה (aquella que apareció) ocupa el lugar del relativo אשר, y la expresión es concisa החזון אשר נראה (la visión que apareció); cf. Ewald, *Lehr.* 335a. בתחלה (al comienzo), como en Dan 9, 21, con el significado general de *antes, más temprano*, como en Gen 13, 3; 41, 21; 43, 18. 20; Is 1, 26, sinónimo de בראשנה (en el comienzo). Esta palabra remite a Dan 7 y en Dan 9, 21 se refiere a Dan 8, 16 (de esta capítulo)

En visión, es decir, ἐν πνεύματι, no ἐν σώματι (en cuerpo). Daniel se hallaba en la ciudad de Susa, en la provincia de Elam (Elymas). Por las palabras "vi en visión... en ella sucedió que" se especifica la escena de la visión, para mostrar que él se hallaba en Susa, solo, y que recibió una visión, y desde estas palabras se puede refutar la idea de que Daniel se hallaba de hecho corporalmente en Susa.

---

tiempo, con lo cual muestran la falta de precisión de esa hipótesis, todos los restantes contenidos de este capítulo están en contra de esa suposición.

Este capítulo no contiene ninguna indicación de la gran victoria de los macabeos que precede a la consagración del templo, haciendo que ella sea posible, y además, en contra de eso, habla de la opresión como algo que continúa sin cambiar hasta que el mismo opresor sea destruido (Dan 8, 25), y así termina sin ninguna visión mesiánica, como uno podría esperar si la obra fuera un poema parenético de un judío macabeo. En ese contexto, el mismo Bleek se encuentra obligado a añadir (por su propia cuenta) que el comienzo de la liberación destinada por Dios para su pueblo está vinculado de una forma estrecha e inmediata con la prohibición del culto a Yahvé por Antíoco Epífanes y con la destrucción de este príncipe, para así dar a esta visión un carácter mesiánico.

Así lo reconocen v. Leng., Hitzig, Maurer, Hv., Hgstb., Kran. y Kliefoth, en contra de Bertholdt y Rosenmller, que entienden estas palabras, en conexión con Dan 8, 27, como si supusieran que Daniel se encontraba personalmente presente en Susa para realizar algún encargo del rey, por lo cual Bertholdt eleva, en contra del seudo-Daniel, el argumento de que él no era consciente de que en aquel momento, bajo Nabónido, Elam no pertenecía a Babilonia, y de que en ese momento no había un palacio real en Susa.

Pero esta acusación no tiene fundamento histórico. No tenemos información precisa sobre si en tiempo de Baltasar Elam había sido integrada en el imperio babilonio o caldeo. Ciertamente, no solo Hengstenberg (*Beitr.* I. p. 42f.), sino otros teólogos antiguos han concluido, por las profecías de Jer 49, 34, comparadas con las de Jer 25, 25 y Ez 32, 24, que Nabucodonosor había subyugado a Susa, pero incluso Niebuhr (*Gesch. Assurs*, p. 211ss.) quiere establecer a partir de estos y otros pasajes del AT la visión de que, tras la muerte de Cyaxares (Uwakhshatra), a quien él debía vasallaje, Nabucodonosor se negó a someterse a su sucesor, e inició la guerra en contra de Media, lo que desembocó en la anexión de Elam a su reino.

Pero, en contra de eso, Hvernick ha indicado con razón que el sometimiento de Elam por Nabucodonosor apenas puede armonizar con el hecho de la división del reino asirio entre el rey babilonio Nabopolasar y Ciaxares, rey de Media, por lo cual el primero obtuvo la parte occidental y el segundo la parte oriental, de manera que de estos pasajes de la profecía no se puede concluir que hubo un sometimiento de Elam por los caldeos. Por su parte, ni Jer 25, 25 ni 49, 34 anuncian una conquista de Elam por Nabucodonosor, sino que más bien Jer 49 profetiza la completa destrucción de Elam, o un juicio divino, en un lenguaje que es mucho más y fuerte que el que puede emplearse para indicar que Elam quedó obligado a pagar un tributo o quedó anexionado en un nuevo Estado.

Además, este pasaje no requiere en modo alguno que Susa y Elam deban ser consideradas como provincias del reino caldeo, dado que además la opinión de que Daniel se hallaba en Susa con el encargo de realizar algún negocio al servicio del rey caldeo se funda solo en una falsa interpretación de Dan 8, 2. 27. Del hecho de que el profeta se encuentre en estado de éxtasis en la ciudad de Susa no se sigue nada sobre el hecho de que Susa, en el tiempo del imperio caldeo, fuera un punto importante de poder de los elamitas o de los persas.

Y la descripción más precisa de la situación de la ciudad, a través de las palabras "que estaba en la provincia de Elam" nos inclina a pensar que en los tiempos de Daniel Susa pertenecía todavía a la provincia de Elam. Más tarde, bajo los reyes de Persia, esta provincia se convirtió en una satrapía, llamada Susis, Susiana, ahora Chusistan; de manera que Susa se convirtió en capital de esa satrapía. Por eso, los autores posteriores no hablan de Susa como capital de Elam, sino que distinguen entre Susis (Susiana) y Elymas (Elam), como hace Estrabón, XVI. 1.

17s., Plinio, *Hist. nat.* VI. 27: *Susianen ab Elymaide disterminat amnis Eulaeus* (la corriente del río Euleo separa a Susiana de Elam).

Tiene todavía menos fundamento la afirmación de que la ciudad de Susa no existía en el tiempo de Daniel o, como dice Duncker (*Gesch. der Alterth.* II. p. 913, 3ª ed.), que Darío fue el primero que cambió la sede o residencia del rey a Susa, con la intención de que se convirtiera en residencia permanente para él y para sus sucesores, el punto central de su reino y de su gobierno, o también lo que dicen Plinio y Aeliano, asegurando que fue Darío el que edificó Susa, la ciudad del rey de Persia, añadiendo que las inscripciones lo confirman.

Pues bien, para comenzar con la última afirmación, hay una inscripción encontrada en las ruinas del palacio de Susa en la que, según la lectura de Mordtmann (en *D. morgl. Ztschr.* XVI. pp. 123ss.), citada por Duncker para confirmar su visión, se contienen estas palabras: "Así dice Artajerjes, el gran rey, hijo de Darío, hijo de Achemenides Vistapa: Este edificio lo erigió el abuelo, del abuelo de mi abuelo Darío. Después fue perfeccionado por Artajerjes, mi padre".

Esta inscripción solo confirma el hecho de que Darío construyó un palacio en Susa, pero nada más, de lo cual es imposible deducir si fue Darío el primero que fundó la ciudad, o que edificó su primera torre. Aún menos se puede confirmar esa idea con las palabras de Aeliano, *Nat. animal.* I. 59: "Darío estaba orgulloso de haber construido un célebre edificio en Susa". Y por su parte, Plinio, tomado estrictamente, solo habla de la elevación de Susa al rango de capital del reino por Darío, lo que no excluye que Susa fuera antes una ciudad considerable, y que tuviera un castillo real, en el que Ciro podía haber residido varios meses al año, según dice Jenofonte, *Cirop.* VIII. 6. 22, *Anab.* III. 5. 15; cf. Brissonius, *De regio Pers. princ.* p. 88s.)[67].

La fundación de la ciudad y de la vieja torre de Susa, se remonta a los viejos tiempos prehistóricos. Según Estrabón XV. 2. 3, Susa debió ser fundada por Tithonos, el padre de Memnon. Con esto concuerda el epíteto Μεμνόνια Σοῦσα, que le dan a Susa Herod. VII. 151, V. 54, 53, y Aelian, *Nat. anim.* XIII. 18. Aunque esto solo probara que en Susa había una tumba de Memnon (Hv.), esto sería suficiente para probar que la ciudad o su ciudadela existían desde

---

[67]. Plinio, *Hist. nat.* VI. 27, dice respecto a Susiana "in qua vetus regia persarum Susa a Dario Hystaspis filio condita" (en la que se encuentra Susa, la antigua ciudad regia de los persas, que fue fundada por Darío, hijo de Histaspis). Estas palabras parece que atribuyen a Darío la fundación de la ciudad de Susa. Pero esta afirmación tiene poco fundamento, como lo muestra una afirmación semejante que se encuentra en *Hist. nat.* VI. 14 (17): "Ecbatana caput Mediae Seleucus rex condidit" (Ecbatana, capital del Media, fundada por el rey Seleuco"). Esta afirmación está equivocada pues Ecbatana existía ya bajo el nombre de Achmeta, siendo mencionada (cf. Ex 6, 2) en el tiempo de Darío Hystaspes, y en su torre se conservaban los archivos de los reyes persas.

tiempos antiguos – desde unos tiempos muy antiguos. Porque Memnon vivió y fue enterrado allí.

La ciudad tenía ese nombre, שׁוּשָׁן, *lirio*, porque en aquella región crecían en gran abundancia los lirios (Athen., *Deipnos*. XII. p. 409; Stephan. Byz., etc.), y según Estrabón, XV. 3. 2, tenía un perímetro de 120 estadios (unas doce millas), y según otros hasta 200. Su palacio llevaba el nombre de Memnoneion, y estaba muy fortificado. Allí se encontraba el "trono de oro", y allí estaban también los apartamentos de Darío, adornados de oro, como dice Ésquilo (*Pers*. 3. 4. 159, 160). Diod. Sic. XVII. 65 sitúa allí un *palacio muy famoso*, περιβόητα βασιλεῖα.

Las ruinas de Susa no son solo una soledad habitada por leones y por hienas, sobre la ribera oriental del río Shapur, entre ese río y el río Dizful, donde se elevan tres grandes montañas de ruinas, de 80 a 100 pies de altura, mostrando la estructura de la ciudad, sino que allí, hacia el este, sigue habiendo unos montones más pequeños de ruinas, evocando los restos de la ciudad, que en la actualidad lleva el nombre de Schusch; cf. Herz, *Realenc*. XVI. p. 263, y Duncker, *Gesch. d. Alt*. II. p. 942ss.

La designación de Elam como מְדִינָה, una provincia, no se refiere a una provincia caldea. עֵילָם, en griego Ἐλυμαΐς, formaba la parte occidental de la satrapía persa de Susis o Susiana, que se hallaba al pie de las tierras altas de Irán, al comienzo del valle del Tigris y Eufrates, entre Persia Babilonia, y los persas la llamaban Uvaja y los griegos Susis o Susiana, por su capital, o Cissia (Susia) por sus habitantes.

Está rodeada hacia el oeste por las montañas de Persia y por el Tigris, y por el sur termina en una costa pobre, pantanosa y sin puertos, que se extiende desde las bocas del Tigris hasta las del río Aurvaiti (Oroatis). Strabón (XV. 732) dice que Susiana está habitada por dos razas, los Cissaei y los Elymi. Por el contrario, Heródoto (III. 91, v. 49, VII. 62) cita solo a los Cissaei como habitantes del país del mismo nombre.

Un dicho puesto en circulación por Josefo (*Ant*. I. 6. 4, Ἔλαμος γὰρ Ἐλαμαίους Περσῶν ὄντας ἀρχηγέτας κατέλιπεν), diciendo que *los elamitas son la raza primitiva de los persas*, no tiene fundamento histórico. El valle bajo del Tigris y del Eufrates fue el país de los semitas. Los hombres de las ciudades y ríos del país confirman la afirmación del Génesis, que nombra a Elam entre los hijos de Sem, aunque la creación de la residencia real en Elam, y la larga continuidad del dominio persa, no pudieron dejar de ejercer, como hicieron, un influjo intenso en las costumbres y el arte de los habitantes semitas de la zona (Duncker, p. 942).

La siguiente afirmación, según la cual Daniel se hallaba en visión junto al río Ulai, muestra que Susa yacía en las riberas de ese río. אוּלַי es el Εὐλαῖος, Eulaeus, de los griegos y romanos, del que Plinio dice: "circuit arcem Susorum" (rodea la fortaleza de los habitantes de Susa), y es un río que según Arriano (*Exped. Alex.* VII. 7) es navegable. Por el contrario, Heródoto, I. 188, v. 49, 52, y Estrabón, XV. 3, 4, colocan a Susa sobre el río Choaspes.

Estas afirmaciones contrarias se reconcilian de la manera más simple suponiendo que el río Ulai, Eulaeus, se llamaba en lengua semita Choaspes, que es el nombre ario (persa) de Kuran, que recibe las aguas del Shapur y del Dizful. En favor de esta identificación no tenemos solo la circunstancia de que el nombre es sin duda de origen persa, sino también, por otra parte, que אוּלַי es una palabra de formación semítica.

Hay todavía más: Heródoto no conoce nada del Eulaeus, mientras que Ptolemeo (VI. 3. 2) no menciona el Choaspes, sino, por el contrario, dos Fuentes del *Eulaeus*, una en Media, la otra en Susiana. Por otro lado, el mismo Heródoto, I. 188, dice que los reyes de Persia beben solo las aguas del río Choaspes, de manera que las hacen llevar hasta el lugar en el que se encuentran, cosa que Plinio dice de las aguas del Eulus, cf. *Histo Nat..* VI. 27, y en 31,3 de las aguas del Choaspes y del Eulus[68].

Daniel fue trasladado en espíritu a Susa, para que allí, en la futura ciudadela real del reino de los persas, pudiera testimoniar la destrucción de su poder mundial, lo mismo que Ezequiel fue trasladado a Jerusalén a fin de que pudiera ver allí el juicio de su destrucción. El hecho de que el profeta se colocara también en la ribera del Ulai es significativo, pero no debe explicarse, como hace Kranichfeld, desde Dan 8, 3. 6, donde el reino en cuestión se encuentra en la misma relación con el fluir del río que los cuatro reinos de Dan 7, 2 se encuentran en relación con el mar, pues el río Ulai, que aparece aquí en sentido geográfico, no tiene nada en común con el mar, que es símbolo de las naciones del mundo (Dan 7, 2). El río Ulai aparece aquí más bien como el lugar donde más tarde lucharán el carnero y el macho cabrío, de forma que la batalla posterior decidirá el destino del reino persa.

Así como el escenario de la visión se encuentra en relación íntima con su contenido, así también el tiempo en el que se hizo la revelación a Daniel. En el año tercero del reinado de Baltasar fue extinguida la dinastía de Nabucodonosor, el fundador del reino mundial de Babilonia. En ese año murió Baltasar, hijo y sucesor de Nabucodonosor, y su soberanía fue transferida a una rama colateral de su familia, y después a un intruso, bajo el cual, la monarquía mundial babilonia, antaño tan poderosa, cayó hecha trizas en unos pocos años.

68. Hay poca posibilidad de que el Choaspes sea el moderno Kerrah o Kerkha, y el Eulus el moderno Dizful, pues Susa se encuentra entre esos dos ríos (Ker Porter, Winer y Ruetschi en Herz, *Realen*. XV. 246), y esa opinión recibe poco apoyo del bajo-relieve de Kojundshik descubierto por Layard, que representa el asedio de una ciudad que se encuentra entre dos río, pues la identificación de esa ciudad con Susa no es más que una simple conjetura.

Daniel 8, 3-4

De esa manera, poco antes de la muerte de Baltasar, Daniel vio el final de la monarquía de Babilonia y el momento del tiempo, no muy remoto, en el que debía terminar el exilio de los judíos, con la caída de Babilonia. Esta fecha de tiempo era muy apropiada para que se le revelara al profeta en visión lo que debía suceder tras la destrucción de Babilonia y el final del exilio.

8, 3-14. La visión en concreto

8, 3-4

³ וָאֶשָּׂ֤א עֵינַי֙ וָאֶרְאֶ֔ה וְהִנֵּ֣ה ׀ אַ֣יִל אֶחָ֗ד עֹמֵ֛ד לִפְנֵ֥י הָאֻבָ֖ל
וְל֣וֹ קְרָנָ֑יִם וְהַקְּרָנַ֣יִם גְּבֹה֗וֹת וְהָֽאַחַת֙ גְּבֹהָ֣ה מִן־הַשֵּׁנִ֔ית
וְהַ֨גְּבֹהָ֔ה עֹלָ֖ה בָּאַחֲרֹנָֽה׃
⁴ רָאִ֣יתִי אֶת־הָאַ֡יִל מְנַגֵּחַ֩ יָ֨מָּה וְצָפ֜וֹנָה וָנֶ֗גְבָּה וְכָל־חַיּוֹת֙
לֹֽא־יַֽעַמְד֣וּ לְפָנָ֔יו וְאֵ֥ין מַצִּ֖יל מִיָּד֑וֹ וְעָשָׂ֥ה כִרְצֹנ֖וֹ וְהִגְדִּֽיל׃

³ Alcé los ojos y miré, y había un carnero que estaba delante del río, y tenía dos cuernos; y aunque los cuernos eran altos, uno era más alto que el otro, y el más alto creció después. ⁴ Vi que el carnero hería con los cuernos al poniente, al norte y al sur, y que ninguna bestia podía mantenerse delante de él, ni había quien escapara de su poder. Hacía conforme a su voluntad, y se engrandecía.

Daniel ve primero un *carnero*, איל, de pie junto al río. La palabra אחד (uno) no tiene aquí una función de artículo indefinido, sino que es *uno*, un numeral, a diferencia de los *dos* cuernos de carnero. Los *dos* cuernos eran altos, pero uno más alto que el otro, que había aparecido más tarde. האחת no significa "el primero" sino uno, y השנית el otro, pues el más alto creció después.

Esto no hay que entenderlo como si Daniel viera primero al carnero sin cuernos, y después viera crecer los cuernos, de manera que lentamente uno se fuera haciendo más grande que el otro (cf. Leng., Hitzig); sino que Daniel vio desde el principio al carnero con dos cuernos, pero después vio cómo un cuerno crecía más que el otro (Kliefoth). El ángel (8, 20) dirá después que el carnero con dos cuernos es el rey de Media y de Persia.

Esto no significa que los dos cuernos deban explicarse (como hace Teodoreto) a partir de las dos dinastías de Ciro y de Darío Hystaspes, pues, dado que el carnero representa el reino de los medos y los persas, así también los dos cuernos representan esos dos pueblos, de la unión de los cuales creció el reino medo-persa. Las dos naciones eran los cuernos, es decir, el poder de la monarquía, por eso ambos son altos. El cuerno que después se hizo más alto que el otro representa a los persas, que se elevaron más que los medos.

Con frecuencia hallamos a un carnero y a un macho cabrío como emblemas de reyes, príncipes y jefes, cf. Is 14, 9; Ez 34, 17; 39, 18, Jer 0, 8; Zac 10, 3. Así *Bundehesch*, Espíritu guardián del reino persa aparece bajo la forma de carnero, con pies desnudos y con cuernos afilados y puntiagudos, y según Ammiano Marcell. XIX. 1, los reyes persas, cuando se ponían a la cabeza de su ejército llevaban, en vez de una diadema, la cabeza de un carnero (cf. Hv).

El sentido de la semejanza de este símbolo no ha de buscarse en la riqueza (la lana) y en el carácter agresivo (cuernos) del carnero (Theod., Venema), sino que el carnero y el macho cabrío representan, como ha destacado justamente Hofmann, un contraste entre la dura firmeza del carnero y la ágil ligereza del macho cabrío, como sucede entre el oso la pantera.

El carnero se hallaba junto al río, y se extendía hacia el oeste, el norte y el sur, pero no hacia el este. El río no es por tanto uno que fluye al este de Susa, pues si el carnero luchara en esa dirección lo haría en contra de la capital de su reino, y por eso él lucha contra el oeste.

El carnero aparece de pie en la ribera occidental del río y desde allí combate con sus cuernos contra todas las bestias que se encuentran ante él, es decir, somete a todas las naciones y a todos los reinos, y los pone bajo su poder en las tres direcciones de la tierra. En el oeste, él lucha contra Babilonia, Siria y Asia Menor. En el sur lucha contra Egipto. En el norte lucha contra las naciones de Armenia y de Escitia. A todas ellas las somete e incorpora en el reino persa.

Ese carnero no lucha contra el este (el oriente), no porque él solo pudiera luchar hacia adelante y hacia aquello que estaba más cerca, de manera que no pudiera hacerlo hacia atrás sin cambiar su posición (Hitzig); ni porque los medo-persas venían del este (v. Leng., Kran.); ni siquiera porque las conquistas de los persas no se extendieron hacia el este (Hv.), porque Ciro y Darío sometieron naciones hacia el este de Persia, hasta llegar al río Indo.

Este carnero no lucha contra el oriente porque en el despliegue de la monarquía medo-persa como poder mundial las conquistas hacia el este resultaban secundarias o subordinadas, de manera que no se mencionan aquí. Esas tres regiones del mundo hacia las que lucha el carnero corresponden a las tres costillas que el oso lleva en su boca (Dan 7, 5), y muestran que, a pesar de la fuerza irresistible de sus armas, el imperio medo-persa no se extendió hacia todas las regiones del mundo.

חיוח, *combatir como bestia* (cf. Ex 21, 28), en *piel*, se utiliza de un modo figurado para las naciones (Dt 33, 17; Sal 44,6). לֹא־יַעֲמְדוּ, *potential*: *No podía mantenerse*. Aquí se utiliza el masculino, porque חיות (bestias) representa o significa reinos y naciones. כרצנו עשה, hizo según su voluntad: Expresa una conducta despótica, arbitraria. הגדיל, *se hizo grande*. Esa palabra no significa hacerse orgulloso, porque aquí no se añade בלבבו, en su corazón, como en Sal 44, 25, sino que evoca la grandeza de su acción. Es equivalente a Joel 2, 20: לעשׂות הגדיל (ha hecho grandes cosas) y a Sal 126, 2-3, en el sentido de volverse grande, poderoso (cf. Dan 8, 8).

8, 5-7

⁵ וַאֲנִי ׀ הָיִיתִי מֵבִין וְהִנֵּה צְפִיר־הָעִזִּים בָּא מִן־הַמַּעֲרָב עַל־פְּנֵי כָל־הָאָרֶץ וְאֵין נוֹגֵעַ בָּאָרֶץ וְהַצָּפִיר קֶרֶן חָזוּת בֵּין עֵינָיו׃
⁶ וַיָּבֹא עַד־הָאַיִל בַּעַל הַקְּרָנַיִם אֲשֶׁר רָאִיתִי עֹמֵד לִפְנֵי הָאֻבָל וַיָּרָץ אֵלָיו בַּחֲמַת כֹּחוֹ׃
⁷ וּרְאִיתִיו מַגִּיעַ ׀ אֵצֶל הָאַיִל וַיִּתְמַרְמַר אֵלָיו וַיַּךְ אֶת־הָאַיִל וַיְשַׁבֵּר אֶת־שְׁתֵּי קְרָנָיו וְלֹא־הָיָה כֹחַ בָּאַיִל לַעֲמֹד לְפָנָיו וַיַּשְׁלִיכֵהוּ אַרְצָה וַיִּרְמְסֵהוּ וְלֹא־הָיָה מַצִּיל לָאַיִל מִיָּדוֹ׃

> ⁵ Mientras yo consideraba esto, un macho cabrío venía del lado del poniente sobre la faz de toda la tierra, sin tocar tierra; y aquel macho cabrío tenía un cuerno notable entre sus ojos. ⁶ Vino hasta el carnero de dos cuernos que yo había visto en la ribera del río, y corrió contra él con la furia de su fuerza. ⁷ Lo vi llegar junto al carnero; se levantó contra él y lo hirió, y le quebró sus dos cuernos; y el carnero no tenía fuerzas para hacerle frente. Lo derribó, por tanto, a tierra, lo pisoteó y no hubo quien librara de su poder al carnero.

Después que Daniel había contemplado por un tiempo la conducta del carnero, vio que un macho cabrío venía del oeste sobre la tierra, corría con poder furioso contra el carnero de dos cuernos y le arrojaba al suelo y le pisoteaba. Conforme a la interpretación del ángel (8, 21), el macho cabrío representa al rey de Javán (Grecia-Macedonia), no a la persona del rey separada del reino (Gesen.), sino al reino de Javán con su rey, porque según Dan 8,21 es el gran cuerno el que representa al primer rey, de manera que el macho cabrío en sí mismo no puede representar a un rey separado del reino

El macho cabrío viene del oeste, pues Macedonia se encuentra al oeste de Susa o de Persia. Su venida sobre la tierra se concreta de un modo más preciso con la expresión ואין נוגע בארץ, *y no tocaba la tierra*, es decir, venía sobre ella como de vuelo. Esta observación responde a la imagen de las cuatro alas del leopardo (Dan 7, 6).

Según la interpretación de Hofm. y Klief., el macho cabrío tiene entre sus ojos un קרן חזות, es decir, no un cuerno sin más, como tienen los machos cabríos, sino solo *en visión*. Pero esta interpretación, haría que חזות fuera un añadido totalmente sin sentido, dado que el macho cabrío en sí mismo, visto solo en visión, queda descrito como aparece en ella.

Para la recta explicación de esta expresión debemos referirnos a Dan 8, 8 donde, en vez de "cuerno de visión" se utiliza la expresión הקרן הגדולה (*el cuerno grande*). Según eso, חזות tiene el significado de מראה, como en el *qere* 2) איש מראה Sam 23, 21), un hombre de apariencia o de visión (cf. Targ. Es 2, 2): *un cuerno de visión*, es decir, un cuerno considerable, de especial grandeza; κέρας θεορητόν, un cuerno para verse (LXX, Theodot.), que Teodoreto explica como ἐπίσημον καὶ περίβλεπτον (*de gran fama, digno de ver*se).

El cuerno estaba entre los ojos, es decir, en medio de la frente, como centro de todas su fuerza, y según Dan 8, 21, representa al primer rey, es decir, al fundador de imperio mundial javánico o la dinastía de su reino, representada por él. El macho cabrío corrió contra el carnero, que tenía dos cuernos, es decir, contra el carnero que estaba en la ribera del río Ulai, con todo el fuego de su ira, es decir, con la gran ira que le daba su fuerza, y con la grandeza de su furia derribó al carnero. El profeta añade "yo le vi acercarse al carnero", como destacando el tema principal, para describir después la plena destrucción de ese carnero, al que rompió en piezas sus dos cuernos, que representan el poder de los medos y de los persas, los dos componentes del imperio mundial persa.

Esta representación aparece como una verdadera profecía, ya que un autor escribiendo en un tiempo posterior, *ex eventu*, habría hablado primero del poder de los medos, poder que fue asaltado y destruido primero por el otro cuerno (cf. comentario a Dan 7, 8. 20). El hecho de ser atacado y derribado junto al Ulai se explica por la idea de la profecía, según la cual el poder del carnero fue derribado en la sede central de su reinado, sin referencia directa al curso histórico de las victorias por las que Alejandro Magno logró la sujeción de la monarquía persa. En el pasaje conclusivo de 8, 7 se describe la destrucción completa con las palabras del verso 4, para expresar la idea de una retribución justa. Como los medo-persas habían destruido los otros imperios, así ahora ellos mismos fueron destruidos.

8, 8. La transformación del reino de Grecia

⁸ וּצְפִיר הָעִזִּים הִגְדִּיל עַד־מְאֹד וּכְעָצְמוֹ נִשְׁבְּרָה הַקֶּרֶן הַגְּדוֹלָה וַתַּעֲלֶנָה חָזוּת אַרְבַּע תַּחְתֶּיהָ לְאַרְבַּע רוּחוֹת הַשָּׁמָיִם׃

⁸ El macho cabrío creció en gran manera; pero cuando estaba en su mayor fuerza, aquel gran cuerno fue quebrado, y en su lugar salieron otros cuatro cuernos notables hacia los cuatro vientos del cielo.

En vez del reino de carnero, creció el del macho cabrío y se hizo muy poderoso, הִגְדִּיל, como en 8, 4. Pero el gran cuerno fue roto en la cumbre de su poder, y en su lugar crecieron cuatro cuernos semejantes, notables: en su lugar crecieron cuatro cuernos notables.

Esta afirmación no va en contra de Dan 8, 22 y 11, 4, según la cual los cuatro cuernos no pudieron tener el poder del único cuerno anterior. Pero el pensamiento es solamente este: Ellos representan en sí mismos un poder considerable, sin poseer, sin embargo el poder de un reino indiviso. La destrucción del gran cuerno indica la ruptura de la monarquía de Alejandro por su muerte.

Daniel 8, 8.

Los cuatro cuernos que crecieron en lugar del único cuerno anterior son, según Dan 8, 33, cuatro reinos. Estos son los reinos de la dinastía de los diádocos, de los cales hubo al menos cinco que reclamaron el título de rey (Antíoco Tolemeo, Seleuco, Casandro y Lisímaco); pero solo tras la batalla de Ipso, el 301 a. C. y la derrota de Antíoco después de 22 años de guerras (desde el 323 a.C.), ellos vinieron a convertirse en realidad en cuatro reyes, y de esa forma se dividieron entre ellos el reino: Lisimaco retuvo Tracia y Bitinia; Casandro tuvo Macedonia y Grecia; Seleuco, Siria, Babilonia y los países del este, hasta la India; y Tolomeo tuvo Egipto, Palestina y la Arabia Pétrea.

Pero del hecho de que esto solo sucedió después que fueran extirpados todos los descendientes de la familia real de Alejandro, no podemos concluir con Hvernick que la ruptura del gran cuerno no significaba la muerte de Alejandro, sino la extinción de su raza o casa, una conclusión que no puede deducirse de las palabras de Justino: "Todos ellos se abstuvieron de utilizar la insignia de esta dignidad regia mientras sobrevivieron los hijos de Alejandro. Era tan grande la veneración que tuvieron por él que, a pesar de que tenían riqueza y recursos regios, ellos no tomaron el nombre de reyes mientras existieran herederos legítimos de Alejandro" (Hist. XV. 2. 13).

Si la ruptura del cuerno se sitúa en un momento de tiempo en que ese cuerno era poderoso, tanto aquí como en Dan 11, 4, no se puede negar la referencia de estas palabras a la repentina muerte de Alejandro, cuando él se encontraba en la cumbre de su carrera victoriosa. De esa forma, por la ruptura del cuerno solo se puede entender la muerte de Alejandro y la ruptura del reino que él había fundado, un reino que a lo largo de dos decenios estuvo en manos de sus generales, hasta que los más decididos y fuertes de ellos usurparon el título y rango de reyes, de manera que entonces, después de la conquista de Antíoco, se realizó una división formal del reino en cuatro reinos también considerables, que se elevaron teniendo una dignidad real.

La representación profética no es una predicción de los detalles históricos, sino que ofrece solamente unos rasgos fundamentales del desarrollo de los reinos mundiales, y no en la forma de profecía historiográfica, sino solo en forma de esbozos que exponen los pensamientos fundamentales del despliegue divinamente ordenado de estos reinos mundiales. Este pensamiento fundamental básico de la profecía está fundado de hecho en la misma historia, según la cual de un gran reino, después de la muerte de su fundador, en el curso del tiempo surgieron cuatro reinos considerables.

En la contemplación profética, el número cuatro se pone de relieve conforme a su visión simbólica, como si fueran reinos que se extienden hacia las cuatro direcciones del cielo, de forma que se declara así el pensamiento de que un reino que abraza el mundo entero vendrá a caer en ruinas, convirtiéndose en una pluralidad de reinos, hacia todas las direcciones de los cielos (Kliefoth). Eso se realizó históricamente de manera que, por medio de la guerra de los diádocos por alcanzar cada uno la supremacía, surgieron cuatro reinos hacia las cuatro direcciones de la tierra, y tuvieron una duración considerable: El de Casandro (Macedonia) hasta el oeste; el de Seleuco (Babilonia, etc.) hacia el este; el de Lisímaco (Tracia y Bitinia) hacia el norte; y finalmente el de Tolomeo (Egipto) hacia el sur[69].

Dan 8, 9-12. Interpretación de la visión

8, 9

⁹ וּמִן־הָאַחַת מֵהֶם יָצָא קֶרֶן־אַחַת מִצְּעִירָה וַתִּגְדַּל־יֶתֶר אֶל־הַנֶּגֶב וְאֶל־הַמִּזְרָח וְאֶל־הַצֶּבִי׃

⁹ De uno de ellos salió un cuerno pequeño, que creció mucho hacia el sur y el oriente, y hacia la tierra gloriosa.

Sin seguir el desarrollo de los cuatro cuernos, la profecía pasa al pequeño cuerno, que creció de uno de los cuatro cuernos, y que logró tener gran importancia en relación a la historia del pueblo de Dios. La forma masculina יצא מהם (de ellos brotó) ha de explicarse como una *constructio ad sensum*.

אחת (uno) después de קרן (cuerno) no es una palabra superflua, como la מן en מצעירה. La palabra אחת es un numeral, *un cuerno,* no varios. מן no es un comparativo, *menos qu*e pequeño, muy pequeño (Ewald), o menos que insignificante, malvado, en el sentido de miserable (Hv.). Cada explicación es más forzada que la otra, y la idea de "maldad" no se puede aplicar aquí.

Sea como fuere, מן sirve como un circunloquio, a modo de superlativo, como *perpaucus,* muy pequeño (Gesen., Win., Aub.), pues no tenemos analogías verbales para indicar mejor su sentido. מן significa "de, surgiendo de"; pero no hay

---

69. Cuando, en otra línea, Hitzig quiere explicar la representación profética, tanto aquí como en Dan 11,4, diciendo que el reino de Alejandro fue dividido inmediatamente después de su muerte, refiriéndose a 1 Mac 1, 6, según lo cual, el mismo Alejandro, un poco antes de su muerte, habría dividido el reino entre sus generales, él no solo interpreta mal el carácter ideal de la profecía, sino que ni siquiera tiene una idea clara del tema.

Por lo que se refiera al tema de 1 Mac 1, 6, que no solo repiten autores árabes y persas, sino también Moisés de Chroene, e incluso historiógrafos griegos y latinos, como Amiano Marcelino, Curcio (X. 10. 5) ha explicado que se trata de una *fama vana,* y así lo han probado Wernsdorf (*De Fide Librr. Macc.* p. 40s) y Droysen (*Das Test. Alex.*, 3ª entrega de la *Gesch. des Hellen.* I.), mostrando que carece de fundamento (cf. Grimm, *K. ex. Hdb. zu 1 M*acc. 1:6). Esta visión puede haber sido puesta originalmente en circulación por los partidarios de los reyes helenistas, a fin de legitimar su soberanía a los ojos del pueblo, como supone Grimm. De todas formas, la confirmación que el libro de Daniel parece ofrecer a esta idea ha contribuido a su amplia difusión, entre los orientales y bizantinos, y el autor de 1 Mac tenía sin duda ante sus ojos el texto de Daniel, para ofrecer su versión del tema.

que unirlo con קֶרֶן: *un cuerno de pequeñez* (v. Leng.), en cuyo caso el מִן hubiera sido superfluo, sino que hay que unirlo con יצא: *surgió de la pequeñez, a parvo*, es decir, de lo pequeño, de unos comienzos pequeños (Maur., Hofm., Kran., Klief.). De esa manera tiene el sentido de סלקת זעירה (Dan 7, 8).

En estas palabras (brotó de la pequeñez) subyace la idea de que creció hasta tener gran poder a partir de unos comienzos pequeños, porque se hizo muy grande, es decir, poderoso, hacia el sur, hacia el este y hacia הַצְּבִי (el esplendor, la gloria), es decir, hacia la tierra gloriosa. הַצְּבִי es lo mismo que אֶרֶץ הַצְּבִי, Dan 11, 16. 41.

Esta designación de la tierra de Israel está formada siguiendo el ejemplo de Jer 3, 19 y Ez 20, 6. 15, donde esta tierra recibe el nombre de "herencia de la gloria mayor de la naciones" (= heredad divina entre el ejército de las naciones), "gloria de todas las naciones", es decir, la tierra más gloriosa que un pueblo puede poseer. Esta expresión es sinónima de אֶרֶץ חֶמְדָּה (tierra gloriosa, agradable; cf. Jer 3, 19; Zac 7, 14; Sal 106, 24). La tierra de Canaán recibió esa designación a causa de su gran fertilidad, como una tierra que mana leche y miel, cf. Ez 20, 6).

Uno de los cuatro cuernos del que creció el pequeño cuerno alude a la monarquía siria, y el cuerno que crece de ella es el rey Antíoco Epífanes como reconocen F. Josefo (*Ant.* X. 11. 7) y todos los intérpretes, a partir de 1 Mac 1, 10. El sur, contra el que se volvió grande, es Egipto (cf. Dan 11, 5 y 1 Mac 1, 16 ss). El este no es la región antigua de Asia, en la actual Turquía, (Kranichfeld), sino Babilonia y en particular la tierra de Elam (Elymas) y Armenia; cf. 1 Mac 3, 31, 37; 6,1-4, donde se dice que él sometió Elymas y venció a Artaxias, rey de Armenia (App., *Syr.* c. 45, 46; Polyb. XXXI. 11).

En tercer lugar, además de las tierras del sur y del este, se nombra aquí a Canaán, la tierra santa, que se sitúa entre ellas, como en Is 19, 23, entre Egipto y Asiria. Pero וְאֶל הַצְּבִי (y hacia la tierra gloriosa) no ha de tomarse, como piensa Kranichfeld, como una adición exegética a וְאֶל הַמִּזְרָח (y hacia el este). Palestina no se encuentra al este de donde está Daniel, ni está geográficamente al este del reino representado por el pequeño cuerno, porque el texto no apoya la identificación de este reino con el reino javánico al decir que el cuerno está actuando desde el oeste.

8, 10

[10] וַתִּגְדַּל עַד־צְבָא הַשָּׁמָיִם וַתַּפֵּל אַרְצָה מִן־הַצָּבָא
וּמִן־הַכּוֹכָבִים וַתִּרְמְסֵם׃

[10] Creció hasta llegar al ejército del cielo; y echó por tierra parte del ejército de las estrellas, y las pisoteó.

Cuando este cuerno se hizo grande extendiéndose hacia el sur y hacia el este, creció también en altura hasta el ejército de los cielos, y arrojó al suelo algunos de ese ejército, es decir, algunas de las estrellas, derribándolas por tierra. El ejército de los cielos es aquí, lo mismo que en Jer 33, 22, todo el cuerpo de las estrellas del cielo, las constelaciones (de las estrellas, es un genitivo epexegético de "del ejército").

Daniel ve en su visión cómo crece el cuerno, volviéndose grande en su altura, de manera que llega a los cielos, como si pudiera alcanzar los cuerpos celestiales con las manos, arrojando al suelo algunas de las estrellas (מן es partitivo), para pisotearlas y destruirlas con ira. Las palabras del ángel (cf. Jer 33, 24) muestran que las estrellas son el pueblo de los santos, el pueblo de Dios.

Según eso, las estrellas arrojadas a la tierra no son los levitas (Grotius), ni los varones ilustres, *viri illustres,* de Israel (Glass.), ni los jefes principales de los judíos, ni de su iglesia ni de su estado (Dathe). Si aquí se compara al pueblo de los santos, de un modo general, con el ejército de los cielos, es decir, con las estrellas, las estrellas particulares o separadas no pueden ser los jefes eclesiásticos o civiles, sino los miembros de la nación, en común. Por eso, por el "pueblo de los santos" hay que entender (dado que el pequeño cuerno es Antíoco Epífanes) al pueblo de Dios de la antigua alianza, al pueblo de Israel.

Los miembros de ese pueblo son llamados *santos* por el hecho de que han sido llamados a ser una nación santa (Ex 19, 6), porque ellos han recibido la revelación de Dios y tienen al mismo Dios habitando en medio de ellos, sin que se mida aquí al grado de santificación subjetiva de los individuos (Kliefoth).

Pero esa comparación de los israelitas con el ejército de las estrellas no surge de un orgullo nacional judío, ni significa que Daniel esté pensando solo en los israelitas verdaderamente fieles (Theod., Hv.), ni que el seudo-Daniel esté pensando que con la muerte de Antíoco aparecerá de inmediato el mesías, y que entonces, después de haber sido eliminados los impíos, Israel vendrá a convertirse en el pueblo de la pura santidad.

Esa comparación brota más bien del hecho de que Dios, el rey de Israel, es llamado el Dios de los ejércitos, y que por צבאות (ejércitos) se entienden generalmente las estrellas o los ángeles, pero también las tribus de Israel, que habían sido guiadas por Dios, que las sacaba de Egipto, dándoles el nombre de "huestes de Yahvé" (Ex 7, 4; 12, 41). Así como en el cielo los ángeles y estrellas, así también en la tierra los hijos de Israel son el ejército de Dios, por el hecho de haber sido escogidos por Dios como nación santa, formando de esa manera el reino de los cielos en este mundo.

De esa forma, así como Dios, el rey o de este pueblo, tiene su trono en los cielos, así también lo tienen los israelitas, quienes aparecen como estrellas a los ojos de Dios. La comparación sirve, pues, para poner de relieve la insolencia de Antíoco y también su maldad en contra del cielo y del orden celeste de las cosas (cf. 2 Mac 9, 10)[70].

---

70. En este contexto merece especial atención la explicación de Calvino: "Aunque a menudo la Iglesia yace postrada en el mundo, y pisoteada bajo los pies, ella es sin embargo preciosa

8, 11

¹¹ וְעַד שַׂר־הַצָּבָא הִגְדִּיל וּמִמֶּנּוּ (הֵרִים) [הוּרַם] הַתָּמִיד וְהֻשְׁלַךְ מְכוֹן מִקְדָּשׁוֹ׃

¹¹ Aun se engrandeció frente al príncipe de los ejércitos; por él fue quitado el sacrificio continuo, y el lugar de su santuario fue echado por tierra.

Este cuerno eleva su poder incluso contra el Príncipe de los ejércitos. שר הצבא, el príncipe de los ejércitos del cielo no es obviamente el sumo sacerdotal Onías (Grocio), sino el Dios de los cielos y el rey de Israel, el Príncipe de los príncipes, como es llamado en Dan, 25. הגדיל עד (se engrandeció a sí mismo frente…) se repite en 8, 25, con יעמוד על (se elevará contra).

La segunda parte del verso indica en qué consiste ese *elevarse contra Dios*, al afirmar que fue suprimido el תמיד (sacrificio diario) y que el edificio de su santuario fue destruido. Este verso no se limita a retomar un elemento de la visión, sino que ofrece un desarrollo ampliado de la visión en palabras proféticas.

Según eso, en contra de Ebrard, no podemos aplicar el contenido de este pasaje a acontecimientos celestiales, al hecho de que suprimiera el sacrificio ante el trono de Dios y a la destrucción de santuario celeste. Al contrario, Kliefoth ha indicado muy bien que "si no nos apoyamos en el testimonio de la Escritura constituye un insulto contra Dios penetrar en el santuario de los cielos, pues lo que los hombres hacen contra Dios lo hacen en la tierra no en el cielo".

התמיד es cualquier elemento de la adoración a Dios que no se hace de un modo simplemente temporal, sino de un modo *permanente*, como el sacrificio diario, como el hecho de poner cada semana los panes de la proposición y otros temas semejantes. El AT no conoce la limitación de los rabinos posteriores que solo refieren el התמיד al sacrificio matutino y vespertino. Al contrario, esa palabra evoca *todo lo que es permanente* en los santos servicios de la adoración (Hgst., Hv., Hofm., Kran., Klief.).

Así entendido, este anuncio profético responde a lo que sucedió históricamente según 1 Mac 1, 45: Antíoco dio órdenes de que se prohibieran las ofrendas cruentas y los sacrificios, lo mismo que las ofrendas de líquidos en el templo, y

---

ante Dios. Por eso, aquí el profeta adorna a la Iglesia con una alabanza notable, no para que ella tenga por eso mayor dignidad ante los hombres, sino porque Dios la ha separado del mundo y ha provisto para ella una heredad segura en los cielos. Aunque los hijos de Dios son peregrinos sobre el mundo, y aunque escasamente tengan un lugar en él, porque son expulsados, sin embargo ellos son ciudadanos del cielo. Por eso, hemos de sacar de aquí esta lección muy apropiada: Debemos soportar con paciencia cuando nos arrojan y postran en el suelo, cuando somos despreciados por tiranos y por gentes que desprecian a Dios. Y mientras tanto nuestra sede o lugar está en el cielo, y Dios nos cuenta entre las estrellas, aunque, como Pablo dice, nosotros somos basura, el deshecho de todas las cosas". (Calvino, comentario a este pasaje).

exigió que se profanaran los sábados y los días de las fiestas judías. Según eso, el "cuerno enemigo" (Antíoco Epífanes) profanó el lugar del santuario de Yahvé.

הִשְׁלִיךְ, *expulsar*, echar fuera, y en el caso de utensilios "devastar"; cf. Jer 9, 18. מָכוֹן, estrictamente hablando, *lo que es erigido*, elevado. Aquí, como en otros lugares, se refiere al lugar en el que habita Dios, el templo. Así también מְכוֹן שִׁבְתְּךָ (un lugar establecido para que habite tu nombre, cf. Ex 15, 17; 1 Rey 8,13.

Esa expresión se utiliza también para indicar el lugar de habitación de Dios (1 Rey 8, 39. 43), y en este caso del templo de Jerusalén. Por lo que respecta al cumplimiento histórico de esta profecía, cf.: "Su santuario (el de Jerusalén) quedó devastado, como una desolación", "el santuario fue profanado" (1 Mac 1, 39.46) y "el santuario fue pisoteado" (1 Mac 3, 45).

8, 12

¹² וְצָבָא תִּנָּתֵן עַל־הַתָּמִיד בְּפָשַׁע וְתַשְׁלֵךְ אֱמֶת אַרְצָה וְעָשְׂתָה וְהִצְלִיחָה׃

¹² A causa de la prevaricación le fue entregado el ejército junto con el sacrificio continuo; echó por tierra la verdad e hizo cuanto quiso, y prosperó.

Las acciones de este pequeño cuerno han sido definitivamente expresadas en este verso, como puede verse por el hecho de que en el primer hemistiquio se mencionan juntas las palabras צָבָא y תָּמִיד. Pero este hemistiquio ha sido interpretado de maneras muy distintas. Así debemos comenzar rechazando la interpretación de la Vulgata: "Robur autem datum est contra juge sacrificium propter peccata", interpretación que ha sido reproducido en la traducción de Lutero: "Se le ha dado tal fuerza en contra del sacrificio perpetuo a causa del pecado", y la de Calvino (por el pecado del pueblo se le ha dado poder para impedir el sacrificio perpetuo).

En estos casos, siguiendo el ejemplo de Raschi, צָבָא se entiende como *statio militaris*, poder militar, y a partir de aquí se interpreta el sentido de *tempus* o *intervallum* (tiempo o intervalo). Pero צָבָא no significa robur (fuerza) ni *statio militaris*, sino solo servicio militar y, quizá, fuerzas militares. Añádase a esto que, tanto en Dan 8, 10 como en 8, 13, צָבָא significa ejército. Si seguimos a la mayoría de los intérpretes, solo son posibles dos explicaciones, según entendamos צָבָא como ejército de los cielos (es decir, de Israel) o como algún otro tipo de ejército.

La segunda interpretación ha sido defendida en parte por la ausencia de artículo en צָבָא, y en parte por la construcción de la palabra como femenino (con תִּנָּתֵן). Según eso, Hitzig dice que un lector hebreo solo puede entender estas palabras con el siguiente significado: "Y se organizó una especie de expedición guerrera contra el sacrificio diario con maldad" (es decir, para imponer el sacrificio impuro de los ídolos).

Otros, en cambio, traducen: "y un ejército se apostó contra el sacrificio diario, a causa del pecado" (Syr., Grot., Harenb., J. D. Michaelis); o "se organizó un ejército en contra del sacrificio diario, con maldad" (Wieseler); o "se impuso el sacrificio de los ídolos contra el sacrificio perpetuo" (de Israel), interpretando así el sacrificio de los ídolos como maldad contra Dios (Hofmann); o "se le dio (al pequeño cuerno) el poder de un ejército en contra del sacrificio perpetuo a través de su maldad", es decir, por el mal influjo de los demonios superiores (Ebrard).

Pero la última interpretación ha de ser rechazada a causa de la inserción arbitraria de לו (para él). Y todas las restantes interpretaciones han de ser rechazadas porque no hay prueba, ni por Dan 8,13, ni por Ez 32, 23; 26, 8, de que נתן significa dirigir, llevar hacia adelante, o hacer algo en contra de alguien.

8, 13

¹³ וָאֶשְׁמְעָה אֶחָד־קָדוֹשׁ מְדַבֵּר וַיֹּאמֶר אֶחָד קָדוֹשׁ לַפַּלְמוֹנִי הַמְדַבֵּר עַד־מָתַי הֶחָזוֹן הַתָּמִיד וְהַפֶּשַׁע שֹׁמֵם תֵּת וְקֹדֶשׁ וְצָבָא מִרְמָס:

¹³ Entonces oí hablar a un santo; y otro de los santos preguntó a aquel que hablaba: ¿Hasta cuándo deberá durar la visión del sacrificio continuo, la prevaricación asoladora y la entrega del santuario y el ejército para ser pisoteados?.

En 8, 13 la palabra תֵּת (dar) queda definida de un modo más preciso מרמס (pisar algo bajo los pies). Pero en los pasajes antes citados de Ezequiel (Ez 32, 23; 26, 8), el verbo נתן está conectado con el objeto presente. Construido con el acusativo de persona נתן על significa "colocar una cosa sobre algo". Pero esta interpretación, con sus diversas variantes, no deriva tanto de las palabras del texto como de las referencias históricas de fondo. Por eso, algunos (cf. Grocio, Wies.) suponen, por el tema de base, al que aquí se alude, es la maldad de Antíoco, con la entrada del ejército sirio en Jerusalén con su modo de actuar (cf.1 Mac 1, 29ss). Pues bien, a pesar de que carece de artículo y de la construcción en femenino, צבא no puede entenderse en Dan 8, 12 de un modo distinto al que tiene en Dan 8, 10. 13, de manera que no se puede aplicar al ejército de los sirios, sino solo al pueblo de Israel.

El artículo falta también en Dan 8, 13 donde, sin embargo, por el hecho de estar en conexión con קדש, solo puede referirse a Israel. Sin contar con este pasaje, la construcción en femenino se encuentra solamente en Is 40, 2, donde significa servicio de guerra o vasallaje. Pero aquí, donde razones de peso se oponen a ella, no debemos aceptar esta lectura, porque la construcción ante la que estamos se utiliza con frecuencia. Ella se encuentra no solo con nombres de naciones y razas, por el hecho de que tierra y pueblo forman ideas relacionadas, sino también con otras palabras, tales como עם, *pueblo*, en femenino (Ex 5, 16; 1 Rey 18, 7; Jer 8, 5); המון, una multitud (Job 31, 34): זרע, *semilla*, es decir, descendencia (Dt 31,21), cf. Ewald, *Lehr.* 174.

Pues bien, la falta de artículo en צבא (Dan 8, 12. 13) tiene este fundamento: lo que se dice no se aplica a todo el ejército, sino solo a una parte de él, pues, según Dan 8, 10, el "cuerno" hostil derribará a la tierra solo a algunos מן הצבא (del ejército). Por todo eso, si no hay razones suficientes para rechazar la aplicación de צבא al pueblo de Israel, se sigue que esta interpretación está requerida no solo por su conexión con Dan 8, 13, sino también por lo que se dice de צבא en Dan 8, 12 (se trata pues de la "entrega" del ejército, es decir, del pueblo de Israel, en manos de los asoladores, de los que pisotean también el templo).

Dado que en Dan 8, 13 aquel que pregunta resume el contenido de Dan 8, 10-12, y al lado del santuario nombra también el "ejército" como objeto al que se pisotea, no es creíble que este ejército sea diferente del mencionado en Dan 8, 12 (Klief.). Más aún, en este pasaje תנתן solo puede tener el significa do *ser entregado*. על התמיד solo puede ser traducido "a causa del sacrificio permanente", en el caso de que בפשע (por razón de la transgresión) se une al objeto con תנתן en el sentido de "fue entregado por la transgresión".

Pero, aparte de esto, נתן en el sentido de entregar, se construye con ביד, y dado que no hay paralelos seguros para la construcción solamente con ב, esa interpretación "el ejército (Israel) es entregado a la maldad a causa del sacrificio perpetuo" presenta una idea que no puede ser aceptada.

Por eso, coincidimos en general con la interpretación de Daniel que ofrecen B. Michaelis, Hvernick, v. Lengerke, Maurer, Kranichfeld y Kliefoth, y explicamos las palabras así: "Y el (un) ejército será entregado junto con el sacrificio perpetuo por causa de la transgresión". צבא, un ejército, es decir, una gran compañía del ejército, esto es, del pueblo de Israel. La ב antes de פשע (transgresión) tiene el sentido de una ב *pretii*, es decir, *a causa de*, o porque… Cf. Gen 18, 28.

פשע es la *apostasía* de los israelitas, que se han apartado de Dios, es la maldad que proviene de los פשעים (transgresores), Dan 8, 23. La objeción de los que dicen que esta interpretación no es apropiada, porque פשע se repite en Dan 8, 13 en unión con שמם (desolación), y que por tanto se trata de una maldad que ha de ser entregada a la destrucción (Klief.), no prueba nada porque de aquí no se sigue en modo alguno que la transgresión pueda referirse a la maldad de los opresores, que se sientan en el lugar del sacrificio perpetuo idolátrico, poniendo la adoración idolátrica en el lugar de la verdadera adoración. Pues bien, la transgresión de la que aquí se trata no puede ser la de aquel que se sienta en el lugar del sacrificio perpetuo, porque התמיד no es el sujeto de la sentencia, pues está simplemente coordinado con el sujeto.

Si la ב de בפשע se toma como una ב *pretii*, entonces פשע solo puede significar aquello que se pone en el lugar de צבא. La preposición על antes de התמיד significa por tanto "después de eso", pero también *al mismo tiempo*, o junto con, como en Am 3,15; Os 10, 12 etc. Como en Dan 8, 11, תמיד no es simplemente el *sacrificio diario*, sino todo aquello que tiene continuidad en la adoración mosaica.

Finalmente, han de tenerse en cuenta las formas *yusivas* תנתן y תשלך (*ser piso*teado), dado que, según la justa observación de Kran., ellas no se identifican simplemente con algo que está en el futuro, como piensa Ewald (343), sino que aquí, como en Dan 11, 4. 10. 16, modifican la visión del tiempo por la presentación de una predeterminación divina del decreto, y así expresan un "podrá, deberá…", a consecuencia de un consejo divino.

Para los verbos de la segunda mitad del verso, la palabra קרן (cuerno) se puede suplir fácilmente como sujeto, por el contexto anterior. Y el pasaje se cierra así con este pensamiento: *Según eso, el "cuerno" arrojará la verdad por el suelo, y él tendrá éxito en esto*[71]. אמת, *la verdad objetiva*, la palabra de Dios, en la medida en que está expresada a través de la oración. Como tema de fondo de ese acontecimiento, cf. 1 Mac 1, 43-53. 56. 60.

En adición a lo que ya se ha visto y comunicado en la visión, aquí se despliega una nueva perspectiva, por la que se abren al profeta revelaciones relacionadas con la duración de la opresión del pueblo de Dios por el pequeño cuerno. Daniel oye a uno de los santos, es decir a un ángel (cf. en Dan 4,10) que le habla. Lo que él dice no ha quedado recordado, pero mientras él está hablando le interrumpe otro ángel con la pregunta sobre la duración de la aflicción, y esto hace que Daniel pueda escuchar la respuesta. Por eso, el primer ángel se vuelve inmediatamente hacia Daniel y, dirigiéndose a él, le da a conocer la información que él deseaba.

La palabra אלי (a mí, Dan 8, 14) no debe ser cambiado, como hacen las versiones antiguas, poniendo אליו (a él). Lo que dice Hitzig justificando el אליו no tiene valor probatorio, cf. Kran. El ángel que habla aparece en 8, 13 como פלמוני, *quidam, nescio quis* (alguien, no sé quién), como si no debiera definirse de un modo más particular. La pregunta condensaba los contenidos de Dan 8, 10-12: "¿Hasta cuándo durará la visión etc.?

החזון no es la acción, sino *el contenido de la visión*, la cosa vista. Los contenidos de la visión están ordenados en forma de aposiciones: lo que es continuo (lo permanente) y la maldad desoladora: estamos ante la visión de aquello que es continuo y ante la desolación. El significado de esta aposición queda definido de un modo más particular por el pasaje siguiente, en asíndeton: Entregar a la destrucción el santuario así como al ejército (al grupo de los judíos).

שמם, después del nombre definido (que a veces no aparece, cf. Jer 2, 21; Ez 39, 27 y Ew. 293), no significa ser obnubilado, confundido, sino *ser devastado*, caído en ruinas. שמם no puede entenderse de un modo transitivo, pues שמם y משמם están colocados uno frente al otro en Dan 9, 27.

---

[71]. Así dice Calvino: *Successus Antiochi potuit pios omnes turbare, acsi tyrannus ille esset Deo superior. Ergo oportuit etiam hoc praedici, ne quid novum vel inopinatum constingeret fidelibus* (El éxito de Antíoco pudo turbar a todos los piadosos, como si aquel tirano fuera el Dios superior. Por eso fue conveniente que se predijera esto, a fin de que anunciara a los fieles algo nuevo y distinto de todo lo anterior).

El enemigo que brota del tercer reino mundial

8, 14

¹⁴ וַיֹּאמֶר אֵלַי עַד עֶרֶב בֹּקֶר אֲלָפִים וּשְׁלֹשׁ מֵאוֹת וְנִצְדַּק קֹדֶשׁ׃

¹⁴ Y él dijo: Hasta dos mil trescientas tardes y mañanas; luego el santuario será purificado.

Respondiendo a la pregunta de 8, 13, la partícula עד de 8, 14 ha de interpretarse como en la pregunta: *hasta que* hayan pasado 2.300 tardes-mañanas, de manera que entonces el santuario volverá a su estado justo.

En sentido primario, צדק significa *ser justo*, de donde se deriva el significado de "justificar", que aquí está de algún modo implícito (pues se trata de *justificar de*, de *sacar de* la impureza de la desolación). En ese sentido, la restauración del templo a su condición justa implica, de algún modo, un tipo de justificación de su desolación, y así incluye la restauración de la adoración perpetua.

La interpretación del periodo de tiempo, 2.300 tardes-mañanas, conforme a la palabra del ángel está llena de dificultades. La primera está en el hecho de que es dudoso el sentido de ערב בקר. Entre los intérpretes recientes, Berth., Hv., v. Leng., Maur. y Hofm. (*Weiss. u. Erf.* p. 295) piensan que se trata de días que constan de mañana y tarde (días de 24 horas); pero otros, entre los que están Bleek, Kirmss, Ewald, Hitzig, Wieseler (quien, sin embargo, en su tratado *Die 70 Wochen*, p. 115ss., defiende la interpretación anterior), Kran. y Delitzsch, piensan que tarde-mañana ha de entenderse básicamente como referencia a la ofrenda del sacrificio de la tarde y de la mañana de cada día, de manera que las 2.300 tardes-mañanas suman solamente 1.150 días.

Pero no hay fundamento exegético para esta segunda opinión. Ella deriva solamente de una comparación o, quizá mejor, de una identificación de este pasaje con Dan 7, 25; 12, 11 y 9, 27, a partir de la cual se quiere probar que, según 1 Mac 1,54. 59 (cf. 4, 52) la desolación del santuario, a causa de la adoración de los ídolos, bajo Antíoco Epífanes, no duró más que 1.290 días. Pues bien, ese argumento se funda en supuestos que no pueden ser justificados. Los textos de Dan 7, 25 y 9, 27 no pueden tomarse aquí en cuenta, porque ellos no hablan de Antíoco Epífanes, y los 1.290 días (en Dan 12, 11: 1.335 días) no suman 2.300 tardes-mañanas, para que pudiéramos así identificar estas afirmaciones.

En Dan 12, 11 resulta incuestionable el *terminus a quo* de los 1.290 días, que marcaba el cese del תמיד (sacrificio diario) y la implantación (elevación) de la abominación que causa la desolación (es decir, el altar donde se adora al ídolo). Pero, por el contrario, en el otro verso (Dan 8,14) la duración no solo del cese del תמיד, sino también la entrega de los santos y del pueblo para ser pisados bajos los pies impíos, queda fijada para 2.300 tardes-mañana, de manera que los tiempos no concuerdan.

Según 1 Mac 1, 10 ss, el violento asalto de Antíoco contra el templo y contra los judíos que permanecían fieles a la ley comenzó el año 143 de la era de los seléucidas, pero *la abominación que crea desolación* (es decir el altar idolátrico) fue erigida primero sobre el altar de las ofrendas que se quemaban para Yahvé, según 1 Mac 1, 54, en el año 145 de la era de los seléucidas, y la purificación del templo de esta abominación, y su re-consagración tuvo lugar el día 25 del mesa de Kisley (el mes 9º) del año 148 de esa misma era de los seléucidas. Según eso, desde el comienzo de la profanación del templo por el pillaje de sus vasos sagrados y de sus ornamentos de oro (1 Mac 1, 20 ss) hasta su restauración a su verdadero estado pasaron más de cinco años.

El cumplimiento o la referencia histórica de las profecías no ofrecen por tanto, como queda bien de manifiesto, unos medios seguros para precisar el sentido de tardes-mañanas. Eso debe decidirse más bien exegéticamente. Esa expresión aparece solo aquí, y corresponde de algún modo al νυχθήμερον de 2 Cor 11, 25. Pero la elección de una medida tan inusual de tiempo, derivada de las dos partes principales del día, en vez de acudir a la medida más simple, por días enteros, surge probablemente como referencia al sacrificio de la mañana y de la tarde, por el que los días se consagraban al Señor, según muestran Gen 1, 5. 8. 13 etc., donde los días de la semana de la creación se evocan y cuentan según la sucesión de *tarde y mañana*.

Esta separación del recuento en tardes y mañanas, de manera que esos dos momentos se numeran por separado, nos lleva a indicar que las 2.300 tardes-mañanas hacen 1.150 días. Pero ese cómputo es inadmisible, tanto por el asíndeton tarde-mañana, como por el uso del lenguaje hebreo. El hecho de que en 8, 26, והבקר הערב (tarde y mañana) parezcan referirse a días no significa que en este pasaje esa expresión tenga el mismo sentido; aquí se dice solo que son períodos de tiempo que están formados por tardes y mañanas.

Cuando los hebreos desean presentar el día y la noche como partes componentes de un día o de una semana, ellos indican con claridad el número de tiempo al que se refieren. Así dicen, por ejemplo, cuarenta días y cuarenta noches (Gen 7, 4. 12; Ex 24, 18; 2 Rey 19, 8) y tres días y tres noches (Jon 2, 1; Mt 12,40), pero no cuarenta o seis días-y-noches si es que ellos quieren hablar de cuarenta o de tres días enteros.

En ese sentido, un lector hebreo no podría entender el período de tiempo de 2.300 tardes-mañanas como si se tratara de medios días, componiendo así la cantidad de 1.150 días enteros, porque tarde y mañana en el relato de la creación no forman medios días, sino días enteros. Menos aún, en la designación temporal "hasta 2.300 tarde-mañanas" puede entenderse la frase como referida a 1.150 sacrificios vespertinos y 1.150 matutinos. Debemos tomar las palabras así como están, y entenderlas como referidas a 2.300 días enteros.

Esta solución exegética del tema no se puede poner en duda por la observación de que un aumento del período de opresión a 2.300 días, en contra de la duración más limitada de Dan 7, 25 (solo tres tiempos y medio) con 1.290

o 1.335 días de Dan 12, 11-12 resulta muy poco probable porque no existe, en ningún caso, ninguna razón para este aumento de tiempo (Kran. p. 298). Esta observación solo podría ser válida si, por un lado, los tres tiempo y medio de 7, 25 significaran tres años y medio civiles (para lo cual no tenemos pruebas) y si, por otra parte, los 1.290 o 1.335 días de Dan 12, 11 estuvieran indicando toda la duración de la opresión de Israel bajo Antíoco. Pero si, por el contrario, esos períodos se refieren solo al tiempo de la máxima opresión, con la erección del altar del ídolo en el templo, este tiempo no puede tomarse como medida de duración de todo el tiempo de opresión.

Según eso, la observación de que es más difícil probar históricamente una opresión del pueblo de Dios durante 2.300 días que una de 1.150 días, bajo la imposición de Antíoco, no tiene que llevarnos a abandonar el sentido exegéticamente probado de las palabras. Los oponentes a esta visión concuerdan en que la consagración del templo tras su purificación, después que fuera restaurado el altar de Yahvé, el 25 del Kisleu del año 148 de la era de los seléucidas, formaba el final del período nombrado, pero no están de acuerdo en fijar el comienzo de ese período.

Delitzsch supone que ese comienzo viene dado por la elevación del altar del ídolo en el templo, el 15 del Kisleu del 145 de la era seléucida, y así hace que la opresión dure solo tres años y diez días, es decir, de 1.090 a 1.105 días. *Hitzig* piensa que el comienzo de la opresión se sitúa en el momento en que cesó el sacrificio perpetuo, lo que pudo haber sucedido algún tiempo antes de la colocación del altar del ídolo, pero no ha ofrecido ninguna prueba de que ello sucediera dos meses antes.

Bleek y Kirmss calculan ese tiempo a partir de la toma de Jerusalén por Apolonio en el año 145 de la era seléucida (1 Mac 1,30ss.; 2 Mac 5, 24ss), colocando esa fecha en el primer mes del año nombrado, pero no han ofrecido otra prueba de ello que el hecho de que así concuerdan mejor, según ellos, los cómputos de tiempo de Dan 8.

A esto hay que añadir que la fijación temporal de la consagración del templo como *terminus ad quem* no se encuentra tan bien fundamentada como muchos suponen. Las palabras del texto ונצדק קדש (y así quedó establecido según derecho el santuario) incluyen más que la purificación y re-consagración del templo. En Dan 8, 11; 9, 17 y 11, 31 se utiliza para el templo la palabra מקדש , pero, por otra parte, la palabra קדש significa todo aquello que es santo.

En el sentido amplio de la palabra, el santuario no quedó establecido en su estado justo con la consagración del templo, pues después de ello "los que estaban en la torre (el *akra*) disparaban en contra de los israelitas en torno al santuario", queriendo impedir el acceso al templo, y además, cuando Judas Macabeo comenzó a sitiar la torre/akra, los sirios se aproximaron con un ejército reforzado, y sitiaron por su parte el santuario por muchos días, y demolieron sus defensas, después de lo cual se fueron (1 Mac 6,18ss. 51. 62).

¿Se puede afirmar que el santuario quedó restablecido cuando, bajo Demetrio Soter o Báquides, fue depuesto el sumo sacerdote Menelao y vino a ocupar su lugar Alcimo, que no descendía de una familia de sumos sacerdotes, y que persiguió a los piadosos de Israel? ¿Se puede afirmar que quedó restablecido cuando el general sirio Nicanor se mofó de los sacerdotes, que le mostraban la ofrenda de sangre que ofrecían por el rey, y profanó el templo y amenazó con quemarlo (1 Mac 7)? ¿Se puede afirmar que la opresión de Israel terminó con la consagración del templo cuando, en el momento de la edificación del altar y la restauración del santuario, los gentiles que estaban alrededor se volvieron tan furiosos que decidieron destruir a todos los que, entre ellos, fueran de la raza de Jacob y comenzaron a matarles (1 Mac 5, 1ss)?

Por su parte, Hvernick y Bertholdt colocan el *terminus ad quem* de los 2.300 días en la victoria sobre Nicanor, que fue el momento en el que comenzó a cesar el poder de los sirios sobre Judea, de manera que la tierra gozó de paz, por lo cual se decidió celebrar anualmente la victoria con la consagración del templo (1 Mac 7, 48-50), según lo cual el *terminus a quo* del período aludido se situaría poco antes de la construcción de la abominación de la idolatría en el templo.

Pues bien, si en contra de eso, abandonamos esta suposición (que el *terminus ad quem* de los 2.300 días es la victoria sobre Nicanor) y buscamos el final de la opresión en la restauración de la adoración legal del templo o en la caída de Antíoco Epífanes, fecha que el ángel pone de relieve en la interpretación de la visión (Dan 8, 26), también en ese caso han de calcularse los 2.300 días.

Así C. v. Leng., Maur. y Wiesel, que toman la muerte de Antíoco como fecha final, colocan el principio de los 2.300 días un año antes del comienzo de la violencia con la que Antíoco, tras la vuelta de su expedición en Egipto, el año 143 de la era seléucida, decidió suprimir la adoración perpetua y la ley mosaica (1 Mac 1, 20). El comienzo del tiempo de opresión debería colocarse solo unas semanas o meses antes de eso, a mediados del año 142, si es que el final se coloca en la consagración del templo.

El año 142 se sitúa no solo la destitución del sacerdote Onías de su oficio, por obra del impío Jasón, sino también el hecho de que el mismo Jasón fue expulsado poco después por Menelao del lugar que había usurpado, porque Menelao ofreció más dinero a Antíoco, y le dio como regalos (o vendió a los paganos para dar el producto al rey) los utensilios de oro del templo, y mandó que Onías, que le había acusado por su maldad, fuera asesinado con engaño (2 Mac 2, 4).

Por eso, no necesitamos tomar con Hofmann la deposición de Onías (una fecha que no puede ser fijada con exactitud, pero que 2 Mac 4, 7ss pone en conexión con el comienzo del reinado de Antíoco, y que probablemente tuvo lugar antes del año 142) como fecha de comienzo de los 2.300 días, aunque la devastación del santuario ha de ser datada a partir de ella.

En ese contexto debemos recordar que, con autorización real, Jasón construyó un γυμνάσιον pagano con un ἐφηβεῖον, y de esa forma, por la maldad de la conducta pagana de este hombre poco sacerdotal, aumentaron y tomaron prioridad la costumbres griegas y la adaptación de formas de vida paganas, de manera que los sacerdotes dejaron de ocuparse de los servicios del altar y, de esa forma, despreciando el templo y olvidando los sacrificios, ellos se apresuraron a acudir a los espectáculos de la *palaestra y gimnasio* que eran contrarios a la ley judía, cf. 2 Mac 4, 13ss con 1 Mac 1, 11-15. Según eso, los 2.300 días, lo mismo que los 1.150, no se pueden fijar históricamente de un modo auténtico.

De todas formas, resulta muy cuestionable si el número ofrecido por el ángel ha de ser tomado como un período histórico-cronológico de tiempo o si ha de interpretarse más bien de un modo simbólico. La analogía con otros números proféticos nos lleva pensar de un modo muy intenso, que ese número ha de interpretarse de un modo simbólico.

Los períodos más largos de tiempo se suelen calcular no por días, sino por semanas, meses o años. Según eso, si en el tema de los 2.300 días, computamos los días en términos de semanas, meses y años, encontraremos que hay seis años, tres o cuatro meses y algunos días, y descubriremos que la opresión del pueblo de Dios por el pequeño cuerno no continuará más allá de un período de siete años.

En esa línea, los tiempos de las visitas, pruebas y juicio de Dios se miden con frecuencia por el número siete, de tal manera que ese número vino a tomar ese significado. Cf. en *Coment.* a Dan 4, 13; 7, 25. El número de siete años se utiliza de un modo simbólico en muchísimos casos (además de Gen 29, 18. 27; 41, 26 y Jc 6, 1) al referirse a los siete años de hambre que vinieron sobre la tierra como castigo por el pecado de David, al contar a su pueblo (2 Sam 24, 13), y en el tiempo de Eliseo, cuando Israel fue probado por siete años de hambre (2 Rey 8, 1).

Según eso, la respuesta del ángel tiene este significado: El tiempo de la opresión predicha para Israel, *el tiempo de la desolación del santuario por Antíoco, que es el pequeño "cuerno", no llegará a la duración de un período de juicio divino,* no durará tanto como el tiempo de la severa opresión de Israel por los madianitas (Jc 6, 1), ni tanto como el tiempo de hambre de Eliseo, no llegará a una décima parte del tiempo de prueba y tristeza del exilio.

Pero si el significado del mensaje del ángel es ése: ¿Por qué no utiliza el mensajero divino una expresión puramente simbólica, como "no serán siete tiempos enteros"? ¿por qué no dice simplemente "no serán siete años"? Quizá porque la expresión "siete tiempos" resulta muy poco definida, por lo que la duración de este período de tristeza ha de darse de un modo más preciso (evocando de algún modo el tiempo en forma de meses y años). Sea como fuere, no conocemos ninguna otra respuesta que esta:

- Por un lado, *una determinación positiva de los días,* medidos de un modo preciso y justo, serviría para que los oprimidos pensara que el tiempo de opresión y tiranía no duraría ni un día más que el determinado.
- Por otro lado, *al medir este período por miles y cientos* se está indicando su larga duración, y el carácter simbólico del período indicado.

*Por un la*do, al hablar de tardes-mañana se está evitando toda ambigüedad en la expresión y se excluye toda duda sobre el carácter físico de ese tiempo; *pero, por otro lado*, el número 2.300 muestra que el tiempo ha de ser definido en número "redondos", sin precisar en concreto los días concretos de su duración, en conformidad con la verdadera profecía, que nunca se detiene a ofrecer una predicciones mánticas (de adivinación) con datos inmutables de tipo histórico-cronológico.

Si comparamos con esto la designación del tiempo en Dan 7, 25, en vez de la idea general allí expresada de "un tiempo, dos tiempos y medio tiempo", que no ha de computarse en línea de duración, aquí se menciona un espacio de tiempo muy definido. Esta diferencia corresponde al contenido de las profecías. La opresión de la que aquí se habla visitará (se aplicará) al pueblo de Israel en un tiempo que no ha de ser muy distante.

Y en esa línea se evoca de antemano, de parte de Dios, tanto su comienzo como su final para fortalecer a los creyentes en la fe de la verdad y de la fidelidad de Dios, para el tiempo de la gran tribulación del fin, cuya duración ha fijado el Señor Dios de manera muy precisa y muy firme, pero conforme a una medida de tiempo cuya extensión los hombres no pueden calcular de antemano. De esa manera, la designación del tiempo de aflicción que el pequeño cuerno del tercer reino mundial ha de traer sobre el pueblo de Dios viene a presentarse como tipo de la duración de la opresión del último enemigo de la Iglesia del Señor, al final de los días.

8, 15-18

15 וַיְהִי בִּרְאֹתִי אֲנִי דָנִיֵּאל אֶת־הֶחָזוֹן וָאֲבַקְשָׁה בִינָה וְהִנֵּה עֹמֵד לְנֶגְדִּי כְּמַרְאֵה־גָבֶר׃
16 וָאֶשְׁמַע קוֹל־אָדָם בֵּין אוּלָי וַיִּקְרָא וַיֹּאמַר גַּבְרִיאֵל הָבֵן לְהַלָּז אֶת־הַמַּרְאֶה׃
17 וַיָּבֹא אֵצֶל עָמְדִי וּבְבֹאוֹ נִבְעַתִּי וָאֶפְּלָה עַל־פָּנָי וַיֹּאמֶר אֵלַי הָבֵן בֶּן־אָדָם כִּי לְעֶת־קֵץ הֶחָזוֹן׃
18 וּבְדַבְּרוֹ עִמִּי נִרְדַּמְתִּי עַל־פָּנַי אָרְצָה וַיִּגַּע־בִּי וַיַּעֲמִידֵנִי עַל־עָמְדִי׃

15 Aconteció que mientras yo, Daniel, consideraba la visión y procuraba comprenderla, se puso delante de mí uno con apariencia de hombre. 16 Y oí una voz de hombre entre las riberas del Ulai, que gritó y dijo: Gabriel, enseña a este la visión. 17Vino luego cerca de donde yo estaba. Y al venir, me asusté y me postré sobre mi rostro. Pero él me dijo: Entiende, hijo de hombre, que la visión es para el tiempo

del fin. ¹⁸ Mientras él hablaba conmigo, caí dormido en tierra sobre mi rostro. Él me tocó y me hizo estar en pie.

8, 15. La interpretación de la visión de Daniel, tal como ha sido dada por el ángel, cae dentro de la misma visión. Cuando Daniel quiso entender la visión en su mente, no a través de una oración o preguntando una cuestión, vio delante suyo (cf. 8, 17) a uno que se hallaba a cierta distancia y que tenía apariencia de hombre, pero que no era un hombre, sino un ser sobrenatural en semejanza humana. A esa persona que parecía un hombre, el ángel le llamo *Gabriel*, que significa *varón/ hombre de Dios*. Pues bien, la voz de ese otro, a quien Daniel no vio, sino que oyó solamente hablar con voz humana, procedente del Ulai, mandó a esa persona (a *Gabriel*) que explicara la visión al profeta (להלז, es decir, a Daniel).

No se dice nada más sobre la persona de la que procedía la voz, sino que solo sabemos de ella lo que podemos conjeturar de בין אולי (de la ribera de, *de entre el río Ulai*). Estas palabras no significan "de más allá del Ulai" (Chr., B. Mich., Hv., etc.), sino de entre las riberas del Ulai. Según eso, el ser cuya voz escucha Daniel aparece como si estuviera flotando sobre las aguas del río. Esta conjetura queda confirmada por Dan 12, 6-7, donde Daniel ve a un hombre que está flotando sobre las aguas del río Ulai que, por la majestad de su apariencia y por su voz viene a mostrarse como un ser divino, que según la grandeza de su manifestación ha sido descrito de manera más precisa en Dan 10, 5.

La pregunta sobre quién puede ser ese hombre ha sido primero respondida en Dan 10, 5, donde descubrimos que Gabriel no es un nombre propio (nomen proprium), sino un *apelativo* (appellativum). Al hombre que fue descrito como apariencia de hombre (גבר), Daniel le da el nombre de Gabriel (hombre de Dios), a fin de que en las ocasiones siguientes (cf. Dan 9, 21) pueda descubrir de nuevo que es el mismo (Hgst., Hofm., Kliefoth).

Sobre la relación de ese Gabriel con otros ángeles y arcángeles la Escritura no dice nada. Lengerke y Maurer, siguiendo al libro de Henoc le ven al lado de Miguel, y de Rafael y Uriel (cuyos nombres no aparecen en la Escritura), como uno de los cuatro ángeles que están delante del Trono de Dios; pero la Escritura no ofrece apoyo para eso. Por eso no tenemos base para decir con Hitzig que los dos ángeles de Dan 8,15. 16 se identifican con estos de Dan 8,13-14, añadiendo que Gabriel era el que hablaba y que el ángel desconocido era el espíritu de las fuentes y los ríos (Ap 16, 4)⁷².

---

72. Igualmente carente de base es también la identificación de esos ángeles con los *Amschaspandas* persas, pues nada de la doctrina de los ángeles, ni de los nombres de los ángeles del AT deriva del parsismo. La investigación más reciente de Dr. Al. Kohut, que ha querido derivar la angelología y demonología judía del parsismo (*Abhand. fr die Kunde des Morgen*. IV. Bc., Nr. 3) resulta extremadamente pobre y superficial. La prueba que él aduce en las primeras diez páginas de su tratado se limita a este punto: Que en los escritos del AT del tiempo del exilio y de después del

8, 16-18. Cumpliendo la orden, el ángel va al lugar donde se encuentra Daniel. Cuando él se aproxima, Daniel queda tan lleno de terror que cae sobre su faz, porque es un hombre pecador y mortal, y no puede soportar la santidad de Dios que se le aparece como ser puramente celestial. Ante la aparición de Dios teme y cree que él ha de morir. Cf. *Coment.* a Gen 16, 13 y Ex 33,20. Pero el ángel, a fin de calmar su miedo, le pide que tome ánimo, porque la visión se relaciona con el tiempo del final. El saludo, por el que se le llama "hijo de hombre" (8, 17) se encuentra en referencia al hombre de Dios (=Gabriel), y está pensado para recordarle su debilidad humana (Sal 8,5), no para humillarle (Hvernick), pues no hay ocasión para ello, sino para informarle, a pesar de ello, de que él ha sido considerado digno de recibir altas revelaciones divinas (Kliefoth).

La razón que se le da para que le atienda ("porque la visión se relaciona con el tiempo el final") ha sido diversamente interpretada. Auberlen (p. 87) y Zndel (p. 105ss.) entienden עת־קץ no del tiempo del final de toda la historia, sino de un final más cercano relacionado con la profecía. "Tiempo del final" es una expresión general profética para designar el tiempo que, como período de

---

exilio la aparición de los ángeles es totalmente distinta de aquella que descubrimos en las partes que han sido escritas antes del exilio. Así dice, como regla, que los ángeles posteriores al exilio toman forma humana y llevan nombres que corresponden a sus propiedades: Miguel (Dan 10, 13. 21; 12, 1); Gabriel (Dan 8, 16. 21). Por su parte en el libro de Tobías 12,15, escrito no mucho más tarde (¿?) aparece Rafael. Es este momento, a diferencia de aquello que aparece antes del exilio, habría un orden o rango entre los ángeles. Miguel (Dan 19, 12) aparece como uno de los primeros ángeles príncipes, y en Dan 12, 1 él se presenta como el primero de los ángeles-príncipes (=principados). Más aún, ahora se dice que el número de los príncipes (שׂרים) es siete, y que corresponden a los Amesha-spandas de Persia (cf. Tob. 12:15 y 1 Henoc 90:21).

Pero ¿permite esta distinción sobre los ángeles en el tiempo de antes y después del exilio, incluso aunque fuera tan grande como supone Kohut, fundar una prueba para pensar que estos últimos derivan del parsismo? De los datos solo se sigue que en el tiempo del exilio los judíos entraron en contacto con los medos y los persas y que en ese tiempo floreció la religión del Zend-Avesta. Por otra parte ¿es cierto que los ángeles de la Biblia tomaron forma humana tan solo después del exilio? Da la impresión de que Kohut no sabe nada de la aparición de ángeles en Gen 19, 1; Jc 13, 9. Además, el hecho de que los ángeles de los escritos judíos posteriores (apócrifos), no los del AT, concuerden en número con el número de loa ángeles-príncipes y de los Ameshaspandas de los persas, no ofrece una prueba suficiente de que derivan de ellos.

Parece que el Dr. Kohut no piensa así, porque supone que, en adición a eso, que es quizá puramente accidental, quiere que ofrecer un argumento etimológico. Así dice que Amesha-penta significa "los santos que no duermen". De esa forma añade que en Dan 4, 10. 14. 20; 8, 13 encontramos una mera traducción de la palabra cuando a los ángeles-príncipes judíos se les llama עירין קדשׁין, es decir, los santos vigilantes. Pero ¿qué decir entonces del rey caldeo Nabucodonosor a quien un "santo vigilante" se le aparece en sueño como un judío? Y ¿en qué edición de la Biblia ha encontrado el Dr. Kohut que en Dan 8,13 aparezca el nombre de un ángel llamado עיר? El Dr. Kohut sigue diciendo que la mejor prueba de que la demonología del AT es un producto extranjero, que proviene del contacto de los judíos con los medos y los persas durante el exilio, está en el hecho de que en Zac 3, 1; Sal 48, 49; 1 Cron 21,1 y especialmente en Job 1,6; Dan 2,1; Job 1, 6; Daniel 2:1, Satán aparece como un "espíritu de la peste", cosa que correspondería al persa Agromainyus, el espíritu que mata. Pues bien, eso no son más que habladurías, que no necesitan ningún tipo de refutación.

cumplimiento, se sitúa al final del horizonte profético, que en el caso presente es el tiempo de Antíoco.

En contra de eso, Bleek (*Jahrb.f. D. Theol.* V. p. 57) afirma que, si el vidente recibe el encargo de prestar atención especial, es porque la visión está relacionada con el tiempo último, de manera que, igual que en Dan 8, 19; 11,40; 12,4 y 9, 26, también aquí, קץ ha de aplicarse sin duda al final del tiempo de prueba y sufrimiento del pueblo, aplicándose también, a la vez, al comienzo del nuevo tiempo de liberación que Dios ha prometido a su pueblo. Aquí yacería la intimación, es decir, la novedad de la profecía: en que el comienzo de la liberación destinada por Dios para su pueblo (es decir, el tiempo mesiánico) estaría conectado inmediatamente con el cese de la supresión de la adoración a Yahvé que había sido dictada por Antíoco Epífanes, y con la destrucción de ese gobernante".

Ciertamente, los pasajes aludidos (Dan 11,40; 12,4) prueban que עת -קץ está indicando el final de todo tiempo de sufrimiento y el comienzo del reino de Dios por el Mesías. De eso no se sigue, sin embargo que esas palabras "han de ser entendidas como referentes al final absoluto de todas las cosas, cuando el mesías venga a establecer su *regnum gloriae*, reino de Gloria, al final de la última tribulación que precede a la llegada del Señor" (Klief.); tampoco se sigue de eso que el profeta tuviera la idea de que antes de la caída de Antíoco, es decir, al final de los 2.300 días, aparecería el Mesías, haciendo que el mundo llegara a su final y estableciendo el reino de la eternidad (v. Leng., Hitz., Maur., etc.).

Ciertamente, esa última conclusión no queda refutada por la observación de que las palabras no tratan directamente del tiempo del final y de que la profecía encontrará entonces su cumplimiento (pues las profecías buscan su cumplimiento en el tiempo del final), pero esa relación con el final último marca solo una referencia profética (no una identificación cronológica), y así la profecía traza un paralelismo entre el tiempo de Antíoco y el tiempo del Anticristo, pues aquello que sucede en el tiempo de Javán y de Antíoco es un tipo de aquello sucederá en el tiempo del último final con el último reino del mundo y el Anticristo que surgirá de él, sin que ambos acontecimientos se identifiquen en sentido cronológico, ni se identifiquen entre sí (Kliefoth).

Así lo muestra al pasaje paralelo de Dan 10, 24 que Kliefoth entiende así: "La visión se extiende hasta los días que han sido antes nombrados, hasta los últimos días (אחרית הימים)". Esa visión lleva a los mismos acontecimientos que se realizarán entonces. Por eso, el ángel puede decir también aquí (8, 17) solo lo siguiente: Prestad atención, porque la visión se relaciona con el tiempo del final; ella ofrece información sobre aquello que sucederá en el final del tiempo".

8, 19

[19] וַיֹּאמֶר הִנְנִי מוֹדִיעֲךָ אֵת אֲשֶׁר־יִהְיֶה בְּאַחֲרִית הַזָּעַם כִּי לְמוֹעֵד קֵץ׃

¹⁹ Y dijo: Yo te enseñaré lo que ha de venir al fin de la ira; porque eso es para el tiempo del fin.

En este verso aparece claro, por encima de toda duda, el valor de esta exposición. El ángel dice aquí, en palabras precisas, "yo te mostraré lo que ha de suceder באחרית הזעם (en el último tiempo de la indignación), porque se refiere al tiempo determinado para el final". Ciertamente, Kliefoth afirma que lo que él ángel dice al profeta (8,19) para su consuelo no es lo mismo que lo que le ha dicho en 8, 17, y que le hizo arrojarse al suelo, de forma que Dan 8,19 no contiene nada que sea de tanto peso y tan sobrecogedor como Dan 8,17, sino algo más agradable y consolador, de manera que esta nueva palabra confiere a la visión un aspecto distinto, que libera a Daniel de la tristeza que le ha dominado a causa de la revelación sobre el final.

A partir de esta visión sobre el contenido de Dan 8,19, Kliefoth concluye que, después que había mostrado su terror, ante la presencia del mensajero celeste, dirigiendo su mente al contenido de la visión, Daniel se había arrojado al suelo por el pensamiento que le había revelado el ángel, al decirle que la visión se refería al final de todas las cosas, y que para hacer que se levantara el ángel le había dicho algo más agradable sobre la visión.

Pero esta conclusión no tiene fundamento en el texto. El hecho de que Daniel no se arrojara de nuevo al suelo por lo que el ángel le había comunicado en Dan 8,19, no debe atribuirse al hecho de que ahora el ángel le hubiera comunicado algo que fuera más consolador. Esto se funda más bien en el hecho de que el ángel había tocado al profeta que había caído desmayado en tierra y le había puesto de nuevo de pie (8,18), comunicándole a través de ese contacto (de ese toque) la fuerza necesaria para escuchar sus palabras, sin caer de nuevo al suelo.

Por otra parte, la explicación que Kliefoth ofrece de 8, 19 no responde al sentido de las palabras. A su juicio "el final de la indignación" debe referirse al tiempo que seguirá después que termine el זעם, es decir, el período de ira del exilio de Babilonia. Pero, cuando se refiere al espacio אחרית significa aquello que está *lo más lejos* (cf. Sal 139, 9), y cuando se refiere al tiempo significa *lo último*, es decir, el fin, lo que se opone a ראשית, el final en el que culmina el *principio*.

Si אחרית הימים no indicara ese tiempo final debería venir después, todavía, otro tiempo posterior. Pues bien, la profecía habla aquí de un final-final, después del cual no hay más cosas (cf. en Dan 2,28). En esa línea, זעם significa aquí el tiempo de la revelación de la ira divina, en su plenitud. Por eso, אחריה הזעם solo puede significar el tiempo final, el tiempo del fin, el tiempo de la revelación definitiva de la ira de Dios.

Esta explicación de los términos, que es la única que responde a las palabras, está requerida también por las palabras conclusivas de Dan 8,19: כי למועד קץ (porque eso es para el tiempo del fin, para el tiempo determinado para el fin), en la línea de la Vulgata: *quoniam habet tempus finem suum*, y en ese mismo sentido se sitúa la versión de Lutero: "Porque el fin tiene su tiempo determinado". Por su parte, Kliefoth traduce así las palabras: "Porque el tiempo firmemente ordenado, el tiempo definido tiene su fin", y aplica esto al final del exilio de Babilonia, tiempo que, como Daniel sabía (9, 2), según Jeremías, había sido fijado por Dios en setenta años.

Pero el exilio de Babilonia tendrá un fin bien fijado, terminará a los 70 años, y así el ángel no necesitaba anunciárselo al profeta pues él no dudaba de ello, no debía recordarle un hecho que le daría solo un pequeñísimo consuelo para el tiempo futuro de la ira. Esa interpretación de las palabras se funda en una mala lectura de אחרית הזעם, y debe abandonarse con ella.

Si la palabra למועד (para la determinación de) estuviera separada de קץ, y debiera tomarse por sí misma, y vincularse al tiempo de la ira final, זעם tendría que haber tenido artículo, lo mismo que en Dan 11, 27. 35. Sin el artículo, como sucede aquí, debe conectarse con קץ, y de esa forma, supliendo החזון como sujeto, por el contexto (8, 17), ha de traducirse como lo hacen la mayoría de los intérpretes modernos: *Porque la visión se relaciona con el tiempo determinado del final*.

Pero עת קץ, el tiempo del final, מועד קץ, la determinación del tiempo del final, es el fin absoluto de todas las cosas, el tiempo de la institución del reino de la gloria (regnum gloriae), tras el tiempo de la tribulación que precede al retorno de Nuestro Señor. Es el tiempo del juicio del reino del mundo, el establecimiento del reino eterno de Dios, que no vendrá con la aparición histórica del Mesías (Jesús), sino en el momento de su retorno final, cuando se cumpla el final del αἰὼν οὗτος y el comienzo del αἰὼν μέλλων, el tiempo de אחרית הימים (Dan 10, 14), que el apóstol (1 Cor 10, 11) llama τὰ τέλη τῶν αἰώνων, *el final de los siglos*, diciendo que ya ha venido.

8, 20-22

²⁰ הָאַיִל אֲשֶׁר־רָאִיתָ בַּעַל הַקְּרָנָיִם מַלְכֵי מָדַי וּפָרָס:
²¹ וְהַצָּפִיר הַשָּׂעִיר מֶלֶךְ יָוָן וְהַקֶּרֶן הַגְּדוֹלָה אֲשֶׁר בֵּין־עֵינָיו הוּא הַמֶּלֶךְ הָרִאשׁוֹן:
²² וְהַנִּשְׁבֶּרֶת וַתַּעֲמֹדְנָה אַרְבַּע תַּחְתֶּיהָ אַרְבַּע מַלְכֻיוֹת מִגּוֹי יַעֲמֹדְנָה וְלֹא בְכֹחוֹ:

> ²⁰ En cuanto al carnero que viste, que tenía dos cuernos: estos son los reyes de Media y de Persia. ²¹ El macho cabrío es el rey de Grecia, y el cuerno grande que tenía entre sus ojos es el rey primero. ²² En cuanto al cuerno que fue quebrado y sucedieron cuatro en su lugar, significa que cuatro reinos se levantarán de esa nación, aunque no con la fuerza de él.

Dado que no se puede negar, por la explicación dada en este verso por el ángel, que la visión se relaciona con los reinos mundiales (medo-persa y griego) y con el reino del perseguidor que surgirá al final, tampoco se puede negar aquí, en una perspectiva profética, que el tiempo del final aparece vinculado con el período de la opresión del pueblo de Dios por Antíoco y la primera aparición del Mesías con su retorno en gloria para el juicio final, como sucede también en Dan 2,34; 7,13. 25.

Kliefoth pone una objeción: La venida del Mesías puede concebirse como vinculada con el fin de todas las cosas, y esto sucede porque ambos acontecimientos (venida del Mesías y tiempo del final) están en una íntima relación causal entre sí, no solo en aquellos profetas del AT que no distinguen bien los tiempos, pero que saben bien que hay una conexión casual íntima entre ellos, pues la venida del Mesías en la carne traerá el fin de todas las cosas, pero no como una consecuencia inmediata, sino tras un espacio alargado de tiempo.

Eso significa que tras la venida del mesías en la carne se desplegará un largo curso de acontecimientos históricos, antes de que llegue el fin (como sabe y muestra también Dan 9). En esa línea, el tiempo de la aparición de Cristo en la carne no puede llamarse tiempo del final. De esa forma, manteniendo la diferencia de los tiempos, pero destacando también su vinculación, en la última visión que tuvo Daniel (Dan 10-12) no solo se contemplan unidos el tiempo de la opresión de Antíoco y el tiempo de la venida del último enemigo (el Anticristo), como si fueran una sola cosa, sino que el contenido de esta visión única (Dan 10, 14) se transfiere al final de los días, porque el mensajero divino dice a Daniel: "Yo he venido para darte a entender lo que ha de suceder a mi pueblo en el fin de los días, porque la visión ahora se refiere a esos días".

Y no es solo esto, sino que en Dan 11, 35 se dice que la tribulación que vendrá sobre el pueblo de Dios por Antíoco vendrá para limpiarles y para purificarles para el tiempo del final, pues este es ya el tiempo determinado. De esa manera, sin duda alguna, el tiempo de la persecución de Antíoco se coloca en íntima unión con el tiempo del final, pero de tal forma que ambos no aparecen identificados de una forma sincrónica, sino que uno es signo del otro.

Este es un punto de importancia para la buena exposición de este verso. Si en Dan 11, 35. 40 se dice dos veces מועד כי עוד קץ, *el final para el tiempo ya determinado*, y ese final-final no comienza con la opresión del pueblo de Dios por Antíoco, de esto no podemos concluir (como sabe bien Kliefoth) que Daniel esperaba la llegada del reino mesiánico y el final de toda la historia con la derrota de Antíoco. El hecho de que se vinculen, en una conexión causal, los dos períodos, en una misma visión (Dan 11) no implica, ni menos aún permite, tomar esos dos períodos de un modo sincrónico.

De esa manera podemos superar la visión errónea que se deduce de esos versos, en conexión con una interpretación incorrecta de Dan 11, 36-45. Así lo exige de un modo claro la interpretación de Dan 2 y Dan 7, según la cual el cuarto reino (que aún no ha llegado) ha de preceder a la instauración del reino eterno de Dios y a la manifestación del hijo del hombre. Así lo exige también Dan 9, 24-27 donde, como mostrará nuestra exposición, la venida del mesías y el cumplimiento final del reino de Dios por la derrota del último enemigo están vinculados por el tiempo, pero de forma que la venida del mesías será tras *siete semanas,* mientras que el cumplimiento del reino de Dios seguirá solo después de un lapso de *setenta semanas.*

Este pasaje ha de entenderse de acuerdo con esas distintas revelaciones y afirmaciones, y no porque en ellas, según la perspectiva profética, la opresión del pueblo de los santos por Antíoco, *el pequeño cuerno,* se vincule en una misma visión con *la tribulación del tiempo final del Anticristo.* La visión distingue bien los dos acontecimientos: La opresión de los santos por Antíoco y la instauración del *regnum gloriae* con el fin del mundo. Ambos acontecimientos se relacionan, pero no se identifican de un modo sincrónico.

Según eso, la frase "la visión se relaciona con el tiempo del final" declara solo que la profecía tiene una referencia a los tiempos mesiánicos. Sobre la naturaleza de esa referencia, el ángel ofrece algunas insinuaciones cuando, habiendo tocado al profeta, que había caído al suelo por asombro y miedo, él le levantó y le capacitó para oír las palabras (Dan 8, 18), diciéndolo que le haría saber lo que sucedería en el último tiempo de la violencia (8, 19).

זעם es la ira de Dios contra Israel, el castigo con que Dios amenaza a su pueblo a causa de sus pecados, como en Is 10,50; Jer 2, 17; Ex 22, 24 etc., y aquí evoca los sufrimientos, castigos y tribulaciones que el pequeño cuerno traerá sobre Israel. El tiempo de la revelación de esta ira divina se llama אחרית, el *final,* porque ese tiempo pertenece al אחרית הימים, porque prepara el futuro mesiánico (la llamada del final de los días) y con su conclusión comienza la última edad del mundo, de la cual, sin embargo, aquí no se dice nada en particular, porque la profecía termina con la destrucción del pequeño cuerno.

La visión de Dan 11 ofrece más detalles sobre este mundo. En aquel capítulo, el gran enemigo de los santos de Dios, que brota del tercer reino mundial, viene a ser representado como prefiguración o tipo del último enemigo de los santos de Dios, al final de los días. Bajo las palabras אשר יהיה (lo que ha de suceder), el ángel entiende todo lo que contiene la visión de este capítulo, desde el surgimiento del imperio mundial medo-persa hasta el tiempo de la destrucción de Antíoco Epífanes, como muestra Dan 8,20-25.

Pero cuando él añade אחרית הזעם, el ángel muestra inmediatamente que lo más importante en la visión es la severa opresión que aguarda en el futuro al pueblo de Israel para su purificación, y repite, para justificar lo dicho la conclusión de Dan 8, 17, donde él se limita a cambiar עת por מועד, como tiempo definitivo de cumplimiento de la historia; קץ מועד denota así el tiempo final en cuanto a su duración.

Esta expresión ha sido recogida aquí en referencia a la circunstancia de que en Dan 8, 14 el final de la opresión quedó definido de un modo muy preciso por la declaración de su continuidad. El sentido de esas palabras ha sido así diversamente entendido por los intérpretes. El sentido no es que el ángel quisiera consolar a

Daniel con el pensamiento de que el juicio de la visión no estaba aún tan cerca, como a la mano (Zndel), porque, según Dan 8, 17, el profeta no estaba aterrado por el contenido transmitido por la visión, sino por la aproximación del ser celestial.

Pues bien si, según Dan 8, 18, las palabras del ángel aumentaron de tal modo su terror, de forma que él cayó confundido sobre la tierra, de manera que el ángel tuvo que levantarle tocándole, el texto no dice que fueran las palabras del ángel las que le habían confundido, ni añade que la explicación posterior más precisa fuera menos aterradora que las palabras de 8, 17. Lo aterrador es la misma presencia del ángel.

De todas formas, el contenido de 8, 19 no estaba dirigido a levantar el ánimo del profeta, sino al contrario: Todo el discurso del ángel fue para Daniel tan opresor que, después de haberlo oído, él estuvo varios días enfermo (8, 27). De ese asombro y terror no debemos concluir que en 8, 17 el ángel habló a Daniel del final absoluto de todas las cosas mientras que en 8, 19 le habló del final de la opresión de Israel tras Antíoco. Por las palabras "la visión se refiere al tiempo final determinado" el ángel solo quiso poner de relieve la importancia de su anuncia, dando más énfasis a su llamada, para que el profeta prestara atención.

Dan 8, 20-22 explica el sentido de 8,3-8. "Los reyes de Media y Persia" son todos los reyes medo-persas que se sucedieron unos a los otros, es decir, la dinastía medo-persa en el conjunto de su desarrollo histórico. A הצפיר se le añade el epíteto השעיר, *peludo, raudo*, para caracterizar así al animal como un macho cabrío. El rey de Javán (Grecia) es el fundador y representante del reino mundial macedonio-griego, o mejor dicho la realeza de ese reino, pues *el gran cuerno del macho cabrío* recibe después los rasgos de Alejandro Magno, el primer rey de ese reino.

Las palabras que van de והנשברת a תחתיה (8, 22) forman una sentencia absoluta de sujeto, en la que, sin embargo, ותעמדנה no ha de tomarse como ἐκβατικῶς, "se rompió en piezas, de manera que..." (Kran.), porque "la afirmación del pasaje principal no puede aparecer aquí en un pasaje subordinado de relativo (Hitzig). Al contrario, a la afirmación del principio con participio se añade la definición posterior con el ו consecutivo, sin el relativo אשר, como sucede con frecuencia (cf. Ewald, *Lehr.* 351). Por eso, esta frase no la podemos traducir con mucha brevedad, sino que debemos expresarla así: "Por lo que se refiere al cuerno que fue roto en pedazos, de manera que después aparecieron cuatro en su lugar, (esto significa) que de aquel pueblo surgirán cuatro reinos".

מגוי sin el artículo no significa "del reino de Javán", porque en ese caso no se hubiera omitido el artículo; ni significa "del mundo pagano", porque aquí no tenemos un contraste directo con Israel; sino que el sentido es indefinido: "del territorio del pueblo, o del mundo del pueblo", pues el profeta concibe todo el mundo de los pueblos como unido bajo el cetro del rey de Javán. יעמדנה es un arcaísmo; cf. Gen 30,38; 1 Sam 6, 12; Ewald, 191; Gesen., *Gramm.* 47. ולא בכוחו, pero no con su poder, no con la fuerza que tenía el primer rey (Dan 11, 4)

El enemigo que brota del tercer reino mundial

8, 23-26. Explicación de la visión

²³ וּבְאַחֲרִית֙ מַלְכוּתָ֔ם כְּהָתֵ֖ם הַפֹּשְׁעִ֑ים יַעֲמֹ֛ד מֶ֥לֶךְ עַז־פָּנִ֖ים וּמֵבִ֥ין חִידֽוֹת׃

²⁴ וְעָצַ֤ם כֹּחוֹ֙ וְלֹ֣א בְכֹח֔וֹ וְנִפְלָא֥וֹת יַשְׁחִ֖ית וְהִצְלִ֣יחַ וְעָשָׂ֑ה וְהִשְׁחִ֥ית עֲצוּמִ֖ים וְעַם־קְדֹשִֽׁים׃

²⁵ וְעַל־שִׂכְל֗וֹ וְהִצְלִ֤יחַ מִרְמָה֙ בְּיָד֔וֹ וּבִלְבָב֣וֹ יַגְדִּ֔יל וּבְשַׁלְוָ֖ה יַשְׁחִ֣ית רַבִּ֑ים וְעַל־שַׂר־שָׂרִים֙ יַעֲמֹ֔ד וּבְאֶ֥פֶס יָ֖ד יִשָּׁבֵֽר׃

²⁶ וּמַרְאֵ֨ה הָעֶ֧רֶב וְהַבֹּ֛קֶר אֲשֶׁ֥ר נֶאֱמַ֖ר אֱמֶ֣ת ה֑וּא וְאַתָּה֙ סְתֹ֣ם הֶֽחָז֔וֹן כִּ֖י לְיָמִ֥ים רַבִּֽים׃

²³ Al fin del reinado de estos, cuando los transgresores lleguen al colmo, se levantará un rey altivo de rostro y entendido en enigmas. ²⁴ Su poder se fortalecerá, pero no con fuerza propia; causará grandes ruinas, prosperará, actuará arbitrariamente y destruirá a los fuertes y al pueblo de los santos. ²⁵ Con su sagacidad hará prosperar el engaño en su mano; en su corazón se engrandecerá y, sin aviso, destruirá a muchos. Se levantará contra el Príncipe de los príncipes, pero será quebrantado, aunque no por mano humana. ²⁶ La visión de las tardes y mañanas que se ha referido es verdadera; y tú guarda la visión, porque es para muchos días.

8, 23-24 comienza a ofrecer la interpretación de la visión del pequeño cuerno (8, 9, 12), con una definición más precisa de ciertos elementos que no aparecían destacados en la visión. El cuerno significa un rey que surgirá "en el último tiempo de su reino". El sufijo de מלכותם (de su reino) expresa la idea contenida en מלכם (reyes). כהתם הפשעים, *cuando los transgresores hayan colmado la medida*, es decir, la transgresión o la medida de los pecados. El objeto que falta en התם queda claro por la visión del sujeto. הפשעים, *los rebeldes*, no son los paganos, porque פשע está indicando la apostasía de Dios, pecado del que solo se acusa a los israelitas, pero nunca a los gentiles. Esta palabra remite a בפשע en Dan 8, 12. El rey que se eleva es Antíoco Epífanes (cf. 1 Mac 1, 10 11).

עז־פנים, *duro de cerviz*, impúdico, sin vergüenza, que engaña. Aquí en un sentido malo, ocultando su propósito detrás de palabras ambiguas, usando disimulos, formando artificios, palabra interpretada en 8, 25 por מרמה, cf. 11,21. El despliegue de esas cualidades aparece en 8, 24. 25 (cf. עז־פנים). A causa de la audacia de su conducta, su poder externo se fortalecerá, pero no por su propia fuerza (בכחו ולא).

El contraste aquí no es frente "al poder o permiso de Dios" (Ephr., Theodrt., Hv., Hitz., Kran.), tema que aparece תנתן (fue dado por Dios), Dan 8, 12, ni frente a תת (dar) en Dan 8, 13, pues esas interpretaciones no responden al contexto del pasaje, que nos sitúa más bien ante la audacia y los engaños por los que, más que por su fuerza, Antíoco se elevó al poder. El fortalecimiento del poder no se limita ni a su forma de subir al trono, derribando a otros pretendientes (Berth. y

Daniel 8, 23-26.

otros), ni a la forma en que desarrolló su poder en contra de Israel, al igual que contra otros reino.

נפלאות (obras admirables) se emplea adverbialmente, lo mismo que en Job 37, 5: De un modo asombroso, admirable, él realizará la destrucción. Pero de esta palabra no se sigue que la expresión בכחו ולא ha de referirse al poder de Dios, porque ese poder no significa necesariamente hechos o cosas que se originan sobrenaturalmente de Dios. Pero aún en el caso de que esa palabra (poder) tuviera básicamente el sentido de "poder de Dios" aquí no podría aplicarse a cosas realizadas con la fuerza de Dios, sino a cosas realizadas por poderes demoníacos, porque ישחית (destruirá) no puede aplicarse a Dios en el sentido determinado por el contexto. Esta obra de destrucción estará dirigida en contra del Poderoso y en contra del pueblo de los santos.

עצומים no significa aquí muchos, numerosos individuos israelitas (v. Leng., Maur., Kliefoth), en parte porque en ese sentido se utiliza en 8, 25 רבים y en parte por el sentido de עם קדשים, término por el que debemos entender el pueblo de Israel, no meramente el número insignificante y débil de los piadosos (Kran.). Según eso, עצומים no puede significar los ancianos de Israel y mucho menos los reyes extranjeros (Berth., Dereser), sino *los poderosos* en general, aunque quizá el texto esté pensando de un modo especial en los gobernantes paganos.

8, 25 describe la astucia y maña de la acción perversa del cuerno pequeño. על שכלו (por su ingenio) se pone en primer lugar. שכל, sagacidad, aquí en sentido negativo, *malas artes*. Su engaño será triunfador, por la astucia de su engaño. מרמה sin artículo, indica todos tipo de engaños que él se propone utilizar (Hitzig). En esa línea, su corazón se eleva de forma soberbia, de manera que no solo destruye a muchos de un modo inesperado, sino que él se eleva en contra del mismo Dios.

Por רבים (muchos) se entienden aquí los poderosos y el pueblo santo (8, 24). בשלוה no significa en *paz prof*unda, sino en seguridad desprevenida, es decir, inesperadamente. Una prueba histórica de esto se encuentra en 1 Mac 1, 10. שרים שר (Príncipe de los Príncipes) corresponde a אדני האדנים (Señor de los Señores), Sal 136, 3, es decir, Dios: 8, 11. Pero el ángel añade: "Será destruidos sin manos", es decir, no por manos de hombres, sino por *Dios*.

8, 26. Aquí se expone en forma conclusiva la confirmación de la verdad de lo que se ha dicho de la duración de la opresión del pueblo de Dios. Dado que el tiempo de esa opresión no fue visto por Daniel, sino que se le comunicó en palabras, aquí se utiliza אשר נאמר, en referencia a lo que se dijo o se dice. Pero no necesitamos unir esta sentencia de relativo con el genitivo והבקר הערב (la tarde y la mañana), aunque esto sería admisible, sino que esta sentencia puede depender más bien de מראה (visión), dado que la revelación mundial de las tardes y las mañanas forma una parte integral de la visión. והבקר הערב ha de tomarse en un sentido colectivo.

La confirmación de la verdad de esta revelación no tiene la intención de mostrar que el libro aparece, con engaño, como muy antiguo (v. Leng., Hitzig), sino que tiene la finalidad de fortalecer la debilidad de los fieles, dándoles consuelo en la hora de prueba. En el fondo de la afirmación sobre la duración de las aflicciones yace no solo el hecho de que ellas acabarán, sino también, al mismo tiempo, que ese final está determinado de antemano por Dios (cf. 12, 7).

En otros lugares, esta confirmación sirve no solo para superar dificultades que brotan de la debilidad de la carne, sino también para que se realicen y confirmen revelaciones de tanta importancia, cf. Dan 10, 1; 12, 1; Ap 19, 9; 21,5; 22, 6. Pero Daniel debe cerrar la profecía, porque ella se extiende por un largo tiempo. סתן no es equivalente a חתם, sellar, sino que significa *parar*, concluir, esconder (2 Rey 3, 19; Ez 28, 3), pero no en el sentido de guardar secreto, porque su contenido sería incomprensible para los tiempos inmediatos, porque sellar o cerrar no tiene nada en común con el carácter incomprensible de la profecía, sino que se utiliza en el sentido de "guardar" (mantener, que no se pierda ni olvide).

"Un documento se sella en su texto original y se guarda en archivos", a fin de que se preserve para tiempos lejanos, pero no se sella para que permanezca en secreto, pues se hacen copias de ese documento para uso público" (Kliefoth). El sentido del mandato es, por tanto, simplemente este: "Preserva la revelación, no porque sea ahora incomprensible, es decir, no para que permanezca en secreto, sino para que pueda quedar reservada para tiempos futuros lejanos" (Kliefoth). La razón asignada para este mandato es la única que concuerda con esta interpretación.

לימים רבים (para muchos días) no es lo mismo que לעת־קץ en 8, 17, sino que designa solo un largo tiempo. Esta expresión indefinida se utiliza aquí porque no se quería indicar de nuevo, más exactamente, el fin anunciado, según 8, 17. 19, sino para decir simplemente que el tiempo del final no estaba cerca.

8, 27. Influencia de la visión en Daniel

[27] וַאֲנִי דָנִיֵּאל נִהְיֵיתִי וְנֶחֱלֵיתִי יָמִים וָאָקוּם וָאֶעֱשֶׂה
אֶת־מְלֶאכֶת הַמֶּלֶךְ וָאֶשְׁתּוֹמֵם עַל־הַמַּרְאֶה וְאֵין מֵבִין׃ פ

[27] Yo, Daniel, quedé quebrantado, y estuve enfermo algunos días. Cuando me levanté, atendí los negocios del rey; pero estaba espantado a causa de la visión, y no la entendía.

Dan 8, 27 pone de relieve el influjo de la visión en Daniel (cf. 7, 28). Esa visión agitó de tal manera al profeta que él permaneció varios días enfermo, de manera que no pudo ocuparse de los negocios del rey hasta recuperarse de su enfermedad. El contenido de la visión quedó fijado en su mente. La escena le llenó de admiración, y nadie la entendió. Maurer, Hitzig y Kranichfeld interpretan אין מבין (yo no entendí), supliendo desde el contexto el pronombre en primera persona. Pero aunque la construcción de las palabras admitiera eso (que se supliera el yo), para lo cual no tenemos prueba alguna, el resultado no sería aceptable, pues ella deriva del hecho de que se dé a סתן (8, 26) la falsa interpretación de ocultar.

Si Daniel hubiera recibido el mandato de mantener la profecía en secreto, conforme a la orden de 8,26, la observación de que nadie la entendió hubiera sido totalmente superflua. Pero si lo que se pedía era más bien preservar (conservar) la profecía, y si esto le conmovió profundamente, entonces, aquellos que estaban a su lado deben haberlo reconocido. No se debe referir מבין אין solo a Daniel, porque lo impide la comparación con אבין ולא en Dan 12, 8. Solo el cumplimiento de esta visión solo puede llevar a su plena comprensión.

II
Daniel 9
LAS SETENTA SEMANAS

El año primero de Darío el Medo, por un diligente estudio de las profecías de Jeremías, y del número de años en los que Jerusalén debía quedar desolada (Dan 9,1-2), Daniel compuso una oración penitencial por la que reconoció la justicia del castigo divino que pendía sobre Jerusalén a causa de sus pecados, e imploró la misericordia de Dios para su pueblo (9, 3-19). A consecuencia de esa oración (9, 20-23), el ángel Gabriel debió interceder por su pueblo antes de que se consumara el Reino de Dios.

9, 1-2

¹ בִּשְׁנַת אַחַת לְדָרְיָוֶשׁ בֶּן־אֲחַשְׁוֵרוֹשׁ מִזֶּרַע מָדָי אֲשֶׁר הָמְלַךְ עַל מַלְכוּת כַּשְׂדִּים׃
² בִּשְׁנַת אַחַת לְמָלְכוֹ אֲנִי דָּנִיֵּאל בִּינֹתִי בַּסְּפָרִים מִסְפַּר הַשָּׁנִים אֲשֶׁר הָיָה דְבַר־יְהוָה אֶל־יִרְמִיָה הַנָּבִיא לְמַלֹּאות לְחָרְבוֹת יְרוּשָׁלַםִ שִׁבְעִים שָׁנָה׃

¹En el primer año de Darío hijo de Asuero, de la nación de los medos, que fue constituido rey sobre el reino de los caldeos, ² en el primer año de su reinado, yo, Daniel, miré atentamente en los libros el número de los años de que habló Jehová al profeta Jeremías, en los que habían de cumplirse las desolaciones de Jerusalén: setenta años.

Dan 9, 1-2 expone la ocasión en que tuvo lugar la oración penitencial (9, 3-19) y la revelación siguiente, sobre el tiempo y el despliegue de la opresión del pueblo de Dios por el poder mundial, hasta el cumplimiento del poder divino de la salvación.

Sobre Darío, el hijo de Asuero, de la raza de los medos, cf. *Coment.* Dan 6,1. הָמְלַךְ es el *hofal*: que fue constituido: *rex constitutus, factus est*. Se indica así que Darío no vino a ser rey de los caldeos a través de una conquista, sino que recibió el reino (cf. קבל, Dan 6,1) de manos de Ciro, general del ejército y conquistador de Babilonia.

El primer año del reinado de Darío el Medo sobre el reino de Caldea es el 538 a.C., pues Babilonia fue tomada por los medos y persas, bajo el mando de

Ciro el 539/538 a.C. Según Tolomeo, Ciro el Persa reinó nueve años después de Nabónido. Pero la muerte de Ciro, como es bien sabido, aconteció el 529 a.C. Conforme a nuestra exposición, hay que deducir dos años del reinado de Darío el Medo, de forma que el reinado de Ciro, por sí mismo, sobre el reino que él fundo comienza el 536 a. C., año en que se cumplió el tiempo de los setenta años del exilio de Babilonia. Para la exposición del tema, cf. *Coment.* a Dan 1, 1, con la visión general del desarrollo cronológico en el Comentario al libro de los Reyes.

Las afirmaciones sobre el tiempo (Dan 9, 1) se repiten de nuevo en el comienzo de 9, 2, en la sentencia intermedio de relativo, a fin de conectar el tema con lo que sigue. He traducido Dan 9, 2, como Hgstb., Maur. y Hitzig: "Miré atentamente en las Escrituras el número de años", de manera que מספר (número) forma el objeto de בינת (miré atentamente, comprendí, cf. Prov 7,7).

Ni la colocación de בַּסְּפָרִים, ni el hecho de que tenga un *atnah* va en contra de esta visión, porque el objeto va colocado después de "los libros", ofreciendo una definición más precisa del tema, y la separación entre el objeto y el verbo está justificada por ello, pues el pasaje contiene dos afirmaciones, es decir, que Daniel estudió en las Escrituras y que su estudio estuvo dirigido al número de los años etc.

בספרים, con el artículo definido no indica una colección de libros sagrados conocidos, en los que se incluían los escritos de Jeremías, de manera que la colección de escritos de los profetas no pudieran verse como algo vinculado ya al Pentateuco, como si estas palabras implicaran ya una colección completa de los libros del AT, con la Ley y los Profetas (cf. Bleek, Gesenius, v. Leng., Hitzig). En nuestro contexto, הספרים, τὰ βιβλία, los libros, no es un sinónimo de הכתובים, αἱ γραφαί, las Escrituras, sino que indica solamente "escritos", en plural, pero sin decir si esos escritos formaban ya parte de una colección reconocida y ratificada.

Según eso, de esta expresión no se puede deducir nada sobre la formación del canon del AT. Tampoco se puede identificar בספרים (como hacen Hv. y Kran.) con la carta de Jeremías a los exilados (Jer 29), por el hecho de que ni en Jer 29, ni en 25, 11 se mencionan los setenta años de la desolación de la tierra de Judá e implícitamente de Jerusalén.

El plural ספרים puede aplicarse a una carta en particular, pero solo si lo exige el contexto, y si lo supone la aplicación más concreta de la palabra, como en 2 Rey 19, 14. Pero este no es el caso, dado que en dos profecías distintas Jeremías habla de los setenta años, y solo en Jer 25, y no en la carta de Jer 29, habla de la desolación de la tierra. Por eso, בספרים alude solo al hecho de que existían escritos entre los cuales se encontraban profecías de Jeremías. Y aquí se utiliza el plural (escrituras) porque el pasaje que sigue dice cosas más precisas sobre esas Escrituras sagradas.

En estas Escrituras, Daniel investiga el número de los años sobre los que Jeremías había profetizado. אשר, como en Dan 8, 26, no en relación a השנים, sino a מספר השנים (número de años). No se puede objetar en contra de que la repetición de las palabras "setenta años" va en contra de esta relación (Klief.), pues no existe tal repetición, dado que מספר no indica el número de años. Con למלאת (para cumplir) se introduce el contenido de la palabra de Yahvé, tal como ha sido dada a Jeremías. לחרבות no ocupa aquí el lugar de un "acusativo": para hacer que se complete la desolación de Jerusalén (Hitzig), pues la *lamed*, ל , tiene aquí el sentido de *con respecto a, en relación a*. Esta expresión no se funda en Jer 29,10 (Kran), sino en Jer 25, 12 (cuando se hayan cumplido setenta años).

חרבות, lugares desolados, ruinas, tiene aquí el sentido de una situación de desolación. Ciertamente, Jerusalén no yació en ruinas durante setenta años. La palabra no ha de ser interpretada de esa forma, sino que ha sido escogida en parte en referencia a la situación de Jerusalén en aquel momento, y en parte en referencia a las palabras de Jer 25, 9. 11. Ciertamente, la desolación comenzó con la primera toma de Jerusalén, con la deportación de Daniel y sus compañeros, y también con el hecho de que fueron llevados los vasos sagrados del templo, en el año cuarto de Joaquim (606 a.C.)[73].

De un modo consiguiente, en el año primero del reinado de Darío el Medo sobre el reino de los caldeos se había cumplido y había casi terminado el período de la desolación de Jerusalén, determinado por Dios. Pues bien ¿qué es lo que movió a Daniel para elevar, precisamente entonces, una oración penitencial a favor de Jerusalén y del santuario desolado? ¿Pudo él dudar de la verdad de la promesa, según la cual, tras setenta años de exilio, Dios visitaría a su pueblo y cumpliría la palabra de promesa por la que él se había comprometido a traer de nuevo a su pueblo a Judea (Jer 29, 10)?

Ciertamente no, pues ni el tema de su oración, ni la revelación divina que le fue ofrecida indicaban ninguna duda de su parte en relación con la promesa divina. Conforme a la opinión de Bleek y Ewald, fue la duda sobre el cumplimiento de la terminación del exilio a los setenta años lo que hizo que Daniel elevara esta oración sobre el tema. Así lo supone Bleek, *Jahrbb.f. D. Theol.* V. p. 71:

> Esta profecía de Jeremías puede tomarse como ya cumplida con la caída del imperio babilonio y con la terminación del exilio, cuando los judíos recibieron de Ciro el permiso de volver a su tierra nativa, y de reedificar su ciudad y su templo. Pero ese cumplimiento no fue perfecto, pues la promesa del retorno del pueblo del exilio estaba unida a la expectativa de que los judíos se convertirían plenamente a Dios, y de que Yahvé cumpliría sus buenas promesas, realizando en ellos las esperanzas

---

73. Así se computan también los setenta años del exilio en 2 Cron 36, 21-23; Es 1, 1. Así lo reconoce el mismo Ewald (*Proph*. III. p. 430), pero él piensa que este no es un cálculo exacto del tiempo, sino que supone, con Zac 1, 12 y Dan 9, 25, que la destrucción de Jerusalén forma la fecha del comienzo de la desolación de los setenta años. Pero, en contra de eso, Dan 9, 25 no contiene ninguna precisión ni siquiera una evocación sobre el comienzo del exilio, y en las palabras de Zac 1, 12 (contra la que tú has estado indignado setenta años) no se incluye la idea de que los setenta años profetizados por Jeremías acabaron en el año 2 de Darío Histaspes, como se dice en *Coment*. a ese pasaje de Zacarías.

de la redención mesiánica (cf. Jer 29,10, con otras promesas de Jeremías y de otros profetas, sobre el retorno del pueblo del exilio, entre ellas las de Is 40 ss). Pero estas esperanzas no se cumplieron en toda su extensión y plenitud con el retorno del pueblo y la restauración del estado judío en Jerusalén.

Según eso, tomando como punto de partida la inspiración absoluta de los profetas, parece apropiado "suponer que la profecía de los setenta años de Jeremías, tras el cumplimiento de la cual Dios completaría y realizaría todas las buenas promesas que había ofrecido a su pueblo, debía extenderse más allá de los setenta años. Por eso debía estudiarse bien el sentido de la profecía, para interpretarla rectamente.

En esa línea, Ewald (*Proph*. III. p. 421ss.) mantiene la opinión de que estos setenta años de Jeremías no podían cumplirse sin la realización de su profecía, según la cual las ruinas de Jerusalén no seguirían existiendo para siempre. En esa línea, 49 años después de su destrucción, una nueva ciudad de Jerusalén vino a tomar el lugar de la vieja y destruida, como centro de la congregación de la verdadera religión, pero las esperanzas más importantes sobre el cumplimiento de las promesas mesiánicas, conectadas con los setenta años, no se cumplieron entonces, ni en los largos años siguientes, hasta el momento en que el autor del libro de Daniel (en la era de los macabeos) vivió y escribió.

En esa línea, los creyentes del tiempo de los macabeos estaban expuestos a los más severos sufrimientos, tales como ellos no los habían experimentado desde los días antiguos de la destrucción de Jerusalén. Por eso, se agitó y planteó de nuevo la ansiosa pregunta sobre la duración de esas persecuciones y sobre el comienzo real del tiempo mesiánico que Daniel (partiendo de las revelaciones de Dan 7, 12. 25 y 8, 13) quería resolver, en torno a la superación de los sufrimientos del tiempo del final. Por eso, Daniel debió plantearse el sentido de los setenta años de Jeremías, sacralizados hace ya tiempo, pero que no se habían cumplido de un modo literal. Éstos son los argumentos de fondo de los que parten Bleek y Ewald.

Estos dos críticos (*Bleek* y *Ewald*) fundan su razonamiento sobre suposiciones dogmáticas, que a su juicio han sido firmemente establecidas, según las cuales el libro de Daniel es un producto de la edad de los macabeos. Todos los que se oponen a la autenticidad de este libro comparten con estos dos críticos la opinión de que este capítulo (Dan 9) quiere resolver el "misterio" de cómo puede armonizarse la profecía de Jeremías (sobre el comienzo de la salvación mesiánica tras 70 años de exilio) con el hecho de que esa profecía no se había cumplido siglos después de la caída del reino de Babilonia y del retorno de los judíos del exilio. En contra de esa esperanza ha comenzado, bajo Antíoco Epífanes, un tiempo de opresión todavía más severa.

Esta es la pregunta que se plantea entonces: ¿Cómo se relaciona esa opinión con el tema de este capítulo, dejando a un lado todas las restantes razones sobre la autenticidad del libro de Daniel? ¿Cómo se relaciona este tema con la oración de Daniel y con la revelación divina de Gabriel sobre las setenta semanas?

La oración de Daniel contiene las más fuertes peticiones, pidiendo a Dios que aparte su ira de la ciudad de Jerusalén y de su santa montaña, haciendo que su rostro brille sobre la tierra desolada y sobre la ciudad de Jerusalén y sobre la montaña que lleva su nombre (Dan 9,15-18). Si esta oración se conecta con la afirmación de Dan 9,2, según la cual Daniel se movió a elevarla ante Dios por medio del estudio de las palabras de Jeremías sobre la desolación de Jerusalén, solo podemos interpretar las ruinas, por cuya superación él ruega, como la ruinas de Jerusalén y de su templo, causadas por los caldeos.

De modo consiguiente, la oración indica que la desolación de Jerusalén, predicha por Jeremías y cumplida por Nabucodonosor, continúa existiendo todavía, y que la ciudad y el templo no han sido reconstruidos todavía. Eso significa (en contra de esos críticos: Bleek y Ewaald) que esta oración solo puede datarse en el tiempo del exilio, y no en el tiempo de Antíoco quien, ciertamente, desoló el santuario e hizo cesar la adoración de Yahvé, instaurando la adoración de los ídolos, pero no puso en ruinas ni el templo ni la ciudad.

En su mensaje posterior (Dan 9,24-27), el ángel habla solo del cumplimiento de la palabra relacionada con la restauración y reedificación de Jerusalén, y describe el cumplimiento de esta palabra al comienzo de las setenta semanas que Daniel determinó para el cumplimiento de la edificación de Jerusalén, de manera que esas setenta semanas han de distinguirse todo lo posible de los setenta años en los que Jeremías determinó que Jerusalén y Judá estarían desoladas. Daniel interpreta los setenta años de Jeremías en forma de setenta semanas, de forma que la opinión de aquellos que afirman que Daniel no contiene una nueva profecía, revelada en el tiempo del exilio, sino que es solo un sueño apocalíptico de un judío macabeo, no ofrecen más que una simple suposición dogmática de los exegetas liberales, sin base alguna[74].

Sin duda, es cierto que, en el tiempo del exilio la esperanza de que el cumplimiento y gloria del reino de Dios por el Mesías estaría vinculada a la liberación de los judíos de Babilonia, se fundaba en las predicciones de los antiguos profetas;

---

74. La suposición de que las setenta semanas de Dan 9, 24 son una simple interpretación de los setenta años de Jeremías, constituye la base sobre la que se apoya la interpretación de *Hitzig*, cuando afirma que el pretendido seudo-Daniel no pertenece al tiempo del exilio, sino que ha de situarse en el tiempo de los macabeos. El otro argumento por el que Hitzig y otros critican la autenticidad de este libro se funda en afirmaciones falsas, de tipo histórico o dogmático, como la de que hay dudas sobre la existencia de Darío el Medo y la de que el mismo Daniel (Dan 9, 6.10) se distingue de los profetas y se presenta a sí mismo como un simple lector e intérprete de sus profecías anteriores (Hitz.).

Pues bien, estas opiniones no tienen fundamento, como no lo tienen las conclusiones de Berth., v. Leng. y Staeh., tomadas de la mención de los habitantes de Jerusalén, Dan 9,7, y de la ciudad santa, Dan 9, 24, suponiendo que la ciudad estaba aún habitada y el templo en pie, como el hecho, supuesto por ellos, de que la oración de Daniel no es más que una imitación de las oraciones de Es 9, 1-15 y Neh 9, o como añade Ewald, que ella es solo un extracto de la oración de Baruc (Bar 1 y 2).)

pero no hay rastro alguno de que Daniel compartiera esas expectaciones. Por otro lado, ni Jer 25 ni Jer 29, cuando habla de los setenta años de la dominación de Babilonia, se afirma en ningún momento que la salvación mesiánica comenzará inmediatamente después de la caída del reino de Babilonia.

Jer 25 trata solo del juicio, primero sobre Judá y después sobre Babilonia y sobre todos los reinos del entorno. Por su parte, Jer 29 habla sin duda del cumplimiento de la promesa del retorno de los judíos a su patria, cuando se completen para Babilonia los setenta años (cf. Dan 9, 10), es decir, cuando se cumpla el consejo de Dios, que no es para destrucción, sino para salvación de su pueblo, con la reunión de los exilados de todas las naciones donde habían sido dispersados (Dan 9, 11-14), pero él no dice nada de que todo esto se cumpliría inmediatamente después de esos setenta años.

Pues bien, si ahora Daniel, en el año primero de Darío el Medo, es decir, en el año 69 del exilio, rogó de esa manera, intensamente, por la restauración de Jerusalén y de su santuario, él debe haber sido movido a ello por la contemplación del estado actual de las cosas. La situación política del nuevo reino mundial medo-persa no ofrece ningún motivo para pensar de otra manera.

La circunstancia de que Darío no concedió a los judíos el permiso para volver inmediatamente a su tierra tras la caída de Babilonia, para reedificar Jerusalén y el templo, no le podía llevar a la duda del cumplimiento de la palabra que Dios había comunicado a Jeremías sobre la duración del exilio, dado que la profecía de Is 44, 28, según la cual *Coresch* (*Cyrus, Ciro*) debía edificar Jerusalén y poner los fundamentos del templo le era sin duda conocida; Daniel sabía además que Darío había alanzado en un sentido la soberanía sobre el reino caldeo, pero estaba en una edad (Dan 6, 1) en la que su reinado estaba cerca de su fin, de manera que Ciro se sentaría pronto sobre el trono, como su sucesor.

Lo que le llevó a Daniel a orar fue más bien la condición religiosa de su propio pueblo, en el cual el castigo del exilio no había producido los frutos esperados de arrepentimiento, por lo que él, aunque no tenía dudas del cumplimiento de las promesas de liberación de su pueblo del exilio de Babilonia, debía seguir rogando por el rápido cumplimiento de la liberación profetizada tras la destrucción de Babilonia, con el retorno de los judíos a la tierra de Canaán. Esto Es lo que descubrimos por el contenido de la oración.

Desde el comienzo al final, esta oración está llena de tristeza, a causa del gran pecado del pueblo, en el cual no se veían signos de arrepentimiento. La oración por la superación de la ira adivina se funda solo en la misericordia de Dios, y en aquello que Dios ha realizado por su pueblo, en virtud de su fidelidad al pacto y de las justicias del Señor, צדקות, no en las del pueblo. Esta confesión del pecado, con la petición de misericordia, muestra que el pueblo, en su conjunto, no estaba todavía en condición espiritual apropiada para el cumplimiento de la promesa que Dios había realizado a Jeremías (Jer 29, 12): "Me buscaréis y me encontraréis, cuando me busquéis con todo vuestro corazón, y yo me dejará encontrar y haré que cese vuestra cautividad" etc. A esta visión del contenido de la oración responde la palabra que Dios ha revelado por Gabriel a su profeta, mostrándole el cumplimiento de la promesa de las setenta semanas, y que durante ese tiempo vendrán grandes tribulaciones sobre el pueblo y la ciudad.

9, 3-19. Oración de Daniel

Esta oración ha sido muy severamente juzgada por los críticos modernos. Según Berth., v. Leng., Hitzig, Staeh. y Ewald, su contenido y su forma están construidos sobre moldes antiguos, partiendo en particular de las oraciones de Neh 9 y Es 9, 1-15. En esa línea se dice que Dan 9, 4 está tomado de Neh 1, 5 y 9, 31; por su parte, se añade que Dan 9, 8 proviene de Neh 9, 34; Dan 9, 14 de Neh 9, 33; Dan 9,15 de Neh 1,10; 9, 10; y finalmente Daniel 9, 7-8 de Es 9, 7.

Pero si consideramos con más atención esta dependencia, ciertamente, encontramos en la oración de Daniel la expresión בשת הפנים (vergüenza en el rostro), que aparece en Es 9, 7-8, pero también la encontramos en 2 Cron 32, 21, en Jer 7, 9, y en Sal 44, 16. Por su parte, la palabra סלחות (perdón: Dan 9, 9) aparece en Neh 9,17, pero también en Sal 130, 4. Además על תתך (derramada sobre, en referencia a la ira de Dios: Dan 9,11) se encuentra no solo en 2 Cron 12,7; 21, 25; 34, 25, sino igualmente en Jer 42,18; 44, 6 y Nahúm 1,6.

Solo necesitamos examinar los pensamientos y palabras comunes en otros paralelos para advertir que todos ellos, sin excepción tienen sus raíces en el Pentateuco y no ofrece ninguna prueba de que dependan de Neh 9. El pensamiento del "Dios grande y terrible, manteniendo el pacto y la misericordia", que encontramos en Dan 9, 4 y en Neh 1, 5, tiene sus raíces en Dt 7, 21. Sobre Dan 9, 9, cf. Ex 20, 6; 34, 7, y sobre la forma que encontramos en Neh 9, 32, cf. Dt 10,17. La expresión de Dan 9, 15 ("tú has sacado a tu pueblo de la tierra de Egipto con gran poder") se funda en Dt 7, 8; 9, 26 etc.

Por su parte, en aquellos versos particulares donde Dan 9 tiene paralelos con Esdras y Nehemías (cf. Neh 9 y Es 9, 1-15), analizando bien el texto, podemos advertir que no es Daniel el que toma los motivos de Esdras y Nehemías, sino que es al contrario. Así lo muestra, sin duda alguna, la forma en que aparecen las frases "nuestros reyes, nuestros príncipes, nuestros padres" (Dan 9, 5. 8), comparándolas con "nuestros reyes, nuestros príncipes, nuestros sacerdotes y nuestros padrea en Neh 9, 34 y 9, 32 y de un modo semejante en Es 9, 7.

Recordemos que la referencia a los "sacerdotes" junto a los "reyes y príncipes" constituye precisamente una característica de la edad de Esdras y Nehemías, mientras que en el tiempo del exilio (es decir, en el tiempo de Daniel) resulta normal la omisión de los sacerdotes, porque en ese tiempo había cesado el culto del templo, con el oficio sacerdotal. Esta circunstancia nos lleva a refutar el argumento de Sthälin (*Einl.* p. 349), según el cual las oración de Crónicas, Esdras y Nehemías se parecen mucho, dependiendo unos textos de los otros, mientras que el texto de la oración de Daniel, que sería posterior, depende de todos los anteriores. Pues bien, en contra de eso, resulta mucho más probable que sea Dan 9 el texto más antiguo, de manera que el autor de Crónicas depende de Daniel, y no al contrario.

Por eso, si no partimos de la opinión preconcebida de que este libro es un producto del tiempo de los macabeos, y comparamos el contenido y despliegue del pensamiento de la oración de Dan 9 y lo comparamos con las oraciones de Es 9, 1-5 y Neh 9, no encontraremos ninguna razón para suponer que Dan 9 depende de Esdras y Nehemías.

La oración de Es 9,6-15 constituye una confesión de los pecados de la congregación desde el tiempo de los patriarcas hasta el tiempo de Esdras, en el que Esdras apenas se atreve a elevar su rostro ante Dos, porque como miembro de la congregación él se encuentra humillado por el pensamiento de la gravedad de su culpa. Por eso él no pide perdón, pues solo quiere mostrar a los miembros de la congregación lo mucho que se han desviado, pidiendo a todos que hagan penitencia por su culpa de manera que pueden superar la ira de Dios (Bertheau).

Por su parte, la oración de Neh 9,6-37 está compuesta siguiendo el estilo de Sal 105-106, y constituye una plegaria extensa, en la que se muestran todos los bienes que el Señor ha mostrado y regalado a los israelitas, a pesar de que ellos han endurecido siempre sus cervices y se han rebelado en contra de Dios, desde el tiempo de la llamada de Abrahán, hasta el tiempo del exilio, tal como se muestra en la confesión: "Dios es justo, nosotros culpables", pero sin pedir en modo alguno una liberación del cautiverio y de la opresión en que se encuentra el pueblo.

Por el contrario, la oración de Dan 9, por su forma y su contenido, no solo ofrece la impresión de una "producción nueva, adaptada a la ocasión", con gran profundidad de pensamiento y con hondo poder de plegaria, sino que se presenta a sí misma de un modo especial como la súplica de un hombre, un profeta, que está en profunda relación con Dios, de manera que percibimos que el suplicante está expresando sin duda la confesión de culpa y pecado en nombre de la congragación en la que se incluye. Pues bien, en esa oración, el suplicante está mostrando su especial relación con el Señor y expresa como razón para ser escuchado estas palabras: "Escucha la oración de tu siervo, y sus súplica; oh, mi Dios, inclina tu oído" (Dan 9, 17. 18)[75].

---

75. Tras las observaciones anteriores, la opinión de Ewald, según la cual esta oración es solo una imitación de la de Baruc 1, 16–3, 8, apenas necesita ser refutada. Resulta claro, y así ha sido reconocido desde antiguo, que la oración de Baruc, en todo el curso de sus pensamientos, y en muchas de sus expresiones, se encuentra muy cerca de la oración de Daniel. Pero, al mismo

Esta oración se divide en dos partes. Dan 9, 4-14 contiene la confesión de pecado y de culpa. Dan 9, 15-19 ofrece la súplica, pidiendo misericordia, y la restauración de la ciudad santa y del santuario en ruinas. Por su parte, la confesión del pecado se divide en dos estrofas: Dan 9, 4-10 afirma la transgresión y la culpa; Dan 9, 11-14 muestra el castigo de Dios por la culpa.

9, 3. Introducción

³ וָאֶתְּנָה אֶת־פָּנַי אֶל־אֲדֹנָי הָאֱלֹהִים לְבַקֵּשׁ תְּפִלָּה וְתַחֲנוּנִים בְּצוֹם וְשַׂק וָאֵפֶר

³ Entonces, yo volví mi rostro a Dios, el Señor, buscándolo en oración y ruego, en ayuno, saco y ceniza.

Las palabras "entonces, yo volví mi rostro a Dios" se entienden comúnmente desde Dan 6, 11, como indicando que Daniel volvió su rostro hacia el lugar del templo, hacia Jerusalén. Eso es posible. Pero, en sí mismas, las palabras solo dicen que él volvió su rostro hacia Dios, el Señor del cielo, al אדני האלהים, *el Señor Dios* de todo el mundo, no a יהוה, aunque el profeta está evocando al Dios de la alianza.

"Buscando a Dios en oración, con ayuno...". Orar vestidos de saco (vestimenta penitencial, hecha de pelo) y con ceniza, es decir, poniendo en la cabeza polvo de materia quemada, como signo externo de verdadera humildad y penitencia, constituye un modo de preparación para la plegaria, a fin de que el orante pueda colocarse en un recto contexto de mente para abrirse a Dios, lo que es una condición indispensable para que la oración sea escuchada, lo que constituye el resultado deseado de la misma oración.

En relación con este tema, Jerónimo hace una observación excelente: "In cinere igitur et sacco postulat impleri quod Deus promiserat, non quod esset incredulus futurorum, sed ne securitas negligentiam et negligentia pareret offensam" (pide en ceniza y saco que Dios cumpla lo prometido, no porque él sea incrédulo ante el futuro, sino a fin de que la seguridad no parezca negligencia, y la negligencia no se vuelva ofensa ante Dios). תפלה y תחנונים son lo mismo que תחנה, cf. 1 Rey 8, 38.45.49; 2 Cron 6,29. 35). תפלה es la oración en general; תחנונים es la oración suplicando misericordia

---

tiempo, todos los intérpretes sin prejuicios han reconocido hace ya tiempo que, por las semejanzas de este escrito apócrifo (Baruc) con Dan 9, y más aún con Jeremías, resulta claro que el autor de este libro conoció y utilizó los escritos de Daniel y Jeremías, con los de otros profetas, de forma que quiso imitarlos. Ewald no ha logrado refutar este argumento (que la oración del pseudo-Baruc de 1, 15–3,8 ha sido creada a imitación de la oración de Daniel). La única razón que Ewald aduce para defender su tesis, sin base alguna, es que la mención a los "jueces" en Dan 9, 12 deriva de Bar 2, 1 y la suposición sin prueba alguna de que Daniel tomó los temas de su oración del libro de Baruc, una suposición que necesita fundarse en pruebas y que, tal como se presenta, aunque sea de forma apasionada, no aporta nada a la exégesis crítica de los textos.

y compasión, como petición por algo, y a fin de superar la mala fortuna y el pecado (*deprecari*). La finalidad de la oración Daniel pone ante nosotros consiste en pedir a Dios que mire con piedad la desolación de la ciudad santa y del templo, y que cumpla su promesa de restauración. Esta es la plegaria de Dan 9, 15-19.

9, 4

⁴ וָאֶתְפַּלְלָה לַיהוָה אֱלֹהַי וָאֶתְוַדֶּה וָאֹמְרָה אָנָּא אֲדֹנָי הָאֵל הַגָּדוֹל וְהַנּוֹרָא שֹׁמֵר הַבְּרִית וְהַחֶסֶד לְאֹהֲבָיו וּלְשֹׁמְרֵי מִצְוֺתָיו:

⁴ Oré a Jehová, mi Dios, e hice confesión diciendo: Ahora, Señor, Dios grande, digno de ser temido, que guardas el pacto y la misericordia con los que te aman y guardan tus mandamientos,

Dado que la desolación de la tierra santa y del exilio del pueblo era un castigo bien merecido por sus pecados, y dado que la superación del castigo no podía ser esperadas sin una genuina humillación bajo la justa mano de Dios, Daniel comienza con una confesión de las grandes transgresiones del pueblo y de la rectitud de Dios al responder a esos pecados, a fin de que con esa confesión él pueda lograr la divina compasión, para que se cumpla la restauración prometida de Jerusalén y de Israel. Él ruega a Dios llamándole אלהי, mi Dios.

Si queremos que nuestras plegarias sean escuchadas, el Señor a quien rogamos ha de convertirse en "nuestro Dios", alguien con quien nos vinculamos. En relación con אתודה (yo confieso), M. Geier alude a la hermosa observación de Agustín sobre el Sal 29, 1-11: *Confesio gemina est, aut peccati aut laudis. Quando nobis male est in tribulationibus, confiteamur peccata nostra; quando nobis bene est in exultatione justitiae, confiteamur laudem Deo: sine confessione tamen non simus* (la confesión tiene dos sentidos: es confesión del pecado, o confesión de alabanza. Cuando nos va mal en nuestras tribulaciones, confesamos nuestros pecados; cuando nos vaya bien, en la alegría de la justicia, confesemos nuestra alabanza a Dios. Sin confesión no podemos existir).

Dios grande, digno de ser temido, que guardas el pacto y la misericordia etc. Estas palabras empiezan evocando los actos poderosos de Dios, que destruye a sus enemigos (Dt 7, 21), y en un segundo momento evocan la fidelidad de Dios hacia aquellos que le temen, cumpliendo sus promesas (Dt 7, 9). Mientras que la grandeza y carácter terrible de Dios, que Israel ha experimentado, claman por arrepentimiento y tristeza, la fidelidad al pacto de Dios sirve para despertar y fortalecer la confianza de los fieles en la ayuda del Todopoderoso.

9, 5-8

⁵ חָטָאנוּ וְעָוִינוּ (וְהִרְשַׁעְנוּ) [הִרְשַׁעְנוּ] וּמָרָדְנוּ וְסוֹר מִמִּצְוֺתֶךָ וּמִמִּשְׁפָּטֶיךָ:
⁶ וְלֹא שָׁמַעְנוּ אֶל־עֲבָדֶיךָ הַנְּבִיאִים אֲשֶׁר דִּבְּרוּ

בְּשִׁמְךָ אֶל־מְלָכֵינוּ שָׂרֵינוּ וַאֲבֹתֵינוּ וְאֶל כָּל־עַם הָאָרֶץ׃
⁷ לְךָ אֲדֹנָי הַצְּדָקָה וְלָנוּ בֹּשֶׁת הַפָּנִים כַּיּוֹם הַזֶּה לְאִישׁ
יְהוּדָה וּלְיוֹשְׁבֵי יְרוּשָׁלַםִ וּלְכָל־יִשְׂרָאֵל הַקְּרֹבִים וְהָרְחֹקִים
בְּכָל־הָאֲרָצוֹת אֲשֶׁר הִדַּחְתָּם שָׁם בְּמַעֲלָם אֲשֶׁר מָעֲלוּ־בָךְ׃
⁸ יְהוָה לָנוּ בֹּשֶׁת הַפָּנִים לִמְלָכֵינוּ לְשָׂרֵינוּ וְלַאֲבֹתֵינוּ אֲשֶׁר חָטָאנוּ לָךְ׃

⁵ Hemos pecado, hemos cometido iniquidad, hemos actuado impíamente, hemos sido rebeldes y nos hemos apartado de tus mandamientos y de tus ordenanzas. ⁶ No hemos obedecido a tus siervos los profetas, que en tu nombre hablaron a nuestros reyes, a nuestros príncipes, a nuestros padres y a todo el pueblo de la tierra. ⁷ Tuya es, Señor, la justicia, y nuestra la confusión de rostro que en el día de hoy lleva todo hombre de Judá, los habitantes de Jerusalén y todo Israel, los de cerca y los de lejos, en todas las tierras adonde los has echado a causa de su rebelión con que se rebelaron contra ti. ⁸ Nuestra es, Jehová, la confusión de rostro, y de nuestros reyes, de nuestros príncipes y de nuestros padres, porque contra ti pecamos.

9, 5. Dios es justo y fiel, pero Israel es injusto e infiel. La confesión del gran pecado de Israel en Dan 9,5 está conectada con la alabanza a Dios. Daniel declara ese pecado con las palabras más fuertes: חטא, *equivocarse*, evoca el pecado como apartarse de aquello que es recto; עוה, *ser perverso o injusto*; רשע, *hacer lo que es malo*, rebelarse de forma apasionada contra Dios.

A estas tres palabras que Salomón (1 Rey 8, 47) había utilizado ya como expresión exhaustiva de una conciencia de pecado y culpa, y que el salmista (Sal 106, 6) había repetido como confesión de falta en el exilio, Daniel añade la expresión מרדנו, *nos hemos rebelado* contra Dios, y סור, *nos hemos separado*, nos hemos alejado de sus mandamientos. Esta última palabra, en infinitivo absoluto, indica por tanto que la acción viene resaltada con énfasis.

9, 6. El pecado se vuelve más grande por el hecho de que Dios no ha logrado hacerles cambiar con sus advertencias, pues Israel no ha querido escuchar las palabras de los profetas, que han hablado en su nombre a los grandes y a los pequeños, a los reyes y príncipes, es decir a los cabeza de tribus y familias, a los grandes del reino, con sus padres, es decir, a sus antepasados, que así aparecen unidos a reyes y jefes, que son especialmente nombrados (cf. Jer 44, 17; Neh 9,32. 34). Quizá no se trata solo de los ancianos jefes de familia (Cocceius, J. D. Michaelis, con otros), o meramente de los maestros del pueblo (Ewald), sino de todos los antepasados del pueblo.

Para ilustrar el significado de las expresiones anteriores, aquí se añade la frase "y a todo el pueblo de la tierra", no solamente a la gente más baja del pueblo, sino a todos, para añadir así que nadie queda exceptuado. Comparar con כָּל־עַמְּךָ, Neh 9,32. Esta expresión, que abarca a todos los habitantes, se omite cuando se repite el pensamiento en Dan 9, 8.

9, 7. Solo a Dios le perteneces según eso la justicia, y solo al pueblo pecador la vergüenza. לך צדקה no significa: tuya era la causa justa (Hitzig). La interpolación de "era" es arbitraria, y צדקה, aplicada a Dios no es la causa justa, sino *la justicia* como virtud que se manifiesta en las obras de Dios en la tierra, y especialmente en su forma de tratar a Israel. בשת הפנים, vergüenza que se manifiesta en el rostro, no a causa de que las circunstancias sean desagradables (Es 9, 7: Kranichfeld), sino a consecuencia del sufrimiento bien merecido. כיום הזה no significa: en todo este tiempo, sino *hoy, ahora* (Hv., v. Leng. y otros); la interpretación de כ en el sentido de *circa* (en torno a) se opone a la partícula definida הזה.

En la fórmula כיום הזה, la כ tiene siempre un significado comparativo, como en Jer 44,6. 22-23; 1 Sam 22, 8, y en todos los casos en los que la expresión aparece en contextos como estos: *Como sucede este día,* como una experiencia que se muestra o manifiesta también ahora. Cf. en *Com.* a Dt 2, 30. Aquí se relaciona meramente a וְלָ֨נוּ בֹּ֤שֶׁת הַפָּנִים֙ (y a nosotros para vergüenza…), y no a la primera parte del verso.

El sentido de לנו queda concretado por las palabras "los hombres de Judá" (con איש tomado en sentido colectivo, dado que en este contexto no se puede utilizar el plural אישים, que aparece solo tres veces en el AT) y "los habitantes de Jerusalén". Todos ellos juntos forman los ciudadanos del reino de Judá. ישראל significa aquí todo el resto de Israel, los miembros del reino de las diez tribus. A todos estos se refiere la definición posterior: los de cerca y los de lejos etc. Sobre בְּמַעֲלָ֖ם אֲשֶׁ֥ר מָֽעֲלוּ (a causa de su rebelión…), cf. Lev. 26, 40.

9, 8. En este verso, Daniel repite el pensamiento de 9,7, a fin de situar el pecado y vergüenza del pueblo en oposición a la compasión divina, pasando entonces de la confesión de pecado a la súplica de la gracia que perdona los pecados y al Dios que mantiene la alianza.

9, 9-14

⁹ לַֽאדֹנָ֣י אֱלֹהֵ֔ינוּ הָרַחֲמִ֖ים וְהַסְּלִח֑וֹת כִּ֥י מָרַ֖דְנוּ בּֽוֹ׃
¹⁰ וְלֹ֣א שָׁמַ֔עְנוּ בְּק֖וֹל יְהוָ֣ה אֱלֹהֵ֑ינוּ לָלֶ֤כֶת בְּתֽוֹרֹתָיו֙ אֲשֶׁ֣ר נָתַ֣ן לְפָנֵ֔ינוּ בְּיַ֖ד עֲבָדָ֥יו הַנְּבִיאִֽים׃
¹¹ וְכָל־יִשְׂרָאֵ֗ל עָֽבְרוּ֙ אֶת־תּ֣וֹרָתֶ֔ךָ וְס֕וֹר לְבִלְתִּ֖י שְׁמ֣וֹעַ בְּקֹלֶ֑ךָ וַתִּתַּ֨ךְ עָלֵ֜ינוּ הָאָלָ֣ה וְהַשְּׁבֻעָ֗ה אֲשֶׁ֤ר כְּתוּבָה֙ בְּתוֹרַת֙ מֹשֶׁ֣ה עֶֽבֶד־הָֽאֱלֹהִ֔ים כִּ֥י חָטָ֖אנוּ לֽוֹ׃
¹² וַיָּ֜קֶם אֶת־(דְּבָרָ֣יו) [דְּבָר֣וֹ ׀] אֲשֶׁר־דִּבֶּ֣ר עָלֵ֗ינוּ וְעַ֤ל שֹֽׁפְטֵ֙ינוּ֙ אֲשֶׁ֣ר שְׁפָט֔וּנוּ לְהָבִ֥יא עָלֵ֖ינוּ רָעָ֣ה גְדֹלָ֑ה אֲשֶׁ֣ר לֹֽא־נֶעֶשְׂתָ֗ה תַּ֚חַת כָּל־הַשָּׁמַ֔יִם כַּאֲשֶׁ֥ר נֶעֶשְׂתָ֖ה בִּירוּשָׁלִָֽם׃
¹³ כַּאֲשֶׁ֤ר כָּתוּב֙ בְּתוֹרַ֣ת מֹשֶׁ֔ה אֵ֛ת כָּל־הָרָעָ֥ה הַזֹּ֖את בָּ֣אָה עָלֵ֑ינוּ וְלֹֽא־חִלִּ֜ינוּ אֶת־פְּנֵ֣י ׀ יְהוָ֣ה אֱלֹהֵ֗ינוּ לָשׁוּב֙ מֵֽעֲוֺנֵ֔נוּ וּלְהַשְׂכִּ֖יל בַּאֲמִתֶּֽךָ׃

¹⁴ וַיִּשְׁקֹד יְהוָה עַל־הָרָעָה וַיְבִיאֶהָ עָלֵינוּ כִּי־צַדִּיק יְהוָה אֱלֹהֵינוּ עַל־כָּל־מַעֲשָׂיו אֲשֶׁר עָשָׂה וְלֹא שָׁמַעְנוּ בְּקֹלוֹ׃

⁹ De Jehová, nuestro Dios, es el tener misericordia y el perdonar, aunque contra él nos hemos rebelado ¹⁰ y no obedecimos a la voz de Jehová, nuestro Dios, para andar en sus leyes, que él puso delante de nosotros por medio de sus siervos los profetas. ¹¹ Todo Israel traspasó tu Ley, apartándose para no obedecer a tu voz. Por lo cual ha caído sobre nosotros la maldición y el juramento que está escrito en la ley de Moisés, siervo de Dios, porque contra Dios pecamos. ¹² Y él ha cumplido la palabra que habló contra nosotros y contra nuestros jefes que nos gobernaron, trayendo sobre nosotros tan gran mal; pues nunca fue hecho debajo del cielo nada semejante a lo que se ha hecho contra Jerusalén. ¹³ Conforme está escrito en la ley de Moisés, todo este mal vino sobre nosotros; pero no hemos implorado el favor de Jehová, nuestro Dios, y no nos hemos convertido de nuestras maldades, ni hemos entendido tu verdad. ¹⁴ Por tanto, Jehová veló sobre el mal y lo trajo sobre nosotros; porque justo es Jehová, nuestro Dios, en todas sus obras que ha hecho, y nosotros no obedecimos a su voz.

9, 9. Compasión y perdón son de Dios. Este pensamiento se expande en 9,10-14. La rebelión contra Dios, el negarse a escuchar su voz a través de los profetas, la transgresión de su ley, de la que son culpables las doce tribus, esto es lo que ha traído el castigo sobre todo el pueblo, como había indicado la ley de Moisés amenazando a los pecadores.

9, 10-11. ותתך con la ו consecutiva: Por eso *ha recaído sobre nosotros* la maldición y el juramente, es decir, la maldición ratificada con un juramento. נתך, caer sobre, como la tormenta de agua y granizo (Ex 9, 33), se aplica especialmente al desbordamiento de la lluvia de fuego de la ira divina (cf. Nahúm 1, 8, con Gen 19, 24 y Jer 7, 20; 42, 18; 44, 6. האלה alude (cf. Dt 29, 18) a las amenazas contra los transgresores de la ley en Lev 26, 14; Dt 28, 15, textos a los que Daniel se refiere aquí. Para ratificar la expresión, Daniel añade a האלה la precisión השבעה (el juramente), en la línea de Num 5, 21. Cf. también Neh 10, 30.

9, 12. Debe mantenerse en *ketiv* דבריו, en armonía con las versiones antiguas, pues el *qere* es solo una explicación deducida del pensamiento de que se trata de una maldición bien definida. "Nuestros jueces" es una expresión que comprende los jefes del pueblo con los reyes y príncipes, con todos los responsables de la comunidad, como en Sal 20, 10; 148, 11.

9, 13. Retoma el pensamiento de 9, 11, para declarar que Dios, por virtud de su justicia, ha de realizar en contra de su pueblo las maldiciones contenidas en su ley. את antes de כל־הרעה, no ha de explicarse, como hace Kranichfeld, como una construcción de pasiva, partiendo de כתוב, con el acusativo, pues no depende de כתוב, sino que sirve para introducir el sujeto, que está en absoluto: como deriva de todo este mal, así ha venido en contra de nosotros, como en Ez 44, 3; Jer 45, 4; cf. Ewald, *Lehrb*. 277d. Sobre חָלִינוּ אֶת־פְּנֵי‎ (no hemos implorado...), cf. Zac 7, 2; 8, 21.

באמתך להשכיל‎ no ha de traducirse "para comprender tu fidelidad" (Hitzig), porque la construcción con ב‎ no puede tomarse en ese sentido, y porque אמת‎ no significa fidelidad (Treue), sino verdad (Warheit). La verdad de Dios es su plan de salvación, revelado en su palabra, pues solo según ella el pecador puede alcanzar la felicidad y la salvación, volviéndose al Señor y obedeciendo sus mandamientos.

9, 14. Dado que Israel no se portó de esa manera, el Señor "veló sobre el mal", es decir, pensó constantemente en el mal de Israel, una idea que se encuentra con mucha frecuencia en Jeremías (cf. Jer 1, 12; 21, 28; 44, 27). צדיק‎ con על‎ después significa "justo por razón de sus obras". Para un testimonio de esta experiencia cf. Neh 9, 33 (Kranichfeld).

9, 15-19

¹⁵ וְעַתָּה ׀ אֲדֹנָי אֱלֹהֵינוּ אֲשֶׁר הוֹצֵאתָ אֶת־עַמְּךָ מֵאֶרֶץ מִצְרַיִם בְּיָד חֲזָקָה וַתַּעַשׂ־לְךָ שֵׁם כַּיּוֹם הַזֶּה חָטָאנוּ רָשָׁעְנוּ׃
¹⁶ אֲדֹנָי כְּכָל־צִדְקֹתֶךָ יָשָׁב־נָא אַפְּךָ וַחֲמָתְךָ מֵעִירְךָ יְרוּשָׁלִַם הַר־קָדְשֶׁךָ כִּי בַחֲטָאֵינוּ וּבַעֲוֺנוֹת אֲבֹתֵינוּ יְרוּשָׁלִַם וְעַמְּךָ לְחֶרְפָּה לְכָל־סְבִיבֹתֵינוּ׃
¹⁷ וְעַתָּה ׀ שְׁמַע אֱלֹהֵינוּ אֶל־תְּפִלַּת עַבְדְּךָ וְאֶל־תַּחֲנוּנָיו וְהָאֵר פָּנֶיךָ עַל־מִקְדָּשְׁךָ הַשָּׁמֵם לְמַעַן אֲדֹנָי׃
¹⁸ הַטֵּה אֱלֹהַי ׀ אָזְנְךָ וּשֲׁמָע (פִּקְחָה) [פְּקַח] עֵינֶיךָ וּרְאֵה שֹׁמְמֹתֵינוּ וְהָעִיר אֲשֶׁר־נִקְרָא שִׁמְךָ עָלֶיהָ כִּי ׀ לֹא עַל־צִדְקֹתֵינוּ אֲנַחְנוּ מַפִּילִים תַּחֲנוּנֵינוּ לְפָנֶיךָ כִּי עַל־רַחֲמֶיךָ הָרַבִּים׃
¹⁹ אֲדֹנָי ׀ שְׁמָעָה אֲדֹנָי ׀ סְלָחָה אֲדֹנָי הַקֲשִׁיבָה וַעֲשֵׂה אַל־תְּאַחַר לְמַעַנְךָ אֱלֹהַי כִּי־שִׁמְךָ נִקְרָא עַל־עִירְךָ וְעַל־עַמֶּךָ׃

¹⁵ Ahora pues, Señor, Dios nuestro, que sacaste a tu pueblo de la tierra de Egipto con mano poderosa y te hiciste renombre cual lo tienes hoy, hemos pecado, hemos actuado impíamente. ¹⁶ Señor, conforme a todos tus actos de justicia, apártese ahora tu ira y tu furor de sobre tu ciudad Jerusalén, tu santo monte; porque a causa de nuestros pecados y por la maldad de nuestros padres, Jerusalén y tu pueblo son el oprobio de todos los que nos rodean. ¹⁷ Ahora pues, Dios nuestro, oye la oración y los ruegos de tu siervo, y haz que tu rostro resplandezca sobre tu santuario asolado, por amor del Señor. ¹⁸ Inclina, Dios mío, tu oído, y oye; abre tus ojos y mira nuestras desolaciones y la ciudad sobre la cual es invocado tu nombre; porque no elevamos nuestros ruegos ante ti confiados en nuestras justicias, sino en tus muchas misericordias. ¹⁹ ¡Oye, Señor! ¡Señor, perdona! ¡Presta oído, Señor, y hazlo! No tardes, por amor de ti mismo, Dios mío, porque tu nombre es invocado sobre tu ciudad y sobre tu pueblo".

Tras la confesión sigue ahora la oración para que se revoque la ira de Dios (Dan 9, 15-16) y para que se manifieste su gracia hacia su pueblo suplicante (9, 17-19).

9, 15. Esta oración de Daniel se fundamenta en el gran hecho de la liberación de Israel de la esclavitud de Egipto, por la que el Señor se "hizo un nombre" entre las naciones. Jerónimo ha indicado aquí rectamente, aunque sin agotar el sentido del texto: *memor est antiqui beneficii, ut ad similem Dei clementiam provocet* (recuerda aquí los beneficios antiguos de Dios, para provocar así en él una clemencia semejante).

Daniel no mira la liberación de Israel de Egipto meramente como una obra buena, sino como un hecho de salvación, por el cual Dios cumplió su promesa, la que él había anunciado a los patriarcas, ratificando la alianza que él había hecho con Abrahán. De esa manera, Dios había glorificado su nombre ante todas las naciones (Is 63, 32), por medio del éxodo de las tribus de Israel de la tierra de Egipto, de manera que Moisés pudo apelar a esta gloriosa revelación de Dios entre las naciones, como argumento básico, en su oración para conseguir el perdón para Israel, pidiendo a Dios que mitigara la ira que ardía contra la apostasía y la rebelión de su pueblo, arrepintiéndose de la destrucción que quería realizar contra los suyos (cf. Ex. 32, 11; Núm 14, 13).

Jeremías y también Isaías fundaron su oración de un modo semejante, para que Dios tuviera misericordia de Israel, apelando al nombre del Señor (cf. Jer 32, 20; Is 63, 11-15). En este punto, Nehemías (Neh 1, 10; 9, 10) concuerda con Jeremías y Daniel. כיום הזה, en el mismo contexto que en el texto antes citado (Jer 32, 20-21), no significa en aquel día, sino "como en aquel día", Dios te ha dado un nombre (que tú todavía conservas). A fin de fundamentar su oración solo en el honor de Dios (en el honor de su nombre), Daniel repite una vez más su confesión: Nosotros hemos pecado, hemos actuado de forma malvada (cf. Dan 9,5).

9, 16. Sigue aquí la oración por la que se pide a Dios que revoque su ira, oración que está introducida por la repetición del saludo inicial (oh Dios), y por una breve condensación del motivo anterior (de 9, 15), por las palabras ככל־צדקתיך. En este contexto, צדקות no significa sin más "de un modo gratuito", y צדק no es gracia, sino la prueba de la justicia divina. El significado de las palabras ככל־צדקתיך no es: "Como todas las pruebas de tu justicia han estado conectadas hasta ahora íntimamente con el retorno de tu gracia, queremos que suceda así también ahora" (Kran.), sino "según todas las pruebas de tu justicia, es decir, según todo lo que has hecho hasta ahora en virtud de tu fidelidad a la alianza"... así actúa también ahora.

צדקות significa las grandes obras realizadas por el Señor a favor de su pueblo, entre las cuales se encuentran los signos y maravillas que acompañaron al éxodo de Egipto. En esa línea, hasta ahora, Yahvé ha dado pruebas de la justicia prometida a su alianza. Según eso, también ahora, el orante le pide a Dios que aparte su ira de su ciudad Jerusalén. Las palabras en aposición, "tu santa montaña", se refieren especialmente a la montaña del templo, el monte Sion, como centro del reino de Dios. La oración queda ratificada no solo por כל־צדקריך, sino también por el argumento de que Jerusalén es la ciudad de Dios. Cf. Sal 79, 4; 44, 4.

9, 17. En este verso se repite la oración con las palabras ardientes. Sobre פניך האר (ilumina tu rostro, haz que brille tu rostro) cf. Sal 80, 4 y Num 6, 25. למען אדני, *porque tú eres* Señor, es una expresión más fuerte que למענך. Como Señor κατ ἐχοχήν, por excelencia, Dios no puede permitir que continúe la desolación de su santuario, pues ello es una injuria contra su honor. Cf. Is 48,11

9, 18. El argumento por el que se quiere dar valor a esta plegaria (superando así la desolación de Jerusalén) está reforzado por las palabras en aposición: "y la ciudad sobre la cual se invoca tu nombre", es decir, no la ciudad que lleva tu nombre, sino *en la que se invoca tu nombre*.

El nombre de Dios es la revelación de su ser. Ese nombre se invoca sobre Jerusalén, porque Yahvé se ha revelado allí de un modo glorioso. El mismo Dios ha elevado su ciudad, eligiéndola como lugar de su trono en Israel, como lugar donde se expresa la gloria del mismo Dios (cf. Sal 48, 2). Sobre esta forma de expresar el tema, cf. *Coment.* a Dt 28,1. La expresión está evocando el gesto de inclinarse y poner así la súplica ante el trono de Dios (cf. Dan 9, 20).

Ese gesto deriva de la costumbre de caer en el suelo ante Dios en oración, y aparece con frecuencia en Jeremías (cf. Jer 38, 26; 42, 9 y 36, 7). El *ketiv* פקחה (abre…) ha de preferirse al *qere* פקח, porque está en imperativo y porque expresa mejor la energía de la oración, una energía que se muestra en el conjunto de las palabras utilizadas en Dan 9,18-19.

En esa línea, refiriéndose a **9, 19,** Chr. B. Mich. ha indicado bien: *Fervorem precantis cognoscere licet cum ex anaphora, seu terna et mysterii plena nominis Adonai repetitione, tum ex eo, quod singulis hisce imperativis He paragogicum ad intensiorem adfectum significandum superaddidit, tum ex congerie illa verborum: Audi, Condona, Attende, reliqua* (se puede conocer bien el fervor del orante, por la repetición triple y llena de misterio del nombre de Adonai, por el hecho de que a los imperativos se les añade una *he* (h) paragógica para intensificar el afecto de lo que se quiere decir y, finalmente, por la repetición de las palabras de sentido semejante como son *oye, perdona, presta tu oído* etc.).

9, 20-23. La oración es escuchada

²⁰ וְעוֹד אֲנִי מְדַבֵּר וּמִתְפַּלֵּל וּמִתְוַדֶּה חַטָּאתִי וְחַטַּאת עַמִּי יִשְׂרָאֵל וּמַפִּיל תְּחִנָּתִי לִפְנֵי יְהוָה אֱלֹהַי עַל הַר־קֹדֶשׁ אֱלֹהָי:
²¹ וְעוֹד אֲנִי מְדַבֵּר בַּתְּפִלָּה וְהָאִישׁ גַּבְרִיאֵל אֲשֶׁר רָאִיתִי בֶחָזוֹן בַּתְּחִלָּה מֻעָף בִּיעָף נֹגֵעַ אֵלַי כְּעֵת מִנְחַת־עָרֶב:
²² וַיָּבֶן וַיְדַבֵּר עִמִּי וַיֹּאמַר דָּנִיֵּאל עַתָּה יָצָאתִי לְהַשְׂכִּילְךָ בִינָה:
²³ בִּתְחִלַּת תַּחֲנוּנֶיךָ יָצָא דָבָר וַאֲנִי בָּאתִי לְהַגִּיד כִּי חֲמוּדוֹת אָתָּה וּבִין בַּדָּבָר וְהָבֵן בַּמַּרְאֶה:

²⁰ Aún estaba hablando, orando y confesando mi pecado y el pecado de mi pueblo Israel, y derramaba mi ruego delante de Jehová, mi Dios, por el monte santo de mi Dios; ²¹ aún estaba hablando en oración, cuando el varón Gabriel, a quien había visto en la visión, al principio, volando con presteza vino a mí como a la hora del sacrificio de la tarde. ²² Me hizo entender, y habló conmigo diciendo: Daniel, ahora he salido para darte sabiduría y entendimiento. ²³ Al principio de tus ruegos fue dada la orden, y yo he venido para enseñártela, porque tú eres muy amado. Entiende, pues, la orden, y entiende la visión.

9, 20-21. Mientras Daniel estaba aún ocupado en la plegaria (עַל הַר־קֹדֶשׁ אֱלֹהָי, por el monte santo de mi Dios, cf. 9, 16), se le comunicó una respuesta, pues vino a él el ángel Gabriel, y le ofreció una explicación de los setenta años de Jeremías, no una explicación de su final, sino de lo que sucedería cuando ellos se cumplieran para la ciudad y el pueblo de Dios. וְהָאִישׁ גַּבְרִיאֵל, *y el hombre Gabriel*, con artículo definido, que remite a 8,15, donde Gabriel se le aparecía a Daniel en forma de hombre. Esto se evoca expresamente en la cláusula de relativo: "al que yo vi" etc.

En referencia a בחלה (al principio: 9,21), cf. en 8, 1. Las palabras diversamente interpretadas, מֻעָף בִּיעָף pertenecen por su posición, a la cláusula de relativo o especialmente a ראיתי (yo había visto), no a נגע, pues no hay una razón para colocar la idea adverbial antes del verbo. La traducción de מֻעָף בִּיעָף por τάχει φερόμενος (LXX), πετόμενος (Theodot.), *cito volans* (volando con rapidez: Vulg.), por la que los Padres de la Iglesia han concluido que los ángeles eran alados, a pesar de que la han mantenido algunos rabinos, como Jos. Jacchiades y otros intérpretes modernos (Hv., v. Leng., Hitz.), no tiene fundamento en las palabras del texto y deriva probablemente de traductores antiguos que confunden יעף con עוף.

El término יעף no significa más que *estar ocupado*, cansarse por algún ejercicio, como puede ser, sin duda, un viaje largo (cf. Jer 2, 24), pero nunca correr o volar. יעף, es por tanto *cansancio*, estar muy cansado o fatigado

Conforme a esta interpretación, que es la única que se ajusta a las palabras, esa expresión no se puede aplicar al ángel que, al no ser un viviente de la tierra, no podemos decir que se canse, aunque uno puede pensar con Kranichfeld que el viaje que ese ángel debe realizar desde el lugar donde habita Dios muy alejado del pueblo pecador, hasta esta tierra es muy largo. Por el contrario, las palabras responden perfectamente a la condición de Daniel, que ha sido descrita en Dan 8,17: en esa línea, Daniel menciona esa circunstancia por el hecho de que, cuando Gabriel vino a su encuentro la primera vez, no solo le ayudó a fortalecerse, sino que le ofreció una comprensión de la visión, que estaba para él escondida, en oscuridad, de manera que su nueva aparición le llenó de gozosa esperanza, en medio de su cansancio.

נגע אלי, no significa "me tocó", sino me alcanzó, vino hacia mí. Para este significado de נגע, cf. 2 Sam 58; Jon 3, 6. "A la hora del sacrificio de la tarde". מנחה,

propiamente hablando "ofrenda de comida", incluyendo aquí el sacrificio, como en otros casos en las Escrituras tardías, cf. Mal 1,13; 2, 13; 3, 4. El tiempo de la oblación de la tarde era el tiempo de la oración vespertina para la congregación.

9, 22-23. ויבן, me hizo entender, me dio comprensión, como en 8, 16. Las palabras remiten a 9,2. Gabriel habla ante todo del designio y de las circunstancias de su venida. עתה יצאתי, *ahora*, a consecuencia de tu oración de la mañana, *yo he venido*, es decir, he llegado desde el trono de Dios. להשכילך בינה, para instruirte, dándote conocimiento. Esto se declara de un modo más particular en Dan 9, 23. Al comienzo de la oración de Daniel, surgió una Palabra que provenía de Dios, y que él, Gabriel vino a traer.

דבר, no es una orden, ni un mandamiento de Dios a Gabriel para que vaya donde Daniel, sino una palabra de Dios, y en particular la palabra que él ha de anunciar a Daniel, cf. 9, 24-27. La frase "porque tú eres muy amado" se centra en חֲמוּדוֹת, que es lo mismo que איש חמודות, como en Dan 10, 11. 19: *desideriorum, desideratissimus,* hombre de deseos, muy deseado. Esa palabra no solo contiene la razón por la que Gabriel viene con rapidez, sino el pensamiento principal del verso, el hecho de que la palabra venga de Dios en el comienzo de la oración de Daniel, varón de deseos.

המראה no significa aquí revelación, sino visión, la aparición del ángel por la que se comunica la palabra de Dios al profeta. Según eso, מראה no es el contenido de la palabra hablada, sino la forma de su comunicación a Daniel. Daniel ha de prestar atención a las dos cosas, a la palabra y a la forma de su revelación. Pues bien, esta revelación no se le comunica en una visión, sino en un estado de conciencia natural, a través de la palabra.

9, 24-27. Revelación divina sobre las setenta semanas

24 שָׁבֻעִים שִׁבְעִים נֶחְתַּךְ עַל־עַמְּךָ וְעַל־עִיר קָדְשֶׁךָ לְכַלֵּא הַפֶּשַׁע (וּלַחְתֹּם) [וּלְהָתֵם] (חַטָּאוֹת) [חַטָּאת] וּלְכַפֵּר עָוֺן וּלְהָבִיא צֶדֶק עֹלָמִים וְלַחְתֹּם חָזוֹן וְנָבִיא וְלִמְשֹׁחַ קֹדֶשׁ קָדָשִׁים:
25 וְתֵדַע וְתַשְׂכֵּל מִן־מֹצָא דָבָר לְהָשִׁיב וְלִבְנוֹת יְרוּשָׁלִַם עַד־מָשִׁיחַ נָגִיד שָׁבֻעִים שִׁבְעָה וְשָׁבֻעִים שִׁשִּׁים וּשְׁנַיִם תָּשׁוּב וְנִבְנְתָה רְחוֹב וְחָרוּץ וּבְצוֹק הָעִתִּים:
26 וְאַחֲרֵי הַשָּׁבֻעִים שִׁשִּׁים וּשְׁנַיִם יִכָּרֵת מָשִׁיחַ וְאֵין לוֹ וְהָעִיר וְהַקֹּדֶשׁ יַשְׁחִית עַם נָגִיד הַבָּא וְקִצּוֹ בַשֶּׁטֶף וְעַד קֵץ מִלְחָמָה נֶחֱרֶצֶת שֹׁמֵמוֹת:
27 וְהִגְבִּיר בְּרִית לָרַבִּים שָׁבוּעַ אֶחָד וַחֲצִי הַשָּׁבוּעַ יַשְׁבִּית זֶבַח וּמִנְחָה וְעַל כְּנַף שִׁקּוּצִים מְשֹׁמֵם וְעַד־כָּלָה וְנֶחֱרָצָה תִּתַּךְ עַל־שֹׁמֵם: פ

24 Setenta semanas están determinadas sobre tu pueblo y sobre tu santa ciudad, para terminar la prevaricación, poner fin al pecado y expiar la iniquidad, para traer la justicia perdurable, sellar la visión y la profecía y ungir al Santo de los santos.

²⁵ Sabe, pues, y entiende que desde la salida de la orden para restaurar y edificar a Jerusalén hasta el Mesías Príncipe, habrá siete semanas y sesenta y dos semanas; se volverán a edificar la plaza y el muro en tiempos angustiosos. ²⁶ Después de las sesenta y dos semanas se quitará la vida al Mesías, y nada ya le quedará. El pueblo de un príncipe que ha de venir destruirá la ciudad y el santuario, su final llegará como una inundación, y hasta el fin de la guerra durarán las devastaciones. ²⁷ Por otra semana más confirmará el pacto con muchos; a la mitad de la semana hará cesar el sacrificio y la ofrenda. Después, con la muchedumbre de las abominaciones, vendrá el desolador, hasta que venga la consumación y lo que está determinado se derrame sobre el desolador.

Este mensaje del ángel incluye las revelaciones más importantes de la Escritura sobre el desarrollo del Reino de Dios. Por su brevedad y por su forma mesurada de expresión, que Auberlen define como "estilo lapidario de santuario superior", y por la dificultad de calcular el período descrito, estos versos han sido entendidos y explicados de diversas formas. Su interpretación puede dividirse en tres clases principales:

(1) La mayoría de los Padres de la Iglesia y de los intérpretes ortodoxos afirman que aquí se ha profetizado *la aparición de Cristo en la carne*, su muerte y la destrucción de Jerusalén por los romanos.
(2) La mayoría de los interpreten modernos piensan, en contra de lo anterior, que todo este pasaje se refiere al *tiempo de Antíoco Epífanes*.
(3) Finalmente, algunos Padres de la Iglesia y algunos teólogos modernos han interpretado esta profecía de un modo escatológico, como *anuncio del desarrollo del reino de Dios*, desde el final del exilio hasta la culminación del reino, con la segunda venida de Cristo y el final de los días[76].

---

76. *La primera de esas visiones* sigue siendo defendida en nuestro tiempo de manera explícita, y desarrollada extensamente por Hvernick (*Comm.*), Hengstenberg (*Christol.* III. 1, p. 19ss, 2ª ed.) y Auberlen (*Der Proph. Daniel*, u.s.w., p. 103ss., 3rd ed.), y ha sido adoptada también por el teólogo católico Laur. Reinke (*Die messian. Weissag. bei den gr. u. kl. Proph. des A.T.* IV. 1, p. 206ss.), y por el Dr. Pusey de Inglaterra.

La segunda visión aparece ya en la traducción alejandrina (LXX) de la profecía, y de manera más precisa en Julius Hilarianus, de hacia el 400 d.C., en *Chronologia s. libellus de mundi duratione* (en Migne, *Biblioth. cler. univ.* t. 13, 1098), y en varios intérpretes rabínicos, pero ha sido desarrollada por primera vez de un modo general por los intérpretes racionalistas, como Eichhorn, Bertholdt. v. Leng., Maurer, Ewald, Hitzig, y por los teólogos de esa línea, como Bleek, Wieseler (*Die 70 Wochen u. die 63 Jahrwochen des Proph. Daniel*, Gtt. 1839, visión que aparece también en la recensión de la *Gttinger gel. Anzeigen*, 1846, p. 113ff.) y que ha sido seguida por Lcke, Hilgenfeld, Kranichfeld y otros.

Esta postura ha sido defendida también por Hofmann (*Die 70 Jahre des Jer. u. die 70 Jahrwochen des Daniel*, Nrnb. 1836, y en *Weissag. u. Erfllung*, como también en su *Schriftbew.*), y por Delitzsch (artículo *Daniel*, en Herz., *Realenc.* Bd. III.), y por Zndel (en *Kritischen Uterss*). En

Entre la gran multiplicidad de opiniones, a fin de dar claridad a la interpretación, intentaremos ante todo precisar el sentido de las palabras de cada cláusula y verso, determinando así el significado de las palabras una por una y entonces, después de haber precisado exegéticamente el sentido de las palabras, tomando en cuenta las referencias históricas y los cálculos de los tiempos nombrados, podremos establecer nuestra visión.

9, 24

²⁴ שָׁבֻעִ֨ים שִׁבְעִ֜ים נֶחְתַּ֥ךְ עַֽל־עַמְּךָ֣ ׀ וְעַל־עִ֣יר קָדְשֶׁ֗ךָ לְכַלֵּ֨א הַפֶּ֜שַׁע וּלַחְתֹּם (וּלְהָתֵם) חַטָּאות (חַטָּ֗את) וּלְכַפֵּ֤ר עָוֹן֙ וּלְהָבִיא֙ צֶ֣דֶק עֹֽלָמִ֔ים וְלַחְתֹּם֙ חָז֣וֹן וְנָבִ֔יא וְלִמְשֹׁ֖חַ קֹ֥דֶשׁ קָֽדָשִֽׁים׃

²⁴ Setenta semanas están determinadas sobre tu pueblo y sobre tu santa ciudad, para terminar la prevaricación, poner fin al pecado y expiar la iniquidad, para traer la justicia perdurable, sellar la visión y la profecía y ungir al Santo de los santos.

La revelación comienza en Dan 9,24 con una presentación general del consejo divino sobre la ciudad y el pueblo de Dios, y después sigue en Dan 9,25-27 el despliegue posterior de la ejecución de ese consejo en sus partes principales. En esto concuerdan todos los intérpretes: que las 70 semanas, determinada para el pueblo

---

este contexto, Hofmann y Delitzsch han introducido una modificación esencial, uniendo una referencia escatológica con la referencia histórica primaria que Dan 9, 25-27 hace de Antíoco Epífanes, indicando que la profecía solo se cumplirá de un modo total con la aparición del Anticristo y con la realización plena del reino de Dios al final de los días.

La tercera visión aparece ya en germen en Hipólito y Apolinar de Laodicea, quienes aludiendo a la profecía del Anticristo de Dan 7, 27, aplican la afirmación de Dan 9,27 (en este capítulo), sobre la última semana, al fin del mundo: La primera mitad de esa semana se refiere al tiempo del retorno de Elías y la segunda al tiempo del Anticristo. Esta visión ha sido decididamente defendida por primera vez por la Biblia de *Berleburg*. Kliefoth, en su *Coment. sobre Daniel*, fue el primero que quiso investigar y establecer esta opinión de un modo exegético, y Leyrer (en Herz., *Realenc*. XVIII. p. 383) la ha presentado brevemente de esta forma: "Las setenta שבעים, es decir, los καιροί de Dan 9, 24, medidos por grupos de siete, dentro de los cuales se completará todo el plan de salvación de Dios en el mundo, forman un período simbólico de tiempo que está relacionado con los setenta años de exilio profetizados por Jeremías, con una noción ampliada de "ecumenicidad", es decir, de totalidad. Esos "setenta" se dividen en tres períodos: un grupo de 7 (hasta Cristo), otro de 62 (hasta la apostasía del Anticristo) y uno de שבוע, es decir, de ἑπτά, la última semana, dividida en 1, mas 2 más 1/2 tiempo, con el surgimiento y caída del Anticristo.

Para la historia de la interpretación, para el período patrístico cf. el tratado del Profesor Reusch, de Bonn, titulado: *Die Patrist. Berechnung der 70 Jahrwochen Daniels*, en Tb. Theol. Quart. 1868, p. 535ss. Para el período de la Edad Media y de los tiempos modernos, cf. Abr. Calovii, Εξετασις *theologica de septuaginta septimanis Dan*ielis, en *Biblia illustr. ad Daniel*. IX., y en Hvernick, *Geschichte der Interpretation* en su *Comm*. p. 386ss Para el período más reciente, cf., R. Baxmann, en su capítulo sobre el libro de Danaiel, en *Theolog. Studien u. Kritiken*, 1863, III. p. 497ss.).

y la ciudad, están divididas en 9, 25-28 en tres períodos, que están claramente definidos según su duración y su contenido.

Setenta semanas están determinadas. שבעים de שבוע, es precisamente un cómputo de tiempo que se divide en períodos de siete, y puede entenderse en sentido general como semanas (pero sin determinar si son de días, de años o de otras unidades. El término puede aparecer en singular, en Gen 29, 27 o en plural, como en Dan 10, 2-3 (y como se utiliza usualmente: שבעות; cf. Dt 16,9; Ex 34, 22, etc.). Por tanto, la forma שבעים no implica sin más que se está hablando en sentido común de semanas de días o años, por más que en el fondo se encuentre el sentido de siete, lo mismo que en la palabra castellana "semana" (de séptima, siete), cf. Gesen., *Lehrgeb.* p. 698.

No se puede determinar el período de tiempo al que aquí se alude con esa palabra שבעים, ni por la palabra en sí misma y por comparación con שבעים ימים, Dan 10, 2-3, pues en este verso la palabra ימים no se añade a שבעים con la finalidad de indicar que se trata de días de semanas, sino simplemente de semanas enteras (a lo largo de tres semanas). La razón para fundar la opinión de que no se trata de semanas comunes (de siete días) se funda en parte en el contenido de Dan 9, 25. 27, que nos enseña de un modo indudable que esas *sesenta y dos semanas con seis más y la semana final* no pueden aplicarse a semanas comunes de siete días o años, ni a la referencia a los setenta (שָׁבְעִים) años de Jeremías en Dan 9, 2.

Conforme a la profecía de Daniel (como indica por ejemplo *Hitzig*), Jerusalén debía yacer desolada durante setenta años, y ahora, a los sesenta y nueve años de esa profecía, la ciudad y el templo siguen estando desolados y no existe signo alguno de que las cosas vayan a cambiar (Dan 9,17.). Pues bien, en ese momento, en el año sesenta y nueve de la profecía de Jeremías, en respuesta a su plegaria, Daniel recibe la nueva revelación: han de pasar setenta שבעים antes de que se cumpla todo el despliegue de la liberación anunciada por Jeremías.

Pues bien, si la liberación que busca y quiere Daniel no se realizó en setenta años, menos podrá pensarse que se ha realizado (o podría haberse realizado) en períodos menores de tiempo, de manera que la nueva revelación parece llevarnos a pensar que se trata de "semanas" o períodos más amplios de tiempo En esa línea, el cómputo especial del contenido de las semanas solo puede aplicarse a algún tipo de semanas o períodos de años. Por su parte, las medio semanas de 9, 27 parece que responden de algún modo a los tres tiempos y medio de Dan 7, 25.

Son muchos los investigadores que han insistido en este motivo. Así, por ejemplo, Kranichfeld dice que Daniel no tiene duda alguna sobre la extensión precisa de שבוע, pero ofreció aún una interpretación más ajustada del tema cuando combinó de un modo preciso las últimas medio semanas con los tres años y medio del tiempo del final. Pero, en contra de esa visión, debemos preguntarnos: ¿Dónde habla Daniel de los tres años y medio del tiempo del final? En ninguno de los pasajes en los que estudia el tema, él no la utiliza la palabra "año", que es lo que debía parecer más significativo, sino que habla solo de עדן o מועד, es decir de tiempo, en un sentido que puede parecer preciso, pero que no se concreta de un modo cronológico.

Muchos intérpretes toman por supuesto que con esas palabras (מועד o עדן) se habla de años comunes, pero nunca han aducido una prueba satisfactoria de ese significado. En esa línea, a favor de las semanas (períodos) de siete años se ha venido argumentado que ésa es una interpretación totalmente natural, dado que las semanas de siete años tienen una importancia significativa en la Ley de Moisés (en los años sabáticos, de siete años). Por otra parte, el exilio había insistido también en el sentido de las semanas de años, al presentar los setenta años de desolación de la tierra, como castigo por haber interrumpido la celebración de los años sabáticos, cf. 2 Cron 36,21 (Hgstb., Kran. y otros).

Pero, dado que esos períodos de siete años (como el mismo *Hengstenberg* confiesa) no se llaman en la ley שבעים o שבעות, por tanto, por la simple designación repetida del año séptimo como año del Gran Sábado (Lev 25,2. 4-5; 26, 34-36. 43; 2 Cron 36, 21) no se sigue en modo alguno la idea de semanas de años. La Ley no menciona solo el año sabático, sino también períodos de siete veces siete años, tras el cumplimiento de los cuales se celebraba un año de jubileo (Lev 25, 8). Estos años, lo mismo que los años sabáticos, podían llamarse שבעים.

Según eso, la idea de que las semanas son *semanas de siete años cronológicos* no tiene un fundamento exegético firme. Por eso, Hofmann y Kliefoth tienen razón cuando insisten en el hecho de que la palabra שבעים no significa necesariamente semanas de años, sino que constituye una designación intencionalmente indefinida de tiempo, un tiempo significativo, que se mide por el número siete, pero cuya duración no queda fijada, sino que debe determinarse cronológicamente por otras razones, como seguiremos viendo.

El ἅπ. λεγ. חתך significa en caldeo *cortar, dividir en piezas,* y por tanto decidir, determinar de un modo preciso, como en Targ. Ester 4,5; cf. Buxtorf, *Lex. talm.*, y Levy, *Chald. Wrterb*. El significado de נחתך, *abbreviatae sunt* (han sido abreviados: Vulg. for ἐκολοβώθησαν, Mt 24,22), que Wieseler ha destacado, no está probado, y no se puede aplicar aquí, porque si uno corta una pieza de paño de un todo, ese todo queda disminuido a causa de la pieza cortada, pero la cantidad de paño en sí no disminuye.

Para la explicación del singular נחתך no tenemos necesidad de suponer que el profeta tenía en su mente un nombre definido, como עת (tiempo, Hgstb.), ni debemos apelar a una forma poco exacta de escribir, que sería propia de los autores tardíos de la Biblia (Ewald). El singular se explica simplemente por esta razón: que las setenta "unidades septenarias (שָׁבֻעִים שִׁבְעִים) se conciben como una unidad absoluta, vinculada a un verbo pasivo impersonal, de manera que las setenta semanas se entienden como un todo, como un período de setenta tiempos de siete repitiéndose como un todo.

Sobre el pueblo y sobre la ciudad santa. En la palabra עַל no subyace la concepción de algo que es pesado, o de que este tiempo será un período de sufrimiento, como los setenta años del exilio (v. Lengerke). La palabra solo indica que ese período de tiempo está determinado en relación a la vida del pueblo. El pueblo y la ciudad de Daniel se llaman pueblo y ciudad de Dios porque Daniel los acaba de presentar ante dios como suyos (su tiempo, su ciudad: Hvernick, v. Lengerke, Kliefoth).

Pues bien, incluso estando en ruinas, Jerusalén se llama ciudad santa en virtud de su pasado y de su futuro (cf. Dan 9, 20). Ese predicado no está refiriéndose sin más, como Wieseler y Hitzig han reconocido rectamente, a un tiempo en que existía y funcionaba ya el templo, tras el exilio (como suponen Sthelin y v. Lengerke). Como ha añadido bien Kliefoth, con esto no se está indicando un tipo de santidad actual del templo (que está ya en funcionamiento), sino el hecho de que el pueblo y la ciudad de Dios no permanecerán en el estado de desolación en que se encuentran, sino que serán restaurados de nuevo, y continuarán existiendo durante el tiempo mencionado.

De aquí no se puede deducir, sin embargo, que esta promesa de continuidad se refiere solo al pueblo carnal de los judíos y a la Jerusalén terrena. Ciertamente, esas palabras se refieren en primer lugar a Israel según la carne y a la Jerusalén geográfica, porque esos eran entonces el pueblo y la ciudad de Dios. Pero ellas no agotan su sentido con esa referencia, sino que se expanden y aplican al mismo tiempo a la iglesia del Nuevo Testamento y la Iglesia de Dios después de la venida de Cristo.

Las siguientes frases de infinitivo presentan el objeto por el que están determinadas las setenta semanas: Ellas muestran lo que ha de suceder hasta entonces o lo que sucederá cuando termine el tiempo determinado. Aunque la ל antes de infinitivo no significa *hasta* o durante, sin embargo, tampoco es correcto decir que esa ל indica solo el resultado de aquello que acontecerá cuando acabe finalmente el período de tiempo, refiriéndose solo a su resultado.

Por medio de la lamed (ל) no se dice si lo afirmado en la cláusula de infinitivo sucederá por primera vez cuando el tiempo fijado termine, o si se irá desarrollando gradualmente en el curso de ese tiempo, y solo se completará al final; eso solo se puede deducir del contenido material de las cláusulas finales. Las seis afirmaciones han sido divididas por Maurer, Hitzig, Kranichfeld y otros en tres unidades, de dos miembros cada una

Según eso, cuando terminan las setenta semanas: (a) se completará la medida del pecado; (b) el pecado será expiado y surgirá la justicia; (c) se cumplirá la profecía y el templo, que había sido profanado por Antíoco, será consagrado de nuevo. Los masoretas piensan haber fijado esta división triple colocando el *atnah bajo* (לְהָבִיא צֶדֶק עֹלָמִים, cuarta frase), pero esa opinión se apoya en una falsa construcción de los miembros individuales del conjunto, especialmente en las dos primeras unidades.

Lo que tenemos ante nosotros son más bien dos sentencias con tres miembros, como parece claro por la disposición de las seis afirmaciones: Las tres primeras tratan de la superación del pecado, es decir, de la parte negativa de la liberación. Las tres últimas tratan del despliegue de la liberación positiva. Y todo eso de manera que en ambas cláusulas los tres miembros están en una relación recíproca entre sí: el cuarto elemento (el primero de la segunda tríada) corresponde al primero, el quinto al segundo, el sexto al tercero. Más aún, el segundo y el quinto presentan el mismo verbo: חתם.

Tres primeras sentencias. Superación del pecado. *En la primera y segunda afirmación* la lectura resulta dudosa. En vez de לחתם (*ketiv*), sellar, el *quere* tiene להתם, terminar (תמם, completar). En לכלא pueden darse dos lecturas, porque la puntuación de las vocales no pertenece al *ketiv* (que ha de ser לכלא, dado que כלא no se encuentra nunca en piel), sino más bien al *qere*, por lo que los masoretas suponen que כלא tiene el mismo significado que כלה, *ser terminado*.

En esa línea los traductores antiguos interpretan el texto así: LXX, τὰς ἀδικίας σπανίσαι; Theod., συντελεσθῆναι, otros συντελέσαι; Aquil., συντελέσαι τὴν ἀθεσίαν; Vulg., *ut consummetur praevaricatio* (para que se consume la prevaricación). Bertholdt, Rosenmller, Gesenius, Winer, Ewald, Hitzig, Maurer, han seguido esas traducciones suponiendo que la ה ha de cambiarse en א.

Pero, dado que כלה aparece con frecuencia en Daniel, y lo hace siempre con la ה (cf. v. 27; Dan 11, 36; 12, 7), y dado que en general las raíces con ה toman la forma de las raíces con א con mucho menos frecuencia que lo contrario, debemos dar preferencia a la lectura לכלא, teniendo además en cuenta el hecho de que casi todos los *qeres* son enmiendas poco probables de los masoretas. Por otra parte, el *qere* paralelo להתם, decididamente equivocado, deriva obviamente de Dan 8, 23. En esa línea el *qere* no ofrece en ninguno de estos dos pasajes un significado que sea apropiado.

La explicación "para terminar la transgresión y para completar la medida del pecado" no concuerda con aquello que sigue: "perdonar la iniquidad". Por otra parte, el pensamiento de que los judíos deben llenar primero la medida de su transgresión en las setenta semanas de años, para pasar luego a través de un castigo (padecido bajo Antíoco Epífanes), a fin de ser perdonados después, no puede aceptarse, porque el castigo bajo Antíoco (pues los pecados han alcanzado su plena medida) constituye un pensamiento interpolado en el texto de forma arbitraria. Pues bien, sin esta interpolación, el perdón de los pecados se encuentra en contradicción con el cumplimiento de esa medida.

Además, esta explicación se opone al hecho de que en las dos primeras afirmaciones tiene que haber un sujeto diferente del que se encuentra en la tercera, porque cumplir la medida del pecado es algo que solo puede ser determinado por Dios. Por eso, en este caso, solo el *ketiv* puede ser considerado correcto, de manera que el primer pasaje ha de ser traducido así: *para terminar (cerrar) la trasgresión.*

כלא significa *encerrar*, meter en, mantener en prisión, cerrar… Por eso, כלא tiene que significar prisión, cárcel. Encerrar o cerrar la maldad no significa perdonarla, sino impedir que actúe, tenerla cerrada para que no se pueda extender más (Hofm.); cf. Zac. 5, 8; Ap 20, 3.

En el segundo pasaje, "poner fin al pecado o a los pecados" (es decir, a los חטאות que son diversos casos o pruebas de la transgresión). חתם, *sellar*, no significa terminar o acabar con los pecados, destruirlo son más (Teodoreto y otros). Como en árabe, *chtm* (חתם) tiene quizá también el sentido de terminar, y ese significado puede haber surgido por el ejemplo de poner un sello o una firma al final de un documento o de una carta (quedando así cerrado o terminado el tema). De todas formas, este significado no aparece nunca en hebreo, cf. *Com.* a Ex 28, 12.

La imagen de "sellar" se encuentra aquí más bien en conexión con el hecho de "cerrar en prisión", cf. 6, 18: Para más seguridad, el rey selló/cerró la fosa de los leones donde fue arrojado Daniel. De igual forma Dios sella la mano del hombre, a fin de que él no pueda moverla, Job 37, 6; y cierra también las estrellas, para que no puedan dar más luz (Job 9, 7). Sea como fuere, sellar no equivale a quitar, como Hgstb. y muchos otros han querido explicar el tema.

Los pecados a los que aquí se alude quedan sellados porque quedan totalmente *apartados de la vista de Dios*, "porque aquello que queda cerrado y sellado no está simplemente apartado, puesto a un lado, sino guardado, bajo llave y sello" (Kliefoth). Partiendo de aquí, Hofmann y Kliefoth dicen de un modo más correcto: "Si los pecados han sido sellados, ellos han quedado, por un lado, bajo custodia, de manera que no pueden mostrarse activos ni crecer; pero, por otra parte, ellos quedan custodiados y cerrados, de manera que no pueden ser ya perdonados, ni tampoco pueden actuar (cf. Ap 20, 3), de manera que son como si no existieran.

La tercera afirmación es *para expiar*, para hacer reconciliación, por la iniquidad. כפר es el *terminus technicus* para *perdonar*, para expiar, por medio de una ofrenda por el pecado, es decir, para perdonar.

Estos tres pasajes tratan por tanto de poner a un lado el pecado, es decir, de borrarlo. Pero ellos no forman un clímax (no culminan en lo más importante), ni son un mero συναθροισμός, una *multiplicación* de expresiones sinónimas para el perdón de los pecados, *ut tota peccatorum humani generis colluvies eo melius comprehenderetur* (para que se comprenda mejor toda la multitud de pecados del género humano: M. Geier). En contra de esta idea de clímax se ha observado rectamente que, en ese caso, la designación más fuerte del pecado como הפשע, es decir, como separación de Dios, como rebelión contra él, debería estar al final, mientras que aquí aparece en la primera frase.

En contra de la idea de un συναθροισμός ha de objetarse que las palabras "cerrar" y "sellar" no son sinónimas de "reconciliar", es decir, de "perdonar".

Ciertamente, las tres expresiones tratan de "expulsar" el pecado, pero lo hacen de formas diferentes. La primera presenta el pensamiento general de que la caída debe ser evitada, de que ha de prevenirse el progreso y extensión del pecado. Las otras dos expresiones definen, de manera más precisa la fuente de la que brota la apostasía, para cerrarla. Esto acontece de un modo con los infieles y de otro modo con los creyentes.

Los pecados de los infieles quedan sellados, guardados en seguridad bajo llave, a fin de que no se expandan y crezcan, de manera que no sigan estando activos y operativos. Por el contrario, *los pecados de los creyentes* quedan perdonados a través de la reconciliación. La primera idea de expresa en el segundo miembro y la última en el tercero, como Hofmann y Kliefoth han puesto justamente de relieve.

Tres sentencias finales. Despliegue positivo de la salvación. Sigue el segundo grupo de las afirmaciones, que trata del despliegue positivo de la salvación, que va acompañando a la remoción y superación del pecado.

La primera expresión de este grupo es para traer la justicia perdurable. Tras la superación total del pecado, viene la justicia que nunca ha de cesar. No hace falta una prueba especial para mostrar que צדק no significa "la felicidad de los viejos tiempos" (Bertholdt, Rsch), ni "la inocencia de tiempos anteriores que fueron mejores" (J. D. Michaelis), sino la justicia como tal, que viene del cielo como don de Dios (Sal 85, 11-14; Is 51, 5-8), que se eleva como un sol sobre aquellos que temen a Dios (Mal 3, 20) y que de esa forma aparece como perdurable pues corresponde a la justicia eterna de los nuevos cielos y de la nueva tierra (2 Ped 3, 13). Esta afirmación (que en el conjunto de las seis es la cuarta) forma el suplemento positivo de la primera; en lugar de la remoción absoluta de la transgresión (como expresión de su sentido más profundo) viene a presentarse aquí la perfecta justicia.

La segunda expresión de este grupo, que es la quinta del conjunto (sellar la visión y la profecía), utiliza la palabra חתם, que en el segundo pasaje se aplica al pecado y que aquí se utiliza aquí para insistir en la justicia. Muchos intérpretes piensan que sellar ha de entenderse en el sentido de confirmar, añadiendo que esa palabra se refiere a la costumbre de imprimir un sello sobre un escrito, para confirmar su contenido. A fin de ilustrar ese uso se suelen ofrecer testimonios como los de 1 Rey 21, 8 y Jer 32, 10-11, con Jer 32, 44 (así Hvernick, v. Lengerke, Ewald, Hitzig y otros).

Pues bien, para confirmar este uso figurativo de la palabra *sellar* no puede aducirse como prueba ningún pasaje del AT. Por otra parte, la palabra no puede utilizarse aquí en un sentido distinto al que tiene en la segunda afirmación. El sellar la profecía corresponde al sellar la transgresión y debe entenderse en el mismo sentido. La profecía queda sellada cuando ella no puede ya mostrarse a sí misma de un modo activo.

También se disputa la interpretación del objeto de חזון ונביא. Berth., Ros., Bleek, Ewald, Hitzig y Wieseler lo refieren a la profecía de las setenta semanas

(Jer 25 y 29), que se menciona en Dan 9, 2. Pero en contra de esa interpretación está el hecho de que no se utilice artículo, porque si por חזון se mencionara esa profecía debería esperarse al menos un artículo definido, cosa que sería aquí totalmente indispensable.

También va en contra de ello el hecho de que aquí se añada la palabra נביא, lo que muestra que ambas palabras se utilizan en un sentido general para todos los profetas y profecías existentes, no solo para las profecías, sino para los profetas que las utilizan. En otras palabras, lo que debe ser sellado no es solo la profecía, sino la misma palabra del profeta.

Profecías y profetas quedan sellados cuando por medio de la realización de todas las profecías cesa la misma profecía, de manera que no aparecen ya más. Sin embargo, la extinción de la profecía a través de su cumplimiento no ha de aplicarse (como piensa Hengstenberg) a la manifestación de Cristo en la carne, porque entonces solo cesa la profecía del AT, siendo ya cumplida (cf. Mt 11, 13; Lc 22, 37; Jn 1, 46), pero en lugar de ella viene a situarse la profecía del NT, cuyo cumplimiento queda todavía en el futuro y no se termina y cumple (siendo superada: καταργηθήσεται, 1 Cor 13, 8) hasta que se perfeccione el reino de Dios en la gloria y termine así el curso presente de la historia del mundo, realizándose de esa manera, al mismo tiempo, en toda su plenitud el cumplimiento total de la profecía del AT (cf. Hch 3, 21).

Este quinto miembro responde al segundo, lo mismo que el cuarto respondía al primero. "Cuando quede sellado el pecado, quedará también sellada la profecía, porque la profecía se necesita en la guerra contra el pecado; pero cuando el pecado queda así superado de manera que no puede actuar más, entonces puede "descansar" también la profecía, pues no habrá necesidad de ella cuando haya sido vencido y superado el pecado. Y entonces, cuando la apostasía sea vencida, de forma que no pueda extenderse ya más, podrá extenderse la justicia, de tal forma que ella podrá abrirse a toda la tierra, pues superado el pecado ella ocupara todo su lugar antiguo" (Kliefoth).

La tercera afirmación de este grupo, que es la sexta y última frase del conjunto (y para ungir al santo de los santos) ha sido interpretada de formas distintas. Aquellos que buscan el cumplimiento de esta palabra de revelación en el tiempo que sigue del modo más cercano a la clausura del exilio, o en el tiempo de los macabeos, la aplican a la consagración del altar de las ofrendas (Wieseler), que fue restaurado por Zorobabel y por Josué (Es 3, 2), o a la consagración del templo de Zorobabel (J. D. Michaelis, Jahn, Steudel), o a la consagración del altar de las ofrendas que fue profanado por Antíoco Epífanes (1 Mac 4,54, cf. Hitzig, Kranichfeld y otros).

Pero ninguna de estas interpretaciones puede ser justificada. A ella se opone el hecho de que ni en la consagración del templo de Zorobabel, ni en la re-consagración del altar de las ofrendas que había sido profanado por Antíoco se nombra ningún tipo de unción. Conforme a la tradición firme y uniforme de los judíos, el aceite de la santa unción no existía (no se aplicaba) durante el tiempo del segundo templo.

Solo el santuario del tabernáculo de Moisés, con sus altares y vasos sagrados, solía ser consagrado por una unción; cf. Ex 30, 22; 40, 1-16; Lev 8,10. Tampoco se menciona la unción en la consagración del templo de Salomón (1 Rey 8 y 2 Cron 5-7) porque aquel templo se limitó a convertir el tabernáculo en un lugar fijo de morada de Dios, de manera que fue trasladada allí el arca de la alianza como trono de Dios; de esa forma el signo de adoración más sagrado fue llevado del tabernáculo al templo, para ser colocado allí.

Ni siquiera el altar de las ofrendas quemadas del nuevo templo (cf. Ez 43, 20. 26) fue consagrado por medio de una unción, sino solo por una ofrenda de sangre. Por otra parte, ni el hecho especial de la consagración del altar de las ofrendas quemadas ni la consagración del templo responde a las expresiones generales de los otros miembros de este verso y así, en conjunto, no fue un acontecimiento tan significativo e importante como para que debiera ser presentado después de las afirmaciones anteriores.

Tampoco lo que dice Kranichfeld para confirmar esta interpretación está más fundado, pues se trata de un argumento muy débil. Él insiste en el hecho de que en este verso las afirmaciones proféticas relacionadas a una superación y expiación (כפר) de los pecados se aplican a la restauración de la justicia; de un modo correspondiente la unción ha de hallarse también en relación con la acción sagrada del כפ, que en sentido básico y ante todo conduce a la ratificación del sentido del altar de Israel, es decir, de aquel lugar de ofrendas que se hallaba en el patio exterior del templo.

Pues bien, incluso si se concediera que esa visión es correcta, ella no prueba nada sobre la unión del altar de las ofrendas quemadas. Porque la frases anteriores hablan no solo del כפר, o de la expulsión de la transgresión, sino también de la expulsión de (del cerrar o sellar) la apostasía y el pecado, es decir, de la reparación del pecado a través de un sacrificio.

Según eso, la expiación más plena de los pecados de Israel en el AT, es decir, aquella que se celebraba el gran día de la expiación o *yom kippur* no se realizaba sobre el altar de las ofrendas quemadas, sino por el hecho de esparcir la sangre de la ofrenda sobre el arca de la alianza en el Santo de los Santos y sobre el altar del incienso en el lugar del Santísimo. Si משח sirve para explicar después el sentido de כפר, entonces, el "santo de los santos" no ha de tomarse en el sentido primario de "altar de las ofrendas", sino que ha aplicarse ante todo a los vasos sagrados del santuario interior, porque en ese lugar no hace falta una expiación que se repita cada tiempo, sino que ella vale para siempre.

Además de eso, hay un argumento verbal: Las palabras קדש קדשים no se refieren a un solo vaso sagrado en el que pudiéramos pensar. Aquí no se alude solo al altar de las ofrendas (Ex 29, 37; 40, 10), sino también al altar del incienso

(Ex 30, 10), a los dos altares con todos los vasos sagrados del santuario, con el arca de la alianza, el pan de la proposición (Ex 29, 4), los candelabros, los utensilios para el agua y los otros vasos que pertenecen al conjunto de los servicios del templo (cf. Ex 30, 29; Lev 2, 3. 10; 6, 10; 10, 12), con la carne sacrificada por la ofrenda por el pecado y el sacrificio expiatorio (Lev 6, 10. 19; 10, 17; 7, 1. 6; 14, 13; Num 18,9, y todo lo que estaba santificado para el Señor (Lev 27, 28).

Además, se incluían en esas cosas santas todos los alrededores de la colina sobre la que estaba edificado el templo (Ez 43, 12), con el Nuevo Templo, que en Ez 45, 3 se llamaba lo "más santo". Por su parte, según Cron 23, 13, Aarón y sus hijos eran santificados como קדש קדשים.

Según todo eso, no hay ninguna razón para aplicar esta expresión solamente a la consagración del altar de la ofrendas. Esa referencia queda totalmente excluida por el hecho de que la consagración del templo y altar de Zorobabel, así como de todo aquello que había sido profanado por Antíoco era *sombra* (algo que hace el hombre), mientras que la unción del "santísimo" (lo más santo) del verso anterior ha de ser entendido como un acto divino, porque las tres expresiones anteriores están evocando sin duda alguna acciones humanas. Ciertamente, las unciones de personas o cosas eran realizadas por hombres (aunque los ungidos quedaran así consagrados a Dios).

Así, cuando Saúl fue ungido por Samuel, el Espíritu del Señor vino sobre él, cf. 1 Sam 10, 9. Lo mismo acontece con la unión de David, 1 Sam 16, 13. También la unción del santuario y de los vasos sagrados servía para el mismo objetivo, de manera que vasos sagrados y santuario quedaban consagrados como lugar y medio en el que realizaban las operaciones de gracia del Espíritu de Dios.

Como evidencia de esto, la gloria del Señor llenó el tabernáculo después que fue edificado y consagrado. Pero en la dedicación del santuario tras el exilio, bajo Zorobabel y en la era de los macabeos no hubo tal unción, de forma que tampoco vino a entrar al santuario la gloria del Señor. Por eso, esas consagraciones no pueden ser designadas como unciones y como obras de Dios, de manera que el ángel no puede estar aludiendo a estas obras de hombres y entenderlas como "unción del Santísimo".

Más antigua, más general y también más cercana a la verdad es la explicación que aplica esas palabras a la unción del Mesías, una explicación que se apoya en varios argumentos. La traducción de los LXX, καὶ εὐφράναι ἅγιον ἁγίων, y la de Teodoreto, τοῦ χρῖσαι ἅγιον ἁγίων, cuyo sentido puede ser discutido, ha sido entendida por los Padres de la iglesia en relación al Mesías. Teodoreto la presenta como indudablemente correcta, y dice que la aceptan incluso los judíos, y el antiguo traductor siríaco ha introducido en el texto las palabras "hasta el Mesías, el Santísimo"[77].

---

77. Eusebio, *Demonstr. Ev.* VIII. 2, p. 387 se refiere a la traducción de Áquila, καὶ ἀλεῖψαι ἡγιασμένον ἡγιασμένων diciendo que ella puede aplicarse al sumo sacerdote judío. Cf. Raymundo

Pero esa interpretación no puede mantenerse porque la palabra referida al santo de los santos carece de artículo. Sin tener en cuenta el texto de 1 Cron 23, 13, la expresión קדש קדשים no se aplican nunca a personas, sino a cosas. Este significado se encuentra en la base de este pasaje tal como se evoca en el libro de Crónicas, cuando se dice que el sumo sacerdote debe "santificar unוקדש קדשים , ungiéndolo para que sea una cosa santísima". Siguiendo a Hvernick, Hengstenberg (*Christol.* III. p. 52, ed. 4) quiere interpretar este pasaje de un modo mesiánico, porque piensa que se refiere a Cristo a quien presenta como "una cosa santísima".

Pero ni en el hecho de que el Sumo Sacerdote llevara en su frente la inscripción קדש ליהוה, ni en la declaración relacionada con Yahvé: "Él ha de ser למקדש" (Is 8, 14, cf. Ez 11, 16) hay ninguna razón para concluir que el mesías pudiera ser designado simplemente como "cosa santísima". En Lc 1, 35, a Cristo se le llama con un simple neutro ἅγιον, pero no como a objeto, sino como a persona, y los pasajes en los que Jesús es descrito como ὁ ἅγιος, el Santo (Hch 3, 14; 4, 30; 1 Jn 2, 20; Al 3, 7) no prueban en modo alguno que se le pueda aplicar el término קדש.

De aquí no se puede deducir nada para la interpretación de nuestra sentencia. Por eso, aunque en los versos que siguen se aluda a la persona del mesías, de aquí no se puede deducir en modo alguno que él esté mencionado también en este verso.

Resulta mucho más satisfactoria la opinión de aquellos que piensan que en las palabras *y ungir al (o a un)* קדש קדשים el texto se esté refiriendo a la unción de un Nuevo Santuario, de un templo o de un lugar santísimo. Ciertamente, la ausencia de artículo impide que pensamos en el "santísimo" del santuario de la tierra, que fue reedificado por Zorobabel, dado que el "santísimo" del tabernáculo así como del templo se llaman de un modo constante קדש הקדשים. Pues bien, aquí no se alude a ése lugar llamado "el santo de los santos" (del templo de Jerusalén), con artículo definido, sino a un nuevo "santo de los santos" o santísimo que deberá ocupar el lugar del antiguo santo de los santos del tabernáculo y del templo de Jerusalén en el tiempo final de la renovación de todas las cosas, en el futuro mesiánico.

Pues bien, dado que el nuevo templo del futuro, con todos sus alrededores, tal como ha sido visto por Ezequiel (Ez 45, 3), es llamado קדש קדשים, Hofmann (*Die 70 Jahre*, p. 65) piensa que ese santo de los santos es todo el templo, y el hecho de que sea ungido con aceite es una figura de la santificación de la Iglesia con el Espíritu Santo, pero añadiendo que esto solo podrá realizarse, con la claridad con la que aparece aquí, en el tiempo del fin de todas las cosas, cuando la iglesia perfecta se mostrará claramente como un santuario visible.

Martin, *Pugio fidei*, p. 285, ed. Carpz., y Edzard, *Abodah Sara*, p. 246s., que muestran el uso de esa interpretación entre los judíos.

Pues bien, en contra de eso, ha respondido Kliefoth (p. 307) con toda justicia que el Santísimo, y el mismo templo, en la medida que tiene un lugar santísimo, no es el lugar donde la consagración se relaciona Dios y afecta a Dios, sino que, al contrario, es el lugar donde Dios se hace presente para la congregación de la Iglesia y se manifiesta en ella, para bien de los hombres.

De todas formas, las palabras a las que nos referimos no dicen directamente nada del pueblo o de la congregación a la que Dios reunirá en torno al lugar de su presencia gratificante, sino que evocan el lugar objetivo que Dios escoge para habitar con los creyentes de su pueblo y para revelarse a ellos. La unción es el acto por el que el lugar es consagrado para ser un lugar sagrado de la presencia y revelación gratuita de Dios.

Por eso, si aquí se anuncia la unción del santísimo no se está aludiendo a la promesa de la renovación de un lugar ya existente desde antiguo (como es templo de Jerusalén), sino a la institución de un nuevo lugar de la presencia gratuita de Dios entre su pueblo, es decir, se está anunciando la institución de un nuevo santuario, distinto del templo de Jerusalén.

Ciertamente, como Kliefoth sigue observando, este pasaje puede referirse a la obra de la redención realizada por la venida de Cristo, que ha creado en él un nuevo lugar de la presencia gratuita de Dios, una nueva forma de presencia de Dios entre los hombres. Pero, esta afirmación ha de hallarse íntimamente conectada con las anteriores, que hablan de la perfecta superación de las transgresiones (con la destrucción del pecado) y la aparición de la justicia eterna y de la clausura de todas las profecías por su cumplimiento. Ciertamente, todas estas cosas han sido realizadas por la primera aparición de Cristo, en la que encuentran su fundamento permanente; pero ellas solo alcanzarán su cumplimiento definitivo en la obra de la salvación que se realizará en el retorno del Señor para el juicio final, con el establecimiento del reino de la gloria, con los cielos nuevos y la tierra nueva.

Por eso, entendiendo así las cosas, debemos aplicar esta sexta afirmación también al tiempo de la consumación final de la obra de Cristo (no a la restauración del templo judío), aplicándola al establecimiento del *nuevo santo de los santos*, tal como Dios se lo mostró al santo vidente de Patmos, diciendo que sería ἡ σκηνὴ τοῦ Θεοῦ μετὰ τῶν ἀνθρώπων, *la tienda de Dios con los hombres*, nuevo santuario en el que Dios habita con ellos, de forma que ellos serán su pueblo y él será su Dios, Dios con ellos (cf. Ap 21,1-3).

Esas palabras se aplican, por tanto, a la nueva Jerusalén, la ciudad santa donde no habrá templo porque el Señor, el Dios todopoderoso y su Cordero serán su templo, y la gloria de Dios lo iluminará (Ap 21, 22). En ese templo no entrará nada manchado, nadie que cometa abominación (Ap 21, 27), porque entonces el pecado será encerrado y sellado (destruido). Allí habitará la justicia (2 Ped 3, 13) y cesará la profecía, porque se habrá cumplido (1 Cor 13, 8).

Según eso, el contenido de estas seis afirmaciones, que se cumplen de esa forma con la terminación de las setenta semanas, coincide con el final del curso presente del mundo, más allá de la restauración judía del templo de Jerusalén, con la llegada final del reino mesiánico. Con eso termina el mundo viejo, pero Dan 9, 24 no dice nada del comienzo del nuevo período, de lo que vendrá después.

El comienzo de ese mundo nuevo no puede ser determinado, como muchos intérpretes piensan, de un modo cronológico, a partir de la revelación de las setenta semanas en la oración de Daniel, que se funda en la profecía de Jeremías sobre los setenta años de desolación de Jerusalén. Si Daniel, en el año sesenta y nueve de la desolación, elevó súplicas al Señor pidiéndole que tuviera misericordia a favor de Jerusalén y de Israel, y si con ocasión de esa plegaria Dios hizo que el ángel Gabriel le revelara el sentido de las setenta semanas sobre la ciudad y el pueblo de Dios, de aquí no se sigue en modo alguno que debamos poner setenta semanas cronológicas de años en lugar de los setenta años profetizados por Jeremías, como si los setenta años del exilio debieran ser prolongados a lo largo de setenta semanas de años para Israel para el mismo pueblo de Israel en este mundo.

Esa suposición no puede apoyarse ni en el contenido de la profecía de Jeremías, ni en el mensaje del ángel a Daniel. Ciertamente, Jeremías no solamente profetizó setenta años de desolación de Jerusalén y de Judá, sino también de juicio sobre Babilonia, un juicio que se cumpliría al final de esos años, con la reunión y el retorno de los israelitas de todos los países donde habían sido dispersados, para volver de nuevo a su propia tierra (Jer 25, 10-12; 29, 10-14). Pero en su petición Daniel solo se había fijado en la desolación de la tierra que había profetizado Jeremías y había rogado a Dios que apartara su ira de Jerusalén y que perdonara los pecados de Israel.

Pues bien, si las palabras del ángel hubieran sido "no setenta años sino setenta semanas de años están determinados para Israel", esta no hubiera sido una respuesta a la súplica de Daniel (al menos no una respuesta consoladora), para cuya comunicación Dios mandó con prisa al ángel Gabriel. Eso supone que lo que el ángel anuncia en Dan 9, 24 es mucho más que el retorno de Israel del exilio a su propia tierra. Así lo muestra el contenido de los versos siguientes, en los que el espacio de las setenta semanas se divide en tres períodos, mostrando al mismo tiempo que el comienzo del período está determinado de una forma que excluye que ese comienzo se vincule con los setenta años del exilio.

9, 25

²⁵ וְתֵדַע וְתַשְׂכֵּל מִן־מֹצָא דָבָר לְהָשִׁיב וְלִבְנוֹת יְרוּשָׁלִַם
עַד־מָשִׁיחַ נָגִיד שָׁבֻעִים שִׁבְעָה וְשָׁבֻעִים שִׁשִּׁים וּשְׁנַיִם תָּשׁוּב
וְנִבְנְתָה רְחוֹב וְחָרוּץ וּבְצוֹק הָעִתִּים:

²⁵ Sabe, pues, y entiende que desde la salida de la orden para restaurar y edificar a Jerusalén hasta el Mesías Príncipe, habrá siete semanas y sesenta y dos semanas; se volverán a edificar la plaza y el muro en tiempos angustiosos.

La detallada división de las 70 שׁבעים en 7 + 62 + 1 (Dan 9, 25. 26. 27) con la descripción más precisa de lo que sucederá en el curso de esos tres períodos de tiempo, muestra de forma indudable que estos tres versos son una explicación posterior del contenido de 9, 24. Esta explicación está introducida por las palabras "sabe, pues, y entiende", que no anuncian una nueva profecía, como suponen Wieseler y Hofmann, sino que desarrollan de un modo detallado el contenido de 9, 24.

ותשׂכל (y entiende) está en relación muy precisa a להשׂכלך בינה (para darte entendimiento) de Dan 9, 22. Las dos partes de Dan 9, 25 contienen dos afirmaciones sobre las dos primeras partes del conjunto del período formado por las siete y las sesenta y dos שׁבעים, que aparecen justamente separadas por los masoretas colocando el *atnah* bajo שִׁבְעָה.

La primera afirmación dice: "desde la salida de la orden para restaurar y edificar a Jerusalén hasta el Mesías (el ungido), un príncipe, habrá siete semanas". מֹצָא דָבָר (desde la salida de la orden) corresponde formalmente a דבר יצא (el mandamiento se proclamó), Dan 9, 23, expresando enfáticamente una decisión de parte de Dios, pero las dos expresiones no se identifican sin más, porque el mandamiento de Dan 9, 23 es la revelación de Dios comunicada en Dan 9, 24-27, que el ángel revela a Daniel; por el contrario, el mandamiento de Dan 9, 25 está determinado de un modo más preciso por las palabras: "para restaurar, para edificar etc.

להשׁיב no está unido adverbialmente con ולבנות para formar así una sola idea (para edificar de nuevo), pues, aunque שׁוב puede utilizarse adverbialmente en *kal*, sin embargo el *hifil* השׁיב no se utiliza en ese sentido. השׁיב significa *llevar de nuevo*, llevar otra vez, es decir, restaurar. Sobre este último significado cf. Is 1, 26; Sal 80, 4. 8. El objeto de להשׁיב sigue inmediatamente tras la palabra ולבנות, es decir, edificar a Jerusalén. El suplemento de עם, pueblo, queda abierto (Wieseler, Kliefoth y otros), y no puede tomarse de Jer 29, 10.

Traer de nuevo, restaurar una ciudad, significa volver a ponerla en su estado primitivo, e implica una *restitutio* (restitución), pero no necesariamente la plena *restitutio in integrum*, íntegramente, para ser sin más como era antes (en contra de Hengstenberg). Aquí, en la segunda mitad del verso, se añade לבנות a תשׁוב: restaurar para edificar, o edificar para restaurar, es decir, edificar de nuevo en el sentido anterior. בנה en cuanto palabra distinta de השׁיב indica la *edificación* después de haber restaurado, e incluye la preservación de lo construido en una buena condición, y también el hecho de crear de nuevo el edificio más allá de su estado anterior.

Pues bien, si preguntamos cuándo surgió este mandamiento, a fin de determinar el comienzo de las siete semanas, y dado que ellas forman el primer período, determinando al mismo tiempo el comienzo de las setenta semanas, las palabras y el contexto han de entenderse de esta forma:

- Por el mandamiento no se evoca la palabra de Dios mencionada en Dan 9, 23, pues no se dice nada de la restauración de Jerusalén, sino solo del mensaje del ángel.
- El mandamiento no se refiere tampoco a la palabra de Dios mencionada en 9, 2, es decir, a la profecía de Jer 25 y Jer 29, como suponen Hitzig, Kranichfeld y otros.

Ciertamente, de esas profecías se sigue de un modo concluyente que, tras el cumplimiento de los setenta años con el retorno de Israel a su propia tierra, Jerusalén será edificada de nuevo, pero esas profecías no hablan de lo que sucederá después de esos setenta años, sino solo de lo que sucederá en ese período, es decir, que Jerusalén yacerá desolada durante ese tiempo, como Dan 9, 2 afirma expresamente.

La profecía de los setenta años de duración de la desolación de Jerusalén (Dan 9, 2) no pueden identificarse con el mandamiento de Dan 9, 25 en el sentido de restaurar Jerusalén (Kliefoth). Tampoco podemos pensar en este caso, con Hitzig en Jer 30 y 31, porque esas profecías no contienen nada sobre un período de tiempo posterior y en este verso de Daniel del que tratamos no hay ninguna referencia a esas profecías de Jeremías.

La restauración de Israel y de Jerusalén ha sido profetizada sin duda de un modo general, no solamente por Jeremías, sino mucho antes por Isaías (cf. Is 40-56). Con toda justicia podemos pensar en Is 40 ss, igual que en Jer 30-31. Pero todas esas referencias han de quedar excluidas por el hecho de que el ángel cita el mandamiento para la restauración de Jerusalén como el término *a quo* para las setenta semanas y de esa manera solo puede referirse a una palabra de Dios cuyo comienzo se hallaba (o podía hallarse) determinado como está determinada aquí la terminación de las siete semanas con la aparición de נגיד משיח, un príncipe mesías.

Según eso, "el surgimiento del mandato para restaurar etc." debe ser un *factum* que viene a mostrarse visible, un hecho cuyo tiempo puede ser determinado sin dificultad, una palabra de Dios relacionada con la restauración de Jerusalén, que se dio de hecho en un momento definido, a través de un hombre concreto, algo que pudo observarse de un modo histórico.

Pues bien, con Calvino, Ecolampadio, Kleinert, Ngelsbach, Ebrard y Kliefoth, no podemos pensar en ningún momento más apropiado que el edicto de Ciro (Es 1,1-11) que permitió que los exilados volvieran a Palestina, fecha con la que se data de un modo constante el final del exilio y con la que comienza, aunque lentamente, la reconstrucción de Jerusalén (Klief.). La profecía de Is 44, 28, según la cual Dios haría que por medio de Ciro se reconstruyera Jerusalén y se pusieran los fundamentos del nuevo templo, nos conduce a ese edicto del rey Ciro.

Con referencia a esa profecía se dice en Es 6,14: "Ellos edificaron (Jerusalén) según el mandamiento del Dios de Israel y el mandamiento del rey de Persia". Así lo reconoce el mismo Hengstenberg, quien sin embargo se opone a esta referencia: "Si esta afirmación aludiera simplemente al comienzo de la edificación, estarían sin duda justificados aquellos que colocan el punto de partida de la profecía en el primer año de Ciro" (*Christol.* III. p. 142).

Isaías 45, 13 presenta a Ciro como edificador de la ciudad, y todos los escritos que se refieren a ese período que va del tiempo de Ciro a Nehemías afirman de un modo preciso la existencia fáctica de Jerusalén en ese tiempo. Pero, conforme a esa explicación, las palabras del ángel no anuncian el comienzo de la edificación de la ciudad, sino más bien "el comienzo de su restauración completa conforme a su extensión antigua y a su antigua gloria".

Hemos puesto ya de relieve que no es esto lo que se encuentra contenido en las palabras להשיב ולבנות, y a ello ha de añadirse el hecho de que es muy arbitrario y vano el oponer el comienzo de la edificación a la restauración completa. A favor de aplicar להשיב a la restauración completa, *Hengstenberg* ha insistido en el hecho de que tanto Dan 9, 26 como 9, 27 se están refiriendo a la restauración de la ciudad.

> Pero el hecho de que no se nombre el edificio del templo, sino solo las calles de la ciudad, presupone que el santuario ha sido ya contraído al comienzo de la edificación de la que se habla aquí. En esa línea, la existencia del templo requiere de nuevo que se hable del comienzo de la reedificación de la ciudad, porque no es probable que el ángel hubiera omitido precisamente aquello que era el tema más importante, aquello que apenaba más a Daniel (Dan 9 17. 20), aquello que más le inquietaba (*Hengstenberg*).

Pues bien, la validez de esta conclusión de Hengstenberg no es obvia. En Dan 9, 26 se requiere que se nombre el templo con la ciudad, por exigencia de la misma formulación (a fin de que quede clara), y este verso trata de aquello que sucederá después de sesenta y dos semanas. Pero ¿cómo se puede inferir de aquí que deba mencionarse también el templo con la ciudad en Dan 9, 25 donde el tema es aquello que forma el comienzo de las siete o de las setenta semanas y suponiendo que, si no se alude al templo, eso supone que el templo debería hallarse ya construido?

Pues bien, el hecho de que no se nombre el templo en Dan 9, 24.25 se explica plena y totalmente como sigue: La palabra del ángel se encuentra en relación muy precisa con la oración de Daniel, que se inspiraba en la profecía de los setenta años de ruina y devastación (חרבות) de Jerusalén, a los que había aludido Jeremías, de manera que él (Daniel) oraba por la restauración de la ciudad.

Al anunciar los setenta años de desolación de la tierra, *Jeremías* no mencionaba la destrucción del templo. De igual manera, al hablar del decreto, relacionado con las setenta semanas que se hallaban determinadas para el pueblo de Israel y para la santa ciudad, *el ángel de Daniel* tampoco habla especialmente del templo por el que Jerusalén era una ciudad santa. Según eso, aunque en el pasaje que está ante nosotros, el ángel no hable expresamente de la edificación del templo, sino solo de la ciudad santa, podemos seguirnos apoyando en la referencia de דבר מצא al edicto de Ciro, con el que comienza una época en la historia de Israel, y considerar este edicto como el comienzo de las siete o de las setenta semanas.

Las palabras עד משיח נגיד muestran la terminación de las siete semanas. Las palabras משיח נגיד no han de traducirse como *un príncipe ungido* (Bertholdt), porque משיח no puede ser un adjetivo de נגיד, porque en hebreo el adjetivo se coloca siempre después del sustantivo, con pocas excepciones, entre las cuales no se puede contar nuestro caso, cf. Ewald, *Lehrb*. 293b. Por otra parte, משיח no puede ser un participio, en el sentido de "hasta que sea ungido un príncipe" (Steudel), sino que es un nombre, y נגיד está conectado con él por aposición: un ungido, que al mismo tiempo, es un príncipe.

Según el AT, reyes y sacerdotes, y solo ellos, eran los ungidos. Y dado que משיח se pone aquí delante, como designación principal, no podemos tomar a נגיד como un sacerdote-príncipe, sino solo como un príncipe del pueblo, que por el hecho de ser משיח no es un rey, sino solamente un príncipe aunque ungido. Y por משיח נגיד debemos entender una persona que primero y ante todo es un sacerdote (un ungido), y, además, es un príncipe del pueblo, un rey.

La separación de las dos palabras en Dan 9, 26 donde se reconoce que נגיד tiene el sentido de "un príncipe del pueblo" lleva a la misma conclusión. Este sacerdote-rey no puede ser Zorobabel (como piensan muchos intérpretes antiguos), ni puede ser Esdras (Steudel), ni Onías III (Wieseler). Zorobabel era príncipe, pero no ungido, y ni Esdras ni el sumo sacerdote Onías eran príncipes del pueblo.

El texto no se puede referir tampoco a Ciro, como piensan Saad., Gaon., Bertholdt, v. Lengerke, Maurer, Ewald, Hitzig, Kranichfeld y otros muchos, refiriéndose a Is 45, 1. Aunque supusiéramos que Daniel se ha fundado en Is 45, 1 para llamar a Ciro "el ungido", es decir, משיח (cosa que es dudosa, porque de este epíteto משיחו, su ungido, de Yahvé, que Isaías aplica a Ciro, no se sigue sin más que él debiera llamarse משיח), el título debiera haber sido נגיד משיח, con משיח como adjetivo siguiendo a נגיד, porque no hay razón evidente para que se ponga la definición (la persona) delante del adjetivo[78].

El AT solo conoce a uno que será a la vez sacerdote y rey en una persona (Sal 110, 4; Zac 6, 13), y ése es Cristo, el Mesías (Jc 4, 25), a quien nosotros, con Hvernick, Hengstenberg, Hofmann, Auberlen, Delitzsch y Kliefoth entendemos como משיח נגיד, porque en él se han dado de un modo perfecto los dos requisitos

---

78. "Resulta injustificable la afirmación de que cada rey pagano puede llevar el título de משיח, ungido. En todos los libros del AT solo hay un único caso en el que a un rey pagano, a Ciro, se le llame משיח (Is 45, 1), y eso no simplemente como un dato sin más, sino por la relación notable y muy singular que ese rey mantuvo con la Iglesia de Israel, por los dones especiales con los que le dotó Dios para la liberación de Israel... y por la relación típica en la que él estuvo con el autor de la liberación más alta, que es el Mesías. En ese sentido, en cierta medida, Ciro pudo ser tomado como un rey teocrático, y así fue descrito por Isaías" (Hengstenberg).

esenciales del rey teocrático, *la unción y el nombramiento* real como נגיד del pueblo de Dios (cf. 1 Sam 10, 1; 13, 14; 16, 13; 25, 30; 2 Sam 2,4; 5, 2).

Estos dos requisitos se le atribuyen a él como predicados, de tal forma que el ser ungido va delante del ser un príncipe, a fin de poner más de relieve el carácter espiritual y sacerdotal de su realeza, de manera que podemos presentarle, sobre la base de las profecías (Is 61, 1-3 y 55, 4), como la persona por medio de la cual se le concederán al pueblo de la alianza "las mercedes seguras de David" (55, 3)[79].

La ausencia de artículo definido no ha de explicarse diciendo que, en la línea de צמח (cf. Zac 3,8; 6, 12), la palabra משיח se utiliza κατ᾽ ἐχ. como nombre propio del Mesías, es decir, el Ungido, porque en ese caso la palabra נגיד debería tener artículo, pues en hebreo no podemos decir דוד מלך, sino solo דוד המלך. El artículo falta aquí más bien porque no se ha de decir: *hasta el mesías que es príncipe*, sino solo *hasta que venga uno que es ungido y al mismo tiempo príncipe*, porque aquel que ha de venir no aparece designado definitivamente como el Mesías esperado sin más, sino que ha de ser importante por los predicados que se le aplican como a un personaje totalmente singular.

Así, la primera mitad de Dan 9, 25, que se refiere al primer septenario de las setenta semanas, comienza con el edicto (de Ciro) permitiendo el retorno de Israel del exilio y la restauración de Jerusalén, abriéndose así, de forma que ese tiempo se extiende, desde entonces hasta la aparición de un ungido que al mismo tiempo es príncipe, es decir, hasta Cristo. Con esa visión resulta irreconciliable la suposición de que los שׁבעים (septenarios) están formados por semanas de años, es decir, por períodos de siete años.

En esa línea, la mayoría de los intérpretes que entienden a Cristo como el משיח נגיד han interpretado el número siguiente (y las sesenta y dos semanas) a partir de la primera cláusula: "Desde la proclamación del mandamiento... siete semanas y sesenta y dos semanas". De esa manera lo interpretan ya los LXX: ἕως Χριστοῦ ἡγουμένου ἑβδομάδες ἑπτὰ καὶ ἑβδομάδες ἑξηκονταδύο (hasta el Cristo príncipe siete y sesenta y dos semanas). De un modo semejantes la Vulgata: *usque ad Christum ducem hebdomades septem et hebdomades sexaginta duae erunt* (en el sentido anterior.

Pues bien, el texto de los LXX resulta aquí completamente equivocado y no puede utilizarse, a pesar de que Hvernick, Hengstenberg y Auberlen han querido justificarlo de diversas formas, aunque no han podido invalidar las razones contrarias. En primer lugar, el *atnah* en שִׁבְעָה hace imposible esa separación pues

---

79. Resulta natural suponer que en נגיד משיח subyace una referencia a los pasajes de Isaías a los que se está aludiendo. Pero a partir de aquí uno no debe concluir que Cristo es llamado משיח en cuanto rey de Israel como pueblo particular ni que es llamado נגיד como rey de los paganos, porque la palabra נגיד se aplica con frecuencia al rey de Israel en los libros de Daniel y es mucho más normal que esa palabra está evocando a David.

de esa forma se separan las siete שָׁבֻעִים de las sesenta y dos siguientes. Ciertamente, tomada en sí misma, esta circunstancia no decide nada, pues el *atnah* no sirve siempre para separar sentencias, sino que, como en otros casos, marca solamente el punto de descanso dentro de una frase; por otra parte, ese signo fue introducido por primera vez por los masoretas, de forma que solo nos sirve para conocer la interpretación de esos expertos, pero sin garantizar nunca que ella sea correcta.

De todas formas, este matiz que ofrece el *atnah* no puede ser infravalorado, como el mismo Hgstb. reconoce cuando afirma: "La separación de los dos períodos de tiempo fue aquí muy importante para mostrar que las siete y las sesenta y dos semanas no son una mera división arbitraria de un período en dos partes, sino que cada uno de esos dos períodos tiene sus marcas características". Con esta observación se vincula la falta de fundamento de la afirmación de Hvernick, según la cual la división de las sesenta y nueve שבעים en siete y en sesenta y dos se hace solo para dar más énfasis a todo el pasaje. En contra de eso, debemos tomar muy en serio el tema y sentido de la división de esas dos partes de "semanas".

Partiendo del hecho de que cada uno de esos dos períodos tiene sus propias notas características, una consideración imparcial de las palabras nos indicará que la marca característica de las "siete semanas" consiste en esto: En que este período se extiende desde la proclamación de la palabra para restaurar a Jerusalén hasta la aparición de un Ungido príncipe, concluyendo así con la aparición de este príncipe. En esa línea, la marca característica de las sesenta y dos semanas consiste en aquello que afirman las palabras inmediatamente conectadas con ellas (תשוב וגו ונבנתה), de manera que las sesenta y dos semanas pertenecen a la frase siguiente.

En contra de eso, según Hengstenberg las palabras deberían ser entendidas de la siguiente forma: "Han de pasar sesenta y nueve semanas, siete hasta que se complete la restauración de la ciudad, y sesenta y dos desde aquel tiempo hasta el Ungido, el Príncipe". Pero es imposible encontrar ese significado en las palabras del texto, y no tiene sentido gastar más tiempo para probarlo[80].

En esa línea se supone que "la segunda designación de tiempo se atribuye a lo que sigue, de manera que solo podemos interpretar los tiempos a los que alude el texto diciendo que durante las sesenta y dos "semanas" últimas tuvieron que ser restauradas las calles de la ciudad, cosa que resulta muy poco apropiada para

---

80. Como ha destacado Kliefoth, Hengstenberg ha tomado como primer *terminus ad quem* las palabras "restaurar y edificar Jerusalén" en el sentido de "restaurar y edificar totalmente", hasta la reedificación de la ciudad, hasta su completa reconstrucción, hasta que Jerusalén sea edificada de nuevo. Y después las siguientes palabras "hasta el Mesías el Príncipe" como segundo *terminus ad quem*. Según eso, él aplica las siete semanas al primer *terminus ad quem*, y las sesenta y dos al segundo, como si el texto incluyera dos cláusulas separadas, indicando así que desde que se proclamó el mandamiento hasta que Jerusalén fue reconstruida pasaron siete *heptadas* o septenarios, y desde ese tiempo hasta la llegada del Mesías Príncipe debían pasar otras sesenta y dos *heptadas*, que se suman así unas a otras de un modo sucesivo y cronológico.

entender el texto", cosa que resulta imposible si por la "edificación de Jerusalén" entendiéramos simplemente la reconstrucción externa de la ruinas de la ciudad, que había sido destruida por los caldeos.

Si atribuimos la expresión "y sesenta y dos semanas" a la primera mitad del verso, la división de las sesenta y nueve semanas en siete y sesenta y dos no podría tomarse como válida, pues en ese caso en Dan 9, 26 deberíamos leer "después de *sesenta y nueve* semanas" y no "después de *sesenta y dos* semanas" como dice el texto. Según eso, la sustitución o cambio (en Dan 9, 26) de la segunda designación de tiempo (sesenta y dos semanas) solo puede entenderse si la sesenta y dos semanas de Dan 9, 25 pertenecen a la segunda mitad del verso, siendo así separadas de las siete semanas anteriores.

Según todo eso, la unión de las siete y de las sesenta y dos semanas (formando con ellas una unidad) va en contra del contexto, y solo puede mantenerse si se supone que las שבעים son semanas de años, es decir, períodos de tiempo que constan de siete años, a fin de que se logren así sesenta y nueve semanas de años (es decir 483) desde el tiempo de la reedificación de Jerusalén hasta la llegada del Cristo. Pero no hay ningún fundamento para atribuir ese sentido a la palabra, de manera que no podemos entenderla así para interpretar la profecía. El mismo tenor del texto exige que conectemos el período "y sesenta y dos semanas" con la segunda parte del verso "y durante sesenta y dos semnas serán edificadas de nuevo las calles…etc.".

Las sesenta y dos semanas no se unen antitéticamente a las siete semanas por la cópula *waw* (ו), como quiere Hofmann, sino que están conectadas simplemente con lo anterior, de manera que lo que se presenta como algo que sucederá en las sesenta y dos semanas ha de entenderse como sucediendo antes de la aparición de Nagid Mesías. Esto significa, para indicarlo de un modo más preciso, que la aparición del Mesías forma el *terminus ad quem* no solo de las siete semanas, sino (al mismo tiempo) de las *sesenta y dos semanas*.

El acontecimiento que traerá el final de las sesenta y dos (y, al mismo tiempo, de las siete) semanas aparece en Dan 9, 26 con las palabras: יכרת משיח, el será "cortado" mesías (se le quitará la vida). Las palabras "y sesenta y dos שבעים" pueden tomarse gramaticalmente como nominativo absoluto, pero también como acusativo de dirección. Las palabras ונבנתה תשוב se refieren sin duda a la expresión להשיב ולבנות (restaurar y edificar), según lo cual תשוב no ha de unirse adverbialmente a ונבנתה (según Hvernick, Hofmann y Wieseler), sino que han de traducirse de un modo intransitivo, en relación con השיב: será restaurada, como en Ez 16, 55; 1 Rey 3, 6; 2 Rey 5, 10. 14; Ex 4, 7.

El sujeto de ambos verbos no es רחוב (Rosenmller, Gesenius, v. Leng., Hgstb.), sino Jerusalén, como resulta claro por la circunstancia de que los verbos se refieren a la restauración y edificación de Jerusalén; así lo confirma el hecho de que en Zac 8, 5 רחוב está construido como masculino, y la opinión según la cual es de género masculino solo se puede fundar este caso. No hay razón alguna para interpretar los verbos de un modo impersonal, como hace Klief.

Las palabras וחרוץ רחוב son difíciles de interpretar y han sido entendidas de maneras muy diversas. No hay duda de que ellas contienen una definición y de que רחוב ha de tomarse como acusativo adverbial. Como es bien sabido, רחוב significa calle, y el espacio vacío delante de la puerta del templo. Ciertamente, a חרוץ se le ha dado el significado de acequia, muro, acueducto (Ges., Steud., Znd. etc.), depósito (Ewald), espacio cerrado (Hofmann), patio (Hitzig). Pero todos esos significados son solo conjeturas que se hacen partiendo del contexto, como la traducción de los LXX, εἰς πλάτος καὶ μῆκος, la de Teodoreto, πλατεῖα καὶ τεῖχος, y la de la Vulgata, *platea et muri*, plaza y muros. חרץ significa cortar, es decir, decidir, determinar, concluir de un modo irrevocable.

De aquí se ha deducido el sentido de חרוץ, *decisión*, juicio (Joel 3, 14). Este es el significado mantenido por Hv., Hgstb., v. Leng., Wies. y Kran., y en esa línea וחרוץ se interpreta como participio: "y (la cosa) está determinada". Ese sentido ha de formar un contraste con las palabras "pero en la opresión de los tiempos" y con "está determinado", es decir, que Jerusalén será edificada en sus calles, aunque la edificación se realizará en tiempo de turbación.

Pues bien, aunque esta interpretación se encuentre bien fundada en lo tocante a las palabras en sí mismas, ella no responde al contexto, es decir, al conjunto del mensaje del libro. Las palabras וחרוץ רחוב van sin duda juntas, como han interpretado los traductores antiguos. Pero debemos recordar que רחוב no significa propiamente hablando una calle, sino un espacio vacío, libre, como en Es 10, 9, la plaza abierta delante del templo, y se aplica a las calles solo en el sentido en que son espacios abiertos, no ocupados, de las ciudades. חרוץ, aquello que está cortado, limitado, forma un contraste con רחוב, pero no en el sentido en que lo hace Hofm. como algo estrecho, un espacio cortado, que no es capaz de extenderse, como un tipo de zona limitada de la ciudad (Hitzig), pues esta es una interpretación muy alejada del significado primario de las dos palabras.

Es mejor interpretar esos términos en el sentido en que lo hace Kliefoth como "espacio vacío y sin embargo limitado", según lo cual podemos traducir la frase así: "Jerusalén será edificada, de manera que la ciudad se extenderá por el espacio vacío del entorno", no en el sentido de espacio sin límites, sino en el sentido de espacio medido, fijado, rodeado". Las últimas palabras, ובצוק העתים, evocan las circunstancias bajo las cuales se realiza esa edificación: en medio de la dificultad, en la opresión de los tiempos.

El libro de Nehemías 3, 33; 4, 1 (con Dan 6, 1; 9,36) ofrece una exposición histórica de esas dificultades, aunque las palabras de nuestro pasaje (Dan 9, 25) no se refieren a la edificación de las murallas y baluartes de la Jerusalén terrena, que fueron edificados por Nehemías, sino que han de aplicarse, según Sal 51, 20, a la edificación espiritual de la ciudad de Dios, en el final de los tiempos.

9, 26

²⁶ וְאַחֲרֵי הַשָּׁבֻעִים שִׁשִּׁים וּשְׁנַיִם יִכָּרֵת מָשִׁיחַ וְאֵין לֹו וְהָעִיר וְהַקֹּדֶשׁ יַשְׁחִית עַם נָגִיד הַבָּא וְקִצֹּו בַשֶּׁטֶף וְעַד קֵץ מִלְחָמָה נֶחֱרֶצֶת שֹׁמֵמֹות:

²⁶ Después de las sesenta y dos semanas se quitará la vida al Mesías, y nada ya le quedará. El pueblo de un príncipe que ha de venir destruirá la ciudad y el santuario, su final llegará como una inundación, y hasta el fin de la guerra durarán las devastaciones.

Después de sesenta y dos semanas, en la שבוע setenta, es decir, la última de todas (de las siete y de las sesenta y nueve) "será cortado el mesías" (se le quitará la vida). De la palabra inicial וְאַחֲרֵי (después de ellos) no se deduce con certeza que el hecho de "cortar al" (matar al) sucederá en el comienzo de esa semana setenta, sino solo que esa muerte constituirá el primer gran acontecimiento de la última semana y que entonces sucederán toda las restantes cosas de las que habla este verso. La designación más precisa del tiempo de ese "cortar/matar" solo puede deducirse del contenido completo de Dan 9, 26-27.

נכרת, de כרת, derribar, caer, cortar en piezas, ser sacado de raíz, destruido, aniquilado, indica generalmente un tipo de muerte violenta (aunque no siempre es así), sino solo el hecho de arrancar a alguien de entre los vivientes, o de la congregación, y se utiliza por tanto como el arrancar a alguien de un modo normal (como en el caso de la destrucción de los impíos, cf. Sal 37, 9; Prov 2, 22), sin aludir de un modo particular a la forma en que se hace. Por eso, a partir de esta palabra יכרת, no se puede pensar sin más en la condena a muerte a un mesías o del Cristo (como indicará, desde otro plano, el NT). Sobre la palabra מָשִׁיחַ o Mesías se pueden hacer tres posibles interpretaciones.

- Que el Mesías Nagid de Dan 9, 26, el Mesías de Dan 9, 26 y el Nagid de 9, 26 son tres personas diferentes.
- Que las tres expresiones se refieren a una persona, que es siempre la misma.
- Que el Mesías Nagid de 9, 25 y el Mesías de 9, 26 son la misma persona, pero que el Nagid de 9, 26 es otra persona distinta.

La primera de esta tesis ha sido defendida por J. D. Michaelis y por Jahn. Por su parte, Ebrard piensa que las tres expresiones se refieren al Mesías, y supone que en Dan 9, 25 ese mesías se presenta plenamente como Nagid a fin de poner de relieve su dignidad (משיח), y al mismo tiempo su poder y fuerza (נגיד). En Dan 9, 26a se le llama משיח, el ungido, porque se alude a sus sufrimientos y al hecho de ser rechazado; por el contrario, en Dan 9, 26b se le llama נגיד, príncipe, refiriéndose al juicio que él realiza (por medio de los romanos) sobre la apóstata Jerusalén.

Pero esta visión queda refutada por dos circunstancias: (a) Porque הבא (que ha de venir) sigue a נגיד, por lo que el príncipe aparece como aquel que viene primero. (b) Por el hecho de que el נגיד הבא, que destruye la ciudad y el santuario, cuyo final será como una inundación, no puede ser de un modo consecuente el mesías, sino el enemigo del pueblo y del reino de Dios, que ha de brotar (cf. Dan 7, 24-25) en el tiempo final. Pues bien, si el *nagid* de Dan 9, 26 es diferente del *mesías*, en ese caso, ambos (nagid y mesías, tomados por separado) han de ser también distintos del *mesías nagid* de Dan 9, 25.

En ese contexto hay que observar que tanto משיח como נגיד carecen de artículo en Dan 9, 26. Eso implica que ese משיח, después de lo que se ha dicho de él, teniendo en cuenta la relación entre las palabras, debe ser descrito de un modo especial. Por otra parte, sabiendo que la destrucción de la ciudad y del santuario se conecta con la muerte del *mesías podemos y debemos deducir que la muerte del "muerte" del mesías es obra del mismo nagid.*

Según eso, el mesías del que aquí se habla no puede ser tomado como un príncipe o rey secular, ni simplemente como un sumo sacerdotes (esto es, como un ungido al servicio de la ciudad), de manera que cuando le matan la ciudad pierde no solo su protección (su protector) y por su parte el santuario pierde su carácter de santuario que el mesías le había dado. Pues bien, *eso no puede aplicarse a un sumo sacerdote judío del tiempo de los macabeos, sino solo al mesías ungido del tiempo final, a quien Yahvé ha ungido para ser un sacerdote-rey, según el orden de Melquisedec,* para ser de esa manera colocado como Señor sobre Sion, su montaña sagrada.

Aceptamos, según eso, la opinión de Hvernick, Hengstenberg, Auberlen y Kliefoth, quienes piensan que el Mesías de este verso se identifica con el *mesíassnagid* de Dan 9, 25, y que es por tanto Cristo, es el mesías en el sentido pleno de la palabra. Y así esperamos demostrarlo de un modo más completo en la exposición de las implicaciones históricas de esta palabra del ángel.

De todas formas, esta explicación de la palabra משיח no nos autoriza a interpretar la palabra יכרת como si ella se refiriera sin más a la muerte del mesías, es decir, a la crucifixión de Cristo, pues como he mostrado ya יכרת no implica necesariamente una muerte violenta. La interpretación justa de esa palabra depende del contenido de las palabras que siguen (ואין לו), palabras que han sido interpretadas de maneras muy distintas por los críticos.

La suposición de que ואין לו significa lo mismo que איננו (Michaelis, Hitzig) no es válida, aunque los LXX en el Codex Chisianus han puesto καὶ οὐκ ἔσται. Tampoco es válida, de un modo general, la interpretación de aquellos que identifican אין con לא, en el sentido de, *et non sibi*, y no para él mismo (Vitringa, Rosenmller, Hvernick y otros). En sentido estricto אין no puede intercambiarse nunca con לא, sino que se distingue bien, pues לא, es pura negación, mientras que אין, "ello no es", niega la existencia de la cosa a la que se refiere cf. Hengstenberg, *Christol.* III. p. 81s., donde se analizan todos los pasajes en los que Gesenius examina y explica rectamente el caso, probando que אֵין no se utiliza nunca en el sentido de לֹא, como indicamos aquí.

Todavía hay menos razón para tomar לוֹ en el sentido de אֲשֶׁר לוֹ, "no habrá ni uno que pertenezca a él"; porque aunque en una sentencia corta como esta puede suprimirse el pronombre de relativo, esto puede darse solamente en el caso de que esté claro el sujeto al que puede referirse. Pero en este caso, en אֵין no se contiene ningún sujeto, sino que se declara solo la "no existencia". No se puede decir así "ninguno es", ni "nada es". En todos los pasajes en los que las palabras se traducen así es porque sigue un participio en el que se contiene el sujeto personal o actual, del que se predica la no existencia.

לוֹ אֵין, sin nada que le siga, es una frase elíptica, de manera que *el sujeto que no es* o que no será ha de ser deducido por el contexto o por el mismo tema. En este caso, el sujeto ausente no puede ser מָשִׁיחַ, porque לוֹ se remite al מָשִׁיחַ anterior, ni puede ser עַם, *pueblo* (Vulg., Grotius), o *descendencia* (Wieseler), o un seguidor (Auberlen), porque todas esas palabras carecen de apoyo en el contexto, de forma que se emplearían de una forma arbitraria.

Dado que no se nombra aquello que "no es para él" debemos entender la expresión de un modo universalmente indefinido: "No es para él", es decir, él no tiene aquello que debía tener para ser mesías en el sentido tradicional. Por esto no debemos pensar meramente en concreto en un tipo de dominio, pueblo, santuario, sino de un modo general del lugar que él debía tenido como mesías, o debía tener entre su pueblo y en el santuario, pero que no lo tiene, pues lo ha perdido, por el hecho de haber sido "cortado".

Esta interpretación es de gran importancia para conseguir una correcta visión de יכרת, pues ella indica que יכרת no se está refiriendo a matar (poner bajo la muerte), ni a "cortar" de la existencia, sino a la destrucción de su lugar como mesías en su pueblo y en el reino. En esa línea, si, después de haber sido cortado, no tiene lo que debería tener, es claro que aquí no se puede hablar de una aniquilación personal, sino solo de que él ha perdido su lugar y su función como Mesías[81].

A consecuencia de ese cortar/expulsar al מָשִׁיחַ vendrá la destrucción sobre la ciudad y el santuario. Esto lo realizará al pueblo del príncipe que vendrá. Ciertamente יַשְׁחִית se aplica a *destruir*, arruinar, aplicándose a la desolación de países, pero al referirse a la ciudad y al santuario significa derribar, destruir, como en Gen 19, 13 donde se aplica a la destrucción de Sodoma; por otra parte, en el caso de

---

81. De un modo muy apropiado, Kranichfeld compara la fuerte expresión יכרת con la igualmente fuerte יבלא (despojará, destruirá, en Dan 7, 25), refiriéndose a aquello que ha de suceder a los santos de parte del enemigo de Dios en la última gran guerra. Pues bien, lo mismo que en esta última expresión no se pude hablar de una aniquilación completa, pues los santos existirán personalmente después de la catástrofe (cf. Dan 9, 27; 9,22; 9, 18), tampoco aquí esa palabra (יכרת) puede entenderse en el sentido de aniquilación.

países, esa destrucción indicada con הַשְׁחִית consiste en la destrucción de hombres y animales (cf. Jer 36, 29).

El significado de הַבָּא נָגִיד עַם depende básicamente de la interpretación de הַבָּא. Esa palabra (הַבָּא) no la podemos referir con Ebrard a עַם. Naturalmente, ella está conectada con נָגִיד, no solo por el orden de las palabras, sino también por el tema, dado que en el verso siguiente (Dan 9, 27) no se habla más del pueblo, sino que se describen solo las acciones y formas de actuar del príncipe.

הַבָּא no significa *qui succedit* (que viene sin más: Roesch, Maurer), sino que en Daniel se aplica con frecuencia a *la venida de un enemigo hostil* (cf. Dan 1, 1; 11, 10. 13. 15). Pero en ese sentido, la palabra הַבָּא parece ser superflua, porque es evidente que, si quiere destruir Jerusalén, el príncipe debe venir o acercarse (de manera que esa palabra sería aquí innecesaria). Según eso, uno no debe decir que הַבָּא designa al príncipe, porque, partiendo de la expresión "vienen días", en sentido de días futuros, no se sigue que un príncipe que viene es un príncipe futuro.

La palabra הַבָּא con el artículo (aquel que viene o vendrá) se refiere más bien al נָגִיד (que está sin artículo) como aquel cuya venida esa conocida, del que Daniel ha oído que vendrá para destruir al pueblo de Dios. Pero en las revelaciones anteriores Daniel ha oído hablar de dos príncipes, que traerán destrucción para su pueblo: En Dan 7, 8. 24 se alude al *Anticristo*; en Dan 8, 9 se refiere a *Antíoco*. A uno de esos dos ha de referirse aquí el הַבָּא.

De quién de ellos se trata debe deducirse del contexto, y ese contexto excluye la referencia a Antíoco, de manera que *aquí debemos pensar en el Anticristo*. En la frase siguiente "su final llegará como una inundación", el sufijo se refiere simplemente al *nagid* hostil o Anticristo, cuyo final se sitúa aquí enfáticamente en relación con su venida (Kran., Hofm., Kliefoth). Todas las otras referencias solo pueden fundarse en visiones preconcebidas del tema.

Los partidarios de una interpretación mesiánica pero en sentido histórico, que entienden estas palabras como una profecía de la destrucción de Jerusalén por los romanos, y de esa forma identifican al *nagid* con Tito, no pueden aplicar el sufijo al nagid. Por lo tanto, M. Geier, Hvernick y otros lo refieren a la ciudad y al santuario. Pero eso es inadmisible en un sentido gramatical, pues הָעִיר (la ciudad) es de género femenino. Aub. y otros aplican ese sufijo solo al santuario (sin incluir la ciudad), pero la separación de la ciudad del santuario es totalmente arbitraria. Vitringa, C. B. Michaeli y Hgstb. interpretan el sufijo como neutro, y lo refieren a יַשְׁחִית (destruirá), o, más correctamente, a la idea de destruir en general, pues entienden el שֶׁטֶף como una inundación guerrera: "Y el fin de ello será (o terminaré) en el diluvio".

Pero von. Lengerke y Kliefoth se han opuesto con razón a esa visión. Así dicen: "esa referencia del sufijo resulta inadmisible; el autor debería haberla escrito erróneamente, porque él sugiere que el sufijo se refiere a עַם o a נָגִיד. Uno no puede pensar que ese sufijo se refiere al final de la destrucción, pues la misma destrucción constituye el final. Ciertamente, una inundación puede tomarse como signo de la invasión guerrera de un país, pero nunca se aplica a una marcha guerrera a una expedición". Eso significa que el sufijo solo puede aplicarse al *nagid*, el príncipe. Según eso קץ solo puede referirse a la destrucción del príncipe. La interpretación de Hitzig, según la cual קצו es el resultado de su misma venida, no puede sostenerse en modo alguno.

En בשטף hay que tener en cuenta el artículo, por el que resultan ya verbalmente inadmisibles interpretaciones como éstas: "en un desbordamiento" (Ros., Roed. y otros), "vi quadam ineluctabili oppressus" (oprimido por una fuerza ineluctable: Steudel, Maurer), "como una inundación" etc. El artículo muestra que aquí se está refiriendo a un desbordamiento bien conocido. שטף, desbordamiento, parece ser el signo de un ejército extendiéndose por la tierra, como en Dan 11, 10. 22. 26; Is 8, 8, o el signo de un juicio que destruye una ciudad, un país o un pueblo (cf. Sal 32, 6; Nahúm 1, 8; Prov 27, 4; Sal 90, 5).

- *La primera de esas interpretaciones* ofrecería este sentido: El príncipe encontrará su final en su expedición guerrera, de manera que el artículo en בשטף remitiría a הבא. Sin duda, esta interpretación es bien posible, pero no es probable, porque en ese caso שטף sería la inundación causada por el príncipe hostil o por su venida, de manera que él perecería en ella. Pero esto no concuerda con la frase siguiente, que trata del modo en que terminará la guerra, ni con Dan 7, 21. 26, según la cual el enemigo de Dios mantiene la superioridad hasta que es destruido por el juicio de Dios.
- Por eso, en la línea de Wieseler, Hofmann, Kranichfeld y Kliefoth *adoptamos la otra interpretación de* שטף, *inundación, como figura del juicio destructor de Dios*, explicando el artículo como una alusión a la inundación del Mar Rojo que anegó al faraón y a su ejército. Además, todo el pasaje ha de ser entendido, con Maurer y Klief., como una frase re relativo, conectada con הבא: el pueblo de un príncipe que vendrá y que encontrará su final en la "inundación".

Este verso (Dan 9, 26) contiene una tercera afirmación (y hasta el fin de la guerra durarán las devastaciones) que añade un nuevo elemento a las anteriores. Rosenmller, Ewald, Hofm. y otros las conectan en un único pasaje: *y al fin de la guerra siguen una serie de desolaciones*. Pero aunque קץ, en sentido gramatical, está en estado constructo, y pudiera conectarse con מלחמה (guerra), eso va en contra del contexto, pues en la sentencia anterior no se hace ninguna mención expresa de la guerra; y según eso, si la guerra se manifestara en la destrucción de la ciudad, מלחמה debería ir con artículo.

Por esa razón, yo pienso, con la mayoría de los intérpretes, que מלחמה es el predicado del pasaje (y al fin hubo guerra...), pero no podemos referir קץ, como hace Wieseler, al final del príncipe, ni como hacen Hv. Aub., al final de la ciudad, porque קץ no tiene ni sufijo ni artículo. Conforme a la justa observación de Hitzig, קץ, sin limitación de ningún tipo, evoca el final en general, el final del período del que se trata, es decir, de las setenta שבעים, y corresponde a עד סופא, en Dan 7, 26, al fin de todas las cosas (cf. Dan 12, 13, Klief.). Por eso, "al fin habrá guerra" quiere decir que la guerra continuará durante toda la última שבוע.

Las restantes palabras, נחרצת שממות, forman una aposición a מלחמה, a pesar de la objeción de Kliefoth, quien afirma que, dado que las desolaciones son una consecuencia de la guerra, las palabras no pueden tomarse como aposición. A nuestro juicio, no hay razón ninguna para que en afirmaciones abreviadas el efecto no pueda ponerse en aposición a la causa. Además, esa objeción no interpreta bien el sentido de la palabra נחרצת.

Si las desolaciones son el efecto de la guerra, el decreto no es efecto de las desolaciones, pues ellas pueden venir antes de la guerra o pueden ser formadas durante la guerra. שממות indica *desolación*, pero no en un sentido activo, sino pasivo: Quedar devastado, desolado. נחרצת, aquello que ha sido *determinado*, irrevocablemente decretado. Aquí se utiliza en referencia a los decretos divinos, en especial a los que se refieren a la ejecución del castigo (cf. Dan 9, 27; 11, 36; Is 10, 23; 28, 22).

Ewald está equivocado cuando afirma que eso significa "la decisión relacionada con hechos terribles, la decisión divina en la medida que se expresa a través de los juicios" que se realizan en el mundo (Dan 7, 11), a causa de tales acciones y desolaciones terribles, porque שממות no tiene un sentido activo. Por su parte, Auberlen *debilita* la fuerza del tema cuando traduce "desolaciones decretadas".

Aquello que está decretado sobre las desolaciones no expresa un grado o medida fijada, limitada de desolaciones (Hofm., Klief), sino la idea de una decisión absoluta, como la que está conectada con כלה en Dan 9, 27, como lo muestran los pasajes arriba citados de Isaías. El pensamiento es, por tanto, el siguiente: "Hasta que se cumpla la guerra final, porque las desolaciones han sido irrevocablemente definidas por Dios". Dado que שממות no tiene nada que cualifique su sentido, no podemos limitar el decreto de las desolaciones a la devastación de la ciudad y del santuario, sino que en esa palabra se han de incluir las desolaciones vinculadas a la caída del príncipe que destruye la ciudad y el santuario.

9, 27

²⁷ וְהִגְבִּיר בְּרִית לָרַבִּים שָׁבוּעַ אֶחָד וַחֲצִי הַשָּׁבוּעַ יַשְׁבִּית׀
זֶבַח וּמִנְחָה וְעַל כְּנַף שִׁקּוּצִים מְשֹׁמֵם וְעַד־כָּלָה וְנֶחֱרָצָה תִּתַּךְ עַל־שֹׁמֵם: פ

Las setenta semanas

²⁷ Por una semana más confirmará el pacto con muchos; a la mitad de la semana hará cesar el sacrificio y la ofrenda. Después, con la muchedumbre de las abominaciones, vendrá el desolador, hasta que venga la consumación y lo que está determinado se derrame sobre el desolador.

Análisis de este verso
Este verso contiene tres afirmaciones principales que deben ser precisadas con cuidado, pues de ellas depende la comprensión de toda la profecía.

(1) Por una semana más confirmará el pacto con muchos. Siguiendo el ejemplo de Theodocion, muchos intérpretes (Hv., Hgstb., Aub., v. Leng., Hitzig, Hofm.) toman שָׁבוּעַ אֶחָד como sujeto: *Durante una semana* él confirmará el pacto para muchos. Pero la forma poética de la expresión solo es admisible allí donde el tema del que trata la afirmación del narrador viene después de la acción, y por lo tanto no se aplica en el caso del הגביר ברית, donde la confirmación del pacto no es algo que deriva del tiempo, sino que es algo que proviene de una persona definida. A eso hay que añadirle la circunstancia de que las definiciones del tiempo en este verso están vinculadas a las de Dan 9,25, siendo análogas a ellas, de manea que deben ser interpretadas del mismo modo en los dos pasajes.

Pues bien, si a pesar de esas consideraciones, tomamos שבוע אחד como sujeto, se plantea inmediatamente la cuestión: ¿Quién es el que confirma el pacto? Hvernick, Hengstenberg y Auberlen toman al mesías como sujeto, y piensan que la confirmación del pacto se realiza por la muerte de Cristo. Ewald, v. Lengerke y otros piensan que se trata de Antioco y de los muchos pactos que, según 1 Mac 1, 12, él estableció entre los apóstatas judíos y los paganos griegos. Hitzig entiende por pacto el del AT, y da a הגביר el sentido de "hacer pesado": La primera semana hará que el pacto sea duro para muchos, porque ellos tendrán que soportar la opresión a causa de su fe. Por otra parte, Hofmann (*Schriftbew.*) traduce el texto así: La primera semana servirá para confirmar a muchos por su fidelidad a la fe.

Pero ninguna de estas interpretaciones se puede probar. La razón que aduce Hengstenberg como prueba de su visión (de que el sujeto es el mesías) carece de validez. La afirmación de que el mesías es la persona principal de la que se habla en todo este pasaje se apoya en la suposición (que hemos visto ya como inaceptable) de que el príncipe vendría como instrumento del ungido (Dan 9, 26), y eso en pasajes como Is 53, 11; 42, 6, que no son paralelos al nuestro. El contexto indica más bien que el sujeto de הגביר es el *nagid*, dado que el príncipe que ha de venir aparece nombrado al final, siendo también el sujeto del sufijo de קצו (su fin), mientas que la última frase de Dan 9, 26 tiene solo el significado y función de una frase subordinada.

"La supresión del sacrificio divino se vincula también de un modo natural con la destrucción de la ciudad (9,26) y del templo, realizada por el נגיד הבא.

Más aún, aquel que aquí aparecen haciendo que cese el sacrificio y la oblación es obviamente el mismo que aquel que cambia (7, 25) los tiempos y formas de adoración (más en concreto, los tiempos y las leyes)" (Kran.). La referencia de הגביר al líder impío de un ejército responde al contexto y a los pasajes paralelos de este libro, que han sido mencionados, tal como lo exige la armonía con la disposición natural del pasaje, y ofrece también un sentido que responde al conjunto del texto, aunque naturalmente no se pueda afirmar que el *nagid* sea Tito.

הִגְבִּיר בְּרִית significa fortalecer un pacto, es decir, hacerlo fuerte (Hitzig no ha logrado demostrar que el sentido es hacerlo pesado). Pacto no significa necesariamente pacto con Dios (ni el pacto del Antiguo ni del Nuevo Testamento), porque la afirmación de que esta palabra se utiliza otras veces en este libro en referencia al pacto de Dios con Israel (Hgstb.) no prueba que la palabra deba tener aquí ese significado.

Por su parte, la expresión הִגְבִּיר בְּרִית con *lamed* (ל) es análoga a כרת ברית [cortar el pacto] también con ל. La construcción con ל significa que tanto en la institución como en la confirmación de un pacto las dos partes implicadas no aparecen situándose en un mismo plano, en línea de igualdad, sino que aquel que ratifica o confirma un pacto prevalece e impone su fuerza de pacto sobre el otro contrayente.

La referencia al pacto de Dios con el hombre queda así sugerida, pero no resulta necesaria, sino que está indicando una relación análoga a la de la realización de un pacto que emana de Dios. לרבים con artículo significa *muchos*, es decir, la gran masa del pueblo, en contraste con los pocos que permanecen fieles a Dios (cf. Mt 24, 12). Por tanto, el pensamiento es este: *El príncipe impío impondrá sobre la masa del pueblo un pacto fuerte*, de tal manera que ellos deberán seguirle y entregarse ellos mismos a él como a su Dios.

(2) *La segunda frase de este verso evoca solo la mitad de ese período* (a la mitad de la semana hará cesar el sacrificio y la ofrenda), a diferencia de la primera que anunciaba lo que sucederá durante toda la última semana. Por su parte, חצי השבוע solo se puede interpretar gramaticalmente a partir de la definición de tiempo mencionada inmediatamente antes, y por eso, por las razones arriba indicadas, no se puede tomar como sujeto de la cláusula, sino solo como acusativo de duración del tiempo, y por consiguiente no en el sentido de un ablativo: *En la mitad de la semana*.

La controversia sobre si חצי significa aquí *medio o a la mitad* no tiene importancia para el tema, y solo se vuelve significativa si interpretamos חצי, en oposición al contexto, como sinónimo de בחצי, o si tomamos con Klief. חצי השבוע como una definición absoluta, lo que resulta igualmente insostenible e imposible en este contexto.

חצי significa solo mitad, no medio. Solo cuando prevalece la representación de una extensión de espacio o de un período de tiempo podemos traducir esa palabra, sin cambio de significado, por "medio". En la mitad de la noche es lo mismo que en el medio de la noche, a medianoche, como en Ex 12, 29. En la mitad del firmamento (Js 10, 13) es lo mismo que en el medio del espacio de los cielos a través de los cuales se mueve el sol durante el día; en la mitad de un día de vida es lo mismo que en medio del período de la vida, cf. Sal 102, 25. Pero, durante la mitad de la semana no es lo mismo que "en medio de la semana".

Por otra parte, la objeción de que si tomamos aquí חצי en el sentido de mitad, entonces, la *heptada* o ciclo de siete se dividiría en dos mitades (Klief.), y que solo de una de ellas se diría algo significativo, no es significativa, porque con eso no se cambia la explicación de "y en el medio de la heptada" (semana), pues tampoco en ese caso se diría nada significativo del tiempo anterior a la mitad de la semana. Kliefoth responde a esta objeción diciendo que podemos suponer que ese tiempo anterior a la mitad de la semana es el que ha hecho posible que el poder del Anticristo llegue a su altura; pues bien, en esa línea, interpretando de un modo correcto חצי השבוע, podemos concebir lo que sucederá en el resto del período de la שבוע.

De todas formas, la objeción siguiente es más débil: Lo que se menciona al decir lo que ha de suceder חצי השבוע, el hecho de que cese la ofrenda del sacrificio, es algo que no sucederá durante un período de tiempo, sino a su final (Kliefoth); porque, dado que השבית no significa propiamente "remover", sino hacer que cese, que descanse, no puede haber nada que impida que digamos: "se hará que el sacrificio descanse, o quede quieto, durante media semana".

En la interpretación verbalmente correcta de חצי השבוע, la suposición de que se está aludiendo a la segunda mitad de la heptada pierde su apoyo, porque el *terminus a quo* de esa mitad permanece indefinido si es que no puede ser determinado por el mismo sujeto. Pero esta determinación depende de si el cese del sacrificio ha de mirarse como una terminación completa o como un cese temporal del servicio del sacrificio, cosa que solo se puede responder si es que determinanos primero el tema de la referencia histórica de esta revelación divina.

זבח ומנחה, *sacrificio sangriento y no sangriento*, son los dos elementos fundamente del servicio del sacrificio, y representan toda la liturgia a modo de sacrificio. La expresión es más amplia que la de התמיד, Dan 8,11, referida la continuidad de la adoración, a través del sacrificio diario de la mañana y de la tarde, la cesación del cual no implica necesariamente el hecho de poner un fin al servicio del sacrificio.

(3) *La tercera cláusula de este verso,* וְעַל כְּנַף שִׁקּוּצִים מְשֹׁמֵם, *es difícil de entender y se ha discutido su interpretación.* Los LXX la han traducido así: καὶ ἐπὶ τὸ ἱερὸν βδέλυγμα τῶν ἐρημώσεων ἔσται. Teodocion ha dado la misma interpretación, omitiendo solo ἔσται. La Vulgata traduce: *et erit in templo abominatio desolationis* (y estará en el templo la abominación de la desolación). Los intérpretes de la iglesia han explicado las palabras de acuerdo con esas traducciones, entendiendo

por כְּנַף שִׁקּוּצִים (literalmente: "la ala de la abominación") a la abominación de los ídolos en el templo, o el templo profanado por la abominación de los ídolos.

Hvernick traduce "de la altura extrema (del ala más alta) de la abominación", es decir, del lugar más alto que puede alcanzarse en el que puedan cometerse las abominaciones, es decir, aludiendo al templo como el punto más alto de Jerusalén. Por el contrario, Hengstenberg piensa que "el ala de la abominación" es el pináculo del temple, profanado así por la abominación, de tal manera que el templo no merece ya ser llamado "templo del Señor", sino templo de un ídolo. Auberlen traduce "a causa de la altura desoladora de las abominaciones" y entiende por ella la cumbre de las abominaciones cometidas por Israel, que hace que llegue la desolación, porque aquí se alude a la desolación como tal, y ella alcanzó su cumbre o clímax en la profanación del templo por los celotas, poco antes de la destrucción de Jerusalén.

Pero ninguna de esas interpretaciones está justificada por el lenguaje que aquí se utiliza, porque כנף no significa cumbre, el punto más alto. Ciertamente, esa palabra (que significa en sentido extenso "ala") se utiliza con frecuencia con un sentido figurado, aplicándose a la extremidad o borla del vestido superior o manto (1 Sam 15, 27; 24, 5; Ageo 2, 12), o a la parte más lejana (al fin) de la tierra (Is 24, 16), y en plural, con frecuencia, se aplica a los límites de la tierra, o a los lóbulos de los pulmones, pero, que sepamos, nunca se aplica a la cumbre o al punto más alto de un pico de montaña o de un objeto. Por eso, tampoco aquí puede aplicarse ni al templo como la parte más alta de Jerusalén, ni al pináculo del templo que había queda profanado por las abominaciones de Israel.

Sin duda, esa palabra, כנף, se aplica también, como indica Bleek (*Jahrbb.* v. p. 93) "al punto extremo de un objeto, pero solo de un objeto que se extiende en sentido horizontal (hasta un fin o extremidad), pero nunca a un objeto que se extiende de un modo perpendicular (para un pico de montaña o de edificio). El uso de esta palabra en ese último sentido tampoco se puede probar apelando al πτερύγιον τοῦ ἱεροῦ, el extremo del templo según Mt 4,5; Lc 4,9. Aquí el genitivo se aplica a τοῦ ἱεροῦ, no a τοῦ ναοῦ, mostrando que no se trata del pináculo en el sentido de la mayor altura del templo como tal, sino de un ala o edificio adyacente al santuario. Y si Suidas y Hesiquio explican πτερύγιον como ἀκρωτήριον (es decir, por lo más alto) lo hacen solo por referencia a los pasajes del NT a los que ha hemos aludido, sin que ese sentido se pueda confirmar con los textos clásicos griegos.

Pero aunque πτερύγιον pueda tener el sentido de cumbre, esto no puede probarse y aplicarse en modo alguno a כנף. Según eso, por motivos verbales כנף שקוצים no puede referirse en modo alguno al templo. Este argumento tomado del sentido de las palabras no puede ser refutado por argumentos como los que presenta Hengstenberg ni por la indicación de que esta explicación armoniza bien con otras partes de la profecía, especialmente con la supresión del sacrificio y la destrucción del templo, ni por la referencia al testimonio de la tradición y a la autoridad del Señor (Jesús). En referencia a eso último, hemos mostrado ya en la explicación de los versos anteriores que esas palabras no se refieren a la destrucción de Jerusalén por Tito, de manera que en esa línea no son reconciliables con esta interpretación de כְּנַף שִׁקּוּצִים.

Ciertamente, Josefo en *De bello Jud.* IV. 6. 3, aplica a la profanación del templo por los celotas una profecía antigua, según la cual se cumpliría así la destrucción del templo. Pero esa afirmación (suponiendo que la profecía citada o, mejor dicho, supuesta por Josefo se refiere a este pasaje de Daniel) solo probaría que Josefo, con muchos de sus contemporáneos interpretó esta profecía a partir del texto alejandrino de los LXX, pero no a partir del texto hebreo.

La palabra de Jesús Nuestro Señor sobre "la abominación de la desolación de la que habló el profeta Daniel, estando en el lugar sagrado" (Mt 24, 14; Mc 13, 14) se podría tomar como prueba, pero solo si estuviera decidido que el Señor tenía en su mente solo este pasaje de Dan 9, 27, y si él interpretaba ese signo de la abominación de la desolación como anuncio de la destrucción de Jerusalén por los romanos. Pero ninguna de esas dos condiciones se puede dar por establecida.

Visión de conjunto y sentido de los "tiempos". Tras haber explicado así por separado el sentido de las tres frases, presentamos brevemente la sustancia de esta revelación divina. Así podemos afirmar que Dan 9, 25-27 contiene las siguientes afirmaciones: Desde que se proclame la palabra de restauración y edificación de Jerusalén hasta la aparición del Mesías han de pasar siete semanas; después de eso, durante sesenta y dos semanas, la ciudad será restaurada y edificada en medio de la opresión de los tiempos; pero después de sesenta y dos semanas será destruido el mesías, de manera que no le quede nada, y entonces la ciudad con el santuario será destruida por el pueblo de un príncipe que ha de venir, pero que encontrará su fin en la inundación; pero la guerra continuará hasta el final, pues la destrucción ha sido irrevocablemente decretada.

Aquel príncipe, a lo largo de una semana, forzará un duro pacto con la masa del pueblo, de manera que durante media semana hará que cese el servicio del sacrificio, y cabalgando sobre las alas de las abominaciones idolátricas, impondrá un tipo de dominio destructor, hasta que le sobrevenga el juicio firmemente decretado contra él, siendo así desolado. Según eso, las primeras siete semanas están determinadas simplemente conforme a su principio y a su fin, y no se dice nada más sobre su contenido, sino solo aquello que se deduce de la definición de su *terminus a quo*, "restaurar y edificar Jerusalén", es decir, que la restauración y edificación de la ciudad acontecerá durante el período de tiempo indicado,

Las sesenta y dos semanas que siguen a esas siete semanas tienen el mismo contenido, terminando con la venida del mesías, con la única diferencia de que se precisa mejor su despliegue, indicando que la restauración y edificación, tanto en el espacio abierto de la ciudad como en el espacio más limitado del templo se llevará a cabo en tiempos de opresión. Por eso es claro que esta restauración y edificación no puede aludir a la reedificación de la ciudad que fue destruida por los caldeos, sino que se refiere a la preservación y edificación de Jerusalén, hasta alcanzar la medida y forma determinada por Dios en el tiempo mesiánico, o bajo el dominio del mesías, pues él ha de venir al final de las siete semanas, y de las sesenta y dos semanas conectadas con las anteriores.

Las afirmaciones del ángel (Dan 9, 26. 27) en relación con la semana final, que, a causa de la conexión entre las anterior, solo puede ser la septuagésima o final de las setenta, son más amplias. El rechazo del mesías forma el principio de esta semana. Después sigue la destrucción de la ciudad y del santuario por el pueblo del príncipe que viene, pero ese príncipe encontrará su final en la inundación, no inmediatamente después de su venida, sino al final de esta semana, pues la guerra continuará hasta el final, y el príncipe suprimirá el servicio del sacrificio durante media semana, hasta que la desolación que aparece como inundación se abalance contra él, de manera que el desolador venga a convertirse en desolado.

Si comparamos con esto el contenido de Dan 9,24 según el cual se destinan setenta semanas para "terminar la prevaricación, poner fin al pecado y expiar la iniquidad", en parte parar reparar y en parte para impedir el pecado, para traer la justicia duradera, para sellar la visión y la profecía y para consagrar a un nuevo santísimo, descubrimos que las diversas afirmaciones están de tal manera relacionadas unas con las otras que Dan 9, 25-27 expone lo que se hará en el curso de las setenta semanas, que se encuentran divididas en tres períodos, pero que Dan 9, 27 resume presentado el resultado de todas estas cosas.

Según Dan 9,24, la semana setenta termina con el juicio del destructor de la ciudad y del santuario de Dios; pero este juicio será la conclusión del consejo divino de salvación, de manera que será consumado el reino de Dios. Esto fue revelado al profeta en Dan 7, de manera que aquí no necesita ser expresamente repetido.

Si aquello que debe suceder según Dan 9, 24 al final de las setenta semanas viniera después de Dan 9, 27, aparecería más clara también aquí la conexión del juicio sobre el último enemigo de Dios con la consumación del reino de Dios. Pero tras Dan 7 no era necesario presentar aquí de manera más extensa esa conexión, y Gabriel menciona aquí primero la finalidad positiva y la culminación del plan divino de salvación con Israel, porque él ofrece al profeta una respuesta de consuelo, para superar su profunda tristeza causada por sus propios pecados y por las culpas de su pueblo.

Ciertamente, él ángel no puede ocultar la severa aflicción que vendrá sobre el pueblo en el futuro, pero indicando que los pecados del pueblo no frustrarán el plan de Dios, de forma que a pesar de la gran culpa de Israel el reino de Dios culminará con gloria, de manera el pecado y la iniquidad serán borrados, será restaurada la justicia para siempre, la profecía del juicio y de la salvación quedará completada y será erigido el santuario en el que Dios habita en verdad entre su pueblo.

A fin de establecer esta promesa tan rica en consuelo y para ratificarla firmemente hablando a Daniel, el ángel se la revela (Dan 9, 25-27) mostrándole a grandes rasgos el progreso del desarrollo del reino de Dios, primero desde el final del exilio hasta la venida y muerte del Mesías (de manera que no quedará nada de él, en el tiempo de la supremacía y victoria del destructor de la iglesia de Dios, que es el Anticristo) y después desde esa aparición de Cristo en la tierra hasta el tiempo lejano del futuro en el que ese mismo Cristo será manifestado plenamente, con la destrucción definitiva de este enemigo por medio del juicio final determinado de un modo irrevocable.

- *En este contexto, el ángel no ha dicho nada especial sobre el primer período de este desarrollo,* por lo que se refiere al tiempo que va desde el exilio de los judíos en Babilonia hasta la venida Cristo en la carne. La razón de eso está en el hecho de que él ha dicho ya todo lo que era necesario sobre el desarrollo de este reino mundial, y su relación con el pueblo y reino de Dios en la revelación anterior de Dan 8. El mismo ángel Gabriel que confortó antes a Daniel (Dan 8), interpretando para él la visión del segundo y tercer reino de mundo, es el que ahora le ofrece nuevas revelaciones, respondiendo a su oración sobre la restauración de la ciudad santa, que yacía en ruinas, como se indica expresamente en Dan 9, 21.
- *Tampoco sobre el segundo largo período que transcurre ente la aparición del Mesías en la carne hasta aniquilación (Vernichtung) o destrucción de su reino en la tierra, se dicen muchas cosas*: Solo que durante todo ese período se realizará la restauración y edificación en medio de opresiones, es decir, que el reino de Dios será edificado en la medida en que ha sido determinada por Dios en este largo período, aunque en medio de severas persecuciones, que en la última semana culminarán en la destrucción de Cristo y de su reino sobre la tierra; pero entonces, cuando el príncipe opresor o Anticristo, enemigo de Dios, sea exterminado esa destrucción de Cristo y de la Iglesia terminará y aparece en su gloria el mismo Cristo, con la Iglesia de sus santos.

Pues bien, si, conforme a lo que vengo diciendo, esta revelación presenta el esquema general del desarrollo del reino de Dios, desde el tiempo de Daniel (en el exilio) hasta la consumación final de esta época del mundo (con la persecución del Anticristo y la manifestación gloriosa del Cristo), las setenta שׁבעים que han sido determinadas para ello no puede ser semanas de años, o ciclos de siete años, sino períodos de duración que se define solo simbólicamente. Este resultado de nuestra exposición va en contra de la interpretación usual de esta profecía de un modo tan fuerte que, a fin de confirmar nuestra exposición, debemos estudiar y criticar de un modo muy preciso los dos tipos de interpretaciones contrarias que, por otra parte, concuerdan en esto: Ellas tomas los cálculos de tiempo de un modo cronológico, de forman que entienden שבעים como semanas de años. En ese contexto debemos estudiar el tema, para decidir si una interpretación cronológica de ese tipo puede mantenerse.

a. Sentido de los tiempos. Primera interpretación. El primer tipo de intérpretes que piensan que este pasaje está profetizando la aparición de Cristo en la carne y su crucifixión, con la destrucción de Jerusalén por los paganos, aducen en apoyo de su visión dos cosas: La concordancia de los períodos profetizados; el testimonio de Cristo, quien aplicó el testo de Dan 9,27 a la destrucción de Jerusalén por los paganos. Pero ¿qué valor tienen estos dos argumentos?

En una obra anterior, Hengstenberg (*Christol.* III. 1, p. 137) introduce el tema con esta advertencia: "La visión predominante de la sinagoga y de la iglesia ha sido siempre que las setenta semanas, así como los períodos más cortos en los que se divide el tiempo entero, está claramente fijados y delimitados. La opinión contraria resulta muy sospechosa por esto: porque solo la mantienen aquellos que piensan que sus hipótesis van en contra de la cronología del texto, o por aquellos que no se interesan por las investigaciones cronológicas". En esa línea, Hengstenberg quiere empezar refutando los argumentos de aquellos que piensan que las precisiones cronológicas carecen de toda fijeza, para pasar después a los argumentos positivos en favor de la precisión de las afirmaciones cronológica.

Pero él ha identificado la precisión y validez de la profecía en general con su precisión cronológica, siendo así que entre ellas existe una diferencia notable. De entre los argumentos positivos que él aduce está el de indicar que las setenta semanas se encuentran en relación muy estrecha con los setenta años de Jeremías, en lo que toca a las precisiones cronológicas, partiendo del hecho de que los setenta años de Jeremías hay que entenderlos en un sentido estrictamente cronológico, añadiendo que se han cumplido así, de un modo cronológico.

Pero la fuerza de este argumento queda neutralizada por el hecho de que en Jeremías, los períodos descritos de un modo cronológico como "años" tienen un significado que sigue siendo disputado, pues ha de tomarse de manera cronológicamente indefinida, porque, según el contexto, las semanas no se puede entender sin más como períodos de siete días, de forma que pueden significar períodos sabáticos o jubileos, siete años o siete veces siete épocas de años. Aún más débil resulta el segundo argumento, por el que el autor supone que todas las restantes designaciones de tiempo con referencia al futuro han de entenderse en Daniel de un modo bien preciso; esto solo puede aplicarse a las designaciones de Dan 8, 14 y 12, 11-12, donde se evocan tardes-mañanas y días, pero no a pasajes como Dan 17, 25; 12, 7 y 4, 13, donde aparece la expresión indefinida de tiempo y tiempos, que suele identificarse arbitrariamente con años.

b. El punto de partida de la profecía. Solo queda, pues, para determinar el tiempo del que hablan esas profecías el argumento de su cumplimiento, que deberá ser decisivo para definir el sentido cronológico del tiempo. Pues bien, en este campo surge una gran duda, por el hecho de que, entre los abogados de la así llamada interpretación "eclesial-mesiánica" se disputa *el terminus a quo* de la profecía. Algunos intérpretes piensan que se trata del Edicto de Ciro (en torno al 536 a.C.), mientras que otros piensan que se trata del edicto de Artajerjes, que se vincula con el retorno de Esdras a Jerusalén, para la restauración del servicio de Dios, según la ley, en el años 17 de su reinado, es decir, en el año 457 a.C.; y otros, finalmente, entre los cuales está Hengstenberg, piensan que se trata del viaje de Nehemías con el permiso para reedificar las murallas de Jerusalén, el año 20 de Artajerges, es decir el 445 a.C. o quizá el 455 a.C. Entre esos cómputos hay una diferencia de 81 años, lo que cronológicamente hablando constituye un largo tiempo.

En nuestra interpretación de Dan 9, 25 hemos defendido decididamente la opinión de que el anuncio de la palabra, es decir, la promulgación del mandamiento, להשיב דבר, que marca el comienzo del cómputo de los setenta años se refiere al edicto de Ciro, permitiendo a los judíos que volvieran a su patria, y los argumentos a favor de esa opinión los hemos ofrecido allí. En contra de esta referencia al edicto de Ciro, autores como Hvernick, Hengstenberg y Auberlen afirman que en ese edicto no se dice nada de la edificación de la ciudad, de forma que bajo Ciro y sus sucesores (Cambises, Darío Hystaspes y Jerjes) no se dice nada de la edificación de la ciudad, que se encuentra todavía sin edificar en los tiempos de Esdras y Nehemías (Es 9, 8; 10, 13; Neh 1, 3; 2, 3; 5, 34; 4, 1; 7, 4).

Ciertamente, por el mismo contexto, la edificación del templo supone que había también casas en Jerusalén (cf. Ageo 1, 4), aunque no tenemos noticia de que se haya dado un permiso real para la restauración del pueblo y la reedificación de la ciudad. Más aún, esa reedificación de la ciudad aparece expresamente prohibida (cf. Es 4, 7-23) por el mismo Artajerjes Longímano (quien sin embargo dio el permiso en un momento posterior), a consecuencia de las informaciones calumniosas de los samaritanos. Eso significa que a los judíos se les concedió una restauración religiosa, pero no política. Por primera vez en el año 7 de Artajerjes Longímano los asuntos de Israel tomaron un giro favorable. En ese año, Artajerjes concedió a Esdras el permiso para ir a Jerusalén, concediéndoles poderes reales muy importantes (Es 7, 11-36, en particular 7, 18. 35). En el año 20 él concedió a Nehemías un permiso expreso para reconstruir la ciudad (Neh 2).

Siguiendo el ejemplo del antiguo cronista Julio Africano, desde Jerónimo, muchos autores (cf. Hv., Hgstb., Reinke, Reusch y otros), piensan que el *terminus a quo* lo ofrece ese año 20 de Artajerjes. Por el contrario, Auberlen, con Valovius, Newton, M. Geier, Gaussen y otros piensan que el año setenta es el *terminus a quo* o de las setenta semanas. Pero la ausencia de referencia (מצא דבר וגו) a la edificación de Jerusalén no es en modo alguno un argumento decisivo en contra de que pongamos el comienzo de los setenta años en esa fecha; así lo manifiesta lo que ha dicho Auberlen sobre el año séptimo y en contra del año veinte.

Partiendo del hecho, correcto en sí mismo, de que el tiempo de Esdras y el de Nehemías forman un período unido de bendición para Israel, Auberlen ha mostrado que el edicto vinculado con Nehemías tiene solo una importancia secundaria, como indica la misma narración bíblica, por el hecho de que ni siquiera menciona el edicto como tal (Neh 2, 7-8), mientras que el mandato real de Esdras (cf. Es 7) ha sido ofrecido expresamente. Dado que fue el mismo rey Artajerjes el que envió a Esdras y a Nehemías, es evidente que él ha debido estar inclinado favorablemente hacia Israel en el año séptimo. "Fue entonces cuando debió brotar de Dios la palabra referida a la restauración y edificación de Jerusalén".

El mismo Esdras expresa la conciencia que él tiene de esto cuando, después de haber recordado el edicto real (Es 7, 27-28), él continúa diciendo: "Bendito sea Yahvé, el Dios de nuestros padres que puso tal cosa en el corazón del rey, para honrar la casa de Jehová que está en Jerusalén, [28] y me favoreció con su misericordia delante del rey, de sus consejeros y de todos los poderosos príncipes del rey. Así yo, fortalecido por la protección de mi Dios, reuní a los principales de Israel para que subieran a Jerusalén conmigo.

Pero, debemos precisar, ¿en qué consiste la misericordia que el rey muestra con respecto a Esdras? ¿en el permiso de reconstruir Jerusalén? Ciertamente no, sino en el hecho de engrandecer la casa de Yahvé en Jerusalén. Y la autorización que el rey concede a Esdras se centra solo en esto (Es 7). Sobre la edificación de la ciudad no se dice aquí ni palabra. Aquí solo se alude a los medios para restaurar el culto del templo, que había caído en un gran decaimiento, y en el restablecimiento de la de Dios. Estos eran los temas del largo edicto que el rey concedió a Esdras[82].

---

82. Ciertamente, Auberlen expresa su pensamiento así (p. 138): "La autoridad que se ha dado a Esdras es tan extensa que ella incluye esencialmente la reedificación de la ciudad. Sin duda, ella se refiere en su mayor parte (casi totalmente) al servicio del santuario. Pero no se limita solo a establecer unos jueces (Es 7, 25), sino que el rey de Persia le permite expresamente que gaste, como mejor le parezca, el resto del oro y de la plata que los babilonios llevaron con los cautivos de Judá (Es 7, 18).

Por otra parte, en su oración de arrepentimiento, Esdras afirma de una forma clara y distinta la forma en que él interpretó su misión: Nuestro Señor ha extendido su misión sobre nosotros ante los reyes de Persia, a fin de darnos una nueva oportunidad para edificar la casa de nuestro Dios y para reparar sus desperfectos y para que construyamos un muro en Judá y Jerusalén. El centro del argumento de este pasaje no se centra meramente en la גדר (la muralla alrededor de la ciudad), sino especialmente "en reparar sus desolaciones". Estas palabras no se limitan a reparar los desperfectos del templo, que había sido reedificado ya tiempo atrás, sino que ha de referirse a las ruinas de Jerusalén".

Pero la fuerza de este argumento se funda solo en una traducción muy libre del verso aludido (Es 9, 9). El hecho de que Esdras hable (en plural) de los reyes de Persia que mostraron su favor a los judíos, indica que él no se refiere meramente a lo que Artajerjes había hecho y haría en el futuro, sino que se refiere también a lo que hicieron los de varios reyes (Ciro, Darío Histaspes y Artajerjes) a favor de los judíos. De esa manera, la expresión "para darnos una muralla" no puede referirse al permiso

Si la frase "desde la publicación del mandamiento…" no puede referirse al edicto de Ciro, porque en ese edicto no se nombra la reedificación de Jerusalén, así también, por la misma razón no puede referirse al edicto de Artajerjes a favor de Esdras. Sin embargo, a pesar de ello la observación de Auberlen, cuando afirma que el edicto relativo a Nehemías tiene menos importancia en comparación con el de Esdras tiene razón.

Estrictamente hablando, no hay en la Biblia mención al edicto de Nehemías. Siendo copero del rey Artajerjes, Nehemías pidió al rey que le enviara a Judá, a la ciudad donde se hallaban los sepulcros de sus antepasados, con el fin de reedificarla. Y el rey, con la reina sentada a su lado, le concedió lo que pedía, y le dio cartas para todos los gobernadores que se hallaran al otro lado del río Éufrates, a fin de que no pusieran impedimentos, para que pudiera realizar en paz el viaje, y a fin de que le concedieran madera para las puertas del palacio que pertenecía a la "casa" (de Dios) y para la muralla de la ciudad (Neh 2, 4-8).

A pesar de la importancia que ese favor real tenía para Jerusalén (pues Nehemías edificó las murallas de la ciudad, de manera que Jerusalén vino a convertirse en una ciudad fortificada, y así defendida de sus enemigos), el favor del rey para realizar esa obra no era tan significativo como para designarlo como מצא דבר וגו (la realización de un mandamiento de Dios). En contra de eso, a favor de la presentación del edicto de Esdras como מצא דבר, Auberlen (p. 128 ss) concede una importancia especial a la circunstancia de que en los libros de Esdras y Nehemías se recuerdan dos períodos de la historia postexílica:

- El primero en el tiempo de Zorobabel y el sumo sacerdote Josué, bajo Ciro y Darío Histaspes; este puede designarse como período de la edificación del templo.

---

de reedificar las murallas de Jerusalén que Artajerjes concedió algunos años después a Nehemías. El hecho de que se diga "para darnos una גדר en Judá y Jerusalén" muestra que גדר no puede referirse a las murallas de una ciudad o fortaleza como tal, sino que se refiere siempre al muro que rodea y protege una viña, pues este es el sentido que encontramos en Miq 7, 11; Ez 13, 5.

Según eso, la palabra גדר ha de entenderse aquí en un sentido figurativo: muro que rodea, con el significado de protección divina. Por eso, el sentido de la frase no es que "el lugar protegido por el muro yace en Judá y Jerusalén", sino "en Judá y Jerusalén, el rey persa ha concedido a la nueva congregación del pueblo un lugar para habitar con seguridad, pues el poder de los reyes de Persia ha hecho posible que los israelitas que retornaron de la cautividad pudieran vivir en su tierra con tranquilidad, poseyendo de un modo continuo su tierra" (Bertheau).

Por eso, la objeción de que חרבתיו no puede referirse a las ruinas del templo, porque había sido ya edificado, queda superada tan pronto como entendemos el infinitivo להעמיד, como ha de hacerse sin duda alguna, con sentido de pretérito, indicando así que esta palabra se refiere al edificio completo del templo. Véase también la extensa refutación de este argumento de Auberlen en Hengstenberg (*Christol.* III. 1, p. 144).).

- El segundo es el tiempo de Esdras, el sacerdote, y de Nehemías el *Tirshatha* (es decir, un tipo de gobernador) bajo Artajerjes Longimano, que podemos tomar como período de la restauración del pueblo y de la edificación de la ciudad.

El primero sería el tiempo de la restauración religiosa, el segundo el de la restauración política. Pues bien, para fundar esta visión, Auberlen interpreta la primera parte del libro de Esdras como una totalidad en sí misma, y la segunda como otra totalidad, vinculada al libro de Nehemías. Pues bien, en contra de esta perspectiva, Hengstenberg había mostrado ya (cf. *Christol*. III. p. 149) la falta de fundamento de esta división del libro de Esdras, poniendo de relieve que todo ese libro tiene su punto central en el templo, de manera que interpreta desde esa perspectiva la misión de Esdras, lo mismo que la de Zorobabel y Josué.

Ciertamente, hay una conexión interna entre la misión de Esdras y la de Nehemías, pero ella consiste solo en el hecho de que la reforma religiosa de Esdras fue seguida por la reforma política de Nehemías. Partiendo de la intención básica de Esdras, que era la de describir la restauración del templo y del servicio de Dios, tenemos que explicar también la circunstancia de que no se diga aquí nada sobre la edificación de la ciudad de Jerusalén. Además, antes de la llegada de Nehemías a Judá, esta reedificación de Judá apenas había avanzado, limitándose al hecho de que se construyeran casas para los exilados que habían vuelto y se habían establecido en Jerusalén.

Antes de la llegada de Nehemías habían fracasado todos los intentos de restaurar las murallas de Jerusalén, pues habían sido impedidos y frustrados por los enemigos de Judá, de manera que en el tiempo de la llegada de Nehemías las murallas y las puertas de Jerusalén yacían por el suelo, quemadas y en ruinas (cf. Neh 1, 3; 2, 3. 5).

Por eso, ni la ausencia de toda mención al decreto de Ciro para edificar la ciudad, ni el hecho de que la reedificación de las murallas de la ciudad comenzara a realizarse bajo Nehemías constituye un argumento decisivo en contra de la referencia de מצא דבר וגו a ese edicto. Y así debemos mantener esta referencia como la única correcta, pues solo este edicto (y no algún otro edicto permitiendo que Esdras y Nehemías edificaran las murallas de la ciudad) constituyen el comienzo de una época nueva en el despliegue de la teocracia, y puede vincularse con el anuncio de Gabriel como el punto de partida de la restauración de Jerusalén.

c. El término final de la profecía. Tampoco existen dudas sobre el tema de la definición del *terminus ad quem* de las setenta שבעים, ni sobre el cómputo general de todo el período. Por lo que toca al *terminus ad quem*, debemos fijar un hecho claramente definido para situarlo como conclusión de la semana 69; porque en este momento se cita la aparición pública de Cristo y su unción con el Espíritu Santo como final de la profecía.

Si según Lc 3, 1, este hecho tuvo lugar en el año 782 de Roma, el año 20 de Artajerjes (es decir, el año 455 a.C., según la cronología común) sería el 299 de la fundación de Roma; y si añadimos a eso sesenta y nueve semanas (que son 483 años) nos situamos en el año 782 de la fundación de Roma. En el centro de esta última semana, comenzando con la aparición del Ungido, tuvo lugar su muerte, mientras que la confirmación del pacto se extiende a lo largo de todo este período. Con referencia a la muerte de Cristo concuerdan de manera muy precisa la profecía y su cumplimiento, pues este acontecimiento tuvo lugar tres años y medio después de su bautismo.

Pero el *terminus ad quem* de la confirmación de la alianza, como dato más o menos móvil, no puede ser definido con precisión de un modo cronológico. Basta con indicar que en los primeros años después de la muerte de Cristo se realizó la ἐκλογή o cumplimiento del pueblo de la Antigua alianza, de manera que entonces se extendió el mensaje de Cristo a los paganos, de manera que el profeta Daniel pudo presentar rectamente la salvación como algo consumado de un modo subjetivo y objetivo al final de las setenta semanas del pueblo de la alianza, que son las únicas de las que él se ocupa (Hgst. pp. 163s., 180).

En esa línea se sitúa también la opinión de Auberlen, aunque él coloca el fin de las setenta semanas en la lapidación de Esteban, con las que los judíos habrían consumado y culminado la medida del despliegue de sus pecados, que se había llenado ya con el asesinato del Mesías. De esa manera se acabó el período de gracia que se les había concedido por un tiempo tras la culminación de la obra de Cristo, de manera que el juicio recayó sobre Israel.

No queremos rebatir de un modo más preciso el valor exacto de los datos que podrían presentarse partiendo del *terminus a quo* adoptado por Hengstenberg, cuando afirma que el año 20 de Artajerjes coincide con el 455 a.C. De todas formas, ese cálculo solo puede aceptarse en el supuesto de que Jerjes no reinó más que 11 años, y que Artajerjes comenzó a reinar diez años antes de lo que se suele reconocer (rechazando así la visión antigua según la cual Jerjes habría reinado 21 años).

Pues bien, en contra de esta visión se han alzado Hofm., Kleinert, Wieseler y otros, porque los argumento a favor y en contra de ella tienen parecido peso y es difícil decidirse en este campo. De todas formas, en la línea de Preiswerk, cuyas palabras cita Auberlen (p. 144) con aprobación, considerando la falta de precisión de la cronología antigua, no deberíamos dar mucha importancia al cálculo del año exacto, sino mirar la coincidencia aproximada entre la profecía y el tiempo histórico como prueba suficiente de que hubiera una correspondencia exacta en el número de los años, sabiendo que ninguno de los acontecimientos que se citan en contra de ella puede probar lo contrario.

Por otro lado, debemos insistir en una cosa: Al centrarnos solo en el cálculo del tiempo estamos dejando fuera de nuestro campo de interés una parte importante de la comunicación del ángel, pues él no anuncia simplemente la "expulsión" del Mesías después de siete y setenta y dos semanas, sino también la venida de un pueblo (de un príncipe) que devastará la ciudad y el santuario, cosa que todos los intérpretes que piensan que יכרת משיח se refiere a la muerte aplican a la destrucción de Jerusalén y del templo por los romanos. El ángel dice también que esta guerra durará hasta el final de las setenta semanas.

La destrucción de Jerusalén por los romanos no siguió a la muerte de Cristo con un intervalo de tres años y medio, sino de unos cuarenta años. Según eso, las setenta semanas deben extenderse hasta el año 70 d.C., por lo cual todos los cálculos acaban siendo poco precisos. Si insistimos además en que los abogados de esta forma de entender la profecía no son capaces de ofrecer una razón suficiente para la división de las sesenta y nueve semanas en *siete y sesenta y dos*, y si observamos que la referencia de las siete semanas al tiempo de la reedificación de Jerusalén bajo Nehemías y de las sesenta y dos semanas a la culminación de esta edificación con la aparición de Cristo en la carne, descubriremos que todo eso está en contradicción con las palabras del texto.

Por otro lado, el hecho de colocar el año veinte de Artajerjes como el *terminus a quo* de todo el cómputo, descubriremos que la datación del מצא דבר no puede ser correcta. En ese contexto, debemos insistir también en el hecho de la concordancia cronológica exacta de la profecía con los hechos concretos de la historia que derivan de la interpretación de estos versos de Daniel, resulta una ilusión, pues entre la proclamación de la palabra para reconstruir Jerusalén hasta la destrucción de esta ciudad por Tito no pasaron setenta semanas de años (es decir, 490 años), sino que según datemos la proclamación de esa palabra en el año 536 o 455 a.C., pasaron 606 o 525 años, es decir, más que 87, de manera que tenemos al menos setenta y cinco semanas de años.

Este gran "hueco" que aparece en el cálculo de las שבעים como semanas de años, entre la profecía y su cumplimiento cronológico, no se puede colmar con la observación de Auberlen (p. 141), cuando afirma que el retorno de Esdras a Judá en el año 457 a. C. formó el *terminus a quo* de las setenta semanas, mientras que la palabra del ángel que anuncia la restauración y edificación de Jerusalén empieza a cumplirse de hecho solo con el retorno de Nehemías, cuando edifica las murallas de Jerusalén. Esto indica por tanto que la edificación externa de la ciudad tuvo con respecto a las setenta semanas de años de Daniel la misma relación que la destrucción de Jerusalén con los setenta años de Jeremías.

Los setenta años de Jeremías comenzaron el 606 a. C., es decir, 18 años antes de la destrucción de Jerusalén, pues en aquel momento dejó de existir el reino de Judá como una teocracia independiente. Esos setenta años no terminan con venida de Esdras a Jerusalén, cosa que sucedió 13 años antes de la reedificación de la ciudad (por medio de Nehemías), porque entonces comenzó el restablecimiento de la teocracia. Esos años terminaron con el edicto de liberación de Ciro, el año 536 a. C.

El mismo fenómeno sucede *al final de las setenta semanas* (la última media semana de años), un tiempo que se extiende por más 33 años (que es más o menos la mitad de setenta años), desde que se decretó el final de Israel (tras la muerte de Jesús), aunque la destrucción de la ciudad por los romanos solo vino a realizarse el 70 d.C. por obra de los romanos. Esas fechas no se pueden, pues, interpretar de un modo puramente cronológico.

Jeremías no profetizó que la destrucción de Jerusalén duraría setenta años, sino solo que la tierra de Judá quedaría desolada por setenta años, y que por un tiempo tal largo sus habitantes servirían al rey de Babilonia. La desolación de la tierra y la subyugación de Judá bajo el rey de Babilonia no comenzó con la destrucción de Jerusalén, sino con el primer asedio de la ciudad por Nabucodonosor en el año cuarto del reinado de Joaquím, es decir, en el año 606 a.C., y continuó hasta la liberación de los judíos de la cautividad de Babilonia por obra de Ciro el primer año de su reinado, en el año 536 a.C., es decir, después de setenta años.

De esa manera, la profecía de Jeremías se cumplió de una manera cronológicamente precisa. Pero, a diferencia de eso, la profecía de las setenta semanas de Daniel no se cumplió de un modo cronológico, ni se cumplieran las setenta semanas (que son 7, más 62 más 1), si las entendemos como semanas de años, de manera que debemos entender esos datos de un modo distinto.

Tampoco el Nuevo Testamento necesita que busquemos el fin de las setenta semanas en el juicio que los romanos estaban realizando en contra de la Antigua Jerusalén, que había rechazado y crucificado al Salvador. En ningún lugar del NT, esa profecía, y en espacial las palabras יכרת משיח se refieren a la crucifixión de nuestro Señor. Por otra parte, ni Cristo ni los apóstoles han referido estos versos (Dan 9, 26-27) a la desolación y destrucción de Jerusalén por los romanos.

En contra de la opinión de que Cristo está hablando de su παρουσία, en Mt 24 y en Mc 13 y Lc 21, cuando dice ὅταν ἴδητε τὸ βδέλυγμα τῆς ἐρημώσεως τὸ ῥηθὲν Δανιὴλ τοῦ προφήτου κ.τ.λ. (Mt 24,15, cf. Mc 13,14), y que él tiene ante sus ojos la profecía de Dan 9, 26-27, debemos afirmar que esa opinión carece de fundamento, a pesar de los intentos de autores como Hvernick (*Daniel* p. 383s), Wieseler (*Die 70 Wochen*, p. 173ss), Hengstenberg (*Beitr.* I. p. 258s., con *Christol.* III. 1, p. 113s.) y Auberlen (*Daniel* p. 120s.).

En esa línea, como he mostrado ya, al explicar על כנף שקוצים, Dan 9, 27, la expresión de Jesús en su evangelio no deriva de Dan 9, 27, sino que puede deerivar de Dan 11, 31 o de 12, 11, donde los LXX han traducido las palabras שקוץ משמם por τὸ βδέλυγμα τῆς ἐρημώσεως.

Para una confirmación ulterior de los argumentos a favor de esa visión, tal como aquí la presentamos, queremos añadir las siguientes consideraciones.

Ciertamente, Josefo se refiere a esas palabras en *Ant.* X. 11. 7, cuando afirma Δανιῆλος καὶ περὶ τῆς τῶν Ῥωμαίων ἡγεμονίας ἀνέγραψε καὶ ὅτι ὑπ᾽ αὐτῶν ἐρημωθήσεται alude a la profecía de Dan 9, y ofrece esta interpretación no como una visión suya, puramente privada, sino que como dice en *De Bell. Jud.* IV. 6. 3, la presenta como παλαιὸς λόγος ἀνδρῶν, es decir, como una visión general de los hombres de su pueblo, una visión generalmente aceptada, incluso por los celotas.

Esta es una prueba válida de que Dan 9 era un texto que en aquel tiempo se aplicaba en general a la destrucción de Jerusalén por los romanos. Pero eso no implicaba que al lado de ella no hubiera en el libro de Daniel ninguna otra profecía que pudiera aplicarse a la destrucción del estado judío por mano de los romanos.

En esa línea, Josefo y sus contemporáneos podían encontrar profecías de ese tipo allí donde Dan 7, 25 dice que surgirá del cuarto poder mundial (es decir del poder de los romanos) un enemigo que perseguirá y destruirá a los santos del Altísimo. Lo que Josefo aduce como contenido del παλαιὸς λόγος ἀνδρῶν, es decir, τότε τὴν πόλιν ἁλώσεσθαι καὶ καταφλεγήσεσθαι τὰ ἅγια νόμῳ πολέμου, no aparece en Dan 9, ni en ninguna otra parte de su libro, y no pudo presentarse así hasta que las cosas no se realizaran históricamente de esa manera.

Ciertamente, Wieseler (p. 154) piensa que las palabras τὴν πόλιν καταφλεγήσεσθαι κ.τ.λ., corresponden perfectamente con las palabras de Dan 9, 26: והעיר והקדש ישחית (destruirá la ciudad y el santuario); pero concede que Josefo interpretó esa desolación quizá con referencia a Dan 11, 33, con el resultado de una desolación total. Él piensa que así queda garantizado que Daniel predijo, no solo en Dan 9, sino también en Dan 11, una desolación de la ciudad y del santuario, que se puede interpretar en la línea de su destrucción por los romanos, de manera que podemos afirmar ese anuncio de la destrucción de Jerusalén no aparece solo en Dan 9, sino también en otros lugares.

De todas formas, las otras circunstancias que Josefo ha puesto de relieve en los lugares citados (particularmente en lo que toca a la profanación del templo los celotas) y que contribuyeron al cumplimiento de aquel profecía antigua (παλαιὸς λόγος), se encuentran contenidas de un modo mucho más preciso en Dan 11, 31 que en 9, 26, donde ese sentido se debe introducir en las palabras del texto desde fuera, como en 9, 27: וְעַל כְּנַף שִׁקּוּצִים מְשֹׁמֵם (sobre el ala de las abominaciones viene uno causando desolación).

De un modo semejante están constituidos los otros pasajes en los que Josefo habla de antiguas profecías que han sido cumplidas en la destrucción de Jerusalén por los romanos. Pero ninguno de ellos evoca de un modo directo el texto de Dan 9.

Pues bien, aunque la prueba de Josefo pudiera tener más valor que el que hasta ahora se le ha atribuido, afirmando que los judíos de aquel tiempo se referían a Dan 9 cuando hablaban de la destrucción del estado judío por los romanos, eso no serviría para probar que Cristo había compartido esta opinión judía, y la hubiera desplegado en su discurso de Mt 24 como una verdad indudable.

Ciertamente, en favor de esa visión se ha argumentado "que las palabras ἐν τόπῳ ἁγίῳ corresponden plenamente a ἐπὶ τὸ ἱερὸν βδέλυγμα τῶν ἐρημώσεων ἔσται (LXX, Dan 9,27; cf. Hengstenberg, *Christol*. p. 117). Pero la prueba que se quiere defender en este caso, partiendo de la traducción alejandrina de los LXX resulta todavía más inconsistente que la de Josefo.

El texto actual de los LXX, tal como ha llegado hasta nosotros, contiene indudablemente dos paráfrasis o interpretaciones distinta del original hebreo de Dan 9, 26 y 9,27, que se completan entre sí, y en esa línea las palabras oscuras de Daniel (cf. Dan 11, 31 y 12, 11) se interpretan como si contuvieran una referencia a la desolación del santuario por Antíoco[83].

Los defensores de esa visión interpretan las palabras עַל כְּנַף, que son incomprensibles para muchos traductores, a partir de חִלְּלוּ, Dan 11,31, suponiendo así que han de entenderse como ἐπὶ τὸ ἱερὸν (sobre el templo). Pero Cristo tomó la expresión τὸ βδέλυγμα τῆς ἐρημώσεως igual que la de ἑστὼς ἐν τόπῳ ἁγίῳ de Dan 12, 11, y no de Dan 9,27, donde ni el texto original hebreo (sobre las alas de la abominación ha de venir el desolador), ni la traducción de los LXX (ἐπὶ τὸ ἱερὸν βδέλυγμα τῶν ἐρημώσεων ἔσται: sobre el santuario vendrá la abominación de la desolación) tiene el sentido de "la abominación de la desolación estando sobre" o "colocada sobre".

La palabra "estando colocada" (ἑστώς) supone sin duda un tipo de colocación que corresponden al וְנָתְנוּ (δώσουσι, LXX), y a וְלָתֵת (ἑτοιμασθῇ δοθῆναι, LXX), y el ἐν τόπῳ ἁγίῳ apunta a הַמִּקְדָּשׁ, Dan 11,31, pues por el hecho de colocarse encima la abominación de la desolación alude sin duda al hecho de que fue profanado el santuario o lugar santo del templo.

d. La interpretación de Jesús. La profecía de Dan 11 trata, como se sabe bien, de la profanación del santuario por Antíoco Epífanes. Si, en esa línea, el Señor hubiera hablado en su discurso del βδέλυγμα τῆς ἐρ. ἑστὼς ἐν τόπῳ ἁγίῳ como signo de la desolación que se aproxima a través de Tito, de aquí no se hubiera

---

83. La versión de los LXX (Dan 11, 31; 12,11; 9,24-27) no es en realidad una traducción, sino más bien una explicación del texto. Como ha indicado Klief. rectamente, "esos pasajes (Dan 9, 24 y la primera mitad de 9, 25) contienen en el texto griego una profecía de que Israel volvería pronto del exilio, que Daniel también volvería y que Jerusalén sería construida. Ellos exponen el texto de un modo muy libre, situando la segunda mitad de Dan 9, 25 fuera de contexto y la introducen después de la segunda frase de Dan 9, 27. Y entonces, el pasaje resultante, lo aplican a Antíoco Epífanes. Después añaden el tema de los números que aparecen en el texto (70 + 7 + 62 = 139), suponiendo que esos números se refieren a años, los años de la era seléucida, de forma que ellos "descienden" hasta el año segundo de Antíoco Epífanes. Entonces, ellos interpretan todas esas afirmaciones separadas y las aplican a los tiempos y acciones de Antíoco Epífanes, de un modo semejante al que hacen muchos intérpretes modernos. Cf. Wieseler, p. 200.

seguido en modo alguno, ni remotamente, que él aplicaba esta profecía (Dan 9) a esa catástrofe. El Señor no hubiera insistido tampoco, como afirma Kliefoth (p. 412) que "lo que hizo Antíoco Epífanes contra Jerusalén constituye un tipo histórico de aquello que los romanos harían más tarde".

Él hubiera dicho solamente: "Como una vez hizo Antíoco contra Jerusalén, conforme a la palabra de Daniel, así volverá a hacerse pronto de nuevo; por eso, si vosotros repetís los mismos pecados que se hacían en tiempo de Antíoco para cumplimiento de la palabra de Daniel, entonces sabed que el tiempo está ya pronto para cumplirse". Pero de aquí no se seguiría en modo alguno la más mínima indicación sobre sentido que Cristo encontraba en Dan 9, 26 y 9, 27.

En conclusión, en el discurso del que tratamos el Señor no profetizó nada, de un modo directo o inmediato, sobre la destrucción de Jerusalén por los romanos, sino que trató en ella, como acabamos de indicar, de un modo general de su παρουσία y de la συντέλεια τοῦ αἰῶνος, es decir, del final definitivo del tiempo, que él vinculó solo con la destrucción del templo. Esto es lo que muestra la ocasión de su discurso, lo mismo que su contenido.

Después que el Señor dejó el templo, para no volver a entrar nunca, poco antes de su última pasión, puesto en pie sobre el Monte de los Olivos, él anunció a sus discípulos, que estaban mirando hacia el templo, la destrucción total de aquel edificio. Y en ese contexto ellos le pidieron: "Dinos πότε ταῦτα ἔσται καὶ τί τὸ σημεῖον τῆς σῆς παρουσίας καὶ συντελείας τοῦ αἰῶνος?". Porque ellos pensaban que esa destrucción del templo y la παρουσία de Jesús iban a realizarse al mismo tiempo, al final del mundo. El Señor respondió a esa pregunta en un largo discurso, en el que ofreció a los discípulos la información que ellos buscaban sobre el signo (σημεῖον, Mt 24,4-31), y sobre el tiempo (πότε) de su παρουσία y del fin del mundo (Mt 24,32).

La información sobre el signo comienza con una advertencia en la que les pide que tengan cuidado, y que se cuiden de ser engañados, porque aparecerían falsos "mesías", con guerras y tumultos de naciones, elevándose unas contra otras, con otras plagas (Mt 24,4). Y esto no sería más que el comienzo de los "ayes", es decir, de las aflicciones que vendrían entonces sobre los que confesaran su nombre; pero el fin no llegaría hasta que el evangelio se anunciara antes en todo el mundo, como testimonio para todas las naciones (Mt 24,8).

El Señor habla después de los signos que precederán inmediatamente al fin, es decir, de la abominación de la desolación, de la que habló Daniel, en el lugar santo. Con eso comenzará un período de tribulación tal como nunca ha existido, de manera que si esos días no se acortaran por razón de los elegidos nadie podría salvarse (Mt 24,15). A eso él añade, a modo de conclusión, la descripción de su propia παρουσία, que seguiría inmediatamente (εὐθέως) a esta gran tribulación (Mt 24,29).

Él añade entonces la descripción de su retorno (Mt 24, 32) con una semejanza que responde a la pregunta por el tiempo, y continúa de esa forma: "Así también

Las setenta semanas

vosotros, cuando veáis todas estas cosas, conoced que está cerca, a las puertas. De cierto os digo que no pasará esta generación hasta que todo esto acontezca. El cielo y la tierra pasarán, pero mis palabras no pasarán. Pero del día y la hora nadie sabe, ni aun los ángeles de los cielos, sino solo mi Padre" (Mt 24, 33-36).

De este breve esbozo del curso del pensamiento resulta claro que el Señor no habla expresamente ni de la destrucción de Jerusalén, ni del tiempo en que sucederá aquel acontecimiento. Él supone conocido el sentido del βδέλυγμα τ. ἐρ, que los discípulos conocen por el libro de Daniel, y solo les dice que han de huir cuando lo vean colocado (estando) en el lugar sagrado, para escapar así de la destrucción (Mt 24, 15). Solo en Lucas hallamos una referencia distinta a la destrucción de Jerusalén, pues allí encontramos en lugar de la referencia a la abominación de la desolación estas palabras: "Cuando veáis a Jerusalén rodeada por ejércitos, entonces conoceréis que su ἐρήμωσις se encuentra cerca" (Lc 21,20).

Sin embargo, conforme al recuerdo de los tres evangelistas, el Señor no solo conecta del modo más cercano la tribulación que comienza con la aparición del βδέλυγμα τ. ἐρ, o con el asedio de Jerusalén, con la gran tribulación que abre el camino de su retorno, sino que él dice también de un modo expreso que inmediatamente después de la tribulación de esos días (Mt 24,29), o en esos días de la gran tribulación (Mc 13,24), o entonces (τότε, Lc 2127), vendrá el Hijo del Hombre en las nubes, con gran poder y gloria.

Partiendo de esa conexión cercana de su parusía visible (παρουσία) con la desolación del lugar santo o con el asedio de Jerusalén no se sigue ciertamente que la παρουσία del Señor seguirá inmediatamente a la destrucción de Jerusalén por los romano. Lo que se sigue es más bien que la profanación y opresión del Anticristo vendrá sobre el τόπος ἅγιος y sobre Jerusalén, en aquel tiempo futuro, inmediatamente antes del retorno del Señor, en los días de la θλῖπσις μεγάλη" (Kliefoth).

De eso no se sigue pues, como piensan muchos intérpretes, al comentar el discurso escatológico de Mt 24, que el Señor mismo y con él sus discípulos pensaron que sucedería al mismo tiempo la destrucción de Jerusalén por los romanos y el retorno de Jesús de un modo visible en los últimos días. Ellos no unieron de esa forma inmediata la παρουσία del Señor con la destrucción de Jerusalén por los romanos, sino que insistieron más bien en la secuencia del tiempo, hablando primero de un acontecimiento (destrucción de Jerusalén) y después del otro (la parusía del Señor).

La primera conclusión (que la Parusía del Señor seguirá inmediatamente a la destrucción del templo de Jerusalén) resulta inadmisible, pues lo que los discípulos han preguntado a Jesús es el tiempo de la destrucción del templo, que ellos tienen visible antes sus ojos. Por eso, al referirse al βδέλυγμα τῆς ἐρ. ἐστὼς ἐν τόπῳ ἁγίῳ, Jesús pensó no solo en ese templo material que estaban mirando, sino también en el τόπος ἅγιος del futuro, es decir, en el templo de la iglesia Cristiana;

por eso, si él hubiera pensado solamente en la devastación del santuario terreno de Jerusalén, Jesús hubiera engañado a sus discípulos.

En esa línea, la conclusión de que se darían al mismo tiempo la destrucción del templo de Jerusalén y la parusía de Jesús va en contra de todo el curso de pensamiento del discurso de Jesús. Esa conclusión van en contra de lo que el Señor dijo a sus discípulos después de haber precisado todos los acontecimientos que preceden y abren el camino de su παρουσία y del fin del mundo: "Cuando sucedan todas estas cosas saben que está cerca, ya llega a las puertas" (Mt 24, 33), para añadir, de un modo solemne: "Esta γενεά (es decir, la generación de los que entonces vivían) no pasará hasta que se cumplan todas estas cosas" (Mt 24, 34).

Dado que πάντα ταῦτα (Mt 24, 33) abarca todas las cosas que van antes de la παρουσία, todos los acontecimientos mencionados en Mt 24, 15-28 o mejor en 25, 5-28, esa palabra ha de tomarse en el mismo sentido en Mt 24,34. Esto significa que si los contemporáneos de Jesús y sus discípulos – pues solo así puede entenderse ἡ γενεά αὕτη – han de vivir para ver estas cosas, ellas deben haber tenido un comienzo antes de la destrucción de Jerusalén y, aunque no sea de un modo perfecto, en ese pequeño comienzo debemos ver como un germen en el que se está anunciado (=está de algún modo implicado) el cumplimiento de todas esas cosas.

Eso significa sin duda alguna que el Señor está hablando del juicio de Jerusalén y de la destrucción del templo como el comienzo de su παρουσία y de la συντέλεια τοῦ αἰῶνος, no simplemente como un simple anuncio, sino como un comienzo real de su venida para el juicio. Pero, en su sentido más profundo, este es un comienzo que dura a lo largo de los siglos en los que se extenderá el evangelio sobre la tierra. Y así, cuando el evangelio se predique a todas las naciones, entonces llegara a su plenitud por la ἐπιφανεία τῆς παρουσίας αὐτοῦ (2 Tes 2,8), el tiempo y la hora que el Padre mantiene en su poder cuando Cristo venga para juzgar el mundo[84].

Conforme a esa visión, Cristo, en su discurso, interpretó la profecía de Dan 11, sobre la abominación de la desolación que debía venir y que vino sobre Jerusalén y Judá, por medio de Antíoco Epífanes como un tipo de la desolación del santuario y del templo de Dios que se daría en el tiempo final, en el mismo sentido en que Mt 24, 36 aplica las palabras sobre el enemigo típico de los santos (en su tiempo) al pueblo del final de los tiempos. De esa manera, la suposición

---

84. Esta visión de la parusía de Cristo ha sido rechazada por el Dr. A. Christiani, *Bemerkungen zur Auslegung der Apocalypse mit besonderer Rcksicht auf die chiliastische Frage* (Riga 1868, p. 21), porque, a pesar de que las "πάντα ταῦτα, Mt 24,34, retoman claramente el sentido de Mt 24,33, ellas no pueden significar cosas distintas en un lugar y en otro", sin embargo, esas palabras de Mt 24 34 han de referirse a la destrucción de Jerusalén, pues muchos contemporáneos de Jesús vivieron en realidad para verla (esa destrucción). En esa línea, Christiani atribuye a esas palabras un sentido mucho más limitado que el que ellas tienen en Mt 24, 33.

de que Cristo había aplicado las palabras de Dan 9, 26-27 a la destrucción de Jerusalén por los romanos pierde su apoyo, de manera que el Nuevo Testamento no ofrece ninguna prueba sobre la reconstrucción cronológica de las setenta semanas de Daniel.

e. Sentido de los tiempos. Segunda interpretación. Ahora debemos ocuparnos de *la segunda visión sobre la referencia histórica de las setenta semanas tal como prevalece en nuestro tie*mpo. Los que se oponen a la autenticidad del libro de Daniel (partiendo del hecho de que las profecías de Daniel no se extienden más allá de la muerte de Antíoco Epífanes) concuerdan en esto: La destrucción del enemigo de los judíos (Antíoco Epífanes) y la purificación del templo que había ocurrido unos años antes, forman el *terminus ad quem* de las setenta semanas y su duración ha de extenderse, desde el año 168 o 172 a.C., es decir, desde la destrucción de Jerusalén por los caldeos al comienzo del exilio de los judíos.

Empezamos presentando los *defensores básicos de esta interpretación*. Pero, dado que las setenta semanas (o los 490 años), partiendo del 168 o 172 a. C., nos llevarían al año 658 o 662 a. C., es decir a unos 42 o 46 años antes del comienzo del exilio, y dado que no podemos calcular ningún año en concreto para el comienzo de la profecía de los setenta años de Jeremías, esos críticos han querido acortar de diversas formas las setenta semanas. Hitzig, Ewald, Wieseler y otros suponen que la primera semana de años (que equivale a 49 años) no ha de sumarse a las sesenta y dos semanas siguientes, de manera que solo han de contarse sesenta y dos semanas, que son 434 años, hasta el año 175 (Ewald) o 172 (Hitzig), que forma el comienzo de la última semana, marcada por el asalto de Antíoco contra el judaísmo.

Pero este cómputo nos lleva también al año 609 o 606 a.C. como comienzo del exilio, o a tres años después. Pero el hecho de datar las 62 semanas de años desde el comienzo del exilio no puede aplicarse al anuncio de la salida del edicto para restaurar y edificar Jerusalén durante sesenta y dos semanas (que pasaron en la construcción), de manera que los representantes más recientes de esa opinión no comparten ya la idea de tomar los setenta años del exilio como tiempo para restaurar y edificar Jerusalén.

En esa línea Hitzig y Ewald confiesan abiertamente que ese cómputo no es correcto, de forma que el seudo-daniel se equivocó, de manera que calculó diez semanas (es decir 70 años) de más, sea por ignorancia de la etimología, o por defecto de pensamiento, "partiendo de una interpretación de la Sagrada Escritura que brotaba de ciertos presupuestos tomados como santos y necesarios, pero que no brotaban de la consideración de los hechos" (Ewald, p. 425).

Pero este cambio de las 62 semanas nos hace pasar de los 434 años a 364 años (propios de las 52 semanas), de manera que pasamos así del año 174 al 538 a.C, es decir, al año de la toma de Babilonia por Ciro, año a partir del cual se proclamó el edicto de reconstrucción de Jerusalén. A eso se añaden todavía las siete semanas (49 años) a fin de alcanzar el 588 o 587 a.C., como año de la destrucción de Jerusalén por Nabucodonosor, a partir del cual se computan las semanas de años, que han sido reducidas de setenta a sesenta.

Pero esta hipótesis no necesita ser refutada con seriedad. Un cómputo que deja a un lado las primeras siete semanas (49 años) y que después reduce por 10 las 62 semanas restantes, para introducir después 7 semanas que le faltan, no puede tener la pretensión de aparecer después como una explicación científica. En esa línea, Hitzig observa (p. 170) "que las siete semanas forman el πρῶτον ψεῦδος que el autor debe introducir en el cómputo de Daniel, añadiendo que toda la teoría de las 70 semanas exige un comienzo anterior, que se sitúa en el año 606 a. C.

Pues bien, en contra de eso debemos afirmar con gran fuerza que el πρῶτον ψεῦδος de la interpretación moderna, que debe apelar a una gran violencia crítica, haciendo que las 70 y las 62 semanas se conviertan en 60 y 52, nace de una suposición dogmática que afirma que las 70 semanas deben terminar en la consagración del templo bajo Antíoco o en la muerte de este enemigo de Dios.

Entre los que se oponen a la autenticidad de este libro esa suposición de ha convertido en un axioma dogmático, que se utilizan para forzar (criticar y devaluar) las palabras de la Escritura. Pues bien, esa suposición es tan fuerte ha sido adoptada incluso por autores como Hofmann, Reichel (*Die 70 Jahreswochen Daniel 9:24-27*, en *Theol. Stud. u. Krit.* 1858, p. 735ss), Fries y otros, que reconocen la autenticidad del libro de Daniel, y que toman el anuncio del ángel en esos versos como una revelación divina. Esos intérpretes han adoptado esa visión por esta causas: porque en la descripción del príncipe enemigo que debe perseguir a Israel y profanar el santuario, siendo después destruido en medio de terror (Dan 9, 26-27), ellos piensan (sin ponerlo nunca en duda) que ha de verse la imagen y persona de Antíoco Epífanes, cuya enemistad contra el pueblo y el santuario de Dios se describe en Dan 8, 9. 23ss.

Ciertamente, no se puede negar que hay un cierto grado de semejanza entre los dos textos. Si en Dan 9, 26-27 se habla del príncipe hostil que destruirá la ciudad y el santuario, y hará que cesen los sacrificios y ofrendas de comida por media semana, entonces resulta normal que se piense que este mismo enemigo es aquel del que se dice que "destruirá el pueblo poderoso y santo" (Dan 8, 24), y que por él fue suprimido el sacrificio diario (Dan 8, 11), de forma que él suprimirá el sacrificio diario" (11, 31), especialmente si aceptamos con Hoffmann (*Schriftbew.* II. 2, p. 592) la visión de que no hay ninguna distinción *particular* entre estas dos expresiones; *suprimir el sacrificio diario*: התמיד [הסי, suprimir] הרים y *hacer que cesen el sacrificio y la oblación* (ישבית זבח ומנחה)[85].

---

85. Aquí nos limitamos a lo que Hofm. ha dicho en *Schriftbew* a favor de esta visión, sin entrar en las que ha dicho en *Die 70 Wochen*, p. 97, pero omitiéncolas en *Schriftbew*. Sobre su argumentación anterior nos basta con remitirnos a la refutación de Kliefoth, *Daniel*, p. 417ss)

Pero al decir que no hay ninguna distinción *particular*, Hofmann indica que él no rechaza cualquier tipo de distinción. Pues bien, ciertamente, existe una distinción considerable; porque, como hemos indicado ya, התמיד indica solo aquello que es permanente en la oración diaria del sacrificio de la mañana y de la tarde; por otra parte, זבה ומנחה expresa al mismo tiempo toda la serie de sacrificios.

El hacer que cesen los sacrificios cruentos e incruentos (cosa del Anticristo) expresa una maldad mucho mayor que la de prohibir los sacrificios diarios (cosa de Antíoco Epífanes). Esa distinción no se suprime con una referencia a la frase וְעַל כְּנַף שִׁקּוּצִים מְשֹׁמֵם (9, 27) comparada con ונתנו השקוץ משמם (Dan 11,31). Porque la afirmación de que el artículo de השקוץ משמם (Dan 11,31, "la abominación que trae desolación") está queriendo decir que se trata de lo mismo que Daniel había dicho antes, no ofrece ninguna prueba de eso. En este caso, el artículo se utiliza para colocar uno frente al otro estos dos términos: התמיד y השקוץ. Más aún, la expresión השקוץ משמם es muy diferente de la otra, וְעַל כְּנַף שִׁקּוּצִים מְשֹׁמֵם. La expresión de "ser llevado sobre las alas de las abominaciones del ídolo" tiene un sentido mucho más extenso (pues evoca el poder y dominio de las abominaciones del ídolo) que el hecho de colocar un altar del ídolo sobre el altar de las ofrendas cruentas ofrecidas a Yahvé. Daniel está mostrando así que la profanación de Antíoco es muy distinta de la abominación final que llegará con al Anticristo (aunque una es tipo de la otra).

Tampoco podemos percibir (como Hofm., p. 590) en הבא, que se conectaría estrechamente con וקצו בשטף (Dan 9,26), una referencia al juicio divino descrito en Dan 8, porque esa referencia al enemigo de Dios en Dan 7, 8. 24, es algo natural (y más que natural) cuando observamos que el enemigo de Dan 7 está siendo destruido por un juicio solemne de Dios.

Esa palabra (הַבָּא, referida al enemigo que ha de venir) armoniza mucho mejor con קצו בשטף que con באפס יד ישבר, como se dice del enemigo descrito en Dan 8. Añádase a esto el hecho de que la medio semana que el enemigo emplea para realizar su obra (9, 27) no corresponde a las 2.300 tardes/mañanas de 8, 13, sino que corresponde (como reconoce Delitzsch) al tiempo, dos tiempos y medio tiempo de Dan 7, 25. 27, pero poniendo de relieve que esos tres tiempos y medio no se refieren a los años de la persecución bajo Antíoco, sino a la persecución del Anticristo.

De todo eso se deduce, por lo tanto, que el príncipe que ha de venir, el príncipe cuyo pueblo destruirá la ciudad y el santuario, haciendo que cese el sacrificio, no es Antíoco, aquel que se elevó contra el pueblo de los santos, hizo que cesara el sacrificio "perpetuo" (de cada día) y derribó el lugar del santuario (cf. Dan 8,11), sino que es el Enemigo final de Dios, es decir, el Anticristo. Según eso, la maldad de Antíoco constituye un tipo de la abominación de la desolación que instaurará el príncipe hostil de esta profecía, es decir, el Anticristo, quien (como el antiguo Faraón) será destruido en la gran inundación, pues la gran inundación que él suscitará se volverá contra él como un diluvio destructor.

Esta interpretación de Dan 9, 26-27 no queda refutada por la referencia a las palabras de 1 Mac 1, 54, ᾠκοδόμησαν βδέλυγμα ἐρημώσεως ἐπὶ τὸ θυσιαστήριον, como si en aquel tiempo (el de los macabeos) se pensara que Dan 9, 27 se tomaba como una profecía de los acontecimientos que tuvieron lugar entonces (Hofm. *Weiss.* I. p. 309). Porque esas palabras de los Macabeos no se refieren a Dan 9, 27, donde los LXX ponen βδέλυγμα ἐρημώσεων, sino a Dan 11, 11, donde aparece el singular de la misma expresión βδέλυγμα ἐρημώσεως con el verbo καὶ δώσουσι (en los LXX, en vez del hebreo ונתן), al que se refiere claramente ᾠκοδομήσεται. Según eso, si no puede sostenerse ya exegéticamente la referencia de Dan 9, 26. 27 al período del Anticristo, esa referencia resulta, por otra parte, completamente opuesta al cómputo cronológico de las setenta semanas.

Hoffmann y sus seguidores toman un buen punto de partida, suponiendo que tras las setenta semanas vendría el cumplimiento de todo lo que había sido prometido, es decir, la expiación y la aniquilación del pecado, de manera que entonces empezaría el despliegue perfecto del plan divino de la salvación para siempre; de esa forma, ellos confiesan que en 9, 24 se profetiza el cumplimiento del reino de Dios en la gloria. Pero, al mismo tiempo, ellos no interpretan las 7, las 62 y la semana (1) que se mencionan en Dan 9, 25-27 como una división de las 70 semanas, sino que colocan las primeras 7 semanas de una forma equivocada al final del período de las 70 semanas, poniendo las siguiente 62+1 semana en el tiempo que va del comienzo de la supremacía caldea (el 605 a. C.) hasta la muerte de Antíoco Epíanes, el año 164 a. C., lo que suma 441 años que son 63 semanas de años.

Según eso, el final de las 62+1 semanas no solo no coincide con el final de las 70 semanas, sino que las 7 + 62 + 1 semanas no han de tomarse como idénticas a las 70 semanas, ni han de verse como semanas que se suceden unas a las otras, de un modo continuo, en ese orden... Por otra parte, ellos colocan entre las 63 y las 7 semanas un espacio vacío, que no puede medirse, antes de la llegada del final, un tiempo que no puede ser precisado, ni mucho menos llenado de acontecimientos, partiendo de la afirmación que el despliegue de las 70 semanas se computa de adelante hacia atrás.

Según ellos, este cómputo de las 7 + 62 + 1 semanas no se toma como un desarrollo de las 70 (pues no se trata de 70...), sino que ese cómputo se calcula como 62+1+ un tiempo intermedio desconocido de 7 semanas. Mirado así, este cómputo resulta imposible, como saben los partiDaríos de esta interpretación, pero ellos quieren resolver el tema explicando las 7 semanas como períodos formados por 7 veces 7, es decir, como períodos de jubileos de años, mientras que, por el contrario, los 62+ 1 serían períodos de siete años cronológicos, correspondientes a los períodos sabáticos (no a los jubileos del otro caso).

Esta es una extraña interpretación de las palabras del ángel, según la cual no solo se debe cambiar el orden de los períodos, colocando las primeras 7 semanas al final, sino también suponiendo que la palabra שׁבעים de los pasajes inmediatamente siguientes ha de entenderse en forma de jubileos (períodos de 49 años). Pues bien, los períodos sabáticos (de siete años) no se pueden aclarar diciendo que al final de las 62+1 semanas llegará el juicio de la ira en contra del perseguidor, cosa que será un anticipo remoto de la salvación final.

Según eso, el final de las 70 semanas no sería, según Dan 9. 24 la llegada del final salvador, el cumplimiento de la profecía y la consagración del Santísimo... De esa manera, el final de las 62+1 semanas y el de las 70 semanas no se cumplirían al mismo tiempo... Eso implicaría que durante las 70 semanas Jerusalén seguiría manteniéndose en medio de tiempos de turbación, sin que hubiera verdadera esperanza para el pueblo.

Entendida así, esta profecía ofrecería solo un miserable consuelo si es que ella se entendiera solo a partir de las profecías de Dan 9, 25-27, entendidas de esa forma, si dijera solo que Jerusalén sería edificada de nuevo a las 70 semanas en medio de tiempos turbulentos, para ser devastada de nuevo. Por otra parte, si el juicio de ira en contra del destructor no fuera más que un elemento remoto de la salvación, de forma que se extendiera hasta entonces un largo período de tiempo de devastación, eso estaría en contra de la profecía de Dan 7, y de toda la enseñanza de la Escritura, conforme a la cual la destrucción del anchi-enemigo (el Anticristo) y el establecimiento del reino de la Gloria formarían parte de único acto de juicio.

Ahora pasamos a la *crítica de esta interpretació*n. En la discusión más reciente de esta profecía, Hofmann (*Schriftbew.* II. 2, p. 585ss, 2ª ec.) ha presentado los siguientes argumentos positivos para la interpretación y cómputo del período de tiempo en cuestión. El mensaje del ángel de Dan 7, 25-27 consta de tres partes: (a) La afirmación sobre el número de heptadas que han de sucederse entre el edicto de liberación del pueblo (de reconstrucción de Jerusalén) y la llegada del Mesías Nagid. (b) El descubrimiento del contenido de los 62 períodos citados. (c) La predicción de aquello que sucederá cuando culmine el último de esos tiempos.

En la primera de esas partes, la palabra דבר con el infinitivo que sigue, indicando una acción humana, ha de tomarse en el sentido de mandamiento (edicto), como la palabra de Ciro, profetizada por Is 44, 28, y la reconstrucción de Jerusalén ha de entenderse como en ese pasaje de Isaías, o como en la profecía de Jeremías, como el mismo dato, y no como si se predijera una segunda reedificación de Jerusalén en medio de dificultades y opresiones propias de los tiempos.

Según eso, las sesenta y dos heptadas permanecen separadas de las siete, de manera que entre el mandamiento de construir Jerusalén y la llegada del *Mesías Nagid* no han de pasar 69 heptadas sino solo siete, pues en Dan 9, 26 no se menciona aquello que ha de suceder al final de los sesenta y nueve tiempos, sino al final de los sesenta y dos; finalmente, el contenido de las siete semanas está indicado de forma suficiente por su comienzo y por su final, de manera que queda sin confundirse con la edificación de Jerusalén en tiempos turbulentos de las que se habla después.

Todas estas afirmaciones son correctas y concuerdan con nuestra interpretación de estos versos, pero ellas no contienen la prueba de que las sesenta y dos semanas han de colocarse después de las siete y que ellas poseen una extensión diferente a la de estas. La prueba para eso aparece presentada primero en la conclusión que deriva de estas afirmaciones (partiendo de la suposición correcta de que el Mesías Nagid se identifica con el verdadero Mesías, no con Ciro), y eso porque el primero de esos pasaje (Dan 9, 25) no dice cuál es el contenido de una parte de esos tiempos, sino que indica más bien qué parte de esos tiempos se sitúan entre esos dos acontecimientos en el gran futuro de Israel, separando el final de los sietes tiempos/semanas del final de las sesenta y dos tiempos/semanas.

Eso implica que la aparición del *Mesías Nagi*d, con la que concluyen las siete semanas, separadas de las sesenta y dos semanas que siguen, no ha de aplicarse a la aparición de Cristo en la carne, sino a su retorno en gloria, para la culminación del reino que se esperaba para el tiempo de la restauración de Jerusalén, profetizada por Isaías (cf. Is 55, 3-4) y Jeremías (cf. Jer 30, 9).

Pues bien, solo podríamos decir que esa conclusión es válida si Isaías y Jeremías hubieran profetizado solo la aparición del Mesías en la gloria, con la exclusión de su venida en la carne. Pero ese no es el caso y así el mismo Hofmann dice que להשיב דבר וגו puede tomarse como una predicción de Ciro (lo mismo que Is 44, 28). Pero Ciro no fue el constructor de la ciudad de Jerusalén en el reino del milenio, sino de la Jerusalén de la tierra, con el templo que había sido destruido por los caldeos.

Por otra parte, aquí (en Jer 25 y 29) se predijo ante todo, si no exclusivamente, el retorno de Jerusalén del exilio, después que terminaron los setenta años, como principio de la realización del consejo divino de salvación para Israel; por eso, Daniel solo pudo entender esa palabra (להשיב דבר וגו) como referida a la restauración de Jerusalén después de los setenta años del exilio de Babilonia. Según eso, la objeción de que no se dice nada del contenido de esas siete semanas no nos impide en modo algunos que busquemos su contenido en el tiempo del reino del milenio.

La ausencia de todo tipo de mención sobre el contenido de esas siete semanas se debe simple y suficientemente a la circunstancia, ya indicada atrás, de que Daniel 8 había dado la información necesaria sobre ese tiempo, que va desde el final del exilio hasta la aparición de Cristo. Menos aún se puede sacar la conclusión de que (dado que la construcción de Jerusalén iba a realizarse en sesenta y dos semanas, en medio de circunstancias turbulentas) la restauración y edificación de Jerusalén en las siete semanas sería una edificación gloriosa.

Las palabras ולבנות להשיב (restaurar y edificar: Dan 9, 25) no forman un contraste con העתים ובצוק תשוב ונבנתה (será reedificada, y la muralla en tiempos tumultuosos: Dan 9, 25), sino que quedan solo más indefinidas, pues las circunstancias de la edificación no habían sido antes particularmente establecidas.

Finalmente, tampoco la circunstancia de que tras las sesenta y dos semanas se sitúe ante la vista una nueva devastación de la ciudad santa puede llevarnos a abandonar la idea de la segunda venida de Dios en el tiempo final, vinculada al hecho de que de la edificación de Jerusalén durante las siete heptadas, pues al profeta se le revelaron al mismo tiempo dos cosas: (a) que un cruel enemigo de los santos de Dios (Antíoco Epífanes) surgiría del tercer reino mundial; (b) sino que un enemigo aún mayor (el Anticristo) surgiría del cuarto imperio mundial, un enemigo que sería destruido en el fuego ardiente (cf. Dan 7, 12. 26) del juicio del mundo, inmediatamente antes del establecimiento del reino en la Gloria.

Según eso, ni la colocación del contenido de esas siete semanas en el futuro escatológico, ni su colocación al principio en lugar de al final de esos tres períodos de tiempos que han sido distinguidos en Dan 9, 25-25, ha podido ser probada por esos argumentos. Así lo ha mostrado Fries (*Jahrb. f. deutsche Theol*. IV. p. 254ss), que ha probado justamente que el esfuerzo por interpretar los acontecimientos anunciados por Dan 9, 26 a la luz de la tiranía de Antíoco, hacienda que su época coincide con la culminación y de las 66 semanas de años del cómputo cronológico lleva a la equivocación de incluir los años del cautiverio de Babilonia en las setenta semanas de años.

Esta equivocación choca contra tres obstáculos contra los cuales queda destruido todo tipo de argumentos de este tipo: (1) Resulta imposible que los tiempos de la destrucción y desolación de Jerusalén puedan ser concebidos en el mismo contexto de los tiempos de su restauración, siendo representados desde la misma perspectiva. (2) Resulta inexplicable que las setenta semanas de la última restauración de Israel incluyan el exilio de Babilonia, pero no el exilio romano del judaísmo. (3) En esa perspectiva, el mensaje del ángel por medio de Daniel serviría para corregir la palabra anterior divina que fue transmitida por Jeremías, indicando que no se trataba de setenta años, sino de setenta semanas de años.

Como he dicho ya, no existe ningún argumento que apoye este punto de vista. Conforme a nuestra visión, las siete semanas de años de Dan 9, 25 forman la última parte de las setenta semanas de años o, lo que es lo mismo, del período de jubileos del reino del milenio; y, por su parte, las sesenta y dos semanas de años de Dan 9, 26 representan el período de restauración de Israel después de su liberación de Babilonia y antes de su destrucción por los romanos.

Esos períodos deberían ser computados según el cómputo de las fechas de comienzo y fin, conforme al cual, fijando los años de esta forma (536, edicto de Ciro; 457, retorno de Esdras, y 410, fin de la restauración) obtenernos para la época de la restauración él año 467 a. C., y para la crisis del sometimiento al poder romano el año 691 *ab urbe condita* (=AUC), esto es, de la fundación de Roma (con toma de Jerusalén por Pompeyo, el 714).

En esa línea el año 714 AUC (de la fundación de Roma) sería el año del nombramiento de Herodes como rey de los judíos, y el 759 la llegada del primer procurador romano a Palestina. Según eso, el 721 AUC sería el 33 a.C., de manera que la diferencia entre esos años (del 467 al 33 a.C.) sumaría exactamente 434 años, que son el equivalente a las 62 semanas de años.

De esa forma, el período descrito en Dan 9, 26 alcanzaría desde el comienzo del sometimiento de Israel bajo el imperio mundial de los romanos hasta el tiempo de la diáspora de Israel; por su parte, y la semana de años separada en Dan 9, 27 comprendería el período del juicio final del pueblo de Dios, alcanzando desde el retorno de Israel a Palestina hasta la destrucción del Anticristo (Fries, págs 261-266).

Pues bien, en contra de este nuevo intento de resolver el misterio de las setenta semanas, Hofmann (*Schriftbew*. II. 2, p. 594) eleva esta objeción: "Dan 9, 26 describe un período que pertenece al pasado; por el contrario, Dan 9, 27 describe un período distinto, que pertenece al tiempo del final. Esto hace que resulte absolutamente imposible una conexión indisoluble entre esos dos períodos". Esto que dice Hofmann es perfectamente cierto. Pero la conexión profunda que existe entre esos dos períodos hace que ses imposible interponer un espacio de tiempo vacío entre la destrucción del Ungido (por la que Fries entiende la dispersión de Israel entre los gentiles por obra de los romanos) y la venida del Anticristo, un espacio de tiempo que se extendería por los menos durante 1800 años (es decir, hasta la actualidad). Pues bien, en oposición a esa hipótesis debemos señalar lo siguiente.

- *Fries no ha justificado la colocación de la primera parte de las setenta semanas de años* (es decir, las siete semanas) al final; él no ha logrado rebatir las críticas en contra de esa suposición arbitraria, porque su interpretación de las palabras עד משיח נגיד (hasta que venga el príncipe Nagid) resulta verbalmente imposible, pues Nagid es un predicado, y en la frase no podría faltar el verbo יהיה .
- *La aplicación de* יכרת משיח *a la abolición de la teocracia antigua y a la dispersión de los judíos, abandonados por Dios, no es posible,* y no necesita ni siquiera ser refutada; con esta interpretación se mantiene o cae todo su argumento.
- *Finalmente, esta suposición requiere que las sesenta y dos semanas se computen como semanas de años*, mientras que por el contrario las siete semanas deberían interpretarse místicamente, como períodos de jubileos, mientras que el año único tendría una duración indefinida. Esta visión nos sitúa ante una serie de interpretaciones arbitrarias, que no se pueden entender ya seriamente interpretación de la Escritura.

c. *Interpretación simbólica y teológica de los tiempos (semanas, años).* En contra de esas hipótesis tan arbitrarias, debemos admitir como un camino que lleva a la interpretación auténtica de esta profecía lo que Hofmann (p. 594) dice en la más reciente de sus investigaciones, cuando ofrece la reflexión que sigue: "Por el contrario, yo encuentro que el carácter indefinido de la expresión שבוע, que indica un período dividido de alguna manera en secciones de "siete", deja abierto el camino para la posibilidad de que podamos tomar unidas las sesenta y tres y las siete semanas, como formando *un período de setenta, desde su principio a su final...*

En esa línea, Daniel no nos ha ofrecido la información sobre la extensión que tienen esos setenta tiempos, pues שבוע no lo indica. Él (Daniel) solo nos ofrece conjeturas...". Esto nos permite aceptar *una interpretación simbólica de los números*, que a nuestro juicio, siguiendo el ejemplo de Leyrer y Kliefoth, es la única posible, porque ella no nos obliga a cambiar los setenta años del exilio para convertirlos en años de la restauración de Israel, trasportando al final del tiempo esas siete semanas que el texto presenta al comienzo. La interpretación simbólica de las setenta שבעים y su división viene a fundarse en las siguientes consideraciones:

(1) Por una parte, todas las explicaciones de esas "semanas" como semanas de años necesitan que hagamos una interpretación del mensaje del ángel que no está justificada ni por sus palabras ni por la sucesión de los acontecimientos, de manera que tendríamos que hacer violencia al texto, sin lograr un proceso natural del pensamiento; por otra parte, *todos los intentos de computar esas semanas de un modo cronológico, como semanas de años, resultan insuficientes e imposibles.*

(2) A la misma conclusión se llega cuando tomamos la palabra שבוע para la definición de toda la época y de sus períodos separados, pues *esta palabra solo indica un espacio de tiempo separado pos "sietes", sin precisar en modo alguno la duración de esos sietes.* Dado que Dan 8, 14 y 12, 11 indica una medida de tiempo definida cronológicamente (tarde/mañana, días), por la elección de expresiones con siete (siete tiempos, como en Dan 7, 25 y 12, 7 o en otros lugares semejantes), expresiones que no pueden ser computadas de un modo cronológico, debemos concluir que el período de cumplimiento de la historia del pueblo y del reino de Dios no puede computarse cronológicamente, sino solo como período que está divinamente dividido y calculado en sietes.

En esa línea se sitúa Lammert, "son períodos de siete, de eso no hay duda, pero no se nos ha dado la medida para calcular esos sietes" (*Zur Revision der bibl. Zahlensymb*, en *Jahrbb.f. D. Theol*. IX. 1). Él sigue diciendo: "Aunque la gran dificultad que tenemos para interpretar esos números de un modo cronológica no bastara para interpretarlos de un modo simbólico, nos llevaría a ellos la misma oposición que existe entre la respuesta de Gabriel (Dan 9, 22) y la pregunta de Daniel (Dan 9, 2).

Daniel pregunta sobre el final del exilio de Babilonia; pero él no recibe una respuesta humana, sino divina, en la que los setenta años de Jeremías se interpretar como "unidades de siete" (como heptadas, septenarios), y de esa forma se indica que la plenitud de la historia de la redención solo se alcanzará a través de una larga sucesión de períodos de desarrollo.

Una vez que interpretamos esos períodos de un modo simbólico, el cómputo de su duración cronológica queda más allá del alcance de la investigación humana, pues la definición de los días y de las horas del despliegue del reino de Dios hasta su consumación queda reservado a Dios, que es el creador del mundo y el dirigente de la historia humana.

Sin embargo por el anuncio de su desarrollo a través de estos estadios principales, conforme a la medida fijada por Dios, el profeta ofrece a los hombres un gran consuelo, al mostrarles que Dios tiene los tiempos fijados y que las fortunas de su pueblo se encuentran en sus manos, y que no existe ningún poder hostil que pueda imponerse sobre ellos ni una hora más que la que Dios ha permitido, para que así se desarrolle y madure su juicio, para purificar a los santos y para confirmar su fe en la vida eterna en su Reino, conforme a su sabiduría y justicia.

Tomada así, la profecía que anuncia los tiempos del desarrollo de la consumación futura del Reino de Dios y de este mundo, conforme a una medida que es simbólica y no cronológica, esa profecía no pierde su carácter de revelación, sino que por ella se muestra rectamente su alto carácter divino, que se encuentra más allá del alcance del pensamiento humano. Porque, como ha dicho rectamente Leyrer (Herz., *Realenc.* XVIII. p. 387), aquel que es creador, que ha ordenado todas las cosas conforme a su medida y número, siendo el "gobernante" de este mundo ¿no debería establecer medidas y cuentas más hondas para el desarrollo de la historia?

Esas medidas más hondas han de ser por un lado semejantes a las medidas terrenas de tiempo, como muestra bien y con frecuencia el orden de los tiempos (como lo muestran los setenta años del exilio en Babilonia, Dan 9, 2), pero, al mismo tiempo, ellas son medidas simbólicas, pero de tal forma que el curso histórico se mantiene y se mueve en el interior de un espacio divinamente mesurado, como en el caso de las setenta semanas de Daniel, por las que se ofrece un consuelo para la fe de los creyentes y de la Iglesia, indicando que todos los acontecimientos, incluso los más diminutos, y en particular los tiempos de guerra y opresión están medidos por Dios, que nunca abandona a los fieles (Jer 5,22; Job 38,11; Sal 93,3)[86].

---

86. A pesar de que interpreta las שבעים de un modo cronológico, como semanas de años, Auberlen no rechaza del todo ni confunde el carácter simbólico de esta definición del tiempo, sino que afirma, rectamente (p. 133s): "La historia de la redención está gobernada por esos números sagrados, que son como el fundamento básico del edificio, el esqueleto de su organismo. No son solo indicaciones exteriores del tiempo, sino también de su naturaleza y de su esencia". De todas formas, lo que él dice en relación con el significado simbólico de las setenta semanas y de sus divisiones depende de su interpretación equivocada de las setenta semanas y de sus divisiones, que

El objeto de esta revelación es dar a los fieles esta consolación, y ese objeto se cumple plenamente en esta profecía, porque el tiempo y la hora de la consumación del Reino de Dios no nos pertenecen. Esto es lo que el Señor dijo a sus discípulos (Hch 1, 7) antes de su Ascensión, respondiendo a su pregunta sobre el tiempo del establecimiento del reino de Israel: No os pertenece a vosotros conocer "los tiempos y momentos, sino al Padre... (cf. χρόνους ἢ καιροὺς οὓς ὁ πατὴρ ἔθετο ἐν τῇ ἰδίᾳ ἐξουσίᾳ).

Eso no lo dice Jesús solo a los doce apóstoles, sino a toda la Iglesia. Esta es la razón por la que el tiempo y hora de la aparición del Señor para el juicio del mundo y para el establecimiento de su Reino en Gloria no se pueden anunciar de antemano a los hombres, porque el mismo Cristo dijo, de un modo universal, en su discurso escatológico (Mt 24, 36; Mc 13, 32): "Aquel día y aquella hora no la conoce ningún hombre, ni siquiera los ángeles del cielo, sino solo mi Padre".

Según eso, Dios, que es creador y dirigente del mundo, ha mantenido su propio poder la determinación del tiempo y hora de la consumación del mundo, de manera que nosotros no podemos esperar un anuncio anticipado de ello según la escritura. Todo lo que se ha dicho en oposición a eso, para justificar la interpretación cronológica de la profecía de las setenta semanas de Daniel, y de profecías semejantes (cf. Hengstb., *Christol.* III. 1, p. 202), no puede tomarse como prueba válida.

Bengel, en *Ordo Temporum*, p. 259, 2º ed., con referencia a Mc 13, 32 dice: *Negatur praevia scientia, pro ipso dumtaxat praesenti sermonis tempore, ante passionem et glorificationem Jesu. Non dixit, nemo sciet, sed: nemo scit. Ipse jam, jamque, sciturus erat: et quum scientiam diei et horae nactus fuit, ipsius erat, scientiam dare, cui vellet et quando vellet* (se niega aquí la ciencia anterior, es decir, la que se refiere al tiempo en que se pronunció ese sermón, antes de la pasión y glorificación de Jesús. No se dice "nadie sabrá", sino "nadie sabe". Pues él, Jesús, iba a saberlo, pues se le iba a revelar la ciencia del día y de la hora, de modo que él puciera concederla a quien quisiera y como quisiera...).

Nadie puede negar a priori la conclusión de Bengel, cuando dice que Cristo resucitado conocería el día y la hora. Pero no se puede probar que Cristo haya revelado ese día y hora a nadie, tras su glorificación, ni a Juan, el vidente de Patmos. En esa línea, el intento de Bengel, de interpretar los números del Apocalipsis de un modo cronológico, para computar así el año de la venida final de Nuestro Señor, ha fracaso totalmente, como todos los críticos modernos reconocen. Ciertamente, Jesús ha profetizado su resurrección a los tres días, pero, partiendo de lo que Jesús ha dicho sobre su παρουσία, la Iglesia no puede profetizar según las Escrituras el día de su venida final.

---

dependen de su interpretación errónea de la profecía de la aparición de Cristo en la carne, y que no son consistentes en sí mismas.

III
Daniel 10-12
AFLICCIÓN DEL PUEBLO DE DIOS POR LOS GOBERNANTES DE ESTE MUNDO. CONSUMACIÓN DEL REINO DE DIOS

En el tercer año del reino de Ciro, Daniel recibió la última revelación sobre el futuro de su pueblo, en la que se ofrece un despliegue ulterior de la actitud hostil del poder del mundo hacia el pueblo de Dios y hacia el reino de Dios, desde el tiempo del dominio persa hasta al fin de los días, poniendo también de relieve la poderosa protección que el pueblo de la alianza experimentará en medio de las fuertes opresiones a las que estará expuesto para su purificación.

Esta revelación conecta, tanto por su contenido como por su forma, de manera tan estrecha con Dan 8 que ha de verse como un despliegue ulterior de aquella profecía, de manera que sirve para ilustrar y confirmar lo que se anunció al profeta poco antes de la destrucción del poder mundial caldeo, tocante a los reinos mundiales que iban a seguir y de su relación con la teocracia. Ella consta de tres partes:

1. Dan 10,1-11,2a: *Aparición de Dios*, conforme a su naturaleza, con la impresión que ella produce en el profeta, y con el objeto que ella declara sobre al sufrimiento del pueblo de Dios.
2. Dan 11, 2b-12, 3. *Desvelamiento del futuro*, en breves afirmaciones que exponen la relación del reino mundial persa y griego con Israel, con una descripción más precisa de las guerras de los reyes del norte y del sur sobre su supremacía, y las hostilidades que de aquí surgen contra el Reino de Dios, para destruirlo. Pero la poderosa protección que Miguel, ángel príncipe, ofrece a Israel hace que esas hostilidades terminen con la destrucción del enemigo de Dios y con la salvación final del pueblo de Dios.
3. Dan 12,4-13. *Esa revelación concluye con la definición de la duración del tiempo de la opresi*ón, y con el mandamiento dado a Daniel para sellar las palabras, con la profecía, hasta el tiempo del final, y así descansar (=morir) hasta que llegue ese tiempo: "porque tú has de descansar y permanecer en tu lote hasta el fin de los días.

Si examinamos primero atentamente la forma de esta revelación, es decir, de la manifestación de Dios, por la que se le concede a Daniel la comprensión de los acontecimientos del futuro (Dan 10,14, cf. Dan 11 y 12, 1-13), descubriremos que esta revelación es distinta de las otras, pues ha venido a ser comunicada en parte por una iluminación sobrenatural para la interpretación del sueño/visión y en parte por la aparición de ángeles.

Auberlen (*Proph. Daniel* p. 91f.) ha puesto ya de relieve esta distinción y ha encontrado en ella una progresión bella, digna de notarse, mostrando que una revelación prepara ya el camino para la siguiente, tanto de un modo material como formal, por lo que podemos ver cómo, a lo largo del libro, Dios prepara gradualmente al profeta para la recepción de revelaciones aún más precisas.

Primero han venido los sueños de Nabucodonosor, que Daniel se ha limitado a interpretar (Dan 2 y 4); en un segundo momento, el mismo Daniel ha tenido un sueño, que no ha sido más que una visión en la noche (Dan 7, 1-2); después sigue una visión en un estado de vigilia (Dan 8, 1-3); finalmente llegan las dos últimas revelaciones (Dan 9 y 10-12) en las que Daniel, que aparece ya como un hombre débil y tembloroso (¡), siendo casi transportado fuera de este mundo (Dan 10, 8). De esa forma, en este momento, él ve y oye a los ángeles hablar como hombres, mientras que sus compañeros no ven las apariciones del mundo superior, y están solo sobrecogidos de terror, lo mismo que aquellos que acompañaban a Pablo a Damasco (Dan 9, 20; 10, 4; cf. Hch 9, 7).

Ciertamente, es verdad lo que Auberlen ha puesto de relieve, al decir que hay un progreso entre la interpretación de sueños, la recepción de visiones en sueños y finalmente la recepción de esas visiones en estado despierto, pero con esa sola referencia no se comprende bien el contenido real de la revelación que se ofrece en formas distintas, ni menos aún se aclara el significado de las diferencias que hay entre esas revelaciones. Al presentar así las diferencias, Auberlen ha dejado fuera de su vista las circunstancias de que las visiones de Dan 7 y 8 le han sido también interpretadas a Daniel por un ángel.

Por otra parte, la revelación de Dan 8 no consiste meramente en una visión en la que Daniel ve la destrucción del imperio mundial de Persia por obra del imperio javánico (Grecia) representado en la figura de un macho cabrío luchando contra un carnero, sino que, tras la visión, él oye también al ángel que habla, de manera que le llega una voz de por encima de las aguas del río Ulai, por la que al ángel Gabriel se le manda que explique a Daniel la visión (Dan 8, 13).

Auberlen no dice tampoco que la segunda parte de la revelación tiene una gran semejanza con la de Dan 10-12; ni dice finalmente que el mismo ángel Gabriel aparece de nuevo en Dan 9, ofreciendo a Daniel la revelación de las setenta semanas (Dan 9, 24-27). De todas formas, esas diferencias están condicionada en parte por las condiciones subjetivas del recipiente de la revelación y, por otra parte, por el mismo contenido de la revelación, y de un modo distinto y mucho más profundo del que supone Auberlen, pues él pone solo de relieve el progreso material en la línea de la concreción de la profecía.

Para comprender el significado de la revelación divina en Dan 10-12 debemos examinar de un modo más preciso sus semejanzas con Dan 8, 13-19. En la visión de Dan 8, que pone de relieve la opresión del tiempo del final (Dan 8, 17. 19), se oye una voz del río Ulai (Dan 8, 16): también aquí (Dan 10 y Dan 12, 1-13), el personaje del que procede la voz aparece dentro del círculo de la visión de Daniel, y le anuncia lo que ha de suceder a su pueblo באחרית הימים (Dan 10,14). Este personaje celeste se le aparece con tan terrible majestad divina, que Daniel cae al suelo al escuchar su voz, como en Dan 8, 17, cuando escucha su voz y su mensaje, de tal forma que tiene miedo de morir. También aquí encontramos de nuevo el consuelo sobrenatural del ángel, que le da fuerzas para ponerse en pie y escuchar la revelación.

El ser celeste que se le aparece tiene gran semejanza con la gloria de Yahvé que Ezequiel había visto junto al río Caboras/Kebar; y esta aparición de hombre vestido de lino prepara el contenido de su revelación, pues Dios se manifiesta a Daniel como aquel que ayudará a su pueblo en el tiempo de la futura gran tribulación, como aquel que dirige a su pueblo en juicio y justicia, dirigiendo los asuntos de los imperios mundiales y del reino de Dios, llevándoles al fin previsto. De esa manera, su aparición a Daniel forma como una preparación y un anuncio de lo que sucederá después, en el futuro, al pueblo de Daniel.

Así como Daniel fue arrojado al suelo por la majestad divina del "hombre vestido de lino", pero fue alzado de nuevo por una mano sobrenatural, así será arrojado al suelo el pueblo de Dios por un juicio terrible que se desencadenará sobre ellos, pero será elevado de nuevo por la todopoderosa ayuda de su Dios y por su ángel príncipe Miguel, recibiendo fuerza para soportar la tribulación. Según eso, la misma aparición de Dios tiene un sentido profético y así se le comunica a Daniel por una teofanía majestuosa y no por algún tipo de visión (ni siquiera por una visión de ángeles). Esta es la revelación definitiva de Dios, tal como se menciona en la super-inscripción que se pone de relieve con cuatro palabras que aparecen en Dan 10, 1: וֶאֱמֶת הַדָּבָר וְצָבָא גָדוֹל (la palabra era verdadera y el conflicto grande).

Esta opresión, de la que hablaba Dan 8, que debía venir sobre el pueblo de Dios de parte del fiero y astuto rey (Antíoco) que aparecía como un pequeño cuerno, es un tipo y anuncio de la opresión que ha de venir al final de los tiempos (por el Anticristo). Por eso, Daniel escuchaba la voz de entre las aguas del Ulai.

Lo que se indicaba allí brevemente aparece extendido y completado en todo el desarrollo de Dan 10-12. En relación con el carácter decisivo de este anuncio, la revelación de Dan 10-12 no va más allá de lo que decía Dan 8; pero aquí se extiende ofreciendo una descripción detallada de las guerras de los poderes mundiales, unos contra otros, y en contra del pueblo de Dios, y además en esto: la nueva revelación ofrece visiones sobre los poderes espirituales invisibles que están implicados en la historia de las naciones.

Pero el Señor Dios ejerce su dominio sobre esos poderes y ayuda a su pueblo para que alcance la victoria sobre todos sus enemigos. Para revelar esto, y para confirmarlo de hecho por medio del profeta, y extenderlo por él a la iglesia de Dios de todos los tiempos, nos ofrece el libro de Daniel esta teofanía, que se describe aquí (Dan 10) con hondo sentido profético.

1. Daniel 10, 1–11, 1. La Teofanía

10, 1

בִּשְׁנַת שָׁלוֹשׁ לְכוֹרֶשׁ מֶלֶךְ פָּרַס דָּבָר נִגְלָה לְדָנִיֵּאל
אֲשֶׁר־נִקְרָא שְׁמוֹ בֵּלְטְשַׁאצַּר וֶאֱמֶת הַדָּבָר וְצָבָא גָדוֹל וּבִין
אֶת־הַדָּבָר וּבִינָה לוֹ בַּמַּרְאֶה׃

> En el tercer año de Ciro, rey de Persia, fue revelada palabra a Daniel, llamado Beltsasar. La palabra era verdadera y el conflicto grande, pero él comprendió la palabra y tuvo inteligencia en la visión.

Dan 12, 1-3 ofrece la introducción para las siguientes manifestaciones de Dios. En esa línea, 12, 1 ha de verse como una "inscripción" o una afirmación general del contenido básico de esas manifestaciones. Por eso, Daniel habla de sí mismo en tercera persona, como en Dan 7, 1 y en las partes históricas de Dan 1-6. La definición de este tiempo (en el primer año de Ciro, rey de Persia) remite a Dan 1, 21, pero no lo hace igual que allí, como he puesto allí de relieve, aunque lo que se dice aquí no va en contra de lo que allí se decía.

דבר es la revelación que sigue, que ha sido comunicada al profeta, pero no a través de una visión (חזון), sino por una manifestación de Dios (מראה), siendo dada y transmitida en forma de simple discurso humano. La observación referente a Daniel, "llamado Beltsasar" o Baltasar, se introduce aquí simplemente para indicar que este Daniel del tercer año de Ciro es el mismo que fue llevado a Babilonia en el primer año del rey Nabucodonosor (es decir, setenta y dos años antes).

Aquí se plantea la pregunta de por qué Daniel no volvió a su tierra natal en el primer año de Ciro, pregunta que Hitzig ha planteado, con la finalidad de utilizarla como argumento en contra de la autenticidad de esta profecía (y del libro de Daniel). Así lo hace: "¿Cómo podía ser que aquel que era ejemplo de piedad (Dan 1, 8; Ez 14, 14) pudiera desaprovechar la oportunidad que se la ofrecía, en contra de las invitaciones de Isaías (cf. Is 48, 20; 52, 11), quedándose Babilonia, con otros que se olvidaron de la Montaña Santa de Jerusalén? (cf. Is 65, 11)". Resulta claro que no es suficiente excusa su avanzada edad. En esa línea, Hitzig ha replicado con razón que retornaron a Jerusalén también hombres ancianos, que había visto aún el templo anterior (Es 3, 12), y que Daniel no estaba tan enfermo como para ser incapaz de realizar el viejo,

La respuesta correcta es más bien esta: A causa de las revelaciones divinas que se le habían comunicado, él había logrado un puesto especial en la corte del imperio mundial de los persas, de manera que desde allí podía hacer mucho bien a su pueblo, y por eso, sin un mandato especial de Dios, él no podía abandonar el puesto en el que el mismo Dios le había colocado.

Por eso, él quedó en Babilonia, no por indiferencia hacia la santa montaña, ni por rechazo de los mandatos que les mandaban salir de Babilonia (Is 48, 20; 52, 11), sino por obediencia a Dios y para ayudar a la causa de su reino hasta que el Señor le llamara. El segundo hemistiquio de este verso ofrece el contenido de esta nueva revelación. La palabra הדבר con el artículo remita a la דבר anterior de la primera mitad del verso. Sobre esta "palabra", Daniel dice que contiene אמת y צבא גדול.

En la frase "la cosa es verdadera" Hitzig encuentra una confirmación de que el autor quiere mostrar por ella su propia perspectiva, hablando desde el tiempo de los macabeos, conforme a su propio saber, no por inspiración profética de Dios. Pues bien, en contra de eso, podemos y debemos afirmar que, como profeta de Dios, proclamando su oráculo en el año 3 de Ciro el Persa, él podía asegurar que se palabra era verdadera y que se cumpliría, porque venía de Dios. Por otro lado, este testimonio sobre la verdad de la palabra indica aquí, lo mismo que en Dan 8, 26, en la boca del ángel, que la palabra de Dios comunicada ahora al profeta contenía cosas que resultaban difíciles de creer para el corazón humano.

El segundo predicado צבא גדול muestra en qué sentido es verdadero lo anterior. Es obvio que esas palabras no se refieren a lo que sigue, en contra de los LXX y de Áquila, como reconocen ahora todos los intérpretes modernos. צבא, evoca *un argumento de guerra*, de compromiso militar, y en sentido extenso de "dificultad" en este servicio (en tribulaciones, aflicciones, cf. Job 7. 1; 10, 17). "La palabra es...", es decir, contiene, tiene como contenido grandes aflicciones [además de indicar que el tiempo al que se refieren es muy lejano].

En la última frase de este verso, בין y בינה no son imperativos (v. Lengerke), porque una llamada a prestar atención o a entender no sería aquí adecuada. וּבִינָה es un substantivo, y el hecho de que deba acentuarse en la penúltima letra se debe al acento de la partícula לו que sigue. בין es la 3ª persona del perfecto, no un infinitivo (Hv.). Daniel debía entender la במראה, que significa aquí lo que había visto, es decir, la aparición descrita en Dan 10, 5. במראה no puede referirse en modo alguno (contra Klief.) a las profecías anteriores de Dan 8,7. 9.

La afirmación de estos dos pasajes sirve para confirmar lo que se ha dicho sobre el contenido de la palabra de Dios, y se encuentra en relación con Dan 8, 27, donde Daniel se hallaba turbado porque nadie entendía la visión. En este momento, él supera el estado anterior de comprensión por la revelación siguiente, más profunda, cf. Dan 10, 14.

La objeción de que no se puede decir aquí que Daniel entendió la palabra, porque él mismo dice en Dan 12, 8 que no la había entendido, ha sido refutada por Kliefoth, pues él afirma justamente que la no comprensión de Dan 12, 8 se refiere solo a un punto, es decir, a la duración de la aflicción, respecto a la cual se dan sin embargo revelaciones en Dan 12, 10. La traducción "él escuchó la palabra y entendió la visión" (Kran.) queda refutada por el hecho de que ella toma בין en un sentido diferente a בינה, en contra del paralelismo que hay entre los dos pasajes

10, 2-3

² בַּיָּמִים הָהֵם אֲנִי דָנִיֵּאל הָיִיתִי מִתְאַבֵּל שְׁלֹשָׁה שָׁבֻעִים יָמִים׃
³ לֶחֶם חֲמֻדוֹת לֹא אָכַלְתִּי וּבָשָׂר וָיַיִן לֹא־בָא אֶל־פִּי
וְסוֹךְ לֹא־סָכְתִּי עַד־מְלֹאת שְׁלֹשֶׁת שָׁבֻעִים יָמִים׃ פ

² En aquellos días yo, Daniel, estuve afligido por espacio de tres semanas. ³ No comí manjar delicado, ni entró en mi boca carne ni vino, ni me ungí con perfume, hasta que se cumplieron las tres semanas.

Dan 10, 2-3 introducen la revelación siguiente con una afirmación de la ocasión en que se produjo. בימים ההם se refiere a la fecha citada en Dan 10, 1. El hecho de que ימים vaya después de שבעים no indica que esa palabra sirva para designar tres semanas de días comunes, en contra de las שבעים de Dan 9, 24, sino que es un acusativo subordinado a la definición de tiempo que expresa la idea de continuidad... a lo largo de tres semanas, o tres semanas enteras como en Gen 41, 2; Gesen., *Gramm*. 118, 3. A lo largo de tres semanas, Daniel se afligió y ayunó, es decir, se abstuvo de toda comida normal.

לחם חמות, *comida preciosa*, delicada, aunque Hv., v. Leng., Maur., Hitz. y Kran. piensan que se trata de pan fermentado, en contra del pan pascual sin levadura, entendido como pan de aflicción (Dt 16, 3). Pero esta oposición no está bien fundamentada porque los מצות (panes sin levadura) de la pascua no eran (a pesar de Dt 16, 3) pan de tristeza, sino pan puro y santo, que Daniel no tomó (para no oponerse a la ley) durante esas tres semanas.

לחם no es solo "pan", en su sentido estrecho, sino que denota comida, en general. Carne y vino eran comidas de fiesta, Is 22,13; Gen 27,25, pues no se tomaban todos los días. La unción con aceite era signo de alegría, y de una apertura mental gozosa, como al compartir la comida con huéspedes en un banquete (cf. Am 6, 6), y se omitía en tiempos de tristeza, cf. 2 Sam 14, 2. El ayuno, como gesto de privarse de las mejores comidas era un signo externo de tristeza de alma.

Según Dan 10, 4, Daniel hizo penitencia y ayunó en el primer mes del año, es decir, en el mes en medio del cual se celebraba la fiesta de pascua, en la que Israel recordaba su liberación de la esclavitud de Egipto, y se preparaba para ser el pueblo de Dios, de manera que en esos días los judíos se mantenían gozosos ante su Dios. Pues bien, en el día 24 de ese mes sucedió la teofanía (Dan 10, 4), con la que, sin embargo, terminó el ayuno.

Según eso, se puede suponer que el ayuno duró desde el día 3 al 23 del mes de nisán, y comenzó por tanto inmediatamente después de la fiesta a la luna nueva, que se celebraba durante dos días (cf. 1 Sam 20, 18-19. 27. 34, con 6, 39 y Dan 2, 19). En esa línea interpretan el tiempo Hv. y Hitzig, mientras que v. Leng. y Maurer afirman que, según Dan 10, 13, *entre el tiempo de ayuno y la aparición del ángel tuvo que pasar cierto tiempo,* de manera que Daniel ayunó del uno al veintiuno del mes de Nisán. Pero Dan 10, 13 solo afirma que el ángel se detuvo veintiún días, de forma que la cuestión del comienzo y del fin del ayuno no ha sido contestada por el texto, como si no fuera relevante para el tema, de forma que podemos dejar ese tema sin responder.

Más importante es el tema de la causa de una tristeza tan prolongada, una tristeza que no se puede entender diciendo que Daniel se preparaba así para recibir una revelación divina. Conforme a Dan 10, 12, Daniel buscó הבין, es decir, *entendimiento* sobre el estado de la cuestión, o en relación con el futuro de su pueblo, tema que le llenaba de preocupación. La palabra sobre la restauración de Jerusalén que él había recibido a través del ángel Gabriel en el año primero de Darío (Dan 9), había venido a cumplirse con Ciro, pero ella solo había tenido un efecto pequeño en la actitud religiosa de la mayoría del pueblo.

Solo una pequeña parte de ese pueblo había vuelto a la tierra de sus padres, y habían comenzado, tras la restauración del altar de las ofrendas cruentas, a edificar la casa de Dios en Jerusalén. Pero cuando pudo acabarse la construcción del tempo, con la alegría de muchos, vino a mostrarse también la tristeza de los ancianos que habían visto el templo anterior en su gloria, de manera cuando contemplaron este edificio menos glorioso, construido en medio de circunstancias de intensa depresión y tristeza, se lamentaban por ello (Es 3,1-13).

Por otra parte, cuando los judíos, por motivos de conciencia no les permitieron tomar parte con ellos en la edificación del templo de Jerusalén, los samaritanos, inmediatamente, quisieron impedirles que lo construyeran (Es 4, 1-5). Este triste estado de cosas no pudo menos de llenar de tristeza el corazón de Daniel al comienzo del nuevo año, llevándole a realizar un gesto de penitencia y oración, por la tardanza de la salvación que Dios había prometido a su pueblo y para pedir, en favor de Israel, el perdón de sus pecados y su liberación de la mano de los enemigos. Por esa razón hizo penitencia y oración durante los días pascuales, a lo largo de tres semanas, hasta que el día 24 del mes recibió la revelación de Dios.

Aflicción del pueblo de dios por los gobernantes de este mundo

10, 4-6. La teofanía

⁴וּבְיוֹם עֶשְׂרִים וְאַרְבָּעָה לַחֹדֶשׁ הָרִאשׁוֹן וַאֲנִי הָיִיתִי עַל יַד הַנָּהָר הַגָּדוֹל הוּא חִדָּקֶל:
⁵וָאֶשָּׂא אֶת־עֵינַי וָאֵרֶא וְהִנֵּה אִישׁ־אֶחָד לָבוּשׁ בַּדִּים וּמָתְנָיו חֲגֻרִים בְּכֶתֶם אוּפָז:
⁶וּגְוִיָּתוֹ כְתַרְשִׁישׁ וּפָנָיו כְּמַרְאֵה בָרָק וְעֵינָיו כְּלַפִּידֵי אֵשׁ וּזְרֹעֹתָיו וּמַרְגְּלֹתָיו כְּעֵין נְחֹשֶׁת קָלָל וְקוֹל דְּבָרָיו כְּקוֹל הָמוֹן:

⁴ El día veinticuatro del primer mes estaba yo a la orilla del gran río Hidekel. ⁵ Alcé mis ojos y miré, y vi un varón vestido de lino y ceñida su cintura con oro de Ufaz. ⁶ Su cuerpo era como de berilo (=Tarsis), su rostro parecía un relámpago, sus ojos como antorchas de fuego, sus brazos y sus pies como de color de bronce bruñido, y el sonido de sus palabras como el estruendo de una multitud.

10, 4-5. En el día citado, Daniel se encontraba en persona en la ribera del río Hiddekel, es decir, del Tigris (cf. Gen 2,14), junto con algunos que le acompañaban (Dan 10, 7). Eso significa que él estaba allí físicamente y no solo en visión, como en el río Ulai (Dan 8, 2). No se dice por qué razón se encontraba allí. Y allí vio un ser celestial, cuya forma se describe en 10, 5-6.

Ese ser celestial era como un hombre (אחד, *uno* y no varios) vestido con בדים, es decir, con un tipo de túnica talar lino blanco brillante (que parecía בדים, cf. *Coment.* a Ez 9,2), y sus lomos estaban ceñidos por un cinturón de oro de Ufaz. אוּפָז no aparece en ningún otro lugar de la Biblia, a no ser en Jer 10, 9.

El texto habla así de oro de Ufaz y de berilo (como plata de Tarsis). Eso nos lleva a pensar que Ufaz es el nombre de una región, es decir, de un país, que se encuentra probablemente vinculado a Tarsis solo de un modo "literario". A veces se ha pensado que esa palabra (אוּפָז) está vinculada a Ofir, אופיר, lo que no está demostrado. Su combinación con el sánscrito Viraça (Hyphasis) parece arbitraria.

10, 6. Su cuerpo brillaba como תרשיש, es decir, como el Crisólito (la antigua Piedra de Oro) y como el topacio del AT y del NT (cf. en *Coment.* a Ez 1,16); su rostro tenía la apariencia de un relámpago, sus ojos eran como lámparas de fuego, sus brazos y el lugar de sus pies como bronce bruñido (קלל, cf. *Coment.* a Ez 1, 7). מרגלות, planta de los pies, no aparece aquí en vez de pies, sino que indica el lugar del cuerpo humano en el que están los pies; de esa forma se indica que no solo los pies, sino las partes bajas del cuerpo brillaban como bronce bruñido. La voz de sus palabras, es decir, el sonido de su habla era como קול המון, cf. *Coment.* a Ez 1,24. Por קול המלה (la voz del ruido), y por קול מחנה (Ez 1,24) se está indicando el bramido de una multitud.

Esta forma celeste tiene, según eso, la túnica talar blanca brillante, propia de los ángeles (cf. Ez 9, 9), pero todos los otros rasgos aquí descritos (el brillo de su cuerpo, el resplandor de su rostro, sus ojos como lámparas de fuego, sus brazos y sus pies como bronce brillante, el sonido de su voz...), todos esos rasgos están indicando que nos hallamos ante la revelación de la כבוד יהוה, es decir, ante la aparición gloriosa del Señor (cf. Ez 1) y nos están enseñando que el איש (hombre) visto por Daniel no era un ángel-príncipe normal, sino una manifestación de Yahvé, es decir, del Logos. Así lo muestra sin duda alguna la comparación con Ap 1, 13-15, donde la forma del Hijo de Hombre a quien Juan vio caminando por el medio de los siete candelabros de oro aparece descrita con la apariencia gloriosa que fue vista por Ezequiel y Daniel.

No se dice expresamente el lugar en el que se hallaba ese ser celestial. En Dan 12, 6 él aparece como revoloteando sobre las aguas del río, del Tigris. Esto concuerda también con el verso anterior, según el cual, Daniel, mientras estaba en la orilla del río, al levantar sus ojos, contempló la visión. De aquí se sigue pues que el איש visto por Daniel es el mismo ser celestial cuya voz él oyó en Dan 8, 16, desde las aguas del río Ulai, sin ver su forma.

Así pues, aquel cuya voz había oído antes Daniel (en el río Ulai) sin verle, se le presenta ahora en el Tigris, con una majestad que la naturaleza humana no es capaz de soportar, anunciándole el futuro. Este ser divino es, finalmente, en Dan 12, 6 aquel que con un juramento le confirma que se ha completado el divino consejo. De esa forma, como han reconocido C. B. Michaelis (*Daniel* p. 372), Schmieder (*Gerlacher Bibel.*) y Oehler (Art. *Messias,* en Herz., *Realenc.* IX. p. 417), *este es el Ángel de Yahvé por excelencia* (κατ ἐξοχὴν), es decía "el Ángel de su presencia".

Resulta natural la identificación de este ángel con aquel que aparecía en las nubes (Dan 7, 13) en la forma de un Hijo de hombre. Esta combinación queda ratificada sin duda alguna por la comparación con Ap 1, 13, donde Juan ve al Cristo glorificado, a quien se le describe con un nombre de se refiere sin duda a Dan 7, 13: ὅμοιον υἱῷ ἀνθρώπου.

Por otra parte, la opinión mantenida con cierta frecuencia entre los rabinos, que ha sido defendida en los tiempos modernos por Hengstenberg (*Beitr.* I. p. 165ss.; *Christol.* III. 2, p. 50ss), es decir, que el ángel del Señor que se aparece aquí a Daniel en su majestad divina es el mismo ángel príncipe Miguel, no tiene apoyo en la Escritura, pues Dan 10, 13. 21 distingue claramente al que habla de Miguel. Ciertamente, Hengstenberg mantiene, con muchos intérpretes antiguos, que aquel que habla con Daniel (en Dan 10, 11) y le revela el futuro es distinto de aquel que se le aparece en 10, 5-6, identificándose aquí con el ángel Gabriel. Pero las razones que se aducen en apoyo de esta tesis tampoco son suficientes.

Esta última suposición se funda en parte en la semejanza del saludo dirigido a Daniel, איש חמות (Dan 10, 11. 19; cf. Dan 9, 23) y en parte en la semejanza de las circunstancias en uno y otro caso (Dan 8, 17-18; cf. 10, 10; 12, 5). Pero el saludo dirigido a Daniel (איש חמות) no prueba nada, pues no indica la relación del ángel con Daniel, sino la de aquel que ha enviado al ángel. Por su parte, Gabriel (en 9, 23) no se dirige al profeta de esa forma, sino que le dice solo que él es un המדות, es decir, un hombre muy amado de Dios.

La semejanza de las circunstancias con Dan 8, 17-18 prueba solo que aquel que se le apareció era un ser celestial. Más digna de destacarse es la semejanza de Dan 8, 13 con Dan 12, 5, pues en ambos casos aparecen con él dos ángeles que revolotean sobre las aguas. Pero a partir del hecho de que en Dan 8 y Dan 9 es Gabriel quien ofrece al profeta revelaciones respecto al futuro no se sigue en modo alguno que el ángel que habla aquí es Gabriel. Si lo fuera, él se hubiera presentado aquí con ese nombre, por analogía con Dan 10, 9.21.

A eso hay que añadir que la diferencia asumida entre aquel que habla en Dan 10, 11 y aquel que se aparece, en Dan 10, 5.6 no se pone de relieve, y ni siquiera es del todo demostrable. Ciertamente, en favor de la diferencia está el hecho de que aquel que habla se encuentra *a la orilla del río* en el que está Daniel, mientras que aquel que aparece ahora (10, 5-6) y también al final de la visión (Dan 12, 1-13) se encuentra *en el medio del río Tigris*. Por otra parte, en Dan 12, 5 aparecen otras dos personas que se encuentra en las dos riberas del río, una de las cuales, vestida de lino, pregunta cuándo han de suceder las cosas anunciadas.

Pues bien, si asumimos que aquel que está vestido de lino no es otro que aquel que habla a Daniel en el verso 11, entonces, una de las dos personas se presenta como un κωφὸν πρόσωπον, es decir, alguien del que no puede saberse por qué razón ha venido. Pero si, por el contrario, asumimos que entre los dos hay una diferencia, entonces, cada uno tiene su propia función. (a) El Ángel del Señor aparece en majestad silente, y solo por una breve sentencia confirma las palabras de su mensajero (Dan 12, 7). (b) Aquel que está de pie en la ribera del río es aquel que como mensajero e intérprete del Ángel del Señor comunica a Daniel todas las revelaciones respecto al futuro. (c) Finalmente el tercero, aquel que está en la otra orilla es aquel que dirige al Ángel del Señor la pregunta sobre la duración del tiempo. Así lo dice Hengstenberg, y su opinión es la misma de la de C. B. Michaelis, con otros.

Pero, por importantes que parezcan estas diferencias, no podemos tomarlas como concluyentes. Por el hecho de que en Dan 10, 10 aparezca una mano que toca a Daniel como si él estuviera hundiéndose de debilidad, y la pone sobre sus rodillas, no se sigue con certeza que esa mano sea la del ángel (Gabriel), que se hallaba al lado de Daniel y que hablaba con él (Dan. 10:11). Las palabras del texto "una mano me tocó" deja sin precisar de quién es esa mano. Y así también en Dan 10, 16. 18, donde tocan de nuevo a Daniel, de manera que él fue capaz de abrir su boca y de escuchar las palabras que se le dirigían…Pero también en este caso la persona de la que provenía el toque sigue estando indefinida.

Las designaciones, כדמות בני אדם, *como semejanza de los hijos de los hombres*, Dan 10, 16, y כמראה אדם, *como la apariencia de un hombre*, Dan 10,18, no remiten a un ángel definido, que aparece hablando a continuación. Pero el hecho de que en Dan 12, 1-13, además de la forma que revoloteaba sobre el agua, aparezcan otros dos ángeles, no nos impide pensar que esos ángeles estaban ya presentes o visibles en Dan 10, 5. Las palabras "entonces yo miré y vi otros dos, uno…" etc.,

Dan 12, 5, indican más bien que la escena ha cambiado, que Daniel ha visto ahora por vez primera a los dos ángeles en las orillas.

En Dan 10 él solo veía al que está vestido de lino, quedando aterrado por esta gran visión, de manera que caía impotente sobre el suelo al escuchar su voz, y solo se vuelve capaz de ponerse de pie después que una mano le ha tocado y una voz que habla con él le ha confortado. Nada se dice aquí, ni en Dan 8, 15, de la venida del ángel.

Por eso, si después de la mención de la mano que le toca y le levanta se dice "y él me habló…" (Dan 10, 11), el contexto nos lleva a decir que aquel que le hablaba era el mismo ante cuya visión quedó aterrado. Solo se podría suponer que se trataba de otra persona distinta de la que se le había mostrado ya vestida de túnica de lino, si es que las circunstancias del contexto nos obligaran a ello, cosa que no sucede.

Aquel que habló le dijo, entre otras cosas, que él había sido enviado a Daniel (Dan 10, 11), que el príncipe del reino de Persia le había perseguido por veintiún días, y que Miguel, uno de los ángeles príncipes, había venido en su ayuda (Dan 10, 13. 21). Estas afirmaciones no indican que él era un ángel inferior, sino que podría ser el mismo Ángel de Yahvé, porque él dice también (Zac 2, 13; 4, 9) que ha sido enviado por Yahvé (cf. también Is 48, 16; 61, 1).

El hecho de que el ángel-príncipe Miguel venga en su ayuda no indica que el que hablaba era un ángel subordinado al arcángel Miguel. En Zac 1, 15, עזר indica la ayuda que los hombres ofrecen a Dios. Y en 1 Cron 12, 21 se dice que israelitas de diferentes tribus vinieron en ayuda de David, en contra de sus enemigos, es decir, poniéndose bajo su liderazgo para luchar a favor de él. De un modo semejante, aquí podemos suponer que el ángel Miguel le ofreció su ayuda al Ángel del Señor en contra del príncipe del reino de Persia.

Solo queda según eso la objeción de que, si en Dan 12, 5, el ángel vestido de lino y aquel que habla con él son el mismo, entonces, el otro ángel que estaba sobre las dos riberas del Tigris viene a presentarse como un κωφὸν πρόσωπον, un rostro mudo. Pero esos dos ángeles (el vestido de lino y el que habla) dos ángeles no pueden ser sin duda el mismo, porque ellos aparecen expresamente designados como dos distintos, otros (אהרים שנים), y por el hecho de que a uno se le llame אהרים excluye que ellos puedan identificarse con los ángeles que habían aparecido previamente a Daniel.

Sea como fuere, no se puede aducir ningún argumento a favor de la suposición de que aquel que habla (10, 11) es distinto del que está vestido de lino, y así lo muestra el hecho de que Dan 10 no nombre ningún ángel distinto de aquel que iba vestido de lino, que, según eso, debe ser el mismo que habla y anuncia el futuro al profeta. La mano que le pone de nuevo en pie al tocarle ha de tomarse como mano de ángel, aunque no queda descrita de un modo más preciso porque no se habla más de ese ángel.

Pero, después que el hombre vestido de lino ha anunciado el futuro al profeta la escena cambia (12, 5). Daniel ve a los mismos ángeles sobre las aguas del río Trigris, sobre las dos riberas del río. La escena deja sin precisar donde se encuentra el vestido de lino. Si desde el principio él era aquel que revoloteaba sobre el agua del río, el texto supone que él podía hablar con el profeta que estaba en una de sus riberas.

10, 7-11

⁷ וְרָאִיתִי אֲנִי דָנִיֵּאל לְבַדִּי אֶת־הַמַּרְאָה וְהָאֲנָשִׁים אֲשֶׁר הָיוּ
עִמִּי לֹא רָאוּ אֶת־הַמַּרְאָה אֲבָל חֲרָדָה גְדֹלָה נָפְלָה עֲלֵיהֶם וַיִּבְרְחוּ בְּהֵחָבֵא׃
⁸ וַאֲנִי נִשְׁאַרְתִּי לְבַדִּי וָאֶרְאֶה אֶת־הַמַּרְאָה הַגְּדֹלָה הַזֹּאת
וְלֹא נִשְׁאַר־בִּי כֹּחַ וְהוֹדִי נֶהְפַּךְ עָלַי לְמַשְׁחִית וְלֹא עָצַרְתִּי כֹּחַ׃
⁹ וָאֶשְׁמַע אֶת־קוֹל דְּבָרָיו וּכְשָׁמְעִי אֶת־קוֹל דְּבָרָיו וַאֲנִי
הָיִיתִי נִרְדָּם עַל־פָּנַי וּפָנַי אָרְצָה׃
¹⁰ וְהִנֵּה־יָד נָגְעָה בִּי וַתְּנִיעֵנִי עַל־בִּרְכַּי וְכַפּוֹת יָדָי׃
¹¹ וַיֹּאמֶר אֵלַי דָּנִיֵּאל אִישׁ־חֲמֻדוֹת הָבֵן בַּדְּבָרִים אֲשֶׁר אָנֹכִי
דֹבֵר אֵלֶיךָ וַעֲמֹד עַל־עָמְדֶךָ כִּי עַתָּה שֻׁלַּחְתִּי אֵלֶיךָ
וּבְדַבְּרוֹ עִמִּי אֶת־הַדָּבָר הַזֶּה עָמַדְתִּי מַרְעִיד׃

⁷ Solo yo, Daniel, vi aquella visión. No la vieron los hombres que estaban conmigo, sino que se apoderó de ellos un gran temor y huyeron y se escondieron. ⁸ Quedé, pues, yo solo ante esta gran visión, pero no quedaron fuerzas en mí, antes bien, mis fuerzas se cambiaron en desfallecimiento, pues me abandonaron totalmente. ⁹ Pero oí el sonido de sus palabras; y al oír el sonido de sus palabras caí sobre mi rostro en un profundo sueño, con mi rostro en tierra. ¹⁰ Y una mano me tocó e hizo que me pusiera sobre mis rodillas y sobre las palmas de mis manos. ¹¹ Me dijo: Daniel, varón muy amado, estate atento a las palabras que he de decirte, y ponte en pie, porque a ti he sido enviado ahora. Mientras hablaba esto conmigo, me puse en pie temblando.

10, 7. Conforme a este verso, la forma descrita en Dan 10, 5.6 solo era visible para Daniel. Sus compañeros no vieron la aparición, pero quedaron tan alarmados por la cercanía invisible del ser divino que huyeron y se escondieron. Lo que se dice aquí se parece a lo sucedió según Hch 9,3, cuando Cristo, tras su exaltación se apareció a Pablo y le habló: Los compañeros de Pablo solo oyeron la voz, pero no vieron a nadie.

Para describir la huida de los compañeros de Daniel, no es necesario suponer que hubiera un rayo o relámpago, de lo que el texto nada dice. Tampoco es correcta la suposición de Teodoreto y de Hitzig, cuando dicen que los hombres no vieron al ángel, pero escucharon su voz, pues la voz se empezó a escuchar cuando ellos habían huido. La palabra המראה, en femenino significa aquello que se ha visto, la aparición, y tiene un sentido más limitado que מראה, visión. יברחו

בההחבא: huyeron y se escondieron a sí mismos; no huyeron para esconderse, pero la huida resultó conocida por el hecho de que ellos se escondieron.

10, 8. Daniel dice aquí que la aparición fue grande (גִדֹלָה), refiriéndose a la majestad que vino a desplegarse, como él no la había visto previamente, y tuvo más influjo en Daniel que la aparición de Gabriel en 8, 17. No le quedaron fuerza, es decir, se sintió sobrecogido, como si fuera a morir. Su הוד, esplendor, lo mismo que en caldeo זיו, Dan 7, 28; 5. 6.9, es decir, el color fuerte que brillaba en su rosto. Él quedó cambiado (למשחית), de tal forma que quedó desfigurado, como si fuera a descomponerse. La última frase (y quedé sin fuerzas) concede gran fuerza a la aparición anterior.

10, 9-11. Cuando Daniel escuchó la voz que, según 10,6, era como bramido de una multitud, quedó suspenso y cayó sobre su rostro, sobre el suelo, como en Dan 8, 17. Pero la expresión de nuestro pasaje הייתי נרדם, es más fuerte que la palabra נבעתי, Dan 8,17. Dan 10, 10 muestra, por lo que sigue diciendo, la grandeza de esa admiración de Daniel.

Pero el toque de una mano que no logró ver le levantó del suelo, y le hizo capaz de a medias sobre sus manos y rodillas (תניעני, *vacillare me fecit*: me hizo vacilar), pero no le permitió ponerse en pie, cosa que solo pudo hacer cuando escuchó las palabras consoladoras de la comunicación del mensajero celestial.

Sobre el sentido de איש חמות, cf. *Coment.* Dan 9, 23, y para עמד על עמדך cf. Dan 8:18. Solo entonces puede alzarse, pero todavía temblando (מרעיד). La palabra עתה, ahora soy enviado a ti, evoca la razón de su tardanza en venir, de la que se habla en 10, 12.

10, 12-13

וַיֹּאמֶר אֵלַי אַל־תִּירָא דָנִיֵּאל כִּי מִן־הַיּוֹם הָרִאשׁוֹן אֲשֶׁר נָתַתָּ אֶת־לִבְּךָ לְהָבִין וּלְהִתְעַנּוֹת לִפְנֵי אֱלֹהֶיךָ נִשְׁמְעוּ דְבָרֶיךָ וַאֲנִי־בָאתִי בִּדְבָרֶיךָ: ¹³ וְשַׂר מַלְכוּת פָּרַס עֹמֵד לְנֶגְדִּי עֶשְׂרִים וְאֶחָד יוֹם וְהִנֵּה מִיכָאֵל אַחַד הַשָּׂרִים הָרִאשֹׁנִים בָּא לְעָזְרֵנִי וַאֲנִי נוֹתַרְתִּי שָׁם אֵצֶל מַלְכֵי פָרָס:

¹² Entonces me dijo: Daniel, no temas, porque desde el primer día que dispusiste tu corazón a entender y a humillarte en la presencia de tu Dios, fueron oídas tus palabras; y a causa de tus palabras yo he venido. ¹³ Pero el príncipe del reino de Persia se me opuso durante veintiún días; pero Miguel, uno de los principales príncipes, vino para ayudarme, y quedé allí con los reyes de Persia.

10, 12. Conforme a este verso, las palabras de Daniel, es decir, su oración que intentaba comprender el futuro y su mortificación en penitencia y ayuno (Dan 10, 2. 3), había sido escuchada desde el primer día y el ángel fue inmediatamente enviado por Dios para transmitirle sus revelaciones. Y así añade: וַאֲנִי־בָאתִי בִּדְבָרֶיךָ, es decir, "y yo he venido por tus palabras", a consecuencia de tu oración (por ella).

Muchos intérpretes piensan que באתי se refiere a la venida del ángel a Daniel (10, 13). Por el contrario, Hofmann (*Schriftbew.* I. p. 331) y Kliefoth piensan que se refiere a la venida del ángel a Persia (Dan 10,13). Desde la perspectiva del tema, las dos interpretaciones son correctas, pero resultan incorrectas en la forma en que se presentan.

En contra de la última se encuentra el adversativo ו en ושׂר (pero el príncipe), Dan 10,13, palabra por la que se introduce el tema en Dan 10. 13; según eso, lo que se dice en Dan 10, 13 no puede mostrar el objeto de la venida. En contra de la primera interpretación está el hecho de que el ángel no viene inmediatamente donde Daniel, sino solo después de haber ganado una victoria contra el príncipe del reino.

La palabra באתי aparece también en Dan 10,14, y ha de tener aquí el mismo sentido de allí. Pero en 10, 14 se encuentra conectada con להבינך, "he venido para traerte entendimiento", mientras que en 10, 12 se conecta con בדבריך, lo que solo significa que ha venido *respondiendo a la oración de Daniel*, pero que no lo ha hecho inmediatamente. Sin duda, Daniel había orado para que se cumpliera la salvación prometida a su pueblo, y *eo ipso*, por ello mismo, para que se superaran las oposiciones que iban en contra de aquel cumplimiento vino el ángel.

La escucha de su oración ha de verse, por tanto, como algo que contiene dos elementos. (a) Dios manda al ángel para que ofrezca al profeta revelaciones sobre la suerte futura de su pueblo. (b) Pero, al mismo tiempo, el cumplimiento del contenido de esas revelaciones implica que Dios debe resolver ciertos temas para superar los impedimentos que se elevan para lograr ese fin.

10, 13. Este verso retoma el argumento anterior, pero no para indicar que el ángel vino a Persia con el fin de comprometerse a favor de Israel, sino más bien anunciando la razón por la que se había demorado veintiún días antes de venir donde Daniel, y lo hacer en forma de paréntesis. La venida del ángel a Daniel fue impedida por esto: El príncipe del reino de Persia se le opuso durante 21 días, es decir, las tres semanas de ayuno y oración de Dan 10, 2.

Eso nos muestra que la venida del ángel estaba vinculada a Daniel, porque él vino para traerle la respuesta de Dios; pero, a fin de que fuera capaz de hacerlo, él debía luchar primero y superar al espíritu del rey de Persia (cf. 10, 13), que era contrario al pueblo de Dios. Por eso, el contenido de 10, 13 no ha de entenderse como si mostrara que el ángel fue a Persia para resolver allí los temas relacionados a Israel con el rey de Persia. Este verso habla más bien de una guerra superior, en el reino de los espíritus, que no pudo, pues, desencadenarse en la corte terrena del rey de Persia.

El príncipe (שׂר) del reino de Persia, designado brevemente en 10, 12 como "príncipe de Persia" no es el rey Ciro, ni el "colectivo" de los reyes de Persia, como suponen Hv. y Kran., con Calvino y la mayor parte de los reformadores, sino *el espíritu guardián* o genio protector del reino de Persia, como han reconocido con razón los rabinos y la mayor parte de los intérpretes cristianos. Eso significa que él ángel que se apareció a Daniel no luchó en contra de los reyes de Persia, sino contra una inteligencia espiritual, semejante a él, sobre el tema de la victoria o precedencia respecto a los reyes de Persia.

El espíritu del reino de Persia del que, siguiendo el ejemplo de Jerónimo, la mayor parte de los intérpretes dicen que es el ángel guardián de su reino, no es el "poder natural" de su reino, como Miguel no es tampoco el poder natural de Israel, sino un ser spiritual. No es el "dios" natural pagano de los persas, sino, conforme a la visión de la Escritura (1 Cor 10,20), el δαιμόνιον del reino persa, es decir, el poder sobrenatural de tipo spiritual que está en el fondo de los dioses nacionales, aquel a quien podemos llamar con propiedad el espíritu guardián de su reino.

En la expresión עֹמֵד לְנֶגְדִּי subyace, conforme a la excelente observación de Kliefoth, la idea de que el שַׂר del reino de Persia se mantuvo ante el rey de los persas para lograr que el rey de los persas dirigiera en contra de Israel el poder de ese reino pagano, a fin de apoyar las insinuaciones de los samaritanos (que no querían que los judíos construyeran las murallas de Jerusalén).

Eso significa que el ángel de Dan 10, 5 vino respondiendo a la oración de Daniel para oponerse a ese "príncipe" de Persia, para privarle de su influjo. De esa forma se mantuvo durante 21 días, hasta que vino Miguel en su ayuda. De esa forma, ganó la superioridad sobre el antiguo príncipe de Persia, para ocupar ahora su lugar, pudiendo así influir sobre los reyes de Persia a favor de Israel.

Este ángel que se apareció a Daniel (10, 5) y que hablaba con él (10, 11) no es "el ángel que tiene el dominio sobre todas las naciones del mundo", ni es aquel que mantiene su esfera de acción en el contexto del poder pagano, al que el pueblo judío se encontraba ahora sometido, para así promover el despliegue del plan de salvación de Dios en Israel" (Hofm., *Schriftbew.* I. p. 334). Esta suposición no puede apoyarse en la Escritura.

Este es más bien el Ángel del Señor, aquel que realiza sus planes en el mundo, de manera que, con el fin de cumplir y ejecutar esos planes de Dios, él debe luchar en contra del espíritu hostil del poder mundial de los paganos (en este caso del rey persa). Para someter a ese espíritu adverso del poder del mundo actúa un ángel particular con capacidad de actuar en mundo pagano. En la guerra contra el espíritu hostil del reino de Persia, el arcángel Miguel vino en ayuda del Ángel del Señor. El nombre מִיכָאֵל, *quién como Dios*, aparece, lo mismo que el de Gabriel, solo por el significado apelativo que tiene la palabra, que expresa, conforme a la analogía del Ex 15, 11 y Sal 89, 7, la idea del poder de ayuda insuperable de Dios.

Miguel es, según eso, el ángel que posee el poder más alto de Dios. Aquí se dice que es "uno de los príncipes jefes", es decir, el ángel-príncipe más alto (10, 21), "vuestro príncipe", esto es, el príncipe que lucha a favor de Israel, que defiende la causa de Israel. El primer título indica, indudablemente, una escala de órdenes y grados entre los ángeles, y así presenta a Miguel como uno de los ángeles-príncipes, y en esa línea la carta de Judas 1, 9 le llama ἀρχάγγελος, y también le da mucha importancia el Apocalipsis (Ap 12, 7), donde se le presenta al frente de sus ángeles luchando en contra de los ángeles perversos del Dragón.

La opinión según la cual Miguel es llamado "uno de los príncipes jefes", pero no porque es grande entre los ángeles, sino solo frente a los demonios de los dioses paganos (Kliefoth) se opone a las palabras del texto, lo mismo que al contexto. Del hecho de que al espíritu guardián de Persia se le llame שׂר no se sigue que שׂרים no sea una designación de los ángeles en general, sino solo de los príncipes del pueblo, es decir, de aquellos espíritus que gobiernan sobre los asuntos sociales de las naciones y de los reinos (Hofmann, p. 337); e incluso aunque esa conclusión pudiera concederse, no se puede demostrar que השׂרים con el predicado הראשׁנים se aplique solo a los ángeles guardianes de los pueblos, porque la Escritura no sitúa a los poderes demoníacos del paganismo en le misma línea en que están ángeles, de manera que ambos puedan ser designados como שׂרים ראשׁנים.

Los שׂרים ראשׁנים solo pueden ser príncipes jefes, de los ángeles buenos, que han permanecido en comunión con Dios, y que trabajan al servicio del reino de Dios. Aunque lo que se dice del ángel Miguel, al servicio del pueblo israelita, en el cual se encuentra la esfera de su actividad, puede ser dicho para ayuda de los israelitas, de aquí no se sigue que lo que dice de ellos no pueda ofrecernos una ayuda para entender la relación que existe en el mundo de lo angélico (si hay ángeles superiores e inferiores), sino solo la relación de esos ángeles con las grandes naciones históricas y con los poderes del mundo (Hofm. p. 338).

En esa línea, Hofmann sigue diciendo que "la grandeza e importancia de la obra que les ha sido encomendada hace que unos ángeles sean ראשׁנים, no al contrario (no se les confía unas obras determinadas porque ya sean grandes). La verdad es justamente lo contrario. Dios no encomienda una obra que exige un poder y grandeza especial a un espíritu subordinado e inferior. En contra de eso, el hecho de que Dios encomienda a un espíritu una obra de gran importancia supone que ese espíritu tiene una grandeza superior a la masa común de los espíritus.

De esa forma, al decir para consuelo de Israel que "ha venido en tu ayuda Miguel, uno de los príncipes más poderosos" se está afirmando que Israel se encuentra bajo un espíritu protector muy fuerte, porque su espíritu guardián es uno de los ángeles-príncipes más elevados, por lo que se dice implícitamente, al mismo tiempo que, aunque sea un pueblo muy poco estimado por el mundo, Israel no podrá ser destruido por las naciones del mundo. Este pensamiento sigue como conclusión de lo que se ha dicho sobre la dignidad del ángel guardián de Israel, pero no forma el contenido de lo que se sigue diciendo sobre Miguel y sobre el lugar que ocupa entre los espíritus angélicos.

Pues bien, ahora descubriremos por Dan 10, 21 la razón por la que el arcángel Miguel y no algún otro vino en ayuda de aquel que estaba vestido de lino. Eso sucedió porque Miguel era el príncipe de Israel, es decir, "el alto ángel príncipe que tenía que defender la causa del pueblo de Dios en el mundo invisible de los espíritu en contra de los poderes adversarios" (Auberlen, p. 289). Y en esa línea el aparece también en Judas 1, 9 y el Ap 12, 7.

El hecho de que Miguel venga a ayudar no implica que él sea superior en poder o posición sobre el ángel que habla, ni es prueba de que el ángel que habla sea Gabriel o un ángel diferente de aquel que estaba vestido de lino. Pues incluso un ángel subordinado puede ofrecer ayuda a su señor, y en caso de conflicto capacitarle para que gane la victoria.

En contra de la sujeción de Miguel bajo el ángel que habla o del ángel vestido de lino está el desarrollo posterior del mensaje del ángel, la afirmación que se encuentra en Dan 10, 21 y 11, 1, según la cual el ángel que habla le ofreció fuerza y ayuda a Miguel en el primer año de Darío el Medo, por lo que tenemos más razones para concluir que el ángel que hablaba estaba por encima del ángel Miguel; cf. *Coment.* a Dan 11, 1.

Como consecuencia de la ayuda de parte de Miguel, el ángel del Señor consiguió la superioridad sobre el rey de Persia. נותר no tiene aquí el sentido usual de mantenerse o de resistir sin más, sino que ha de traducirse en la línea de הותיר, Gen 49,4, *tener preeminencia*, sobresalir, en el sentido pasivo del hifil: "estad provisto de preferencia, ganar en superioridad".

La traducción "yo he mantenido el lugar" (Hofm.) no puede probarse. אצל, al lado de, cerca, se explica a partir de la idea de que el espíritu protector se mantiene al lado del protegido. El plural "reyes de Persia" no se refiere solo ni a Ciro y Cambises; no se refiere a Ciro y a los reyes conquistados que vivían con él (Creso etc.), ni a Ciro y a su príncipe, es decir, a su espíritu guardián (Hitzig). El plural indica que el sometimiento del "demonio" del reino persa ha influido no solo sobre Ciro, sino sobre todos los siguientes reyes persas, se ha seguido manteniendo, de manera que todos los reyes persas han quedado bajo el dominio del influjo procedente de Dios, al servicio del bienestar de Israel.

10, 14-19

14 וּבָ֙אתִי֙ לַהֲבִ֣ינְךָ֔ אֵ֛ת אֲשֶׁר־יִקְרָ֥ה לְעַמְּךָ֖ בְּאַחֲרִ֣ית הַיָּמִ֑ים כִּי־ע֥וֹד חָז֖וֹן לַיָּמִֽים׃

15 וּבְדַבְּר֣וֹ עִמִּ֔י כַּדְּבָרִ֖ים הָאֵ֑לֶּה נָתַ֧תִּי פָנַ֛י אַ֖רְצָה וְנֶאֱלָֽמְתִּי׃

16 וְהִנֵּ֗ה כִּדְמוּת֙ בְּנֵ֣י אָדָ֔ם נֹגֵ֖עַ עַל־שְׂפָתָ֑י וָאֶפְתַּח־פִּ֗י וָאֲדַבְּרָה֙ וָאֹֽמְרָה֙ אֶל־הָעֹמֵ֣ד לְנֶגְדִּ֔י אֲדֹנִ֗י בַּמַּרְאָה֙ נֶהֶפְכ֤וּ צִירַי֙ עָלַ֔י וְלֹ֥א עָצַ֖רְתִּי כֹּֽחַ׃

17 וְהֵ֣יךְ יוּכַ֗ל עֶ֤בֶד אֲדֹנִי֙ זֶ֔ה לְדַבֵּ֖ר עִם־אֲדֹ֣נִי זֶ֑ה וַאֲנִ֤י מֵעַ֙תָּה֙ לֹא־יַעֲמָד־בִּ֣י כֹ֔חַ וּנְשָׁמָ֖ה לֹ֥א נִשְׁאֲרָה־בִּֽי׃

18 וַיֹּ֧סֶף וַיִּגַּע־בִּ֛י כְּמַרְאֵ֥ה אָדָ֖ם וַֽיְחַזְּקֵֽנִי׃

19 וַיֹּ֜אמֶר אַל־תִּירָ֧א אִישׁ־חֲמֻד֛וֹת שָׁל֥וֹם לָ֖ךְ חֲזַ֣ק וַחֲזָ֑ק וּֽכְדַבְּר֤וֹ עִמִּי֙ הִתְחַזַּ֔קְתִּי וָאֹ֣מְרָ֔ה יְדַבֵּ֥ר אֲדֹנִ֖י כִּ֥י חִזַּקְתָּֽנִי׃

¹⁴ He venido para hacerte saber lo que ha de sucederle a tu pueblo en los últimos días, porque la visión es para esos días. ¹⁵ Mientras me decía esas palabras, yo tenía los ojos puestos en tierra y había enmudecido. ¹⁶ Pero uno con semejanza de hijo de hombre tocó mis labios. Entonces abrí la boca y hablé, y dije al que estaba delante de mí: Señor mío, con la visión me han sobrevenido dolores y no me quedan fuerzas. ¹⁷ ¿Cómo, pues, podrá el siervo de mi señor hablar con mi señor? Porque al instante me faltaron las fuerzas, y no me quedó aliento. ¹⁸ Aquel que tenía semejanza de hombre me tocó otra vez, me fortaleció ¹⁹ y me dijo: Muy amado, no temas; la paz sea contigo; esfuérzate y cobra aliento. Mientras él me hablaba, recobré las fuerzas y dije: Hable mi señor, porque me has fortalecido.

10, 14. Con este gozoso mensaje, el ángel ha venido a Daniel, para declararle lo que debe suceder a su pueblo en el tiempo final. La puntuación de יִקְרֶה (ha de suceder) responde a וַיִּקְרָא de Gen 49, 1, con el *ketiv* que es la forma correcta. באחרית הימים como en Dan 2, 28, significa el tiempo mesiánico; en Dan 8, 17 aparece como tiempo del final, como añade el ángel: la visión se refiere, o se extiende hasta, *los días del final*. Esa palabra "hasta los días" (לימים), con el artículo, se refiere a los días del אחרית (es decir, los últimos días), el tiempo mesiánico.

חזון es la revelación que en Dan 10, 1 se llama דבר y מראה, la revelación siguiente, que veremos en Dan 11, 1. Kliefoth no tiene razón al pensar que esta revelación, que es la misma ya ofrecida a Daniel en Dan 7-9, es una revelación que ahora se debe precisar mejor. Porque aunque esas revelaciones se extienden hasta el tiempo final y Dan 22 solo ofrece algunas matizaciones sobre ellas, el ángel que aquí habla a Daniel no representa las cosas así, ni la forma en que aparece la revelación de Dan 10-12 (es decir, la aparición majestuosa del Ángel del Señor, no de un ángel común) responde a esa suposición.

Según eso חזון (si es que no hay una precisión ulterior sobre ello) no puede referirse a las revelaciones anteriores. Y la opinión de que הבין indica "comprensión" en vez de "revelación o proclamación" no responde al estilo usual del lenguaje de Daniel. הבין indica aquí, como en Dan 8, 16, la *interpretación de la visión* que en ambos casos contiene las cosas que han de suceder al pueblo de Dios en el futuro. Cf. Dan 9, 22 donde se utiliza יבין para referirse al anuncio de la revelación de Dios respecto a la setenta semanas.

10, 15-16. En estos versos se relata otra vez la forma en que Daniel fue recibiendo fuerza de nuevo, volviéndose capaz de recibir la revelación de Dios. Hasta ahora, la comunicación del ángel no había logrado su objeto. Daniel se levantó "temblando", pero no podría hablar todavía. Con su rostro dirigido hacia la tierra él permanecía sin palabra. Entonces, uno que tenía la semejanza de un hombre, tocó sus labios y de esa forma recibió el poder de hablar, y así pudo dirigirse a aquel que estaba delante de él, y presentarle su queja: "A través de la visión ha caído sobre mí una angustia (un terror violento), me han llenado los terrores".

Para este estilo de lenguaje, cf. 1 Sam 4, 19; y para el tema en sí cf. Is 21, 3; 13, 8. Para lo que sigue (ולא עצרתי כח, y no tenía fuerza: Dan 10, 16), cf. Dan 10, 8.

10, 17-19. Por eso, él no podía hablar con su señor, es decir, con aquel que se le había aparecido con una majestad tan grande. Él se encontraba en ese estado, porque toda la fuerza le había abandonado, y porque había perdido el aliento, de forma que tenía miedo de morir, cf. 2 Rey 17, 17. Entonces, una vez más, aquel que tenía apariencia de hombre le tocó.

כְּמַרְאֵה אָדָם es en realidad lo mismo que כדמות בני אדם: ambas formas de expresión dejan indefinida a la persona de aquel que le tocó, afirmando solo que el toque procedía de alguien que era como un hombre, era algo que procedía de hombres, como en la expresión de 10, 19: "Una mano me tocó". De esto no se sigue que aquel que le hablaba era el mismo que le tocó, sino solo que se trataba de un ser espiritual que se le presentó en forma de hombre. Y después de haber sido tocado por él por tercera vez (10, 18), la ayuda del hombre que hablaba con él le concedió gran fuerza, de manera que pudo escuchar y acoger con calma su comunicación.

10, 20-21

וַיֹּאמֶר הֲיָדַעְתָּ לָמָּה־בָּאתִי אֵלֶיךָ וְעַתָּה אָשׁוּב לְהִלָּחֵם ²⁰
עִם־שַׂר פָּרָס וַאֲנִי יוֹצֵא וְהִנֵּה שַׂר־יָוָן בָּא:
²¹ אֲבָל אַגִּיד לְךָ אֶת־הָרָשׁוּם בִּכְתָב אֱמֶת וְאֵין אֶחָד
מִתְחַזֵּק עִמִּי עַל־אֵלֶּה כִּי אִם־מִיכָאֵל שַׂרְכֶם: פ

²⁰ Él me dijo: ¿Sabes por qué he venido a ti? Ahora tengo que volver para pelear contra el príncipe de Persia; al terminar con él, el príncipe de Grecia vendrá. ²¹ Pero yo te declararé lo que está escrito en el libro de la verdad: nadie me ayuda contra ellos, sino Miguel vuestro príncipe.

10, 20. Pero antes de que comunique a Daniel lo que ha de suceder a su pueblo en los últimos días (10, 14), él le ofrece nuevas revelaciones sobre el despliegue del reino del espíritu, que determina el destino de las naciones y que incluye, para Israel, en los tiempos de persecución que les espera, la certeza reconfortadora de que ellos tienen, en el ángel del Señor y el ángel guardián Miguel una fuerte protección contra los enemigos del mundo pagano.

Kliefoth supone que el ángel que habla en Dan 10, 20-11, 1 ofrece un breve resumen del contenido de las afirmaciones anteriores (Dan 10, 12-14). Pero no es así. Estos versos (10, 20-11, 1) incluyen nuevas revelaciones que aún no ha sido dadas a conocer en 10, 12-19, aunque su contenido puede parecerse al de 10, 13. De la llegada del príncipe de Javán (10, 20b) y de la ayuda que el ángel-príncipe ofrece a Darío (11, 1) no se ha dicho nada en 10, 12; por otra parte, lo que el ángel del Señor dice en relación con el príncipe de Persia (10, 20) es distinto de lo que se ha dicho ya en 10, 13.

En Dan 10, 13 el ángel habla de lo que ha hecho antes de venir donde Daniel. En 10, 20 habla de aquello que hará. A la pregunta "¿conoces por qué he venido a ti?" no se ofrece ninguna respuesta. Esa pregunta ofrece sin embargo un contenido implícito afirmativo y constituye solo un modo especial de dirigirse a Daniel para recordarle lo ya dicho en 10, 12-14, y para insistir en su importancia, digna de consideración. Y entonces sigue la nueva comunicación: "Y ahora vuelvo a luchar con el príncipe de Persia", es decir, vuelvo para culminar y llevar a cabo la victoria que he ganado a favor de ti, antes de mi llegada aquí, sobre el "demonios" de Persia, es decir, sobre el espíritu del rey persa.

Las palabras que siguen (וַאֲנִי יוֹצֵא וְהִנֵּה שַׂר־יָוָן בָּא, 20b, y cuando yo fui…) presentan algo de dificultad. El hecho de que se diga ואני en referencia a אשוב (y vuelvo) indica un contraste, y והנה muestra claramente aquello que debe comenzar con ואני יוצא. Por eso se excluye la unión de ואני יוצא con aquello que viene antes, lo mismo que la interpretación adversativa de והנה (v. Leng.). Pero יוצא ha de interpretarse de un modo diferente. Hvernick, Maurer y otros piensan que se trata de ir para la guerra; pero en ese caso debemos pensar que no se trata de una guerra contra el príncipe de Persia (con Maurer). "Porque él quiere hacer eso ahora (en el año 3 de Ciro) y en ese momento no tiene sentido una lucha contra el príncipe de Grecia" (Hitzig).

Hofmann y Hitzig entienden por tanto יצא en contraste con בא, como un salir del conflicto, como en 2 Rey 11, 7, donde "ellos han de ir en el sábado" se sitúa frente al "ellos han de entrar en el sábado", 2 Rey 11, 5, pero en un sentido totalmente distinto. Hitzig traduce así la frase: "Cuando yo haya realizado lo que debía con los persas, situándome de nuevo en el punto de partida, entonces se levantará contra mí el rey de Grecia". יון debería evocar según eso el reino de los seléucidas y שר el espíritu guardián de Egipto. Pero estas son suposiciones que no merecen ser refutadas, pues toda la interpretación de las palabras resulta falta por la interpolación arbitraria de "en contra de mi" después de בא.

Según Hofmann el ángel dice que "él tiene que volver y seguir luchando contra el príncipe del pueblo de Persia", y que cuando él se haya retirado del conflicto, entonces vendrá el príncipe del pueblo de Grecia, obligándole a entrar en una nueva guerra". De esta forma aclara Hofmann de un modo más extenso la última frase: "Cuando el ángel se retira de este conflicto contra el príncipe del pueblo de Persia, el príncipe del pueblo de Grecia entra en el conflicto, de manera que el príncipe del pueblo de Israel se introduce en esta guerra contra el príncipe de Grecia, como antes había luchado contra el príncipe de Siria" (*Schriftbew*. I. pp. 333, 334ss).

Pero Hitzig y Kliefoth han puesto de relieve la incongruencia de esa visión de Hofmann, como si el príncipe de Javán debiera entrar en la guerra contra el ángel de los persas, para asumirla y llevarla adelante. El ángel lucha contra el "demonio" de Persia, no para destruir a los persas, sino para influir en el rey persa, a favor del pueblo de Dios. Por el contrario, el príncipe de Javán viene para destruir al rey persa.

Según esto, no podemos decir que el príncipe de Javán venga a entrar en guerra contra el ángel de Persia. Como muy bien ha observado Hitzig, "los griegos y los persas se encuentra más bien de un lado, como adversarios de Miguel y de nuestro שׂר", es decir, del ángel que habla con Daniel. Añádase a eso el hecho de que aunque יצא, salir, significa también "ir fuera", aquí no se confirma el sentido de "salir del conflicto", es decir, abandonarlo.

Al contrario, יצא, en sentido militar, significa solo "ir al conflicto" (cf. 1 Sam 8,20; 23, 15; 1 Cron 20, 1; Job 39, 21 etc.). Aquí tenemos que tomar la palabra con ese significado (con C. B. Michaelis, Klief. y Kran.), pero no debemos ampliar la frase como hace Kranichfeld con otra que siga diciendo: "para entrar en un conflicto más extenso", porque este añadido es arbitrario; al contrario, como hace Kliefoth, debemos interpretar la palabra de un modo general, entendida en el sentido amplio de que el ángel va a luchar con el príncipe de Persia, o limitándola a esta guerra.

Según eso, el sentido del pasaje ha de ser este: "Ahora debo volver para retomar y continuar la guerra contra el príncipe de Persia, para mantener el puesto que he ganado junto al rey de Persia (Dan 10, 13); pero cuando (mientras) voy para la guerra, es decir, mientras llevo adelante mi tarea en este conflicto, he aquí que vendrá el príncipe de Javán (הנה, con participio. בא en futuro), y entonces habrá un nuevo conflicto. Ciertamente, este último pensamiento no está expresamente declarado, pero aparece claro desde el fondo de 10, 21.

La lucha del ángel con este príncipe (es decir, con el espíritu de Persia que es hostil a Israel) se refiere a las oposiciones que los judíos encontrarán a causa de los impedimentos que los persas pondrán a la edificación del templo desde el tiempo de Ciro hasta el tiempo de Darío Histaspes, y más adelante, bajo Jerjes y Artajerjes, hasta la reedificación de la murallas de Jerusalén en tiempo de Nehemías, y lo mismo en los conflictos que los judíos mantendrán en los últimos tiempos del poder de los persas. Pues bien, en ese tiempo, en medio de todas las dificultades, el ángel del Señor promete guiar a su pueblo en medio de ellas. שׂר יון es el espíritu del poder mundial del reino macedonio, que surgirá con gran hostilidad, como hizo el espíritu de Persia, en contra del pueblo de Dios.

10, 21. Este verso está antitéticamente conectado con el precedente por אבל, *pero*, sin embargo... El contraste no se refiere a los temores por la teocracia (Kranichfeld) que surgirán en las últimas circunstancias descritas (10, 20b), según las cuales el ángel quiere informar a Daniel de que la profecía solo puede contener calamidades, pues la profecía no contiene solo calamidades, sino guerra y victoria y la victoria final eterna que se añade a eso (Klief.).

C. B. Michaelis ha interpretado esa conexión más rectamente: "Verum ne forte et sic, quod principem Graeciae Persarum principi successurum intellexisti, animum despondeas, audi ergo, quod tibi tuisque solatio esse potest, ego indicabo tibi, quod, etc." (…no pierdas el ánimo por lo que has oído sobre el príncipe de Grecia que sucederá al príncipe de Persia; oye pues lo que para ti y para los tuyos puede ser consolación, yo te indicaré que…). La "escritura o libro de la verdad" (כְּתָב אֱמֶת) es el libro en el que Dios ha designado de antemano, conforme a la verdad, la historia del mundo, tal como ella debe desarrollarse ciertamente (cf. Mal 3, 16; Sal 139, 16; Ap 5,1).

La frase siguiente (וְאֵין אֶחָד) no está conectada con la precedente de un modo adversativo (*pero no hay nadie*: Hofmann y otros), sino de un modo ilustrativo, pues el ángel describe de un modo más minucioso la naturaleza de la guerra en la que él ha de combatir. Él no tiene a su lado a nadie que luche con él contra esos enemigos (עַל־אֵלֶּה, es decir, contra los espíritu malos de Persia y de Grecia), a no ser Miguel, el ángel príncipe de Israel, que se muestra con mucha fuerza a su lado, es decir, como aliado en el conflicto (con מִתְחַזֵּק, como en 1 Sam 4, 9; 2 Sam 10, 12), rindiéndole una ayuda poderosa, como la que el mismo Miguel le ofreció en el año primero de Darío el Medo, siendo para él fuerte protector, una ayuda poderosa.

11,1

¹ וַאֲנִי בִּשְׁנַת אַחַת לְדָרְיָוֶשׁ הַמָּדִי עָמְדִי לְמַחֲזִיק וּלְמָעוֹז לוֹ׃

¹ También yo en el primer año de Darío, el medo, estuve para confirmarle y fortalecerle.

El primer verso de este capítulo 11 se vincula a a 10, 21. La palabra וַאֲנִי (y yo) está colocada enfáticamente en contraposición a Miguel, lo cual indica sin duda alguna que este verso forma parte del argumento de Dan 10, manteniendo al mismo tiempo la referencia de לוֹ, al final con מִיכָאֵל (10, 21b). Hengstenberg (*Christol* III, 2, pag. 53) piensa que la referencia de לוֹ a מִיכָאֵל a va en contra de todo lo que se ha venido diciendo sobre Miguel, y en particular lo que va inmediatamente antes, citando como apoyo a Hitzig.

Ciertamente, Hitzig afirma que, uniendo este pasaje (Dan 11, 1) con el anterior (Dan 10, 21), podemos suponer que aquel a quien ayuda nuestro ángel para confirmarle (לְמַחֲזִיק) y para fortalecerle (וּלְמָעוֹז) es Miguel, de manera que Miguel estaría realizando su misión a favor de Israel desde el principio del reinado de los persas (con Darío el Medo); pero en contra de eso, se ha podido afirmar que las expresiones de ayuda (con la partícula לוֹ) son tan fuertes que no podemos pensar que el ayudado no era un ángel tan grande como Miguel, sino alguien inferior.

Por otra parte, en esa misma línea, Hitzig piensa que Miguel no ha ofrecido ninguna ayuda a los judíos en tiempo de Darío, porque el hecho de la primera toma de poder por parte de los medos no cambió en nada la suerte de los judíos, ya que este cambio se realizó en primer lugar solo bajo Ciro. De todas formas, Hegstenberg no acepta esta última razón, pues Dan 11, 1 presenta la transferencia de la soberanía de los caldeos a los persas, por la que se abrió un camino para el retorno de Israel a Palestina, y en esa línea este versículo presenta una visión general del tema, y así lo pone de relieve Häv. cuando afirma que en aquel tiempo el Señor realizó el cambio de la monarquía (de los babilonios a los persas), y lo hizo para bendición del pueblo de Israel, para mostrar así que en medio de todas las tribulaciones posibles Dios se mostraría para los israelitas como un Dios fiel y verdadero, ayudándoles de un modo gratuito.

En esa línea, como he venido indicando, las expresiones ya indicadas (para confirmarle y para fortalecerle) no exigen en modo alguno que aquel que es así ayudado sea un viviente inferior (un hombre), sino que puede ser otro ser angélico. Si además el que habla es el mismo que estaba "vestido de lino", es decir, el "Ángel del Señor", que se encuentra también bajo Dios, entonces ese ángel puede afirmar que él ofreció su ayuda y protección al ángel-príncipe Miguel, por el hecho de que ese Ángel del Señor se encuentra por encima de Miguel, y en esa línea la referencia del לוֹ (a él, a Miguel) va en la línea de todo lo que se viene diciendo de Miguel.

Ese לוֹ no puede aplicarse en modo alguno a Darío el Medo (en contra de Häv. y Hengsten.), ya que gramaticalmente ese Darío no puede objeto de la acción dirigida al לוֹ, pues él aparece solo en una frase subordinada, en una determinación secundaria de tiempo. El sentido de este verso es el siguiente: "En el año primero de Darío el Medo, Miguel realizó esto: que Babilonia, que era hostil al pueblo de Dios, fuera vencida y derribada por el poder medo-persa, y en esa acción le ayudó poderosamente el Ángel del Señor". A esto sigue en 11, 2 el anuncio de lo que sucederá en el futuro, que está introducido por la fórmula וְעַתָּה, por la que se retoma el argumento de 10, 21.

2. Daniel 11, 2–12, 3. La revelación del futuro

A partir de lo anterior, el ángel revela de un modo general el despliegue del reino mundial persa, con el establecimiento y destrucción posterior del reino fundado por el valeroso rey de Javán (Alejandro Magno), que no pudo legar el reino a sus descendientes, de manera que ese reino cayó en manos de otros (Dan 11, 2-4).

Sigue después una detallada descripción de las guerras de los reyes del sur y del norte por la supremacía, y en ella prevalecen primero los reyes del sur (Dan 11, 5-9).

Se cuenta luego el conflicto decisivo entre esos dos reinos (11, 10-12), por el que el sur fue sometido (11, 10-12), con el intento de los reyes del norte por extender su poder de un modo más fuerte, intento en que ellos fracasan y perecen (11, 13-20).

Finalmente se anuncia la llegada una persona vil, que se eleva de pronto al poder a través de engaños e intrigas, humillando al rey del sur, actuando con indignación contra la santa alianza, profanando el santuario de Dios y trayendo una severa aflicción sobre su pueblo, "para purificarles y para así prepararles para el tiempo del final" (11, 21-35).

En el tiempo del final, este rey hostil se elevará sobre todos los dioses, y sobre todos los ordenamientos humanos, y hará que el "Dios de la fortaleza" sea su Dios, a quien él quiere reconocer y llenar de gloria (11, 36-39). Ciertamente, en el tiempo del final él pasará por los países con su ejército como una inundación, entrará en la tierra gloriosa y tomará posesión de Egipto con sus tesoros. Pero será perturbado por noticias malas del este y del norte, y encontrará su fin en la santa montaña (11, 40-45).

En este momento de la mayor perturbación, el ángel-príncipe Miguel luchará a favor del pueblo de Daniel. Y entonces todos aquellos que estén escritos en el libro serán salvados, y los muertos resucitarán de nuevo, algunos para la vida eterna, otros para la vergüenza eterna (12, 1-3).

Esta profecía resulta muy rica en algunos de sus rasgos especiales que ha sido en parte cumplidos de un modo literal, de manera que intérpretes creyentes de Jerónimo a Kliefoth han encontrado aquí predicciones que se extienden más allá de las revelaciones proféticas anteriores, mientras que los intérpretes racionalistas y naturalista, siguiendo el ejemplo de Porfirio, apoyándose en el carácter concreto de las predicciones, concluyen que este capítulo no contiene una revelación profética de lo que pasará en el futuro, sino que es una descripción apocalíptica de cosas que han pasado ya y que están pasando en el presente, en tiempo de los macabeos, tal como las escribe este pseudo-Daniel.

En contra de esas dos visiones, Kranichfeld ha declarado decididamente que las predicciones no pueden entenderse como narraciones del desarrollo histórico de los hechos, pues no se relacionan con el presente histórico del autor profético (Daniel), sino que quieren desarrollar una especie de moral religiosa, aunque animada por el influjo divino. Ciertamente, eso es en general correcto.

*Tampoco aquí la profecía puede presentarse como predicción pura de unos datos his*tóricos, pues ésa no es la intención fundamental del libro, que se centra en el anuncio del despliegue del poder mundial de los paganos en contra del reino de Dios. Por su contenido y forma, esta visión nos sitúa en las circunstancias de tiempo de Dan 10, 1 (es decir, en el contexto del rey Ciro de Persia) y contiene muchos datos que van en contra del supuesto origen macabeo, o que lo hacen directamente contradictorio.

Así, en primer lugar, el hecho de aquí no se cuente prácticamente nada de las victorias del pueblo de Dios en contra de los sirios va en contra del carácter ficticio de la narración, lo mismo que el hecho de que se diga que la intervención de los fieles de Dios sirvió solo de una "pequeña ayuda" (Dan 11, 34) en esa lucha.

Por otra parte, la representación profética de los hechos históricos está llena de inexactitudes; y ellas se encuentra no solo en la descripción que se refiere a la historia de los tiempos que preceden al autor (Daniel), sino también a la historia de los mismos macabeos. Así, por ejemplo, en Dan 11, 40-45 se profetiza una expedición de Antíoco Epífanes poco antes de su muerte, para la que (prescindiendo de lo que opina Porfirio) no existe ninguna probabilidad histórica (Kran.).

De todas formas, Kranichfeld va demasiado lejos cuando afirma que todos los rasgos especiales de la revelación profética no son más que pinturas individualizadas (e idealizadas) con el propósito de ofrecer motivos para la contemplación. Por eso, él no quiere fijarse en los hechos históricos sino solo en el desarrollo de los pensamientos fundamentales de la gran enemistad interna e incurable del reino pagana impío en contra del reino de Dios (cf. Dan. 2, 41-43; 7, 8. 20. 24; 8, 8. 22. 24. Pues bien, la verdad se sitúa en medio de los dos extremos anteriores.

Dan 11 no contiene ni una pintura simbólica de los pensamientos generales de los profetas, ni predicciones con datos históricos (pues eso no responde a la naturaleza de la profecía), sino *descripciones proféticas del desarrollo del poder mundial pagano*, desde los días de Ciro hasta la caída del reino mundial javánico (griego). Este capítulo expone el sentido de la actuación de los dos reinos que brotan del único reino griego, el de los greco-egipcios del sur y el de los greco-sirios del norte, en cuyo centro de sitúa la tierra santa con su teocracia. Las guerras entre esos dos reinos no solo ponían a la tierra santa de Israel y al pueblo de la alianza en una condición penosa de sometimiento, sino que caracterizan y retratan la relación del reino del mundo con el reino de Dios.

Esta guerra alcanzó tal intensidad en el reinado del seléucida Antíoco Epífanes que ella puede presentarse como preludio y signo de la guerra del fin de los tiempos. El intento de ese rey por arrancar de raíz la adoración del Dios viviente y de destruir la religión judía, muestra (e inicia) de forma típica la gran guerra que el último poder mundial (el del Anticristo) elevará en las últimas fases de su desarrollo en contra del reino de Dios, elevándose a sí mismo por encima de todo Dios, apresurando así la llegada de su propia destrucción y la consumación del Reino de Dios, en el tiempo final de la historia.

La descripción de esta guerra, en origen, carácter y desenlace, forma el objeto principal de la profecía de Daniel. Así aparece en la revelación del ángel, desde Dan 11, 21 hasta el final de esa revelación (Dan 12, 3), mientras que las descripciones anteriores, como el curso de los dos imperios mundiales (Persia y Grecia), con la lucha posterior de los reinos del norte y del sur sirven para preparar y situar esa revelación.

De todas formas, esta revelación preparatoria no es una simple presentación simbólica de la idea de la incurable hostilidad del reino pagano impío (contra el reino de Dios), sino una esquematización de las situaciones principales por las que ha de pasar el proceso del poder pagano, hasta que llegue el momento en el que el Anticristo quiera destruir el reino de Dios.

Esas líneas principales están delineadas de un modo tan preciso que ellas llevan a su cumplimiento concreto el desarrollo histórico del poder del mundo. De tal forma describe Daniel la aparición y las guerras del enemigo de Dios, que profana el santuario de Dios y suprime el sacrificio diario, que podemos reconocer en el asalto de Antíoco Epífanes contra el templo y contra la adoración del pueblo de Israel un cumplimiento de esta profecía.

Pero aquí la predicción (Weissagung) no abandona su carácter de profecía, no aparece como una simple predicción adivinatoria de hechos y acontecimientos históricos, sino que coloca de tal forma a la luz de la pre-videncia y de la pre-determinación de Dios la imagen de este enemigo de Dios y su maldad contra el santuario y contra el pueblo de Dios, que presenta ante la contemplación y la exigencia de purificación del pueblo de la alianza (cf. 11, 35) el proceso gradual del enfrentamiento de ese enemigo en contra de Dios, de tal forma que se exalta a sí mismo por encima de todos los poderes divinos y humanos.

Partiendo de la relación típica que hay entre Antíoco, enemigo de Dios en el AT, y el Anticristo del NT se explica la conexión final entre *la salvación definitiva* del pueblo de Dios y la resurrección de la muerte con *la destrucción de este enemigo*, sin que se tenga que hacerse ninguna mención expresa del cuarto imperio mundial y del último enemigo que brota de ese imperio, de un modo más concreto, pues el rey Antíoco viene a presentarse así (en el tiempo del tercer reino mundial) como tipo del anticristo, que surgirá en el contexto del cuarto imperio mundial.

Insistiendo en esa relación, los críticos modernos han sacado la conclusión errónea de que el pseudo-Daniel esperaba la llegada e instauración inmediata del reino mesiánico glorioso con la destrucción de Antíoco Epífanes. Pues bien, esa conclusión se funda en una falta total de comprensión del contenido y objeto de esta profecía, es decir, la idea de que la profecía quiere ofrecer un esbozo histórico, vestido de forma apocalíptica, del desarrollo de los reinos mundiales, desde Ciro a Antíoco Epífanes.

Ciertamente, en apoyo de ese error puede apelarse a la interpretación eclesial ofrecida por Jerónimo, que es válida en la medida en que entiende la profecía de un modo muy parcial, bajo el punto de vista de predicciones muy especiales de personas y acontecimientos, concluyendo desde esa perspectiva que Dan 11, 21-35 trata de Antíoco Epífanes y Dan 11, 36-45 del Anticristo. De esa manera, en Dan 11, 36 encontraríamos el paso inmediato que lleva de Antíoco al Anticristo o en Dn 12, 1 una transición repentina de la muerte de Antíoco al tiempo del final, con de la resurrección de los muertos.

Pero la profecía de Daniel no responde en modo alguno a este esquema, no identifica la muerte de Antíoco con la llegada del fin de los tiempos. El ángel del Señor revelará a Daniel no aquello que sucederá desde el tercer año de Ciro hasta el tiempo de Antíoco, y después hasta la resurrección de los muertos, sino (conforme a la declaración expresa de Dan 10,14) aquello que sucederá באחרית הימים, es decir, en el futuro mesiánico, porque la profecía se relaciona con ese tiempo. En la figura de Antíoco viene a revelarse la visión final del Anticristo, que se mostrará al fin (אחרית) de los tiempos.

En ese אחרית tendrá lugar la destrucción del poder mundial, y la instauración del reino mesiánico al fin del presente eón del mundo. Todo lo que el ángel dice sobre los reinos mundiales de Persia y de Grecia, con las guerras de los reyes del norte y del sur, sirve para anunciar simbólicamente lo que sucederá en el tiempo final, sirviendo así brevemente para indicar los elementos principales del desarrollo de los reinos mundiales, hasta el tiempo en que la guerra llegue a su fin... con la destrucción del poder mundial y el establecimiento del reino al mesiánico, mostrando cómo, tras la destrucción del poder mundial javánico ni los reyes del norte ni los del sur lograran alcanzar el poder sobre el mundo.

Ni por la violencia de la guerra, ni por los pactos que ellos ratificarán a través de matrimonios políticos, lograrán esos reyes establecer un poder duradero. Ellos no prosperarán (11, 27) porque el fin llegará en el tiempo determinado (por Dios). Un nuevo intento del reino del norte por subyugar al reino del sur fracasará por la intervención de los barcos de Kittim; y la ira que se despertará en el rey del norte por la frustración de sus planes hará que él estalle en contra de la santa alianza (contra al pueblo de Israel), cosa que servirá para la purificación del pueblo de Dios ante la llegada del final, porque el final llegará sin falta, y lo hará en el tiempo determinado (Dan 11, 35)

En el tiempo del final crecerá mucho el poder del Anticristo (simbolizado por Antíoco Epífanes), porque aquello que ha sido determinado por Dios se cumplirá, de manera que se complete y cumpla el fin de la indignación (11, 36). Pero en ese tiempo del fin el anticristo caerá repentinamente de la cúspide de su poder y quedará destruido (11, 45), pero el pueblo de Dios será salvado, y los sabios brillarán en la gloria celesta (12, 1-3).

Este es pues el objetivo de la revelación: Mostrar como los poderes mundiales paganos no alcanzarán una estabilidad duradera, de manera que a través de la persecución contra el pueblo de Dios solo lograrán que ese pueblo se purifique, de forma que así llegue el fin, en el que, a través de la destrucción del poder mundial, el pueblo de Dios será liberado de la opresión y quedará transfigurado.

A fin de revelar esto al pueblo de Dios (mostrando que solo podría avanzar a través de una severa tribulación), no era necesario que el profeta recibiera un conocimiento completo de los diferentes acontecimientos que debían realizarse en el poder mundial pagano, a través de un largo período de tiempo, ni era necesario que él alcanzara una visión detallada del recorrido del último enemigo, hasta que se diera la manifestación completa del mal, bajo el último rey que debía surgir del cuarto imperio mundial.

Como había sido revelado ya en Dan 7, el reino mundial javánico (que es el tercero) no formará la última encarnación del poder mundial, sino que tras ese reino surgirá un cuarto mucho más poderoso. En esa línea, en Dan 8 vimos ya que el enemigo violento del pueblo de Dios que debía surgir de la monarquía mundial javánica a través de los reinos de los diádocos (en el tercer reino mundial), venía a presentarse como tipo del último enemigo que surgiría de los diez reinos del cuarto reino mundial.

Tras estas revelaciones sucesivas, Daniel presenta ya el anuncio de la gran tribulación que vendrá sobre el pueblo de Dios a través de esos dos enemigos, en una especie de visión general. De esa manera el ataque más duro, realizado por el enemigo "prefigurativo" (típico) en contra del pueblo de la alianza, formará el trasfondo que nos permitirá representar el enemigo final, antitípico (satánico), que se atreverá a abolir toda ley divina y humana, trayendo así las últimas y más severas tribulaciones contra la iglesia de Dios, al final de los días, para su purificación y como preparación para la eternidad.

11, 2-20. Los acontecimientos del futuro más cercano

11, 2

ועתה אמת אגיד לך הנה־עוד שלשה מלכים עמדים לפרס והרביעי יעשיר עשר־גדול מכל וכחזקתו בעשרו יעיר הכל את מלכות יון׃

² Ahora yo te mostraré la verdad. Aún habrá tres reyes en Persia, y el cuarto se hará de grandes riquezas, más que todos ellos. Este, al hacerse fuerte con sus riquezas, levantará a todos contra el reino de Grecia.

La revelación pasa rápidamente (11, 2) de Persia y del reino de Alejando (11, 3-4) a la descripción de las guerras de los reyes del sur y del norte, poniendo de relieve la suerte de la Tierra Santa que yacía entre los dos reinos implicados. En relación a Persia se dice aquí solo que aún deberán surgir tres reyes y que el cuarto, habiendo alcanzado gran poder por sus riquezas, se levantará contra el reino de Grecia.

Dado que la profecía se origina en el año tercero del rey persa Ciro (11, 1), los tres reyes que aún (עוד) surgirán son los tres sucesores de Ciro, es decir, Cambises, el seudo-Esmerdis y Darío Histaspes. El cuarto es según eso Jerjes, pues con el concuerda todo lo que Daniel dice del cuarto rey.

Así lo interpretan Hvernick, Ebrard, Delitzsch, Auberlen y Kliefoth. En una línea contraria, cf. v. Lengerke, Maurer, Hitzig y Kranichfeld que quieren hacer que el cuarto rey sea el tercero, porque como ellos dicen el artículo de הרביעי

requiere necesariamente que el cuarto haya sido mencionado en las afirmaciones inmediatamente anteriores.

Pero no puede aceptarse la validez de esta conclusión. Por otra parte, la afirmación de que el AT solo conoce cuatro reyes de Persia (Hitzig) no puede probarse a partir de Es 4, 5-7 ni a partir de ningún otro pasaje. El hecho de que solo se nombren en Esdras a cuatro reyes de Persia se apoya en el hecho de que desde el final del exilio de Babilonia hasta Esdras y Nehemías solo reinaron cuatro reyes, pero de eso no se sigue en modo alguno que el libro de Daniel y en general el AT solo conocieran cuatro reyes. Más aún, esta afirmación no es en ningún modo correcta, porque Neh 12, 22 menciona además de esos cuatro a Darío, y los judíos del tiempo de los macabeos conocían también el nombre del último rey persa llamado también Darío, que fue condenado a muerte por Alejandro (1 Mac 1, 1).

Si el rey nombrado al final, el que logró grandes riquezas (Dan 11, 2), alcanzando un gran poder, queda incluido entre los tres previamente nombrados, tendría que haber sido designado aquí como el tercero. El verbo עמד, colocarse, y luego estar en pie, se utiliza aquí y después con frecuencia en otros pasajes, como en Dan 8, 23, en el sentido de levantarse, lo mismo que קוּם, con referencia a la venida de un nuevo gobernante. El hecho de reunir grandes riquezas, más que los anteriores, concuerda especialmente con Jerjes (cf. Heródoto III. 96, VI. 27-29), de quien Justino, *Histor*. II. 2, dice que "tenía tantas riquezas en su reino que ni los grandes ríos podrían destruirlas", y sin embargo esas riquezas no pudieron salvarle en la guerra.

Por su parte חזקתו es infinitivo, nombre de acción, *nomen actionis*, en el sentido de volverse fuerte, cf. 2 Cron 12,1 con 2 Rey 14, 5 e Is 8:11. בעשרו no está en aposición, "conforme a sus riquezas" (Hv.), sino que expresa la razón por la que él se volvió rico. "Jerjes gastó sus tesoros para para crear y armar un ejército inmenso, por el que fuera capaz de חזק (cf. Am 6, 13), es decir, de ser fuerte para conquistar Grecia" (Hitzig).

אֵת מַלְכוּת יָוָן no está en aposición a הכל, todo, es decir, al reino de Javan (Maurer, Kranichfeld), pues eso no daría un buen sentido. El pensamiento de fondo es que הכל, "todos ellos" podría designar los muchos estados/ciudades de Grecia; pero la aposición "el reino de Javán" no muestra sin más que los griegos, a causa de la guerra con Jerjes, se vieron obligados a unirse en el reino macedonio, pues ese pensamiento debería haberse expresado de otra forma. De todas maneras, la referencia al hecho de que los griegos estaban divididos en diversos estados no concuerda con el contexto.

אֵת מַלְכוּת יָוָן es, más bien, un objeto secundario, más remoto, y el את ha de ser interpretado como hace Hvernick, con la preposición "con" (si es que יעיר incluye la idea de guerra, conflicto), o quizá mejor con Hitzig como acusativo, indicando el objeto al que se dirige el movimiento (cf. Ex 9,29. 33), en el sentido de tender, de dirigirse hacia el reino de Javán, de forma que todo (הכל en el sentido de cada uno, como en Sal 14, 3) tienda hacia adelante. Daniel llama a Grecia מלכות, conforme a la analogía de los estados de Oriente, como si fuera un poder históricamente unido, sin tener en cuenta la constitución política de los estados de Grecia, cosa en la que no interesa a la profecía (Kliefoth).

11, 3-5

³ וְעָמַד מֶלֶךְ גִּבּוֹר וּמָשַׁל מִמְשָׁל רַב וְעָשָׂה כִּרְצוֹנוֹ׃
⁴ וּכְעָמְדוֹ תִּשָּׁבֵר מַלְכוּתוֹ וְתֵחָץ לְאַרְבַּע רוּחוֹת הַשָּׁמָיִם וְלֹא לְאַחֲרִיתוֹ וְלֹא כְמָשְׁלוֹ אֲשֶׁר מָשָׁל כִּי תִנָּתֵשׁ מַלְכוּתוֹ וְלַאֲחֵרִים מִלְּבַד־אֵלֶּה׃
⁵ וְיֶחֱזַק מֶלֶךְ־הַנֶּגֶב וּמִן־שָׂרָיו וְיֶחֱזַק עָלָיו וּמָשָׁל מִמְשָׁל רַב מֶמְשַׁלְתּוֹ׃

³ Se levantará luego un rey valiente, que dominará con gran poder y hará su voluntad.
⁴ Pero cuando se haya levantado, su reino será quebrantado y repartido hacia los cuatro vientos del cielo; pero no será para sus descendientes, ni según el dominio con que él dominó, porque su reino quedará deshecho y será para otros aparte de ellos. ⁵ El rey del sur se hará fuerte, pero uno de sus príncipes será más fuerte que él, se hará poderoso y su dominio será grande.

11, 3. Del conflicto de Persia con Grecia, el ángel pasa inmediatamente al fundador del reino mundial griego (macedonio), pues la profecía no se ocupa de la predicción de detalles históricos, sino que menciona solamente los elementos y factores que constituyen el despliegue histórico de fondo de los hechos. La expedición de Jerjes contra Grecia forma el trasfondo del conflicto histórico mundial entre Persia y Grecia, que conduce a la destrucción del reino persa bajo Alejandro Magno.

La respuesta de Alejandro a Darío Codomano (Arriano, *Exped Alex*. II. 14. 4) constituye un documento histórico en el que Alejandro justifica su expedición contra Persia diciendo que Macedonia y el resto de la Hélade fueron asaltados militarmente por los persas sin causa para ello (οὐδὲν προηδικημένοι), y que por lo tanto él había decidido castigar a los persas. La profecía cierra la lista de los reyes persas con Jerjes, pero no porque la monarquía persa alcanzara su clímax con él, y porque después con sus sucesores comenzara el declive de su reino (Hvernick, Auberlen); y menos aún porque los judíos macabeos no conocieran otros reyes persas y así confundieron a Jerjes con Darío Codomano (contra v. Lengerke, Maurer, Hitzig), sino porque a Daniel no le interesa fijar de un modo más concreto la lista de los reyes de Persia.

Aquí (11, 3) y en los versos que siguen solo se ofrecer unas breves noticias sobre el reino macedonio, para indicar su naturaleza, en la línea de las profecías de Dan 7, 6; 8, 5-8. 21.22, sin añadir elementos nuevos. Al fundador del reino se le llama מלך גבור, rey bravo o fuerte, un rey héroe, y su reino aparece como un "gran dominio". De su gobierno se dice que עשׂה כרצונו, que él actuó (que gobernó) según su voluntad (cf. Dan 8, 4), de manera que su poder puede tomarse como expresión de un deseo poderoso, irresistible y sin límites.

De un modo semejante, Curcio dice de él (X. 5. 35): "Fatendum est, cum plurimum virtuti debuerit, plus debuisse fortunae, quam solus omnium mortalium in potestate habuit. Hujus siquidem beneficio agere videbatur gentibus quidquid placeat" (debemos confesar que, debiendo mucho a su propio valor, él debió más a la fortuna, pues él solo tuvo bajo su poder a todos los mortales. Así parecía hacer con su voluntad todo lo que él quería con las gentes). Por la כ en כעמדו la venida del rey y la destrucción de su reino se presentan como realidades sincrónicas, poniendo así de relieve la brevedad de su duración.

11, 4. עמדו ha de interpretarse en la misma línea de עמד en Dan 11, 3, y no se ha de traducir: "cuando él se elevó así…", es decir, cuando estuvo en la cumbre del poder real descrito en Dan 11, 3 (Kran.), o "en el pináculo de su poder" (Hv.), sino: "cuando (o como) él hizo su aparición su reino vino a romperse". De esa forma, aquí no aparece la idea de que "él mismo, en el tiempo de su vida, fue privado de su trono y de su reino por una catástrofe violenta" (Kran.), porque la destrucción del reino no implica necesariamente la condena a muerte del monarca. El pensamiento es solo este: "Cuando él apareció y fundó un gran dominio, su reino fue inmediatamente roto".

La palabra תשׁבר (fue roto, debió romperse) está escogida en referencia a 8, 8: "hacia los cuatro vientos". No hace falta que suplamos תחץ (será dividido) por ולא לאחריתו (y no lo dejó a su posteridad), ni esa última expresión está conectada con תחץ en forma de construcción pregnante, porque תחץ, de חצה, significa dividir, sin que eso implique la idea de repartir o asignar en lotes. Solo tenemos que suplir simplemente היא en el sentido del verbo sustantiva "ser", tanto aquí como en la frase siguiente, ולא כמשׁלו.

La palabra אחרית no significa aquí, ni tampoco en Am 4, 2; 9, 1, posteridad, en el sentido de זרע, sino aquello que queda detrás, los supervivientes del rey, palabra por la cual no debemos entender solo sus hijos, sino todos los miembros de su familia.

ולא כמשׁלו, "y no será conforme al poder con el que él reinaba". Este pensamiento, que corresponde a ולא בכחו de Dan 8, 22, refleja la conclusión natural de la idea de la división del reino hacia los cuatro vientos, que implica el hecho de que el reino quedó dividido en varios reinos menores. הנתשׁ, será arrancado, como se arrancan de raíz las planta, indicando así la destrucción y ruptura del reino en varias partes, de manera que así, el reino pasará a otros, מלבד-אלה, "con las exclusión de estos" (los אחרית), los miembros o supervivientes de la familia de Alejandro. A ולאחרים (y para otros) se debe añadir תהיה (será).

Según eso, en 11, 4, el pensamiento profético indica que el reino javánico, tan pronto como el bravo rey lo fundó con gran poder, fue roto en pedazos y dividido hacia los cuatro vientos del cielo, de manera que sus partes separadas, sin lograr la fuerza del reino anterior, serán repartidas entre extraños, y no entre los supervivientes de la familia del fundador.

Esto es lo que sucedió de hecho, pues tras la súbita muerte de Alejandro (año 323 a.C.), su hijo Heracles no fue reconocido por sus generales como sucesor del trono, sino que el año 309 fue asesinado por Poliperconte. Heracles tenía solamente 17 años en el momento. Igual suerte sufrió su otro hijo, Alejandro IV Ageos, nacido de Roxana, una princesa de Bactria. Pero sus generales, después de haber dividido el reino en más de treinta partes, comenzaron a luchar pronto unos contra otros, con el resultado de que al final quedaran establecidos firmemente cuatro reinos grandes" (cf. Diodoro Sículo, Biblioteca histórica XX. 28, XIX. 105; Plutarco, Vidas paralelas, Alejandro XXI. 7-9; Juniano Justino, Historiarum Philippicarum XV. 2, y Apiano el Sirio. c. 51. 11,5).

11, 5. A partir de 11, 5 la profecía se ocupa de las guerras de los reyes del sur y del norte por la supremacía y dominio sobre la Tierra Santa, que ocupa un espacio intermedio entre esas dos tierras. Dan 11, 5 describe la fuerza creciente de esos reyes, y 11, 6 mostrará el intento que ellos hicieron para unirse. חזק, volverse fuerte. El rey del sur es el gobernante de Egipto, como aparece por el contexto y como queda confirmado por Dan 11, 8.

La expresión וּמִן־שָׂרָיו (11, 5) se interpreta de formas diferentes, aunque מִן se toma de forma unánime como un partitivo, "uno de sus príncipes", como por ejemplo en Neh 13, 28; Gen 28,11; Ex 6, 25. El sufijo de שָׂרָיו (sus príncipes) no se refiere al מלך גבור (contra C. B. Michaelis, Bertholdt, Rosenmller y Kranichfeld) de Dan 11, 3, porque ese nombre está muy alejado, y en ese caso debería referirse también a עליו (11, 5), pero eso supondría que uno de los príncipes del rey de Javán alcanzaría más poder y dominio que el gran rey Alejandro, lo cual iría en contra de la afirmación de Dan 11, 4, donde se dice que ninguno de los diádocos alcanzó el dominio de Alejandro[87].

El sufijo de שׂריו solo puede referirse a lo que precede inmediatamente a מלך הנגב: "uno de los príncipes del reino del sur". Pero en ese caso la ו de וּמִן no puede ser explicativa, sino que es solo una simple cópula. Esta interpretación no se opone tampoco al *atnach* que está bajo שָׂרָיו, porque el acento se añade al sujeto porque viene antes, de un modo separado y queda reasumido en ויחזק por la cópula, como sucede con la ו de Ez 34,19.

---

87. Esta contradicción no queda suprimida, sino aumentada traduciendo עליו יחזק por "él le superó" (Kran.), según la cual ha de pensarse que el rey de Javán fue superado por uno de sus príncipes, es decir, por el rey del sur. Por su parte, la afirmación de que el rey de Javán sobrevivió a la destrucción de su reino, y que después uno de sus príncipes se convirtió en rey del sur y fundó un gran poder, superando al primer rey, contradice de manera muy fuerte a la idea expresada en 11, 5, según la cual el reino del rey valiente sería destruido y que no pasaría a sus sucesores, sino a otros (y no a sus sucesores).

El pensamiento es este: Uno de los príncipes del rey del sur alcanzará más poder que su rey, y fundará un gran dominio. Que este príncipe es el rey del norte, o que funda su poder en el norte, no se dice expresamente, pero se deduce de Dan 11, 6, donde se afirma que el rey del sur entra en una liga con el rey del norte.

11, 6-9

⁶ וּלְקֵץ שָׁנִים יִתְחַבָּרוּ וּבַת מֶלֶךְ־הַנֶּגֶב תָּבוֹא אֶל־מֶלֶךְ
הַצָּפוֹן לַעֲשׂוֹת מֵישָׁרִים וְלֹא־תַעְצֹר כּוֹחַ הַזְּרוֹעַ וְלֹא יַעֲמֹד
וּזְרֹעוֹ וְתִנָּתֵן הִיא וּמְבִיאֶיהָ וְהַיֹּלְדָהּ וּמַחֲזִקָהּ בָּעִתִּים:
⁷ וְעָמַד מִנֵּצֶר שָׁרָשֶׁיהָ כַּנּוֹ וְיָבֹא אֶל־הַחַיִל וְיָבֹא בְּמָעוֹז
מֶלֶךְ הַצָּפוֹן וְעָשָׂה בָהֶם וְהֶחֱזִיק:
⁸ וְגַם אֱלֹהֵיהֶם עִם־נְסִכֵיהֶם עִם־כְּלֵי חֶמְדָּתָם כֶּסֶף וְזָהָב
בַּשְּׁבִי יָבִא מִצְרָיִם וְהוּא שָׁנִים יַעֲמֹד מִמֶּלֶךְ הַצָּפוֹן:
⁹ וּבָא בְּמַלְכוּת מֶלֶךְ הַנֶּגֶב וְשָׁב אֶל־אַדְמָתוֹ:

⁶ Al cabo de unos años harán alianza, y la hija del rey del sur vendrá al rey del norte para hacer la paz. Pero ella no podrá retener la fuerza de su brazo, y ni él ni su brazo permanecerán; porque ella será entregada a la muerte, y también los que la habían traído, y su hijo y los que estaban de parte de ella en aquel tiempo. ⁷ "Pero un renuevo de sus raíces se levantará sobre su trono, vendrá con un ejército contra el rey del norte, entrará en la fortaleza y hará con ellos a su arbitrio, y predominará. ⁸ Y aun a los dioses de ellos, sus imágenes fundidas y sus objetos preciosos de plata y de oro, llevará cautivos a Egipto; y durante años se mantendrá él alejado del rey del norte. ⁹ Así entrará en el reino el rey del sur, y volverá a su tierra.

11, 6. Las palabras לקץ שנים, "al fin de los años", es decir, tras el fin del curso de los años, cf. 2 Cron 18, 2. Es evidente que el sujeto de יתחברו (se unirán, harán alianza: 2 Cron 20, 35) no puede ser אהרים, Dan 11, 4 (Kran.), sino solo el rey del sur y el príncipe que fundó un gran dominio, dado que el pacto, conforme a la frase que sigue, viene confirmado por el hecho de que la hija del rey del sur es dada en matrimonio (בוא אל, venir a: cf. Jos 15, 18; Jc 1, 14) al rey del norte, para realizar מישרים, esto es un contrato.

La palabra מישרים, cosas justas o rectas, es un sinónimo de justicia y derecho (Prov 1, 3), y aquí designa la rectitud de la relación entre los dos gobernantes, uno en relación con el otro, en lugar de los engaños e intrigas que habían utilizado antes. Aquí no significa unión sin más, sino rectitud en la relación entre los dos gobernantes y sinceridad para mantener la alianza que ellos habían establecido.

"Pero ella no podrá retener la fuerza de su brazo". עשׂר כוח como en Dan 10, 8. 16, y הזרוע, el brazo, como figura de ayuda, asistencia. El significado es: Ella no retendrá el poder para recibir la ayuda que se debía asegurar con el matrimonio; ella no será capaz de actuar y preservar la sinceridad de la alianza, de manera que el rey del sur no podrá confiar en su ayuda, sino que vendrá a quedar sometido bajo el poder del rey de norte, que será más fuerte. Esto es lo que confirman los pasajes que siguen

El sujeto de לא יעמד es el מלך נגב; y su ayuda (la ayuda del rey) es su propia hija que debía establecer מישרים por su matrimonio con el rey del norte. וזרעו es un segundo sujeto, subordinado o coordinado al sujeto directo del verbo: El con su ayuda. No debemos entender el pasaje así "ni él ni su ayuda", porque en este caso no podría faltar הוא, particularmente en comparación con el היא siguiente. El sentido de "no permanecer" queda definido positivamente ותנתן, ser entregado, morir.

El plural מביאיה es un plural de "categoría": El que la llevo, es decir, el que la llevó al matrimonio (מביא ha de unirse a בוא), sin referencia al número de aquellos que estaban implicados en la acción (cf. el plural semejante en los participios de Lev 19, 8 y Num 24, 9, y en el nombre de Gen 21, 7). הילדה, participio con sufijo, donde el artículo representa al relativo מחזיק. אשר, con el mismo sentido que en Dan 11,1, el que ayuda. El sentido es: No solamente ella, sino todos los que fueron con ella para el establecimiento de este matrimonio, y el mismo objetivo del hecho. בעתים tiene artículo: en los tiempos determinados para cada una de esas personas.

11, 7-8. Entonces se desencadenará una Guerra violenta en la que el rey del norte será derrotado y así aparecerá un retoño de sus raíces. מן en מנצר es partitivo, como en Dan 11,5, y נצר se utilizará colectivamente. Esta figura nos recuerda la de Is 11, 1. El sufijo de שרשיה se refiere a la hija del rey, Dan 11.6. Sus raíces son sus parientes (de ella), y el retoño de sus raíces un hermano de la hija del rey, pero no un descendiente de la hija, como supone Kranichfeld por no tener en cuenta el sentido de נצר.

Por su parte, כנו es acusativo de dirección, lo que aparece más claro en Dan 11, 20. 21. 38 (כנו על). El sufijo se refiere al rey del sur, que era también el sujeto de יעמד, Dan 11, 6. יבא אל-החיל no significa "él irá al (a su) ejército" (Michaelis, Berth., v. Leng., Hitz., Klief.), pues eso se opondría al sentido general de la descripción que se ofrece aquí (Kran., Hv.). Tampoco significa "él alcanzó el poder" (Hv.), sino "él irá al ejército", es decir, contra la hueste del enemigo, que es el rey del norte (Kran.).

בוא אל, como en Gen 32,9; Is 37,33, se utiliza de la aproximación hostil en contra de un campamento, de una ciudad, como para tomarla, a diferencia del siguiente יבא במעוז: penetrar en una fortaleza. מעוז tiene un significado colectivo, como muestra בהם que se refiere a ello. עשה ב, actuar en contra o con alguno, cf. Jer 18,23 (tratar con ellos), *ad libidinem ager*e (actuar según deseo: Maurer), expresión que corresponde en el fondo a כרצונו en Dan 11, 33. 36. החזיק, mostrar poder, es decir, demostrar su poder superior.

11, 8-9. Para poner al reino sometido totalmente bajo su poder, él llevará sus dioses con todos sus tesoros preciosos a Egipto. El hecho de tomar y llevar las imágenes de los dioses era una costumbre usual en los conquistadores. Cf. Is. 46,

1; Jer 48, 7; 49, 3. Con las imágenes llevaban a los mismos dioses, y así se dice aquí "sus dioses".

נסכיהם no significa ofrendas de bebidas, sino imágenes fundidas. La forma es la misma que la del plural. פסילים, es el plural de פסל; por el contrario, נסיכם son las libaciones, Dt 32:38, y está en lugar de נסכיהם, Is 41,29. El sufijo no ha de referirse a אלהים, sino, como el sufijo de חמדתם, a los habitantes del país conquistado.

כסף וזהב están en aposición a כלי חמדתם y no son genitivo del sujeto (Kran.), porque un genitivo atributivo no puede ir detrás de un nombre determinado por un sufijo. Diversos autores (Hv., v. Leng., Maurer, Hitzig, Ewald y Klief.) traducen וְהוּא שָׁנִים יַעֲמֹד: *y él estará durante (algunos) años alejado* del rey del norte. Esta traducción puede hallarse quizá literalmente justificada, porque עמד, con מן, Gen 29,35, tiene el sentido de "dejar", y la expresión "estar fuera de la guerra" puede utilizarse concisamente con el sentido de "desistir de hacer guerra contra alguien".

Pero esta interpretación no responde al contexto. Primero, ella se opone al expresivo והוא, que no es comprensible, si no se dice otra cosa que esta: Que el rey del sur, tras haber destruido las fortalezas del país enemigo, y haber llevado sus dioses y sus tesoros, se abstuvo durante unos años de hacer guerra. Por el contrario, la partícula והוא indica más bien que la frase que así comienza introduce un tema importante, que no deriva sin más del hecho de haber vencido al enemigo y a su reino.

A eso hay que añadir que el contenido de Dan 11, 9, donde el sujeto de בא solo puede ser el rey del norte, no puede entenderse desde el hecho de que el rey del sur se abstiene de hacer guerra contra ese rey del norte. Tampoco la observación de Ewald hace que el tema resulte más comprensible (con ese miserable ir de un lugar para otros, ellos se debilitaban mutuamente), pues el hecho de que el rey del sur penetró en las fortalezas de su enemigo, y llevó sus dioses y sus tesoros, indica que no se trató de una simple expedición miserable y sin provecho alguno. En ese contexto no podemos entender la forma en que el rey del norte, completamente humillado, después que el rey del sur se abstuvo de la guerra, estuviera en condiciones de penetrar en su reino, para volver luego a su tierra. ¿Habría permitido el conquistador que él hiciera eso?

Por eso, con Kranichfeld, Gesenius, de Wette y Winer, y siguiendo el ejemplo del siríaco y de la vulgata, debemos tomas יעמד מן en el sentido de *estar ante*, con מן con el significado de מפני, *en contra de*, como en Sal 43, 1 donde se construye con ריב, lo que nos permite afirmar que Dan 11, 6. 15. 17. 25 tiene ese sentido.

Por eso, והוא solo se traduce bien con el sentido de "y él", el mismo que penetró en las fortalezas de su adversario y mantuvo su superioridad sobre él durante años. E esa línea, Dan 11, 9 contiene una observación muy apropiada, pues muestra cómo logró mantener su conquista. El rey del norte vendrá después de algún tiempo a invadir el reino del rey del sur, pero él tendrá que volver a su tierra, porque será incapaz de realizar nada.

Kran. piensa que el rey del sur es el sujeto de וּבָא, Dan 11, 9; pero eso es imposible, porque en ese caso la palabra tendría que ser בְּמַלְכוּתוֹ, particularmente en paralelismo con אַדְמָתוֹ. Tal como está, מֶלֶךְ הַנֶּגֶב, solo puede ser el genitivo de בְּמַלְכוּת; de esa forma se excluye el hecho de que el rey del sur ser el sujeto, porque la expresión "el rey del sur vendrá al reino del sur y volverá a su propia tierra" no tiene sentido (porque supone que el sur derrota al mismo sur, es decir, a Egipto).

Con וּבָא comienza por tanto un cambio de sujeto, lo que parece contrario al lenguaje alemán (y en otro contexto al castellano), pero que es frecuente en hebreo, como en Dan 11, 11 y 11, 9. Por la mención de una expedición del rey del norte en el reino del rey del sur, de la cual él volverá a casa sin haber conseguido nada, se abre el camino para que podamos pasar a la descripción siguiente que trata de la supremacía del rey del norte sobre el rey del sur.

11, 10-12. Las guerras decisivas

[וּבְנוֹ] [וּבָנָיו] יִתְגָּרוּ וְאָסְפוּ הֲמוֹן חֲיָלִים רַבִּים וּבָא בוֹא [10
וְשָׁטַף וְעָבָר וְיָשֹׁב [וְיִתְגָּרוּ] [וְיִתְגָּרֶה] עַד־[מָעֻזָּה] [מָעֻזּוֹ]:
וְיִתְמַרְמַר מֶלֶךְ הַנֶּגֶב וְיָצָא וְנִלְחַם עִמּוֹ עִם־מֶלֶךְ הַצָּפוֹן [11
וְהֶעֱמִיד הָמוֹן רָב וְנִתַּן הֶהָמוֹן בְּיָדוֹ:
וְנִשָּׂא הֶהָמוֹן [יָרוּם] [וְרָם] לְבָבוֹ וְהִפִּיל רִבֹּאוֹת וְלֹא יָעוֹז: [12

[10] Pero los hijos de aquel se enojarán y reunirán multitud de grandes ejércitos. Vendrá uno apresuradamente, inundará y pasará adelante; luego volverá y llevará la guerra hasta su fortaleza. [11] Por eso se enfurecerá el rey del sur, y saldrá y peleará contra el rey del norte; este pondrá en campaña una gran multitud, pero toda esa multitud será entregada en manos de aquel. [12] Al llevarse él la multitud, se elevará su corazón y derribará a muchos millares; pero no prevalecerá.

11, 10. Aquí el sufijo de וּבְנוֹ se refiere al rey del norte, que era la persona actuante en 10, 9. Así piensan todos los intérpretes, con la excepción de Kranichfeld, quien supone que בְּנוֹ se refiere el hijo del príncipe egipcio, según lo cual este verso debería hablar de las hostilidades nacidas de la vanagloria del rey del sur en contra del rey del norte. Pero esta interpretación de Kranichfeld carece de base y además va en contra del contenido de 11, 11.

La ira del rey del sur y el hecho de que vaya en guerra contra el rey del norte supone que rey le ha dado razón de airarse, porque le ha atacado antes. Además, la descripción de 11, 10 resulta mucho más profunda que para atribuir la guerra a un simple rasgo de vanagloria. Para un problema de ese tipo no se reúne una multitud de ejércitos poderosos para penetrar en las fortalezas del país enemigo, descubriendo entonces que la ocasión de la guerra no es más que un tipo de vanagloria.

El *ketiv* וּבְנוֹ ha sido ha sido bien interpretado por los masoretas como plural (בָּנָיו) que es lo que exigen los verbos siguientes, mientras que los singulares (וְעָבַר

וּבָא בוֹא וְשָׁטַף, vendrá, inundará y pasará adelante) se explican por la circunstancia de que los ejércitos aparecen contemplados de un modo unitario, como המון (multitud). וּבָא בוֹא expresa una venida intensa, impulsando hacia adelante, mientras que שטף ועבר, que nos recuerdan a Is 8, 8, describen de un modo pictórico la inundación de la tierra por las masas de los ejércitos hostiles.

וישׁב (jusivo, está indicando la guía divina), *y volverá*, expresa la repetición del diluvio que viene después de עבר, la marcha a través de la tierra, no el hecho de que se armen de nuevo para la guerra (Hv.), sino la entrada repetida en la región del enemigo, donde el hecho de llevar adelante la guerra עד מעזה, hasta la fortaleza del rey del sur, se relaciona con במעוז מלך הצפון en Dan 11,7 (a la fortaleza del rey del norte). יתגרו significa propiamente adelantarse para la guerra, extender el brazo para implicarse en la guerra.

11, 11. La presión violenta hacia adelante del adversario enfurecerá al rey del sur, le llenará de la ira más grande, de manera que se decidirá también a luchar. El adversario va acompañado de una gran multitud de combatientes, pero ellos caerán en sus manos, en las manos del rey del sur. וְהֶעֱמִיד הָמוֹן רָב (reunirá una gran multitud) se refiere por el contexto al rey del norte. נתן בידו, v. Leng., Maurer y Hitzig piensan que se trata de que acogerán el mandato del rey sobre el ejército, pero esa interpretación va en contra del uso de las palabras, que significa "poner en mano de", es decir, "entregar", cf. 1 Rey 20, 28; Dan 1,2; 8,12-13, y además el otro sentido iría en contra del contexto.

El hecho de dirigir un ejército en la guerra supone que el jefe tenía de antemano el poder sobre ese ejército, de manera que no se necesita que le confíen por primera vez ese poder. Por otra parte, la expresión "darlo en sus manos" con el sentido de ponerlo bajo su autoridad no se encuentra en la Escritura. A esto hay que añadir que el artículo en ההמון remite a המון רב. Pero si ההמון es el ejército reunido por el rey del norte, eso significa que la frase solo puede significar que ese ejército viene a ser entregado en manos del enemigo, es decir del rey del sur; de esa forma, el sufijo en בידו tiene que referirse a ese rey del sur. Por otra parte, las afirmaciones de 11, 12 están en armonía con esto, pues ellas hablan expresamente del rey del sur.

11, 12. Este verso ilustra la última frase de 11, 11, esto es, explica de un modo más preciso la forma en que la gran multitud de los enemigos caen en manos del rey del sur. Las dos primeras frases de 11, 12 están en correlación entre sí, como muestra el cambio del tiempo y la ausencia de cópula delate de ירום (el *qere* ורם proviene de un malentendido). El significado es este: "como se eleva la multitud, así se eleva su corazón).

ההמון, con artículo, solo puede significar el ejército del rey del norte, mencionado en 11, 112. La suposición de que se refiere al ejército egipcio es el resultado de la dificultad que brota de la mala comprensión de la relación en que se encuentra el perfecto ונשא (había elevado) con ירום. Por su parte נשא como en Is

33,10: *ellos se elevan* (se aprestan) para el conflicto. רוּם לבב, levantar el corazón, ordinariamente en el sentido de enorgullecerse; aquí significa aumentar el coraje, pero sin que se excluya el matiz del orgullo.

El sujeto de ירוּם es el rey del sur, al que se aplica el sufijo de בידו en Dan 11,11. Con un coraje así elevado, él supera a miríadas, es decir, a la multitud poderosa de los enemigos, pero no alcanza sin embargo el poder, no logrará la supremacía sobre el rey del norte y sobre su reino, es decir, sobre aquellos que le están buscando. La Vulgata, sin expresar plenamente este significado, ha traducido ולא יעוז por *non praevalebit* (no vencerá, no prevalecerá).

11, 13-15. El pensamiento anterior se expande y se prueba en estos versos.

וְשָׁב מֶלֶךְ הַצָּפוֹן וְהֶעֱמִיד הָמוֹן רַב מִן־הָרִאשׁוֹן וּלְקֵץ ¹³
הָעִתִּים שָׁנִים יָבוֹא בוֹא בְּחַיִל גָּדוֹל וּבִרְכוּשׁ רָב:
וּבָעִתִּים הָהֵם רַבִּים יַעַמְדוּ עַל־מֶלֶךְ הַנֶּגֶב וּבְנֵי ׀ פָּרִיצֵי ¹⁴
עַמְּךָ יִנַּשְּׂאוּ לְהַעֲמִיד חָזוֹן וְנִכְשָׁלוּ:
וְיָבֹא מֶלֶךְ הַצָּפוֹן וְיִשְׁפֹּךְ סוֹלְלָה וְלָכַד עִיר מִבְצָרוֹת ¹⁵
וּזְרֹעוֹת הַנֶּגֶב לֹא יַעֲמֹדוּ וְעַם מִבְחָרָיו וְאֵין כֹּחַ לַעֲמֹד:

¹³ El rey del norte volverá a poner en campaña una multitud, mayor que la primera, y al cabo de algunos años vendrá rápidamente, con un gran ejército y muchas riquezas. ¹⁴ En aquellos tiempos se levantarán muchos contra el rey del sur. Hombres turbulentos de tu pueblo se levantarán, para que se cumpla la visión, pero caerán. ¹⁵ Vendrá, pues, el rey del norte, levantará baluartes y tomará la ciudad fuerte; y las fuerzas del sur no podrán sostenerse, ni sus tropas escogidas, porque no habrá fuerzas para resistir.

11, 13. El rey del norte retorna a su propia tierra, reúne un ejército aún más numeroso que el anterior, y entonces, al final de un determinado número de años, viene de nuevo con un ejército más poderoso y con mucha riqueza. רכוּשׁ, *aquello que se adquiere*, los bienes, como equipaje necesario para un ejército, "una condición necesaria para que una empresa guerrera que pueda triunfar" (Kran.).

Debe tenerse en cuenta el matiz de tiempo en בעתים en Dan 11, 6, fijándose especialmente en וּלְקֵץ הָעִתִּים שָׁנִים (al final de los tiempos, años), donde שׁנים ha de interpretarse (como ימים con שׁבעים, Dan 10, 3-4, y otras designaciones temporales), como indicando que הָעִתִּים se extiende sobre años, de manera que la nueva preparación para la guerra dura algunos años. Por otra parte, העתים, con el artículo definido, son en discurso profético los tiempos determinados por Dios.

11, 14. En ese momento, muchos se elevarán en contra del rey del sur (עמד על como en Dan 8,20); también los וּבְנֵי ׀ פָּרִיצֵי עַמְּךָ, *el pueblo violento de la nación* (de los judíos) se levantarán contra él. Esos פריצים son aquellos que pertenecen a la clase de los hombres violentos, que rompen y abandonan las barreras de la ley divina (cf. Ez 18,10). Esos se elevan חזון להעמיד, para establecer la profecía, es decir, para hacer que ella se cumpla. קים =העמיד en Ez 13, 6. De igual forma עמד es igual a קום en Daniel, y de un modo general en el hebreo tardío.

Casi todos los intérpretes, desde Jerónimo, han referido esto a la visión que Daniel tiene de la opresión bajo Antíoco Epífanes (Dan 8,9-14 y 11, 23). Esto es muy cierto, de modo que la apostasía de una parte de los judíos, que abandonan la ley de sus padres y adoptan las costumbres paganas, contribuyó a que viniera aquella opresión con la que fue visitada (=perseguida) la teocracia bajo Antíoco Epífanes. Pero resulta demasiado estrecho limitar la חזון a esas profecías concretas. חזון sin artículo es la profecía en un sentido general, indefinido, de manera que la palabra ha de aplicarse a todas las profecías que amenazaban al pueblo de Israel con castigos y sufrimientos severos por su apostasía de la ley y su separación respecto de Dios. ונכשלו, serán sacudidos, caerán. "La caída no les ofrecerá ganancia, sino solo los sufrimientos y tribulaciones que habían sido profetizados" (Kliefoth).

11, 15. En este verso, con ויבא, se repite la expresión בוא יבוא de 11, 13, y la consecuencia del anuncio de la guerra. וישפך סוללה, *elevar baluartes*, una empalizada, cf. Ez 4,2; 2 Rey 19,32. עיר מבצרות, ciudad de fortificaciones, sin artículo, puede significar también de un modo colectivo las fortalezas del reino de sur, en general. Ante ese poder, no podrá mantenerse el ejército, es decir, el poder de guerra del sur; ni el pueblo elegido tendrá fuerza suficiente para ello.

11, 16-19. Nuevas empresas del Reino del Norte

¹⁶ וְיַעַשׂ הַבָּא אֵלָיו כִּרְצוֹנוֹ וְאֵין עוֹמֵד לְפָנָיו וְיַעֲמֹד בְּאֶרֶץ־הַצְּבִי וְכָלָה בְיָדוֹ:
¹⁷ וְיָשֵׂם פָּנָיו לָבוֹא בְּתֹקֶף כָּל־מַלְכוּתוֹ וִישָׁרִים עִמּוֹ וְעָשָׂה וּבַת הַנָּשִׁים יִתֶּן־לוֹ לְהַשְׁחִיתָהּ וְלֹא תַעֲמֹד וְלֹא־לוֹ תִהְיֶה:
¹⁸ (וְיָשֵׁם) [וְיָשֵׁב] פָּנָיו לְאִיִּים וְלָכַד רַבִּים וְהִשְׁבִּית קָצִין חֶרְפָּתוֹ לוֹ בִּלְתִּי חֶרְפָּתוֹ יָשִׁיב לוֹ:
¹⁹ וְיָשֵׁב פָּנָיו לְמָעוּזֵּי אַרְצוֹ וְנִכְשַׁל וְנָפַל וְלֹא יִמָּצֵא:

¹⁶ El que vendrá contra él hará su propia voluntad, y no habrá quien se le pueda enfrentar; y permanecerá en la tierra gloriosa, que será consumida bajo su poder. ¹⁷ Afirmará luego su rostro para venir con el poder de todo su reino. Hará convenios con aquel, y le dará una hija por mujer, para destruirlo; pero no permanecerá ni tendrá éxito. ¹⁸ Volverá después su rostro a las costas, y tomará muchas; pero un príncipe le hará cesar en su afrenta, y aun hará volver sobre él su oprobio. ¹⁹ Luego volverá su rostro a las fortalezas de su tierra; pero tropezará y caerá, y no será hallado.

11, 16. Habiendo penetrado en el reino del sur, él actuará allí según su propia voluntad, sin que nadie pueda resistirle, lo mismo que antes había hecho eso el rey del sur en relación con el rey del norte (11, 6). Con ויעש aparece el yusivo, en vez del futuro – cf. וישם יתן (Dan 11.17), ישב (11, 18-19) – para mostrar que las acciones y empresas posteriores del rey del norte se realizan bajo el decreto divino.

הבא אליו se refiere al que viene hacia la tierra del sur, es decir, el rey del norte (Dan 11,14. 15. Habiendo alcanzado la cumbre de la victoria, él cae bajo el dominio del orgullo y de la vanagloria, por la que se apresura su ruina y su derrota. Tras haber sometido el reino del sur, él querrá ir a la tierra de la belleza, es decir, a la Tierra Santa (con referencia a la ארץ הצבי, Dan 8,9).

וכלה בידו, y *en su mano hay destrucción* (frase explicativa), siendo aquí כלה un sustantivo, no un verbo. Solo este significado de כלה puede fundarse verbalmente (cf. *Coment.* a Dan 9, 27), pero no un significado que a veces se ha dado a esa palabra introduciendo en ella una alusión a acontecimientos históricos llevados a su perfección, en la línea en Hv., v. Leng., Maur y Kliefoth tan traducido la frase: "Y ella (la Tierra Santa) fue entregada totalmente en su mano".

כלה significa *finalización*, conclusión, pero solo en el sentido de destrucción, como en 2 Cron 12,2 y en Ez 13,13. Para el uso בידו en relación con cosas espirituales, que alguien propone o quiere, cf. Job 11,14; Is 54,20. Pues bien, esa destrucción no se refiere a los egipcios, como piensa Hitzig, sino a la Tierra Santa en la que un tipo de gente violenta (rapaz, cf. 11, 14) hace causa común con el rey pagano, dándole así armas, para que él destruya la tierra.

11, 17. Este verso ha sido expuesto de maneras muy distintas. Jerónimo lo traduce así: *et ponet faciem suam ut veniat ad tenendum universum regnum ejus* (y se dispone a venir, para tomar todo su reino), y añade esta observación explicativa: *ut evertat illum h. e. Ptolemaeum, sive illud, h. e. regnum ejus* (para destruirle a él, es decir, al rey Ptolomeo o a su reino). En esa línea, muchos (C. B. Michaelis, Venema, Hvernick, v. Lengerke, Maurer) traducen las palabras לָבוֹא בְּתֹקֶף כָּל־מַלְכוּתוֹ por "para venir a (o en contra de) todo su reino (egipcio)" es decir, para alcanzar la superioridad sobre el reino egipcio (Kliefoth).

Pero esta última interpretación va claramente en contra de la circunstancia de que תקף significa fuerza, pero no en el sentido activo que equivale a tener poder sobre alguien, sino solo en sentido intransitivo o pasivo: El poder como propiedad de alguien. Por otra parte, las dos explicaciones anteriores se oponen al uso verbal de בוא con ב *rei* (de cosa), lo que no significa "venir a o en contra de una cosa", sino "venir con"; cf. en esa línea בוא בחיל, venir con poder, 11, 13 y también Is 40, 10; Sal 71, 14; 11, 16.

Esas explicaciones se oponen también al contexto, porque no se puede decir en modo alguno, en contra del sur totalmente subyugado (conforme a Dan 11, 15-15) תקף מלכותו. Teodoreto traduce de un modo exacto: εἰσελθεῖν ἐν ἰσχύι πάσης τῆς βασιλείας αὐτοῦ, y de igual manera Lutero: *Venir con la fuerza de todo su reino*. De un modo semejante, Geier, Hitzig y Kran.

De esa manera, el rey del norte pretende venir con la fuerza de todo su reino, para tomar la plena posesión del reino del sur. וישרים עמו es una frase explicativa que define la manera en la que él quiere conseguir su objeto. יְשָׁרִים, plural del adjetivo יָשָׁר, con un sentido substantivado: *aquello que es recto* (en latín, en plural, *recta*), como en Prov 16,13 (en latín *proba;* cf. Ewald, *Gram.* 172, pero en su comentario el traduce la palabra como estar de acuerdo, concordar).

עִמּוֹ, con él, es decir, teniendo la misma intención. El sentido del pasaje está determinado conforme a לַעֲשׂוֹת מֵישָׁרִים, Dan 11, 6: con la intención de establecer una relación directa, recta, es decir, por medio de un matrimonio político, a fin de conseguir para sí el reino del sur. וְעָשָׂה forma una frase por sí misma: Él lo hará, lo llevará a cabo; según eso no es necesario cambiar arbitrariamente el texto, como hace Hitzig, poniendo יַעֲשֶׂה.

La segunda mitad del verso (Dan 11:17) describe la manera en que él realiza su intención, pero sin alcanzar su meta. "Él le dará la hija como mujer, esposa" (הַנָּשִׁים, de mujer, como plural de clase, como כְּפִיר אֲרָיוֹת, Jc 14,5, un joven león (o leona); בֶּן אֲתֹנוֹת, Zac 9, 9, de hijo de un asno (o de un asna). El sufijo de לְהַשְׁחִיתָהּ (corrompiéndola) aparece referido, según muchos, a מַלְכוּתוֹ (su reino); pero esta referencia no es válida, igual que la interpretación inexacta de בְּתֹקֶף como, a fin de venir.

En la primera parte del verso no se nombre el objeto de su empresa, pero en Dan 11,16 se precisa por medio de אֵלָיו, pues el sufijo en cuestión solo puede referirse a בַּת הַנָּשִׁים, la hija de mujer. Así piensan J. D. Michaelis, Bertholdt y Rosenmller. Pero el primero ha dado a la palabra לְהַשְׁחִיתָהּ el significado inaceptable de "seducirla a través de una forma de conducta corrompida". En otra línea, Hitzig cambia el texto, le quita el sufijo y traduce: "Para realizar cosas viles". הִשְׁחִית significa solo destruir, arruinar, es decir "para destruirla" (Kran.). Esto es verdad, pero no es el objetivo del matrimonio, sino solo su consecuencia. En esa línea, el texto supone que, conforme a una visión más alta, ese matrimonio solo podía conducir a la destrucción de la hija.

Las últimas frases del verso expresan el fracaso de la medida adoptada. Los verbos están en femenino, no en neutro, de manera que el significado no es "ello no se mantendrá, ni le sucederá a él" (v. Leng., Maurer, Hitzig), sino "ella, la hija, no se mantendrá", ni será capaz de realizar el plan contemplado por el padre". Las palabras centrales וְלֹא־לוֹ תִהְיֶה no han de leerse como וְלֹא תִהְיֶה לוֹ: "no le pasará a él" o para él. En ese caso, לֹא debería estar conectada con el verbo. Según el texto, לֹא־לוֹ forma una idea, como לֹא כֹחַ, en el sentido de impotente, sin poder (cf. Ewald, 270): "ella no será nada (de ayuda) para él", es decir, él no podrá obtener nada por medio de ella.

11, 18. Su destino le lleva luego a luchar contra las islas y las costas marítimas del oeste (אִיִּים), de manera que él toma muchas de ellas. El verbo וַיָּשֵׁב no ha de cambiarse en וְיָשֵׂם según el *qere*, pues al volverse de Egipto hacia las islas, él se dirige hacia su propia tierra, en el norte. Las dos frases siguientes han sido entendidas así por la mayor parte de los intérpretes: "Pero un capitán detendrá su desprecio (le hará estar en silencio), y además le dará desprecio como recompensa".

Esta traducción se sitúa en la línea de Jerónimo, cuando se refiere a la expedición de Antíoco Epífanes en contra de las islas griegas, que estaban bajo la protección de Roma, por lo que él fue atacado y vencido por el cónsul Lucio Escipión (el Asiatico), en una batalla que tuvo lugar en Magnesia junto a Sipylum en Lydia.

Pero esa traducción solo podría lograr un sentido tolerable si es que tomamos בלתי en el sentido de "además", en adición a.... Pero esa palabra no tiene, ni puede tener ese sentido, según su etimología. En todos los lugares donde se traduce de esa forma es porque lleva por delante una sentencia negativa, como en Gen 43, 3; 47, 18; Jc 7, 14, o una pregunta con sentido negativo, como en Am 3, 3-4. Según eso, לא debería estar aquí delante de השבית para poder traducirla por "además de, o solamente". בלתי ofrece una idea de excepción, y solo puede traducirse después de una afirmación con "sin embargo", pues el nuevo pasaje introducido así limita la afirmación anterior.

En esa línea, Teodoreto ha traducido rectamente: καταπαύσει ἄρχοντας ὀνειδισμοῦ αὐτῶν, πλὴν ὁ ὀνειδισμὸς αὐτοῦ ἐπιστρέψει αὐτῷ; y en estrecha relación con eso, Jerónimo ha puesto: "et cessare faciet principem opprobrii sui et opprobrium ejus convertetur in eum" (pero un príncipe le hará cesar en su afrenta, y aun hará volver sobre él su oprobio). De igual manera la Peshita.

En esa línea, con Kranichfeld, debemos aceptar esta traducción y de esa forma aplicar והשבי al rey del norte e interpretar el קצין (líder, jefe) en un sentido indefinido general o colectivo, חרפתו (su reproche) como el segundo objeto subordinado a קצין, y tomar לו como dativo de קצין. De esa forma, el segundo חרפתו recibe un carácter más expresivo, situándose ante el verbo, en contraste con לו חרפתו: "a pesar de su", es decir, a pesar del deshonor que él hizo a sus jefes, ellos serán recompensados por ellos.

El sujeto de ישיב es el colectivo קצין. Así, la afirmación de la última frase nos introduce en el anuncio, mencionado en Dan 11, 19, sobre la derrota del rey del norte que quiso extender su poder también sobre el oeste. Dado que los jefes (príncipes) de las islas le devolvieron su reproche (rechazaron su ataque), él se vio en necesidad de volver a la fortaleza de su propio país. De esta forma comienza su caída, que desembocará en su completa destrucción.

11, 20

20 וְעָמַד עַל־כַּנּוֹ מַעֲבִיר נוֹגֵשׂ הֶדֶר מַלְכוּת וּבְיָמִים אֲחָדִים יִשָּׁבֵר וְלֹא בְאַפַּיִם וְלֹא בְמִלְחָמָה׃

²⁰ En su lugar se levantará uno que hará pasar un cobrador de tributos por la gloria del reino; pero en pocos días será muerto, aunque no con ira ni en batalla.

Otro ocupará su lugar, que hará que venga un נוגש, a causa de su avaricia por las riquezas. La mayoría de los traductores toman נוגש como recolector de tributos, apelando para ello a 2 Rey 23, 35, y piensan que מלכות es la הדר מלכות, la Tierra santa, y entonces aplican todo el tema a Heliodoro, a quien Seleuco Nicator envió a Jerusalén para tomar el tesoro del templo.

Pero esta interpretación de las palabras es muy limitada. נגש indica sin duda un recolector de oro o plata (2 rey 23,35), pero eso no implica que (cuando no se habla de oro y plata) נוגש tenga aquí también un sentido vinculado a la economía. La palabra alude en general a un tipo de "capataz" encargado de urgir al pueblo para realizar trabajos severos, alguien que le aflige y les trata como a ganado. הדר מלכות no es un sinónimo de ארץ הצבי, Dan 11,16, sino que su sentido se acerca más al de הוד מלכות, Dan 11, 21, y así designa la gloria del reino.

La gloria del reino fue derribada por נוגש, y העביר se refiere a todo el reino del rey al que se alude, no simplemente a la Tierra Santa, que formaba solo una parte de ese reino. A través de esas opresiones de su reino él se preparaba a sí mismo, en un corto tiempo, para la destrucción. ימים אחדים (pocos días), como en Gen 27,44; 29, 20, designa un período muy corto de tiempo.

La referencia de estas palabras, *en pocos días*, al tiempo del pillaje del templo de Jerusalén por Heliodoro constituye no solo una aplicación arbitraria, sino que es contraria al sentido de las palabras, dado que la ב en בימים no significa *después* (post). Por su parte, ולא מאפים, en distinción y contraste con ולא במלחמה, solo puede significar enemistad privada o venganza privada. "Ni por ira (venganza privada), ni por Guerra" está indicando un juicio divino inminente.

Si en este momento, antes de pasar a nuestra exposición, consideramos atentamente el contenido de la revelación de Dan 11, 5-20, a fin de tener una visión más clara de la relación de ese pasaje con su cumplimiento histórico, podemos concretar y presentar ya el curso de los pensamientos a los que aquí se alude, y lo haremos de un modo esquemático:

1. *Después de la caída del reino mundial javánico (Dan 11, 4), el rey del sur (Egipto) alcanzará gran poder*, y uno de sus príncipes (11, 5) logrará tener un gran dominio en el norte. Tras un curso de años, ellos (el rey del norte y el rey del sur) realizarán un pacto, por el que el rey del sur dará su hija en matrimonio al rey del norte, a fin de establecer de esa manera una relación de justicia entre ellos. Pero este acuerdo desembocará en la destrucción de la hija, lo mismo que en la destrucción

de su padre y de todos los que habían cooperado para efectuar este matrimonio (11, 6). Por eso, un descendiente del rey del sur iniciará una guerra en contra del rey del norte, invadirá victoriosamente el país de su adversario, reunirá un gran botín y lo llevará a Egipto, manteniendo por años su supremacía.

2. *El rey del norte penetrará ciertamente en el territorio del rey del sur, pero tendrá que volver a su territorio sin alcanzar ninguna ventaja (22, 7-9.* Sus hijos descenderán también con grandes ejércitos al reino del sur, pero sus ejércitos caerán en manos del rey del sur...Pero en un momento posterior el rey del norte volverá con un ejército aún más poderoso, e incluso algunos miembros impíos de la nación judía se elevarán y le ayudarán, y el rey del norte tomará las ciudades fortificadas, sin que el rey del sur tenga poder para ofrecerle resistencia (111, 10-15). Entonces, el rey conquistador (el del norte) dominará a su placer sobre las tierras conquistadas, y pondrá sus pies sobre la Tierra Santa con la intención de destruirla.

3. *De esa forma, él vendrá con todo el poder de su reino en contra del rey del sur y a través del matrimonio de su hija* querrá establecer una relación de justicia con él, pero con eso no hará más que acelerar la destrucción de su hija. Finalmente, él hará un asalto en contra de las islas y los países marítimos del oeste, pero será vencido por sus jefes, y se verá obligado a volver a las fortalezas de su propio país, donde caerá (11, 16-19). Pero su sucesor, que enviará cobradores de impuestos a través de las regiones más gloriosas del reino será destruido en poco tiempo (Dan 11, 20).

De esa manera, la revelación presenta la forma en que se sucedieron las relaciones entre los reyes del sur y del norte. Primero el rey del sur dominó sobre el norte; pero, cuando estaba en la cumbre de su poder, él cayó en manos de su adversario, cayendo al fin en sus manos, a causa de algunas insurrecciones y de la colaboración de una parte apóstata de los judíos. Pero en esa circunstancia, tras un asalto sobre las tierras del oeste, tras haber establecido y extendido con firmeza su poder, él mismo será causante de su derrota, y su sucesor, a consecuencia de la opresión de su reino, cayó destruido en poco tiempo.

En ese contexto se dice que el nuevo rey del norte (11, 21), tras haberse convertido en grande, se elevó a sí mismo en contra de la Santa Alianza israelita, suprimió el sacrificio diario en el templo del Señor... Esto se refiere, conforme a la evidencia histórica de los libros de los macabeos, al rey seléucida Antíoco Epífanes. Según eso, los anuncios proféticos de Dan 11, 5-20 se extienden sobre el período que va de la división de monarquía de Alejandro entre sus generales hasta el comienzo del reinado de Antíoco Epífanes, en el año 175 a. C., tiempo en el que reinaron siete reyes sirios y seis egipcios:

Reyes sirios (a.C.):		Reyes egipcios (a.C.):	
Seleuco Nicator	310-280	Ptolemeo Lago	323-284
Antíoco Sidetes	280-260	Ptolemeo Philadelpho	284-246
Antíoco Theus	260-245		
Seleucuo Callinico	245-225	Ptolemeo Euergetes	246-221
Seleucis Cerauno	225-223	Ptolemeo Philopator	221-204
Antíoco el Grande	223-186	Ptolemeo Epiphanes	204-180
Seleuco Philopator	186 -175	Ptolemeo Philometor	180-145
Antíoco Epifanes	175-164		

La revelación profética solo menciona a cuatro reyes del norte (uno en Dan 11,5-9; sus hijos, Dan 11,10-12; un tercero, Dan 11,13-19; y el cuarto, Dan 11,20) y tres del sur (el primero, Dan 11, 5 y Daniel 11, 6; "el retoño": Dan 11,7-9; el rey, Dan 11,10-15). Estos últimos aparecen como distintos, mientras que la relación del primero con sus hijos (11, 10) y con el rey mencionado de un modo indefinido en 11, 11 parece clara, y la del último de los reyes del sur permanece dudosa, dado que no se ve claro si aquel del que se habla en 11, 9-15 es distinto de aquel a quien se presenta como retoño de su raíz.

Las circunstancias muestran que la profecía no trata de personajes individuales en sentido histórico, sino que solo se ocupa del rey del sur y del rey del norte como representantes del poder de esos dos reinos. De los hechos especiales de esos solo se mencionan algunos que evocan a ciertas personas concretas.

Así se habla del rey del norte, que había sido uno de los príncipes del rey del sur y que fundó un dominio mayor que el de este (11, 5); se habla también del matrimonio de la hija del reino del sur con el rey del norte (11, 6), y se exponen algunas circunstancias especiales de las guerras entre estos dos reyes, circunstancias que han sido verificadas en la historia. Pero todos estos datos especiales no significan que la profecía consiste en una serie de predicciones de hechos históricos, porque incluso aquellos rasgos de la profecía que coinciden con algunos datos de la historia no lo hacen de un modo total en sentido histórico.

En esa línea, todos los intérpretes coinciden en que el rey del sur de 11, 5 es Ptolomeo Lago (Lagida), y que uno de sus príncipes (מן־שָׂרָיו) que fundó un gran dominio era Seleuco Nicator, o "el conquistador", que tras la división de países que hicieron los conquistadores tras la muerte de Antíoco, obtuvo, según Apiano, *Syr.* c. 55, el conjunto de Siria, desde el Eufrates hasta el Mar Mediterráneo y Frigia. Después, aprovechando toda oportunidad para ampliar su reino, él obtuvo también Mesopotamia, Armenia y una parte de Capadocia, y además sometió a los persas, partos, bactrianos, árabes y otras naciones, extendiéndose hasta el río Indo, las tierras que había conquistado Alejandro. Según eso, después de Alejandro nadie tuvo más naciones que él bajo su dominio, pues desde la frontera de Frigia al Indo le pertenecía todo.

De todas formas, aunque la extensión de su dominio armoniza bien con la profecía de la grandeza de su soberanía, el hecho de que se le llame "uno de sus príncipes" no responde a la posición que tenía Ptolomeo Lago. Ambos fueron sin duda al principio generales de Alejandro. Por su parte, Seleuco, siendo después virrey de los babilonios, (por temor a Antíoco, que quería matarle) tuvo necesidad de huir a Egipto, donde Ptolomeo, que le recibió con hospitalidad, y así creó con él y con otros virreyes o vice-regentes, sucesores de Alejandro una liga en contra de Antíoco, y de esa manera, cuando estalló la guerra, dirigió una flota en contra de Antíoco (Diodoro Sic. XIX. 55-62). Según eso, él no fue uno de los generales de Antíoco.

Además, Jerónimo explica así el matrimonio de la hija del rey (11, 6), y con él todos los intérpretes que le siguen: "Ptolomeo Philadelfo hizo la paz con Antíoco Theo, tras muchos años de guerra, con la condición de que Antíoco expulsara a su mujer Laodicea, que era al mismo tiempo su medio-hermana, y desheredara a su hijo, y se casara con Berenice, la hija de Ptolomeo, y que nombrara a su primer hijo como su sucesor en el trono de su reino" (Appiano, *Syr.* c. 65, y Jerónimo). Este hecho puede tomarse como cumplimiento de la profecía de 11, 6; pero las consecuencias que derivaron de ese matrimonio político no responden a las consecuencias que aparecen en la profecía.

Según el testimonio de la historia, Ptolomeo murió dos años después de ese matrimonio, por lo que Antíoco abandonó a Berenice y tomó de nuevo a Laodicea, su primera mujer, con sus hijos. Pero ella mató a su marido con veneno, porque tenía miedo de que le traicionara, de manera que su hijo Seléuco Calínico ascendió al trono. Por su parte, Berenice huyó con su hijo al asilo del templo de Dafne, pero fue asesinada con el hijo.

Según eso, la profecía difiere de la historia, no simplemente en lo que se refiere a las consecuencias de los acontecimientos, sino también a los hechos mismos, porque la profecía vincula la muerte de la hija con la de su padre, mientras que la muerte natural del padre no está conectada en modo alguno con ese matrimonio, de manera que las consecuencias fatales para su hija y el hijo de esta se produjeron solo más tarde, tras la muerte del padre.

Más aún, por lo que se refiere al contenido de Dan 11, 7-9, la historia ofrece las siguientes confirmaciones: A fin de salvar a su hijo, que fue marginado por Antíoco Theus, su hermano *Ptolomeo Evergetes* invadió el reino de Siria, donde Seléuco Callínico había sucedido a su padre en el trono, en alianza con el ejército de las ciudades asiáticas, y condenó a muerte a su madre Laodicea, dado que llegó demasiado tarde para salvar a su hija, vengándose porque la habían asesinado, derribó las fortalezas que había desde Cilicia al Trigris y Babilonia, y habría conquistado todo el reino de Siria, si una insurrección que había estallado en Egipto no le obligara a volver allí, llevando con él muchas imágenes de los dioses de Siria e inmensos tesoros que había tomado de las ciudades vencidas.

Entonces, mientras Ptolomeo Evergetes estaba ocupado en Egipto, Callínico recuperó las ciudades de Asia Menor, pero no fue capaz de conquistar los países marítimos, porque su flota fue destruida por una tormenta, y cuando emprendió una expedición por tierra contra Egipto, fue totalmente vencido, de forma que solo pudo volver a Antioquía con unos pocos seguidores: cf. Justin, *Hist*. XXVII. 1, 2; Polibio V. 58; y Appiano, *Syr*. c. 65. Por otra parte, el anuncio de la guerra de sus hijos con muchos ejércitos inundando la tierra, Dan 11, 10, no está confirmado por la historia.

Tras la muerte de Callínico en cautividad, le sucedió en el gobierno su hijo Seleuco Cerauno, que era un hombre totalmente incompetente y que fue envenenado por sus generales en la guerra contra Átalo, sin haber emprendido ninguna expedición contra Egipto. Su hermano Antíoco, de sobrenombre el Grande, que le sucedió, quiso recuperar Celesiria y Fenicia, y reanudó la guerra contra el rey de Egipto (cuando, pasados dos años comenzó a reinar en Egipto Ptolomeo Philopator). En esa guerra, para reconquistar las tierras de Fenicia y Celesiria, llegó hasta Dura, dos millas al norte de Cesarea (Polibio. X. 49), y tras cuatro meses de tregua dirigió de nuevo su ejército hasta el Orontes (Polibio V. 66; Justino, XXX. 1).

De esa forma, retomadas las hostilidades, expulsó el ejército egipcio hasta Sidón, conquistó Galaad y Samaría, y colocó sus cuarteles de invierno en Ptolemaida (Polibio. V. 63-71). Sin embargo, al comienzo del siguiente año, fue vencido por los egipcios en Raphia, no lejos de Gaza, y fue obligado a retornar hasta Antioquía, con gran pérdida de muertos y prisioneros, tan pronto como le fue posible, dejando otra vez Celesiria, Fenicia y Palestina en manos de los egipcios (Polibio. V. 79, 80, 82-86).

Dan 11, 11-12 alude a esta guerra. Trece o catorce años después de eso, en liga con Filipo II de Macedonia, Antíoco renovó la guerra en contra de los egipcios, cuando, tras la muerte de Filopátor, ascendió al trono Ptolomeo Epífanes, que era solo un niño de diez años, reconquistando para Siria los tres países ya citado (Celesiria, Fenicia y Palestina), derrotando a los egipcios cerca de Paneas (en Escopas) y conquistando, tras un largo asedio, la fortaleza de Sidón done los egipcios se habían fortificado. Entonces, Antíoco impuso la paz a Ptolomeo, con la condición de que tomara como mujer a su hija, Cleopatra, que recibiría como dote Celesiria, Fenicia y Palestina (Polibio. XV. 20, XXVIII. 17; Apiano, *Syr*. c. I.; Liv. XXXIII. 19; y Josefo, *Ant*. XII. 4. 1).

A esa última guerra se ha referido, desde el tiempo de Jerónimo, la profecía de Dan 11, 13-17. Pero tampoco aquí los acontecimientos históricos responden plenamente a esta profecía. La profecía habla de un sometimiento total del rey del sur, mientras que esta guerra solo tuvo como fin la posesión de las provincias asiáticas del reino egipcio. Además, el alzamiento de muchos (רבים, Dan 11,14), en contra del rey del sur, no se ha verificado históricamente, e incluso la relación que según Josefo (*Ant.* XII. 3. 3) tuvieron los judíos con Antíoco el Grande no fue del tipo que puede ser considerado como de exaltación de los בְּנֵי פְרִיצִים, Dan 11,14.

Por otra parte, la afirmación de Dan 11, 16, sobre la relación del rey del norte con la "tierra gloriosa" tampoco concuerda plenamente con la conducta que Antíoco el Grande tuvo con los judíos, pues, conforme a Josefo (*Ant.*, lugar citado), él trató favorablemente a los judíos del entorno de Jerusalén, pues ellos se sometieron a él favorablemente, y ayudaron a su ejército, de manera que el rey les concedió no solo el permiso de observar sus prácticas religiosas, sino que les ofreció su protección.

Más aún, tampoco lo que dice Dan 11, 18 sobre la guerra del rey del norte contra las costas e islas de Asia Menor y del Helesponto concuerda con la historia; por su parte, lo que dice Dan 11, 19 sobre la entrega de las fortalezas de su propia tierra no responde a la realidad histórica de este rey, de forma que no se puede aceptar que lo que dice Daniel sea una narración histórica estricta (escrita en estilo profético).

Finalmente, sobre su sucesor Seleuco Philopator, a quien debe referirse Dan 11, 20, si es que los versos anteriores tratan de Antíoco el Grande, nos comunica solo que él "quum paternis cladibus fractas admodum Syriae opes accepisset, post otiosum nullisque admodum rebus gestis nobilitatum annorum duodecim regnum" (tras haber recibido las cosas de Siria bastante estropeadas por las guerras de sus antepasados, tras doce años en los que no ennobleció en modo alguno su reino) fue asesinado por la traición de Helidoro, uno de sus nobles (Livio XLI. 19, cf. App., *Syr.* c. 45); por su parte, la misión de Heliodoro a Jerusalén para apoderarse de los tesoros del templo ha sido descrita de un modo fabuloso en 2 Mac 3:4ss. La palabra יִשָּׁבֵר (será destruido), que se aplica a este rey בְּיָמִים אֲחָדִים (dentro de pocos días) no armoniza con el hecho de que él reinara durante doce años.

De esta comparación se deducen muchas cosas, y ante todo que *la profecía no ofrece una predicción de las guerras históricas de los seléucidas y los tolomeos, sino una descripción ideal de la guerra entre los reyes del norte y del sur, en línea generales*; ciertamente, en un sentido se puede afirmar que algunos anuncios proféticos se cumplieron históricamente, pero la realidad histórica no corresponde a los contenidos de la profecía de un modo histórico exhaustivo. Este carácter de los anuncios de Daniel se pone todavía más de relieve en la descripción profética que sigue.

11, 21–12, 3. *Desvelamiento posterior del futuro. La resurrección*

En esta sección encontramos primero (11, 21) la descripción del príncipe que, en su lucha por la supremacía, utiliza todos los medios de su astucia y poder, no poniendo límite alguno a su enemistad contra la santa alianza. Esta descripción se divide en dos grandes partes: Dan 11,21-35 y 11, 36–12, 3, que muestran los dos estadios o momentos de su despliegue.

De esa forma se describen los momentos de su acción: (1) su ascenso gradual al poder, Dan 11,21-24; (2) su guerra por la supremacía contra el rey del sur, Dan 11,25-27; (3) su lucha contra el pueblo de la alianza, llegando a la profanación del santuario, suprimiendo el sacrificio diario y erigiendo la abominación de la desolación, Dan 11:28-32; (4) el efecto y consecuencias que esto tuvo para el pueblo de Dios, Dan 11,32-35.

Este príncipe es el enemigo del pueblo santo de Dios, profetizado en Dan 8, 9-13. 23-25, bajo la figura del pequeño cuerno, y está típicamente representado por el rey sirio Antíoco Epífanes en su lucha contra el pueblo de la alianza y contra su adoración de Dios.

11, 21-24. El ascenso del príncipe al poder

²¹ וְעָמַד עַל־כַּנּוֹ נִבְזֶה וְלֹא־נָתְנוּ עָלָיו הוֹד מַלְכוּת וּבָא בְשַׁלְוָה וְהֶחֱזִיק מַלְכוּת בַּחֲלַקְלַקּוֹת:
²² וּזְרֹעוֹת הַשֶּׁטֶף יִשָּׁטְפוּ מִלְּפָנָיו וְיִשָּׁבֵרוּ וְגַם נְגִיד בְּרִית:
²³ וּמִן־הִתְחַבְּרוּת אֵלָיו יַעֲשֶׂה מִרְמָה וְעָלָה וְעָצַם בִּמְעַט־גּוֹי:
²⁴ בְּשַׁלְוָה וּבְמִשְׁמַנֵּי מְדִינָה יָבוֹא וְעָשָׂה אֲשֶׁר לֹא־עָשׂוּ אֲבֹתָיו וַאֲבוֹת אֲבֹתָיו בִּזָּה וְשָׁלָל וּרְכוּשׁ לָהֶם יִבְזוֹר וְעַל מִבְצָרִים יְחַשֵּׁב מַחְשְׁבֹתָיו וְעַד־עֵת:

²¹ Ocupará su lugar un hombre despreciable, al cual no darán la honra del reino. Vendrá sin aviso y tomará el reino con halagos. ²² Las fuerzas enemigas serán barridas delante de él como por inundación de aguas; serán del todo destruidas, junto con el príncipe del pacto. ²³ Él, después del pacto, engañará, subirá y saldrá vencedor con poca gente. ²⁴ Estando la provincia en paz y en abundancia, entrará y hará lo que no hicieron sus padres ni los padres de sus padres; botín, despojos y riquezas repartirá entre sus soldados, y contra las fortalezas formará sus designios. Esto durará todavía por un tiempo.

11, 21. Antíoco aparece así como נִבְזֶה, despreciable, es decir, como alguien que no tiene derecho al trono por razón de su nacimiento y que, sin embargo, lo ha tomado como un intruso, es decir, como alguien sin reconocimiento (Kranichfeld); Hitzig ha explicado el tema de un modo más preciso, diciendo que no era Antíoco Epífanes el que tenía derecho al trono como heredero, sino el hijo de su hermano asesinado, Seleuco Philopator.

Antíoco era נבזה, despreciable, palabra que no significa malo ni vergonzoso, pero que supone cierta indignidad, pues no tenía el honor o majestad que implica el reino. La dignidad del reino requiera הוד, esplendor, majestad, como la que Dios ofrece al rey de Israel, Sal 21, 6; 1 Cron 29, 25. Pero aquí se trata más bien del honor que los hombres han de tributar al rey, aunque que aquí se lo niegan, porque es un hombre despreciado, por razón de su carácter.

Él viene בְּשַׁלְוָה, de un modo hipócrita, como en gesto de paz, es decir, de un modo inesperado (cf. Dan 8, 25), y toma posesión del reino. הֶחֱזִיק, agarrar, asegurar, aquí arrastrarlo violentamente para sí mismo. בַּחֲלַקְלַקּוֹת, en sentido estricto, de un modo engañoso, por intrigas y astucias, no simplemente por halagos o palabras suaves, sino por una conducta de tipo hipócrita, por palabras y obras, cf. Dan 11,34.

11, 22. Él supo tomar el poder, y logró mantenerlo con fuerza. זְרֹעוֹת הַשֶּׁטֶף, *brazos (es decir, fuerza guerrera) de inundación*, esto es, ejércitos recorriendo la tierra, pero siendo destruidos por otras fuerzas militares más poderosas. Él no destruye simplemente al enemigo, sino también al "príncipe de la alianza".

נְגִיד בְּרִית es análogo a בַּעֲלֵי בְרִית, Gen 14,13, y a אַנְשֵׁי בְרִית, Abd 1,7, cf. Mal 2:14. La ausencia de artículo muestra que esa palabra ha de tomarse en sentido general (jefe de la alianza). Algunos piensan que ese נְגִיד בְּרִית es el Sumo Sacerdote Onías III, quien al comienzo del reinado de Antíoco Epífanes fue expulsado de su oficio por su hermano, y después, por instigación de Menelao, fue asesinado por Andrónico, gobernador de Siria, en Dafne, cerca de Antioquía, cf. 2 Mac 4, 1ss. y 4, 33 (Rosenmller, Hitzig, etc.). Pero esta interpretación no está avalada por los hechos históricos.

Ese asesinato de Onías III no puede ser el tema aquí tratado, no solo porque el sumo sacerdote en Antioquía no actuaba ya como príncipe de la alianza, sino también porque el asesinato fue perpetrado sin el conocimiento previo de Antíoco, de manera que cuando le comunicaron el asunto hizo matar al asesino (2 Mac 4, 36-38). Por otra parte, este hecho no está en conexión con la guerra de Antíoco contra Egipto.

Las palabras tampoco se pueden referir (con Hvernick, v. Leng., Maurer, Ebrard, Kliefoth) al rey egipcio Ptolomeo Filométor, porque la historia no conoce nada de un pacto realizado entre este rey y Antíoco Epífanes, sino solo el hecho de que poco después del comienzo del reinado de Antíoco Epífanes, los representantes del joven Filométor pidieron a Antíoco que les devolviera Celesiria, como Antíoco el Grande había prometido, como dote de su hija Cleopatra, que estaba prometida a Ptolomeo Filométor, pero que Antíoco no cumplió, iniciándose por eso una guerra entre ellos.

A esto ha de añadirse el hecho de que, igual que Dereser, v. Lengerke, Maurer y Kranichfeld han resaltado justamente, la descripción de Dan 11, 22-24 tiene un sentido muy general, de forma que v. Leng. y Maurer encuentran en ella referencias a las tres expediciones de Antíoco, y además en 11, 25-27 se encuentra anunciado de un modo más extenso lo que en 11, 22-24 queda indicado brevemente. La empresa del rey en contra de Egipto se describe primero en 11, 24. Por eso pensamos, con Kranichfeld, que las palabras נְגִיד בְּרִית han de entenderse de manera muy amplia, como referidas en general a *los príncipes de la alianza*, en el sentido que venimos mostrando.

11, 23-24. Estos versos ofrecen una visión más completa de la forma en que Antíoco Epífanes trata a los príncipes de la alianza y toma posesión de su territorio. La ו al comienzo de 11,23 es explicativa, y el sufijo en אליו, que remite a נגיד ב, ha de interpretarse también de un modo colectivo. וּמִן־הִתְחַבְּרוּת אֵלָיו, literalmente "por su confederación con ellos" (הִתְחַבְּרוּת es infinitivo, formado al estilo siríaco), es decir: Desde el tiempo en que había hecho una alianza con ellos él les engañaba.

Esto lo hacía viniendo (con עלה en el sentido de venida guerrera) y ganando fuerza con poca gente (Dan 11, 24), es decir, viniendo de forma inesperada a los lugares abundantes y ricos de la provincia, y haciendo allí cosas inusitadas, cosas que ningún rey anterior, ninguno de sus predecesores, había hecho nunca, repartiendo entre ellos (es decir, entre sus seguidores) despojos y presas y riquezas.

Así lo han entendido bien, siguiendo al siríaco y a la Vulgata (*dissipabit*, gastó), Rosenmller, Kranichfeld y Ewald. Por el contrario, v. Leng., Maurer, Hitzig y Kliefoth interpretan בזר en el sentido de distribuir, y refieren esas palabras a la circunstancia de que Antíoco Epífanes "disipó dinero de un modo escurridizo, haciendo a veces presentes a los inferiores, sin ningún motivo (solo para atraerlos a sí). Pero en ningún momento se dice que distribuyera el botín, y que lo hiciera en las provincias más ricas.

Esto solo puede significar que él saqueaba y gastaba la riqueza de esta provincia que él había tomado, para injuria de ellos (להם [a ellos], dativ. incommodi). Una confirmación histórica de esto se encuentra en 1 Mac 3,29-31. Para poner las provincias totalmente bajo su poder, él maquinaba planes en contra de las fortalezas, a fin de tomarlas por la fuerza. ועד־עת, y ciertamente (él hace esto) *todavía por un tiempo*.

Ese añadido (todavía por un tiempo) está indicando un período determinada por un poder más alto (cf. Dan 11,24 y 12, 4.6), y se refiere a todas las formas de actuar de este príncipe descritas previamente. Como C. B. Michaelis ha explicado ya rectamente: "nec enim semper et in perpetuum dolus ei succedet et terminus suus ei tandem erit" (pues no triunfará para siempre y en perpetuidad su engaño, sino que habrá un final para ello).

11, 25-27

²⁵ וְיָעֵר כֹּחוֹ וּלְבָבוֹ עַל־מֶלֶךְ הַנֶּגֶב בְּחַיִל גָּדוֹל וּמֶלֶךְ הַנֶּגֶב יִתְגָּרֶה לַמִּלְחָמָה בְּחַיִל־גָּדוֹל וְעָצוּם עַד־מְאֹד וְלֹא יַעֲמֹד כִּי־יַחְשְׁבוּ עָלָיו מַחֲשָׁבוֹת:
²⁶ וְאֹכְלֵי פַת־בָּגוֹ יִשְׁבְּרוּהוּ וְחֵילוֹ יִשְׁטוֹף וְנָפְלוּ חֲלָלִים רַבִּים:
²⁷ וּשְׁנֵיהֶם הַמְּלָכִים לְבָבָם לְמֵרָע וְעַל־שֻׁלְחָן אֶחָד כָּזָב יְדַבֵּרוּ וְלֹא תִצְלָח כִּי־עוֹד קֵץ לַמּוֹעֵד:

²⁵ Despertará sus fuerzas y su ardor con un gran ejército, contra el rey del sur, y el rey del sur se empeñará en la guerra con un ejército grande y muy fuerte; pero

no prevalecerá, porque le harán traición. ²⁶ Aun los que coman de sus manjares lucharán contra él; su ejército será destruido, y muchos caerán muertos. ²⁷ En su corazón, estos dos reyes tramarán hacer mal. Sentados a una misma mesa, se mentirán el uno al otro; pero no servirá de nada, porque el plazo aún no habrá llegado.

11, 25. Estos versos describen la guerra victoriosa del rey que ha tomado el poder en contra del rey del sur, la guerra de Antíoco Epífanes en contra del rey Ptolomeo Filométor, que se describe en 1 Ma 1, 16-19, con referencia a esta profecía. ויער (desplegará, despertará…) es potencial, en el sentido de evocar un decreto divino: "Desplegará su poder y su corazón".

כח no es el poder militar, que se menciona en גדול בחיל (Dan 11, 25), sino el poder que reside en el hecho de llevar un *gran ejército* bajo su mandato, es decir, con la energía mental necesaria para llevar a cabo sus planes. Para לא יעמד, cf. Dan 8,4. El sujeto es el último rey del sur mencionado quien, a pesar de su ejército grande y poderoso, no logrará mantenerse en la batalla, sino que será derrotado, porque las traiciones le dominarán. El sujeto de יחשבו no es el enemigo, el rey del norte con su ejército, sino, según 11, 26 sus mismos compañeros de mesa.

11, 26. Aquí se afirma de un modo aún más definido por qué no podrá mantenerse. אכלי פתבגו, los que comen su comida (para פתבג, cf. en Dan 1, 5), es decir, sus compañeros de mesa (cf. Sal 41,10 [9]), personas que están en torno a él. ישברוהו, le romperán, es decir, le derribarán al suelo. Su ejército podrá extenderse, pero no podrá lograr nada, y muchos de ellos caerán muertos.

La primera parte de este verso evoca una traición, por la que la batalla se perdió, y la guerra fue sin fruto. De un modo incorrecto, Hitzig interpreta ישטוף como *abandona*, en el sentido de quedar desorganizado y darse a la huida. Pero שטף no puede tener ese significado.

11, 27. Estos pasajes describen por tanto la forma en que dos reyes buscan la forma de destruirse uno al otro a través de una amistad fingida. Los dos reyes son, evidentemente, los ya citados, uno del norte, otro del sur. De un tercer rey (es decir, distinto de los reyes de Egipto: uno Philometor y el otro Physkon), Daniel no conoce nada.

Ese tercer rey, que sería Physkon, ha sido introducido aquí por algunos investigadores tomándolo de otros datos de la historia. En esa línea, Hitzig, v. Lengerke y otros piensan que los dos reyes (Antíoco y Philometor) se han confederado en torno a una mesa en contra de otro rey del sur. Por el contrario, Kliefoth piensa que se trata del Antíoco y Physkon, a quien él toma como rey del sur (11, 25). Pero todo esto es arbitrario.

Ya Jerónimo había indicado que no existía evidencia histórica para esto, señalando: "verum ex eo, quia Scriptura nunc dicit: duos fuisse reges, quorum cor fuerit fraudulentum… hoc secundum historiam demonstrari non potest" (esto es verdadero porque lo dice la Escritura, que había dos reyes cuyos corazones eran fraudulentos..., pero esto no se puede demostrar históricamente).

למרע לבבם, Hitzig lo traduce: "su corazón pertenece a la maldad", pero eso va en contra del contexto. La lamed inicial, ל, indica aquí también solo la dirección: "Su corazón va hacia obras malas", esto es, en dirección מרע que es *maldad* (de רעע), palabra formada del mismo modo que מצר (cf. Ewald, 160a). El obrar mal consiste en esto: Que cada uno quiere superar y destruir al otro bajo la apariencia de una amistad fingida; porque ellos comen como amigos en una misma mesa, y "dicen mentiras": el uno dice mentiras al otro, diciéndole que es amigo.

Pero no servirá de nada, su intento *no triunfará* (וְלֹא תִצְלָח). Todas las interpretaciones de esas palabras que quieran fundarse en hecho históricos resultan arbitrarias. La historia de Antíoco Epífanes no ofrece ilustraciones para ello. En un sentido profético, esas palabras, וְלֹא תִצְלָח, tienen solo este significado: El intento del rey del norte de destruir al rey del sur, haciéndose dueño de ambos reinos, no triunfará, y el rey del sur no cumplirá lo que él promete a su engañoso adversario. Porque el final se cumplirá en el tiempo determinado (por Dios).

Estas palabras definen la razón por la que la מרע no tendrá éxito. Hitzig traduce de un modo incorrecto (pero el fin sigue avanzando para el tiempo ya determinado...), porque en este contexto כי no puede traducirse por "pero" y la ל no puede expresar la idea de "mantener" algo, sino que indica aquí, lo mismo que en otros casos, la dirección que lleva hacia un final, como en Dan 11, 35, 8, 17 y 8, 19. El final llega en el tiempo determinado por Dios.

Este מועד (determinación de tiempo) no se sitúa en el presente, sino en el futuro, como lo indica el עוד, aunque nosotros no interpretemos ese עוד con Hvernick, en el sentido de "porque el tiempo se sitúa todavía muy lejos", ni queremos introducir aquí, con v. Lengerke y con Maurer, un verbo que diría *se despliega por sí mismo*. Lo que el texto dice es que "el tiempo está reservado".

עוד está antes de קץ porque lleva en énfasis. Sin embargo, קץ no significa aquí el final de la guerra entre Antíoco y Egipto (v. Leng., Maur., Hitzig), un tema que ha de verse en la línea de עַד־עֵת קֵץ, Dan 11,35. 40 y 12, 4. Pero en el último pasaje עֵת קֵץ es el tiempo de la resurrección de los muertos, es decir, el fin del curso presente del mundo, con el que cesa la opresión del pueblo de Dios.

De un modo consecuente en el texto que comentamos, lo mismo que en Dan 11,35 y11, 40, קֵץ es el tiempo en que la conducta de los reyes previamente descritos en su enfrentamiento entre sí y en su hostilidad contra el pueblo de Dios alcanza su desenlace. Este fin viene solo למועד, es decir, *en el tiempo determinado* por Dios para la purificación de su pueblo (Dan 11, 35). Los reyes del norte y del sur podrán seguir persiguiendo sus deseos de poder; ellos podrán seguir luchando por la posesión del reino, pero no podrán alcanzar sus planes.

Tanto aquí como en 11, 35, למועד lleva el artículo definido, porque en ambos casos no se refiere a un tiempo concreto de la historia, sino al tiempo determinado por Dios para la consumación de su reino. Esa colocación del artículo en esta palabra del verso no es una referencia a Dan 8, 17.19, como supone Kliefoth, pues las dos revelaciones están separadas una de la otra por un largo espacio de tiempo, aunque traten del mismo tema.

למועד aparece además en Dan 11, 29, donde es natural suponer que tiene el mismo significado que aquí, aunque no es así porque el contenido de ese verso es muy distinto. Dan 11, 29 trata ciertamente de una renovación de la guerra contra el reino del sur, pero ese final no implica la solución final de la guerra contra el sur (cf. 11, 40), ni el final de la opresión del pueblo de Dios. En este caso, המועד es solo el *tiempo determinado* para la segunda agresión contra el sur, no el tiempo del final.

11, 28-31. La lucha contra la santa alianza

28 וְיָשֹׁב אַרְצוֹ בִּרְכוּשׁ גָּדוֹל וּלְבָבוֹ עַל־בְּרִית קֹדֶשׁ וְעָשָׂה וְשָׁב לְאַרְצוֹ׃
29 לַמּוֹעֵד יָשׁוּב וּבָא בַנֶּגֶב וְלֹא־תִהְיֶה כָרִאשֹׁנָה וְכָאַחֲרֹנָה׃
30 וּבָאוּ בוֹ צִיִּים כִּתִּים וְנִכְאָה וְשָׁב וְזָעַם עַל־בְּרִית־קוֹדֶשׁ וְעָשָׂה וְשָׁב וְיָבֵן עַל־עֹזְבֵי בְּרִית קֹדֶשׁ׃
31 וּזְרֹעִים מִמֶּנּוּ יַעֲמֹדוּ וְחִלְּלוּ הַמִּקְדָּשׁ הַמָּעוֹז וְהֵסִירוּ הַתָּמִיד וְנָתְנוּ הַשִּׁקּוּץ מְשׁוֹמֵם׃

²⁸ Él volverá a su tierra con gran riqueza, y pondrá su corazón contra el pacto santo; hará su voluntad y volverá a su tierra. ²⁹ Al tiempo señalado volverá al sur; pero la última venida no será como la primera. ³⁰ Porque vendrán contra él naves de Quitim, y él se contristará y retrocederá, se enojará contra el pacto santo y hará según su voluntad; volverá, pues, y se entenderá con los que abandonen el santo pacto. ³¹ Se levantarán sus tropas, que profanarán el santuario y la fortaleza, quitarán el sacrificio continuo y pondrán la abominación desoladora.

11, 28. El éxito alcanzado por el poderoso rey del norte en su guerra contra el rey del sur (11, 25) aumenta su propósito de agrandar sus dominios. Volviendo de Egipto con grandes riquezas, es decir, con rico botín, él eleva su corazón contra la santa alianza. Por el potencial ישׁב (ha de elevarse), este nuevo intento de actuar como Dios aparece colocado en el punto de vista del decreto divino, para indicar así que el rey está llevando a cabo de esa forma su propia destrucción.

בְּרִית קֹדֶשׁ no significa *el pueblo santo en alianza* con Dios (en contra de v. Lengerke, Maurer, y muchos intérpretes antiguos), sino *la alianza como institución divina del Antiguo Testamento*, centro de la teocracia judía. Solo los judíos son miembros de la santa alianza, 11, 30. Calvino tiene razón cuando dice: *Mihi simplicior sensus probatur, quod scilicet bellum gerat adversus Deum* (para mí es claro que, en el sentido radical, se trata de una guerra contra Dios).

Así se habla de la santa alianza en vez de hablarse del pueblo de la alianza para indicar que el intento de Antíoco es un ultraje contra el reino de Dios, fundado en Israel. ועשה, y él hará, en sentido *performativo*, aquello que piensa en su corazón, es decir, aquello que tiene en su mente en contra de la santa alianza. El cumplimiento histórico ha sido narrado en 1 Mac. 1,22-29. ושב לארצו retoma el motivo de וישב ארצו, y muestra que Antíoco trazó el primer asalto en contra de la Santa Alianza a su viaje de vuelta de Egipto hacia su reino (hacia Siria).

11, 29-30. A fin de someter a Egipto totalmente bajo su poder, Antíoco emprendió una nueva expedición allí (ישוב ובא, de nuevo fue). Pero esta expedición no tuvo tanto éxito (כ־, como la primera, cf. Js 14,11; Ez 18,4), porque los barcos de Kittim vinieron en contra de él. ציים כתים, barcos *kitteos*, en vez de צים מיד כתים, Num 24,24, de donde se deriva la expresión.

כתים es *Chipre*, con su ciudad principal Κίττιον (ahora Chieti o Chitti); cf. Gen 10,4. Barcos que vienen de Chipre, es decir, barcos que vienen del oeste, de las islas y costas del Mediterráneo. En 1 Mac 1, 1 y 8, 5, כתים tiene el sentido de *Macedonia*, por lo que Bertholdt y Dereser piensan que vino la flota de Macedonia con la embajada romana a Alejandría.

Esto queda históricamente verificado por el hecho de que la embajada romana, dirigida por Popillius, apareció con una flota en Alejandría y ordenó a Antíoco, imperiosamente, que desistiera de su guerra contra Egipto y que volviera a su propia tierra (Liv. xlv. 10-12).

En esa línea, los LXX han traducido así estas palabras: καὶ ἥξουσι Ῥωμαῖοι καὶ ἐχώσουσιν αὐτὸν καὶ ἐμβριμήσονται αὐτῷ (en el sentido de "vinieron los romanos y le mandaron con furia..."), y lo han hecho correctamente, porque la profecía de Daniel ha recibido aquí su primer cumplimiento histórico. ונכאה, él perdió la fuerza, el coraje. Jerónimo lo explica bien diciendo: "non quod interierit, sed quod omnem arrogantiae perdiderit magnitudinem" (no se trata de que muriera, sino de que perdiera toda la grandeza de su arrogancia)[88].

ושב וזעם, no es "se airó de nuevo", porque antes no se ha dicho nada para añadir aquí ושב. Por su parte, זעם significa que el volvió de su expedición contra Egipto. Dado que él no fue capaz de cumplir nada contra el sur (נגב), él se volvió con gran indignación contra Judá, para destruir al pueblo de la alianza (cf. 11, 28). La palabra ושב de 11, 30b retoma el motivo ושב de 30a, para poner de relieve cómo manifestó su ira. La interpretación de Hitzig, según la cual el primer ושב

---

88. Hitzig ha resumido de forma convincente los hechos históricos, de esta manera. "A petición de los alejandrinos, el senado romano envío una embajada, a cuya cabeza puso a C. Popillius Laenas (Polibio, XXIX. 1; Liv. XLIV. 19). Tras detenerse en Delos (Liv. XLIV. 29), zarparon para Egipto para conquistar la tierra (Liv. XLV. 10), pero Popilio salió a su encuentro y se entrevistó con Antíoco a cuatro millas de Alejandría, y le presentó el mensaje del senado. Cuando Antíoco le contestó que debía comentar el tema con sus consejeros, Popilio trazó con el bastón que llevaba en su mano un círculo en torno al rey, y le ordenó que le diera una respuesta antes de salir de ese círculo. Antíoco, abrumado por las circunstancias, se sometió y abandonó Egipto (Liv. XLV. 12; Polibio. XXIX. 11; Appian, *Syr.* c. 66; Justin. XXXIV. 3).

se refiere a la vuelta a Palestina y el segundo a su vuelta de Palestina a Antioquía no puede justificarse.

ויבן, *el observará*, es decir, él dirigirá su atención a los judíos que habían olvidado su santa alianza, es decir, a los judíos apóstatas, a fin de ejecutar con su ayuda sus planes contra la religión de Moisés "partim ornando illos honoribus, partim illorum studiis ad patriam religionem obliterandam comparatis obsecundando" (en parte llenándoles de honores, en parte para reforzar sus esfuerzos dirigidos a olvidar la religión patria), como ha mostrado muy bien C. B. Michaelis; cf. 1 Mac 1,11-16 y 2,18.

11, 31. Aquí se expone lo que él consiguió con la ayuda de los judíos apóstatas. זרעים, *brazos*, figurativamente "ayuda" (11, 5), son las fuerzas militares, como en Dan 11, 15. 22. El plural tiene aquí la forma masculina, mientras que en los otros versos tiene la femenina, sin que eso implique un cambio de sentido, ya que זרוע en su primer sentido de "brazo" se utiliza en plural tanto en masculino como en femenino. Para זרעים, cf. Gen 49, 24; Is 51, 5; 2 Rey 9,24.

מן en ממנו no es partitivo, una parte de él, es decir, el ejército como una parte del rey (Hitzig), sino "por él", por su mandato. יעמדו, *ponerse en pie*, no estar quietos, como quiere interpretar Hitzig, sobre la base de que él supone que, a su vuelta de Egipto, Antíoco puso un cuerpo militar permanente en Jerusalén, pero eso es contrario al uso de la palabra, pues עמד no significa estar quietos en el sentido de permanecer detrás, aunque signifique también mantenerse, guardar la plaza (Dan 11, 6; 11, 15).

Se disputa si estos זרעים son fuerzas militares, tropas del rey hostil (Hvernick, v. Leng., Maur., Hitz., Klief.), o más bien los cómplices del partido apóstata de los judíos, de manera que serían idénticos a los עזבי ברית, Dan 11,30 (Calvino, Hengstb., *Christol*. III. 1, p. 110, Kran. y otros). A favor de esta última visión, Kranichfeld arguye que los עזבי ברית (aquellos que han abandonado la alianza), según Dan 11,30, han sido tomados como apoyo para el rey. Pero en este caso la palabra ממנו de este verso se referiría evidentemente al propio ejército del rey, de manera que sería superflua.

Pero estas razones no son probativas. ממנו no es superfluo, ni aunque se utilizara para el propio ejército del rey. Dado que en 11, 30. 32 el rey del norte es el sujeto de la frase, era necesario mostrar en qué relación se hallaban los זרעים con el rey. Por otra parte, la otra advertencia, según la cual los עזבי ברית vienen en ayuda del rey, no prueba que estos sean los mismos que profanan el santuario y colocan allí la abominación de la desolación. Por el contrario, si ממנו indica un nexo causal, los זרעים no pueden ser los apóstatas judíos, pues en ese caso, con Hengstenberg y Gesenius, deberíamos tomar ממנו en el sentido de *eo jubente* (queriéndolo él). Más aún, los זרעים están claramente en contraste con los מרשיעי ברית de 11, 32.

El texto ha de traducirse "por sus tropas", es decir, por sus fuerzas militares, el rey devasta el santuario y logra, con palabras lisonjeras, que aquellos que pecan contra la alianza se vuelvan paganos. El mismo Kranichfeld reconoce este contraste, y por lo tanto quiere entender como sujeto de וחללו no meramente "aquellos que abandonan la alianza" (11, 30), sino aquellos con los que se unen, incluyendo el poder militar del rey hostil. Pero esto es solo un modo de esquivar la dificultad del texto.

המקדש es el templo y המעוז (la fuerza) está en aposición. Sin embargo, esta aposición no indica que el templo estuviera fortificado (v. Leng., Hitzig, Ewald), sino que está indicando que el templo era la fortaleza espiritual de Israel. El templo era la *Feste Burg*, la *roca o fortaleza firme* de la santa alianza (Dan 11, 28), por ser el lugar de habitación de Yahvé, que es la fortaleza firme de su pueblo, cf. Sal 31, 4-5; Is 25, 4; Sal 18, 3. חללו es esencialmente idéntico a השלך מכון מקדשו, Dan 8,11.

Las dos frases que siguen muestran en qué consiste la profanación: en suprimir, en impedir la adoración establecida de Yahvé y en colocar, poner encima, la abominación de la desolación, es decir, un altar idolátrico sobre el altar de las ofrendas cruentas de Yahvé, cf. en Dan 8, 11. משמם no es genitivo, sino un adjetivo de השקוץ (sin artículo detrás del nombre definido, como en 8,13): Es la abominación desoladora, es decir, *la abominación que efectúa la desolación*. Con referencia al cumplimiento de esta palabra, cf. 1 Mac 1, 37. 45. 54.

11, 32-35. Consecuencias para el pueblo de Israel de este pecado contra la santa alianza

³² וּמַרְשִׁיעֵי בְרִית יַחֲנִיף בַּחֲלַקּוֹת וְעַם יֹדְעֵי אֱלֹהָיו יַחֲזִקוּ וְעָשׂוּ:
³³ וּמַשְׂכִּילֵי עָם יָבִינוּ לָרַבִּים וְנִכְשְׁלוּ בְּחֶרֶב וּבְלֶהָבָה בִּשְׁבִי וּבְבִזָּה יָמִים:
³⁴ וּבְהִכָּשְׁלָם יֵעָזְרוּ עֵזֶר מְעָט וְנִלְווּ עֲלֵיהֶם רַבִּים בַּחֲלַקְלַקּוֹת:
³⁵ וּמִן־הַמַּשְׂכִּילִים יִכָּשְׁלוּ לִצְרוֹף בָּהֶם וּלְבָרֵר וְלַלְבֵּן עַד־עֵת קֵץ כִּי־עוֹד לַמּוֹעֵד:

³² Con lisonjas seducirá a los violadores del pacto; pero el pueblo que conoce a su Dios se esforzará y actuará. ³³ Los sabios del pueblo instruirán a muchos; pero durante algunos días caerán a espada y a fuego, en cautividad y despojo. ³⁴ En su caída serán ayudados con un pequeño socorro, y muchos se juntarán a ellos con lisonjas. ³⁵ También algunos de los sabios caerán para ser depurados, limpiados y emblanquecidos, hasta el tiempo determinado; porque aun para esto hay plazo.

11, 32. Los impíos se han de hacer paganos, es decir, han de apostatar plenamente del Dios verdadero; por otra parte, los piadosos han de ser fortalecidos en su confianza hacia el Señor. Este es en general el argumento de 11, 32, cuya primera parte ha sido, sin embargo, interpretada de modos muy distintos. רִשְׁעֵי בְרִית no significa ni "aquellos que hacen un pacto de forma pecadora" (Hvernick), ni los "pecadores entre el pueblo de la alianza" (v. Lengerke), ni aquellos que condenan el pacto, es decir, aquellos que rechazan el signo de la alianza (Hitzig).

El último significado es totalmente arbitrario. En contra del segundo está el hecho de que רשעים se utiliza para los pecadores. En contra del primero está el hecho de que הרשיע ברית solo puede tener el significado de "declarar el pacto punible". הרשיע significa *actuar de una forma malvada*, pecar, y ברית solo puede ser el acusativo de referencia, que está subordinado al participio en el sentido de "limitación" (Ewald, 288). El sentido literal es por tanto "actuar de manera malvada en referencia a la alianza".

La ausencia de artículo en ברית no es una prueba en contra de la referencia de la palabra a la santa alianza. En Daniel no se pone artículo en caso de que la determinación venga dada por el contexto, por ejemplo en 8, 13. Ciertamente, *pecar en contra de la alianza* es una expresión más fuerte que ברית עזב (olvidar la alianza), pero no incluye la idea de una apostasía total respecto a Dios, sino solo una violación insolente en contra de la ley de la alianza, de manera que מרשיעי ברית se puede predicar muy bien de יחניף. En esa línea, החניף no significa simplemente manchar (Kran.), sino *profanar*, hacer que el pacto o el templo se vuelva profano. En relación a personas, significa hacer que ellas se vuelvan paganas, como aparece muchas veces en siríaco.

חלקות, lisonjas, aquí en el sentido de promesas engañosas de ventajas materiales. Cf. Dan 11,21. Para el tema del que aquí se habla, cf. 1 Mac 2, 18. ידעי אלהיו son los verdaderos confesores del Señor. El sufijo de אלהיו no ha de interpretarse de un modo distributivo, ni referirse a עם. A יחזיקו tenemos que añadir aquí בברית por el contexto: "Mantenerse firmes a/en la alianza". ועשו, como en Dan 11,17. 28. 30, cumplir el designio (de Dios). Sobre la forma en que eso se hace, cf. Dan 11, 33. 34.

11, 33. משכילי no son los maestros, sino los *intelligentes*, aquellos que tienen capacidad de profundizar con buen entendimiento (los sabios). Esta palabra evoca a los piadosos, que conocen a su Dios (11, 32). Así aparece por el contraste con רשעים, 12, 10. Conforme a la visión del AT, sabiduría y entendimiento son ideas correlativas a temor de Dios y piedad, como en Sal 14, 1; Job 28, 28. Y לרבים con artículo son *los muchos*, la gran muchedumbre del pueblo a quienes se dirige la palabra juiciosa de los piadosos, los que se mantienen fieles a la ley del Señor. Sin embargo, aquellos que entienden caerán por un tiempo bajo la espada etc.

El sujeto de נכשלו no son los רבים, ni aquellos que están con los maestros (Hitzig), sino los עם משכילי, pero no todos, según 11, 35, sino un número de ellos. En 11, 35 "caer" no se aplica de un modo especial a los maestros, como supone Hitzig, sino solo al efecto que su enseñanza tendrá en todo el pueblo.

Las palabras evocan una especie de *alzamiento de tipo militar de los miembros fieles del pueblo de la alianza en contra del rey hostil*, y se han cumplido por primera vez en la insurrección de los macabeos en contra de Antíoco Epífanes, cf.

1 Mac 2ss. En especial, cf. 1 Mac 1, 57; 2, 38; 3, 41; 5,13; 2 Mac 6,11, donde hay ejemplos de creyentes muertos a espada. La introducción de רבים tras ימים en varios códices es una glosa innecesaria.

11, 34. A través de la caída de los piadosos en la guerra vendrá una pequeña ayuda para el pueblo de Dios. מעט (pequeña) no se emplea de un modo despreciativo, pues la ayuda se describe aquí de esa forma en comparación con la gran liberación que ha de venir al pueblo de Dios en el tiempo del final, a través de la destrucción completa del opresor (en el tiempo del Anticristo).

Según eso, con Hitzig y otros, no debemos limitar esta expresión a la circunstancia de que con las victorias de Judas Macabeo (1 Mac 3,11ss. 23ss; 4, 14 etc.), ellos no lograron vencer siempre, sino que sufrieron también algunas derrotas (1 Macc. 5, 60s), sino más bien al hecho de que la gran ayuda será la de Cristo en su segunda venida. Con la derrota de Antíoco y la liberación de los judíos del yugo de los sirios no se logró plena ayuda para el pueblo de Dios.

La pequeña ayuda consiste en esto: Que con el alzamiento y las guerras de aquellos que tenían entendimiento en el pueblo se mantuvo la teocracia, se preservó el servicio religioso de Yahvé y de la iglesia de Dios, impidiendo así que se lograra aquello que quería el rey impío, y además, como siguen diciendo las frases posteriores se inició la purificación del pueblo. Esta purificación era el designio y el fruto de la opresión que Dios imponía sobre el pueblo, por medio del rey enemigo. El logro de ese fin constituye una pequeña ayuda en comparación con la victoria completa sobre el archi-enemigo de los tiempos del final.

Muchos se unirán con los משׂכילים (*intelligentes*, Dan 11, 33), pero lo harán con halagos (como en Dan 11,21). "El éxito de Judas y la severidad con la que Matatías trató a los apóstatas (1 Mc 2, 44; 3, 5. 8) hizo que muchos se unieran a ellos solo por hipocresía (1 Mac 7, 6; 2 Mac 14, 6), pero ellos les abandonaron tan pronto como se les ofreció la oportunidad" (cf. 1 Mac 6, 21ss; 9, 23; Hitzig, Kliefoth).

11, 35. Esta es una experiencia que retorna en todos los período de la historia de la Iglesia. De un modo consecuente, ella, la Iglesia, necesita pasar a través de procesos de aflicción, en los que no solo se apartan los mediocres, en el momento del conflicto, sino también incluso algunos de los מן־המשׂכילים, es decir, de los sabios. מן es aquí partitivo (de entre). יכשלו (caerán) no ha de entenderse meramente de los muertos en batalla (cf. Dan 11,33, נכשלו בח), sino que se aplica también a otras calamidades, como ser encerrados en prisión, ser saqueados etc.

בהם לצרוף acrisolar, es decir, ser purificados por ellos, no como ellos, pues la ב no tiene el sentido de acusativo, como piensa Kranichfeld, apelando para confirmar su visión a Ewald, 282. En este caso, el uso de la ב tiene un sentido distinto. El sufijo en בהם no se refiere solo ni a "aquellos que entienden" (Hv.), ni a los muchos (11, 33), ni menos aún a los lisonjeros de Dan 11, 34 (Maurer), sino *a todos estos juntos*, o a todo el conjunto del pueblo de Dios, formado por la suma de sus individuos.

Los verbos וּלְבָרֵר וְלַלְבֵּן sirven para intensificar el sentido de la expresión (con לַלְבֵּן en lugar de לְלַבֵּן a causa de la asonancia). עַד־עֵת קֵץ (hasta el tiempo del final) está conectado con יִכָּשְׁלוּ, que es la idea principal del pasaje. Esta vacilación o caída de "aquellos que entienden" (los piadosos) continuará hasta el tiempo del final, pues ella misma servirá en otro sentido para realizar la purificación del pueblo para su glorificación en el tiempo del final. Porque ese final último se realizará en el tiempo determinado (cf. Dan 11, 27), y no vendrá a través de esa pequeña ayuda que Israel recibe por el alzamiento de aquellos que entienden, en contra del rey hostil; es decir, que el final no viene con las aflicciones del tiempo de Antíoco, sino que vendrá más tarde, en el tempo determinado por Dios, con la victoria final de Cristo contra el Anticristo.

La afirmación de que "el final de toda la historia está conectado con la muerte del rey Antíoco Epífanes" (Hitzig, Bleek y otros) se funda en la falsa comprensión de la sección siguiente (Dan 11, 36-45). En contra de eso, Kranichfeld ha indicado rectamente que "las afirmaciones realizadas en Dan 11, 36-39, sobre el rey del norte, se sitúan ahora, de acuerdo con el contexto, en el período que ha de desembocar en el tiempo del final, que queda todavía por venir".

11, 36-39. El rey que se eleva a sí misma sobre todo el orden divino y humano, en el tiempo del final

³⁶ וְעָשָׂה כִרְצוֹנוֹ הַמֶּלֶךְ וְיִתְרוֹמֵם וְיִתְגַּדֵּל עַל־כָּל־אֵל וְעַל
אֵל אֵלִים יְדַבֵּר נִפְלָאוֹת וְהִצְלִיחַ עַד־כָּלָה זַעַם כִּי נֶחֱרָצָה נֶעֱשָׂתָה׃
³⁷ וְעַל־אֱלֹהֵי אֲבֹתָיו לֹא יָבִין וְעַל־חֶמְדַּת נָשִׁים
וְעַל־כָּל־אֱלוֹהַּ לֹא יָבִין כִּי עַל־כֹּל יִתְגַּדָּל׃
³⁸ וְלֶאֱלֹהַּ מָעֻזִּים עַל־כַּנּוֹ יְכַבֵּד וְלֶאֱלוֹהַּ אֲשֶׁר לֹא־יְדָעֻהוּ
אֲבֹתָיו יְכַבֵּד בְּזָהָב וּבְכֶסֶף וּבְאֶבֶן יְקָרָה וּבַחֲמֻדוֹת׃
³⁹ וְעָשָׂה לְמִבְצְרֵי מָעֻזִּים עִם־אֱלוֹהַּ נֵכָר אֲשֶׁר (הִכִּיר) [יַכִּיר]
יַרְבֶּה כָבוֹד וְהִמְשִׁילָם בָּרַבִּים וַאֲדָמָה יְחַלֵּק בִּמְחִיר׃

³⁶ El rey hará su voluntad, se ensoberbecerá y se engrandecerá sobre todo dios; contra el Dios de los dioses hablará maravillas, y prosperará hasta que sea consumada la ira, porque lo determinado se cumplirá. ³⁷ Del Dios de sus padres no hará caso, ni del amor de las mujeres, ni respetará a dios alguno, porque sobre todo se engrandecerá. ³⁸ Pero honrará en su lugar al dios de las fortalezas, un dios que sus padres no conocieron; lo honrará con oro y plata, con piedras preciosas y cosas de gran precio. ³⁹ Con un dios ajeno se hará de las fortalezas más inexpugnables, colmará de honores a los que lo reconozcan, los hará gobernar sobre muchos y repartirá tierras como recompensa.

11, 36. Esa exaltación del rey aparece introducida aquí por la fórmula וְעָשָׂה כִרְצוֹנוֹ, que expresa el deseo fuerte y el poder irresistible de sus métodos, cf. Dan 3, 16 y 8, 4. Este es, sin duda, "un rasgo común de Antíoco y del Anticristo" (Klief.). Se elevará a sí mismo por encima de todo Dios", no solo en sentido subjetivo, en su orgullosa imaginación (Hitzig), sino también por sus acciones. כָּל־אֵל, todo tipo de Dios, no solamente el Dios de Israel, sino también los dioses de los paganos.

Este rasgo no puede aplicarse a Antíoco, sino solo al Anti-cristo del fin de los tiempos. La ἰσόθεα φρονεῖν ὑπερηφανῶς de la que habla 2 Mac 9,12, no implica una exaltación por encima de todo Dios, pues Antíoco no fue un ἄθεος, sino al contrario: Él quiso rendir adoración a un Zeus universal, y el hecho de saquear el templo de Jerusalén no implica elevarse por encima de todo Dios (Klief.).

Como dice más bien Livio (41, 20), refiriéndose a Antíoco, "in duabus tamen magnis honestisque rebus fere regius erat animus, in urbium donis et deorum cultu" (en dos cosas grandes y honestas tenía un ánimo casi regio: en ofrecer dones a las ciudades y en rendir culto a los dioses). Por el contrario, esas palabras de nuestro pasaje (elevarse sobre todos los dioses y hablar contra el Dios de los dioses) no pueden aplicarse a Antíoco, sino que se aplican expresamente al Anti-cristo en 2 Tes 2, 4.

En esa línea, en su arrogancia, el Anticristo del fin de los tiempos hablará נפלאות *cosas "maravillosas", es decir, impías y asombrosas, en contra del Dios de los Dioses, es decir, del verdadero Dios*. Esta frase despliega y ratifica el sentido de רברבן מלל (hablando grandes cosas), que se aplica al Enemigo en el tiempo del final (Dan 7, 8. 11. 20). En esa línea prosperará, pero solo hasta que se cumpla el tiempo de la ira de Dios en contra de su pueblo (con זעם como en Dan 8,19).

Sobre כלה cf. en Dan 9, 27. Esta ira de Dios está irrevocablemente determinada (נחרצה), a fin de que su pueblo sea totalmente purificado para la consumación de su reino en la gloria. El perfecto נעשתה no se utiliza aquí en lugar del imperfecto, porque está decretado, sino en su significado propio, según el cual representa el tema como ya fijado y definido por Dios. Según eso, aquí significa "está irrevocablemente decretado, no se revocará, sino que ha de ser cumplido".

11, 37. Esta exaltación del rey por encima de todo se sigue describiendo de esta forma: "Del Dios de sus padres no hará caso...", es decir, prohibirá la adoración a los dioses que ha sido transmitida por sus antepasados. *Esto se dice del Anticristo, pero no puede aplicarse en modo alguno a Antíoco Epífanes*, pues se dice que él quiso suprimir la religión de los judíos, pero no sabemos nada de que él quisiera suprimir la religión de otras naciones[89].

---

89. Tampoco la afirmación de 1 Mac 1, 41ss es una prueba de que él quisiera suprimir la religión de los antepasados de todos los pueblos. Lo que el texto afirma es que "el rey Antíoco escribió a todo su reino, para que todos formaran un solo pueblo, y que todos tuvieran las mismas leyes; y en esa línea todos los paganos aceptaron el mandato del rey". Como dice Grimm, "es muy

Los intérpretes antiguos aplican las palabras que siguen, עַל־חֶמְדַּת נָשִׁים, al amor de las mujeres, al amor conyugal. Por el contrario, los modernos, siguiendo el ejemplo de J. D. Michaelis y Gesenius, aplican estas palabras a la diosa Anat o Mylitta, que es la Venus asiria, y dicen que se refiere especialmente al saqueo de esta diosa en Elymas/Elam (1 Mac 6,1, cf. 2 Mac 1,13). Ewald piensa finalmente que la expresión "el deseo de las mujeres" se refiere a la diosa siria Tammuz-Adonis.

El contexto parece exigir que pensemos en una divinidad, porque estas palabras están situadas entre dos expresiones que se refieren a los dioses. Pero el contexto no es totalmente decisivo, porque la expresión עַל כֹּל en la frase del final del verso indica que el tema no es meramente que el rey se eleve por encima de los dioses, sino también por encima de otros objetos de piadosa veneración.

Pues bien, en esa línea, no se ha logrado aducir una prueba de que חֶמְדַּת נָשִׁים se refiera a Anat o Adonis como divinidad favorita de las mujeres. Por otra parte, esas palabras, *desiderium mulierum*, no indican aquello que las mujeres desean, sino aquello deseable que las mujeres poseen; cf. *Comnt.* a 1 Sam 9:20. Pero es imposible que Anat or Adonis sea posesión o Tesoro precioso de las mujeres.

Esta posesión deseable de las mujeres es sin duda *el amor*, de tal forma que C. B. Michaelis ha puesto de relieve que la expresión no es materialmente diferente de אַהֲבַת נָשִׁים, el amor de las mujeres de 2 Sam 1, 26. Con este contexto concuerda perfectamente el pensamiento "el no hará caso del deseo de las mujeres, o del amor de las mujeres". La primera frase ha dicho que "él se siente libre de toda reverencia religiosa recibida de sus antepasados, libre de toda piedad relacionada con su tradición religiosas.

Pues bien, en esta cláusula se añade que Antíoco no es solamente eso, sino que él se siente libre de toda piedad dirigida hacia Dios o hacia los hombres. En esa línea se cita el amor a las mujeres como ejemplo elegido de "piedad humana", indicando que él no se sentirá movido por ningún tipo de afecto, de forma que no tendrá ningún tipo de sensibilidad, ni aún aquella que poseen los hombres más salvajes en relación con sus mujeres.

---

dudoso que el rey mandara eso a todos los pueblos no helénicos de su reino. Los escritos profanos no recuerdan nada de ese tipo, ni lo hace Josefo, ni los textos paralelos de 2 Macabeos.

Es cierto que, según Livio XLI. 20, Antíoco rindió gran honor a Júpiter, elevándole un espléndido templo en Tages, y según Polibio XXVI. 10, 11, él sobresalió sobre todos los reyes que le precedieron ofreciendo costosos sacrificios y dones en honor de los dioses; pero eso no es prueba de que fuera un proselitista fanático. Lo que aparece es más bien lo contrario, según Josefo Ant XII. 5. 5, donde, en una carta que le dirigen, los samaritanos declaran, en contra de la opinión que el gobernador tenía de ellos, que por ascendencia y costumbres ellos no eran judíos.

Esa carta supone que el decreto real estaba solo dirigido en contra de los judíos. Cf. Falthe, *Gesch. Macedoniens*, II. p. 596. También Diodoro (XXXIV. 1), al que alude Hitzig, dice que Antíoco solo quería destruir τὰ νόμιμα del pueblo judío, obligando a los judíos a abandonar su forma de ser particular (τὰς ἀγωγὰς μεταθέσθαι).

En esa línea, el texto añade que él se sentirá libre de כָּל־אֱלוֹהַּ, de toda forma de piedad o reverencia hacia Dios o hacia aquello que es más divino (Klief.). Este pensamiento queda además establecido por la última frase: "Porque él se elevará sobre todo lo que existe".

A עַל כֹּל no se le puede añadir אֱלוֹהַּ; porque esta frase (וְעַל־כָּל־אֱלוֹהַּ) no solo presenta la razón para lo que sigue, sino que ofrece el sentido de las dos cláusulas anteriores. Según eso, Hitzig y Kliefoth tienen razón en su interpretación: "por encima de todo, de los dioses y de los hombres, él se exalta a sí mismo, se eleva de un modo arrogante".

11, 38. Por otra parte se dice que él honrará al Dios de las fortalezas. Hoy se reconoce en general, con Theodocion, la Vulgata, Lutero y otros, que מָעֻזִּים no puede tomarse como nombre propio de un Dios. Pero existen varias opiniones sobre la identidad sagrada de las fortalezas. Grocio, C. B. Michaelis, Gesenius piensan que es Dios es un tipo Marte, el Dios de la guerra. Hvernick, v. Lengerke, Maurer y Ewald piensan que se trata de Júpiter Capitolino, al que Antíoco quiso erigir un templo en Antioquía (cf. Livio, XLI. 20). Otros piensan que es Júpiter Olímpico. Por su parte, Hitzig, cambiando מָעֻזִּים en מָעוֹז יָם, fortaleza del mar, piensa que se trata de Melkart o del Hércules de los fenicios.

Pero según el siguiente pasaje este Dios no era conocido para sus padres, y esto no se puede decir ni de Marte, ni de Júpiter ni de Melkart. Añádase a esto que "si esta afirmación se refiriera al hecho de honrar a Hércules, Marte, Zeus o Júpiter, eso significaría negar todo lo antes dicho, al afirmar que Antíoco no tenía ninguna religión (Klief.).

Según eso, estas palabras no pueden aplicarse en modo alguno a Antíoco y no nos permiten pensar en ninguna deidad pagana. עַל כַּנּוֹ no significa "sobre su fundamento o pedestal" (Hv., v. Leng., Maurer, Hitzig, Ewald), pues la indicación de que él honraba a Dios sobre su pedestal hubiera sido totalmente inapropiada, a no ser que se dijera que Antíoco había erigido una estatua para divinizarse a sí mismo.

עַל כַּנּוֹ tiene aquí el mismo significado que en Dan 11, 20-21: "en su lugar o puesto" (Gesenius, de Wette, Kliefoth y otros). Pero el sufijo no ha de referirse, como hace Klief., a עַל כֹּל: en lugar de todo eso..., sino que se refiere a כָּל־אֱלוֹהַּ: en lugar de todos los dioses. Esta interpretación no puede ser refutada con la objeción de que en ese caso el sufijo debería ser plural, porque el sufijo está conectado con el singular אֱלוֹהַּ.

El Dios de la fortaleza es la personificación de la guerra, y el pensamiento del pasaje es este: Antíoco no admite ningún otro dios, sino solo la guerra; para él, su Dios es aquel que le capacita para tomar las fortalezas; y él adora así a este Dios por encima de todos los otros poderes del mundo. De este Dios, que es la guerra como objeto de deificación, puede decirse que sus padres no conocieron nada, porque ningún otro rey había hecho de la guerra su religión. Este era su Dios, a quien él ofrecía en sacrificio todo: oro, plata, piedras preciosas, joyas.

11, 39. Con la ayuda de este Dios, que no había sido conocido por sus padres, él se enfrentará contra las duras fortalezas, de tal forma que recompensará con honor, poder y riqueza a aquellos que le reconozcan y le ayuden a conquistar todo poder. Este es el sentido del verso, que ha sido traducido de diversas formas. La mayoría de los intérpretes modernos separan las dos partes del verso, una de la otra, y así vinculan el primer hemistiquio con el verso precedente, y piensan que con el segundo comienza un nuevo pensamiento.

Hvernick y v. Lengerke introducen un demostrativo, כה, de esta forma: Así hará él con las fortalezas armadas, lo mismo que con sus extraños dioses, es decir, llenará los templos fortificados con tesoros, y promoverá su culto. Pero el hecho de introducir aquí la palabra כה resulta tan arbitrario como el hecho de interpretar las fortalezas armadas como templos.

Hitzig no encuentra el objeto de עשה, y así lo busca cambiando עִם (con) para poner en su lugar עַם (pueblo): Él prepara para las fortalezas armadas el pueblo de un Dios extraño… Pero, prescindiendo del hecho de que el cambio del texto resulta arbitrario, el uso de la expresión "pueblo de un Dios extraño" resulta poco apropiado para un ejército.

Ewald traduce la expresión así: "El actúa con las fuertes fortalezas lo mismo que con el extraño Dios", y explica su sentido: "El ama las fortalezas solo porque son como un Dios". Pero él no ha podido probar que עשה ל significa amar. El objeto que falta para ועשה aparece en el segundo hemistiquio, como en Dt 31, 4; Jos 8,2; Is 10, 11. עשה significa simplemente *hacer algo a alguno* (Kran., Klief.).

עִם־אֱלוֹהַּ נֵכָר, *con la ayuda de un extraño Dios* (con un עם *de asistencia,* como en 1 Sam 14,45), no *en la mente de un Dios extraño* (Kliefoth). מבצרי מעזים, fortificada, es decir, *una fortaleza bien fortificada,* no son los muros y casas fortificadas, sino los habitantes de las ciudades amuralladas.

Con esos habitantes él hace conforme a su voluntad, con la ayuda de su Dios, es decir, del Dios de la guerra, y precisamente de esta forma él recompensa con honor y poder solo a aquellos que le reconocen, es decir, a aquellos que אשר הכיר, *que reconocen* como dios al rey que ha hecho la guerra, es decir, a él. Hitzig ha interpretado esa frase de un modo equivocado: *a quien él reconoce*.

El *quere* יַכִּיר en lugar del *ketiv* הכיר constituye aquí una enmienda innecesaria, como en Is 28, 15 con עבר. El verbo הכיר ha sido escogido por su referencia a la palabra נכר. Significa *reconocerle,* es decir, tomarle como aquel que es o que desea ser, cf. Dt. 21,17, de manera que puede presentarse como aquel que ha crecido en honor, confiriéndole la soberanía sobre muchos, con capacidad para repartir la tierra entre su seguidores.

במחיר no es "paga", es decir, recompensa, en contraste con חנם (gratuitamente) (Kran.). Esta no es aquí la traducción apropiada. La palabra significa más bien *pro praemio,* es decir, *como premio* o recompensa (Maur., Klief.), así como regalo por el reconocimiento que se le ha dado. La Vulgata traduce bien, según el sentido, *gratuito, gratuitamente*.

La mayor parte de los intérpretes modernos encuentran aquí una referencia al hecho de que Antíoco ocupó las fortalezas judías y puso en ellas guarniciones de paganos, y recompensó a sus partidarios con puestos de honor y posesión de tierras (2 Mac 4,10. 24; 5,15). Pero esto es algo que hacen todos los conquistadores, y no fue algo exclusivo de Antíoco, de manera que no puede citarse como nota característica suya. Las palabras expresan el pensamiento común de que el rey concederá honor, poder y posesiones a aquellos que le reconozcan y que cumplan su voluntad, y ellas se aplican al Anti-Cristo de un modo aún más intenso que a Antíoco.

11, 40-43. La última empresa del rey hostil, con su fin

⁴⁰ וּבְעֵת קֵץ יִתְנַגַּח עִמּוֹ מֶלֶךְ הַנֶּגֶב וְיִשְׂתָּעֵר עָלָיו מֶלֶךְ הַצָּפוֹן בְּרֶכֶב וּבְפָרָשִׁים וּבָאֳנִיּוֹת רַבּוֹת וּבָא בָאֲרָצוֹת וְשָׁטַף וְעָבָר:
⁴¹ וּבָא בְּאֶרֶץ הַצְּבִי וְרַבּוֹת יִכָּשֵׁלוּ וְאֵלֶּה יִמָּלְטוּ מִיָּדוֹ אֱדוֹם וּמוֹאָב וְרֵאשִׁית בְּנֵי עַמּוֹן:
⁴² וְיִשְׁלַח יָדוֹ בַּאֲרָצוֹת וְאֶרֶץ מִצְרַיִם לֹא תִהְיֶה לִפְלֵיטָה:
⁴³ וּמָשַׁל בְּמִכְמַנֵּי הַזָּהָב וְהַכֶּסֶף וּבְכֹל חֲמֻדוֹת מִצְרָיִם וְלֻבִים וְכֻשִׁים בְּמִצְעָדָיו:

⁴⁰ Al cabo del tiempo, el rey del sur contenderá con él; y el rey del norte se levantará contra él como una tempestad, con carros y gente de a caballo y muchas naves; y entrará por las tierras, las invadirá y pasará. ⁴¹ Entrará en la tierra gloriosa, y muchas provincias caerán; pero escaparán de sus manos Edom, Moab y la mayoría de los hijos de Amón. ⁴² Extenderá su mano contra las tierras, y no escapará el país de Egipto. ⁴³ Se apoderará de los tesoros de oro y plata, y de todas las cosas preciosas de Egipto. Los de Libia y de Etiopía lo seguirán.

Por medio de las palabras בעת קץ, que introducen estos versos, los acontecimientos que siguen quedan colocados en el tiempo del final. Partiendo del supuesto de que toda la segunda mitad de este capítulo (11, 21-45) trata de Antíoco y de sus empresas, la mayor parte de los intérpretes modernos encuentro en estos versos la profecía de la última expedición del rey de Siria contra Egipto, y citan en apoyo de su visión las palabras de Jerónimo, citando a Porfirio:

> Et haec Porphyrius ad Antiochum refert, quod undecimo anno regni sui rursus contra sororis filium, Ptolem. Philometorem dimicaverit, qui audiens venire Antiochum congregaverit multa populorum millia, sed Antiochus quasi tempestas valida in curribus et in equitibus et in classe magna ingressus sit terras plurimas et transeundo universa vastaverit, veneritque ad Judaeam et arcem munierit de ruinis murorum civitatis et sic perrexerit in Aegyptum (Y Porfirio aplica esto a Antíoco,

> quien en el año 11 de su reinado, luchó contra Ptolomeo Filométor, el hijo de su hermana, quien, oyendo que venía Antíoco, juntó muchos miles de gente; pero Antíoco, como una fuerte tempestad, con carros y caballos y con muchas naves entró en muchas tierra, y pasando por ellas las devastó todas, y que vino a Judea, y que fortificó su ciudadela con las ruinas de los muros de la ciudad, y así volvió a Egipto) (Jerónimo, *ad locum*).

Pero sobre esta expedición no solo guardan silencio los historiadores, sino que ella se encuentra en contradicción irreconciliable con los hechos históricos relacionados con las últimas empresas de Antíoco. Conforme a 1 Mac 3, 27 ss, al recibir noticias de la insurrección triunfante de los macabeos y de las victorias que Judas había logrado, sabiendo además que él necesitaba dinero para financiar la guerra, Antíoco decidió volver a Persia, "para recoger allí el tributo de aquellos países", y nombrando gobernador a Lisias, le entregó la mitad de su ejército, a fin de que él pudiera destruir así y desarraigar la fuerza de Israel, y con la otra mitad salió de Antioquía y cruzó el Eufrates para pasar a los países algo, al otro lado del río (1 Mac 3, 33-37).

Allí oyó hablar de los grandes tesoros de una rica ciudad de Persia, y decidió atacar esa ciudad y tomar su tesoro. Pero como los habitantes recibieron la noticia de la intención del rey, se enfrentaron con él y le hicieron regresar y le obligaron a volver a Babilonia, sin haber conseguido nada. En su retorno de Persia recibió la noticia de la derrota de Lisias en una batalla contra los macabeos, y también la noticia de la re-construcción del altar de Yahvé en Jerusalén. Por todo esto, él quedó tan sobrecogido de terror e impotencia, que cayó enfermo y murió (1 Mac 6, 1-16).

La verdad histórica de este relato queda confirmada por Polibio, cuando afirma (*Fragm*. XXXI. 11) que, estando escaso de dinero, Antíoco quiso despojar el templo de Artemisa en Elymas y que, a consecuencia del fracaso de su intento, cayó enfermo en Tabae, de Persia, muriendo allí. Por estos datos bien establecidos ha de excluirse la posibilidad de una última invasión de Antíoco a Egipto, en el año once de su reinado.

Los romanos, tras haber impedido el intento anterior de Antíoco en Egipto, hubieran impedido, sin duda, una nueva guerra, oponiéndose, sobre todo, al hecho de que Antíoco se apoderada de Egipto (cf. Dan 11, 42-43). Por otra parte, la afirmación de Porfirio viene a descubrirse por sí misma carente de valor histórico pues, según ella, debería haber sido el mismo Antíoco el que iniciara la guerra contra Egipto, mientras que, al contrario, según la profecía de Dan 11,40, había sido el rey del sur el que comenzó la guerra en contra del rey del norte, de forma que fue después el rey del norte el que, respondiendo a ese ataque, pasó por las tierras (entre ellas por Palestina) con un poderoso ejército para someter a Egipto.

Por esas razones, v. Lengerke, Maurer y Hitzig han abandonado el relato de Porfirio, como carente de base histórica, limitándose a decir que esta sección de Dan 11, 40-45 no es más que una repetición global de lo que antes se ha dicho sobre Antíoco Epífanes, de forma que este "tiempo del final" (Dan 11,40) no se limita a presentar los años que preceden a la muerte de Antíoco, sino que evoca el conjunto de su reinado.

Pero, comparando este texto con Dan 11, 27. 35, esa opinión resulta imposible, porque según 11,35 la tribulación con la que el pueblo de Dios ha de ser visitado por el rey hostil para su purificación ha de entenderse de forma concreta, como tribulación y guerra del fin de los tiempos. Según eso, el tiempo del final al que se refieren las profecías de Dan 11,40-45 no puede referirse a todo el tiempo del reinado de este enemigo, sino solo al final de su reinado y de sus persecuciones, en medio de las cuales él muere (Daniel 11, 40).

Por otra parte, la referencia a Dan 8,17 no puede tomarse como defensa de esa opinión (de que aquí se trata de los últimos momentos de la persecución de Antíoco Epífanes), porque también aquí עת קץ tiene el mismo significado: Indica la terminación de la época a la que se está refiriendo, de un modo todavía más general, utilizando la expresión לעת, mientras que aquí se emplea בעת (cf. también 11, 35) de manera que el final queda referido de un modo más preciso.

A esto se debe añadir el hecho de que los contenidos son irreconciliables con la suposición de que en ellos se repite de una forma unitaria y general lo que se ha dicho ya sobre Antíoco, porque aquí se anuncia algo nuevo, distinto de lo de Antíoco, algo de lo que no se ha dicho todavía nada (y no puede referirse al final de la historia de Antíoco Epífanes, sino al final de la lucha del Anticristo contra el pueblo de Dios).

Essto no lo pueden negar ni siquiera Maurer y Hitzig, aunque han intentado ocultarlo todo lo que han podido. Así lo ha hecho Maurer con esta indicación: "Res a scriptore iterum ac saepius pertractatas esse, extremam vero manum operi defuisse" (con este sentido: "las cosas han sido repetidas una y otra vez por el autor, que no ha logrado hacerlo con pleno sentido"). Así lo ha hecho Hitzig, empleando varios giros: "como parece ser…", "pero no lo reconoce de un modo más preciso", "este hecho no se comunica en ningún otro lugar…". Todos estos giros no hacen más que oscurecer el tema, negando que se trata del tiempo final.

De esa forma, las palabras de Dan 11, 40-45 no se aplican a Antíoco Epífanes, sino, como saben la mayor parte de los intérpretes, se refieren solo al enemigo final del pueblo de Dios, que es el Anti-Cristo. Esta referencia ha sido justamente destacada por Kliefoth. Sin embargo, no podemos aceptar su visión cuando afirma que "en aquel tiempo, propio de este enemigo hostil, que será tiempo del final, los reyes del sur y los del norte le atacarán, pero él penetrará en sus tierra y les derrotará". Incluso sin tener en cuenta el contexto, esta interpretación no es posible.

Ciertamente, parece natural que el sufijo de עליו y de עמו se refiera a la misma persona, esto es, al rey del que se ha hablado hasta ahora, y que sigue siendo el protagonista en Dan 11,40-45. Pero el contexto hace que esto sea imposible (pues aquí ya no se habla de Antíoco Epífanes como tal, sino del Anti-Cristo).

Ciertamente, es verdad que el sufijo en עמו se refiere sin duda a este rey, pero el sufijo de עליו solo puede referirse al rey del sur, que ha sido nombrado inmediatamente antes, en su lucha en contra de él, porque el rey contra el que lucha el rey del sur, y al que antes se ha mencionado en 11,21-39 no solo aparece mencionado de un modo preciso como el rey del norte (11,13-21), sino que, según 11, 40-43, él avanza desde el norte en contra de la tierra santa y también en contra de Egipto. Según eso, conforme a 11, 40.43, ese rey ha de ser el mismo rey del norte. Pues bien, en contra de eso, en Dan 11, 40-43 no se habla de una guerra del rey hostil contra el rey del norte y contra el rey del sur, como seguiremos indicando. Las palabras en las que Kliefoth encuentra indicaciones de este tipo han de ser interpretadas de un modo distinto.

11, 40. Si miramos el texto de un modo más preciso, descubrimos que עת קץ no indica el fin del rey hostil sino (como en Dan 11, 27-35) *el fin del período presente de la historia del mundo*, en la que se incluye también, ciertamente, el fin de este rey (קצו, Dan 11, 45). Para la expresión figurativa יתנגח (empujará, luchará), cf. Dan 8, 4.

En esa palabra subyace la idea de que el rey del sur comienza la guerra, iniciando una agresión contra el rey enemigo. En la segunda frase, el sujeto queda definido de un modo más preciso (el rey del norte), con el fin de distinguir mejor el tema o de evitar ambigüedades, de manera que aquí el sufijo de עליו se refiere al rey del sur. Si no se nombrara el sujeto se podría suponer que ese sujeto es el rey del sur.

Las palabras "con carros y gente de a caballo y muchas naves" forman una ejemplificación retórica del poderoso ejército de guerra que despliega el rey del norte, pero la afirmación siguiente "y entrará por las tierras, las invadirá y pasará" ya no retoman el motivo de una flota naval, sino que se refieren solo a fuerzas de tierra (עבר שטף, como en Dan 11:10).

El plural בארצות (por los países, dentro de los países) no concuerda en modo alguno con la expedición del rey de Siria en contra de Egipto, dado que entre Siria y Egipto solo hay una tierra, Palestina. Por otra parte, esa expresión tampoco se puede referir a las tierras del sur y del norte, las tierras de los dos reyes (en contra de Klief.), sino que solo se pueden explicar suponiendo que el norte desde el que viene el rey airado, lleno de furia, contra el rey del sur es un norte que se extiende muchos más allá de Siria.

Ese rey del norte aparece presentado aquí como alguien que domina desde un norte mucho más distante. Esas palabras evocan, por tanto, la venida del Anticristo, tomando como "tipo" (como ejemplo) la figura de Antíoco Epífanes.

11, 41. Penetrando en los países e inundándolos con su ejército, ese enemigo del Norte, que es el Anticristo, viene a la tierra gloriosa, es decir, a Palestina, la tierra del pueblo de Dios. Cf. en Dan 11, 16 y 8, 9: "Y muchos serán derribados". רבות no es neutro, sino que se refiere a ארצות, Dan 11, 40. De esa manera "se refiere a todas las tierras, representadas por sus habitantes (cf. verbo masculino: יכּשׁלוּ [serán derribados]), con la excepción de las tres tierras y/o pueblos mencionados en la segunda mitad del verso" (Kran.).

Esos tres pueblos (Edomitas, Moabitas y Amonitas) aparecen aquí exceptuados porque, como ha destacado Jerónimo, ellos se encuentran en el interior, fuera del camino por el que Antíoco marcha hacia Egipto (v. Leng., Hitzig y otros). Pero, con toda justicia, Hitzig responde diciendo que esa es una opinión superficial, porque Antíoco no habría dejado de hacer guerra contra esos países, como lo hizo su padre, venciendo a los amonitas en guerra (Polibio, V. 71), a no ser que ellos dieran pruebas evidentes de someterse a él.

Además, es un hecho histórico que los Edomitas y Amonitas apoyaron a Antíoco en sus operaciones en contra de los judíos (1 Mac 5,3-8; 4,61). Por lo tanto, Maurer pone de relieve que bajo ימלטו (ellos escaparan...) ha de entenderse: "eorum enim in opprimendis Judaeis Antiochus usus est auxilio" (Antíoco utilizó su ayuda para oprimir a los judíos, de manera que no pudo atacarles, sino servirse de ellos).

Pero dado que *el rey a quien aquí se alude no es Antíoco (sino el Anticristo)*, esa interpretación historizante pierde todo su valor. Además, se ha objetado con justicia en contra de ella que en el tiempo de Antíoco no existía ya la nación de Moab. Tras el exilio, los moabitas no aparecen más como nación. Ellos solo se nombran cuando se citan pasajes del Pentateuco (cf. Neh 13, 1 y Es 9,1), al lado de los filisteos y de los hititas, para evocar la situación presente a partir de los tiempos de Moisés.

Edom, Moab y Amón, relacionados con Israel por herencia de familia, son los enemigos principales del pueblo de Dios, y así aparecen como representantes de todos los enemigos hereditarios de Israel y del Cristo. Estos enemigos escapan de la destrucción cuando las otras naciones caen bajo el poder del Anti-Cristo.

וְרֵאשִׁית בְּנֵי עַמּוֹן, *y la mayoría de los príncipes de Amón*, es decir, aquellos que eran más valiosos y distinguidos de los amonitas, como primeros frutos, frase por la que Kranichfeld entiende las ciudades principales de los amonitas. De un modo más simple, otros entienden la expresión como si se refiriera a "la flor del pueblo, el centro de la nación" (cf. Num 24, 20; Am 6,1; Jer 49,35).

Esa traducción es apropiada, porque así como en la flor del pueblo se muestra el carácter de la nación, así se revela aquí de un modo más preciso la enemistad de los hombres (representados por Amón) contra el pueblo de Dios; en ese enemistad contra Israel se funda el hecho de que este pueblo sea separado, y quede sin ser atacado por el Anti-Cristo como enemigo del pueblo de Dios.

11, 42. El gesto de extender su mano contra los países es un signo expresivo para indicar el hecho de apoderarse de ellas, pues para eso ha venido contra ellas. בארצות no son otros países distintos de aquellos contra los que (según Dan 11, 40) ha dirigido su inundación el enemigo (Klief.), sino los mismos países que vienen siendo citados.

Entre esos países se pone de relieve Egipto, como el más fuerte, que ha resistido hasta ahora de un modo victorioso los asaltos del rey del norte, pero que al final será también derribado. Como poder más fuerte del sur, Egipto es el representante de los reinos más poderosos de la tierra. לֹא תִהְיֶה לִפְלֵיטָה (y no escapará…), expresión de una derrota total, cf. Joel 2, 3; Jer 50,29.

11, 43. Junto a los países, todos sus tesoros caerán en manos del conquistador, y también todos los aliados de los reinos caídos serán obligados a someterse al rey conquistador. El genitivo מצרים no pertenece simplemente a חמות (cosas preciosas), sino a todos los objetos antes nombrados.

בְּמִצְעָדָיו (a sus pasos, le seguirán…), tiene el mismo sentido de ברגליו, Jc 4,10, indicando a los aliados o acompañantes, que no son simplemente soldados mercenarios (v. Leng., Hitz.). Los libios y cusitas son representantes de todos los aliados de Egipto (cf. Ez 30, 5; Nahum 3,9), las naciones que se encuentran más al sur de la tierra.

11, 44-45. El fin del rey hostil

⁴⁴ וּשְׁמֻעוֹת יְבַהֲלֻהוּ מִמִּזְרָח וּמִצָּפוֹן וְיָצָא בְּחֵמָא גְדֹלָה לְהַשְׁמִיד וּלְהַחֲרִים רַבִּים:
⁴⁵ וְיִטַּע אָהֳלֵי אַפַּדְנוֹ בֵּין יַמִּים לְהַר־צְבִי־קֹדֶשׁ וּבָא עַד־קִצּוֹ וְאֵין עוֹזֵר לוֹ:

⁴⁴ Pero noticias del oriente y del norte lo atemorizarán, y saldrá con gran ira para destruir y matar a muchos. ⁴⁵ Plantará las tiendas de su palacio entre los mares y el monte glorioso y santo; pero llegará a su fin, y no tendrá quien lo ayude.

11, 44. Como he mostrado, las expresiones de Dan 11, 40-43 sobre este rey no se aplicaban a Antíoco Epífanes, y así las afirmaciones referentes a su fin están en contradicción con los hechos históricos del fin del rey de Siria. Cuando el rey hostil tomó posesión de Egipto y de sus tesoros, y sometió a los libios y cusitas, llegaron noticias del este y norte, llenándole de terror.

El masculino יבהלהו concuerda *ad sensum* con las personas que transmitieron esas noticias, que le llenaron de ira, de tal manera que salió a destruir a muchos. Esto se refiere a las noticias que llegaban a Egipto, hablando de revueltas e insurrecciones que se producían en el este y el norte de su reino.

Sobre esta base, Hitzig, con otros intérpretes, se niega a vincular estas noticias con las afirmaciones de Dan 11, 44 sobre una nueva expedición de Antíoco contra los partos y armenios (Tácito, *Hist.*; Dan 11, 8, y App. *Syr.* c. 45, 46; 1 Mac 3,37), porque Antíoco no emprendió esta expedición desde Egipto, sino que piensa que se trata de noticias que vienen de Jerusalén, sobre la rebelión de Judea (2 Mac 5,11fss; 1 Mac. 1, 24).

Hitzig piensa también que se trata de una expedición muy problemática en contra de los aradeos o aradios, pero no tiene en cuenta el hecho de que ningún lugar de la Escritura afirma que Jerusalén se encuentra al este de Egipto. Por otra parte, después que Antíoco se había ocupado por algunos años en guerras más allá del Eufrates, y dado que allí encontró su muerte, no pudo haber emprendido un poco antes de ella una expedición, partiendo de Egipto, contra los aradeos (de Arad).

Lo que dice Porfirio[90], sobre una expedición de Antíoco desde Egipto y Libia, contra los aradeos y contra Artaxio, rey de Armenia, lo ha deducido solo a partir de este verso y de noticias referentes a una posible guerra de Antíoco contra los aradeos y contra el rey Artaxias (muriendo, tras haber sido aprisionado, como supone App. Syr. c. 46), sin tener evidencia histórica.

Pues bien, aunque las afirmaciones de Porfirio estuvieran mejor fundadas, ellas no concuerdan con Dan 11,45, porque cuando el rey (a consecuencia de las noticias que le llegan) sale de Egipto para destruir a muchos, él emplaza (según Dan 11, 45) su tienda-palacio cerca de la Santa Montaña, y allí le llega el fin. Según eso, él encontró su destrucción cerca de la montaña sagrada, y allí vino a terminar.

Ciertamente, el que muere junto a Jerusalén conforme a este pasaje es el Anti-Cristo, mientras que, conforme a Polibio y Porfirio, el rey sirio Antíoco murió en la ciudad persa de Tabae, volviendo de Persia a Babilonia.

11, 45. נטע, *plantar una tienda*, aparece solo aquí, en lugar de la palabra usual נטה, extender. Se utiliza así probablemente para evocar la gran tienda, a modo de palacio, del gobernante oriental, cuyas clavijas debían asentarse muy profundamente en tierra.

Puede compararse con la descripción de la tienda de Alejandro Magno, erigida al estilo oriental, en Polyaen., *Strateg.* IV. 3. 24, y con la tienda de Nadir-Schah, según Rosenmller, *A. u. N. Morgl.* IV. p. 364s. Estas tiendas se hallaban rodeadas de una multitud de tiendas más pequeñas para los guardianes y sirvientes, una circunstancia que explica el uso del plural.

---

90. "Pugnans contra Aegyptios et Lybias, Aethiopiasque pertransiens, audiet sibi ab aquilone et oriente praelia concitari, unde et regrediens capit Aradios resistentes et omnem in littore Phoenicis vastavit provinciam; confestimque pergit ad Artaxiam regem Armeniae, qui de orientis partibus movebatur" (Luchando contra los egipcios y libios, y atravesando Etiopía, oyó que le hacían guerra en el norte y el oriente, por lo que, volviendo, venció a los aradeos rebeldes y devastó toda la provincia de Fenicia; después, se dirigió de inmediato hacia Artaxio, rey de Armenia, que se movía en las partes del oriente). Cf. Comentario de *Jerónimo* a Dan 1, 44.

Theodotion, Porfirio, Jerónimo y otros han pensado, impropiamente, que אהלי era un nombre propio, significando palacio o torre. בֵּין לְהַר es como וּבֵין בֵּין, Gen 1, 6; Joel 2, 17, un espacio entre otros dos lugares u objetos. צְבִי־קֹדֶשׁ הַר es la santa colina, la colina deleitosa de Palestina (cf. Dan 8,9).

Se trata, sin duda, de la santa montaña sobre la que se elevaba el templo de Jerusalén, como reconocen v. Leng., Maur., Hitzig,y Ewald. La aplicación a la montaña del templo de Anat en Elymas (Dereser, Hvernick) no necesita refutarse. Según esto, ימים no puede designar el mar Mediterraneo en concreto ni el Mar Muerto, como supone Kliefoth, sino que es solo un plural poético de plenitud, como signo del gran Mar cósmico.

Esta escena, en la que termina el gran enemigo del pueblo de Dios, no concuerda en modo alguno con el lugar y modo en el murió Antíoco; en esa línea, Hitzig piensa que el seudo-Daniel no distingue de un modo preciso las dos expediciones, de manera que ha debido omitir, entre la primera y la segunda parte del verso, el intervalo entre el retorno de Antíoco de Egipto a Antioquía y su muerte, porque Antíoco nunca más piso la tierra de Palestina. Pero esa nueva expedición se refuta a sí misma. Con la frase "pero llegará a su fin" (cf. Dan 8, 25) se describe el final del enemigo de Dios (es decir, del Anticristo), añadiendo que no tendrá quien le ayude, para designar la falta de esperanza de su derrota y muerte.

El hecho de colocar la destrucción de este enemigo y de su ejército cerca de la montaña del templo concuerda con otras profecías del AT, que colocan la destrucción definitiva del poder mundial, hostil a Dios, ante la aparición del Señor para la consumación de su reino sobre las montañas de Israel (Ez 39,4), o en el valle de Josafat junto a Jerusalén, o en la misma Jerusalén (Joel 3,2. 12; Zac 14,2). Esto confirma el resultado de nuestra exposición, cuando afirmamos que el último enemigo (en la línea del poder del mundo) es el Anti-Cristo. Con esto concuerda también la conclusión, Dan 12,1-3.

12, 1-3. Liberación final de Israel de la última tribulación, y su consumación

¹וּבָעֵת הַהִיא יַעֲמֹד מִיכָאֵל הַשַּׂר הַגָּדוֹל הָעֹמֵד עַל־בְּנֵי עַמֶּךָ וְהָיְתָה עֵת צָרָה אֲשֶׁר לֹא־נִהְיְתָה מִהְיוֹת גּוֹי עַד הָעֵת הַהִיא וּבָעֵת הַהִיא יִמָּלֵט עַמְּךָ כָּל־הַנִּמְצָא כָּתוּב בַּסֵּפֶר׃
²וְרַבִּים מִיְּשֵׁנֵי אַדְמַת־עָפָר יָקִיצוּ אֵלֶּה לְחַיֵּי עוֹלָם וְאֵלֶּה לַחֲרָפוֹת לְדִרְאוֹן עוֹלָם׃ ס
³וְהַמַּשְׂכִּלִים יַזְהִרוּ כְּזֹהַר הָרָקִיעַ וּמַצְדִּיקֵי הָרַבִּים כַּכּוֹכָבִים לְעוֹלָם וָעֶד׃ פ

¹En aquel tiempo se levantará Miguel, el gran príncipe que está de parte de los hijos de tu pueblo. Será tiempo de angustia, cual nunca fue desde que hubo gente hasta entonces; pero en aquel tiempo será libertado tu pueblo, todos los que se hallen inscritos en el libro. ²Muchos de los que duermen en el polvo de la tierra serán

despertados: unos para vida eterna, otros para vergüenza y confusión perpetua. ³ Los entendidos resplandecerán como el resplandor del firmamento; y los que enseñan la justicia a la multitud, como las estrellas, a perpetua eternidad.

12, 1. וּבָעֵת הַהִיא remite a קֵץ בָּעֵת (Dan 11, 4), el tiempo del final, en el que el perseguidor hostil se levantará para someter a todo el mundo, y colocará su campamento en la tierra santa, para destruir con gran furor a muchos, y para castigarles con la eliminación (הַחֲרִים, Dan 11, 44), es decir, para arrancarles totalmente de la tierra (Dan 11,40-45). Pero entonces vendrá el gran ángel príncipe Miguel, y luchará a favor del pueblo de Dios en contra del opresor.

Sobre Miguel, cf. Dan 10, 13: "Aquel que está a favor de los hijos de tu pueblo", es decir, aquel que está cerca, protegiéndoles (cf. para עַל עָמַד en el sentido de venir a proteger, Es 8, 11; 9, 16). Miguel aparece así como el que lucha a favor del pueblo de Daniel, y en contra del rey enemigo, realizando su obra como שַׂר de Israel (Dan 10:21). El texto no dice expresamente que, al luchar por el pueblo de Daniel, Miguel lucha en contra del rey hostil (Dan 11, 45), pero ello se supone por el contexto, especialmente por las palabras יִמָּלֵט עַמְּךָ (ellos serán liberados, segunda mitad del verso), lo mismo que en las expresiones relacionadas de Dan 10, 13. 21.

Para el pueblo de Dios será necesaria esa ayuda tan poderosa para su liberación, porque aquel tiempo será de una opresión sin paralelos. La descripción de esta opresión parece fundada en Jer 30, 7 (C. B. Michaelis, Hengstenberg); pero lo que se dice allí recibe aquí más fuerza a través de la cláusula de relativo (cf. Joel 2,2), que profundiza y amplía el pensamiento (cf. Ex 9,18. 24). Este צָרָה עֵת (tiempo de angustia) constituye el clímax de la opresión que el rey enemigo traerá sobre Israel, y acontece en el tiempo en que se cumple la última semana (la 70, Dan 9, 26).

La salvación de Israel (יִמָּלֵט), que aquí se toma como realizada bajo la dirección de Miguel, coincide esencialmente con la descripción de Dan 7, 18. 26ss; 9, 24), como dice Kranichfeld de un modo acertado. Él identifica también rectamente la continua liberación victoriosa de Israel de la opresión (12, 1), con el levantamiento del reino mesiánico descrito en Dan 7, 2. 9, y muestra la forma en que el reino mesiánico destruye y "disuelve" los reinos del mundo.

En esto concuerdan también los que se oponen a la autenticidad del libro de Daniel, y deducen de aquí la conclusión de que el seudo-Daniel esperaba que con la destrucción de Antíoco Epífanes se manifestaría en gloria el reino mesiánico. Esta conclusión sería irrefutable si las promesas desde la que quiere fundarse (que בָּעֵת הַהִיא, en aquel tiempo, fuera el tiempo de Antíoco). Si se estudian bien, todos los intérpretes que, con Porfirio, Grocio, Bleek, v. Lengerke, Hitzig y otros, quieren identificar la muerte de Antíoco (cf. 11, 45) con la llegada de ese Reino de Dios, están equivocados.

En contra de esa visión (que identifica el tiempo final con el de Antíoco Epífanes), con ובעת ההיא (y en aquel tiempo), se introduce un nuevo tiempo, distinto del anterior, de manera que con בעת ההיא comienza un tiempo una etapa distinta, como dice Hvernick. En ese contexto, la venida de Miguel significa para el pueblo la aparición del Mesías, de manera que los sufrimientos y opresiones vinculadas con esa aparición muestran los sufrimientos que el pueblo de Israel tiene que soportar en el tiempo del final de toda la historia, no simplemente en el tiempo de la destrucción de Jerusalén por los romanos. De un modo consecuente, sufrimientos solo se cumplirán del modo más pleno en la segunda llegada del Señor, Mt 24, 21-22.

Pues bien, la suposición de los que piensan que esos sufrimientos son los de los judíos en tiempo de Antíoco o de la destrucción de Jerusalén por los romanos el año 70 d.C., queda destruida por el hecho de que בעת ההיא nunca significa "en aquel tiempo", es decir, en el futuro que sigue a la muerte de Antíoco, como ha puesto de relieve Hitzig. Así dice él con buenas razones que "nunca se ha podido demostrar, partiendo de textos como 2 Rey 3,6; Is 28,5; Gen 39, 11, que esas palabras significa "en aquel día". De ningún modo podemos encontrar en ההיא בעת ese sentido, y la cópula nos impide aceptar esa arbitrariedad.

Ciertamente, la época de Antíoco Epífanes fue tiempo de gran opresión. Por eso, muchos preguntan ¿por qué no puede aplicarse este ההיא al tiempo de opresión descrito en el capítulo anterior? Por otra parte, parece que los משׂכילים (*intelligentes*) de Dan 12,3, remite a los משׂכילי עם que ayudaron a muchos a tener conocimiento, y que perdieron sus vidas en la persecución (Dan 11,33-34). Así podría pensarse que este pasaje se está refiriendo al tiempo de los macabeos[91].

Pues bien, Hvernick ha puesto de relieve que la referencia de Dan 12, 1 cuando habla de una "aflicción tan grande como nunca se había oído otra semejante" no puede aplicarse período de la persecución bajo Antíoco, pues resulta demasiado fuerte para ese período. Por otra parte, la promesa de *la liberación de aquellos que están escritos en el libro de la vida no puede aplicarse al tiempo de la opresión siria*, sino a los liberados en el juicio final de la historia.

De todas formas, él (Hvernick) está equivocado cuando identifica la aparición de Miguel y este juicio final con la primera aparición de Cristo. Esta suposición no puede apoyarse en Dan 9,26, ni en Mt 24, 21-22, porque ambos pasajes tratan de la venida de Cristo en gloria, al final de los tiempos, y no en el tiempo de su vida histórica. Por eso, las palabras de este verso no se pueden aplicar a la aparición de Cristo en la carne, y menos aún a la referencia al período del Anti-Cristo. Los intérpretes que piensan así tienen la necesidad de separar violentamente Dan 12,

---

91. Los argumentos que sirven también para refutar la visión de Ebrard, quien afirma que la expresión "en aquel tiempo" se refiere al tiempo que sigue a la muerte de Antíoco.

1 de Dan 12, 2-3, que trata indudablemente de la resurrección de la muerte (al final de los tiempos)

Auberlen ha visto rectamente que los מַשְׂכִּילִים de Dan 12,3, aluden a los מַשְׂכִּילִים de 11, 33-34, y los מַצְדִּיקֵי הָרַבִּים a los יְבִינוּ לָרַבִּים, Dan 11, 34; 12, 1, 2. Pero eso no nos ayuda en modo alguno a profundizar en el conocimiento del tema, porque esas palabras aluden al hecho de que la resurrección solo se refiere a la retribución eterna que aguarda a los israelitas conforme a la conducta que hayan tenido en el tiempo de la gran persecución bajo Antíoco. Así lo ha puesto de relieve C. B. Michaelis diciendo, *ejus consideratio magnam vim habet ad confirmandum animum sub tribulationibus* (la consideración de la resurrección tiene gran fuerza para ratificar el ánimo en tiempo de tribulación).

Por lo que respecto al período de tiempo de prueba y de resurrección no se dice nada más, porque en Dan 12, 2-3 falta toda referencia al tiempo, mientras que en 12, 1 aparece por dos veces la expresión "en aquel tiempo" (בָּעֵת הַהִיא). Ciertamente, como dice Hengstenberg (*Christol*. III. 1, p. 6): "Sea más largo o más corto el tiempo que se extiende entre la tribulación de los macabeos y la resurrección, el consuelo por la resurrección sigue siendo igualmente poderoso. Por eso, el consuelo de la resurrección está conectado con la liberación de la persecución como si una cosa siguiera inmediatamente a la otra".

Partiendo de eso, algunos tienden a decir que la resurrección de la muerte se encuentra asociada de tal forma de la liberación de Israel de la tiranía de Antíoco que una cosa sigue inmediatamente a la otra, y así lo ponen de relieve los que se oponen a la autenticidad del libro. Pero esta interpretación es obviamente una mera ficción.

12, 2. Los dos versos siguientes (12, 2-3) no aparecen en modo alguno de forma parenética, para aludir a la retribución comenzando con la resurrección, sino que tienen un sentido más profundo. Dan 12, 2 se conecta por la cópula con 12, 1, y de esa forma incluye una continuidad de pensamiento con la segunda parte de 12, 1, es decir, evocando una representación posterior de la liberación del pueblo de Dios, es decir, de todos aquellos que están escritos en el libro de la vida.

Dado que muchos de los מַשְׂכִּילִים que conocían a su Dios (Dan 11, 33), habían perdido su vida en la persecución, derramando su sangre por fidelidad a Dios, la revelación de Dios no podía dejar de ofrecer una promesa de salvación para ellos (y para todo el pueblo de Dios), dando fuerza a los perseguidos para ayudarles a mantener su fidelidad a Dios.

El hecho de que Dan 12, 2-3 no contenga ninguna designación de tiempo no prueba nada en contra de nuestra interpretación del texto, por la simple razón de que estos versos están conectados a 12, con un simple "y", de forma que el tiempo en que se sitúan es el mismo tiempo de 12, 1, que nos sitúa ante el fin del mundo (que no es el tiempo de Antíoco, sino el del fin de todas las cosas). Este es el consuelo que ofrecen estos versos, en el tiempo de la persecución de Antíoco:

Aflicción del pueblo de dios por los gobernantes de este mundo

Habrá algunos que sobrevivan a la tribulación, pero aquellos que pierdan sus vidas en la persecución resucitarán de los muertos (en el tiempo final).

A eso hay que añadir que el contenido de 12, 1 no concuerda con el período de la persecución bajo Antíoco. Lo que se dice aquí de la dureza total de la persecución no responde a las circunstancias de la persecución en tiempo de Antíoco. Las palabras "será tiempo de angustia, cual nunca fue desde que hubo gente hasta entonces" las interpreta Teodoreto de esta forma: οἴα οὐ γέγονεν, αφ ̓οὐ γεγένηται εθνος ἐπὶ τῆς γῆς ἔως τοῦ καιροῦ ἐκείνου. Y con referencia a esas palabra dice el Señor: οἴα οὐ γέγονεν ἀπ ̓ἀρχῆς κόσμου ἔως τοῦ νῦν, οὐδ ̓οὐ μὴ γένηται, Mt 24,21.

Ciertamente, la opresión que Antíoco trajo sobre Israel puede haber sido muy severa; pero no se puede decir sin exageración que fue la más grande de todas las que ha habido desde el comienzo del mundo. Sin duda, Antíoco quiso destruir la raíz y las ramas del judaísmo, pero lo mismo quiso hacer también el faraón, mandando matar en su nacimiento a los niños hebreos; y lo que Antíoco quiso hacer con la adoración del dios griego Zeus quiso hacerlo también Jezabel poniendo al Hércules fenicio como Dios nacional de Israel en vez de a Yahvé. Por otra parte, el segundo hemistiquio de Dan 12, 1 tampoco puede referirse a la liberación del pueblo del poder de Antíoco.

Respecto a las palabras "todos los que se hallen inscritos en el libro" Hitzig piensa que ellas evocan el texto de Is 4, 3, diciendo que se trata del *libro de la vida*, corrigiendo así la falsa interpretación de v. Lengerke, quien afirma que "estar inscrito en el libro" significa en un sentido material "vivir", estar destinado a la vida en este mundo. Pues bien, en contra de eso, *el libro de la vida contiene la lista de aquellos que vivirán como ciudadanos del reino mesiánico (Flp 4, 3)*. En Isaías puede referirse a los que vivirán en este mundo; en Daniel se refiere a los que serán resucitados de los muertos. Sobre el libro de la vida, cf. *Coment.* a Ex 32,32.

Según eso, בעת ההיא se refiere al tiempo mesiánico (al final del tiempo) y no al tiempo histórico de Antíoco Epífanes. Así lo admite incluso Hofmann (*Weiss. u. Erf.* I. p. 313, y *Shcriftbew.* 2:2, p. 697), pues él encuentra en Dan 12,1 (¡habrá un tiempo en que…!) y en Dan 12, 2-3 la profecía de la culminación final de la historia de las naciones, el tiempo de la gran culminación, cuando acabe el curso presente del mundo, con la salvación completa de Israel y la resurrección de los muertos al fin del mundo.

De todas formas, a pesar de lo anterior, Hofmann piensa, al mismo tiempo, que los últimos versos de Dan 11 se refieren al tiempo de Antíoco y de su destrucción, y dado que él solo puede aplicar ובעת ההיא al comienzo de Dan 12, 1-2 partiendo de la estrecha conexión con las últimas palabras de Dan 11, al tiempo del que antes se ha venido hablando, en esa línea él supone que en la primera parte de Dan 12, 1 no puede haber un paso que nos lleve a un tiempo nuevo (el del final del mundo). A su juicio, esa transición se expresa por primera vez en צָרָה וְהָיְתָה עֵת, en la parte central de 12, 1.

En la 2ª ed. de su *Schriftbew*, l.c., Hofmann quiere justificar esa interpretación con la observación siguiente: Nosotros no podemos explicar las palabras del ángel (וְהָיְתָה עֵת צָרָה) como si ellas significaran: "aquel será un tiempo de angustia tal como nunca ha existido hasta ahora", sino que debemos traducirlas más bien de esta forma: "surgirá un tiempo de angustia tal como nunca existió hasta aquel tiempo".

Pero esta separación de las palabras en cuestión (a partir de וְהָיְתָה, y surgirá…) resulta imposible por aquellas que siguen, עַד הָעֵת הַהִיא, pues ellas remiten de un modo muy preciso hacia las palabras con las que empezaba el verso, de manera que no podemos vaciar su sentido apelando simplemente a un ambiguo "hasta aquel tiempo".

Si el ángel dice "surgirá un tiempo de opresión tal como nunca ha existido desde que hay naciones hasta aquel tiempo en que aparezca Miguel para el pueblo"…; o si como traduce Hofmann "hasta que mantenga firme su plaza"…, entonces, cualquier lector imparcial verá claramente que esta tribulación como nunca ha existido previamente no surgirá por primera vez en el momento de las persecuciones de Antíoco Epífanes, sino en el tiempo de la guerra del ángel príncipe a favor del pueblo de Dios. En ese mismo tiempo, el ángel hará que surja la salvación para el pueblo de Daniel y la resurrección de los muertos[92].

El fracaso de todos los intentos por ganar un espacio de tiempo entre Dan 11, 45 y 12. 1. 2, muestra de un modo incontrovertible que las afirmaciones de aquellos que rechazan la autenticidad del libro, diciendo que el seudo-Daniel esperaba que con la muerte de Antíoco comenzaría el reino mesiánico y la resurrección de los muertos, podría tener cierto apoyo si los últimos versos de Dan 11 trataran del último combate del rey sirio en contra de la teocracia. Pues bien, como he venido mostrando, esto no ha podido probarse.

Las afirmaciones de Dan 11, 40-45 no se refieren a Antíoco, sino al tiempo del final, es decir, al tiempo del último enemigo del Dios santo (que es el

---

92. La explicación que Hofmann ofrece de las palabras solo podría ser válida si la definición del tiempo (después de הָעֵת הַהִיא) se encontrara en el texto después de וְהָיְתָה, como ha hecho el mismo Hofmann en sus estudios más recientes, cambiando de un modo inadvertido el orden de las palabras, mientras que en su primera exposición (*Weiss. u. Erf.* I. p. 314) él había dicho abiertamente: "Estas últimas cosas se conectan con la perspectiva del fin del opresor de Israel, como lo había dicho Isaías con ocasión del cercano asalto de los asirios a Jerusalén, como si fuera la última aflicción de la ciudad, o como en Jeremías, cuando supone que el final de los setenta años sería el final de todos los sufrimientos de su pueblo. De todas formas, sigue habiendo una falta de claridad en esta perspectiva etc.".

Pues bien, él no ha superado esta falta de claridad en su exposición más reciente, en *Schriftbew*., sino que la ha aumentado, suponiendo que hay una transición inmediata entre el tiempo de Antíoco y el tiempo del final.

Anti-Cristo, con su destrucción). Con esa lucha final del Anti-Cristo se vincula, sin ningún espacio intermedio, la descripción de la última opresión del pueblo de Dios (en 12, 1) y su salvación para la vida eterna.

Por su parte, la profecía de la gran tribulación, nunca antes oída, Cristo la ha referido en Mt 24, 21, en un sentido que sigue plenamente en la línea del anuncio profético de Daniel, a la futura θλῖψις μεγάλη que precederá a la venida del Hijo del Hombre en las nubes del cielo, para juzgar el mundo y para llevarlo a la consumación del Reino de Dios.

Aquí no se dice que esta tribulación ha de venir solamente sobre el pueblo de Israel. La מְהִיוֹת גּוֹי se refiere más bien a una tribulación que vendrá sobre toda la humanidad, y en ella el ángel-príncipe Miguel ayudará al pueblo de Daniel, es decir, al pueblo de Dios. Aquí no se dice que él destruirá al rey hostil, al Anti-Cristo. Su asistencia se extiende solo a la ayuda que él ha de ofrecer al pueblo de Dios para su salvación, de manera que todos los que están inscritos en el libro serán salvados.

En su discurso escatológico, Cristo no menciona esta asistencia, sino que dice solamente que aquellos días de opresión serán acortados por causa de los elegidos, pues de lo contrario nadie se salvaría (ἐσώθη, Mt 24, 22). En esa línea, el sentido de la ayuda de Miguel puede verse en parte por lo que se dice en Dan 10,13. 21, al afirmar que él ayudó al ángel del Señor en la guerra en contra del espíritu hostil de reino mundial de los persas y de los griegos, y en parte por lo que se dice en Ap 12, 7 sobre la guerra de Miguel contra el dragón. Por esas indicaciones, resulta claro que no podemos limitar la ayuda por parte de Miguel a la que él ofrece a los santos de Dios en la última batalla y conflicto, pues el mismo Miguel se mantiene al lado de los santos de Dios en todas las guerras en contra del poder del mundo y de sus príncipes, ayudando a los santos de Dios para alcanzar la victoria.

Pero *la salvación que el pueblo de Dios experimentará en el tiempo de esa gran opresión, que no tiene paralelos en la historia, resulta esencialmente distinta de la ayuda que Miguel ofreció al pueblo de Israel en el tiempo de los macabeos*. La del tiempo de los macabeos se llama "una pequeña ayuda" (Dan 11, 34). En esa línea, la opresión de Israel en el tiempo de los macabeos era distinta de la opresión del fin de los tiempos, tanto en su objeto como en sus consecuencias.

La primera opresión (la del tiempo de los macabeos) debía servir para purificar al pueblo (Dan 11, 33-35), y para hacer que estuviera preparado para el tiempo del final. *Por el contrario, la opresión en el tiempo del final (Dan 12, 1-3)* efectuará la salvación (המלט) del pueblo, es decir, le preparará para la vida eterna, realizando la separación entre los justos y los malvados. Estas distinciones, claramente afirmadas, confirman el resultado de lo que he venido estableciendo: Dan 12, 1-3 no trata del tiempo del tiempo del rey Antíoco y de los Macabeos.

La salvación prometida del pueblo (ימלט) se define de un modo más preciso con la adición de עמך: "todos los que se hallen inscritos en el libro de la vida…". El texto se refiere de esa forma a los que Dios había predestinado para la vida, a todos los miembros genuinos del pueblo de Dios. נמלט, serán salvados, es decir, de la tribulación, de manera que no perezcan en ella. Pues bien, dado que, según 11,33, en la opresión que azotará al pueblo de Dios para su purificación (en tiempos de Antíoco), muchos perderán sus vida, y eso sucederá todavía con más fuerza en la opresión más severa del final, el ángel ofrece al profeta su gran revelación sobre los muertos (12, 2), diciendo que ellos resucitarán del sueño de la muerte.

Por la conexión de este verso con el precedente, a través una ו, sin más referencia temporal, la resurrección de los muertos viene presentada al mismo tiempo que la liberación del pueblo. "Por eso, las dos frases "tu pueblo será liberado" (12, 1) y "muchos despertarán" no solo se completan recíprocamente, sino que indican hechos contemporáneos, de forma que negamos la primera si negamos la salvación completa de Israel" (Hofm., *Schriftbew.* II. 2, p. 598).

ישן, durmiendo, se utiliza aquí como en Job 3,13; Jer 5,39, refiriéndose a la muerte; cf. καθεύδειν, Mt 9,24; 1 Tes 5,10 y κοιμᾶσθαι, 1 Tes 4,14. אדמת־עפר, aparece solo aquí, es un término formado a partir de Gen 3.19, y que no significa polvo de la tierra, sino tierra de polvo, *terra pulveris*, con el significado de tumba, como עפר, Sal 22,30.

Parece sorprendente que se diga que רבים, *muchos*, han de despertar, dado que según la frase siguiente, donde se dice que algunos se levantarán para la vida y algunos para la vergüenza, se podría esperar que aquí se dijera *todos*. Esa dificultad no se resuelve con la aclaración de que aquí la palabra *muchos* está en lugar de *todos*, porque רבים no significa *todos*. Refiriéndose a la opinión de que muchos está en lugar de todos, Hofmann responde que la expresión "durmiendo en el polvo de la tierra" no se conecta con la palabra muchos (רבים), sino con el verbo "despertarán" (יקיצו): "Habrá muchos, de los cuales aquellos que duermen en la tierra despertarán" (Hofm.).

También C. B. Michaelis interpreta de esa forma esas palabras apelando a la acentuación masorética que ha separado רבים de מישני (durmiendo), pero con la diferencia de que él toma מן como indicando el *terminus mutationis a quo* (el término a partir del cual se inicia la mutación). Pero no se gana nada a través de esta interpretación artificiosa, porque el pensamiento sigue siendo el mismo, es decir, que despertarán muchos de aquellos que duermen en el polvo (no todos).

La interpretación más simple y natural de מן es la de tipo partitivo, y por eso la prefieren la mayoría de los intérpretes. Por su parte, la palabra רבים solo puede interpretarse bien a partir del contexto. El ángel no intenta ofrecer aquí una doctrina general sobre la resurrección, sino solo ofrecer unas revelaciones sobre el tema, indicando que la salvación final del pueblo no se limitará a los que aún sigan viviendo en el tiempo final de la gran tribulación, sino que incluirá también a aquellos que han perdido sus vidas durante tiempos anteriores (como el de la persecución de Antíoco Epífanes).

En 11, 33. 35 el ángel ha dicho ya que de aquellos que entienden (es decir, de los sabios: וְהַמַּשְׂכִּלִים) que "muchos morirán bajo la espada o la llama etc.". Cuando la tribulación del tiempo del final crezca de un modo que no ha tenido antes paralelos (Dan 12, 1), perecerá un número todavía más grande, de manera que cuando llegue la salvación solo quedará en vida un resto del pueblo. A ese resto de sobrevivientes del pueblo se les promete la salvación. Pero esa promesa se limita aún más con el añadido: "a todos los que se hallen inscritos en el libro", no a todos los que sigan viviendo en aquel tiempo, sino solo a aquellos cuyos nombres se encuentren recordados en el libre de la vida, es decir, de la salvación mesiánica.

Y así se añade que muchos (רבים) de aquellos que murieron en el tiempo de la tribulación despertarán del sueño, algunos para la vida eterna, otros para la vergüenza eterna. Según eso, no todos alcanzarán la salvación, ni de los vivos ni tampoco de los muertos. También entre aquellos que resuciten habrá una distinción, de forma que se dará a conocer la recompensa de los fieles y la de los infieles.

Según eso, la palabra "muchos" se utiliza solo con referencia al número de aquellos que estén vivos entonces, y no en relación a la universalidad de la resurrección de los muertos, o solo a una parte de los muertos, sino meramente para añadir a la multitud de los muertos que entonces formarán parte de los vivos, el pequeño número de aquellos que experimentarán en la carne la culminación de su camino.

Si tenemos así en cuenta el despliegue del pensamiento, no tendremos necesidad ni de aplicar a רבים el sentido de "todos", un sentido que no tiene ni puede tener, porque la universalidad de la resurrección se encuentra excluida por la partícula מן, que hace imposible que οἱ πολλοί tenga el mismo sentido de πάντες; además, esa conclusión solo puede ser deducida si no se tiene en cuenta el curso del pensamiento del pasaje, suponiendo que este verso contiene una doctrina general de la resurrección, una doctrina que es ajena al contexto.

Partiendo de una interpretación correcta del curso del pensamiento brota la respuesta correcta a la cuestión disputada, sobre si aquí tenemos una doctrina que se relaciona con la resurrección del pueblo de Israel o con la resurrección de la humanidad en general. Pues bien, aquí no tenemos ni una cosa ni otra.

Las palabras proféticas tratan del pueblo de Daniel, por el cual debemos entender el pueblo de Israel. *Pero el Israel del tiempo del final incluye a todos los pueblos que pertenecen al pueblo de Dios de la nueva alianza, fundada por Cristo.* En ese sentido, aquí está incluida de un modo implícito la resurrección de todos, y Cristo ha proclamado de un modo explícito el pensamiento aquí implícito, como muestra Jn 5, 28.

Cristo enseña allí que todos los muertos despertarán del sueño, y dice, refiriéndose sin duda a este pasaje, que hay una ἀνάστασις ζωῆς y una ἀνάστασις κρίσεως, pues en todo el AT solo nuestro pasaje habla de una resurrección para la vida eterna en la que se menciona al mismo tiempo la resurrección para la vergüenza eterna, es decir, la resurrección de los justos y de los malvados. Aquí encontramos por primera vez en el AT la concepción de una de una חיי עולם y de una ζωὴ αἰώνιος. Ciertamente, חיים indica con frecuencia la verdadera vida con Dios, la vida bendita en comunión con Dios, que existe después de esta.

El añadido de עולם no había aparecido antes, sino que se introduce aquí para indicar (en correspondencia a la duración eterna del reino mesiánico: Dan 2, 44; 7,14. 27; cf. 9, 24) la vida de los justos en el reino imperecedero. עוֹלָם לַחֲרָפוֹת לְדִרְאוֹן forma el contraste con לחיי עולם; así חרפות, vergüenza (un plural de plenitud intensiva) se coloca en oposición a חיי. En esa línea, esa vergüenza queda designada en referencia a Is 66, 24, en el sentido de דראון, desprecio, objeto de aversión.

12, 3. Entonces, aquellos que en tiempos de tribulación han dirigido a muchos al conocimiento de la salvación recibirán la recompensa gloriosa de su fidelidad. Con este pensamiento concluye el ángel el anuncio del futuro. המשכילים remite a Dan 11,33-35, y tanto aquí como allí no se limita solo a los que enseñan de un modo oficial, sino que evoca a los inteligentes que, al instruir a sus contemporáneos a través de las palabras y los hechos, les han despertado para mantener la resistencia y la fidelidad en su confesión de fe en tiempos de tribulación, y han fortalecido su fe, de forma que algunos de ellos han sellado incluso su testimonio con su sangre. Estos brillarán en la vida eterna con esplendor glorioso.

El esplendor de la bóveda del cielo (cf. Ex 24, 10) es una figura de la gloria que Cristo indicará hablando de una luz como la del sol ("los justos brillarán como el sol, Mt 13,43, refiriéndose a este pasaje que estamos estudiando). Cf. también la figura de Ap 2, 28 y de 1 Cor 15, 40.

Kranichfeld piensa que la expresión מצדיקי הרבים se refiere a los que quitan los pecados del pueblo a través de los sacrificios, es decir, a los sacerdotes que se ocupan de la ofrenda de los sacrificios, pensando que la expresión está tomada de Is 53, 11, "donde se aplica por excelencia, κατ᾽ ἐξοχὴν, al sacerdote mesiánico lo que aquí se aplica a los sacerdotes comunes". Pero esta interpretación no es satisfactoria.

En Is 53, 11 el Siervo de Yahvé justifica a muchos, pero no por el sacrificio, sino por la justicia, por el hecho de que él, como צדיק que no ha cometido pecados, toma sobre sí los pecados del pueblo y entrega su alma como ofrenda por el pecado. La acción de הצדיק (justificar) no se aplica nunca en el AT a la ley de los sacrificios, ni se nombra nunca como efecto del sacrificio, sino que se dice solo שאת (נשא) עון (quitar, sacar la iniquidad) y כפר se aplica en el sacrificio expiatorio, de un modo contante, con la adición de ונסלח לו; cf. Lev 4, 26. 31. 35; 5, 10. 16; Sal 32, 1.

La práctica de ofrecer sacrificios no se describe nunca como הצדיק (justificar). Esta palabra significa asistir a alguien para obtener justicia (o para dirigirse a la justicia) y hay que entenderla aquí con ese significado general, de manera que no puede identificarse con la expresión paulina δικαιοῦσθαι. Los מצדיקים son aquellos que por su צדקה, es decir, por su fidelidad a la ley, dirigen a otros a la צדקה, mostrándoles con su ejemplo y enseñanza el camino de la justicia.

La salvación del pueblo, que vendrá dada con el final, consiste según eso en la consumación del pueblo de Dios a través de la resurrección de los muertos y el juicio que separa a los piadosos de los impíos, conforme a lo cual los piadosos serán elevados a la vida eterna y los impíos serán entregados a la vergüenza y desprecio eterno. Pero los líderes del pueblo que, entre las guerras y conflictos de la vida, han encauzado a muchos hacia la justicia, brillarán en la gloria imperecedera del cielo.

3. Daniel 12, 4-13.
Cierre (clausura) de la revelación de Dios y del libro

12, 4

⁴ וְאַתָּה דָנִיֵּאל סְתֹם הַדְּבָרִים וַחֲתֹם הַסֵּפֶר עַד־עֵת קֵץ יְשֹׁטְטוּ רַבִּים וְתִרְבֶּה הַדָּעַת׃

⁴ Pero tú, Daniel, cierra las palabras y sella el libro hasta el tiempo del fin. Muchos examinarán de aquí para allá, y la ciencia aumentará.

Como la revelación en Dan 8 termina con el mandato "por lo tanto cierra/sella la visión" (8, 26) también esta (12, 4) termina con el mandato de "cierra las palabras y sella el libro". Como en el caso anterior, החזון indica la visión interpretada por el ángel, también aquí הדברים solo puede evocar el anuncio del ángel en 11, 2-11, 3, con la aparición precedente (10, 2-11, 1), la revelación que 10, 1 presentaba como דבר. Según eso, סתן ha de interpretarse obviamente en el sentido evocado y defendido en el comentario a Dan 8,15: Cerrar en el sentido de *guardar*. Y de esa manera, חתם significa *sellar*. De esa forma se refutan las objeciones contra este mandamiento que ha propuesto Hitzig, entendiendo la palabra sellar en el sentido de sellar un libro, para superar toda duda sobre su autenticidad.

Se disputa si הספר es solo la última revelación, Dan 10-12 (Hvernick, v. Leng., Maurer, Kran.) o todo el libro (Bertholdt, Hitzig, Auberlen, Kliefoth). Sin duda alguna, ספר puede designar una parte pequeña y especial del libro, una profecía particular, cf. Nahúm 1,1; Jer 51, 63. El paralelismo entre los miembros del pasaje está a favor de la opinión que defiende que הספר tiene aquí el mismo sentido que הדברים.

Pero esta opinión solo se podría ratificar en el caso de que la última revelación estuviera desconectada de la revelación anterior de todo el libro. En esa línea, dado que no es este el caso, pensamos que estos capítulos no ofrecen solo las últimas que Daniel ha recibido temporalmente, sino que son la conclusión de todas las revelaciones anteriores, de manera que esta expresión (cerrar las palabras, sellar el libro) se refieren a todo el libro.

No puede oponerse ningún argumento en contra de esta visión. No puede argumentarse en contra el hecho de que aquí no se mande escribir la profecía, pues esto se presupone como algo normal, pues no se puede recibir una revelación sin ponerla por escrito; por eso, podemos suponer, sin duda alguna, que Daniel había escrito las visiones y revelaciones anteriores, tan pronto como las iba recibiendo, de manera que todo el libro quedó completado cuando él escribió las últimas. Por esa razón, pensamos que por הספר se entiende todo el libro.

Según eso, como indica rectamente Kliefoth, él ángel cerrará con Dan 12, 4 la última revelación, y de esa forma toda la obra profética de Daniel, haciéndole que se despida de su oficio profético, como él hace al final, en Dan 12,13, después que Miguel le ha transmitido las últimas revelaciones, en relación con los períodos de estas cosas maravillas que le había anunciado.

Daniel debe sellar el libro, es decir, guardarlo con seguridad, para que no reciba cambios "hasta el tiempo del fin", porque su contenido se extiende hasta el tiempo del fin. Cf. Dan 8, 26, donde se afirma la razón para que selle el libro con estas palabras: "Porque sucederá después de muchos días". En lugar de esa afirmación, el tiempo del fin queda aquí brevemente nombrado en referencia al desarrollo de la revelación completa, en harmonía con Dan 11, 40-12, 3, donde se contienen los acontecimientos del tiempo del final.

Las dos frases de 12, 4 han sido explicadas de formas diferentes. J. D. Michaelis interpreta así este verso: "Muchos se descarriarán, pero, por otro lado, el conocimiento será también grande". Esa traducción es inaceptable, lo mismo que la de Hvernick: "Muchos correrán de un lado para otro, es decir, caminarán en la conciencia de su miseria, buscando salvación, conocimiento". Pues bien, en contra de eso שוט no significa ni andar errantes (*errare*) ni descarriarse, sino solo andar de aquí para allí, ir andando por una tierra, a fin de buscar y encontrar, andar espiando (cf. Zac 4, 10, aplicado a los ojos de Dios; Ez 27, 8.26).

El sentido de este pasaje es más bien el de buscar a través, examinar un libro. No se trata simplemente de leer "de un modo muy atento" (Hitzig, Ewald), sino de buscar su contenido (Gesenius). Estas palabras no dan la razón para el mandamiento de sellar, pero definen el sentido de ese gesto de "sellar" el libro, y no han de referirse (como hacen muchos intérpretes) meramente al tiempo del final, aunque sea entonces cuando, por primera vez, muchos buscarán concienzudamente y alcanzarán un gran conocimiento.

Esta precisión está vinculada a las interpretaciones poco apropiadas del "sellado" entendido como signo de la incomprensibilidad de la profecía o del secreto del escrito, interpretación que debe superarse a través de una lectura correcta de esta figura. Si Daniel, según eso, debe guardar la profecía de un modo seguro, a fin de que ella se conserve hasta el tiempo del fin, el hecho de sellarla de esa forma

Aflicción del pueblo de dios por los gobernantes de este mundo

no excluye que se utilice en transcripciones, de manera que no hay razón para que se piense que solo se puede investigar su sentido en el tiempo final.

Las palabras יְשֹׁטְטוּ רַבִּים no están conectadas con lo anterior a través de alguna partícula o definición de tiempo, por lo que han de limitarse al עת קץ. A eso hay que añadir que, conforme a la explicación expresa del ángel (10, 14), esta revelación se refiere a todas las cosas que han de ser experimentadas por el pueblo de Daniel desde el tiempo de Ciro hasta el tiempo del final.

Según eso, si la revelación se mantuviera cerrada (en el sentido de incomprendida) y no pudiera entenderse hasta el tiempo del final, ella debería mantenerse sin aplicación ni uso a lo largo de los siglos, sin tener en cuenta el hecho de que ella ha sido transmitida con el propósito de ofrecer luz en los caminos de Dios para los piadosos de todos los tiempos, y para impartir consuelo en medio de las tribulaciones para aquellos que continúan firmes en su fidelidad.

A fin de servir a este propósito, esta profecía debe estar accesible en todos los tiempos, de manera que todos los piadosos sean capaces de estudiarla, juzgando por ella el sentido de los acontecimientos, para fortalecer su fe. Según eso, Kliefoth tiene razón cuando interpreta así todo ese pasaje: "Daniel debe transmitir con seguridad las profecías que él ha recibido, hasta el tiempo del final, de forma que a través de todos los tiempos haya hombres capaces de leerlas y de adquirir comprensión (de obtener conocimiento) por medio de ellas". הדעת es el conocimiento de los caminos del Señor con su pueblo, para confirmarles en su fidelidad a Dios.

12, 5-7

⁵ וְרָאִיתִי אֲנִי דָנִיֵּאל וְהִנֵּה שְׁנַיִם אֲחֵרִים עֹמְדִים אֶחָד הֵנָּה
לִשְׂפַת הַיְאֹר וְאֶחָד הֵנָּה לִשְׂפַת הַיְאֹר׃
⁶ וַיֹּאמֶר לָאִישׁ לְבוּשׁ הַבַּדִּים אֲשֶׁר מִמַּעַל לְמֵימֵי הַיְאֹר עַד־מָתַי קֵץ הַפְּלָאוֹת׃
⁷ וָאֶשְׁמַע אֶת־הָאִישׁ לְבוּשׁ הַבַּדִּים אֲשֶׁר מִמַּעַל לְמֵימֵי
הַיְאֹר וַיָּרֶם יְמִינוֹ וּשְׂמֹאלוֹ אֶל־הַשָּׁמַיִם וַיִּשָּׁבַע בְּחֵי הָעוֹלָם
כִּי לְמוֹעֵד מוֹעֲדִים וָחֵצִי וּכְכַלּוֹת נַפֵּץ יַד־עַם־קֹדֶשׁ תִּכְלֶינָה כָל־אֵלֶּה׃

⁵ Yo, Daniel, miré y vi a otros dos que estaban en pie, uno a este lado del río y el otro al otro lado. ⁶ Y dijo uno al varón vestido de lino que estaba sobre las aguas del río: ¿Cuándo será el fin de estas maravillas? ⁷ Oí al varón vestido de lino, que estaba sobre las aguas del río, el cual alzó su mano derecha y su mano izquierda al cielo y juró por el que vive por los siglos, que será por tiempo, tiempos y la mitad de un tiempo. Y cuando se acabe la dispersión del poder del pueblo santo, todas estas cosas se cumplirán.

12, 5. Con 12, 4 podría haber terminado la revelación, pues el tema del libro culmina con el mandato de sellar la visión. Pero entonces, habría faltado una revelación relacionada con el tiempo más concreto de los acontecimientos profetizados, que Daniel estaba esperando, en analogía con el texto de Dan 8 y Dan 9. Esta es la revelación que se le ofrece a Daniel en 12, 5-12, de un modo solemne, impresionante, ratificando así la aparición que él había visto antes. Pues bien, ahora él descubre a otros dos ángeles que están a los dos lados del río, uno a un lado, el otro al otro lado.

וראיתי והנה... (y miré, y he aquí que) no indica ciertamente una nueva visión, sino una nueva escena en la visión anterior, que aún continúa. Las palabras שנים אהרים, "otros dos", es decir, dos seres celestiales o ángeles (sin artículo) se muestran ahora por primera vez, en forma visible, de un modo muy distinto al ángel que él veía hasta ahora y que hablaba con él. Por eso, la suposición de que uno de esos dos ángeles era Gabriel, que le había comunicado la revelación pierde sentido, aun en el caso de que (conforme a nuestra exposición) fuera Gabriel el que hablaba con Daniel en Dan 11 y 12, 1-3.

12, 6-7. Al lado de estos dos, a quienes Daniel ve por primera vez, se habla aquí de aquel que está "vestido de lino" y sobrevolando sobre las aguas del río. Pero, en el momento en que nos fijamos en toda la escena, descubrimos que ese que sobrevuela no ha de verse en modo alguno como alguien que aparece ahora por primera vez. El uso del artículo (לאיש), y el vestido que le caracteriza, le presentan como aquel de quien se hablaba en 10, 5. De esa forma se confirma la visión que hemos presentado al comentar ese verso, es decir, que el hombre vestido de lino se había aparecido antes visiblemente solo a Daniel, anunciándole el futuro.

Él habla también aquí con Daniel. Y uno de los otros dos hace preguntas sobre el fin de las cosas maravillosas que han de suceder, para dar ocasión de que él (el "hombre" vestido de lino) pueda responder, como en Dan 8, 13. 14. Esto plantea inmediatamente la pregunta: ¿Por qué aparecen dos ángeles, si solo habla uno de ellos, el otro no hace nada, ni habla?

Podemos dejar de lado la opinión de Jerónimo, Grocio, Stählin y Ewald (que identifican a estos ángeles con los espíritus guardianes de Persia y Grecia), y otras opiniones como la de aquellos que afirman que esos ángeles representan la ley y los profetas (cf. glosa del Cod. Chis.), que Geier ha rechazado como *figmenta hominum textus auctoritate destitute* (imaginación humana, sin base alguna en el texto), para limitarnos a exponer las visiones de Hitzig y Kliefoth.

Hitzig piensa que los dos ángeles aparecen como testigos del juramento de Gabriel, y que por eso son dos, cf. Dt 19,15 y 31, 28. Pero estos pasajes no prueban que sea necesaria la ratificación de testigos para un juramento. El testimonio de dos o tres testigos se necesitaba solo en caso de una acusación ante el juez, en tribunal. A eso se añade el hecho de que en 8, 13 aparecen también dos ángeles, con aquel cuya voz se oía sobre el río Ulai (8, 16), sin que hubiera que ratificar ningún juramento. Ciertamente, allí hablaban los dos ángeles, pero solo se transmitía la palabra de uno de ellos. Por eso es natural suponer que también aquí hablan los dos ángeles, el uno con el otro, sobre la pregunta que ellos iban a plantear al ángel del Señor que planeaba sobre las aguas, como parece que han pensado Theodot. y Efrén Siro, y como Klief. piensa que es probable.

Sea como fuere, la aparición de los ángeles a los dos lados del río se relaciona de hecho con la presencia del hombre vestido de lino sobre las aguas del río, con la circunstancia de que este río (que según Dan 10,4 es el Tigris) aparece aquí como יאר, un nombre que, conforme a todos los restantes casos del AT, solo se aplica al Nilo. El planear (como incubar) por encima de la corriente del río significa tener poder o dominio.

Pues bien, *Kliefoth* tiende a pensar que el río es un signo del tiempo que fluye a la eternidad. Pero la Escritura no ofrece una base para esa representación. Por otro lado, en esa opinión no se tiene en cuenta el hecho de que al río se le llama יאר, por lo que aparece representado sin duda alguna como un Nilo, para indicar así que igual que el Ángel del Señor había vencido (secado) en otro tiempo las aguas del Nilo, para redimir a su pueblo de Egipto, de igual forma, en el futuro, él dominaría y suprimiría las aguas de aquel río que en el tiempo de Daniel representaba el poder del reino mundial[93].

El río Hiddekel (Tigris) era según eso una figura del poder mundial de Persia por cuyo territorio pasaba (para esta figura profética cf. Is 8, 6-7; Sal 124, 3-4); y la designación del río como יאר, Nilo, contiene una alusión a la liberación de Israel del poder de Egipto, liberación que se repetirá de un modo pleno en el futuro. Dos nuevos ángeles aparecen como servidores al lado del Ángel del Señor, que es el "gobernante" sobre el río Hiddekel, preparado para ejecutar su voluntad. Interpretados así, todos los rasgos de la visión, reciben una interpretación que corresponde al contenido de la profecía.

Pero esta escena, en todo su conjunto, después que el profeta ha recibido el anuncio de lo que ha de pasar, no es simplemente una comunicación suplementaria, que se ofrece a Daniel, antes de que él tenga que despedirse totalmente de su oficio profético, sino que está referida a la pregunta más honda de su corazón, relacionada con la duración del tiempo de la tribulación. Por eso, esta revelación constituye una parte integral de la revelación anterior, y está colocada al final del mensaje del ángel, porque era necesario un cambio de escena, para poner así de relieve su importancia.

---

93. C. B. Michaelis ha interpretado de un modo semejante el hecho de que el "hombre" está planeando o incubando sobre las aguas del río como "symbolum potestatis atque dominii supremi, quo non solum terram continentem et aridam, sed etiam aquas pedibus quasi suis subjectas habet, et ea quae aquarum instar tumultuantur, videlicet gentes, adversus ecclesiam Dei insurgentes atque frementes, compescere et coercere potest" (símbolo de potestad y dominio supremo, pues no tiene bajo su dominio solo la tierra seca de los continentes, sino que tiene también como sometidas bajo sus pies las aguas, de forma que él puede someter e imponer su poder sobre aquellos que se encrespan como las aguas, es decir, sobre las naciones que se elevan y luchan contra la iglesia de Dios). De todas formas, él no se ha fijado en el nombre יאר.

De esa manera, esta escena sirve para dar al profeta la firme certeza de todas las revelaciones anteriores: (a) La opresión del pueblo por parte de los poderes mundiales impíos tenía como finalidad la purificación del pueblo. (b) Por eso, la destrucción del enemigo del final va unida a la salvación de aquellos que forman verdaderamente el pueblo de Dios, que camina hacia su gloria.

Por eso, el Ángel del Señor, sentado o planeando sobre las aguas del río, se presenta a sí mismo como guía y gobernante de los asuntos de las naciones, y anuncia así con juramento solemne la duración y el fin del tiempo de la tribulación. Este anuncio viene introducido por la pregunta del ángel que está a la ribera del río: ¿Hasta cuándo durará (por cuánto tiempo continuará) el fin de estas maravillas? No se trata, pues, simplemente de decir "cuándo sucederá al fin de esas cosas?" (Kran.).

הפלאות son, según el contexto, las cosas extraordinaria que el profeta ha declarado, particularmente la opresión nunca antes oída que se describe en 11, 30. Cf. para פלאות el sinónimo נפלאות, Dan 11, 36; 8, 24. Pero la cuestión no es ¿cuánto tiempo continuarán todas estas הפלאות?, sino ¿por cuánto tiempo durara el קץ הפלאות, el final de estas cosas? El final de estas cosas es el tiempo del fin, profetizado en Dan 11, 40; 12, 3, con todo lo que sucederá en ese contexto.

A eso responde el hombre vestido de lino, con un juramento solemne que confirma su afirmación. La elevación de sus manos al cielo indica la solemnidad del juramento. En general, uno que jura eleva solo una mano, cf. Dt 32, 40; Ez 20,5, y las anotaciones ofrecidas en *Coment. Ex* 6, 8. Pero aquí, con gran solemnidad, el Ángel del Señor eleva las dos manos y jura בחי העולם, por Aquel que vive por siempre.

Este predicado de Dios, que hemos oído ya por la boca de Nabucodonosor, Dan 4, 31, remite aquí a Dt 32,40, donde el que jura es Dios: "Yo elevo mi mano y dijo: Yo vivo para siempre". Este es un juramente que ha sido tomado de este verso por Ap 10, 6, siendo allí expandido.

Este juramento solemne muestra que la pregunta y la respuesta no se refieren a la duración de la persecución bajo Antíoco, sino a la persecución bajo el último enemigo, que es el Anti-Cristo. La definición del tiempo que se da en la respuesta nos dirige a la conclusión: un tiempo, dos tiempos y medio tiempo, duración que concuerda con la del tiempo nombrado en Dan 7, 25, refiriéndose a las acciones del enemigo de Dios que surgirá del cuarto reino mundial.

La כי tiene con frecuencia el sentido de ὅτι, y se aplica solo para introducir una afirmación o respuesta. La lamed, ל, antes de מועד no significa *hasta que* (como עד, Dan 7, 25), sino *por, durante*. En las dos frases de la respuesta "se conectan el espacio y la duración del tiempo, de manera que el final, y su duración se indica por un intercambio de preposiciones: ל y כ (Hitzig). En למועד וגו (por un tiempo, etc.) se expone el espacio de tiempo sobre o durante el cual se extiende קץ פלאות (el final de estas maravillas); y en la siguiente frase וככלות וגו (y cuando se haya cumplido...), se indica el momento del tiempo en el que las cosas maravillosas alcanzan su fin. De esa manera se relacionan las dos expresiones del juicio.

En la segunda frase, las palabras נַפֵּץ יַד han sido diferentemente interpretadas. La interpretación de נַפֵּץ como dispersar es antigua y está muy extendida. Teodotion ha traducido así las palabras: ἐν τῷ συντελεσθῆναι διασκορπισμόν; y Jerónimo (Vulg.) las traduce así: *cum completa fuerit dispersio manus populi sancti* (como fuere ya completa la dispersión del pueblo santo). Hvernick, v. Lengerke, Gesenius, de Wette y Hitzig traducen "cuando al final de la dispersión de una parte del pueblo santo...", y de esa manera Hv., v. Leng. y otros autores piensan que así se alude a la dispersión de Israel entre los diversos países del mundo, dispersión que terminará según la visión profética en el tiempo de la victoria final de los tiempos mesiánicos (cf. Joel 3, 5; Dan 2, 32; Amos 9:11).

Sin embargo, Hitzig piensan que el texto se refiere a la circunstancia de que Simón y Judas Macabeo lograron que volvieran a Judea muchos que vivían dispersados entre los paganos de Galilea y Galaad (1 Ma. 5, 23. 45. 53. 54). Pero en contra de esa interpretación de נפץ, Hofmann (*Weiss. u. Erf.* I. p. 314) ha respondido justamente que la referencia a la reunión de Israel (tema que no ha sido desarrollado en ningún otro lugar en Daniel) aparecería aquí de un modo totalmente inesperado, en este contexto, y que además נפץ no concuerda con su objeto, יד, ni aunque tradujéramos esa palabra por "poder" o de un modo totalmente inapropiado por "parte".

יד no tiene el significado de "parte", que se le atribuye solo en una línea de interpretación incorrecta de ciertos pasajes. נפץ significa sacudir en piezas, batir, cf. Sal 2,9; 137, 9, y en *pual* en Is 27, 9. Este es el primer significado de la palabra, partiendo del cual se intenta derivar su sentido en nuestro caso, en la línea de batir, de dispersar. En esa línea, Hengstenberg, Maurer, Auberlen, Kranichfeld, Kliefoth y Ewald han mantenido aquí rectamente este significado de la palabra. Pero no podemos traducir con ellos la palabra כלות en el sentido de "tener un fin", porque en ese caso la respuesta sería puramente tautológica, porque el romper en piezas el poder del pueblo se identifica con dispersarlo.

Pues bien, esa palabra tiene aquí el sentido de *hacer perfecto*, de cumplir, de manera que no quede ya nada por hacer. יד, mano, es el signo del poder activo; sacudir la mano significa en este contexto destruir totalmente el poder de actuar, dejar a alguien en una situación de falta de ayuda, de impotencia, como describe Moisés en כי אזלת יד (porque la mano se ha ido, se ha perdido), Dt 32,36, anunciando así que cuando llegue este estado de cosas, entonces "el Señor juzgará a su pueblo, dará lo merecido a sus siervos".

Con esto armoniza la conclusión del juramento: Pues todas estas cosas terminarán, es decir, se completarán ellas mismas. כל־אלה (todas estas cosas) son las פלאות, Dan 12, 6. A estas cosas maravillosas pertenecen no simplemente la opresión del pueblo santo para la tribulación como la que nunca antes hubo otra, sino también la liberación por la venida del ángel-príncipe Miguel, la resurrección de los muertos y la separación eterna de los justos y de los malvados (12, 1-3.

Esta última designación del período de tiempo se extiende sin duda hasta el fin de todas las cosas o la consumación del reino de Dios por la resurrección de los muertos y el juicio final. Con esto concuerda también la expresión עַם קֹדֶשׁ, que no puede limitarse a los judíos convertidos. La circunstancia de que en el tiempo de Daniel el pueblo de Israel según la carne constituía el pueblo santo no exige que entendamos así el significado del pueblo de Dios en el final de tiempo, porque entonces los fieles de todas las naciones formarán el pueblo santo de Dios.

En otro sentido, la mayoría de los intérpretes modernos piensan que la designación del tiempo (tres y medio tiempos) se refiere a la duración de la opresión de los judíos bajo Antíoco Epífanes, y en esa línea Bleek, v. Lengerke, Maurer, Hitzig, Ewald y otros concluyen que el seudo-Daniel macabeo colocó al mismo tiempo, en clara sincronía, la muerte de Antíoco y el comienzo de la salvación mesiánica.

Hvernick afirma en su respuesta que hay dos designaciones distintas de tiempo, pero no dice nada sobre la relación que guardan entre ellas; Hofmann (*Weiss. u. Erf.* I. p. 314) encuentra en eso una oscuridad, en el hecho de que el fin de todas las cosas se coloque simplemente en conexión con el final del opresor Antíoco (cf. en *Coment.* a Dan 12,1). Pero, por otra parte, *Kliefoth* pregunta justamente:

> ¿Cómo es posible que la catástrofe de Antíoco, que pertenece al centro de los tiempos, y el tiempo del final, que se encuentra en un lejano futuro, puedan vincularse de esa forma en una frase, en una respuesta a la pregunta planteada en un momento de tiempo? ¿Cómo es posible que a la pregunta "cuánto tiempo durará el fin de los hechos maravillosos" se pueda responder "por tres años y medio seguirá realizando Antíoco su obra, y cuando llegue a su final, en la destrucción del pueblo vendrá a cumplirse todo?".
>
> En esa línea, solo la última parte sería una respuesta a la pregunta, y la primera no respondería a ella. ¿Y cómo es posible que para la expresión "todo debe terminar" se ofrezcan dos rasgos característicos, uno de los cuales pertenece al tiempo de Antíoco y el otro al tiempo del final?

En esa línea debemos seguir preguntando: ¿Necesitaríamos una revelación para presentar unas respuestas tan poco importantes? ¡Ciertamente no! Las dos frases no ofrecen dos definiciones distintas del tiempo, es decir, no se refieren a dos períodos distintos de tiempo, sino dos definiciones de un período de tiempo: La primera describe el curso del tiempo conforme a una medida simbólica; la segunda describe su fin, conforme a una característica actual; y ninguna de ellas se refiere a la opresión del pueblo santo por Antíoco, sino que ambas se refieren a la tribulación del tiempo del final.

La medida del tiempo (tiempo, tiempos y medio tiempo) no corresponde a la duración del dominio del pequeño cuerno, que surge del imperio mundial javánico (del que se habla en Dan 8), que equivale a 2.300 tardes/mañanas (8, 14), pero concuerda ligeramente (pues מועד corresponde al caldeo עדן) con la medida de Dan 7, 25, para el dominio del rey hostil, es decir, del Anti-Cristo, que surgirá de los diez reyes del cuarto y último reino del mundo. ככלות נפץ יד se refiere también a este enemigo, pues de él se dice (Dan 7, 21-25) que él prevalecerá y destruirá a los Santos del Altísimo (יבלא, Dan 7,25).

Auberlen y Zndel han reconocido la relación que ambas afirmaciones tienen al juramento sobre el final de la historia, es decir, al tiempo definitivo del Anti-Cristo, aunque Zndel piensa también, con Hofmann que ellas se refieren también a la opresión de Israel bajo Antíoco (Dan 11, 36-45). A la pregunta sobre cuándo duraría el fin de estas cosas terribles profetizadas por Dan 11, 40–12, 1, el Ángel del Señor, sobrevolando sobre las aguas, respondió con un juramento solemne: Tres tiempos y medio, es decir, los "tiempos" que según la profecía de 7, 25 y de 9, 26-27 presentan despliegue total del poder del último enemigo de Dios, hasta su destrucción. En esa línea, cuando ese tiempo de opresión sin paralelo del pueblo santo quede totalmente roto, en pecados entonces habrán alcanzado su fin estas cosas terribles. Sobre la definición del tiempo, cf. *Coment.* a Dan 7, 25.

12, 8-10

⁸ וַאֲנִי שָׁמַעְתִּי וְלֹא אָבִין וָאֹמְרָה אֲדֹנִי מָה אַחֲרִית אֵלֶּה: פ
⁹ וַיֹּאמֶר לֵךְ דָּנִיֵּאל כִּי־סְתֻמִים וַחֲתֻמִים הַדְּבָרִים עַד־עֵת קֵץ:
¹⁰ יִתְבָּרֲרוּ וְיִתְלַבְּנוּ וְיִצָּרְפוּ רַבִּים וְהִרְשִׁיעוּ רְשָׁעִים וְלֹא יָבִינוּ כָּל־רְשָׁעִים וְהַמַּשְׂכִּלִים יָבִינוּ:

⁸ Yo oí, pero no entendí. Dije entonces: Señor mío, ¿cuál será el fin de estas cosas? ⁹ Él respondió: Anda, Daniel, pues estas palabras están cerradas y selladas hasta el tiempo del fin. ¹⁰ Muchos serán limpios, emblanquecidos y purificados; los impíos procederán impíamente, y ninguno de los impíos entenderá; pero los entendidos comprenderán.

12, 8. Daniel oyó esta respuesta, pero no la entendió. Falta el objeto para שמעתי y para לא אבין, porque puede suplirse fácilmente por el contexto y por el sentido de la respuesta del hombre vestido de lino. Grocio ha introducido de un modo incorrecto *quid futurum esset,* lo que debía suceder, a partir de la pregunta que sigue, en la que él ha traducido también de un modo incorrecto אלה אחרית por *post illius triennii et temporis semestris spatium* (después de aquel especio de tiempo de tres años y un semestre) Grocio ha definido también el objeto de un modo demasiado estrecho, porque ha referido el "no entender" meramente a la no comprensión del número misterioso (un tiempo, dos tiempos etc.).

No fue meramente la doble designación de tiempo en Dan 12,7 la que resultó ininteligible para el oyente (Daniel), sino que, siendo ella ininteligible, hizo que (como piensa Hitzig) Daniel planteara nuevas cuestiones. Toda la respuesta de Dan 12,7 resulta oscura y no ofrece una medida de los tiempos, de manera que no aporta ninguna revelación inteligible sobre la duración del final, y la respuesta (en el tiempo de la más profunda humillación del pueblo llegará el final...) deja totalmente indefinido el tiempo en que eso ha de suceder. Por ello, el profeta desea una revelación más precisa[94].

La pregunta "¿cuál será el fin de estas cosas?" se ha interpretado de formas muy distintas. Siguiendo el ejemplo de Grocio, Kliefoth toma אחרית en el sentido de algo que se sabe claramente por el contexto o que se ha afirmado expresamente, y dice que אחרית אלה significa *lo que sigue o viene después de esto*. Pero, como dicen muchos intérpretes, אלה no es lo mismo que כל־אלה de Dan 12. 7; porque, dado que esta última frase incluye todas las cosas profetizadas hasta la consumación, esta pregunta debe referirse a lo que ha venir después de la consumación absoluta de todas las cosas, lo que no puede entenderse y responderse de un modo concreto.

Además, una interpretación de Dan 12, 11. 12, que relacione esa pregunta con los temas vinculados a Antíoco, no responde a esa cuestión. Por eso, con Auberlen (p. 75s), debemos entender אלה como referido a las cosas y circunstancias presentes, cosas que están ya en proceso en el tiempo de Daniel y en el despliegue de su profecía.

En apoyo de esa interpretación, Auberlen añade: "El ángel, con ojo divino, ve más allá, en el lejanísimo final de todo. Por su parte, el profeta, con sus simpatías humanas contempla el futuro más inmediato del pueblo". Pero, por muy correcta que sea la advertencia de que אלה no se identifica con כל־אלה ("esto" no es igual a "todo esto"), no hay razón para concluir de aquí que אלה designa las cosas y circunstancias presentes, que existían bajo Antíoco, en el tiempo de Daniel.

En virtud de su conexión con Dan 12, 7-8, אלה ha de entenderse de las mismas cosas y circunstancias a las que se refiere כל־אלה, de manera que la misma diferencia es la que se establece por כל. Si planteamos el tema de esa forma, no tiene ningún sentido preguntarse por las cosas que vienen después de la consumación absoluta; la única pregunta que puede plantearse de un modo razonable es: ¿Cuál será la última de esas פלאות de las que se está profetizando?

94. Sobre esa última circunstancia *L'Empereur* [así en el original, pag. 409; nota del traductor] afirma: "Licet Daniel ex antecedentibus certo tempus finiendarum gravissimarum calamitatum cognoverit, tamen illum latuit, quo temporis articulo calamitas inceptura esset: quod ignorantiam quandam in tota prophetia peperit, cum a priori termino posterioris exacta scientia dependeret. Initium quidem variis circumstantiis definitum fuerat: sed quando circumstantiae futurae essent, antequam evenirent, ignorabatur". (Ciertamente, a partir de lo anterior Daniel conocía el tiempo en que debían terminar esas calamidades gravísimas; sin embargo, no conocía en qué momento de tiempo debía comenzar la calamidad; eso llevaba a que hubiera en toda la profecía cierto tipo de ignorancia, pues la ciencia exacta de lo que había de venir después dependía de un momento anterior. El comienzo estaba definido por algunas circunstancias; pero el profeta ignoraba cuándo debían darse esas circunstancias antes de que sucedieran).

Solo así podía preguntar Daniel, con la esperanza de recibir una respuesta por la que él pudiera conocer el final de todas esas פלאות de un modo más preciso que por la respuesta que él ángel había dado en Dan 12,7. Pero, dado que esa referencia de אלה a las cosas y circunstancias presentes se encuentra excluida por el contexto, así también se encuentra excluido el sentido de אחרית, como referido a algo que viene más tarde; cf. en Dan 8,19.

Muchos otros intérpretes han tomado אחרית como sinónimo de קץ, y así lo quiere probar Hvernick buscando una referencia respecto a Daniel 8, 19. 23 y Dt. 11, 12. Pero ninguno de esos pasajes puede servir de prueba. קץ se distingue siempre de אחרית en el sentido de que está evocando aquello que sucede después que todo ha concluido, mientras que אחרית está indicando lo que pasa al final, no lo que viene después del final.

Se trata de una distinción que, ciertamente, en muchos casos resulta irrelevante, pero ella es aquí muy significativa, pues muestra que el sentido de Dan 12, 6 y el de 12, no es del todo idéntico. En esa línea no podemos dar a מה el sentido de *qualis, cual* (Maurer), o el *de qué naturaleza* (Hofmann, v. Lengerke y otros), un significado que esa partícula no tiene, y que no concuerda con el sentido literal de אחרית. No se sabe qué, pero es un qué (algo de lo que se puede hablar).

Esta es la cuestión. מה no es el predicado, sino el sujeto, la cosa sobre la que se pregunta. Así lo ha visto Hitzig, quien tiene razón cuando plantea de esa forma la pregunta: ¿Qué o cuál acontecimiento es el ultimísimo, el último de los פלאות, que están antes del fin?

12, 9-10

⁹ וַיֹּאמֶר לֵךְ דָּנִיֵּאל כִּי־סְתֻמִים וַחֲתֻמִים הַדְּבָרִים עַד־עֵת קֵץ׃
¹⁰ יִתְבָּרֲרוּ וְיִתְלַבְּנוּ וְיִצָּרְפוּ רַבִּים וְהִרְשִׁיעוּ רְשָׁעִים וְלֹא יָבִינוּ כָּל־רְשָׁעִים וְהַמַּשְׂכִּלִים יָבִינוּ׃

⁹ Él respondió: Sigue tu camino, Daniel, pues estas palabras están cerradas y selladas hasta el tiempo del fin. ¹⁰ Muchos serán limpios, emblanquecidos y purificados; los impíos procederán impíamente, y ninguno de los impíos entenderá; pero los entendidos comprenderán.

12, 9. La respuesta, לֵךְ, *sigue (tu camino) Daniel,* es tranquilizadora y al mismo tiempo contiene una negativa a responder, aunque no es un rechazo total, como se ve claro por 12, 11-12. La revelación trata del fin, e indica de un modo preciso que el final de las cosas no se revela de manera que los hombres sean capaces de conocerlo de antemano con certeza[95].

---

95. Sobre esto ha observado bien Calvino: "Quamvis Daniel non stulta curiositate inductus quaesierit ex angelo de fine mirabilium, tamen non obtinet, quod petebat, quia scilicet voluit

לְךְ no significa *vete de aquí*, es decir, *sal* (Bertholdt, Hvernick), ni aléjate, en vez de estar esperando una respuesta (Hitzig). Ciertamente, el ángel le da una respuesta, pero mandándole ir, tranquilizando así su ánimo (C. B. Michaelis). El significado es: Vete, Daniel, es decir, supera esta preocupación tuya. "Vete en paz, deja este tema ahora" (Geier y otros, y de un modo semejante v. Lengerke, Kranichfeld, Kliefoth).

La frase por la que se da la razón para este mandamiento, con כִּי (porque las palabras están cerradas etc.), suele interpretarse como refiriéndose al hecho de que la profecía está cerrada y sellada, siendo así incomprensible. De esa forma lo explica por ejemplo Ewald: "Porque las palabras están escondidas y selladas, todas las palabras contenidas en estas profecías, hasta el tiempo del final; entonces serán liberadas de los sellos y descifradas". Pero, dado que según 12, 4, ha sido el mismo Daniel el que ha cerrado y sellado el libro, los participios de la frase, dando la razón para el mandamiento de que vaya, לְךְ, no tienen un sentido de perfecto (no se fundan en algo anterior), sino que declaran lo que ha de hacerse, mientras esas palabras deben permanecer cerradas hasta el tiempo del final. Por ello, esas palabras deben indicar la manera en que Daniel debe expresar el sentido de ese cerrar y sellar.

No se trata pues de que Daniel haga que la profecía no sea comprensible, pues él mismo no la ha comprendido (12, 8); él tampoco puede sellarla hasta el tiempo del final, pues no vivirá para ver el final. La forma de cerrar y sellar que se le mandó al profeta, solo consiste por tanto en esto: Que el libro sea preservado en seguridad, sin que se cambie ninguno de sus contenidos, de forma que pueda ser leído siempre con fidelidad, hasta el tiempo del final, y pueda ser utilizado por el pueblo de Dios para fortalecer su fe (cf. Dan 8,26). "De esa forma, Daniel queda tranquilo en relación con el hecho de que él no entiende la profecía, pues toda esta profecía (הַדְּבָרִים, como en Dan 12,4) debe ser guardada y colocada en seguridad, y así ha de continuar durante todos los tiempos, hasta el final (Kliefoth). Dan 23, 20 supone que esta profecía será utilizada siempre.

12, 10. La primera frase de este verso se interpreta desde Dan 11, 35. La purificación se efectúa a través de la tribulación y aflicción, en la que el pueblo

---

Deus ad modum aliquem intelligi quae praedixerat, sed tamen aliquid manere occultum usque dum veniret maturum plenae revelationis tempus. Haec igitur ratio est, cur angelus non exaudiat Danielem. Pium quidem erat ejus votum (neque enim optat quicquam scire plus quam jus esset), verum Deus scit quod opus sit, ideo non concessit quod optabat" (Aunque Daniel no preguntó al ángel, inducido por una curiosidad vana, sobre el fin de las cosas admirables, sin embargo, él no recibió lo que pedía, porque quiso conocer a Dios en la línea de lo que él predecía, pero sin advertir que había algo que debía permanecer oculto hasta que llegara el tiempo maduro de la revelación plena. Esta es la razón por la que el ángel no escuchó a Daniel. Ciertamente, su deseo era piadoso [no quería conocer más que aquello que era justo], pero Dios conoce lo que le debía convenir, de manera que no le concedió lo que pedía).

ha de mantenerse hasta el fin. La profecía ha de servir para conseguir ese efecto. Ciertamente, es verdad que no todos alcanzarán esa perfección; los que son impíos seguirán siendo impíos, de manera que no alcanzarán la comprensión de las palabras que, en cambio, lograrán los sabios.

יבינו y יבינו לא se relacionan con לא אבין (no entendí), de Dan 12, 8, de manera que han de ser entendidas en ambos lugares en el mismo sentido: en general, no tener conocimiento; pero añadiendo הדברים como objeto (cf. Dan 12, 8): tener entendimiento de la profecía. Este conocimiento queda negado por los malos y los impíos. Solo los sabios lo alcanzan.

De esta forma habla el ángel a Daniel, con la finalidad de calmarle respecto a los que no tienen entendimiento: "Cálmate, Daniel, si es que no entiendes estas palabras, pues la profecía deberá quedar preservada por todos los tiempos, hasta el fin de los días. Estos tiempos traerán muchas tribulaciones para purificar a tu pueblo. De todas formas, no todos se convertirán a través de estas tribulaciones, pues los malvados seguirán siendo malvados y no comprenderán la profecía, mientras que los justos serán purificados y quedarán limpios por las aflicciones, y cuando más sufran y sean probados mejor aprenderán a entender la profecía. De esa forma, aunque tú mismo no lo entiendas, tu escrito será una fuente de gran bendición para el pueblo de Dios en todos los tiempos, hasta que llegue el fin, de forma que los fieles vayan teniendo cada vez más conocimiento.

De esa manera ha presentado Kliefoth rectamente el significado de estos dos versos, y en esa línea ha confirmado esta interpretación 1 Ped 2, 10. 12, cuando afirma, con referencia a este pasaje (cf. Hengstenberg, *Beitrag*. I. p. 273s), que los profetas no recibieron las profecías del fin para sí mismos, sino más bien para nosotros, es decir, para aquellos que venimos después.

12, 11-12

¹¹ וּמֵעֵת הוּסַר הַתָּמִיד וְלָתֵת שִׁקּוּץ שֹׁמֵם יָמִים אֶלֶף מָאתַיִם וְתִשְׁעִים׃
¹² אַשְׁרֵי הַמְחַכֶּה וְיַגִּיעַ לְיָמִים אֶלֶף שְׁלֹשׁ מֵאוֹת שְׁלֹשִׁים וַחֲמִשָּׁה׃

¹¹ Desde el tiempo en que sea quitado el sacrificio continuo hasta la abominación que ha desolado, habrá mil doscientos noventa días. ¹²Bienaventurado el que espere, y llegue a mil trescientos treinta y cinco días.

El ángel ofrece todavía al profeta una revelación más sobre la duración del tiempo de tribulación y su fin, que debe ayudarle a entender la respuesta anterior. Las palabras "desde el tiempo en que sea quitado el sacrificio continuo hasta la abominación desoladora" remiten claramente a Dan 11, 31, de modo que ellas deben referirse, como allí, a la maldad de Antíoco por su profanación del santuario del Señor.

La circunstancia de que el שִׁקּוּץ (abominación) se describe aquí como שֹׁמֵם, mientras que en 11, 31 aparece como מְשֹׁמֵם, no indica ninguna distinción material. En 11,32, donde el sujeto del que se habla es la conducta del enemigo de Dios, causando desolación, la abominación se toma como מְשֹׁמֵם, *lo que trae o causa la desolación*. Aquí, evocando el fin de esa conducta, se presenta como שֹׁמֵם, es decir, *la desolación ya causada*; cf. en *Coment.* a Dan 9, 27.

Por eso, muchos intérpretes han querido buscar aquí, en estos dos versos, lo relacionado con la duración de las persecuciones causadas por Antíoco Epífanes y han querido compararlas con el periodo de 2.300 tardes-mañanas mencionadas en Dan 8, 14, a fin de calcular la duración del tiempo en el cual el enemigo de Dios realizará sus designios malvados. Pero, lo mismo que en 8, 14, también aquí hay diversas opiniones sobre el cálculo de las 2.300 tardes/mañanas.

En primer lugar, se disputa sobre ולתת (y será quitado). *Wieseler* se equivoca totalmente al pensar que designa el *terminus ad quem* de הוסר מעת (desde el tiempo en que será quitado), como se reconoce en general. *Hitzig* piensa que con ולתת continua el infinitivo anterior, הוסר, como en Eclo 9.1; Jer 17,10; 19, 12, de manera que se supone un segundo *terminus a quo*. Pero esto solo sería admisible si ese segundo término *a quo* estuviera en unión con el primero, y hubiera también un segundo *terminus ad quem,* en relación con él.

Ambas cosas indicaría que el sacrificio diario sería suprimido cuarenta y cinco días antes de que se estableciera la βδέλυγμα ἐρημώσεως, de manera que la fecha de Dan 12, 12 viene a incluirse en la de 12, 11. Según eso, ambos versos han de entenderse así: Desde el tiempo en que se hicieron cesar los sacrificios diarios unos 1.290 días, y desde este tiempo hasta la colocación de la abominación de la desolación 1.335 días. Pero esta interpretación no tiene apoyo alguno.

Wieseler ha puesto como base de su visión el hecho de que la colocación del ídolo/abominación está separado de la cesación de la adoración de Yahvé por 45 días, utilizando para ello un proceso circular (un círculo vicioso). En segundo lugar, las palabras אשרי המחכה (bienaventurado quien espere), Dan 12,12, se opone de un modo decidido a la combinación de los 1.335 días con la colocación del ídolo-abominación; finalmente, la interpretación gramatical de ולתת no está justificada.

Los pasajes citados a favor de esta visión son de diverso tipo. Aquí estamos ante una cláusula con tiempo definido por delante, y de ella depende la cláusula con infinitivo. En esa línea. Kranichfeld no quiere tomar הוסר como un infinitivo, sino como una palabra que está en conexión relativa asindética de pretérito profético de עת. Pero de eso no se puede sacar ninguna consecuencia positiva. Según eso, la interpretación de relativo de הוסר (desde el tiempo en que sea quitado el sacrificio) con... ולתת no puede entenderse así, pues el infinitivo depende de עת.

La frase que comienza con ולתת solo puede interpretarse como cláusula final, dependiente de וּמֵעֵת הוּסַר הַתָּמִיד, tanto aquí como en 2, 16 y en los pasajes citados por Hitzig, en el sentido de: colocar (instaurar) la abominación de la desolación, de manera que esa colación aparece como objeto del cese del תמיד

(sacrificio diario). A partir de esa interpretación gramaticalmente correcta de esas dos frases no se sigue, sin embargo, que la colocación del ídolo-abominación venga después de la supresión del sacrificio diario, pues ולתת no significa "colocar después," como quiere defender Kliefoth, a fin de poder fundar de alguna manera el número de 1.290 días. Las dos cosas pueden hacerse al mismo tiempo, o la una inmediatamente después de la otra.

En ninguna de las dos definiciones temporales se ofrece un *terminus ad quem*, como aparece por las palabras "bienaventurado el que espere…". Por esas palabras se dice que el tiempo de la tribulación pasará después de 1.335 días. Dado que todos los intérpretes entienden con razón que los 1.290 y los 1.335 días tienen el mismo *términos a quo*, y los 1.290 días están comprendidos en los 1.335, el segundo período se extiende más allá del anterior, pero solo por 45 días. Según eso, la opresión no puede durar más que 1.290 días, dado que el que llegue a los 1.335 días será tomado como bienaventurado.

Distintos cálculos de tiempo

En relación con el cálculo de esos dos períodos de tiempo, hemos mostrado ya que ni en un caso ni en el otro un número de días concuerda con las 2.300 tardes-mañanas, y que no hay razón para calcular cronológicamente esas 2.300 tardes-mañanas. Más aún, hemos mostrado ya que la diversidad entre las dos afirmaciones de tiempo ha de explicarse porque en 8, 14 tenemos un *terminus a quo* que es distinto de 12, 11.

Y además de eso hemos puesto de relieve que, conforma a 2 Mac 1,54.59 (cf. 4, 52) la duración del periodo de cese del cumplimiento de la ley mosaica de los sacrificios duró un período de solo tres años y diez días. Pues bien, si esos tres años y diez días se calculan conforme a un año solar de 365 días (conforme a un año lunar de 354 días), con la adición de un mes intercalar nos dan un todo de 1.105 a 1.102 días.

Ciertamente, la mayoría de los intérpretes modernos identifican los 1.290 días con los tres y medio años (tiempos), diciendo que esos dos cálculos concuerdan en que 3 1/2 años equivalen a 1.279 o 1.285 días. Pero esa identificación de los dos cálculos no se encuentra justificada.

- *En Dan 12, 11 el tema clave es la supresión de la adoración de Yahvé* y la instauración de la adoración de ídolos en su lugar, para lo que el tiempo de los macabeos ofrece un claro cumplimiento histórico.
- *Sin embargo, en 12, 7 el ángel habla de una tribulación que se extiende hasta que la fuerza del pueblo santo quede totalmente agotada,* cosa que no se puede afirmar del tiempo de la opresión de Israel bajo Antíoco, pues la valiente conducta de los macabeos puso un fin a esa conducta

de los enemigos, de manera que el poder de los fuertes guerreros judíos hizo que terminara la abominación de la desolación del santuario.

Según eso, la opresión mencionada en Dan 12, 7 (bajo Antíoco) no corresponde de hecho (ni por lo que duró) con la tribulación que suscitará el rey enemigo del tiempo del final, la del Anticristo, rey que brotará del cuarto reino mundial, pues los 3 y 1/2 tiempos corresponden literalmente con lo que dice la exposición de Dan 7, 25. Pues bien, *Dan 12, 11-12 trata de algo diferente, es decir, de un período de opresión anterior al de Dan 12, 7*, de manera que los 1.290 y los 1.335 días no deben sumarse como si vinieran después de los 3 y 1/2 tiempos (Dan 12, 11 y 7, 35). Según eso para el tiempo de tribulación de los macabeos solo quedan las 2.300 tardes-mañanas (8, 14), pero solo si contamos las tardes-mañana de forma contraria a la del uso de las palabras, como días medios, y así reducimos su número a 1.150 días.

Pues bien, si tomamos en consideración la evidencia histórica de la duración de la opresión bajo Antíoco, los 1.290 días podrían servir de comparación solo en el caso de que fijamos el cese de la adoración legal unos 185 o 188 días, es decir, seis meses y cinco/ocho días antes de la colocación del ídolo sobre el altar de ofrendas cruentas de Yahvé o si estas dos cosas sucedieron al mismo tiempo, y si extendemos el *terminus ad quem* por seis meses y cinco u ocho días más allá de la nueva consagración del altar. Pero no hay evidencia histórica para ninguna de esas dos suposiciones.

La mayoría de los intérpretes modernos al hacer el cálculo de los 1.290 y de los 1.335 días, lo hacen a partir de Dan 8, 14 y Kliefoth sostiene con ellos: (a) que las 2.300 tardes/mañanas son 1.150 días, y que su terminación constituye la época de la nueva consagración del templo, el día 25 del mes de *kisleu* del año 148 de la era seléucida, es decir del 154 a.C. (b) Él supone que el *terminus a quo* de las 2.300 tardes/mañanas (Dan 8, 14) y de los 1.290 o 1.335 días es el mismo, es decir, la toma de Jerusalén por Apolonio (1 Mac 1,29 ss), y que la cesación del תמיד que vino inmediatamente después de ello fue unos 140 días antes que la colocación del ídolo-altar.

Como término *ad quem* de las 2.300 tardes-mañanas se toma la reconstrucción del templo, con lo que se superó la opresión Antíoco sobre Israel, y se dio el comienzo de la restauración. En el pasaje que estamos comentando no se ofrece ningún *terminus ad quem*, pero quizá viene dado por el gran número de días, así como en el hecho de que este pasaje habla de la entera superación del poder de Antíoco... Una evidencia y un claro argumento para esto se encuentra en el hecho de que en Dan 12, 11-12 hay que supone un *terminus ad quem* más lejano, que alcanza más allá de la purificación del templo

Ese término es la muerte de Antíoco. Así sigue argumentando Kliefoth: Ciertamente, no podemos establecer ni el día ni la hora, para afirmar que entre el cese del sacrificio diario y la muerte de Antíoco pasaron 1.290 días, pues no conocemos la fecha de ninguno de esos acontecimientos. Pero conocemos esto, por el libro de los macabeos: Que la consagración del templo tuvo lugar el día 25 del mes de *kisleu* del año 148 de la era seléucida, y que Antíoco murió el años 149 de esa era. Pues bien, si añadimos los 140 días, el excedente de 2.300 sobre 1.290 después de la consagración del templo, llegamos ciertamente al año 149. En esa línea, dado que en relación con este capítulo, la tendencia constante nos sitúa hacia el final de Antíoco (como signo del Anti-Cristo) todo nos lleva a identificar la muerte del perseguidor como *terminus ad quem* de los 1.290 días.

Según eso, no nos equivocaremos si, con Bleek, Kirmss, Hitzig, Delitzsch, Hofmann, Auberlen, y Zndel, suponemos que así como la purificación del templo constituye el final de las 2.300 tardes-mañana, así también la muerte de Antíoco es el final de los 1.290 días. Según eso, el final de los 1.335 días, Dan 12, 12, debería situarse en algún acontecimiento que se vino a dar 45 días antes de la muerte de Antíoco, y que ratifica ciertamente la terminación de la persecución bajo Antíoco y del comienzo de mejores días, y que muestra, al menos, una clara evidencia de la llegada de un tiempo mejor, introduciendo un estado de cosas más ordenado y seguro.

No somos capaces de aducir pruebas de ese acontecimiento que tuvo lugar 45 días antes de la muerte de Antíoco. Sin embargo, las circunstancias de los tiempos que siguen a la muerte de Antíoco ofrecen la posibilidad de basarnos en ese acontecimiento. El sucesor de Antíoco Epífanes, llamado Antíoco Eupator, escribió ciertamente a los judíos, después que ellos hubieran vencido a su ejército, dirigido por Lisias, pidiéndoles una paz. Pero la lucha entre ellos continuó sin embargo, y no terminó en absoluto hasta la victoria sobre Nicanor, 2 Mac 11-15. Hubo pues tiempo y oportunidad bastante para algún acontecimiento de ese tipo, aunque la poca certeza del despliegue cronológico y de los acontecimientos conocidos de ese tiempo nos impida probarlo positivamente.

De un modo consecuente, *Kliefoth* ofrece conjeturas, avanzadas por *Hitzig* sobre ese acontecimiento desconocido y gozoso, y añade que no hay nada que se oponga al hecho de en la terminación de ese tiempo de 1.335 días sea el momento de tiempo en el que las noticias de la muerte de Antíoco, que sucedió en Babilonia, llegaran a los judíos de Palestina, siendo para ellos motivo de regocijo, dado que se necesitaban unos 45 días para que la noticia llegara desde Babilonia hasta Jerusalén.

Finalmente, *Kliefoth* plantea la pregunta de si, en sentido general, el período más extendido de los 1.335 días debió haber llegado a su culminación en un único acontecimiento definido…, y de sí cuando se añaden a los 1.290 días de prueba fuerte los 45 después de la muerte de Antíoco se puede indicar que quien espera con paciencia y fidelidad durante esos días puede considerarse bienaventurado.

"Los 45 días se añaden solamente para expresar la vida más allá de ese término, y la forma de expresarlo se escogió con la finalidad de continuar el tema contenido en Dan 12,11.

Tiempo de Antíoco y tiempo del Anticristo

De todas formas, no podemos aceptar esa fisión, no solo porque su mismo planteamiento carece de base, sino también porque su contenido resulta irreconciliable con los hechos históricos. No se puede justificar exegéticamente el cambio de las 2.300 tardes-mañana en 1.150 días, porque, conforme al modo hebreo de calcular las tardes-mañanas no son medios días sino días enteros. Pero si las 2.300 tardes mañanas han de calcularse como días concretos, entonces, ni su *terminus a quo* ni su *terminus ad quem* puedem hallarse en una relación concreta con los 1.290 días, de manera que a partir de aquí no se puede deducir ninguna conclusión sobre el *terminus ad quem* de esos días.

*Según eso, la muerte de Antíoco Epífanes no puede ofrecer un momento decisivo de cambio para el comienzo de un tiempo mejor, pues según 1 Mac 6,18-54, la guerra contra los judíos fue llevada de un modo todavía más violento que antes por su sucesor Eupa*tor. Solo las noticias de que Filipo estaba volviendo de Persia, con la intención de arrebatarle el reino, hicieron que Lisias aconsejara al rey que hiciera la paz con los judíos, prometiéndoles que les permitiría vivir según sus propias leyes. Con esta ocasión los judíos abrieron la ciudadela de Sión. Pero el rey, después de haber entrado en ella, violó su juramento y ordenó que demolieran sus murallas.

Solo después de dos años de la muerte de Antíoco, Judas venció a Nicanor en una batalla decisiva, que fue celebrada por los judíos con una gozosa fiesta, de manera que ellos decidieron seguir celebrando cada año la memoria de esa victoria (1 Mac 7, 26-50). En esas circunstancias, resulta absolutamente imposible suponer que un acontecimiento sucedido a los 45 días de la muerte de Antíoco pudiera ser tomado como comienzo de un tiempo mejor, para establecer de esa manera el comienzo de un tiempo seguro, o tomar la noticia de la muerte de Antíoco en Palestina como acontecimiento tan glorioso que fuera como bendito para aquello que vivieran tras escuchar esas noticias.

Sea como fuera, después de todos esos cálculos, debemos rechazar la opinión de que los 1.290 y los 1.335 días tuvieran que tomarse como históricos, como si debieran ser computados de un modo cronológico. En contra de eso, mantenemos decididamente la opinión de que *esos números han de interpretarse de un modo simbólico*, de manera que no se puede hablar de la acción de Dios apelando a una medida bien fijada de tiempo cronológico. Esto resulta tanto más cierto por el hecho de que los 1.290 días indican de un modo general el período de la más triste aflicción judía, por parte de Antíoco Epífanes, quien suprimió el orden de oración de los judíos (la plegaria perpetua) y estableció la adoración de los ídolos, pero sin ofrecer un cómputo cronológicamente seguro de la duración de ese tiempo de opresión.

El hecho de que se nombren aquí *días* y no *tiempos* tiene la finalidad de abandonar una medida de tiempo que no puede medirse, limitando de esa forma el tiempo opresión a un período de duración moderada (no demasiado extenso, aunque solo Dios conoce). Pues bien, eso viene a expresarse de un modo más estricto por el cómputo segundo, al que se añaden luego 45 días: son 1.290+45=1.335 días, a cuyo final no solo cesará la opresión, sino que cada uno de los que viva tras esos días será bienaventurado.

Los 45 días tienen la misma relación a 1.290 que el 1 1/2 tiene a 43, y de esa manera deben designar un tiempo proporcionalmente breve. Pero sobre el sentido concreto esa relación los números en sí mismo no muestran nada. Si los reducimos a la medida de tiempo usual para la definición de períodos más largos, los 1.290 días constituyen 54 meses o 3 años y 7 meses, y los 1.335 son 44 meses y medio (1/2), o 3 años y 8 1/2 meses, dado que en sentido general, y más aún en las definiciones simbólicas de tiempo, los años se toman como 12 meses y los meses como 30 días.

Sea como fuere, cada uno de esos dos períodos de tiempo suman un poco más que 3 años y medio. El primer cómputo excede en un mes, el segundo en 2 meses y medio, formando un poco menos que la mitad de siete años, un período que aparece varias veces en el AT como tiempo de duración del juicio divino. Por la identificación de los días en años y en partes de un año las dos expresiones se colocan en una relación distinta a la de los 3 tiempos y medio (3 1/2), lo que aparece como algo natural, por la conexión entre las dos preguntas de Dan 12, 6. 8.

Por un lado, por el hecho de que los 1.290 días suman algo más que 3 y 1/2 años queda descartada la idea de que los tiempos se identifican con años. Pero, por otra parte, por el uso de días como medida de tiempo se suaviza la oscuridad de la idea implicada en la expresión "tiempo, tiempos y medio tiempo", y la pregunta de Daniel sobre el final de las cosas terribles queda respondida de una forma que puede ayudarle a entender la primera respuesta, que había sido totalmente incomprensible para él.

- *Esa respuesta contiene dos definiciones de tiempo* bajo la suposición de que las violencias emprendidas por Antíoco contra el Judaísmo constituyen, en su progreso y en su final, un tipo de la persecución del último enemigo, que es el Anticristo que lucha contra la Iglesia del Señor.
- *Por su parte, el cese del sacrificio diario y la colocación del ídolo-abominación* por Antíoco Epífanes muestra de un modo figurado la forma en que en el tiempo final el Anticristo suprimirá la adoración del verdadero Dios, renunciará al Dios de sus padres, y hará guerra contra su

Dios, trayendo así la aflicción contra la iglesia de Dios, en la línea de la opresión que Antíoco había traído en contra de la teocracia judía.

Esa relación típica entre los dos períodos de opresión ha sido claramente destacada por Dan 11, 21-12, 3, pues en la conducta y proceder del rey hostil se distinguen dos períodos que se corresponden entre sí, de manera que la primera opresión (12, 21-34) se relaciona con la segunda (11, 35-12, 3) como el comienzo y el primer intento se relaciona con el completo cumplimiento. Esto aparece también en las guerras de este rey en contra del rey del sur (11, 25-29, cf. 11, 40-43), y en las consecuencias que esta guerra tuvo para su relación con el pueblo de Dios.

Al volver de su primera guerra victoriosa contra el rey del sur, el rey del norte levantó su corazón contra la santa alianza (11, 28), y habiéndose irritado por el fracaso de la guerra renovada en contra del sur, y en contra de la santa alianza, él profanó el santuario (11, 30-31). Por su parte, en la guerra del tiempo del final, cuando Egipto y los países de su entorno cayeron totalmente bajo el poder de Antíoco Epifanes, y cuando, alarmado por las noticias que llegaban del este y del norte, él pensó completar su obra destructora, elevando su palacio/tienda en la tierra santa, para destruir desde allí a todos sus enemigos..., en este último asalto él llegó a su fin, siendo destruido (11, 40-45). La relación típica se expresa todavía de manera más precisa en las empresas del enemigo de Dios en contra de la santa alianza, y en sus consecuencias para los miembros de la nación de la alianza.

1. En ese contexto, *el primer estadio de su enemistad en contra del Dios de Israel* culmina en el hecho de suprimir su adoración, y en el hecho de colocar la abominación de la desolación, es decir, la adoración de los ídolos en el santuario del Señor. En contra de esa abominación, los sabios del pueblo de Dios se elevan en la lucha, y ellos aportan por su alzamiento una "pequeña ayuda", y cumplen una purificación para el pueblo (Dan 11, 31-35).
2. *En el segundo estadio, es decir, en el tiempo del final, el rey hostil se eleva a sí mismo por encima del Dios de los dioses, y por encima de todo Dios* (Dan 11, 37), e impone sobre el pueblo de Dios una opresión como nunca había existido desde el comienzo del mundo hasta ahora. Pero esta opresión termina por la ayuda del arcángel Miguel, con la liberación del pueblo de Dios y la consumación por la resurrección de los muertos, de algunos para la vida eterna y de algunos para la vergüenza eterna (12, 1-3).

El ángel del Señor dice a Daniel que él puede descansar sin haber entendido su comunicación sobre el fin de esas cosas maravillosas (Dan 12, 7), porque la profecía será revelada en el tiempo del final, y dará conocimiento a los sabios para la purificación de muchos, a través de la tribulación. De esa manera responde el ángel a la pregunta de Daniel sobre lo que sucederá הלא תירחא, presentándole de un modo simbólico los números de la duración de sus sufrimientos, desde la supresión de la adoración a Yahvé hasta el comienzo de tiempos mejores, de manera que, según eso, todos los que tienen conocimiento y han vivido a lo largo de este tiempo de opresión, o aquellos que han aprendido su sentido por la historia, pueden medir la duración y el fin de esta última tribulación, en la medida en que se nos permite conocer los tiempos del fin y de nuestra consumación.

En esa línea, por la comparación de este pasaje con Dan 8, 14 sobre la duración del tiempo de opresión del pueblo santo bajo los pies del enemigo que surge del poder mundial javánico, resulta claro que las 2.300 tardes-mañanas no contienen una heptada o septenario completo de años, pues los 1.290 días contienen solo un poco más que la mitad de una heptada. Aquí se funda el consuelo: pues el ángel muestra que el tiempo más severo de opresión no durará mucho más que la mitad de un período completo (de siete años).

Esa duración del tiempo de opresión puede compararse con el testimonio de la historia en referencia a la persecución del pueblo de la antigua alianza, bajo Antíoco, por la que Dios permitió que se suprimiera su adoración y que se colocara el ídolo abominable sobre el altar de Dios, pues ese tiempo no duró ni tres años y medio, sino solo 3 años y 10 días… Sabiendo que Dios acortó los tiempos de la persecución de Antíoco podemos confiar que él acortará también, a causa de sus elegidos, los 3 años y medio de la persecución del tiempo final (ante el Anticristo). Con esta confianza debemos terminar, sabiendo que la gracia de Dios es suficiente para nosotros (2 Cor 9, 12).

- *En tiempo antiguo,* Dios reveló a sus profetas, que profetizaron que su gracia debía venir sobre nosotros, manifestándoles el sufrimiento de Cristo y la gloria que debía venir después, para que ellos pudieran investigar y estudiar la forma y manera en que debía actuar el Espíritu de Cristo.
- *De un modo semejante, en los tiempos del cumplimiento final,* nosotros, los que seguimos viviendo, no estamos eximidos de buscar y de investigar, pero debemos ser dirigidos por la palabra profética, para considerar los signos de los tiempos, a la luz de esta palabra. Y de esa manera, a la luz de lo que ya se ha cumplido, y también por la forma de cumplimiento de lo prometido, debemos fortalecer nuestra fe, para permanecer firmes en medio de las tribulaciones que la profecía nos ha hecho conocer, sabiendo que Dios, conforme a su consejo gratuito, ha medido esos tiempos de persecución, en su principio, en su medio y en su final, a fin de que, de esa manera, podamos ser purificados y guardados para la vida eterna.

12, 13

¹³ וְאַתָּ֣ה לֵ֔ךְ לַקֵּ֖ץ וְתָנ֑וּחַ וְתַעֲמֹ֥ד לְגֹרָלְךָ֖ לְקֵ֥ץ הַיָּמִֽין׃

¹³ En cuanto a ti, tú irás hasta el fin, y reposarás, y te levantarás para recibir tu heredad al fin de los días

Después de esa revelación sobre el tiempo del final, el ángel del Señor despide al muy favorecido profeta de la obra de su vida, con la seguridad reconfortante de qué él seguirá realizando su obra hasta el fin de los días. Evidentemente, לֵךְ לַקֵּץ no significa "vete a tu fin", es decir, "sigue tu camino" (Hitzig), ni "vete desde aquí en relación al final", como ha traducido Kranichfeld, pues לַקֵּץ con el artículo remite a עת קץ, Dan 12,9. Porque aunque esta referencia fuera indudable, לַקֵּץ podría indicar solamente el fin de su camino, "vete hasta el final", de manera que el significado sería, como dice Ewald: "vete a la tumba, hasta que llegue el final".

Pero resulta más simple, en la línea de Teodoreto y de la mayoría de los intérpretes entender לקץ como como el final de la vida de Daniel: *Vete hasta el final de tu vida* (para el estado constructo de הלך con ל, cf.1 Sam 23,18). Con eso se entiende de forma muy simple ותנוח, que conecta bien con lo anterior: "Y tú descansa (es decir, en la tumba), y resucitarás después.

תעמוד es lo mismo que תקום, resucitar, levantarse de nuevo. לגורלך, en tu lote (en tu heredad). גורל, lote, parte de la heredad que Dios ofrece por lote a los israelitas, refiriéndose a la herencia de los santos en la luz (Col 1,12), que será poseída por los justos tras la resurrección de la muerte, en la Jerusalén celestial.

לקץ הימים, es lo mismo que al final de los días, de manera que no se identifica con אחרית הימים, sino que se refiere al tiempo mesiánico, en los últimos días, cuando, después del juicio del mundo, venga a revelarse (realizarse) el Reino de la Gloria. Será bueno también para nosotros que, al final de nuestros días, seamos capaces de partir de este mundo con esa esperanza consoladora.

www.ingramcontent.com/pod-product-compliance
Lightning Source LLC
Chambersburg PA
CBHW060512230426
43665CB00013B/1484